論語易解

《论语》与《周易》的对话

上

孙福万——著

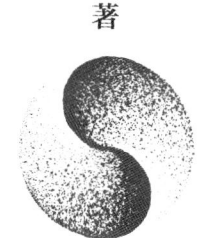

团结出版社

图书在版编目（CIP）数据

论语易解：《论语》与《周易》的对话 / 孙福万著
. -- 北京：团结出版社，2018.8
　ISBN 978-7-5126-6321-3

Ⅰ.①论… Ⅱ.①孙… Ⅲ.①儒家②《论语》—研究③《周易》—研究 Ⅳ.①B22

中国版本图书馆 CIP 数据核字(2018)第 099566 号

出　版：	团结出版社
	（北京市东城区东皇城根南街 84 号　邮编：100006）
电　话：	（010）65228880　65244790　（出版社）
	（010）65238766　85113874　65133603（发行部）
	（010）65133603（邮购）
网　址：	http://www.tjpress.com
E-mail：	zb65244790@vip.163.com
	fx65133603@163.com（发行部邮购）
经　销：	全国新华书店
印　装：	三河腾飞印务有限公司
开　本：	170mm×240mm　　16 开
印　张：	41
字　数：	550 千字
印　数：	5045
版　次：	2018 年 8 月　第 1 版
印　次：	2018 年 8 月　第 1 次印刷
书　号：	978-7-5126-6321-3
定　价：	88.00 元（上下册）

（版权所属，盗版必究）

黄裕生序

阅读经典的三个境界

我们是一个有文化经典的民族，这是一种幸运。因为这意味着，不管进入什么时代，我们都可以从这些经典获取深度理解自身与世界的启示，获取存在的力量与勇气。但是，这同时也意味着我们背负着一个使命，那就是在每个时代都需要去重新理解、会通这些经典，以使每个时代的精神生活能够维持在应有的高度上，并在此基础上继续提高。于是，如何阅读这些经典，也就是一个值得讨论的问题。

人类文明越发达，书的种类也就越多。但是，正如对于不同美食，要有不同吃法一样，不同种类的书，也需有不同的读法。就读法而言，我们可以把书大致分为这样三类。

一类通常会是我们读得最多的书，就是以浏览的方式阅读的书。我们读这类书或者是为了补充一些知识（特别是一些非专业性的知识或普及性的知识），或者是为了消遣，或者是为了心灵的解放。我们每个人都有自己的专业知识与专业技能，但是，我们在生活中还需要与各种人、各种事物以及各种行业打交道，这就需要不断补充各种知识；同时，我们还会有空闲需要排遣，需要让心灵摆脱俗务，到想像世界去漫游，也就是通常所说的放飞心灵，这就需要文学作品。由于这类书或者比较浅显、通俗，或者比较有趣、生动，所以，可以随时随地以比较快的速度阅读。我们在床头放的，在旅途上带的，通常就是这类书。

第二类是专业书，虽然各种专业书的内容千差万别，但都需要以专注、精准的方式阅读这类书籍，因为这类书通常都有自己的概念体系，包含着严格的概念定义与逻辑推演。由于需要弄明白其中的精确定义、专业用语以及学理关系，所以需要特别的专注与反复的理解，以便准确掌握。这类书一般不能像前一类书那样，可以零散地阅读，而要求持续、系统地阅读，否则就无法形成一个专业所要求的系统性与整体性。由于阅读这类书籍是为了掌握立业技能，最终是要能应用于工作领域，因此，阅读这类书籍的速度以每个阅读者掌握知识的速度进行，既不可能像阅读第一类书那样快，也不可能像阅读第三类书那样从容。

第三类书就是文化经典，包括思想经典、艺术经典与宗教经典等。这类书首先要求正襟危坐地慢读、精读。这类书成为经典，是经过长时段的历史筛选确定下来的，既不是作者本人，也不是某个读者所能决定的。而这类书之所以能够成为经典，则是因为它们代表着它们所属的那个文化传统与历史进程在一个时代所能达到的精神高度和思想深度，它们因此甚至是一个时代之所以成为一个时代的分界线而构成了时代之间的关节点。因此，进入这些经典也就意味着进入不同时代而穿越着历史。我们甚至可以说，也只有真正进入这些经典，才进入了历史并生活在历史之中，或者说，历史也才作为一个历程而活在我们的生活中，而不是作为已完成了的事件被尘封在我们的生活之外。在这个意义上，我们甚至可以说，一个人只有进入文化经典，他才真正生活在历史里，历史才真正存在于他的生活里，否则，对他来说，历史只是外在的，而未来则只是近前的。所以，不管是个人还是民族，如果没进入文化经典，也就是意味着其生活或存在不可能有历史的厚度。

然而，正因为如此，要进入这些经典并不容易。它首先要求以慢速度的方式与从容的心态去阅读。这些经典的深度或高度通常就体现在它有很自洽的学理体系，哪怕看起来只是随意的对话或编排。只有读出这种自洽的学理体系，才意味着读懂了一部经典。这就不只是需要相关的知识（比如语言知识与历史知识等），而且更重要的是需要理解经典文本所讨论或面对的所有问题及其回答。简单说,需要达到对文本的整体把握。这就要求在语句与段落、段落与章节、章节与整个文本之间不断进行反复对照、求解、互证,也即"解释学"所说的在部分与整体之间进行充分循环。所有人文经典都需要在这种充分的解释学循环中才能被深入理解与通达。这意味着,从容慢读是进入文化经典唯一可靠的方式。

如果按理解的深度来区分阅读这类经典的层次,那么,在文本内部完成的充分循环,只是理解文化经典的第一境。由于这类经典是时代的标志,是穿越历史的各个关节点,因此,它们的意义,它们的地位,与其他经典有直接相关性。这意味着,每部文化经典的意义与地位应被置入与其他经典的关联中才能得到更好的呈现。用解释学的话说就是,这类经典的语境超出了每部经典的自身文本。当然,所有文本的语境都超出了自身文本,但是,每一部文化经典超出自身的语境都要比其他一般文本更高远,却又更明确,这就是其他文化经典。也就是说,其他文化经典构成了每一部这类经典的具体语境。

不过,这"其他文化经典"又分两种情况,一种是其他"文化经典",一种是"其他文化"经典。

阅读文化经典的第二境就是把这一经典文本置于与其他"文化经典"的对质中进行理解。这里所谓其他"文化经典",也就是指同一传统、同一语言里的经典。在这些经典中,都有一部类似源头性的经典,比如中国的《易经》,犹太-基督教的希伯来语《圣经》等。对这部源头性经典的理解,固然要从其文本本身出发,并在自身文本中进行充分的有效互释,但是,其源头的质朴性、开放性、丰富性需要在之后的其他经典那里呈现其展开与实现,需要在其他经典那里得到新的见证,并借此呈现它的真理性意义与源头性地位。至于其他经典,既有必要与之前的经典(包括源头性经典)对质,也有必要与之后的经典互释。通过前者,可以知道一部经典突破了哪些方面,周全了哪些环节,深化了哪些问题;而通过后者,则可以显明这部经典的突破与深化开出了什么样的后境,引向了什么样的新见证,以及它被突破的局限。这样理解出来的经典是历史中的经典,是经典互文中的经典,而不是孤零零的经典。因此,从任何一部经典中理解出来的"道理"将会是一种穿越历史、贯穿时代、融入生活的道理，而不只是书本上的道理，不只是遥远时代的道理。

这意味着，一旦登入阅读经典的第二境，也就真正进入了历史，也才真正进入了历史。换个角度说，历史也才打开人们的胸怀，人们的胸怀也才怀抱着历史：可以站在经典在历史里所确立的高度与广度去理解、看待世界。于是，由文化经典支撑起来的历史厚度才落实在具体的人身上。从第二境看，没有经典就没有历史，没有历史就没有厚度。

不过，阅读文化经典还有第三境，那就是将经典置于与"其他文化"经典的对质中展开理解。很显然，这里的"其他文化"就是指另一种传统的文化。所以，"其他文化"经典也就是属于另一种传统的文化经典，或者说，是造就了其他传统与历史的文化经典。这另一种传统的文化经典构成了本传统的文化经典的真正他者，同时也是本传统的经典能获得理解与解释的最大、最遥远的语境。

就内容而言，任何一个传统的文化经典之所以能够造就传统，开辟历史，乃在于它包含着能够教化人类、引导人类、凝聚人类的真理。经典所达到的高度的提升，所达到的广度的扩大，根本上乃是对人自身、对世界以及对人与世界（包括人–神）之关系的认识和理解的深化，而实际上也就是真理的深化。真理的这种深化展现为两个方面：丰富性的增加与普遍性的提高。我们不知道对世界的认识会有多少个视角，也不知道我们对自身的理解会有多少个路径。但是，我们可以确切知道，真理的深化，认识的升级，就在于通过不同视角的融合来获得对世界更全面的认识，通过不同理解路径的会通来获得对人自身更深层次的认识。实际上，由不同文化经典开辟出来的不同传统，其根本不同不是对象的不同，因为所有文化都要面对人自身与世界这一共同的对象；它们之间也不是问题的不同，因为人类不管在何种处境下都要面对生死存亡的一系列基本问题；它们之间的真正不同是视角与进路的不同。这意味着，不同文化传统的碰撞，特别是不同传统的文化经典的相遇，是一个相互提供出不同参照系，以及寻求能把更多视角都容纳进来的更大参照系的事件。获得一个更大的参照系,是不同传统的文化经典相遇的一个必然结果,也是一个必然出路。虽然在这个更高的参照系里进行对世界的审视、理解与认识仍然是带着视角的,因而仍然是有限与片面的,但是,这样的认识与理解因其融合了更多视角而更具丰富性,也因其能容纳更多差异而更具普遍性。

因此,不同文化传统的经典的相遇既是人类走向更高普遍性的事件,也是人类走向更高普遍性的必由之路。如果说"大自然"(也许也可以称为"天"或"神")通过产生不同文化传统来使人类从尽可能多的视角去认识、接近整全的真理,那么这也就意味着,拥有文化经典的文化民族负有一个额外的使命,那就是通过会通其他传统的文化经典来提高人类的普遍性存在、普遍性原则的水平,以便开辟新的、更具普遍性的世界史。在这个意义上,阅读经典的第三境既是最难达到的,却也是今天的人们最需要努力达到的。在全球化处境下,要使世界的普遍之道肉身化为世人之道,唯有通过不同传统的文化经典的对质、会通才是可能的。如果说,对自己传统的文化经典的放弃是对真理的不负责任,那么对其他传统的文化经典的拒斥则意味对真理的盲目排斥。不管是对自己传统的文化经典的否定,还是对他者文化经典的拒斥,实质上都是放弃对世界普遍之道、天下普遍之理的寻求和努力。

孙福万教授新著《论语易解》首先所努力的就是跳出单一文本的自我循环的限制,试图以经解经,经经互释。在这部著作里,作者以《易》解读《论语》,当然也可以说是以《论语》对质于《易》。《易》历来被视为诸经之首,百家之源。而孔子与《论语》无疑是《易》通向儒家的关键环节。以《易》解《论语》既可呈现《易》的儒家面相,也可见证儒家思想的源头性与突破性。所以,作者在书中表达了诸多新见、新解与新识。

虽然作者只是在两部儒家经典之间进行互释,但是由于作者受过很好的西学训练,所以他的这一互释工作自觉不自觉地还带着另一个文化传统的视野。这使他的解读经典的工作明显地朝着第三境界努力。这特别体现在作者在这一工作中对普遍之道的自觉与追求。尽管我们不一定都赞同作者的一系列具体观点,但是他的普遍主义精神,以及他努力的方向无疑是特别值得肯定的。因为我相信,这是研究、理解任何一种传统文化都应当坚守的精神,都应努力的方向。虽然每一种传统文化都有自己的独特性,但如果过度强调自己文化的这种独特性,以致不惜以特殊主义去理解、解释和维护这种文化,那么,这不只是在自己与世界之间制造隔离带,而且是在自废本文化所可能具有的世界性意义。

2018年4月10日于清华园

王新春序

写在《论语易解》出版之际

《论语》与《周易》是活在中华文化长河中的两部历久弥新、影响深远的经典，它们都与孔子密切相关。

《论语》是记载孔子及其弟子言行、思想的直接经典，《周易》则是在以孔子思想为灵魂的《易传》的创造性转化下获得全新生命的。

生当春秋末叶的孔子（前551年—前479年），面对当时的"礼崩乐坏"局面，以其显豁的人文价值理性意识之自觉，与既直面社会人生之现实、更着眼其长远未来的深沉理智态度和卓越前瞻性大视野，审时度势，一则艰难疏通了西周初期所完备起的礼乐文化，再则更为这一浸润着人文精神的文化由人自身那里寻得了其内在真切可靠的价值根基，即"仁远乎哉？我欲仁，斯仁至矣"（《论语·学而》）的仁，从而在寓作于述的方式下建构起仁礼合一的全新文化价值系统，指明了他所认定的人之所以为人的真实意蕴之所在及人生的应然方向，首次开显出人的自足人文生命理性意识，令人在拓展人文价值化的生活世界的过程中，挺立起自己生命的主体性，以此而确立起他在中国文化发展史上的显赫地位，并被公认为达致最高圆融生命境界的圣人。

人的发现，是西周以来的时代主题，孔子首先是这一主题的契接者。众所周知，主要当系滥觞于祭拜神灵的巫术宗教活动的礼乐，历夏经商之后，在人的发现的时代主题下，转化为时代思想文化的基本形态，最终出现了此一形态下的整体思想文化价值系统，成功奠定了中华作为一礼乐之邦的根基。上述系统一反以往礼乐的基本巫术宗教神学品格，而豁然高标人文之精神。它贯通天人，立足于天人之整体和家国天下之整体的宏大视域，以天人之沟通契合与家国天下之平治而秩序化、和谐化为其终极核心诉求。它透过祭祀礼乐的具体仪式、活动，一则表达了人对于天的敬畏与感恩，再则实现了人与天的感通，三则营造起独特的神圣庄严氛围而熏染、震撼人的心灵，激发出人之来自于生命深处的对于超越性存在即天的强烈而深沉的敬畏与感恩之情愫，进入通体纯然的敬畏与感恩的生命状态或境界。它透过祭祀礼乐的具体仪式、活动，也表达了人们对于以德配天而创立、传承人生德业的先王、先圣、先祖的敬畏与感恩，并借此彰显出先王、先圣、先祖所表征的人的价值以及人们对此价值的高度自觉与肯定。而透过在世者各种场域下繁缛不紊、有章可循的种种交往礼乐仪式、活动有节有度的具体实施，它又彰显出对于各种社会角色和充任这些角色之人的正视，以及在此正视所许可的限域内对于充任相关角色之人的善待；彰显出对于通体洋溢着人文精神的礼乐制度、社会秩序的敬畏与善待；彰显出人道与天道同样的神圣与庄严。在它的有效甄陶下，天人息息相通，天地人物相连一体，构成人的整个生活的世界。这一世界，逐步迈向礼乐化的富含人文价值意义的世界。置身于其中的人，也成为礼乐化了的人。礼乐既获得了超越性之天的根源性意义，又获得了直接性的生命存在本身之存在上的究竟意义，化而为人上以通天、下以贯人的基本生活样式，生活态度，生命存在方式与气象。

依孔子之见，礼乐文化的大传统，由先圣先王创构传承而来，已是先于后人的既定历史性存在。它在天人关系、社会人生、个体生命存在方式与安身立命之应然，以及何以达成这些应然诸方面，皆有详明而正大之开示。后人无需再从起步阶段进行一步步的艰难摸索探究，只需将其与自己置身的时代接通，会通出时代新意，即可在上述诸方面确立价值明觉，相当便利地落实一切，推展一切。因之，面对上述传统，后人的精神向度，自当豁然归于自觉认同与感恩、敬畏一途。感恩、敬畏之，进而感恩、敬畏创构传承它的先圣先王，守望先圣先王借传统所高标的崇高、神圣价值。基于是而有此契接，才会在文化自觉下与先圣先王所创构传承下来的礼乐文化的大传统接通，与以往的历史接通，并在接通的基础上，承先启后，转化礼崩乐坏之乱局，理顺现实人生，开启整个生活的世界理想之未来。

契接礼乐之统，也就意味着对于人的发现的时代主题的契接。继此契接，孔子着力突显了礼乐之统在直接性的生命存在本身之存在上的究竟意义，予以自觉的此一意义上的创造性转化，进而并从人自身那里为其寻得了真切可靠的价值根基，即仁。仁被诠显为内在于人的生命之中的崇高价值。人本身直下即成为拥有崇高价值的存在。由此，德不再仅仅是超越而外在之天对于人的生命品质之应然的强制性要求，它即转而为人所内在地涵具；礼乐不再仅仅以此超越之天为其价值根基，其直接的根基转而内在于人的生命存在之中。礼乐之统有了来自于生命存在本身的价值根基与直接承当，与人的生命存在接通。仁礼合一的全新哲学文化价值系统最终建构完成。孔子由此不仅契接，而且全方位深化、升华了人的发现这一主题，令其获得了全新的内涵，从而守正开新，光前裕后，开启了中华文化的主流走向，成为中华文化的伟大象征。《论语》一书成了上述一切的直接文献见证。

包括经与传两个有机组成部分的《周易》一书，是中国传统文化发展史上的一部重要原典，备受历代人士尊崇，对传统哲学文化的形成与发展，发挥了其他典籍所罕能与匹的作用，赢得了"六经之首"、"大道之源"、"三玄之一"、"性命之源"等美誉。《周易》其书关系着中华文化的基因与中华民族的基因，牵动着几乎传统每一位读书人的文化神经。以至被誉为"万世师表"的孔子，晚年对其爱不释手，"读《易》韦编三绝"（《史记·孔子世家》），即将编连《周易》古经竹简的皮条翻断了多次。1973年湖南长沙马王堆三号汉墓出土的帛书《易》的《要》篇也记载："夫子老而好《易》，居则在席，行则在橐。"汉代杰出史学家司马迁在《史记·田敬仲完世家》中乃说："盖孔子晚而喜《易》。《易》之为术，幽明远矣，非通人达才，孰能注意焉！"而南宋学者叶采，也才会有其如下题为《暮春即事》的诗作："双双瓦雀行书案，点点杨花入砚池。闲坐小窗读《周易》，不知春去几多时。"《易传》决定了易学发展的未来走向，向来被视为孔子的作品，就内容而言，孔子思想是其灵魂所在。

《周易》源乎卜筮活动，《易传》之后，由它所引发的易学，则以象数、义理合一为架构，以接通天地、感通天地人物、藏往知来为期许，开显了一种涵纳天人，通贯古今，放眼未来，着眼宇宙人生价值应然之境的高度哲学性的天人之学。《易传》诸篇相继问世之后，易学作为一具备自身特有话语系统而特色鲜明的专门之学正式形成。因乎作为经典文本的《周易》经传之向未来的无限开放性，因乎《易传》之对古经解读所初步确立起的诠释之融旧铸新的高度原创性学术方向，易学获得了旺盛不竭的神奇学术生命力，一直处在生成、日新的鲜活生命状态之中。这一状态，一则决定了易学的未完成性，一则决定了其向纵横两个方向深化、拓展的潜在可能性与现实必然性。就主流而言，历代易学家，置身于各自相应的历史文化语境之下，以各具鲜明时代特征的理解视域，持续对文本《周易》经传作着带有程度不同之原创性的哲学诠释学意义上的诠释与阐衍，令易学新意迭生层现，使易学理境后妙新前妙，以此而铸就了与时偕行，日新不已，蔚为大观的易学衍展之长河。汉唐经学时期，《易》与诸部经典被奉为法天地以设政教的王者之书，由易学的天人之学促动，出现了经学第一个全面发皇并跃为官方法定意识形态时代的天道为人道之终极价值根据、本天道以立人道、法天道以开人文的基本天人关系理念。《易》即此被汉唐经学推尊为经中之经，奉为法天地以设政教的最高王者之书。礼乐刑政之王道义理，遂成为其核心内涵。魏晋玄学兴起，《周易》又被玄学化的义理易学，视为明时通变的玄学义理的载体。而自从理学开山周敦颐于《通书·诚上第一》断言"大哉《易》也，性命之源乎"之后，《周易》又成为以心性论为根基的贯通天人的理学思想的深层理论根柢，着眼心性义理以说《易》，又成为理学家解读、阐发《周易》之强势主流。由此《论语》与《周易》两部经典相益互补，成为中华文化的两部难以被越过的宝典。

　　福万教授本科在山东大学求学期间，受教于恩师刘大钧先生，对《易》产生了浓厚兴趣，有了初步的易学学养积淀。毕业后，负笈京师，在人民大学李质明先生门下研修外国哲学，渐次确立起融摄古今、会通中西、面向未来的开放学术胸襟与视域。毕业后，他以国家开放大学（原中央广播电视大学）为平台，积极从事以中西文化会通为基调的教学科研工作，成果丰硕，产生了令人赞佩的社会影响。近年来，他又在微信公众号"玩易斋"上，连载《论语》与《易》会通的《论语》诠释析论大作，受众面与量迅即扩大，反响强烈，对中华文化的现代转换与创新性发展，产生并继续产生着日趋广泛深入的积极影响。这部大作基于《周易》由天道下贯人道、《论语》由人道上达天道的精准判断，章解句释《论语》文本底蕴，进而引证《周易》以与之互诠互显，既深化了对《论语》的理解，也点化了《易》的意蕴，读之胜义迭现，受益匪浅。早已两鬓染霜的我，遥想上个世纪八十年代初叶与福万教授一同在山东大学求学的青葱岁月，我俩课上课下的同窗美好兄弟情谊，历历在目般闪现，令人感慨系之。今见福万教授这一大作即将付梓，给更多人受益提供了可能，感到由衷高兴！福万教授让我说几句话，推辞不过，谨以以上拉拉杂杂的话语，作为对本书出版的祝贺，与对福万教授同窗兄弟之情的抒发。

戊戌春日于山东大学

自 序

左手《论语》，右手《易经》

在众多的中国传统文化经典当中，有两部著作，其重要性和巨大的影响力，是怎么评价都不过分的，我指的是《周易》和《论语》。或许可以打个未必恰当的比喻，《周易》堪比基督教的《旧约》，《论语》堪比基督教的《新约》；也就是说，在终极价值的导向维度上，或许它们的地位和基督教《圣经》不相上下。

我们知道，《周易》一向号称"五经之源""三玄之冠""群经之首"，其源头甚至可以追溯到传说中的伏羲时代。关于《周易》在中国文化中的至尊地位，李学勤先生甚至有过这样的说法："国学的主流是儒学，儒学的核心是经学"，而"经学的冠冕是易学"（马宝善《易道宇宙观》序），其中"易学"指的就是关于《周易》(《易经》)之学。

那么，《周易》为什么具有如此强大的吸引力和影响力呢？原因当然是多方面的。比如，这或许首先和它最初是一部卜筮之书有关，它通过"吉凶悔吝"等占辞直接指向人们的利害关系，所以很容易耸人视听；其次，《周易》大概是古今经典当中唯一一部以"图（卦画）""文"（卦爻辞）结合表达自己思想的书，它构建的庞大象征体系具有巨大的解释空间，其细致精密程度至今让人叹为观止；再次，《周易》不仅包括古经两篇（即上经、下经），还包括《易传》十篇（即《十翼》），不仅有传统的象、数、理、占四大研究领域，还通过因应时代，向几乎所有领域渗透而形成了众多的分支学科，期间经、传、学、术之间不断激荡，从而成为孕育中华优秀传统文化的一股永不枯竭的"活水"。正因为这样，我们才经常说，《周易》作为中国最古老的一部百科全书式的著作，其中蕴含着中华民族独特的思维特点、价值追求和人文精神，乃是一部常读常新的活的文化经典。

而《论语》呢？据班固的《汉书·艺文志》说："《论语》者，孔子应答弟子、时人及弟子相与言而接闻于夫子之语也。当时弟子各有所记，夫子既卒，门人相与辑而论纂，故谓之《论语》。"关于《论语》一书的重要性，有很多种说法。比如"半部《论语》治天下"，就是其中最常见的一种。为什么会有这种说法？盖孔子犹如基督教中的耶稣，尽管孔子从来没有像耶稣那样以"道成肉身"的形式、以"神之子"的形式示现，但他却也声称过："文王既没，文不在兹乎？天之将丧斯文也，后死者不得与于斯文也；天之未丧斯文也，匡人其如予何？"（《论语·子罕》）孔子本人的"道统"意识，或担任中国文化的"续命者"角色的意识还是非常强的。而其弟子子贡也明确盛赞孔子说："仲尼，日月也，无得而逾焉。""夫子之不可及也，犹天之不可阶而升也。"（《论语·子张》）当然后代帝王对孔子的各种封号就更不用说了。就孔子对中国文化的影响而言，此诚如柳诒徵所说："孔子者，中国文化之中心；无孔子则无中国文化。自孔子以前数千年之文化赖孔子而传，自孔子以后数千年之文化赖孔子而开。"（《中国文化史》）无论从哪种角度说，这恐怕说的都是事实。因此之故，记载这样一位中国文化之完美代表的言行事迹的著作，自汉代"独尊儒术"以来日渐影响到中国人生活的方方面面，那是毫不奇怪的。

那么，同样是对中国文化影响至深的巨著，《周易》和《论语》又是什么关系呢？我们为什么要对它们进行会通研究呢？

首先将它们联系起来的当然还是孔子。孔子不单是《论语》的主角，经过孔子赞《易》而形成的《易传》，也成了儒家思想的重要宝库。以往人们对于孔子赞《易》，除了欧阳修《易童子问》表示过一点怀疑之外，基本上都是承认的；但自20世纪以来，在时代思潮的裹挟下，"古史辨"派等人曾对此予以否认。好在随着1973年湖南长沙马王堆帛书《易》的出土以及中国人文化自信的逐渐恢复，这种论调现在已经大大减少。我们看帛书《要》篇，就明确说："夫子老而好《易》，居则在席，行则在橐。"这和司马迁在《史记·孔子世家》中描写的"孔子晚而喜《易》，序《彖》《系》《象》《说卦》《文言》；读《易》，韦编三绝"等等，何其相似乃尔！因此，现在学界一般都承认，今本《易传》的文字或许并非孔子本人亲自撰写，极有可能是其弟子或再传弟子编写而成，但其核心思想肯定是属于孔子的。

我们知道，孔子在易学发展史上同样具有崇高的地位（班固《汉书·艺文志》曾谓"《易》道深矣，人更三圣，世历三古"，将孔子列为"三圣"之一），其易学核心思想在今本《易传》和帛书《易》中都有充分的体现。比如在帛书《要》篇中，孔子曾对子贡说过这样一段话："《易》，我后其祝卜矣，我观其德义耳也……后世之士疑丘者，或以《易》乎！吾求其德而已，吾与史巫同途而殊归者也。君子德行焉求福，故祭祀而寡也；仁义焉求吉，故卜筮而希（稀）也。祝巫卜筮其后乎！"刘大钧先生对此评价说："（过去）人们占卦是为趋吉避凶，而孔子则认为通过'德性'与'仁义'的修养亦可达此'求福''求吉'的目的，故与史巫'同途而殊归'。此旨即经孔子改造之后的'观乎天文以察时变，观乎人文以化成天下'的人文《易》。"当然，从历史上看，"脱离神道设教而以人事伦理释《易》者，孔子非第一人"，但毫无疑问，"孔子在将《周易》由卜筮之书向人文化成之书的转化中，发挥了极其重要的作用，这也是不争的事实。""孔子或其弟子以《彖》《象》《系辞》《文言》等说《易》，已基本上脱离卜筮，多以人事说之了。"（《周易纳甲筮法·再版前言》）据此而言，孔子在以人文主义释《易》方面，功莫大焉！其实就是说，正是通过晚年赞《易》，孔子将《周易》这部卜筮之书变成了儒家的一部哲学著作（故在传统儒家学者看来，《周易》经、传是不能割裂的，此可参见马一浮、金景芳等人观点）；而如此一来，《周易》和《论语》这两部著作在其价值取向或内在精神上也就完全联系起来了。

的确，单从表面上看，《周易》和《论语》截然不同。我们知道，《周易》是由基于阴爻、阳爻组成的卦画和基于卦辞、爻辞组成的经文两者交织而成的一个庞大的象征体系,"其旨远,其辞文,其言曲而中,其事肆而隐"(《系辞下》),而《论语》呢,则主要是围绕着孔子及其弟子的日常生活及言语对话而展开,两者无论是文体形式还是讨论的内容,明显存在着很大的差异。如果加以概括的话,或者可以说《周易》是关乎天地人"三极之道"的天人之学,而《论语》则是主要关乎世俗中人的生命之学,或生命个体的安身立命之学、切己切心之学,亦可名之"仁学"。但我们又必须看到,在儒家的思想体系当中,天地人原本就是贯通一气的,所以天人之学和生命之学实不可分,在某种意义上,此两部著作或许只是切入问题的角度或者思维方式不同而已。具体来说,窃以为,《周易》主要强调的当是由天道而下贯人道,此即《四库全书》所谓"推天道以明人事"者也;而《论语》则主要强调的是由人道而上达天道,此即孔子所谓"下学而上达"者也。而在孔子那里,在儒家那里,就其价值取向、内在精神上看,它们却又是完全一致的。

所以,我们既要看到《周易》和《论语》之异,更要看到《周易》和《论语》之同,本书之所以强调会通两者的意义,着眼点就在于此。关于《周易》和《论语》在价值取向、内在精神上的一致性,因为本书主要是通过对《论语》的逐章解读来完成的,虽然这样做更易于保证问题讨论的针对性和情境性,但另一方面却也容易导致分析的过于凌乱,故这里或有必要对此稍作勾勒。

第一,它们都坚持天人合一的整体宇宙观。天人合一,一直是中国文化的根本精神。这在《周易》构建的天地人"三极之道"以及一卦六爻的象征体系中都有着明确体现,而《文言传》更直接说:"夫大人者,与天地合其德,与日月合其明,与四时合其序,与鬼神合其吉凶。先天而天弗违,后天而奉天时。天且弗违,而况于人乎?况于鬼神乎?"孔子一生之实践,其所谓"五十而知天命"(《论语·为政》),以及"知我者其天乎"(《论语·宪问》)之叹,盖缘于此。钱穆曾谓"天人合一论,是中国文化对人类最大的贡献",尤其当下由于科技异化而导致人类生态环境的极度恶化以及人的诗意生存的日益沦丧,这种基于"天人合一"或"天人合德"的整体宇宙观,将是极为难能可贵的。

第二,它们都坚持现世主义的人文价值观。我们知道,《周易》中的"天"

或者"鬼神"，和西方文化中的"人格神"截然不同，它们虽然也包括一定的宗教性成分，但其实并没有太多的"彼岸性"和"神秘性"，或仅表示人们对未知事物或者逝去的先祖的一种敬畏态度而已。孔子就曾明确说过"敬鬼神而远之"（《论语·雍也》）"祭神如神在"（《论语·八佾》）等等，并声言："未能事人，焉能事鬼？"（《论语·先进》）所谓"道在人伦日用之中"，此为历代儒者所坚持的基本人生立场。李泽厚先生曾以"一个世界"和"两个世界"来分辨中西文化之差异，其原因盖出于此。窃以为，这也正是儒家作为一种人文主义学派的魅力之所在，对于经历了科学主义洗礼后的现代社会来说，这种世界观或许更具现实价值和实践意义。

第三，它们都坚持"与时偕行"的历史进步观。因为《周易》以阴、阳作为宇宙发展的两种基本力量或既对立又统一的两种基本元素，所以其对宇宙万物的发展变化是高度肯定的，由此出发，它当然也就要求人们必须跟从、适应并进而引导这种无处不在、无时不在的变化。比如《文言传》和损、益二卦《彖传》都提到了"与时偕行"，《系辞传》还讲："《易》之为书也，不可远，为道也屡迁，变动不居，周流六虚，上下无常，刚柔相易，不可为典要，唯变所适。"而孔子本人，也并不是像过去被人们认为的那样是个守旧的人，孟子曾称赞孔子为"圣之时者"，孔子也自称"无可无不可"（《论语·微子》）；在和子张讨论三代礼制沿革的问题时，孔子亦对社会制度的变革（"损益"）表示大力称赞（《论语·为政》），这都表明孔子绝对是个历史进步主义者。在某种意义上，中华民族之所以历经无数次的磨难而始终屹立于世界东方，这种"与时偕行""唯变所适"的开放精神、开放心态肯定是起了很大作用的。

第四，它们都强调仁者的淑世情怀。将"天人合一的整体宇宙观"和"现世主义的人生价值观"落实到个体的生命实践当中，儒家首先强调的就是我们每个人都要做一个"仁者"或者"君子"，并且明确主张"入世"而非"出世"。我们知道，在儒家所谓的"五常"即"仁义礼智信"当中，"仁"是作为"元德"和"全德"而存在的，但它同时又指的是个人将天地万物纳入自身之中的那种深沉的悲悯情怀和淑世情怀。《文言传》在解释乾之元德时曾有"元者，善之长也""君子体仁，足以长人"之说，孔子更以"仁者，爱人"阐释仁之本质，孟子则强调所谓"文王视民如伤"（《孟子·离娄上》）之训，到了宋朝程颢那里，更明确提出了"仁者，以天地万物为一体"（《二程集》）的观点——这些都可视之为儒家以天下为己任的淑世情怀的不同表现。《大学》所谓"修齐治平"者，亦此之谓也。

第五，它们都强调人的自强不息精神。古之三《易》，据说均有六十四别卦，而《连山》首艮卦，《归藏》首坤卦，惟《周易》首乾卦。许慎《说文解字》释"乾"为"上出"，《周易》乾卦《大象》亦云："天行健，君子以自强不息。"此自强不息之精神，诚儒家文化或中国文化之精髓也。在《论语》当中，孔子固为此精神之杰出代表，且孔子亦常以此为衡量其弟子之标准也。比如孔子曾说："君子无终食之间违仁，造次必于是，颠沛必于是。"（《论语·里仁》）并强调："为仁由己，而由人乎哉？"（《论语·颜渊》）不仅自谓："其为人也，发愤忘食，乐以忘忧，不知老之将至云尔。"（《论语·述而》）而且批评学生："力不足者，中道而废。今女（汝）画。"（《论语·雍也》）这种积极向上的人生观，当然和儒家强调"入世"有关，肯定在任何时代都是不会过时的。

第六，它们都强调中道或中庸的处世原则。孔子说："中庸之为德也，其至矣乎！民鲜久矣。"（《论语·雍也》）他还说："过犹不及。"（《论语·先进》）而《周易》更是对"中"字赞不绝口，比如它对每卦的三、五爻（即六爻卦之上、下卦的中爻）多有誉辞，而有关"中正""中道""中行""时中"等等的评价也都是正面的。当然，孔子也说过："不得中行而与之，必也狂狷乎！"（《论语·子路》）那是孔子万不得已、退而求其次的说法。"中道""中庸"基本同义，既是指的某种合乎自然规律的中正之道，也是指的合乎生活现实的平常之道，《文言传》所谓"庸言庸行"是也。儒家既然主张"入世"，那么采取"中道"或"中庸"的处世原则自是必然的。

以上六条，作为《周易》和《论语》基本一致的核心价值的概括，或有粗疏之处，但即便就此而言，亦能大致反映出吾中华民族文化作为世界民族文化之中极为少见的几种"本源性文化"之一而呈现出来的独特性精神面貌也。

按照"越是民族的,越是世界的"之公认原则,这些异常独特的核心价值其实也正是吾中华民族文化提供给世界民族文化的某种普遍性核心价值之所在也。

最后需要指出的是,随着新一波中国传统文化热的兴起,现在世人对《周易》和《论语》的兴趣也在持续高涨,这当然是好事。但笔者之所以主张将《周易》和《论语》两书对照学习,除了上边揭示的此两者之中所蕴含的那些丰富的中华优秀传统文化的核心价值之外,还有一个非常特殊的理由。《礼记》有云:"《易》之失,贼。"盖《周易》本为卜筮之书,历来附着其上的迷信成分大量存在,如时下坊间流行的各种算命术之类即是(此固然为孔子提倡的"人文《易》"所反对,然其在民间依然不绝如缕,也是事实),学习《周易》的人一旦不慎而误入其中,则必将流于歧途矣。故我们建议学《易》者最好同时也学学《论语》,因为《论语》主要是基于现世人情来讲话,其人文主义气息更加浓郁且离人伦日用更加切近,读之或可消除附着在《周易》身上的某些不良习气也。当然,如拿《论语》和《周易》相比,其"尘世"气息或许又多了些,因而学习《论语》的人,又不妨同时读读《周易》,那样也许会在人生格局上更加扩展一些、恢宏一些。笔者主张将这两部经典合而观之之隐衷在此,望读者朋友察之。

2018年3月16日于北京玩易斋

例 言

一、本书所引《论语》正文和章节排序主要参照杨伯峻《论语译注》一书，《周易》经传部分则主要参照阮刻王弼、孔颖达《周易正义》一书，偶尔参以己意，在个别文字、句读或注音上有所调整，一般情况下不做变动。

二、本书试图以《周易》精神解读《论语》全书，在每章中均包括《论语》原文、译文、注释和解读四个部分，并用不同字体予以区别，便于大家阅览。

三、本书《论语》原文的白话翻译主要参考杨伯峻《论语译注》、钱穆《论语新解》、李泽厚《论语今读》、傅佩荣《解读论语》等编写。译文力求简明扼要，除非不得已，不增加多余的解释性文字。对于至今仍然"活着"的传统文化术语，如"君子""小人""天下"等等，一般不译。

四、本书的注释部分，全部选用先贤或时贤的注释，作者未敢妄下己注。选用这些注释的标准有两个：一是看其对原文关键内容的释读是否有帮助，二是看其在会通《周易》《论语》两书要义上是否有帮助。虽然表面看均非己注，但遴选之难，实不亚于亲自为之也。

五、本书既名为《论语易解》，其重点自然在"解读"部分，作者于此用力也最多。由于《周易》和《论语》是儒家经典中的经典（作者喻之为中国人的《圣经》），实际上历来以《易》解《语》、以《语》证《易》的论述所在多有，本解读在力所能及的范围内尽量搜罗之、爬梳之、分析之，试图由此彰显我中华优秀传统文化在世界民族文化中的那些独特性及普遍性的内容；与此同时，本解读始终坚持文化传承上的"创造性转化，创新性发展"总原则，对这些内容在当下现实和未来发展中的意义及命运也多时有随机性的点评。

六、本书作为第一部比较全面而系统地以《易》解《语》的著作，端赖于前人和时贤的众多研究成果，书中凡有征引，一律随文标注，谨表不敢掠美之意；同时书后还附有"主要参考文献"目录,以及阮刻《周易》古经及《十翼》(即《易传》)原文,以便读者查阅。

目录

黄裕生序 /1
王新春序 /7
自序 /12
例言 /19

学而第一 /1
为政第二 /26
八佾第三 /57
里仁第四 /84
公冶长第五 /106
雍也第六 /133
述而第七 /160
泰伯第八 /197
子罕第九 /225
乡党第十 /256

先进第十一 /281
颜渊第十二 /313
子路第十三 /339
宪问第十四 /375
卫灵公第十五 /425
季氏第十六 /464
阳货第十七 /482
微子第十八 /510
子张第十九 /524
尧曰第二十 /551

附录：周易经传 /561
主要参考文献 /619
后记 /625

学而第一

1.1 子曰:"学而时习之,不亦说(悦)乎?有朋自远方来,不亦乐乎?人不知而不愠,不亦君子乎?"

【译文】孔子说:"学了知识和道理,能够及时、适时并不断地实践它,不也很高兴吗?有朋友从远方来相聚学习,不也很快乐吗?别人不了解自己,却不怨恨烦恼,这不就是君子吗?"

【注释】①程树德《论语集释》(下简称《集释》)引马融曰:"子者,男子之通称,谓孔子也。"②《集释》引焦循《论语补疏》曰:"当其可之谓时。说,解悦也。'不悱不启,不悱不发',时也。'中人以上可以语上,中人以下不可以语上',时也。'求也退,故进。由也兼人,故退',时也。学者以时而说,此大学之教所以时也。"③朱熹《四书集注》(下简称《朱注》):"习,鸟数飞也。学之不已,如鸟数飞也。""朋,同类也。自远方来,则近者可知。"④李泽厚《论语今读》(下简称《今读》):"首章揭示的'悦''乐',就是此世间的快乐:它不离人世、不离感性而又超出它们。而且此'乐'还在'悦'之上。'悦'仅关乎一己本人的实践,'乐'则是人世间也就是所谓'主体间性'的关系情感。"⑤何晏《论语集解》(下简称《集解》):"愠,怒也。凡人有所不知,君子不怒。"

【解读】《论语》首章即论学习,意义重大。我们知道,孔子极端重视学习问题,《论语》多次谈到"学"以及"好学""为学""共学""博学"等,他甚至将"好学"这个品质,提高到比"好仁""好智""好信""好直""好勇""好刚"都要重要的地步(见17.8)。单就此点而言,已充分说明了孔学的开放性。盖孔子认为,单纯地好仁容易流于"愚",单纯地好智容易流于"荡",单纯地好勇容易流于"乱",如此等等;而唯有好学,才能使一个人保持对万事万物的敏感性,才能警惕并纠正以往的错误,进而不断地提高自己的人生境界,并避免以上问题的发生。《周易》以六十四卦象征天道,天道当然是一个开放的系统,所以六十四卦亦以未济卦结尾;在天道面前,人的谦卑是极端重要的,所以《周易》不仅以谦卦对此专门论述,还在《系辞下》中以"惧以终始,其要无咎"为易道做注解。孔子之强调学习,乃是《周易》谦卑精神的体现,亦是孔学保持世代常新的秘诀,学习被列入《论语》首章当非无意之举。

但是,到底什么是"学"?又什么是"习"呢?学并非仅指读书,"学"繁体字作"學",许慎《说文解字》云:"学,觉悟也。"方以智《通雅》曰:"学、教、觉,俱从爻。学字本于孝,声生于觉,孝、觉始于爻爻……古孝字从爻从子,谓子效父也……可信学也者,觉悟交通、诵习躬效而兼言之者也。"我们知道,《周易》卦画是以爻(阴爻、阳爻)为基础建立的,而《系辞下》则云:"爻也者,效天下之动者也。"综上可知,所谓"学"当指对天地变化规律以及祖辈人生经验的效仿和觉悟也。而"习",繁体字作"習",《说文解字》云:"习,数飞也。"朱子谓"如鸟数飞也"即本此,可见"习"也不单纯是指对知识的温习或者复习。《周易》第二十九卦为坎卦(☵),又作"习坎",其卦辞为:"有孚,维心亨,行有尚。"坎者,陷也,险也;阳陷于阴,则险莫甚焉。李光地说:"习须依古注训'便习',便习者,习之不已,以至于便熟也。盖八卦皆人心之德,独险非善道,不可以心德言。故加'习'字以名之,能便习于险,即人心之德也。便习于险,在乎内有实德,无实德,则无习之本。又验于心之亨通,非亨通则无以见习之之效。其中至实而其道不穷,则无入而不自得,故行则有尚。"(《周易观彖》)盖人生何处无险?"习之不已"可也,故习之为用可谓大矣!综上,这里的"学"大约相当于当代汉语中的"学习",而这里的"习"则相当于我们平常所说的"实践";而其内容当然也绝不限于书本知识,而是包括天地变化之道和人伦道德等等一切东西在内的。诚如朱子所说,"学之不已"即为"习",两者的关系当然是极为密切而不可分的。

本章还谈到了"时"。将"学"与"习"联系起来的就是这个"时"。何谓"学而时习之"?这里的"时"究竟怎样理解?皇侃《论语义疏》谓"所学并日日修习不暂废也",即将其解为"时时"。但除此之外,"时"字似还兼有另外二义:一是"及时",如《乾文言》所说"君子进德修业,欲及时也",即将所学的知识及时地运用到实践之中,当然是高兴的事;二是"适时",此即焦循所谓"当其可之谓时",也就是将所学知识运用于实践中的时候必须注意把握时机,焦循举的例子可以参考。此三义,窃以为都有道理,或可并存。我们知道,《周易》对时的问题极为重视,分析六爻之吉凶,时与位是两个关键因素。《周易》对时的论述非常之多,如讲"与时偕行"(《乾文言》、损益二卦《象传》》)"承天而时行"(《坤文言》)"应乎天而时行"(大有卦《象传》)"与时消息"(丰卦《象传》)"时止则止,时行则行,动静不失其时"(艮卦《象传》)等,还提到"随时"(随卦《象传》)"时中"(蒙卦《象传》)"时用"(坎卦、睽卦《象传》)等等。盖人生在世,时间、时机问题以及与之相伴而生的"时行"问题,对于一个人来说实在太重要了!孟子曾盛赞孔子为"圣之时者"(《孟子·公孙丑上》),可见其"时止则止,时行则行"的功夫之深。(此处借对"学而时习之"的分析先对"时"稍作解释,此后还会适时展开论之。)

  本章中的"悦""乐"二字,被李泽厚先生特意拈出,为其提出的"中国文化是乐感文化"张目,值得关注。的确,和西方以《圣经》为代表的"罪感文化"相比,《周易》和《论语》当然属于"乐感文化"的范畴,而且这种快乐明显具有"世间性"的特点。这是因为,中国文化并没有外设一个人格神,天地人从来就是贯通一气的(故李泽厚有"一个世界"之说)。站在人的角度来说,人能"赞天地之化育"而"与天地参"(《中庸》),无论是"悦耳悦目""悦心悦意"还是"悦志悦神",当然都是快乐的事。《系辞上》讲"乐天知命,故不忧",表达的也是这个意思。即:一个人能够认识天道并意识到自己的天命所在,所以从不忧虑。《论语》此处讲的"悦""乐"以及"不愠"与此相通,它们虽然看上去很具体,但实与"乐天知命"的易道精神相一致。当然,此处之"悦""乐",有可能是一己的,也有可能是人际的,还有可能是人与自然之间的,并无必要像李泽厚那样分辨开来。此外,作为《周易》之基础的八经卦,其中有一卦曰兑卦,兑为泽为说(悦),亦与此相通。而作为六十四别卦中的兑卦,其《象传》更明确指出:"丽泽,兑;君子以朋友讲习。"盖朋友相聚,互相切磋讲习,固为人生一大乐事也。

  关于"人不知而不愠"句,何晏解为"凡人有所不知,君子不怒",又王衡《论语驳疑》引罗近溪云"愈学而愈悦,如何有厌;愈教而愈乐,如何有倦;故不愠人之不己知者,正以其不厌不倦处",均妙。盖"人不知而不愠"者,恰如乾卦初九之"潜龙"也。《乾文言》云:"初九曰:潜龙勿用,何谓也?子曰:龙德而隐者也,不易乎世,不成乎名,遁世无闷,不见是而无闷,乐则行之,忧则违之,确乎其不可拔,潜龙也。"其中"不见是而无闷"句,就是不被他人认可但依然不愁闷的意思,和这里的"人不知而不愠"何其一致也!

1.2 有子曰:"其为人也孝弟(悌),而好犯上者,鲜矣;不好犯上,而好作乱者,未之有也。君子务本,本立而道生。孝弟(悌)也者,其为仁之本与!"

【译文】有子说:"一个人孝敬父母,尊爱兄长,而喜欢冒犯上级的,很少见;不喜欢冒犯上级,却喜欢造反作乱的,从来没有见过。君子务本,根本树立了,自然可以悟道。孝敬父母,尊爱兄长,这应该就是行仁的根本吧!"

【注释】①《朱注》:"有子,孔子弟子,名若。善事父母为孝,善事兄长为弟(通'悌')。犯上,谓干犯在上之人。鲜,少也。作乱则为悖逆争斗之事矣。此言人能孝弟,则其心和顺,不好犯上,必不好乱也。"又引程子云:"孝弟,顺德也,故不好犯上,岂复有逆理乱常之事?""谓行仁自孝弟始,孝弟是仁之一事,谓之行仁之本则可,谓是仁之本则不可。盖仁是性也,孝弟是用也,性中只有仁、义、礼、智四者而已,曷尝有孝弟来?"②《集释》引陈善《扪虱新语》云:"古人多假借用字。《论语》中如'孝弟也者,其为仁之本与',又曰'观过,斯知仁矣',又曰'井有仁焉',窃谓此'仁'字皆当作'人'。王恕《石渠意见》:'为仁'之仁,当作'人',盖承上文'其为人也孝弟'而言,孝弟乃是为人之本。"③杨伯峻《论语译注》(下简称《杨注》)引《管子·戒篇》云:"孝弟者,仁之祖也。"④《今读》:"'仁'是孔学的根本范畴,是人性结构的理想。由'礼'归'仁',是孔子的创造性的理论贡献……孔子通由仁而开始塑造一个文化心理结构体,如说得耸人听闻一点,也就是在制造中国人的心灵。所以我才说,孔学(或儒学)半是宗教,半是哲学。因为它虽然没有人格神的上帝,但在塑造、形成、影响中国人的心灵上,与基督教在西方社会并不相上下。"

【解读】孔学为人学,为仁学,亦为切身之学,故主张"下学而上达",是由人道而上达天道。故孔子由"子生三年,然后免于父母之怀"来讲"三年之丧"的正当性(见17.21),孟子讲"四善端",有子此处则讲孝悌是行仁之根本。孝悌者,人之基于血缘的一种自然情感也。孔学以此为基点将之推广到社会治理以及仁义之道,乃至推广到天道,颇合《大学》所谓"修齐治平"之逻辑,这也正是《论语》一书的基本思维进路。而《周易》作为天人之学,其思维进路却与之相反,它讲的是"三极之道",又称"阴阳之道",是从天道下贯人道。故其经、传极少讲孝,惟萃卦谈到"致孝享也"一语,其《系辞上》甚至明确如此说:"一阴一阳之谓道。继之者善也,成之者性也。仁者见之谓之仁,知者见之谓之知,百姓日用而不知,故君子之道鲜矣。显诸仁,藏诸用,鼓万物而不与圣人同忧。"又说:"《易》无思也,无为也。"换言之,即使仁、智也只是天道的显现罢了,而天道本身却是"无思""无为"的,它甚至都不怜恤圣人忧怀天下的那份苦心! 当然,我们讲《论语》与《周易》的思维进路不同,并不是说两者不能会通,恰恰相反,由于孔子晚年对《周易》做了很高明的处理,实际上两者是完全可以会通的,这将在以后的注解中渐次展开论之。

这里需要注意的是,程子将"行仁之本"和"仁之本"做了明确区分,这无疑是正确的。"仁"是孔学的核心概念,其既为"全德",亦为"元德",内涵极为丰富,孝悌当然不可能是其之根本,但视其为"行仁之本"则可也。也就是说,孝悌是行仁的一个起点,特别在古代农业社会,由此起点而行仁,必有大功焉。故孟子后来说:"尧舜之道,孝悌而已矣。"(《孟子·告子下》)又说:"人人亲其亲,长其长,而天下平。"(《孟子·离娄上》)孝悌为什么会有这种功效呢? 程子说:"孝弟,顺德也。"真是一语道破孝悌之本质,也揭开了古人何以通常"孝""顺"连称的谜底!

实际上,作为人的一种自然情感,孝悌所反映的正是子女对父母、下对上、幼对长的一种天然的恭顺之德。我们知道,《周易》固然讲"阴阳合德"(《系辞上》),主张"乾坤并建"(王夫之语),但对于阴和阳、乾和坤,毕竟还是主张有主有辅、有显有隐的,其扶阳抑阴的倾向非常明显。《系辞上》开篇即讲"天尊地卑,乾坤定矣",坤卦《象传》更明确讲"先迷失道,后顺得常",《坤文言》则讲"坤道其顺乎? 承天而时行""阴虽有美,'含'之以从王事,弗敢成也。地道也,妻道也,臣道也"等等,都是以"顺"来解释坤卦和阴爻之德的。而此"顺德",既是地道、臣道和妻道,当然也是为子之道、为弟之道。具体到卦象中,阴爻也往往是以承顺其上爻或阳爻而获吉利的。如家人卦的六二爻,其爻辞为:"无攸遂,在中馈,贞吉。"六二在家人卦中作为阴爻处下卦之中,正当女位,上应九五,而主中馈,其《象传》曰:"六二之吉,顺以巽也。"巽为长女,其德亦为顺,故这里巽通顺,有两个顺,当然是吉了。其他卦中此种例子所在多有,不再枚举。

然有子在此将"孝悌"和"犯上""作乱"勾连起来,也不是没有弊端。如此言辞和语气,似乎鼓励人之孝悌也者,纯粹就是为了防止百姓"犯上作乱"了——怨不得后世的专制统治者最喜欢这样的话。而综观孔子所讲孝道和顺德,并不单纯是针对老百姓而言的,而是主要针对王公大臣和君主而言的;而且在君臣关系上,孔子始终主张"君使臣以礼,臣事君以忠"(3.19),"以道事君,不可则止"(11.24)等。换句话说,在"君"之上,还有更高的原则存在,那就是"道",后世形成的"愚忠愚孝",孔子显然是反对的。因此,我们在认可孝悌作为"行仁之本"的基础上,千万不能忘记在孝悌的背后还有"仁",还有"道",还有更广阔的天地——我们在学习《论语》的同时,为什么还鼓励学习《周易》,其根源亦在于此。

1.3 子曰:"巧言令色,鲜矣仁!"

【译文】孔子说:"花言巧语,虚颜假色,这样的人是不会有什么仁德的!"

【注释】①《朱注》:"巧,好。令,善也。好其言,善其色,致饰于外,务以说(悦)人,则人欲肆而本心之德亡矣。圣人辞不迫切,专言鲜则绝无可知,学者所当深戒也。"②《集释》引《四书辨疑》云:"令色,喜狎悦人之色。内怀深险之人,外貌往往如此。"又引《石渠意见》云:"人固有饰巧言令色以悦人而亡(无)心德者,亦有生质之美,言自巧,色自令,而心德亦不亡者,此圣人所以言其鲜以见,非绝无也。"

【解读】孔学作为切身之学,不是高头讲章,不是纯粹思辨,皆在人伦日用之中。特别是《论语》,于此体现尤甚。比如上章由孝悌讲仁德,本章由言语、形色讲仁德,都是身边之事。关于人之言语何者为当,《论语》谈论甚多,其要害在于强调言行一致、慎言笃行,其典型如"言而有信"(1.7)"君子欲讷于言而敏于行(4.24)"仁者,其言也讱"(12.3)"一言而兴邦""一言而丧邦"(13.15)"君子耻其言而过其行"(14.27)等等。《周易》虽为天人之学,但其探赜索隐,无所不窥，对于言行问题亦极为关注，特别是《易传》中的有关论述，简直和《论语》若合符节。如《乾文言》强调"庸言之信，庸行之谨""修辞立其诚"，颐卦《大象》云："山下有雷，颐；君子以慎言语，节饮食。"家人卦《大象》云："风自火出，家人；君子以言有物，而行有恒。"《系辞上》则明确说："言行，君子之枢机。枢机之发，荣辱之主也。言行，君子之所以动天地也，可不慎乎！""不言而信，存乎德行"等等。《论语》与《周易》之可会可通，于此亦可见一斑。

岂止人之言语如此，关于人之形色或者容貌举止，《周易》和《论语》亦持基本相同之立场。如《论语》讲"非礼勿视，非礼勿听，非礼勿言，非礼勿动"（12.1），"君子九思章"又讲"色思温，貌思恭"（16.10）；《周易》虽直接对礼仪讲得甚少，但易学家公认履卦即是讲礼的，所谓"物畜然后有礼，故受之以履"（《序卦传》），帛书《易经》更明确将履卦命名为"礼"，《系辞下》亦明确讲"君子上交不谄，下交不渎"，均可视为此类。质而言之，《论语》和《周易》均认为人之容止以端庄恭敬为善为美，最反对胁肩谄笑、媚上傲下，故而此章点出"巧言令色"之害仁，圣人确有深意存焉。

1.4 曾子曰："吾日三省吾身——为人谋而不忠乎? 与朋友交而不信乎? 传不习乎?"

【译文】曾子说："我每天多次自省：替别人谋事是否尽心竭力了呢? 同朋友交往是否信实呢? 老师传授给我的学业是否践行了呢?"

【注释】①《杨注》："曾子，孔子学生，名参（shen），字子舆，比孔子小四十六岁（公元前505—435）。"②《朱注》："尽己之谓忠，以实之谓信。""传，谓受之于师。习，谓熟之于己。""曾子以此三者日省自身，有则改之，无则加勉，其自治诚切如此，可谓得为学之本矣。"③宦懋庸《论语稽》云："《说文》以阳之一，合阴之二，其数三……故古人于屡与多且久之数，皆以三言。"④《今读》："人处于'与他人共在'的'主体间性'之中。要使这'共在'的'主体间性'真有意义、价值和生命，从儒学的角度看，便需先由自己做起。"

【解读】按照有的学者考证，《论语》一书，经过了三次大的编纂过程。第一次是在孔子初卒（公元前479年），即六十四位弟子庐墓心孝三年之时，主持者为仲弓，由子游、子夏协助；第二次是在三年守心孝结束（公元477年）之后，留在鲁国的弟子重启孔门，推荐有若主持事务并对已经初步成稿的《论语》做了调整；第三次则是在曾子死（公元前432年）后不久，此时七十子已经凋零殆尽，曾门在鲁地成为最有实力的儒门学派，由孔子之孙子思和乐正子春等曾门弟子对《论语》进行了实质性的增补重修（杨义《论语还原》）。据此也就不难理解，有若何以在本篇中排在第二章的重要位置并被称作"子"，以及曾子何以紧跟有子之后在本章出现——很显然，前者是《论语》第二次编纂时的结果，而后者是第三次编纂时的结果。

孔学作为切身之学，重视孝道是一个方面，重视言行辞色是另一个方面，本章又进而强调了自我反省的重要性，其义可谓"愈转愈深"矣。由于孔学非常重视自省的功夫，故后世又称孔学为"内圣外王之学"（"内圣外王"原出《庄子·天下篇》），诚良有以也。但此内省之功夫，最终当然是要见于外部事功的，特别是李泽厚所强调的"主体间性"问题，更是孔学关注之重点，故此章乃以"与人谋事""交友"和"传习"三事举例说明之。《周易》对于君子的自身修养屡言之，如《象传》中的52个"君子以"均有如此意味。如蹇卦《大象》明确提出"君子以反身修德"，而益卦《大象》则说："风雷，益；君子以见善则迁，有过则改。"意思是说，君子见到天地万物如风雷般变幻多端，故与时偕行、改过自新，以图有所增益。此固为事功，但亦为自省之功夫，和曾子的"吾日三省吾身"当有异曲同工之妙。

而具体到自省的内容上，曾子何以单独举出"忠""信""习"这三项内容来呢？值得探讨之处甚多。《乾文言》在解释乾卦九三爻辞"君子终日乾乾"时曾说："君子进德修业。忠信，所以进德也。修辞立其诚，所以居业也。"就明确将"忠信"解释为"进德"的两项重要内容（"修辞"则为居业之根本），于此亦见"忠""信"二事之不简单。《说文解字》云："忠，敬也"，"信，诚也"，段玉裁注云："尽心为忠"，可见忠、信是仁德的重要内涵。《周易》很少谈"忠"，但特别强调"中""正"，实则"忠"即"中正之心"也，有了"中正之心"，自然谋事可成。《周易》谈"信"之处亦不少，如强调"不言而信"（《系辞上》），在中孚卦还特别提出"信及豚鱼"，即将信用甚至推广普及于小猪和小鱼那样微贱的东西，此诚为"大信"也。至于此处之"习"，和"学而时习之"的"习"同义，均为实习、实践、践履的意思。孔学强调人伦日用，故对于老师传授给自己的知识，主张必须予以践履，方为学而有成。《周易》之履卦，对人生践履有独到解读，亦可与"习"之义互参；而坎卦卦辞讲到"习坎，有孚，维心亨"，则对于人生践履有着更为深刻的警示意义。关于以上三事，此处暂且点到为主，以后还会随机阐发。

1.5 子曰："道（dǎo）千乘之国，敬事而信，节用而爱人，使民以时。"

【译文】孔子说："治理具有一千辆兵车的国家，一定要充满敬畏地处理政务，信实无欺，节省开支，爱护士人，给老百姓派公差要利用农闲时间。"

【注释】①《杨注》："道，动词，治理的意思。乘音剩shèng，古代用四匹马拉着的兵车。"②《皇疏》："此章明为诸侯治大国法也。""道，犹治也。"③《集释》引日人物茂卿《论语征》云："万乘、千乘、百乘，古言也。谓天子为万乘，诸侯为千乘，大夫为百乘，语其富也。"④《朱注》："敬者，主一无适之谓。敬事而信者，敬其事而信于民也。时，谓农隙之时。言治国之要，在此五者，亦务本之意也。"

【解读】我们知道，儒家是入世的，孔子一生念念不忘的就是"治国平天下"，故孔学不仅是内圣之学，更是外王之学。《学而篇》的结构也体现了这一特点。本篇第一章可谓《论语》之总纲，即以具有无限开放性特点的学习来建立孔学之基础；第二、三、四章可谓其内圣之学，即以孝悌为出发点、以言行辞色和自我反省为入手处，来建立孔学之本体；第五章则是其外王之学，即通过以"敬事"为核心的五事来阐发孔学之大用。此章首句"道千乘之国"，气势夺人，故此章内容被皇侃直接称为"明为诸侯治大国法"，更被朱子称为"言治国之要"，其治国理政的意图非常明显。《周易·系辞上》曾云："夫《易》，圣人所以崇德而广业也。"此"崇德"正可对应于孔门之内圣学，而"广业"则可对应于其外王学。实际上，《周易》固然非常重视人之自身品德的修养，但它对经世致用也非常重视，笔者甚至认为，《周易》简直可以说就是一部成功学著作。比如《系辞上》开篇还讲到了"贤人之德"和"贤人之业"，最后则落脚到"天下之理得，而成位乎其中矣"上。这个"成"，可以理解为就是《论语》中的"成人"（见14.12），其中固然有德行的成分，但事业的成功当然也包括其内。

但孔子讲治国理政，绝不同于道家法家等其他学派，他还是从仁德礼法出发，故占据此五事之首者为"敬"。李泽厚说："'敬'字多见于《论语》，乃一重要范畴。它既是一种外在态度，更是一种内在情感，源起于巫术礼仪中对上帝鬼神的尊敬畏惧，而转化为生活态度和情感要求，成为人性塑造的一个部分。"（《论语今读》）《说文解字》云："敬，肃也。"段玉裁注云："肃部曰：肃者，持事振敬也。与此为转注。心部曰：忠，敬也；戁(nǎn)，敬也；憼，敬也；恭，肃也；憜，不敬也。义皆相足。"从"心"部多谈"敬"来说，敬的确是"一种内在情感"；但从"敬，肃也""肃者，持事振敬也"来说，敬又可理解为忠信之外化。而《周易·坤文言》则说："君子敬以直内，义以方外，敬义立，而德不孤。"也就是说，与义相比，敬为内而义在外，两者建立起来后，德就不孤立了。《周易》履卦谈礼，也极为重视敬。如履卦初九爻辞云："履错然，敬之无咎。"又需卦上六爻辞云："有不速之客三人来，敬之终吉"由此亦见"敬"在《周易》中的重要性。

本章还提到了"节用"的问题，盖中国作为一个大陆性的农业国，特别是在古代社会，长期为经济短缺所困，故始终提倡"俭德"，如《尚书·太甲上》就说过"慎乃俭德，惟怀永图"，《周易》否卦《象传》亦云："君子以俭德辟（避）难。"颐卦《象传》则云："君子以慎言语，节饮食。"《周易》还专门有一个节卦，其《象传》云："天地节而四时成，节以制度，不伤财，不害民。"这和本章提出的"节用而爱人"何其相似乃尔！

1.6 子曰："弟子入则孝，出则悌，谨而信，泛爱众，而亲仁。行有余力，则以学文。"

【译文】孔子说："年轻人在家里要孝顺父母，出门在外要尊敬兄长，少言而信实，对人博爱，并亲近仁者。这样躬行实践之后，还有余力，就再去学习古典文献。"

【注释】①《集释》引潘维城《集笺》云："弟子为学者之称，又幼者之通称也。"②《皇疏》："父母在闺门之内，故云'入'也；兄长比之疏外，故云'出'也。"③《朱注》："谨者，行之有常也。信者，言之有实也。泛，广也。亲，近也。

仁，谓仁者。余力，犹言暇日。以，用也。文，谓《诗》《书》六艺之文。"④《杨注》："寡言叫做谨。"

【解读】此章可以说是孔子对门下弟子修行次第提出的一个总纲，依然是首先强调孝悌的重要性，然后则是谨言慎行和信实的重要性，以"泛爱众，而亲仁"为重心，最后是"行有余力，则以学文"。马一浮《<孝经>大义》说："一言而可赅性德之全者曰仁，一言而可赅行仁之道者曰孝。"又引《孝经钩命诀》孔子曰："志在《春秋》，行在《孝经》。"故云："一切行门皆从孝起，大用无尽，会其宗趣，皆摄归于孝也。"又《说文解字》云："孝，善事父母者。从老省，从子。子承老也。"这就可以理解《论语》何以屡言孝悌了。特别是对年轻人来说，由孝悌入手行仁最是方便，也最迫切，故《孝经》至今为儒者所重视。《周易》虽仅于萃卦一处提及"孝"字，但其家人卦《彖传》明确说："家人，女正位乎内，男正位乎外，男女正，天地之大义也。家人有严君焉，父母之谓也。父父，子子，兄兄，弟弟，夫夫，妇妇，而家道正；正家而天下定矣。"此精神与《论语》重视孝悌全然相通。但值得注意的是，即使是专谈家庭关系的家人卦，依然是从"天地之大义"来谈孝悌的，这种思维进路在《序卦传》中体现得就更清楚了，它这样谈及"礼义"之来源："有天地，然后有万物；有万物，然后有男女；有男女，然后有夫妇；有夫妇，然后有父子；有父子，然后有君臣；有君臣，然后有上下；有上下，然后礼义有所错（措）。"故本人说，《周易》的思维进路全是由天道下贯人道，此与《论语》由人道上达天道的思维进路当然不同。

由"孝悌"到"谨而信"，再到"泛爱众"，最后至于"亲仁"，这恰好说明孔学"下学而上达"的过程，而"仁"位于其中则为核心也。杨伯峻说："寡言叫做谨。"《坤文言》在解释坤卦九四爻时说："'括囊，无咎无誉'，盖言谨也。"盖坤卦六四重阴而不中，且近六五之位，必须括结囊口而不露，方可保其"无咎无誉"，故《坤文言》许其为"谨"。又《周易》屡言"孚"字，其涵义即为"信"（详见2.22），这和《论语》重视"信"也是一致的。有了"谨而信"的品德，将之扩展即为"泛爱众"，那就能达到"亲仁"的境界了（参见12.22"樊迟问仁"章）。

此外值得注意的是，先贤和时贤向来对本章"行有余力，则以学文"争论较多。这里的关键恐怕还是孔学向来主张以德行为本，文艺为末，故于此强调先立乎其大者，在有余力和余暇的情况下，才强调再来研习古典文献。《集释》曾引洪氏云："未有余力而学文，则文灭其质。有余力而不学文，则质胜而野。"此论反对将"文"仅仅视为古典文献，而是视之和"质"相对（请参6.18），则其义又转深一层矣。此"文质之辨"和《周易》贲卦之旨趣完全相通，有关讨论容后详之。

1.7 子夏曰："贤贤易色；事父母，能竭其力；事君，能致其身；与朋友交，言而有信。虽曰未学，吾必谓之学矣。"

【译文】子夏说："重视妻子的贤德，而不是她的容貌；奉养父母，能尽心竭力；奉事君上，能不惜生命；和朋友交往，能信实无欺。这样的人，虽说没有上过学，但我一定说他是有学问的啊。"

【注释】①《杨注》："子夏，孔子学生，姓卜，名商，字子夏，比孔子小四十四岁（公元前507—？）。"②《集释》引宋翔凤《朴学斋札记》云："阳湖刘申受谓'贤贤易色，明夫妇之伦也'。"又引康有为《论语注》云："此为明人伦而发。人道始于夫妇，夫妇胖合之久，所贵在德。以贤为贤，言择配之始，当以好德易其好色。盖色衰则爱驰，而夫妇道苦；惟好德乃可久合。"③《朱注》："致，犹委也。委致其身，谓不有其身也。四者皆人伦之大者，而行之必尽其诚，学求如是而已。"

【解读】关于"贤贤易色"的内涵虽有争议，但从言说的逻辑顺序看，应该是讲夫妇之道，宋翔凤、康有为的解释可取。大家知道，夫子说过"吾未见好德如好色者也"的话（见9.18），然正因此，夫妇之道更要强调贤德高于美色的原则，这是伦理社会的自然要求。

"《易》以道阴阳"（《庄子》），虽然阴阳概念有着更抽象的涵义和更宽广的象征范围，但男女的象征却是最基本的，故而《周易》谈论男女之处甚多。如《系辞》说"天地氤氲，万物化醇。男女构精，万物化生"，又说"乾道成男，坤道成女"等（《系辞上》），家人、归妹、咸、恒和大过等卦都直接涉及了男女问题。特别是《周易》古经有两次谈到"利女贞"，一为家人卦之卦辞，一为观卦六二爻辞，均强调贞固为女德之本。《周易》还有"勿用取（娶）女"的说法，一在蒙卦六三爻，云"勿用取女；见金夫，不有躬，无攸利"，即六三见到有钱的男人而忘记了自己的身份，《周易》认为这样的女人不宜为妻；一在姤卦卦辞，云"女壮，勿用取女"，这是指姤卦的初六爻，此爻是全卦唯一的一个阴爻，有"一女遇五男"之象，故亦不宜娶之。这可以说是从反面来讲女德，强调的也是女子自重和恭顺的美德，和此章的"贤贤易色"可以互参。

本章先谈"贤贤易色"，再谈"事父母"，再谈"事君"和"交友"，将亲情外推和上提，再次体现了《论语》特殊的思维进路，而其最后所形成者，即孔学之"家国同构""天下一体"的道德哲学体系也。上章所引《序卦传》云："有天地，然后有万物；有万物，然后有男女；有男女，然后有夫妇；有夫妇，然后有父子；有父子，然后有君臣；有君臣，然后有上下；有上下，然后礼义有所错（措）。"虽然与此处谈论问题的思维进路不同，但其核心精神是完全一致的。而且特别值得一提的是，按照《周易》的象征体系，乾坤两卦为大父母，原话为："乾，天也，故称乎父。坤，地也，故称乎母。"（《说卦传》）其他六卦则为"六子"：震为长子、巽为长女、坎为中子、离为中女、艮为少男、兑为少女。据此我们完全可以说，此八卦实乃一大家庭也，而由此重叠衍生出来的六十四卦，也不妨认为就是这个大家庭错综复杂的各种关系的某种反映。当然，说乾坤两卦是大父母是象征意义上的，它们主要还是指的天和地，而其他六卦还有雷、风、水、火、山、泽等其他的象征涵义，这是《周易》比之《论语》高明的地方，洒脱的地方。但两者的思维进路虽不同，目标却是一致的，即在政治哲学上都主张"家国同构""天下一体"。《孟子》有云："人人亲其亲，长其长，而天下平。"《礼运》则云："圣人以天下为一家，以中国为一人。"这两句话将此义理说得非常明白。

1.8 子曰："君子不重则不威，学则不固。主忠信，无友不如己者。过则勿惮改。"

【译文】孔子说："君子如果不自重，就没有什么威严，学得肯定也不牢固。要亲近忠信的人，不要跟不如自己的人交朋友。如果有了过错，就要勇于承认和改正。"

【注释】①《朱注》："重，厚重。威，威严。固，坚固也。轻乎外者，必不能坚乎内，故不厚重则无威严，而所学亦不坚固也。"②《集释》引扬雄《法言·修身篇》云：

"或曰：'何如斯谓之人？'曰：'取四重，去四轻。'曰：'何为四重？'曰：'重言、重行、重貌、重好。言重则有法，行重则有德，貌重则有威，好重则有观。'"③《集解》引郑玄曰："主，亲也。"④《集释》引《吕氏春秋》周公旦曰："不如吾者吾不与处，累我者也。与吾齐者吾不与处，无益我者也。"又引《韩诗外传》南假子曰："夫高比所以广德也，下比所以下行也。比于善者，自进之阶。比于恶者，自退之原也。"

【解读】此章所谓"重"者，就是包括言行、仪容等等在内的一整套修行功夫，就是前边屡次讲到的德行修养，其外在表现就是"威"，故说"不重则不威"。我国成语中有"不怒自威"一说，《中庸》又讲"礼仪三百，威仪三千"，子夏亦谓夫子"望之俨然"，为什么能这样呢？一言以蔽之，一个人只有其内在修为达到了一定的程度，才能这样。朱子释"重"为"厚重"，甚确。《周易》坤卦《象传》云："地势坤，君子以厚德载物。"君子应体坤之德，顺以受物，厚以载物，久而久之自会变得"老成持重"，威仪自现，担当大任。否则，如《系辞上》中孔子讲到的鼎卦九四爻那样，"德薄而位尊，知小而谋大，力小而任重"，终难免"折足"和"覆餗"之祸，甚而至于搞得自己一身污秽，哪里还有什么威严可谈呢？而为学亦如此也。唐文治说："凡动作轻浮者，其学皆不足恃也。或训固为固陋，以'学则不固'别为一节者，谬。"（《论语大义》）说得很好。

此章又讲"主忠信，无友不如己者"，所谓"不如己者"，当指在忠信方面不如自己的人，并非指其社会地位。为什么强调"无友不如己者"？《韩诗外传》说得好："比于善者，自进之阶。比于恶者，自退之原也。"《说文》释"乾"字为"上出"，《周易》乾卦《象传》讲"天行健，君子以自强不息"，其中反映的正是这种上出的精神，交友亦当如是。"以友辅仁"是儒家交友之道，语出曾子（见12.24）。《周易》第八卦为比卦，其《彖》曰"比，辅也"，正可用来说明儒家的交友之道。比卦（䷇）下坤上坎，惟九五一个阳爻高居上卦之中，余爻均阴，其中六四爻居外卦而上承九五，柔顺得正，亲比"尊主"，故爻辞获"贞吉"之赞。其《小象》对此解曰："外比于贤，以从上也。"这正好说明，交友并不讳言"从上"，"从上"的目的是见贤思齐，"以友辅仁"，而这样做的结果，未有不获吉者。

最后来看"过，则勿惮改"。人生在世，谁能不犯错误呢？这是连圣贤都不能避免的事。孔子有言："加我数年，五十以学《易》，可以无大过矣。"（见7.17）言大过而不言小过，就说明圣人即使到了五十岁，即使学《易》，也未敢言其小过之必免也。既然如此,一个人只要善于发现自己的错误并勇于改正自己的错误,就算了不起了。《周易》历来被称为"寡过"之书,不仅益卦《大象》明确提出"见善则迁,有过则改"的话,而且还设有小过、大过两卦,专门来谈"过"的问题。《周易》又屡言"无咎",其中卦辞(旧亦称彖辞)称无咎者8例,爻辞称无咎者85例。咎者,病也灾也;无咎者,无病无灾也。一个人怎样才能做到无咎呢?《系辞上》说得非常清楚:"无咎者,善补过也。"《周易》凡言无咎的地方,一定是人出了问题或犯了错误,此时唯有"善补过",才可能获"无咎"。如乾卦九三爻,《文言》说其"重刚而不中,上不在天,下不在田",显然出了问题,但其能"终日乾乾,夕惕若",既拿得起又放得下("惕"于帛书《周易》作"沂",读为"昕",有解除之义,引申为安闲休息),故虽"厉"而"无咎"也。于此可见,改过之功,大矣哉!

1.9 曾子曰:"慎终追远,民德归厚矣。"

【译文】曾子说:"郑重地对待父母的丧事,真诚地祭祀自己的祖先,民风自然会归于醇厚。"

【注释】①《集解》引孔安国曰:"慎终者,丧尽其哀;追远者,祭尽其敬。君能行此二者,民化其德,皆归于厚也。"②《朱注》:"慎终者,丧尽其礼。追远者,祭尽其诚。民德归厚,谓下民化之,其德亦归于厚。盖终者,人之所易忽也,而能谨之;远者,人之所易忘也,而能追之:厚之道也。故以此自为,则己之德厚,下民化之,则其德亦归于厚也。"③《今读》:"丧礼极为重要,是远古先民诸氏族的共同特征。现代人类学家说,当人知道埋葬死者,或给死者以某种丧葬形式,即人的族类自觉的开始,亦即人的文化心理的开始……孔子及其弟子承续这一历史遗俗的强大传统而加以理论化和理性化,把它转向内心,形成'仁—礼'结构。外在为'礼'(人文),内在为'仁'(人性),以此为人道之本。"

【解读】孔学作为人伦日用之学,除了重视孝道,还对父母的丧葬和祖先的祭祀极为重视。关于"三年之丧"后面还有讨论,这里则明确提出"慎终追远"说。"慎终"指的是丧葬,"追远"指的是祭祀。《周易·系辞下》有一段话提到丧葬问题："古之葬者，厚衣之以薪，葬之中野，不封不树，丧期无数，后世圣人易之以棺椁，盖取诸大过。"大过卦（䷛）下巽上兑，巽为木，指棺椁，兑为泽为坑，指墓穴。这是说，上古时下葬很简单，用柴草包起来，就葬在野地里，不堆土做坟，也不种树，服丧的期限也没有定数，后来圣人看到大过卦的形象，就改用棺和椁下葬，这样就庄重多了。由此可见，丧尽其哀也罢，葬尽其礼也罢，都是原始先民迈向文明的进程，也是圣人对百姓进行教化的过程。

丧葬之后，还有祭祀。《左传》云："国之大事，在祀与戎。"无论是丧葬还是祭祀，在《礼记》中都有非常详细的规定，这些复杂的礼仪或许现在已经过时了，但我们要知道，这里的关键是积淀于其中的"敬"和"诚"等文化心理，以及由此激发起来的族群认同意识，其作用不可小觑。《周易》谈到祭祀的地方有很多，如困卦就直接提到了"利用祭祀"，震卦则提到了"祭主"，既济卦提到了"禴祭（指夏祭）"等，其他关于"用享"的地方也都和祭祀活动有关。当然，《周易》中的祭祀对象，肯定有自己的祖先，但可能也不限于自己的祖先。从其仪式来看，都是极其庄严恭敬的，比如观卦提到"盥而不荐"，震卦提到"震来虩虩，笑言哑哑"，还有涣卦提到"王假有庙"等；尤其观卦《象传》明确提到"圣人以神道设教，而天下服矣"，对宗教祭祀的意义和作用表达得非常清楚。这都可以和"民德归厚"之说互参。

1.10 子禽问于子贡曰："夫子至于是邦也，必闻其政，求之与？抑与之与？"子贡曰："夫子温、良、恭、俭、让以得之。夫子之求之也，其诸异乎人之求之与？"

【译文】子禽问子贡说："老师一到某个国家，就能听到那个国家的政事。这是求来的呢？还是别人主动告诉他的呢？"子贡说："他老人家是靠温和、善良、恭敬、俭朴、谦逊等取得的。他老人家获得这些东西的方法，应该和别人主动求取的方法不同吧？"

【注释】①《杨注》："子禽，陈亢（gāng）。字子禽。从《子张篇》所载的事看来，恐怕不是孔子的学生。《史记·仲尼弟子列传》也不载此人。子贡，孔子学生，姓端木，名赐，字子贡。卫人，比孔子小三十一岁（公元前520—？）。"②《皇疏》：

"敦美润泽谓之温,行不犯物谓之良,和从不逆谓之恭,去奢从约谓之俭,推人后己谓之让。"又引顾欢云:"孔子入人境,观其民之五德,则知其君所行之政也。"③《朱注》:"言夫子未尝求之,但其德容如是,故时君敬信,自以其政就而问之耳,非若他人必求之而后得也。"又引张敬夫曰:"夫子至是邦必闻其政,而未有能委国而授之以政者,盖见圣人之仪刑而乐告之,秉彝好德之良心也,而私欲害之,是以终不能用耳。"

【解读】儒家当然是入世的,但其入世或出仕,又是有一定底线的,这在孔子和孟子的出仕经历中都有生动的体现。一言以蔽之,就是他们都主张尊德行、行善政,所以孔孟在统治者面前绝不卑躬屈膝,话不投机则宁愿离开,夫子所谓"道不同,不相为谋"者也(见15.40)。本章子禽和子贡争论夫子"至于是邦,必闻其政"到底是"求之"还是"与之"的话题,实际上反映的正是这个问题。夫子以"温良恭俭让"五德观察民风,其政一见可知,还用别人告诉他吗?故必不用其"求之";夫子本人即具此五德,其国君必然亲近之,喜欢与其商量政事,故朱子又以"问之"赞之,这样反而是国君"求之"矣!但孔子的政治理想又是那么高远,各国的国君因其"私欲"绝不想实行之,故张敬夫谓其"终不能用",不亦悲夫!然夫子一生主张"知其不可而为之"(见14.38),则又何其壮哉!《周易》首乾,乾卦讲"上出"和"自强不息",和《归藏》首坤不同,当然有很强的入世倾向,但值得注意的是,《周易》又有遁卦和艮卦,又讲"时止则止,时行则行",还讲"致命遂志"(困卦《大象》),这应该和夫子的出仕哲学都是一致的。既坚持道德理想主义,又抱用世救世之悲悯情怀,儒家之两难和伟大之处恰恰就在这里。

所谓"温良恭俭让"者,已作为中国文化之成语而存在,实皆儒者内圣之功夫也。《孔子家语·问玉篇》提到子贡问孔子"君子贵玉而贱珉"事,孔子答曰"夫昔者君子比德于玉",并指出玉有仁、智、义、礼、信诸德,又引《诗》云:"言念君子,温其如玉。"玉的这些美德,正可和此处之五德对照体会。又李光地说:"温良恭俭让,可谓善形容圣人者。细别之,则天地之气备焉。温者,和蔼春气也;良者,明达夏气也;恭者,严肃秋气也;俭者,收敛冬气也。让则盛德若虚,秉心无竞,而行乎温良恭俭之中,如土气之流行于四时也。"(《读论语札记》)我们知道,《周易》是"推天道以明人事"之书,其《系辞上》云:"法象莫大乎天地,变通莫大乎四时。"按照李光地之说，"温良恭俭让"不仅包含"仁、智、义、礼、信"诸德，其又含天地四时之气并土之德，其义亦大矣！读者不妨细玩之。

1.11 子曰："父在，观其志；父没，观其行。三年无改于父之道，可谓孝矣。"

【译文】孔子说："当他的父亲活着时，要看他的思想和志向；当他的父亲死了，要看他的行为和举措。一个人如果能有三年时间不改变父亲生前立下的行事规则，可以说就是孝了。"

【注释】①《集解》引孔安国曰："父在，子不敢自专，故观其志而已。父没，乃观其行也。孝子在丧，哀慕犹若父在，无所改于父之道也。"②《集释》引汪中曰："三年，言其久也。何以不改？为其为道也。若非其道，虽朝没而夕改可也。"

【解读】古代以孝治天下，父子关系简直等同于君臣关系，受到极端重视。"三年无改于父之道"，就是这方面的典型表现。"三年无改于父之道"肯定和"三年之丧"有关，在此期间，父亲生前立下的规矩，即使有问题，继位者也不能轻易打破。这恐怕并非单纯是孝子对亡父的情感问题，更重要的可能还是其社会示范作用或影响的问题。《周易》家人卦《象传》明确提到"父父，子子，兄兄、弟弟"，对家庭成员的安分守己很重视，认为这是齐家之道的根本所在；而在《坤文言》中，又明确表示担心说："臣弑其君，子弑其父，非一朝一夕之故，其所由来者渐矣。"因而为了防微杜渐，儿子在父亲生前固然要小心谨慎，在父亲死后很长一段时间内，对其生前制定的大政方针也不敢轻易变动，主要就是怕发生连锁反应，引起负面社会影响，从而危及整个社会秩序。

但是，正如汪中所言，如果父亲生前的确有"非道"之过失，那怎么办？难道接了班的儿子真的一点不能有所作为吗？《论语》对此并没有讲，故引起后人多方辩解，曲为之说。实则《周易》蛊卦恰恰为这种情况提出了绝妙的解决方案，可以参考。《序卦传》解蛊为"事也"，具体则指前人留下的积弊，有积弊就要整饬治理，故《杂卦传》又说"蛊则饬也"。而在蛊卦（䷑）各爻中，更根据不同情况给出了"治蛊"的具体策略。如初六爻首先承认"有子"来"干父之蛊"是好事,这是在真正地继承父亲的事业(《象》曰"意承考也","考"为亡父);这样做或许对父亲的形象会有所伤害,但最终一定是吉利的("无咎,厉终吉")。又如九三爻,他比初六爻性格刚烈些,"干父之蛊"的行动可能比较冒进,但也只是说"小有悔,无大咎"。而六四爻却有些保守,他宽容地对待父亲的弊政("裕父之蛊"),就"往见吝"了。当然,最好的结果是六五爻,所谓"干父之蛊,用誉"(《象》曰"干父用誉,承以德也")。也就是说,他既能救治父亲的积弊,又能使父亲的荣誉毫发无损;这当然和他既上处尊位,又和九二相应有关。你看,如果我们这样结合《周易》蛊卦来理解"三年无改于父之道",或许对本章的理解就可以更深入些了。

1.12 有子曰:"礼之用,和为贵。先王之道,斯为美。小大由之,有所不行。知和而和,不以礼节之,亦不可行也。"

【译文】有子说:"礼的运用,以和为贵。前代圣王的治国之道,认为这样才是美好的。如果大事小情都光用礼而不用和,那肯定有时会行不通。当然,如果一味地光讲和而不知道用礼来加以节制,也是行不通的。"

【注释】①《杨注》引《礼记·中庸》:"喜怒哀乐之未发谓之中,发而皆中节谓之和。"又引杨遇夫《论语疏证》:"事之中节者皆谓之和,不独喜怒哀乐之发一事也。"②《皇疏》:"'小大由之,有所不行'者,言每事小大皆用礼,而不以乐和之,则其政有所不行也。"③刘宝楠《论语正义》(下简称《正义》)云:"案有子此章之旨,所以发明夫子中庸之义也。""其谓以礼节之者,礼贵得中,知所节,则知所中。"

【解读】此章大旨,按照刘宝楠的说法,是"发明夫子中庸之义",很有道理。《中庸》说:"喜怒哀乐之未发,谓之中;发而皆中节,谓之和。中也者,天下之大本也;和也者,天下之达道也。致中和,天地位焉,万物育焉。"可见"和"与"中"不可分,故《中庸》将二者连称。《周易·乾象传》云:"乾道变化,各正性命,保合太和,乃利贞。"陈梦雷解之曰:"各正性命言理,而气在其中;保合太和言气,而理在其中。"(《周易浅述》)由此可见,"和"其实指的是事物处于"各正性命"时的一种平和的状态,而"中"当即陈氏此处所言之"理"也。正是这个

"理"（即"中"），才保证了"和"的达致。作为"天下之大本"的"中"，在《周易》中被极端重视。《系辞下》讲"二多功""五多誉"，为什么？就因为在六爻卦中，二爻处于下卦之中，五爻处于上卦之中，所以两者才成了"功"和"誉"最多的爻。当然，这里讲"中"毕竟讲的还是"理"，具体到每个卦爻的现实情境时，它所彰显出来的结果，就成了"和"了。只不过，此"中"与"和"亦非仅限于二、五爻。如夬卦《象辞》有"决而和"之说，盖夬卦一阴在上、五阳在下，有群阳决一阴之势，唯有决之方为和也。仅此一例，亦见"和"之具体情境应该是千差万别的，但其所指向者是一种比较具体的、合乎自然的状态，则是必然的。

值得注意的是，讲"和"讲"中"，又并非要做"和事佬"，那就成了孔子最讨厌的"乡愿"了。故此章后半段又讲，不能"知和而和"，也就是不能为了和而和，而是要"礼以节之"。这就又回到了孔学的核心概念：礼。《周易》第十卦是履卦，其卦辞说："履虎尾，不咥（dié，音叠，咬也）人，亨。"另《系辞下》"三陈九卦章"有云："履，和而至；谦，尊而光。""履以和行，谦以制礼。"《尔雅·释言》云"履，礼也"；而谦德，则为礼之典型体现。很明显，这和"礼之用，和为贵"的精神都是完全一致的。特别是履卦还强调，礼就是让人时刻觉得就像踩在老虎尾巴上一样小心谨慎的，就是限制人们不能到某些地方去的（《杂卦传》所谓"履，不处也"）。盖古代社会的礼仪，大多来自于原始社会的禁忌风俗，这和履卦的说法非常一致，迄今这样的说法亦未过时。因此，如何既能达到"和"的宝贵状态，又不失掉"礼"的本义，可能正是孔学在这里所关注的问题。

1.13 有子曰："信近于义，言可复也。恭近于礼，远耻辱也。因不失其亲，亦可宗也。"

【译文】有子说："为人信实而合乎正义，说的话就能兑现。态度恭敬而合乎礼义，就不会遭致侮辱。能不背叛自己的亲人，这样的人肯定可以依靠。"

【注释】①《集解》："复，犹覆也。"《朱注》："复，践言也。"②《正义》："《孟子·离娄篇》云：'大人者，言不必信，唯义所在。'是信须视义而行之，故此言近于义也。"③《朱注》："因，犹依也。宗，犹主也。"

【解读】此章谈到孔学的另一重要概念："义"。谈义，孟子比孔子多，他经常将"仁义"并举，并说："仁，人心也；义，人路也。"（《孟子·告子上》）"仁，人之安宅也；义，人之正路也。"（《孟子·离娄上》）《中庸》则说："义者，宜也。"《说文解字》说："义，所安也。"何谓"宜"？"宜"又如何转为"所安"？庞朴先生在《儒学辩证法》一文中对此进行了梳理，他认为，在甲骨文中，"宜"有时旁边加"刀"，此字"或为动词，为杀"，"最早只是杀俘虏或杀牲以祭的意思"；进而指出："'宜'之引申为'所安'、为'当'，起初当如今语'活该''罪有应得'义；继而更活用为一般的'合适''美''善'之类，变得道貌岸然，本义反而湮没，不为人们所知了。"有意思的是，庞朴先生还提到了《周易·说卦传》中的一段著名的话："立天之道曰阴与阳，立地之道曰柔与刚，立人之道曰仁与义。"并指出这样将"仁"与"义"对立起来，是符合"义"之古义的。也就是说，仁是道德的内在要求，义则为道德的外在要求。并认为《系辞下》提出的"理财正辞，禁民为非曰义"，这个"义"，也是在本来的涵义上使用的。只不过，后来经过孟子的改造，"仁义"连称，两者都变成内在的道德要求了。如果我们把《周易》中的"义"字加以系统研究的话，的确会发现其中大部分是保留了其古义的，如"利者，义之和也"（《乾文言》）"君子敬以直内，义以方外"（《坤文言》）"义不困穷"（《困·象》）"天地之大义"（《家人·象》）等等，皆是如此。

此章提出的"恭近于礼，远耻辱也"，也值得讨论。1.10已经提到"恭"字，《皇疏》云："和从不逆谓之恭。"《说文解字》云："恭，肃也。"段玉裁注："肃者，持事振敬也。"实则"恭"和"敬""肃"相通，至今"恭敬""肃敬"也经常连称。所谓恭敬，在处理人际关系时就是自己放下身段，高看别人一头的意思，这既是一种礼仪，同时也就和对方拉开了适当的距离，自然可以避免耻辱，因为很多人招致耻辱就是源于没大没小，忘了自己的身份，与人过于亲昵了。《系辞上》在谈到乾卦"劳谦君子"时说："德言盛，礼言恭；谦也者，致恭以存其位者也。"对"恭"和"礼"的关系也很重视，简直认为恭就是礼的核心了，并将谦和恭联系起来（我们至今也还有"谦恭"之说）。这里值得一提的还有，在谈到各爻之间的关系时，《系辞下》特意指出："凡《易》之情，近而不相得则凶，或害之，悔且吝。"也就是说，两个爻如果距离太近而又不相得的话，一定是凶，或者有危害有悔恨有悔吝等等。陈梦雷的《周易浅述》，对此段有精妙阐释，并举了不少卦爻例来说明，因篇幅过长，不能引述，有兴趣的朋友不妨自己找来阅读。这实际上是从反面说明了"恭敬""谦恭""肃敬"的重要性,读者察之。

1.14 子曰:"君子食无求饱,居无求安,敏于事而慎于言,就有道而正焉,可谓好学也已。"

【译文】孔子说:"所谓君子,吃饭不求过饱,居住不求安适,做事勤快但说话谨慎,拜访有道者来匡正自己的言行,这样就可以说是好学了。"

【注释】①《杨注》:"《论语》的'君子'有时指'有位之人',有时指'有德之人'。但有的地方究竟是指有位者,还是指有德者,很难分别。此处大概是指有德者。"②《集解》:"郑曰:'无求安饱,学者之志有所不暇也。'孔曰:'敏,疾也。有道,谓有德者也。正,谓问其是非也。'"③《集释》引王恕《石渠意见》云:"就有道而正焉,就有道之人而正所言所行之是非,是者行之,非者改之,斯所谓好学之人也。盖古之学者,其要在乎谨言慎行以修身,非徒记诵辞章而已。"

【解读】此章的关键是"食无求饱,居无求安"二句,孔子将之归于君子之好学,实则反映了孔子及孔门弟子席不暇暖、念兹在兹的淑世情怀,盖孔学绝非"辞章之学",其实质乃为言行之学、人伦日用之学也。关于这种品质与情怀,或可以乾卦之九三、九四爻喻之。在一卦之六爻中,三、四爻为人位,正上下之际,故惟有努力而已。如乾之九三,"重刚而不中",故"终日乾乾",上进不已以"行事";乾之九四,"上不在天,下不在田",故"或跃在渊",时起时伏以"自试"。《乾文言》对此评价说:"君子进德修业,欲及时也。"并对"或跃在渊"明确解释道:"上下无常,非为邪也。进退无恒,非离群也。"为了进德修业而如此忙碌的一个君子,哪有时间会去求饱求安呢?程树德《论语集释》曾转载了这样一个故事:宋朝有个王曾,乡、会试并殿试均居首,有贺者曰:"士子连登三元,一生吃着不尽。"王曾正色答曰:"曾生平志不在温饱。"或可作为此处之注脚也。

另外,1.2曾讲"本立而道生",1.12则讲"先王之道",此处又讲"就有道而正焉",那么,《论语》所讲的这个"道",到底是什么呢?实际上,此道就是人道,或上边说的"人伦日用之道"。它既不同于道家的"道",如"道可道,非常道"中的"道";也不同于佛教的"道",如四真谛"苦、集、灭、道"中的"道";

甚至,它和《周易》中的"道"也有很大不同。《周易》以六爻象征天地人,《系辞上》明确提出"六爻之动,三极之道也",《说卦传》则云:"立天之道,曰阴与阳;立地之道,曰柔与刚;立人之道,曰仁与义。"很明显,《周易》之道既包括人道,又包括天地之道,是一个内涵更为丰富的哲学体系。而《论语》则不然,它主要讲的是人伦日用之道即人之道,无论从"孝悌"来讲"本立而道生",还是从"礼之用,和为贵"来讲"先王之道",包括本章从"食无求饱,居无求安"来谈"就有道"等等,均是如此。从这个角度来看《论语》和《周易》的思维进路之不同,或许感受尤甚。当然,儒家讲"天人合一",此人道和天地之道也是相通的,但那是另一回事。

1.15 子贡曰:"贫而无谄,富而无骄,何如?"子曰:"可也。未若贫而乐,富而好礼者也。"子贡曰:"《诗》云:'如切如磋,如琢如磨',其斯之谓与?"子曰:"赐也,始可与言诗已矣,告诸往而知来者。"

【译文】子贡说:"虽然贫穷却不巴结谄媚,虽然富有却不骄傲自大,这样的人怎么样呢?"孔子说:"已经很好了,但毕竟不如安贫乐道、富而好礼的人啊。"子贡说:"《诗经》上说:'制作玉石的时候,又切又磋,又琢又磨',就是这样的意思吧?"孔子说:"赐呀,现在可以同你讨论《诗经》了!告诉你过去的,你就能知道将来的!"

【注释】①《杨注》:"皇侃本'乐'下有'道'字。'如切如磋,如琢如磨'两语见于《诗经·卫风·淇奥篇》。②《集解》:"郑曰:'乐,谓志于道,不以贫为忧苦。'""孔曰:'能贫而乐道,富而好礼者,能自切磋琢磨者也。'"

【解读】在孔学看来,贫富或许关乎人的感性生活、肉体生存,但却无关乎人的理性生活、精神境界。就此而言,"贫而无谄""富而无骄"当然赶不上"贫而乐道""富而好礼"的境界高了,所以后者才为孔子所激赏。这或许是对已经发了财的子贡来说的,但却具有普遍意义。《周易》和《论语》一样,都不拒绝个人拥有财富,如《系辞下》甚至说:"何以聚人?曰财。"《说卦传》还讲巽为"近利市三倍"等,就是明证。在《周易》第三十七卦即家人卦中,其六四爻辞又明确说："富家,大吉。"但是,无论贫还是富,"志于道"和"好礼"应该是最重要的,那才是儒家强调的真正快乐的源泉。因而在困卦中,即一个人处于困境时(贫穷当为困境之一),其《象传》强调"君子以致命遂志";在家人卦六四爻可以"富家"时,其《小象》则说:"富家大吉,顺在位也。"盖六四之能"富家",正因其身在巽中(家人卦上为巽,巽为"近利市三倍")且又上承九五之尊之故。刘沅解释说:"《象》言顺在位,则礼之大顺也。"可见"富而好礼"也是《周易》所强调的,这不仅是获得财富的唯一途径(所谓"君子爱财,取之有道"),而且应该也是延续财富的唯一途径。

另,因子贡引用《诗经》"如切如磋,如琢如磨"的话,孔子赞扬子贡能"告诸往而知来者",并说他"始可与言诗已矣"。这个"告诸往而知来者",正是诗的生发作用,盖诗是用形象来说话的,故有此作用。其实不仅《诗经》有此种作用,《周易》也有此种作用。我们知道,象、数、理、占是易学的四个研究领域,《系辞上》说"圣人立象以尽意";离开了象,绝无可能进入《周易》的思想中枢。这是从大的方面说。具体到卦爻辞,美国汉学家夏含夷曾著有《兴与象——简论占卜和诗歌的关系及其对<诗经>和<周易>的形成之影响》的论文,曾对卦爻辞的诗歌特征有过独到分析。王树人先生则用"象思维"概括中国文化的思维特点,也可作为参考。总之,从思维方式来看,《论语》和《周易》亦有相通之处,本《解读》今后还将择机对此展开论述。

1.16 子曰:"不患人之不己知,患不知人也。"

【译文】孔子说:"不怕别人不了解我,怕的是我不了解别人。"

【注释】①《集注》引尹焞云:"君子求在我者,故不患人之不知己。不知人,则是非邪正或不能辨,故以为患也。"②《集释》引王夫之《四书训义》云:"患己知之不早,则屈学以阿世;不患知人之不明,则亲小人而远君子;其为大患,可胜道哉!"③《集释》引杨氏《论语札记》云:"此篇末以'不患人之不己知,患不知人'结,见君子之学无非为己。"

【解读】我们屡次言及,孔学是切身之学,是由人道上达天道,故孔学之根本全在"为己",即"君子求在我者"是也。按照孔学的逻辑,一个人如果自身功夫不到,反而天天忧虑"人之不己知",必将导致王夫之所说的"屈学以阿世"的情况。故而君子绝不忧虑于此,其所忧虑者,反而是自己不知道、不了解别人,盖如果"不知人,则是非邪正或不能辨",则又如何"齐家治国平天下"呢?!就此而言,无论是"不患人之不己知",还是"患不知人",都是说的一个人内在的修身功夫,两者是一个问题的两面,应该是完全一致的。《周易》既讲天地之道,也讲人道,同样对君子之修身功夫特别重视,如我们上边已提到过的"君子以自强不息",就是强调做人要从自身出发,通过努力,以求配得上健行不已之天道。另如《系辞下》"三陈九卦章"在谈到复卦时,特别讲到"复以自知",小畜卦初九则说"复自道,何其咎",谦卦初六《象传》又讲"谦谦君子,卑以自牧"等等,表达的同样是对善于反求诸己者和坚持自强不息者的肯定。

此外,上一章谈到"乐",这一章谈到"患",此两字亦是孔学一大关节。我们知道,《论语》谈"忧"谈"患"处甚多,而《系辞下》则明确提到:"作《易》者,其有忧患乎?"认为"《易》之为书",就是为了使君子"明于忧患与故",如以其为指导,则能达到"无有师保,如临父母"之效。故鉴于此,徐复观曾将中国文化精神归纳为"忧患意识"。但《论语》和《孟子》亦多次谈"乐"谈"悦",《系辞上》也谈到"乐天知命,故不忧",故李泽厚又提出中国文化属于"乐感文化"。当然,无论是"忧患"还是"悦乐",其内容非止一端,极其丰富。两说似矛盾而实统一,说明了孔学的巨大张力,庞朴先生曾以"忧乐圆融"试图融合之——这里暂且点到为止,具体分析请详后。

为政第二

2.1 子曰:"为政以德,譬如北辰,居其所而众星共(拱)之。"

【译文】孔子说:"用仁德来治理国家,就会像北斗星一样,自己坐在那里,而群星环绕着自己。"

【注释】①《杨注》:"'共'同'拱',与《左传》僖公三十二年'尔墓之木拱矣'的'拱'意义相近,环抱、环绕之意。"②《皇疏》引郭象云:"万物皆得性谓之德。夫为政者奚事哉?得万物之性,故云德而已也。"③《正义》引李允升《四书证疑》云:"为政以德,则本仁以育万物,本义以正万民,本中和以制礼乐,亦实有宰制,非漠然无为也。"

【解读】儒家主张"学而优则仕"(19.13),故紧跟《学而篇》之后即为《为政篇》,由此足见儒家的入世情怀及其社会担当精神。而讲"为政",又首言"德"之重要性,又彰显了儒家政治哲学的基本特征。《大学》有云:"君子先慎乎德。有德此有人,有人此有土。"唐文治评价说:"盖政治之统一,不徒统一乎土地,要在统一乎人心。德者,统一人心之具也。"(《论语大义》)儒家讲"修齐治平",其中"修身"的主要内容就是"修德",亦此意也。至于本章以"北辰"(即北极星)来比喻"为政以德"的涵义,历代注家有不少分歧,实不必较真,我们只要理解儒家政治哲学将人之德性始终放在为政之首位,则足矣。《论语》以后各章,还会以各种形式言说此一主题,本解读将结合其具体内容再行展开讨论。

但这里有必要将《周易·系辞下》中非常重要的"三陈九卦章"予以引述,由此可以彰显《周易》和《论语》在强调道德上的高度一致性。原文如下:"是故履,德之基也;谦,德之柄也;复,德之本也;恒,德之固也;损,德之修也;益,德之裕也；困，德之辨也；井，德之地也；巽，德之制也。履，和而至；谦，尊而光；复，小而辨于物；恒，杂而不厌；损，先难而后易；益，长裕而不设；困，穷而通；井，居其所而迁；巽，称而隐。履以和行，谦以制礼，复以自知，恒以一德，损以远害，益以兴利，困以寡怨，井以辨义，巽以行权。"而且有意思的是，曾有学者将此九卦之德以北斗七星喻之，此正和《论语》本章之喻相通（见徐韶杉《孔子三陈九卦背后的天文》）。盖此九卦，损与益、困与井为正反卦，故可约简为七卦也，故正好可以对应于北斗七星。另外，值得一提的是，关于德之内涵与作用，《周易》和《论语》虽有相同，亦有分歧，具体分析详后诸章。

那么，究竟如何评价将德性置于如此之高地位的原因以及利弊呢？李泽厚先生曾称此为"泛道德主义"，他说："远古的宗教、伦理、政治三合一，便演进为一种泛道德主义而成为思想主流，延续两千余年。泛道德主义将宗教性的人格追求、心灵完善与政治性的秩序规范、行为法则混同、融合、统一、组织在一个系统里。""一方面它使中国没有独立的社会、政治的法规体系，另方面它也使中国无独立的宗教心理的追求意识，二者都融合在'伦常道德'之中……"（《论语今读》）这个分析还是比较公道的。剑桥大学历史学家麦克法兰，在《现代世界的诞生》（上海人民出版社2013年版）中，曾对现代世界的特征进行了较为具体的描述。首先，他把一个广义上的社会划分为经济（economics）、宗教和意识形态（religion and ideology）、政治（politics）、社会（society，狭义上的社会）四个领域；其次，他认为这四者保持彼此独立的社会则为开放的社会，否则就是封闭的社会。由于英格兰曾是世界上第一个逃离了农耕桎梏的国家，是全球"最古老的现代国家"，故而他以英格兰为例来说明其理论。他明确指出，"旧制度将生活中互不相干的领域混成一锅粥。在部落社会，亲属关系作为调节器，将所有人团结在亲属关系之内。在农民社会，社会与经济不分彼此，宗教与政治不分你我，那里的基本单位是家庭和村庄共同体，上面覆盖着一层有文化的统治者。相反，现代社会对不同领域进行了深入划分，致使生活中没有任何一个领域，无论是亲属关系、宗教还是其他，都能够提供一种基础性原则……正是这种开放性和多股力量的角逐，引发了现代社会的动力。一旦某个文明只留下单一基座，该文明多半会走向僵化。"或许可以将这个理论和李泽厚对泛道德主义的批评结合起来，以此分析儒家的德性政治学。

当然，我们不能超越历史阶段来要求孔子，对孔子提出其政治理论的历史语境进行同情性的理解和创造性的转化也是绝对必要的。

2.2 子曰:"诗三百,一言以蔽之,曰:'思无邪'。"

【译文】孔子说:"《诗经》三百首,用一句话来概括,那就是'直言无伪'。"

【注释】①《杨注》:"《诗经》实有三百五篇,'三百'只是举其整数。""'思无邪'一语本是《诗经·鲁颂·駉篇》之文,孔子借它来评论所有诗篇。思字在《駉篇》本是无义的语首词,孔子引用它却当思想解,自是断章取义。"②《集释》引郑浩《论语集注述要》云:"古义邪即徐也。"而据惠栋等人考证,"'虚''徐'二字一意,是徐即虚。""夫子盖言《诗》三百篇,无论孝子、忠臣、怨女、愁女皆出于至情流溢,直写衷曲,毫无伪托虚徐之意。"

【解读】前后两章都是讨论为政之道,这里突然插入一章讨论《诗经》,直觉上比较突兀。历代注家的解释也颇不同。不过,如果结合《诗经》此篇的语境来分析,将"思无邪"解为"直言无伪",比解为"思想纯正"(见《杨注》),似乎更合理些。窃以为,或许前一章是强调"德"在为政中的作用,后一章是强调"礼"在为政中的作用,此章则是强调"情"在为政中的作用也。儒家的政治哲学当然不否认情的作用,甚至李泽厚据此还提出了"情本体"理论。《周易》也不否认情的存在,它甚至认为圣人之所以设卦,目的之一就是为了"以类万物之情";而且,它还认为圣人是有情的,如《系辞下》就说过:"圣人之情见乎辞",亦即卦爻辞中实则反映了圣人之情。尤其值得注意的是,《系辞传》还两次提到了"情伪"(此"情"即真情,而"伪"则为虚假之情),一是"圣人立象以尽意,设卦以尽情伪",二是"情伪相感而利害生",可见《周易》对情之真伪是非常关注的。当然,《周易》以及《论语》中的情,不但是指"人情",还包括"事情"甚至"物情"等等。实际上,情的问题,真与伪的确是核心问题,儒家是主张真情而反对虚情假意的,《论语》中这样的例子很多,如"攘羊"问题,在一定程度上就是情之真伪的问题。从这个角度来看,孔子赞扬《诗》三百篇全是"至情流溢,直写衷曲"即"直言无伪",就是可以理解的了,《礼记》所谓"温柔敦厚诗教也"或即此意也。而我们知道,儒家之诗教其实也是政治学,如孔子曾说"诵诗三百,授之以政,不达;使于四方,不能专对。虽多,亦奚以为?"(13.5)就是明证。显然,学《诗》并不光是为了文辞通达,而主要是为了能够体察其中的真实情感,并能恰如其分地运用于政治场合当中也。

2.3 子曰:"道(dǎo)之以政,齐之以刑,民免而无耻;道(dǎo)之以德,齐之以礼,有耻且格。"

【译文】孔子说:"用法治来引导百姓,用刑罚来规范百姓,他们只想免于惩罚,不会产生廉耻之心。用德行来引导百姓,用礼仪来规范百姓,他们不但会有廉耻之心,而且愿意来归顺。"

【注释】①《杨注》:"《礼记·缁衣篇》:'夫民,教之以德,齐之以礼,则民有格心;教之以政,齐之以刑,则民有遯心。'这话可以看作孔子此言的最早注释,较为可信。此处'格心'和'遯心'相对成文,'遯'即'遁'字,逃避的意思。逃避的反面应该是亲近、归服、向往。"②《朱注》:"政,谓法制禁令也。齐,所以一之也。道之而不从者,有刑以一之也。"③《集释》引《尔雅》云:"格,至也。"

【解读】和第一章所讲的主题相同,此章还是讲"德治"问题,但它是通过和"法治"对比来讲的。本章共两句话,第一句话是讲"法治"不好,因为其结果仅仅是让老百姓"免而无耻",也就是说,法制禁令只能管住人的外在行为,长此以往,反而将人的廉耻心给弄丢了;第二句话则是讲"德治"的好处,即通过道德和礼义教化,老百姓不但会产生廉耻心,而且还将打心眼里认同君上,归顺君上。儒家和法家的区别,从这里也可以略窥一二。但法家的"法治"当然并非现代意义上的"法治",它强调的更多是"刑"而非"法",的确有"刻薄寡恩"、急功近利之处,所以历代法家人物的下场似乎都不太好。而儒家的"德治"呢?按照李泽厚的说法,它"强调的仍然是心理悦服的重要",但由于中国"长期的农业小生产和血缘关系作为社会结构主要支柱的保存",难免演化为一种"泛道德主义"学说,从而"笼罩了包括政治在内的一切"(《论语今读》)。如果站在麦克法兰提出的关于现代世界划分的理论上看,这种"泛道德主义"在社会转型的特殊时期,肯定是一种阻碍社会进步的力量,中国的"五四运动"所冲击的,或许正是这种力量。然而,如果站在今天的立场上看,一个社会一旦完成了现代性转换，将这种道德从"泛道德主义"中解放出来，进而使之回归"宗教性道德"和"社会性道德"（李泽厚语）的本位，又肯定会对社会的治理和人性的净化具有正面的引导作用。我们今天学习《论语》，意义也许就在这里。

再结合《周易》来看，一方面，如上所述，《周易》对德行的很多论述和《论语》相通，可以互参；另一方面，因为《周易》通过六十四卦预设了一个庞大的形上体系，所谓"冒天下之道"，故而其对"德法（刑）"关系的论述要相对从容一些，因而给后人的解释和创造性转化留下了更大的想象空间。比如，旅卦《大象》提到"君子以明慎用刑，而不留狱"，豫卦《象传》提到"圣人以顺动，则刑罚清而民服"，蒙卦初六提到"利用刑人"（其《小象》曰"利用刑人，以正法也"）等，可以说都强调了慎用刑罚、德法（刑）相济的精神，但同时又没有像《论语》那样过多地否认刑罚的作用。特别是噬嗑卦和丰卦，前者卦辞讲"利用狱"，《大象》讲"先王以明罚敕法"，后者《大象》讲"君子以折狱致刑"，都对刑罚持一种肯定性的态度。为什么会这样呢？盖噬嗑卦和丰卦均由震、离构成，而震为雷、离为火为电，正如智旭所言"折狱如电之照，致刑如雷之威"（《周易禅解》），故从肯定雷、电之自然现象进而肯定刑罚的必要性及其巨大威力，就是顺理成章的事了。

2.4 子曰："吾十有五而志于学，三十而立，四十而不惑，五十而知天命，六十而耳顺，七十而从心所欲不逾矩。"

【译文】孔子说："我十五岁时有志于学问，三十岁时确立了完整人格，四十岁时不再发生任何困惑，五十岁时知道了自己的天命所在，六十岁时听到别人的话就能明辨是非，现在我到了七十岁了，心里的任何念头都不会逾越规矩而能合乎天地之道了。"

【注释】①《杨注》："'有'通'又'。"②《皇疏》："志者，在心之谓也。孔子言我年十五而学在心也。"③《朱注》："古者十五而入大学。心之所之谓之志。此所谓学，即大学之道也。志乎此，则念念在此而为之不厌矣。""天命即天道之流行而赋于物者，乃事物所以当然之故也。知此则知极其精，而不惑又不足言矣。"④《集解》引郑玄云："耳顺，闻其言而知其微旨也。"⑤《皇疏》："从，犹放也。逾，越也。矩，法也。年至七十，习与性成，犹蓬生麻中，不扶自直。故虽复放纵心意，而不逾越于法度也。"

【解读】本章是《论语》中的著名段落,是孔子对自己人生诸阶段的生动概括,已成为影响深远的名言,但仍值得讨论。

首先是这个"志"。皇侃说:"志者,在心之谓也。"朱子说:"心之所之谓之志。"这和我们现在的理解差不多,"志"其实指的就是人的一种意愿和追求。而所谓"志于学",按照朱子的说法,即有志于"大学之道"的意思。经查,《论语》中"志"字有17个,和"志于学"相近的应该是"志于仁"(4.4)"志于道"(4.9和7.6)以及"博学而笃志"(19.6)等。但和《周易》比起来,这个谈"志"的比例可以说就很低了。经查,《周易》古经中没有"志"字,但《彖传》《象传》屡言"志",有66次。《系辞上》还有两次谈到"通天下之志",同人卦《彖传》亦讲"唯君子能通天下之志"。窃以为,"通天下之志"可谓儒者志向之总纲,完全可以和《论语》之"志于仁""志于道""志于学"会通而观。而《彖传》《象传》谈"志"的内容就更加丰富了,但都是结合各卦爻的具体情况来说的,如小畜卦《彖传》讲"刚中而志行",泰卦《彖传》讲"上下交而其志同",大有卦五爻《小象》讲"信以发志",谦卦上爻《小象》讲"志未得也",观卦上爻《小象》讲"志未平也",无妄卦初爻《小象》讲"得志也",遁卦二爻《小象》讲"执用黄牛,固志也",家人卦初爻《小象》讲"志未变也",兑卦二爻《小象》讲"孚兑之吉,信志也"等等。这些言"志"的部分都很具体,其实反映了人生的丰富多彩以及个人遭际的复杂多变。唐文治先生对此有独到分析,曾说:"《周易》位与志实并重。圣人所以时言位者,勉人之有定位而无越分也;所以时言志者,勉人有定志而无歧思也。然位不能变,而志则有变而得之者,盖天下之位万殊,卑高以陈,各有一定,而生人之志万殊,则宜有改过迁善之路也。"(《十三经纲要》)或谓人各有志,志有大亦有小,这在《周易》各爻中有不同表现,但无论《周易》还是《论语》,都是强调立大志的(所谓"通天下之志"),都是强调"信志"和"固志"的,这对于我们这里理解孔子的"志于学"应该是有帮助的。

接着就是这个"天命"的问题。孔学是讲"命"的,《论语》最后一章特意提到"不知命,无以为君子也"(20.3),而16.8讲到"君子有三畏",第一个就是"畏天命",可见命的重要性。但孔学所讲的命又决非"宿命",其所谓"知天命"者,乃是说"人活在无可计量的偶然性中,却决不失其主宰",并且"谨慎敬畏地承担起一切外在的偶然",其实质是"一己对'命运'的彻底把握"(李泽厚《论语今读》)。换句话说,一个人的诞生及其性别、相貌、智力,包括他生活在什么样的时代和家庭等,其实都带有极大的偶然性;西方存在主义哲学甚至认为,我们都是被"抛"到这个世界上的,表达的就是这个意思。但这种偶然性,居然成了必然,成了我们每个人不得不面对的东西,这就是所谓的"命"。但话说回来,人其实又是可以选择自己的命运的,能自觉地、清醒地承担或应对自己的命运,或许就是孔子说的"知命"或者"知天命"也。

《周易》也讲命,但讲的角度有所不同,说法也多样,如无妄卦《象传》讲"动而健,刚中而应,大亨以正,天之命也""天命不佑,行矣哉?"熊十力由此发挥说:"《论语》云'五十而知天命',按命者流行之谓;《易经》无妄卦以'动而健'释天命。问'谁何是流行',答'流行即是万有';问'谈流行云何说天',答'天者流行的实体,非可从空无中,忽然乍现流行万有故'。""知天命者,知天之不容已于流行也。"(《乾坤衍》)可见《周易》也承认有"天命"的存在,按照熊十力的解释,它就是一种流动不息的实体性力量,这里当然更多地强调的是命的必然性的一面。因为有天命的存在,所以大有卦《大象》就讲"君子以遏恶扬善,顺天休命",鼎卦《大象》则讲"君子以正位凝命",此明显已将"天命"赋予了儒家价值观的色彩了。综言之,"命"固然有其偶然性、客观性的一面,但人也有主动地予以应对的一面,那就是在坚持道德原则基础上的"改命"。比如《周易》革卦就讲到"汤武革命"问题,并在九四爻辞特别强调"有孚改命",即改命和革命的条件是要"有孚",孚者信也,即要有诚信或得到人民的信任才行。如果革命不成功怎么办?困卦《大象》讲"君子以致命遂志",就是这种情况。其意思是说:将结果委之于命运(即牺牲生命),那样尽管失败了,也算是完成自己的志向了。从这个角度看,再结合上边讲的"志"的问题,我们会发现,儒家决非宿命论者,而是既坚持理想又不畏惧失败的人——所谓"知天命"的真正涵义,或许在此。

最后再讨论下"从心所欲不逾矩"的问题。冯友兰曾将人生境界归纳为四种:自然境界、功利境界、道德境界、天地境界,窃以为所谓"从心所欲不逾矩"者,即天地境界也。达此境界者,已接近于身与心之合一,人与天地之合一,人与人之合一,堪称圣人矣!《系辞上》有一段话谈到《易》道之玄妙:"与天地相似,故不违;知周乎万物,而道济天下,故不过;旁行而不流,乐天知命,故不忧;安土敦乎仁,故能爱。范围天地之化而不过,曲成万物而不遗,通乎昼夜之道而知。"这不正是圣人"从心所欲不逾矩"的境界吗?!

2.5 孟懿子问孝。子曰:"无违。"樊迟御,子告之曰:"孟孙问孝于我,我对曰:'无违。'"樊迟曰:"何谓也?"子曰:"生,事之以礼;死,葬之以礼,祭之以礼。"

【译文】孟懿子向孔子问孝道。孔子说:"不要逆天而行。"不久,樊迟替孔子赶车,孔子告诉他:"孟孙来向我问孝道,我答复他,不要逆天而行。"樊迟问:"这是什么意思呢?"孔子说:"父母活着,就按礼节侍奉他们;死了,就按礼节埋葬他们,祭祀也一样。"

【注释】①《杨注》:"孟懿子,鲁国的大夫,三家之一,姓仲孙,名何忌,'懿'是谥号。他父亲是孟僖子仲孙貜。《左传》昭公七年说,孟僖子将死,遗嘱要他向孔子学礼。""樊迟,孔子学生,名须,字子迟,比孔子小四十六岁。"②《皇疏》:"言行孝者每事须从,无所违逆也。"又引卫瓘云:"三家僭侈,皆不以礼也,故以礼答之也。"又引《读四书大全说》云:"无违者求之心,礼者求之于事,此亦内外交相省察之意。"③《集注》:"无违,谓不背于理。"④《集释》:"王充《论衡·问孔篇》曾经质问孔子,为什么不讲'无违礼',而故意省略讲为'无违',难道不怕人误会为'毋违志'吗?"

【解读】上一章是孔子现身说法,结合自己不同的人生发展阶段,来谈为政须从切己出发,稳步前进——孔学将个人修养和为政之事融为一体,于此可见。本章则以"无违"点题,又将为政的关键具体落在"孝"上,其后接着三章都是讲的这个问题。

但究竟"无违"的是什么东西,后世分歧较大。按说后边直接讲的是"礼",这个"无违"应该就是"无违礼"的略称,但正如王充所疑惑的,那孔子又为什么故意省略了"礼"呢?不怕人们误会吗?从皇侃、卫瓘和朱子的解释来看,的确分歧已经产生。窃以为,孔子故意不在"无违"后加任何宾语,反而给我们留下了更大的想象空间,如果加上"礼"字,倒是显得死板了。朱子以"理"解之,虽然受到程树德的批评,但说"不背于理"的确比说"不背于礼"要深刻得多。《周易》

谦卦六四《小象》在解释爻辞"㧑谦"时,曾有过"不违则"的说法,这个"则"和朱子之"理"约略相当。但《周易》还有更高妙的说法。上边曾引《系辞上》云:"《易》与天地相似,故不违。"这里虽讲的是《周易》自身,实则也讲的是人,即在《周易》看来,人与天地是相似的甚至是合一的。《乾文言》对此讲得就更清楚了:"夫大人者,与天地合其德,与日月合其明,与四时合其序,与鬼神合其吉凶。先天而天弗违,后天而奉天时。"这就是所谓的"天人合德",此时甚至大人先天一些或后天一些都没有问题的。如果考虑到《周易》认为天地(乾坤)为人之"大父母",这种"无违"之德正是孝道的最高境界,故所谓"无违"应该就是不违背天地之运行规律的意思。本解读将"无违"译为"不要逆天而行",正以此也。

2.6 孟武伯问孝。子曰:"父母唯其疾之忧。"

【译文】孟武伯问孝道。孔子说:"只要看父母为孩子生病焦虑时的样子。"

【注释】①《杨注》:"孟武伯,仲孙彘,孟懿子的儿子,'武'是谥号。"②关于"其",《杨注》引王充《论衡·问孔篇》说:"武伯善忧父母,故曰'唯其疾之忧'。"即释"其"为父母。又引马融说:"言孝子不妄为非,唯有疾病然后使父母忧耳。"则释"其"为孝子。《杨注》认为"两说都可通",此处采马融之说。③《朱注》:"言父母爱子之心无所不至,唯恐其有疾病,常以为忧也。人子体此而以父母之心为心,则凡所以守其身者自不容于不谨矣,岂不可以为孝乎?旧说人子能使父母不以陷于不义为忧,而独以其疾为忧,乃可谓孝,亦通。"

【解读】如果说上章是从"无违"的抽象高度来谈孝,以下三章则是从非常具体的角度来谈孝。首先是疾病,不管这里的疾病是父母的,还是子女的,总之是一种切己、切身的彼此关怀,盖父母和子女的关系首先是一种血缘的或肉体的关系,孔学的一切道德哲学正是基于此而建立起来。在17.21中,孔子从"子生三年,然后免于父母之怀"来论证"夫三年之丧,天下之通丧也",也是这种逻辑。从子女的角度看,关心父母的身体健康或者好生照看自己的身体而不让父母担心,一直被当作孝道的重要内容。如《孝经》就明确讲:"身体发肤,受之父母，不敢毁伤，孝之始也。"这和此章对孝的解读完全相通。

《周易》似乎没有从孝的角度谈过身体问题，但《系辞传》有10次谈到"身"字，多和肉身有关，内容包括"存身""安身""身安""灭身""失身""藏器于身"等，其中最能代表其观点的，应该是孔子在解释益卦上九爻"莫益之，或击之，立心勿恒，凶"时说的这段话："君子安其身而后动，易其心而后语，定其交而后求。君子修此三者，故全也。"可见《周易》对君子之保全自己的身体是非常重视的，总是放在很重要的位置，就像在后来的"安身立命"的说法当中，"安身"总是放在"立命"之前一样。

2.7 子游问孝。子曰："今之孝者，是谓能养。至于犬马，皆能有养；不敬，何以别乎？"

【译文】子游问孝道。孔子说："现在所谓孝，只是养活父母而已。但连犬马都能养活人哩！一个人如果不尊敬父母，那和犬马又有什么区别呢？"

【注释】①《杨注》："子游，孔子学生，姓言，名偃，字子游，吴人，小于孔子四十五岁。"②《集解》引包咸曰："犬以守御，马以代劳，皆养人者。"③《今读》："'敬'可以有双解。一是对父母的尊敬、敬爱；一是对道德律令的敬重……儒学本义的'敬'仍指前者，即人子对父母的敬爱。"

【解读】如果说上一章的主题是从疾病出发，再过渡到对疾病的关心来谈孝的话，那么本章的主题则是从"能养"出发，再过渡到"敬"来进一步谈孝，似乎内涵又深了一层。但无论是"疾"还是"养"，都是关乎人的身体的问题，孔学的所谓孝道正是从这个基点切入进而生发出来的。上一章是由"疾"上升到"忧"，这一章是从"养"上升到"敬"。关于忧患问题，我们在1.16已经有所涉及；按照《论语》的逻辑理路，完全可以肯定，由《周易》首倡的忧患意识以及由范仲淹归纳出来的"先天下之忧而忧，后天下之乐而乐"的孔学忧患观，其实也是由这个最切己、最切身的对亲人之疾病的"忧"而生发出来的。而所谓"能养"，正如孔子所说，甚至连犬马也能做到，这个起点不可谓不低，但却是必要的；问题是必须将其上升为"敬养"，那才算孝道，那才算孝子。

《周易》蒙、大畜、颐、井、鼎卦等，都讲到"养"的问题，但角度各有不同。

如蒙卦《象传》讲"蒙以养正",大畜《象传》讲"养贤",颐卦《象传》讲"养正则吉""天地养万物,圣人养贤",井卦《象传》讲"井养而不穷",鼎卦《象传》讲"大亨以养圣贤",虽然角度不同,亦非讨论孝道话题,但均非单纯强调肉身或口腹之养,其主要强调者乃为德行修养,还是非常清楚的。《论语》认为孝顺父母,不应该像犬马一样单纯"能养"就行了,实际上也是这个意思。《盐铁论·孝养篇》云:"上孝养志,其次养色,其次养体。"此之谓也。故吴秋文先生说:"本章的'奉亲'之道不在厚薄,贵在'诚敬'之心,不重物质,而注重'精神之颐养'。"(《易读论语》)评价极为得当。孔学之"下学上达"功夫,由此亦可见一斑矣。

2.8 子夏问孝。子曰:"色难。有事,弟子服其劳;有酒食,先生馔,曾是以为孝乎?"

【译文】子夏问孝道。孔子说:"在父母面前和颜悦色最难!有事情,年轻人就来效劳;有酒食,年长者可以享用,难道这竟然就是孝吗?"

【注释】①《杨注》引《礼记·祭义篇》云:"孝子之有深爱者必有和气,有和气者必有愉色,有愉色者必有婉容。"并谓:"曾音层,céng,副词,竟也。"②《朱注》:"先生,父兄也。"

【解读】这一章讲"色难",可以说是对上一章提出的"敬"的进一步解释。"敬"在论语中屡次言及,但正如李泽厚先生所说的那样,这个"敬"却"既不是外在他律的行为,也不是抽象超越的概念",而是一种"理欲相融的情"(《论语今读》)。孔学之伟大,或许就在于它善于将人之切身体验凝炼为社会道德规范,而这种社会道德规范(此处即孝道)却又并非高高在上的和不可企及的,而是依然具有人间烟火气的,带有体温的,可以伸手触摸的。比如这个"色难",讲的就是人子在父母面前要和颜悦色,这就将"敬"具体化了,也将"无违"的抽象原则又一次落在了现实之中。因此,从理论上讲,孔学固然是"下学而上达",但在实践操作上,它却依然强调"落地"——很可能这才是孔学之所以如此迷人并产生如此巨大的影响力的根本原因所在。

我们在2.2中曾经介绍过,《周易》也是讲情的,比如它曾明确提到"圣人之情"。《系辞上》所谓"吉凶与民同患"和"安土敦乎仁，故能爱"云云，即可作为"圣人之情"的最佳注脚。如果我们仔细琢磨一下，这是一种多么深沉而博大的感情！特别是在家人卦（䷤）中，《周易》还专门提到了"交相爱"的场景，更是对父母和子女之间情感的一种生动描绘。其六二爻辞云："无攸遂，在中馈，贞吉。"《小象》解释说："六二之吉，顺以巽也。"其九五爻辞云："王假有家，勿恤，吉。"《小象》解释说："王假有家，交相爱也。"此处的"假"，旧音读如"格（gé）"，犹言"感格"。盖此处之六二恰为孝顺之子女也，他（她）在家里主事且又巽顺于五；而此处之九五则为受人尊敬之父母（亦为王）也，他能体贴并关爱自己的子女，故两者乃可交互感应，遂成颇为温馨之"交相爱"的场景。另如中孚卦（䷼）之九二爻，还提到了"鸣鹤在阴，其子和之"的故事，如果我们抛开繁琐的象数考证，单就这个场景而言，其实也是借着鹤的比喻来描写父母和子女之间的温馨情感的。当然，《周易》也提到了"情伪"的问题，因为情中掺杂了"伪"，故而即使在父子关系当中，"色难"的现象也就所在多有，岂不悲乎！

2.9 子曰："吾与回言终日，不违，如愚。退而省其私，亦足以发，回也不愚。"

【译文】孔子说："我整天给颜回讲学，他从不提什么反对意见，就跟一个愚笨的人一样。等他回去再反省自己的言行，才发现他把所讲的内容都给予了很好的发挥，可见他并不愚笨哩。"

【注释】①《杨注》："颜回，孔子最得意的学生，鲁国人，字子渊，小孔子三十岁（《史记·仲尼弟子列传》如此）。但根据毛奇龄《论语稽求篇》和崔适《论语足征记》的考证，《史记》的'三十'应为'四十'之误，颜渊实比孔子小四十岁（公元前511—480）。"②《集解》引孔安国云："不违者，无所怪问。于孔子之言默而识之，如愚者也。察其退与二三子说绎道义，发明大体，知其不愚也。"③《朱注》："发，谓发明所言之理。"

【解读】颜回是孔门弟子之首，最为孔子所赞赏，并被后世尊为"复圣"。从这段语录亦可看出，颜回是个表面木讷但善于自省的人，诚所谓"仁者"也。此章最可注意者为"发"字。"发"的繁体字为"發"，《说文解字》云："发，射发也。"后衍申为生发、发挥、发展等义。颜回"退而省其私,亦足以发"者,究竟是什么?由孔安国和朱子的注解来看,似乎其所发者仅止孔子所言义理而已,但窃以为其范围或更广泛,是应该包括情感、言行等等一切人格修为在内的。《中庸》说:"喜怒哀乐之未发谓之中,发而皆中节谓之和。"此章的"发",正与这里的"发"同义。

又《周易·系辞上》说:"君子之道,或出或处,或默或语。"翻译为白话,大致意思是:"所谓做君子的道理,就是当他面对一件事情的时候,他知道这事当做还是不当做,当说还是不当说。"这是孔学非常强调的功夫。故《系辞上》又说:"言行,君子之枢机。枢机之发,荣辱之主也。言行,君子之所以动天地,可不慎乎!"这里的"发",亦可互参。的确,在很多时候,我们都面临着这样的两难选择:说还是不说?做还是不做?如果一个人能够明白并抓住此中的"玄机",那他不是一个大大的君子或者成功者吗?!而相反呢,像我们这些平常人,最容易犯的错误恰恰是,经常做不当做的事,说不当说的话,又或者没有做当做的事,没有说当说的话,所以到头来自然沦为一个小人物了。就此而言,颜回作为孔子最得意的弟子,平时"不违""如愚",似乎什么都不说、什么都不做,但到了关键的时候,却在情感和言行诸方面均能"发而皆中节",故而得到孔子赞扬,也就不奇怪了。

2.10 子曰:"视其所以,观其所由,察其所安。人焉廋(sōu)哉?人焉廋哉?"

【译文】孔子说:"判断一个人,首先要看他的所作所为,然后要观察他的行迹来历,最后还要考查他到底安心于什么。这样一来,他怎能隐藏得住呢?他怎样隐藏得住呢?"

【注释】①《朱注》:"以,为也。为善者为君子,为恶者为小人。"②《集释》引《四书辨译》云:"盖'所以'者,言其现为之事也。'所由'者,言其事迹来历从由也。'所安'者,言其本心所主定止之处也。"③《杨注》:"'安'就是阳货篇第十七孔子对宰予说的'女安,则为之'的'安'。一个人未尝不错做一两件坏事,如果因此而心不安,仍不失为好人。""廋,音sōu,隐藏。"

【解读】盖儒者以"治国平天下"为己任，故对"知人"非常上心，孔子屡言之。如12.22樊迟"问知"，孔子明确回答"知人"；20.3即《论语》最后一章，其最后一句，孔子又说："不知言，无以知人也。"当然知人的过程，其实也是体会自己做人的过程，两者应该是一致的。本章虽未涉及"知人"字样，实际上谈的也是知人之道，它从一个人的所作所为追溯到其行迹来历，再追溯到其内心深处的行为动机，知人论人亦深矣。尤其是这个"安"字，意味深长。杨伯峻说："'安'就是阳货篇第十七孔子对宰予说的'女（汝）安，则为之'的'安'。"也就是说，这个"安"应该是指某种包含着极强价值倾向的心理情感。《周易》节卦有"安节"之说，《系辞传》也提到"君子所居而安者，《易》之序也""安土敦乎仁""利用安身，以崇德也""君子安其身而后动"等语，这些"安"，肯定不仅仅是指身体之安康，而更多的是指一种情感和德性上的自足或自信状态，即俗谓"安心""心安"是也。窃以为，《孟子·离娄上》所云"仁，人之安宅也"，应该是此处之"安"的最佳注脚。是的，如果我们能够观察到一个人是否已经安心于仁宅，这个人还能藏匿到哪里去呢？这个人还能藏匿到哪里去呢？

2.11 子曰："温故而知新，可以为师矣。"

【译文】孔子说："温习并提炼旧的知识，领悟并创造新的知识，这样就可以做老师了。"

【注释】①黄式三《论语后案》（下简称《后案》）："温，燂温也。故，古也，已然之迹也。新，今也，当时之事也。"②《朱注》："温，寻绎也。故者，旧所闻。新者，今所得。言学能时习旧闻，而每有新得，则所学在我，而其应不穷，故可以为人师。"③《集释》引《论衡·谢短篇》云："知古不知今，谓之陆沉。知今不知古，谓之盲瞽。温故知新，可以为师。"又引顾宪成《小心斋札记》云："心勿忘，勿助长，极尽此温字形容。忘则冷，助则热，惟温字乃是一团生气，千红万紫都向此中酝酿而出，所谓新也。"

【解读】孔子曾说自己"信而好古"（7.1），又自谓"我非生而知之者，好古，敏以求之者也"（7.20），还喜欢颂扬"三代之治"，所以历来有以守旧者视之者。

但果其然乎？从孔子的这段语录就可看出，他虽然尊重古代的知识，但对于创新也是非常强调的，其中最值得注意者，应该是他主张要由旧的经验、旧的知识推导或提炼出新的经验、新的知识，反对割裂两者的关系，所以两千年来，这个"温故而知新"不仅成了教育教学的重要方法，而且还成了处理新与旧、现实与历史、当代与传统的重要方法。特别是这个"温"字，极能道出孔学的"中道"特点，可以结合顾宪成对此的解读，反复体味。

和孔子这里的主张相同，《周易》也是主张创新的，如大畜卦《象传》就明确提出"日新其德"，《系辞上》又讲"日新之谓盛德"，可见将"日新"提到了多么重要的地位！而且在著名的革卦中，《周易》甚至提出了"改命"、"革命"的严肃主题。其实，所谓《易》者，其基本涵义就是"变易"也，故而支持革新、创新、革命，自是题中应有之义，因而《系辞下》大讲"穷则变，变则通，通则久"一点也不奇怪。但与此同时，和孔子这里的思想完全一致，《周易》也主张多学习古代的知识，如大畜卦《大象》明确提出"君子以多识前言往行，以畜其德"，并反对一味地强调变革而冒进，如在革卦中曾说"巩用黄牛之革"（初九爻辞）、"革言三就"（九三爻辞）、"有孚改命"（九四爻辞）等等，就是强调不到万不得已不能轻言革命；而在讼卦六三更提出"食旧德，贞厉，终吉"之说，即有时安分守己，不妄动，按照过去的规矩办事，虽然看上去不好，但最后说不定反而效率更高、结果更好呢！这些内容，对于我们理解"温故知新"的本义，相信会有帮助。

2.12 子曰："君子不器。"

【译文】孔子说："君子可不仅仅是当器具使用的啊。"

【注释】①《朱注》："器者各适其用而不能相通。成德之士体无不具，故用无不周，非特为一材一艺而已。"②唐文治《论语大义》（下简称《大义》）："此器字，与器使之器略同，与瑚琏之器实异。《礼记·学记篇》曰：'大道不器。'君子大道被于躬，是以体无不具，用无不周，而不为一材一艺所囿也。"③《杨注》："古代知识范围狭窄，孔子认为应该无所不通。后人还曾说，一事之不知，儒者之耻。"

【解读】对于"君子不器"，杨伯峻的翻译最直白，大多数人的第一印象恐怕也是如此,即君子不能局限于一技之长,而应该"无所不通"。这是从"通才"和"偏才"的角度来理解君子和凡人的区别了,固然有一定的道理,但却未能发掘出孔子此语的深意。唐文治先生引用《礼记·学记篇》"大道不器"来解释,朱子则从"成德之士"来解释,两者思路接近,显然更胜一筹。实则"道"与"器"乃一对范畴,不了解道,自然不能理解器。《周易·系辞上》云:"形而上者谓之道,形而下者谓之器。"道、器之根本区别在此。而君子作为"成德之士",定为得道之人,当然不会局限于一材一艺;但这个"不局限",却又决非仅只多才多艺而已,而是"大道被于躬"即因领悟了形上之大道而周身通透,故而"体无不具,用无不周"也。李光地《读论语札记》对此意解释最妙,特抄录如下:"颜子视听言动之间,曾子容貌辞气颜色之际,而皋、夔、稷、契、伊、傅、周、召之功勋德业在焉,此之谓不器。若以无所不知、无所不能为不器,是犹未离乎器者矣。"所以,此"不器"绝不在于人之掌握技艺数量上的多寡,而在于运用此技艺的人是否有"道体"在,是否有"仁德"在,是否有"忧患意识"和"人文关怀"在——这恐怕才是孔子提出"君子不器"的言外之意。当然,孔子是主张学生多多地学习技艺的,所谓"六艺"即是,他也说过自己"多能鄙事"(9.6),在《系辞下》中孔子还说过"君子藏器于身"的话,这些都要从这个角度来理解才会意思完整。就此而言,此"不器"当然就不能直接翻译为"不是器具"(见《论语今读》)了;诚如唐文治先生所说,盖此"器"字"与瑚琏之器实异"而"与器使之器略同",故"不器"实为"不能仅仅作为器具使用"之意也。

2.13 子贡问君子。子曰:"先行,其言而后从之。"

【译文】子贡问怎样才能做一个君子。孔子说:"先行动,然后再发言。"

【注释】①《朱注》引范祖禹曰:"子贡之患,非文之艰而行之艰,故告之以此。"②《大义》:"政治学问,皆以力行为先。"

【解读】孔子始终主张"讷于言而敏于行"(4.24),反对"巧言令色"(1.7和17.17),这里提出"行先言后",具体情境很可能是针对子贡能言善辩而发,但毫无疑问也具有某种普适性。

关于言行关系,《周易》和《论语》的思想基本一致。比如家人卦《大象》云

"君子以言有物,而行有恒",《系辞上》云"默而成之,不言而信",《乾文言》云"庸言之信,庸行之谨"等等,总之都是强调,一方面要"言之有物",另方面要"言行合一"。只不过,是否一定要"行先言后"呢?《周易》似乎没有这样的说法。此或因为《周易》通过卦象爻象、卦辞爻辞提供了一个关于这个世界的全方位(天地人)的形上体系,故其更强调要照着这个体系的要求而言而行即可,并没有强行将两者的前后问题予以分辨。

比如《系辞上》有一段著名的话:"圣人有以见天下之赜,而拟诸其形容,像其物宜,是故谓之象。圣人有以见天下之动,而观其会通,以行其典礼,系辞焉以断其吉凶,是故谓之爻。言天下之至赜,而不可恶也。言天下之至动,而不可乱也。拟之而后言,议之而后动,拟议以成其变化。"此处之"赜",即杂乱之万物也;"拟",比类也;"典礼",常理也。翻译成白话,就是说,圣人看到天下的事物太过繁杂,从而模仿其形态而画卦分类,象征得恰如其分,这就形成了卦象;又看到天下事物的变化太过纷乱,就观察其中的阴阳会通之处,在变化中找出其中不变的常理,在爻下附上文字来说明之,这就是爻辞;这样一来,当我们讨论世界上这些复杂的事物及其变化的时候,就没有那么麻烦了。在这个基础上,当我们面对具体事情的时候,如果想发言,只要比拟其卦象就可以了,所谓"拟之而后言";如果想行动,只要参考其爻辞就可以了,所谓"议之而后行";如此一言一动,可与《易》之变化规律相一致,故能事事均有成也。很显然,《周易》预设的这个形上体系,是《论语》所没有的,因而两者对言行关系的论述是有差异的。

2.14 子曰:"君子周而不比,小人比而不周。"

【译文】孔子说:"君子讲周遍公平,而不讲朋比营私;小人讲朋比营私,而不讲周遍公平。"

【注释】①《集解》引孔安国云:"忠信为周,阿党为比。"②《集释》引《论语后录》云:"易卦'比之匪人',故小人称比。"③《朱注》:"周,普遍也。比,偏党也。皆与人亲厚之意,但周公而比私耳。"④《集释》:"以义合曰周,以利合曰比。既以义合,得非忠信耶?"

【解读】《周易》和《论语》都有不少地方将"君子""小人"对比论述,此章也是著名的一例。理解这段语录,关键是要弄懂"周""比"二字的涵义。此"周"字,一般解为"周遍"之义,又引申为"公平""公正""忠信"等。这和《周易》的"周",以及《系辞上》所谓"知周乎万物"的"周",均同义。而"比",或有争议。

我们知道,《周易》有比卦,其卦辞直接说:"比,吉也。"既如此,这里又何以将"比"归于小人之所为呢?唐文治先生对此的回答最清楚:"若下从上,阴从阳,则比为吉;若比之匪人,则比为凶。此比字专指朋比而言,盖其为私也大矣。"(《论语大义》)的确如此!比卦(䷇)下坤上坎,其六二上应九五,故"比之自内"而吉,六四上比九五,属"外比于贤"亦吉;而六三之应爻为上六,上六为"后夫凶"者,其上爻六四亦为阴爻,故其自性暗弱又所比"匪人",《小象》谓之"不亦伤乎"。可见以阴比阴,即以私利而苟合,才是《论语》本章"比"之本义,所谓"朋比""阿比""偏党"是也。坤卦《彖传》有"西南得朋,乃与类行;东北丧朋,乃终有庆"之说,其意为,君子处于坤世当按坤道行事,如往西南方向去,所得的都是阴性同类(按《说卦传》,西和南方向的巽、离、坤、兑均为阴卦),虽得其朋而无益有害也;如往东北方向去,虽然失去了自己的同类,但以阴从阳而得主(东和北方向的震、坎、乾、艮均为阳卦),最终将是吉庆的。这里的"朋",即"朋比"之"朋",非良朋也,故以"丧朋"为吉。此义可与本章互参。

2.15 子曰:"学而不思则罔,思而不学则殆。"

【译文】孔子说:"只是死读书却不思考,就会糊涂而受骗;只是蹈空思考却不读书,就会陷入迷狂而失败。"

【注释】①《集解》:"包曰:'学而不思其义,则罔然无所得。'何曰:'不学而思,终卒不得,徒使人精神危殆。'"②《大义》:"学而不思,训诂词章之弊也。思而不学,明心见性之害也。罔者,纷杂而昧;殆者,昏默而危。"③《杨注》:"《论语》的'殆'(dài)有两个意义。下文第十八章'多见阙殆'的'殆'当'疑惑'解(说本王引之《经义述闻》),微子篇'今之从政者殆而'的'殆'当危险解。这里两个意义都讲得过去。"

【解读】此处之"学",与"学而时习之"之"学"不同。程子说:"博学、审问、慎思、明辨、笃行五者,废其一,非学也。"此处将"学""思"并提,强调"学""思"并重,主要是为了突出"思"在"学"中的重要性,同时又指出"思"也不能流荡失守、蹈空而为,而要以"学"为根基。综合先贤所说,"学而不思"即死读书之谓也,日日寻章摘句而忘却孔门大义,遂沦为"饾饤小儒",能不惘然失措而受蒙骗乎?"思而不学"则犹如晚明王学弟子,独居终日,抛书不观,一味地强调"明心见性",最后又难免流入"狂慧"而危殆矣。《乾文言》云:"君子学以聚之,问以辩之,宽以居之,仁以行之。"其中似亦含有"学思并重"内涵,可以和本章互参。

除此之外,关于"思",《周易》亦多有言及。如《系辞上》云:"《易》无思也,无为也。"这是强调《易》和天地之道的"感而遂通"或合而为一,故此"无思"即无邪念、无偏党之思也。临卦《大象》云:"泽上有地,临;君子以教思无穷,容保民无疆。"这是强调君子要像泽与地相临相亲一样去临下,"教化民众、思念关心民众而无尽无休"(徐志锐《周易大传新注》)。又艮卦《象传》云:"兼山,艮;君子以思不出其位。"(详见14.26)这是强调"思"要服从《易》道即天地之道。《周易》也有从情思的角度来谈"思"者,此即咸卦(䷞)九四所云:"憧憧往来,朋从尔思。"何楷云:"憧憧,动心貌。"盖咸者感也,其卦下艮上兑,艮为少男,兑为少女,正少男少女相感之象,而九四所处位置乃心之象,故双方思绪纷纭、往来不断。《系辞下》引用了这段话,孔子还大加发挥,原文如下:"《易》曰:'憧憧往来,朋从尔思。'子曰:'天下何思何虑?天下同归而殊途,一致而百虑,天下何思何虑?'"这就又将这种情感之思拉回到天地之道即大道上了。窃以为,《论语》此章"思而不学"之"思",或正"憧憧往来,朋从尔思"之"思"也。换句话说,我们对于世界万物,包括男女情感、天文地理、经济社会等等,难免有时会思绪纷纭、莫衷一是,如果不加节制,就会流入"狂慧"而毁掉自己。而此"节制"之法,即学也,即读书也,即"宽以居之,仁以行之"也。能不慎乎!

2.16 子曰:"攻乎异端,斯害也已。"

【译文】孔子说:"不加分析地攻击异端学说,那反而是有害的。"

【注释】①《集释》引王闿运《论语训》云:"攻,犹伐也。《先进篇》曰:'鸣鼓而攻之。'道不同不相为谋,若必攻去其异己者,既妨于学,又增敌忌,故有害也。"又引《韩诗外传》云:"别殊类使不相害,序异端使不相悖。盖异端者各为一端,彼此互异,惟执持不能通则悖,悖则害矣。"②《集释》:"已者,语词。不训为止。如'末之也已','可谓人之方也已',其例均同。"③《今读》译文:"攻击不同于你的异端学说,那反而是有危害的。"

【解读】对此章的涵义,有三种不同解释。第一种解"攻"为"治",即学习,解"也已"为语气词;这就是说,学习异端邪说是有害的。第二种则解"攻"为"伐",解"已"为"止";这就是说,攻伐那些异端邪说,它们就没有危害了。本解读不认同以上两种解释,而认同王闿运《论语训》和李泽厚《论语今读》采用的第三种解释,即解"攻"为"伐",解"也已"为无意义的语气词。

我们知道,孔子主张"中庸"之德(6.29),强调"绝四:毋意,毋必,毋固,毋我"(9.4),自称"无可无不可"(18.8),又大谈夏、商、周三代礼制的"损益"之道(2.23),因而孟子曾赞他为"圣之时者",这说明孔子决不是一个守旧的人,也不是一个固执己见的人,而是主张因应时代、根据实际情况而调整生活和政治策略的人,因而也是一个宽容的人。故窃以为,此"异端"并不像后人认为得那样不容分说,至多是一些不合乎主流的观点而已,因而孔子是主张对此予以包容的。此正如王闿运所说:"若必攻去其异己者,既妨于学,又增敌忌,故有害也。"这体现的正是"儒学的宽容精神:主张求同存异,不搞排斥异己。"(《论语今读》)

《周易》第三十八卦为睽卦。睽者,相异也,悖离也。睽卦(䷰)下兑上离,兑为泽,离为火,故《彖传》谓"火动而上,泽动而下",两者显然相悖;又兑为少女,离为中女,故《彖传》又谓"二女同居,其志不同行",盖女孩子总要出嫁而离家,故"其志不同行"也。但《彖传》同时又说:"天地睽,而其事同也;男女睽,而其志通也;万物睽,而其事类也,睽之时用大矣哉!"《大象》亦说:"上火下泽,睽;君子以同而异。"这就完全是从另外一个角度看问题了,正可与《论语》此章互参。其意思是说,天和地正因其相异,才共同主持化生万物的大事;男和女正因其相异,才互相吸引而结婚成家、抚育后代;万物正因其相异,才缤纷多彩而各从其类。这样看来，"睽"就并不是什么坏事，如能因时利导，其作用还很大哩！由此出发，《大象》就要求君子"以同而异"，也就是主张君子要善于将不同观点、不同类型的人组织起来，求同存异，共同做事，而反对强求"舆论一律"，事事划一。质言之，无论"异端"也好，"睽离"也罢，其实并不是那么可怕，其作用很可能是两面的，就看你怎么处理了。王夫之对此有个阐发，说得很好："推言睽之为道，若乖而不适于用，而善用之，则天地之化、人物之情，皆可因异而得同。因其时而善其用，亦大矣哉！"（《周易内传》）此或正夫子后面所强调"君子和而不同，小人同而不和"之微言大义也（详见 13.23）。

2.17 子曰："由！诲女（汝）知之乎？知之为知之，不知为不知，是知（智）也。"

【译文】孔子说："由啊，我教给你的，你都知道了吧？知道就是知道，不知道就是不知道，这才是智慧之人啊。"

【注释】①《杨注》："仲由，字子路，卞（故城在今山东泗水县东五十里）人，小于孔子九岁（公元前542—480）。"②李炳南《论语讲要》："'诲女'，就是'教汝'。'是知也'，即'是智也'。其余知字，皆作知道讲。"。

【解读】这和后边夫子讲的"多闻阙疑"，其宗旨是一致的；和苏格拉底的"我知道自己无知"的古希腊智慧，其宗旨也是一致的。学习当然是有次第的，不可能一蹴而就，必须实事求是，循序渐进，急于求成绝对无益而有害；那种"强不知以为知"的态度，诚为人生之大害也。

《周易》对"知"和"智"也多有论及，主要分为两个方面：一是在《系辞》中讲易道如何伟大，如何与天地之道合而为一，比如讲"乾以易知""神以知来，知以藏往""穷神知化"等等；一是结合具体的卦爻辞来讲处世的智慧，如《乾文言》结合乾卦九三爻讲"知至至之，可与几也；知终终之，可与存义也"，又结合上九爻讲"亢之为言也，知进而不知退，知存而不知亡，知得而不知丧"等等。后者和本章的涵义似更接近。那种"强不知以为知"的人，不就是像乾之上九那样，在学习上属于"知进而不知退"吗？故终将难免"亢龙有悔"之结局也。而一个人如能像乾之九三那样，善于"知终"并适时而"终之"，即循序渐进地来学习,则无论"进德"抑或"修业",必将多有斩获也。

此类意思,在《周易》中所在多有,特别是对于初爻而言,《系辞下》明言"其初难知",对其未来发展既寄予了极高期望,又表示了深切担心。如果我们把初爻比喻为一个刚刚接受启蒙的孩子的话,那么,他必得遵循夫子此处之教导和《周易》诸多爻辞中与之类似的劝告,方能成其大器。举例来说,恒卦初六爻辞曰:"浚恒,贞凶,无攸利。"其《象》曰:"浚恒之凶,始求深也。"这是什么意思呢?浚者疏浚,挖掘也。恒卦(䷟)下巽上震,本来"初与四为正应,理之常也。"不过,此正如朱子所言:"然初居下而在初,未可以深有所求。"而"初之柔暗,不能度势,又以阴居巽下,为巽之主,其性务入,故深以常理求之",故终而致凶(《周易本义》)。李光地《周易折中》引王宗传曰:"犹之造事也,未尝有一日之劳,而遽求其事成;犹之为学也,未尝有一日之功,而遽求其造道。"此"始求深也"之弊,不正是此章孔子所暗含的批评对象的真实写照吗?能不慎乎!

2.18 子张学干禄。子曰:"多闻阙疑,慎言其余,则寡尤;多见阙殆,慎行其余,则寡悔。言寡尤,行寡悔,禄在其中矣。"

【译文】子张问求官职、得俸禄的方法。孔子说:"多听,有所怀疑的可以暂时保留,再谨慎地说出能够肯定的其他部分,就可以减少过错了。多看,觉得危险的可以暂时保留,再谨慎地去干能够肯定的其他部分,就可以减少悔恨了。言语的过错少,行为的悔恨少,官职俸禄自然就在其中了。"

【注释】①《杨注》:"子张,孔子学生颛孙师,字子张,陈人,小于孔子四十八岁(公元前503—?)。"②《朱注》:"子张,孔子弟子,姓颛孙名师。干,求也。禄,仕者之俸也。"③《集解》引包咸云:"尤,过也。疑则阙之,其余不疑,犹慎言之,则少过。殆,危也。所见危者,阙而不行,则少悔。"

【解读】从本章开始,话题从"内圣"转向了"外王"。关于"干禄",宋儒中的"假道学"或以为难听,但先秦儒家并不避讳,实则干禄即出仕也,即职业发展也,即"治国平天下"也,并非仅仅为了一己之温饱,没有什么可丢人的。《周易》作为一部通天彻地的巨著,虽然也有讲到,人在特殊的情况下可以"不事王侯,高尚其事"(蛊卦上九),可以"嘉遁"和"肥遁"(遁卦),但总的来说还是主张人要积极进取的,是认可人之"干禄"行为的。比如屯卦卦辞及初九爻辞、豫卦卦辞均提到"利建侯",渐卦《象传》则提到"进以正,可以正邦也",大畜卦卦辞则提到"不家食吉,利涉大川"等,就都是主张儒者要建功立业,封侯拜相,成就一番伟业的。盖《周易》和《论语》一样,绝不同于道家和佛家之立足于出世,而是强调将"进德"和"修业"并提,在某种意义上,甚至"进德"的目的之一就是为了"修业",故干禄是其题中应有之义。

当然,儒者之干禄,又绝不同于利欲熏心之徒。在这里,孔子还是强调从自身德性做起,从言和行的修炼做起,具体说来就是"言寡尤""行寡悔"。程树德《论语集释》曾引元儒许常山云:"所谓干禄即治生之道,孔子之答,与'君子谋道不谋食'一章同旨。""孔子教子张以言行寡尤悔,言似迂而确,洵万古处世之津梁、治生之秘诀也。"这与《周易》之宗旨完全相同。我们在1.8已经介绍过,《周易》历来被称为"寡过"之书,其中所言"寡尤(过)"之处甚多,此处不再例举。单就"寡悔"而言,《周易》亦多言之,如在古经中仅"悔亡"一语就出现了19次,另有"无悔"6次,单独"悔"字9次,故《周易》诚亦"寡悔"之书也!按照《系辞上》的说法,"悔吝者,忧虞之象也""悔吝者,言乎其小疵也",看来《周易》并没有把"悔"当做多大的事情;而且,它还进一步提出了"震无咎者存乎悔"的说法,即通过人的深刻忏悔,坚其补过之心,则反而可以免灾哩。当然,从另外一方面说,"悔"毕竟又是"小疵",我们如能按照孔子在本章中的教导,以及《周易》中某些卦爻辞的教导去行事,则"寡悔"乃至"悔亡""无悔"将是没有问题的,而与此同时,所谓"禄"亦将在"其中"矣!

2.19 哀公问曰:"何为则民服?"孔子对曰:"举直错诸枉,则民服;举枉错诸直,则民不服。"

【译文】鲁哀公问:"做哪些事才能使老百姓信服呢?"孔子回答:"如果把正直贤能的人提拔起来,放在奸邪小人之上,老百姓就会信服;如果把奸邪小人提拔起来,放在正直贤能的人之上,老百姓就不信服。"

【注释】①《朱注》:"哀公,鲁君,名蒋。凡君问皆称'孔子对曰'者,尊君也。"②《正义》:"汉《费凤碑》:'举直措枉。'与郑本合。《说文》曰:'措,置也。''措'正字,'错'假借字。""直者居于上,而枉者置之下位,使其贤者得尽其才,而不肖者有所受治。"③《皇疏》引范宁云:"哀公舍贤任佞,故仲尼发乎此言,欲使举贤以服民也。"

【解读】此章主题,乃是从君主的角度讲,为政要任用贤臣而控制小人,此诚如李泽厚所言:"在近代民主制度之前,总有这个所谓'用人当否'的问题"(《论语今读》);如何"举直措枉",的确关乎政权的稳固,乃至自身的安危。鲁哀公在位期间,国事日非,"三桓"把持朝政,故孔子发此言以谏之,但恶果已种,鲁哀公最终还是客死他乡。

《周易》对君子、小人多有论及,对举贤用能也很重视,这主要表现在:一方面,它对"天地闭,贤人隐"(《坤文言》)和"贤人在下位而无辅"(《乾文言》)等局面表示深切担心;另方面,它还在不少地方明确提出了"养贤""尚贤"的重要思想。比如,大畜卦《象传》就说:"大畜,刚健笃实辉光,日新其德,刚上而尚贤。能止健,大正也。不家食吉,养贤也。"另我们知道,鼎为国器,是国家的象征,现在还有"定鼎"的说法,而治理国家不能不涉及"用人"问题。故鼎卦《象传》说:"鼎,象也。以木巽火,亨饪也。圣人亨以享上帝,而大亨以养圣贤。"盖鼎卦(☲)下巽上离,巽为木、离为火,其卦画有鼎之象;牛钮等《日讲易经解义》对此释曰:"以巽木入离火,藉以烹饪,又有鼎之用,故曰鼎也。此岂直一物之微已哉?报功之典,莫大于享帝,特牲以迓居歆,而必用鼎以烹之,始可以输其诚。经邦之道,莫重于养贤,饗飱以明式燕(宴饮),而必得以用鼎以烹之,始得以申其敬。"又颐为养,故颐卦《象传》不仅讲到"自养"问题,还专门讲到"天地养万物,圣人养贤以及万民"。《系辞上》在解释大有卦上九爻辞"自天佑之,吉无不利"时,孔子更明确说到:"佑者,助也。天之所助者,顺也;人之所助者,信也。履信思乎顺,又以尚贤也。是以'自天佑之,吉无不利'也。"由此可见,《周易》对"养贤""尚贤"以及"自养"何其重视!

至于在具体的政治实践中如何任用贤人而贬黜奸邪,《周易》在爻辞中也多有阐发,限于篇幅,这里仅举师卦言之。师卦(☷)下坎上坤,其中惟九二为阳爻居下之中,贤人也,故为领军之大将;六五君位,柔顺而中,与九二相应,圣君也。九二"在师中,吉无咎,王三锡命",正君臣相得之象。而六三以柔居刚,不中不正,又居九二之上,恰小人监军之象,其或限制九二之军权而坏事,故爻辞戒之"师或舆尸,凶"。《周易》其他诸卦,以五比君,以二比贤臣,以三、四比小人者所在多有，读者可结合本章旨意细察之。

2.20 季康子问："使民敬、忠以劝，如之何？"子曰："临之以庄，则敬；孝慈，则忠；举善而教不能，则劝。"

【译文】季康子问："要使老百姓知道尊敬、效忠和互相劝勉，怎么办呢？"孔子说："你接待老百姓时严肃认真，他们就会尊敬你了；你孝顺父母，慈爱幼小，他们就会效忠你了；你举用善人并施教于那些弱势的人，他们就会互相劝勉了。"

【注释】①《杨注》："季康，季孙肥，鲁哀公时正卿，当时政治上最有权力的人。'康'是谥号。"②《集解》引包咸云："庄，严也。君临民以严，则民敬其上也。君能上孝于亲，下慈于民，则民忠矣。举用善人而教不能者，则民劝勉也。"③《皇疏》引江熙云："上孝慈，民亦孝慈。孝于其亲，乃能忠于君。求忠臣必于孝子之门也。"

【解读】这次是鲁哀公的权臣季康子向孔子问政。季康子在《论语》中一共出现过6次，和孔子的问答都很重要；他还是最后将孔子迎回鲁国的人，算是当时的一个明白人。本章中的"敬""忠""孝""慈"等，前面已经出现多次，不必多讲，倒是这个"临"字很值得关注。

《周易》第十九卦为临卦。连斗山说："临字当作来临解。《周礼》注：'以尊降卑曰临。'故君之御曰临御，幸曰临幸，即吊亦曰临哭，皆以尊降卑之义。"（《周易辨画》）盖临卦（䷒）下兑上坤，从卦象上看，正好是二刚爻临四柔爻；盖阳刚尊贵本来应居上位，现在却降尊纡贵而来居于四柔之下，故称临也。又兑为泽、坤为地，此卦有"泽上有地"之象，泽与地也有互临之意。其《象传》曰："临，刚浸而长。"程颐说："浸，渐也。"俞琰说："浸犹水之浸物，以渐而浸进也。"故细察临卦，可知"临"绝非通常我们所理解得那样是"居高临下"和"高不可攀"的意思，而是本来尊贵的两个阳爻（初九、九二），主动降低身份深入百姓（四个阴爻）中间的意思；如此之二刚爻，自然受到百姓（六三、六四、六五、上六）的欢迎，故能逐渐向上生长，其前途当不可限量。《论语》此章讲君主要"临之以庄"，结合临卦，即是初九、九二深入百姓要严肃认真且真心实意也，而绝非"装模作样"之谓也。如临卦初九《小象》讲其"志行正也"，就是此意，故爻辞才称其"咸临，贞吉"；盖咸者感也，初九"志行"端正，六四自然尊敬之，两者相应故得吉也。九二处下卦之中，又应六五，乃"刚中而应"，故其爻辞为"咸临，吉，无不利"，表达的更是这个意思。由此可知，君主临民，绝不能以上骄下，而应以身作则，率先垂范，那样老百姓自然会尊敬你，效忠你，社会风气也会慢慢变得醇正起来——或许这就是孔子此番话的本义吧。

2.21 或谓孔子曰："子奚不为政？"子曰："《书》云：'孝乎惟孝，友于兄弟，施于有政。'是亦为政，奚其为为政？"

【译文】有人对孔子说："你为什么不参与政治呢？"孔子回答："《尚书》上说：'孝啊，只是孝顺父母，友爱兄弟，自然就会影响于政府。'这也是参与政治啊，为什么非要做官才算参与政治呢？"

【注释】①《正义》引《广雅·释诂》云："或，有也。"又说："人无所显名，则从略称之，言有此人也。"②《杨注》："'《书》云'以下三句是《尚书》逸文，作《伪古文尚书》的便从这里采入《君陈篇》"。③《集解》引包咸云："或人以为居位乃是为政。孝乎惟孝，美大孝之辞。友于兄弟，善于兄弟也。施，行也。所行有政道，与为政同耳。"

【解读】本章的主题和1.2基本相同，也是从孝悌讲到社会治理，认为孝悌本身就是政治；这种"家国同构"的政治设计正是孔学的底色，在《论语》中将会随时碰到。李泽厚认为，儒家提出"修身齐家治国平天下"有其真实的历史渊源："这种由家而国的'伦理'追求，即是'氏族——部落——部族——部族联盟'的政治秩序。在这里，伦理即政治……因此父子、兄弟、夫妇并非只是个体成员的'私人'关系，而是一种公共的政治体制和规范。"（《论语今读》）所以孔子才说，并非做官才是政治，以孝悌立身并将其影响施加于政府，这实际上就是政治了。后来被列为"十三经"之一的《孝经》，也正是从这个角度来切入问题的，故而受到历朝历代不少皇帝的喜爱。《孝经钩命诀》曾引孔子的话说："吾志在《春秋》，行在《孝经》。"这虽然未必真的是孔子的话，但肯定是符合孔子的思维逻辑的。

我们知道，《周易》是由基于阴爻阳爻组成的卦画和基于卦辞爻辞组成的经文两者交织而成的一个庞大的象征体系，八卦具有父母和子女的象征，我们在1.7中已有介绍；而实际上，即便在一个卦的六个爻中，不管是古经也好，还是《易传》和历代易学家的解读也好，都曾不同程度地将其类比于家庭关系，其中体现着浓郁的孝悌内涵，同样具有鲜明的"家国同构"特征。比如易学上著名的关于六爻居位关系的"承乘比应"理论，就是很好的例证。这里所谓"承"者，是针对下一位的阴爻对上一位的阳爻而言；所谓"乘"者，是针对上爻凌据下爻而言，特别是阴爻在上、阳爻在下时，即被称为"乘刚"；所谓"比"者，则指逐爻相连并列之关系，如初与二、二与三、三与四等均为比；而所谓"应"者，则指上、下卦中，初与四、二与五、三与上之间的呼应关系，如两者一阴一阳即为"相应"，同为阴或同为阳则为"敌应"。很显然，作为一个下位的爻，其能"相应"或者"上承"于上位的爻，一般会受到肯定，这和孝悌的观念其实很相似；而所谓"敌应"和"乘刚"，在某种意义上，则正好可以称之为"不孝"或者"犯上"，往往会受到批评。（"比"相对中性一些，情况有好有坏，请参考2.14。）当然，如果考虑到阳爻是男性的象征，阴爻是女性的象征的话，这种意味就更加突出了。

2.22 子曰："人而无信，不知其可也。大车无輗，小车无軏，其何以行之哉？"

【译文】孔子说："一个人如果不信实，就不知道会怎么样了！比如大车子没有控制横木的輗，小车子没有控制横木的軏，怎么会行走呢？"

【注释】①《杨注》："輗音倪，ní；軏音月，yuè。古代用牛力的车叫大车，用马力的车叫小车。两者都要把牲口套在车辕上。车辕前面有一道横木，就是驾牲口的地方。那横木，大车上的叫做鬲，小车上的叫做衡。鬲、衡两头都有关键（活销），輗就是鬲的关键，軏就是衡的关键。"②《集释》引戴震曰："大车鬲以驾牛，小车衡以驾马，其关键则名輗軏。辕所以行车，必施輗軏而后行。信之在人，亦交接相持之关键，故以輗軏喻信。"

【解读】此章再次强调"信"的重要性，并以车之輗、軏喻之，盖无輗、軏，则车不能行也。"子以四教：文、行、忠、信。"（7.25）故夫子屡言之。在孔学中，"信"不仅关乎言，而且关乎行，是贯穿于人的思想言行诸多方面的。

《周易》不仅屡次讲到"信"（详见1.4解读），而且还经常提到一个专门的字"孚"，讲的其实也是"信"。许慎《说文解字》解"孚"云："卵孚也。从爪从子。一曰信也。"徐锴说："鸟之孚卵皆如其期，不失信也。"故"孚"之本义或为"孵"。段玉裁说："鸡卵之必为鸡，鸭卵之必为鸭，人言之信如是矣。"《周易》经文中共出现"孚"字共43次，绝大部分可以直接对译为"信"。如需卦卦辞云"需，有孚"，孔颖达即解曰："无信即不立，所待唯信也，故云'需，有孚'。言'需'之为体，唯有信也。"（《周易正义》）又如随卦九五爻辞云"孚于嘉，吉"，陈梦雷解之曰："九五阳刚中正，得众爻之随，随之主也。然所应唯在中正之二，是信于善者也，故有'孚于嘉'之象。"

最值得一提的是，《周易》第六十一卦名曰"中孚"，更可见《周易》对"孚"之重视程度。中孚卦（䷼）下兑上巽，二阴在内，而四阳在外。程颐说："内外皆实而中虚，为中孚之象。又二、五皆阳，中实，亦为孚义。在二体（即上下卦）则中实，在全体则中虚。中虚，信之本；中实，信之质。"（《程氏易传》）朱子对此进一步解释说："'中虚'是无事时虚而无物，故曰'中虚'。自'中虚'中发出来皆是实理，所以曰'中实'。"又说："一念之间，中无私主，便谓之'虚'，事皆不妄，便谓之'实'，不是两件事。"（《朱子语类》）窃以为，以"实""虚""中"来解"孚"，可谓对"孚"之内涵的最完美概括，以此对照《论语》中的"信"，或许会给我们别样的启发。

2.23 子张问："十世可知也？"子曰："殷因于夏礼，所损益，可知也；周因于殷礼，所损益，可知也。其或继周者，虽百世，可知也。"

【译文】子张问："十世以后的事，可以预知吗？"孔子回答："殷代沿袭夏代的礼制，有损有益，现在仍能知道；周代沿袭殷代的礼制，有损有益，现在也能知道。将来有继周而起者，即使是百世以后，也应该可以预知啊。"

【注释】①钱穆《论语新解》（下简称《钱解》）："一世为一代，古称三十年为一世，十世当三百年。或说王朝易姓为一代，十世即十代。疑子张所问，当属前一说。""因，因袭义。损益犹言增加减，乃变通义。"②《朱注》引马融曰："所因，谓三纲五常。所损益，谓文质三统。"并解释说："三纲，谓君为臣纲，父为子纲，夫为妻纲。五常，谓仁、义、礼、智、信。文质，谓夏尚忠，商尚质，周尚文。三统，谓夏正建寅为人统，商正建丑为地统，周正建子为天统。三纲五常，礼之大体，三代相继，皆因之而不能变。其所损益，不过文章制度小过不及之间，而其已然之迹，今皆可见。则自今以往，或有继周而王者，虽百世之远，所因所革亦不过此，岂但十世而已乎？"

【解读】此章孔子和子张讨论三代礼制之沿革，不同于前述多从个人道德修养来谈"为政"，故康有为盛赞之。这里的"礼"，当然不单纯是指"礼仪"，而是兼指一切社会制度和风俗习惯在内的政治体制性的东西，这就将"为政"的内容从单纯个人道德修养的角度拓展开来了。李泽厚说："子张关注的是社会、政治的体制问题，而非个体道德修养，确乎不同于颜、曾。"（《论语今读》）这就充分说明，孔学虽然非常强调"修身""成己"等"内圣"功夫，但因其"外王"需要而对社会制度及其沿革也是非常关注的。而在这个方面，孔子以其对三代礼制之"损益"的强调，又一次表明了他作为"圣之时者"的巨大开放意识。我们知道，《周易》有著名的损、益二卦，并在损卦《象传》中明确提出了"损益盈虚，与时偕行"的口号，对包括社会制度在内的一切改革都是持肯定态度的。此章讲的"损益"之事，和《周易》的损益二卦实在有着莫大的联系。

《淮南子》《说苑》和《孔子家语》三书，都曾记载了孔子读《易》至于损、益二卦喟然而叹的故事，比如《淮南子》这样记载："孔子读《易》至损、益，未尝不愤然而叹曰：'损益者，其王者之事与？事或以利之，适足以害之。或欲害之，乃反以利之。利害之反，祸福之门户，不可不察也。'" 1973年长沙马王堆出土的帛书《周易》，有个《要》篇，同样记载了这个故事，但内容更加丰富，其中提到："孔子籀《易》，至于损、益二卦，未尚（尝）不废书而叹，戒门弟子曰：'二三子，夫损、益之道，不可不审察也，吉凶之[门]也。'"接着他还将损益二卦和四时运行、天道人道地道等结合起来，并最后总结说："《易》之为书也，一类不足以亟之，变以备其请（情）者也，故胃（谓）之《易》……而《诗》《书》《礼》《乐》不[止]百扁（篇），难以致之……能者繇（由）一求之，所胃（谓）得一而君（群）毕者，此之胃（谓）也。损、益之道，足以观得失矣。"

其中最值得注意的有两点：一是这里孔子阐述了损、益之间的互相转变，有时自损其身反而是有利的，而一味地自益其身反而是有害的；二是孔子由损益之道上升到了易道，认为《周易》反映了事物最普遍的道理，其作用似乎远超《诗》《书》《礼》《乐》等典籍，可以"得一而群毕"。这些内容，完全可以和此章对夏、商、周三代礼制损益的阐述结合起来思考，或可由此生发新的认识。比如朱子对三代以及后代礼制之"损益"内容的观点，现在看来，并不符合《周易》有关损、益二卦之论述，其格局未免显得太小了也。

2.24 子曰："非其鬼而祭之，谄也。见义不为，无勇也。"

【译文】孔子说："不是自己的祖先而去祭祀，这是谄媚。遇见该干的事而不去干，这是无勇。"

【注释】①《朱注》："非其鬼，谓非其所当祭之鬼。谄，求媚也。""知而不为，是无勇也。"②《集释》引戚学标《四书偶谈》云："《左传》'民不祀非族'，正指人鬼非祖考者。"③《钱解》："祭有当祭不当祭。崇德报恩，皆所当祭。求福惧祸，皆所不当祭。祭非其鬼，乃指所不当祭，此则必有谄媚之心。谄媚则非人道。"④《集释》引《论语注义问答通释》云："非鬼而祭，见义不为，事非其类而对言之……一则不当为而为，一则当为而不为。"

【解读】首先说明，古代的"鬼"并不像我们现在理解得那样负面。《说文解字》云："人所归为鬼。"段玉裁注曰："古者谓死人为归人。"综合先贤之考证，此章之"鬼"当指非祖考之"人鬼"，这样的"鬼"是不应该祭祀的，如果去祭祀，那一定是别有所求，就是谄媚鬼神了。《论语》共计提到"鬼"字4处，除本章外，还有"敬鬼神而远之"（6.22），"菲饮食而致孝乎鬼神"（8.21），"未能事人，焉能事鬼"（11.22）等。总的来看，《论语》虽然并不否认鬼神的存在，但却是主张对其"存而不论"的，这是一种理性主义的态度；如果再结合"祭如在，祭神如神在"的观点（详见3.12），则其行为指向就更加清楚了。作为这种思想的表现之一，就是在祭祀方面，孔学更强调对祖先的祭拜，而反对对其他"鬼神"的祭拜，这就是1.9讲到的"慎终追远"的本义，因为毕竟我们死去的祖先是和我们直接关联的，因而这种祭拜自然是符合"人道"的和"孝道"的，也是最真诚的。《周易》也讲"鬼神"，但主要是着眼于其神秘莫测的方面以及《易》道通乎鬼神的方面，如《乾文言》讲"夫大人者……与鬼神合其吉凶"，《系辞上》讲"精气为物，游魂为变，是故知鬼神之情状""凡天地之数五十有五，此所以成变化而行鬼神也"，《系辞下》讲"人谋鬼谋"，谦卦《彖传》讲"鬼神害盈而福谦"，丰卦《彖传》讲"天地盈虚,与时消息,而况于人乎?况于鬼神乎?"这也很正常,因为《周易》是从天道来阐述问题的,不像《论语》是从现世或者人之切身处来阐述问题的。不过在祭祀方面,《周易》和《论语》一样,也是强调祭拜祖先的(萃卦《象传》谓"致孝享也"),并且主张祭祀要以庄敬为主,反对"厚祭"(既济卦九五爻辞"东邻杀牛,不如西邻之禴祭"),容后详论。

此章后边讲"见义不为"问题,和前边讲"非鬼而祭"问题,表面看来的确"不类",故《论语注义问答通释》试图用"一则不当为而为,一则当为而不为"之说,绾合二者,颇有道理,但似乎还有进一步讨论之必要。所谓"义"者,我们在1.13已经引用过庞朴先生的考证,指出其本义"或为动词,为杀","最早只是杀俘虏或杀牲以祭的意思"(《儒学辩证法》)。故而此处的"见义不为",实则并非面对一般的危险、通常的困难而不为,而是面对生死攸关的大难大节而不为,而这的确是需要一个人的非凡的勇气的,因为这就意味着你是去做"牺牲",去做"烈士",也就是将自己变成"祭品"!仔细想来,现在我们的成语"见义勇为"中,依然保有这种涵义。《说文解字》释"勇"云:"气也,从力甬声";并且指出,其本字之一"恿"为"从心"。段玉裁注曰:"气之所至,力亦至焉。心之所至,气乃至焉。故古文勇从心。"所以"见义勇为"之勇,并非单纯是气力之勇,而是心力之勇,实为大勇也。这样理解,或许本章的深层涵义就是:"不是自己的祖先而去祭祀,是谄媚;该自己做出牺牲、成为烈士时不敢挺身而出,是无勇。"《周易》虽然没有谈到"勇"字,但对这种舍生取义的精神却是非常赞同的,如困卦《象传》提到"泽无水,困;君子以致命遂志"即是,大家可对比思之。

八佾第三

3.1 孔子谓季氏:"八佾(yì)舞于庭,是可忍也,孰不可忍也?"

【译文】孔子评价季氏说:"在自家的庭院里表演天子才用的八佾之舞,这样的事他都忍心做,那其他什么事他不能忍心做呢!"

【注释】①《杨注》:"根据《左传》昭公二十五年的记载和《汉书·刘向传》,这季氏可能是指季平子,即季孙意如。"②《朱注》:"佾,音逸,舞列也;天子八,诸侯六,大夫四,士二。每佾人数,如其佾数。""季氏以大夫而僭用天子之礼乐,孔子言其此事尚忍为之,则何事不可忍为?或曰:'忍,容忍也。'盖深疾之之辞。"

【解读】《八佾篇》共计二十六章,皆谈礼乐之事。礼乐为孔门论学、为政之核心,故编者以此篇紧接《学而篇》《为政篇》之后。马一浮说:"礼者,天地之序。乐者,天地之和。"又说:"忠恕即礼乐之质也,礼乐即孝悌之施也。"(《复性书院讲录》)所以古代的礼乐歌舞并非纯粹的娱乐,而是有着很具体的道德和教化内容的。本篇头两章,首先就给大家呈现了一幅春秋时代礼崩乐坏的场景:一是季氏表演八佾之舞,一是三家演唱《雍》之诗;这本来是周天子才能享用的礼乐,但被属于卿大夫的季氏等人僭用了,故而孔子痛斥之。

礼的核心是上下之分,在这点上,《周易》和《论语》是完全一致的,如《系辞上》开篇即讲"天尊地卑,乾坤定矣";在解释"礼者,天地之序"时,马一浮还特别提到了《序卦传》这段著名的话"有夫妇,然后有父子;有父子,然后有君臣;有君臣,然后有上下;有上下,然后礼义有所错(措)",此诚为儒家之礼的最佳注脚也。而关于作为"天地之和"的乐,两者的精神也是一致的。比如《周易》豫卦《大象》曰:"雷出地奋,豫;先王以作乐崇德,殷荐之上帝,以配祖考。"很明显,这里也是将"乐"和"德"联系在一切的,并且明确提到了"上帝"和"祖考"，这和"孝悌"的关系也非常密切。盖豫卦（☷☳）下坤上震，坤为地，震为雷，雷出地有声，正作乐之象也。《说文解字》云："豫，象之大者。"据闻一多考证，这里的"乐"即周武王伐纣后创立之"象舞"，在汉名为"大予"，在晋名为"大豫"，总之一直是皇室乐舞（《周易义证类纂》）。由此亦见歌舞和政治之关系也。

但另一方面，孔学讲礼乐，又不单纯是指"上下之分"，而更关心其中所反映出来的"人心"和"人道"问题。对此钱穆说得好："孔子重言礼，礼必有上下之分，遂若孔子存心袒护当时之在上者。其实不然。礼本于人心之仁，非礼违礼之事，皆从人心之不仁来。忍心亦其一端。此心之忍而不顾，可以破坏人群一切相处之常道。故孔子之维护于礼，其心乃为人道计，固不为在上者之权位计。"此章提到的"忍"字，最值注意。唐文治先生对此解释说："刃从心，取决绝之义。决断以合义，是为坚韧；决断以犯义，是为残忍。"（《论语大义》）季氏"忍心"而为"八佾之舞"，即"犯义"之举也。故后来孟子专门提出"不忍人之心"，并谓"人皆有不忍人之心"。（《公孙丑章句上》）再结合《周易》来说，复卦《彖传》曰："复，其见天地之心乎？"复卦（☷☳）下震上坤，一阳来复，此来复之初九爻，实即天地之善心也，亦即"不忍人之心"也。又咸卦《彖传》曰："圣人感人心而天下和平。"此圣人所感之心，亦此心也。以此来理解"礼乐"之本质，或更允当。

3.2 三家者以《雍》彻。子曰："'相维辟公，天子穆穆'，奚取于三家之堂？"

【译文】仲孙、叔孙、季孙三家，他们祭祀的时候唱着《雍》篇来撤除祭品。孔子说："'助祭的是各地来的诸侯，主祭的是庄严肃穆的天子。'这怎么能用在三家祭祀的庙堂上呢？"

【注释】①《杨注》："三家，鲁国当政的三卿。"②《钱解》："《雍》，《周颂》篇名。彻同撤。古礼祭已毕，撤祭馔，乐人歌诗娱神。《雍》之篇为周天子举行祭礼临撤所唱之诗，三家亦唱《雍》诗撤祭馔。"③《朱注》："相，去声，助也。辟公，诸侯也。穆穆，深远之意，天子之容也。"

【解读】本章接上章，依然是谴责鲁国三家卿大夫的僭礼越分。诚如上边我们所引用的钱穆的话，礼既强调"上下之分"，亦强调"人心之仁"；此两者，或许可以说，是儒家礼乐的内和外的不同要求。

我们已经指出，在对礼乐精神的理解上，《周易》和《论语》是完全一致的；现在我们想进一步说明，在对礼之"上下之分"的表现形式上，《周易》还有其鲜明的自身特点。众所周知，时、位是《周易》的核心概念，以六爻构成的一个卦象，其最下一爻曰"初爻"，其最上一爻曰"上爻"，"初"是时间概念，"上"是空间概念，这样一来，此六爻就同时兼具了时空属性，再配以卦爻辞，就形成了一个关于宇宙和社会的开放的模拟象征系统。

《周易》对"位"很是重视，如《系辞上》开篇即说："天尊地卑，乾坤定矣。卑高以陈，贵贱位矣。"又说："天地设位，而《易》行乎其中矣。"具体到卦爻上，又明确说："列贵贱者存乎位。"侯果对此解释说："二、五为功誉位；三、四为凶惧位。凡爻得位则贵，失位则贱，故曰'列贵贱者存乎位'矣。"（转引自李鼎祚《周易集解》）其中所谓"得位""失位"也者，即六爻中的初、三、五属于阳位，二、四、上属于阴位，如果阳爻处阳位、阴爻处阴位即为"得位"或"当位"，否则即为"不当位"或"失位"。又所谓"贵贱"者，一般来说下为贱、上为贵，当然《周易》又强调"中"，贵者未必就为吉。如初爻居于全卦最下位，所以说为下、为卑；二、五爻分别为下、上卦之中爻，最为《周易》作者所赞赏，《系辞下》所谓"二多誉""五多功"（特别是"九五爻"，既当位又处中且位置又高，故后来天子之位被说成"九五之尊"）；三、四爻位于一卦之中位，有犹豫不定之象，常被比为大臣之位，《系辞下》所谓"三多凶""四多惧"；上爻虽然地位很高，但过高则危，如乾上九谓"亢龙有悔"，《乾文言》说其"贵而无位"，所以此爻得吉者并不多。

其中特别值得一提的是，对于处于大臣之位的三、四爻，《周易》古经和《易传》对其有可能僭越的批评和告诫是很多的。比如晋卦九四云："晋如鼫鼠，贞厉。"其《小象》曰："鼫鼠贞厉，位不当也。"鼫鼠即硕鼠，程颐以其为"非其位而居之，贪据其位者也"（《程氏易传》）。李光地则说："当晋时，居高位而失其静正之道，乖退让之节，贪而畏人，则非鼫鼠而何？"（《周易折中》）这和《论语》此章对三家的描述何其相似乃尔！由此可见，《周易》通过卦爻象所呈现出来的儒家礼乐观，和《论语》其实是相通的，只是其表达方式不同而已，完全可以互参。

3.3 子曰:"人而不仁,如礼何? 人而不仁,如乐何?"

【译文】孔子说:"人若没了仁爱,礼有何用? 人若没了仁爱,乐有何用?"

【注释】①《朱注》引游酢云:"人而不仁,则人心亡矣,其如礼乐何哉?"②《钱解》:"如之何,犹今云拿它怎办,言礼乐将不为之用也。""礼乐必依凭于器与动作,此皆表达在外者。人心之仁,则蕴蓄在内。若无内心之仁,礼乐都将失其意义。"

【解读】此章谈礼乐和仁之关系。仁是孔学的核心概念,在《论语》中仁字共计出现109次。此章大旨,是讲仁为礼乐之本,一个人如果没有仁爱之心,礼乐也就是装装样子罢了。有意思的是,历代注家大多是从"人心"的角度来讲"仁"的,这倒是很符合目前对"仁"字的新认识。

《说文解字》释"仁"云:"亲也。从人从二。忎,古文仁从千心,古文仁或从尸。"据庞朴先生考证,现在的"从人从二"之仁字实即"从尸从二"之仁字,而此"尸"原为古代东方的少数民族"夷",盖这个民族具有当时已经丧失了的人性美德而被借代使用,而"二"只是此字体上的一种装饰而已;"上千下心"之仁字实即湖北郭店竹简上发现的"上身下心"之仁字,"这个字用'身'下面放个'心'来表示,说明是一种心态,是一种发生在人身体内部的心态。"庞朴由此说:"仁最早只是一种地区性、民族性的美德。孔子及其后学做了一项非常重要的工作,把这个地区性的美德提升为普遍性美德,把这个民族性美德推广为人类性的美德。这时,人们不再用'从尸从二'的写法来表示'仁',而是采用'从身从心'的写法。"(《仁义:儒家哲学的基本范畴》)这种解释,比过去从"二人关系"来解释仁的内涵,似乎更具有启发性。

《周易》古经没有提到仁字,但在《易传》中多所论及,其中最值得注意者是《乾文言》在解释"元亨利贞"四德时的说法:"元者,善之长也;亨者,嘉之会也;利者,义之和也;贞者,事之干也。君子体仁,足以长人;嘉会,足以合礼;利物,足以和义;贞固,足以干事。君子行此四者,故曰'乾:元亨利贞'。"这里既提到了"仁",也提到了"礼""义"和"干事(智)"。朱熹解释说:"元亨利贞皆善也,而元乃四者之长,是善端初发见处也。"(《朱子语类》)又说:"以仁为体，则无一物不在所爱之中，故足以长人。"（《周易本义》）程颐说："体仁，体元也。"（《程氏易传》）胡炳文则对四者的关系如此论述："体仁有以存诸中，嘉会则美见乎外，利物有以方乎外，而贞固有以守于中。礼者仁之著，智者义之藏。体仁长人，贞固干事，由理以及用。嘉会合礼，利物如义，则由用以及理也。"（转引自李光地《周易折中》）这里将"仁"和四德之首的"元"相连，以及胡氏所谓"体仁有以存诸中""礼者仁之著"的观点，都可以和《论语》此章的内容互相发明。

3.4 林放问礼之本。子曰："大哉问！礼，与其奢也，宁俭；丧，与其易也，宁戚。"

【译文】林放问礼的本质。孔子回答："问得好啊！礼，与其繁文缛节，宁肯节俭大方；丧事，与其治办周到，宁肯过于哀戚。"

【注释】①《朱注》："林放，鲁人。见世之为礼者专事繁文，而疑其本之不在是也，故以为问。"②《杨注》引《礼记·檀弓上》云："子路曰，'吾闻诸夫子：丧礼，与其哀不足而礼有余也，不若礼不足而哀有余也。'可以看做'与其易也，宁戚'的最早的解释。"③《钱解》："易字有两解，一平易义。如地有易险，行于平易之地，其心轻放，履险则否。人之居丧，其心宁戚毋易。另一解，治地使平亦曰易，故易有治办义。衣衾棺椁一切治办而哀情不足，是亦不足观。故曰宁戚。"

【解读】此章接上章之义，讲礼之本在于人心之仁，而不在于外表之形式。以文、质关系言，与其繁文缛节，不如质朴节俭，并举丧礼为例，与其治办周全，不如心之悲戚；盖周室衰微，礼崩乐坏，以文灭质的事，所在多有，故夫子借林放之问而批评之。朱子说："礼贵得中，奢、易则过于文，俭、戚则不及而质，二者皆未合礼。然凡物之理，必先有质而后有文，则质乃礼之本也。"（《四书集注》）除了文、质关系，这里还涉及到了"中"与"不及"的关系。换句话说，孔学之礼，首先是强调以仁心为本为质，同时还强调要适中适度，不及与过度都是其所反对的；"俭"或为不及，"戚"或为过度，但因其合乎礼之本质或发心为善，比"奢"和"易"要好，因而受到肯定。

有意思的是，《周易》于礼，同样强调以俭朴为上。如既济卦九五曰："东邻杀牛，不如西邻之禴祭，实受其福。"祭祀时杀牛是大祭，而禴祭作为夏时的祭祀，仅为薄祭，此处作者明显认为薄祭才是有福的。更有意思的是，小过卦《大象》曰："山上有雷，小过。君子以行过乎恭，丧过乎哀，用过乎俭。"这里无论言辞还是涵义，几乎和《论语》此章完全一致！小过卦（䷽）下艮上震，艮为山，震为雷。程颐说："雷震于山，其声过常，故为小过。天下之事，有时当过，而不可过甚，故为小过。"（《程氏易传》）人生在世，孰能无过？然过有大小，有善之过与恶之过也。"君子不罹于恶，而难免于过……此人之情也。人情所不免者，圣人不禁。""所谓'行过乎恭'者，恭之过，而胜于不恭。'丧过乎哀'者，哀之过，而胜于不哀；'用过于俭'者，俭之过，而胜于不俭。"这是因为，"不及恭者，其行必肆；不及哀者，其丧必苟；不及俭者，其用必滥，是恶也。虽曰未过，而害甚于过；君子宁取其过，不为不及。"（《易经证释》）所以此三者之过，是善之过，亦为小过；然世人"恭哀俭多不及"，唯"过之而后中"（《周易折中》引赵彦肃语），故此实有"矫枉过正"之意，亦美事也。

3.5 子曰："夷狄之有君，不如诸夏之亡（无）也。"

【译文】孔子说："边远地区的夷狄还有君主哩，不像中央之国反而没了国君。"

【注释】①《集解》引包咸云："诸夏，中国也。亡，无也。"②《朱注》引程子云："夷狄且有君长，不如诸夏之僭乱，反无上下之分也。"③《集释》引释慧琳云："有君无礼，不如有礼无君。刺时季氏有君无礼也。"

【解读】此章有两种截然不同之解读，这里从程子之说。据班固《汉书·艺文志·诸子略序》："仲尼有言：'礼失而求诸野。'"《论语》9.14还有"子欲居九夷"的话，可见孔子对夷狄的态度并不像后人那样歧视。按照庞朴先生的解释，"仁"字的最早形态"从尸从二"，而"尸"即"夷"，故仁之原初涵义是指夷人之美德（详见3.3）；所以孔子此处认为夷狄等边远少数民族地区还存在着"尊君"等礼制传统，而中央诸国反而"无君"即蔑视君主的存在，是完全可能的。"尊君"以及强调"上下之分""尊卑贵贱"等，是《周易》和《论语》所共有的思想，前已屡次言及，此不赘。

3.6 季氏旅于泰山。子谓冉有曰:"女(汝)弗能救与?"对曰:"不能。"子曰:"呜呼!曾谓泰山不如林放乎?"

【译文】季氏要去祭祀泰山。孔子对冉有说:"你不能阻止吗?"冉有回答:"我不能。"孔子说:"唉!难道说泰山之神还不如林放(知礼)吗?"

【注释】①《朱注》:"旅,祭名。泰山,山名,在鲁地。"②《杨注》:"冉有,孔子学生冉求,字子有,小于孔子二十九岁(公元前522—?)。""在当时,只有天子和诸侯才有祭祀'名山大川'的资格。季氏只是鲁国的大夫,竟去祭祀泰山,因之孔子认为是'僭礼'。"

【解读】这还是批评季氏僭礼。古代只有天子和诸侯才有祭祀山川的资格,而季氏只是鲁国的卿大夫,他要去祭祀泰山,当然是僭越之举。钱穆说:"孔子平日不轻言鬼神,言及鬼神,亦一本于人道……神,人所敬礼,亦必守道有礼,何可以无道非礼之事谄媚之?若泰山果有神,其神岂转不如林放。"(《论语新解》)前面已谈到林放好礼,这里说"泰山不如林放"是反话,意谓假如泰山有灵的话,那也肯定不会接受季氏的祭祀的。

《周易》有两处提到祭山的事:一是随卦上六"王用亨于西山",一是升卦六四"王用亨于岐山"。"亨"即"享"也。享者,祭品也。西山,一般认为即岐山,是周的发祥地。这两个地方,都讲的是王到山上祭祀的事,不管这个"王"是商王还是周王(学术界有争议),但《周易》作者肯定认为,只有王才有祭山的资格——这和《论语》的立场应该是一致的。

3.7 子曰:"君子无所争,必也射乎?揖让而升,下而饮,其争也君子。"

【译文】孔子说:"君子没有什么可争的事,如果有的话,那一定是射箭吧?彼此作揖,然后上场比赛;比赛结束之后,举杯对饮。这是君子之争啊。"

【注释】①《杨注》:"这是讲古代射礼,详见《仪礼·乡射礼》和《大射仪》。登堂而射,射后计算谁中靶多,中靶少的被罚饮酒。"②《朱注》:"揖让而升者,《大射》之礼,耦进三揖而后升堂也。饮,去声。下而饮,谓射毕揖降,以俟众耦皆降,胜者乃揖不胜者升,取觯立饮也。"

【解读】礼不仅涉及人之上下关系,如以上几章谈到的天子与诸侯和卿大夫等,还涉及不同人群和同辈人间的关系;前者可以说是人之纵向关系,后者则为人之横向关系。纵向关系要讲尊卑,那么横向关系呢?此章以射箭这种必得争个胜负的极端情况为例,说明处理这种关系,依然要将礼(揖让)放在前面,不能因比赛的胜负而伤了和气,颇有现在我们讲的"友谊第一,比赛第二"的意味。

《周易》虽然也提到过"射",但讲的是"射隼"(解卦)"射鲋"(井卦)"射雉"(旅卦),似和射箭无关。但在解释作为"元亨利贞"四德之一的"亨"时,《乾文言》曾说"亨者,嘉之会也",并指出"嘉会,足以合礼",这里的"嘉会",对我们理解孔子以礼处理同辈人之间的关系问题倒可能是有指导意义的。我们先看朱子对这两句话的解释:"亨者,生物之通,物至于此,莫不嘉美,故于时为夏,于人则为礼,而众美之会也。"又说:"嘉其所会,则无不合礼。"也就是说,就像夏天万物生发、无不嘉美一样,人们在聚会时如果按照礼仪而行,也将成为"众美之会",这样自然诸事亨通。我们可以设想一下,如果大家相遇时,每个人都唯利是图,不讲礼让,岂能成为"嘉会"呢?再回到射箭这样的竞争性的活动,礼的重要性更是不言而喻的。钱穆说:"射必争胜,然于射之前后,揖让升下,又相与对饮,以礼化争,故其争亦不失为君子之争。"(《论语新解》)而唯有此"君子之争",方能成其"嘉会"也!

3.8 子夏问曰:"'巧笑倩兮,美目盼兮,素以为绚兮。'何谓也?"子曰:"绘事后素。"曰:"礼后乎?"子曰:"起予者商也!始可与言诗已矣。"

【译文】子夏问:"'巧笑倩啊,美目盼啊;有了美的坯子,打扮起来真好看啊。'这是什么意思呢?"孔子答:"先要有洁白的底子,然后才能在上面来画五彩颜色。"子夏说:"那是不是礼的产生也是在(仁)之后呢?"孔子说:"你真是能够启发我的人啊!现在已经可以和你讨论《诗》了。"

【注释】①《朱注》:"倩,好口辅也。盼,目黑白分也。素,粉地,画之质也。绚,彩色,画之饰也。""此逸诗也。言人有此倩盼之美质,而又加以华采之饰,如有素地而加采色也。""绘事,绘画之事也。后素,后于素也。"②《杨注》:"这三句诗,第一句、第二句见于《诗经·卫风·硕人》。第三句可能是逸句,王先谦《三家诗义集疏》以为《鲁诗》有此一句。"③《今读》:"'礼'如是花朵,也需要先有白绢(心理情感)作底子才能画出。总之,内心情感(仁)是外在体制(礼)的基础。"

【解读】其主旨与3.3同,也是从文、质的角度来讨论礼与仁之关系,但用了绘画做比喻,更为形象生动。

《周易》第二十二卦为贲卦。贲者,饰也;盖贲卦(䷕)下离上艮,离为火,艮为山,火焰烛山,山高接火,恰为文明灿然之象。易学家多以"文以济质"论此卦,与《论语》本章之义正相通。按照卦变理论,贲卦自泰卦(䷊)来,故马振彪说:"乾刚主质,而阴柔入其中,济质以文(按此指泰之下卦乾,因上六下为六二而成离);坤柔主文,而乾阳居其上,济之以质(按此指泰之上卦坤,因九二上为上九而成艮)。然后文质彬彬,交相为用,而无胜文、胜质之弊,所以亨也。"又说:"夫太素居始,绘事后素,有质而后有文,此所谓无本不立者也。然文明日启,又须返璞还纯,有文尤必衷诸质朴,此'衣锦尚絅,所以恶其文之著也'。"(《周易学说》)

马氏此处,亦正用"绘事后素"来解贲卦;另其所引句出自《中庸》对《诗经》"衣锦尚絅"的解释。"絅(jiōng)"是一种半透明的薄纱,古人穿华丽的锦衣时,经常用这个薄纱罩住,以淡化其耀目之光华。又贲卦《象》曰:"文明以止,人文也。"讲的同样是,文明发达之后,必须知道当止则止,这样才会不至于丧失本质,乃可以真正成"贲"。故贲卦上九专门提出"白贲"之说,强调绚烂至极,归于平淡,由文返质——实则此即"文明以止"之正解也。

3.9 子曰:"夏礼,吾能言之,杞不足征也;殷礼,吾能言之,宋不足征也。文献不足故也。足,则吾能征之矣。"

【译文】孔子说:"夏代的礼,我能大略说出来,但在它的后代杞国已不能得到印证;殷代的礼,我能大略说出来,但在它的后代宋国已不能得到印证。

这是历史资料以及贤人不够的缘故。若足够的话，我就可以得到印证了。"

【注释】①《大义》："言者，言其大略，或单辞琐义也。"②《朱注》："杞，夏之后。宋，殷之后。征，证也。文，典籍也。献，贤也。言二代之礼，我能言之，而二国不足取以为证，以其文献不足故也。文献若足，则我能取之以证吾言矣。"

【解读】孔子对三代之礼都很重视，但夏礼、殷礼，孔子虽然大略都知道，却无法得到印证，唯有周礼灿然完备（恐也难说完全得到印证），故其有"郁郁乎文哉！吾从周"之说（详见3.10）。李泽厚由此发挥说："孔子讲的古礼，都无法印证。也许，正是这启发康有为大讲孔子'托古改制'，来为自己变法维新作旗号？自我作古，原意难寻，中国早有此解释学传统。君不见，中国传统正是通过不断的注、疏、解、说而一再更新么？董仲舒、朱熹、王阳明以及其他许多大儒小儒，不都是这样做的么？他们不必另张旗号，别作他说，'不破不立'；而完全可以拭旧如新、推陈出新，这也就是'转化性的创造'；至今似仍可作为中国式的某种前进道路。"（《论语今读》）

《周易》对"先王"以及上古礼制的赞美之词是很多的，这和孔子在《论语》中的立意完全一致。比如观卦《大象》曰"先王以省方，观民设教"，噬嗑卦《大象》曰"先王以明罚敕法"，涣卦《大象》曰"先王以享于帝立庙"等等。这里的"先王"，有以为是商王者，有以为是周王者，有以概称古代圣王者，但无论如何，其中的"托古"之意是很明显的。当然，最著名的还是《系辞下》讲到的"古者包牺氏之王天下也"的章节，除了"包牺氏（伏羲氏）"，该章还提到了神农氏、黄帝、尧、舜等古代圣人，他们不仅"仰则观象于天，俯则观法于地"而制作了八卦，而且教民耕种、"交易"和利用"舟楫之利"，"致天下之民"，"聚天下之货"，以及安排丧葬和制作"书契"等——如果说连孔子关于夏礼、殷礼都不能获得印证，那么这些东西又是由何得知并得到印证的呢？在某种意义上，这恐怕也是一种"托古改制"或者"合理推论"罢了。

3.10 子曰："禘自既灌而往者，吾不欲观之矣。"

【译文】孔子说："禘祭的礼，从初次献酒灌地以后，我就不想看了。"

【注释】①《大义》："禘有二，一为祭天之禘，一为祭庙之禘。此章指鲁禘，盖谓庙禘也。灌者，方祭之始，王以酒献尸，尸灌于地以求神也。初献以往，诚意已散，则其倦怠失礼可知矣。"②《钱解》："灌，借作祼字，又作盥，乃酌鬯初献之名。"③《杨注》："古代祭祀，用活人以代受祭者，这活人便叫'尸'。尸一般用幼小的男女。第一次献酒给尸，使他（她）闻到'郁鬯'（音畅，一种配合香料煮成的酒）的香气，叫做祼。"

【解读】关于禘祭之礼，下章还会谈到，争论很大，这里采唐文治先生《论语大义》之说，认为孔子之所以"自既灌而往者""不欲观之"，是因为初次献酒之后，"诚意已散"，其"倦怠失礼可知也"，故不忍观也。或以为只有天子才能行禘祭，孔子以鲁祭为"逆祀"而反对之，但从行文来看，孔子毕竟前来观礼了，并且只说"自既灌而往者"不欲观，则对"灌"之前的行为包括鲁之禘祭应该还是肯定的。

《周易》第二十卦为观卦，其卦辞有"盥而不荐"一语，讲的正是禘祭之礼，此"盥"就是"灌"，两者同义。盖观卦（☶）下坤上巽，二阳在上，四阴在下，有自下观上之义。马融解释说："盥者，进爵灌地以降神也。此是祭祀盛时，及神降荐牲，其礼简略，不足观也。"也就是说，祭祀只有在行了"灌"礼但尚未"荐牲"这段时间内是最隆重的，故卦辞紧接此句就讲"有孚颙若"，意谓此时万民信敬而仰望也。马融还径直将此卦辞和《论语》勾连起来，他说："故孔子曰：'自既灌而往者，吾不欲观之矣。'此言及荐简略，则不足观也。"（转引自孙堂《汉魏二十一家易注》）这里说的"简略"，和唐文治说的"倦怠失礼"，应该是一致的。总之此处夫子所强调者，应该主要是祭祀时的诚敬之心，和后边讲的"祭如在，祭神如神在"约略同义。

3.11 或问禘之说。子曰："不知也；知其说者之于天下也，其如示诸斯乎！"指其掌。

【译文】有人向孔子请教关于禘祭的问题。孔子说："我不知道啊；如果有人知道的话，他治理天下，就会像把天下放在这里吧！"一面指着手掌。

【注释】①《朱注》："先王报本追远之意，莫深于禘。非仁孝诚敬之至，不足以与此，非或人之所及也。""指其掌，弟子记夫子言此而自指其掌，言其明且易也。盖知禘之说，则理无不明，诚无不格，而治天下不难矣。圣人于此，岂真有所不知也哉？"②《杨注》："示，假借字，同'置'，摆、放的意义。或曰同'视'，犹言'了如指掌'。"

【解读】《中庸》有言："郊社之礼，所以事上帝也；宗庙之礼，所以祀乎其先也。明乎郊社之礼，禘尝之义，治国其如示诸掌乎！"注家多以此为本章之注脚。其中的"上帝"一词，窃以为最值得注意。我们在3.1中，已提到《周易》豫卦《大象》曰："先王以作乐崇德，殷荐之上帝，以配祖考。"其中也有"上帝"一词。而单从"禘"的字形来看，其与中国远古之"上帝"崇拜也应有关系。其实在殷商甲骨文卜辞和周朝金文中，已有"帝"和"上帝"字符，《尚书·召诰》也提到"皇天上帝"，《尚书·舜典》则提到"肆类于上帝"，又《诗经·鲁颂·閟宫》也提到"上帝是依，无灾无害"等等。那么，到底什么是"上帝"呢？《白虎通》云："帝者天号，始祖所自出之帝，故曰天大祖。"《段注说文解字》释"大禘"云："大禘者，《大传》《小记》皆曰王者禘其祖之所自出，以其祖配之。谓王者之先祖皆感大微五帝之精以生。皆用正岁之正月郊祭之。"由此可见，中国古人的"上帝"，绝不同于西方文化中作为人格神的上帝，而是祖先所出出者也。故翁中和径直说："《诗》《书》上帝之神，乃先远之祖，是故殷周之世，以帝喾为上帝，豫卦所谓'殷荐之上帝，以配祖考'是也。"（《人天书》）依此，或许禘祭的本义就是祭祀我们的"先远之祖"也！这样一来，我们就能理解豫卦何以将"上帝"和"祖考"并列了，也能理解《中庸》所言"郊社之礼"和"宗庙之礼"的区别和联系了！因为孔学以孝道为立德之本，故而孔子在这里讲知道禘祭则能治天下易如反掌，也就不难理解了！

3.12 祭如在，祭神如神在。子曰："吾不与祭，如不祭。"

【译文】祭祖的时候，就好像祖先真在那里；祭神的时候，就好像神灵真在那里。孔子说："我如果不能亲自参加祭祀，就跟没有参加是一样的。"

【注释】①《朱注》："程子曰：'祭，祭先祖也。祭神，祭外神也。祭先主于孝，祭神主于敬。'愚谓此门人记孔子祭祀之诚意。"②《集释》引《朱子语类》云："问：

范氏谓有其诚则有其神,无其诚则无其神。只是心诚则能体得鬼神出否?曰:诚者,实也。有诚则凡事皆有,无诚则凡事皆无。如祭祀有诚意,则幽明便交。无诚意,便都不相接。"③《杨注》:"'与'读去声,音预,yù,参预的意思。"

【解读】这一章还是讲祭礼,和3.10主旨相同,依然强调的是祭祀时诚意和庄敬的重要性。我们知道,孔子平时并不认真讨论鬼神之有无(所谓"子不语:怪、力、乱、神",见7.21),但在祭祀的时候,他却反复强调要毕恭毕敬,就像鬼神真的就在眼前一样。这虽然看起来有一定的矛盾之处,但实则反映了"圣人以神道设教"(《周易》观卦《彖传》)的深层用意。

《周易》谈祭祀之处甚多,其中以震卦之情景,与此处主旨最为相似。震卦(䷲)为《周易》第五十一卦,其卦辞云:"亨。震来虩虩,笑言哑哑。震惊百里,不丧匕鬯。"其《彖》曰:"震,亨。震来虩虩,恐致福也。笑言哑哑,后有则也。震惊百里,惊远而惧迩也。出可以守宗庙社稷,以为祭主也。"这是什么意思呢?按照《周易》的象征系统,震为雷,亦为长子,长子乃宗庙承祭之人,即此处所谓"祭主"者。"虩"音细(xì),原意为蝇虎,常游走于壁间,不自安处,故"虩虩"借指恐惧惊顾之貌;"哑哑",则指言笑自如之意。匕,所以举鼎实即献祭之物也;鬯音畅(chàng),所以盛秬黍之酒也——此两者皆祭主所亲执用以降神者。这里描写的场景是:正当祭祀之时,忽然电闪雷鸣,震惊百里,此时长子虽有恐惧,但中心不摇,不以骤然之震,而失所持,故曰"不丧匕鬯";心存敬畏之思,而处之有度,安之若素,故能因恐惧小心而致福,并被赞许为"出可以守宗庙社稷"也。当然,这是一种比喻,旨在说明祭祀时的恭敬心态。此诚如李士鉁所言:"警远惧迩,所以提醒人心,使敬惧警觉,不敢以怠忽失所守。"(转引自马振彪《周易学说》)可谓将"祭如在,祭神如神在"的宗旨表达得淋漓尽致矣!

3.13 王孙贾问曰:"与其媚于奥,宁媚于灶,何谓也?"子曰:"不然;获罪于天,无所祷也。"

【译文】王孙贾问:"'与其巴结奥之神,不如巴结灶之神,'这是什么意思呢?"孔子回答:"不是这样啊;如果得罪了上天,什么祈祷都没用啊!"

【注释】①《朱注》:"王孙贾,卫大夫。室西南隅为奥。灶者,五祀之一,夏所祭也。故时俗之语，因以奥有常尊而非祭之主，灶虽卑贱而当时用事，喻自结于君不如阿附权臣也。贾，卫之权臣，故以此讽孔子。""天，即理也。其尊无对，非奥、灶之可比也。逆理，则获罪于天矣，岂媚于奥、灶所能祷而免乎？"②《集解》引孔安国云："天以喻君也。"③《杨注》："又有人说，这不是王孙贾暗示孔子的话，而是请教孔子的话。奥指卫君，灶指南子、弥子瑕，位职虽低，却有权有势。意思是说，'有人告诉我，与其巴结国君，不如巴结有势力的左右像南子、弥子瑕。你以为怎样？'孔子却告诉他：'这话不对；得罪了上天，那无所用其祈祷，巴结谁都不行。'我以为后一说比较近情理。"

【解读】此章众说纷纭，主要是对王孙贾和孔子对话的具体背景和暗示的问题到底是什么，很难搞清楚。本人不想纠缠于此，而是希望回到文本，对其中反映出来的中国人信仰和祭祀的对象略作分析。

中国人信仰和祭祀的对象始终是多元的，似乎从没出现西方人崇拜的"一元神"。此章提到的"奥""灶"和"天"，包括上边我们提到的"鬼""神""祖考""上帝"等，应该都属于中国人日常生活中的信仰和祭祀对象。"奥""灶"或侧重于对自然现象的崇拜（此外还有山川、大地、动植物等），"鬼""祖考"或侧重于对死去的祖先的崇拜；"神"和"上帝"层次略高一些，可能兼有以上两者在内（《周易·系辞上》云"阴阳不测之谓神"，则是另外涵义上的"神"，暂不论）；而这里的"天"，虽然有时与"神"和"上帝"可以通用，但层次似乎就更高了，其内涵也更加复杂。朱子一言以蔽之，"天，即理也。"恐非正解。黄式三说："天者苍苍之表，专主威福者也。"又说："《集解》以天喻君，固非语意。朱子训天为理，谓天不外于理则可，谓天即理，则语未莹。"（《论语后案》）指责很到位。李泽厚则进一步说：""天'之所以不能等同于'理'，正在于仍保有情感性的因素在内；它虽然已自然化、理性化、非人格化，但仍潜存着原始巫术中为人所敬畏崇拜的神的遗迹，它直接与人的情感相联系。"（《论语今读》）换言之，这里的"天"虽然并非人格神，但亦绝非自然之天或自然之理，而是一种同时具有自然属性以及天道、天理和情感特征在内的复杂综合体，故而"祷于天"当然不能等同于"祷于理"。

据杨伯峻统计，《论语》共有19次谈到"天"字，仅有3次指"天空"，而有16次指"天神、天帝或者天理"（《论语译注》），此章"获罪于天"的"天"即属此列。其他如"天将以夫子为木铎"（3.22）"天厌之！天厌之！"（6.28）"天生德于予，桓魋其如予何？"（7.23）"吾谁欺？欺天乎？"（9.12）"死生有命，富贵在天"（12.5）"知我者其天乎！"（14.35）等等，均是。《周易》古经谈"天"的地方不多，仅有8处，除了1处（睽卦六三"其人天且劓"）指"髡刑"外，有5处表示自然之天（如乾卦九五"飞龙在天"、明夷卦上六"初登于天，后入于地"等），有2处表示天神、天帝之天（即大有卦九三"公用亨于天子"和上九"自天佑之，吉无不利"）。在《易传》中，虽然也提到"天德"（《象传》《文言》）"承天宠也"（《象传》）"天命不佑，行矣哉？""天地之情""天地之大义"（《彖传》）等，但讲自然之天同样要比讲天帝之天的数量要多得多。这个对比再次表明，《周易》更强调"天道"的自然无为、客观独立，这和《周易》是一个从天、地、人的角度构筑的相对超越的形上体系有关；而《论语》呢，因为它是从现世的角度来谈问题的，是基于现世人生的学问，故常常借助于天道来反映人的情感，这样天也就随之具有了较多的人格神的色彩。但是，这里有必要指出两点：其一，无论是《论语》还是《周易》中的"天帝之天"，绝非是人格神；其二，《周易》中的"自然之天"也并非纯粹的自然，因其具有某种象征性，它往往又是和人的命运相联系的（如明夷卦上六"初登于天，后入于地"，当然不可能仅仅是一种自然描述）。

此外，这里有个"罪"字，也值得注意。李泽厚讲西方文化是"罪感文化"，中国文化是"乐感文化"；的确，中国早期文字中很少有"罪"字，《论语》中的"罪"字仅出现6次，除本章外，主要在《尧曰篇》（即"朕躬有罪，无以万方；万方有罪，罪在朕躬"）。《周易》古经中根本没有"罪"字，《易传》中则仅有2处提到：一是解卦《大象》云："雷雨作，解；君子以赦过宥罪。"二是《系辞下》在解释噬嗑卦上九爻辞"何校灭耳，凶"时说："善不积不足以成名，恶不积不足以灭身。小人以小善为无益而弗为也，以小恶为无伤而弗去也，故恶积而不可掩，罪大而不可解。"从《周易》和《论语》对"罪"的描述看，"罪"之涵义当为过之大者或恶之大者。再看"获罪于天，无所祷也"中的"罪"，其之所以"无所祷也"，亦正因其过或其恶之大也。

3.14 子曰："周监于二代，郁郁乎文哉！吾从周。"

【译文】孔子说："周朝的礼制依据夏商两代而损益，多么地灿烂完备啊！

我愿意遵从周朝的礼制。"

【注释】①《集解》引孔安国云:"监,视也。言周文章备于二代,当从之。"②《朱注》:"监,视也。二代,夏商也。言其视二代之礼而损益之。郁郁,文盛貌。"③《大义》:"夫子从周,非独尊王也。盖'礼仪三百,威仪三千',至成周而大备,周公制礼,损益因时,最为夫子所心折。此章即《述而篇》梦见周公、述而不作之旨。"

【解读】此章可结合2.23和3.9谈三代之礼的章节来理解。唐文治说:"周公制礼,损益因时,最为夫子所心折。"(《论语大义》)这在《论语》中有多处"夫子自道"可证。而关于"郁郁"二字,朱子解为"文盛貌",恐不如李炳南的解释更深入,李氏说:"(此)二字自然包含礼的本质与条文,两者兼备,而相平衡,也就是文质彬彬之意。文与质平衡,无过,亦无不及,就是恰到好处的中庸之道。孔子的意思,就是说:'我办政治,即从周礼,依中道而行。'"(《论语讲要》)也许正是从这个意义上,康有为才说,"孔子改制,取三代而斟酌损益之"(《论语注》),而并非一味地照搬,因为"中庸之道"才是周礼的根本。在坚持礼制的"中庸之道"方面,文王、周公父子做得最好,故为孔子所赞赏;但孔子当然绝不认为,因此后代就不能发展了,"因时损益"依然是必需的。有关礼制的文、质关系问题,请参看3.3和3.8的讨论。

3.15 子入太庙,每事问。或曰:"孰谓鄹人之子知礼乎?入太庙,每事问。"子闻之,曰:"是礼也。"

【译文】孔子走进太庙,每件事都向人询问。有人便说:"谁说鄹人的那个儿子懂礼呢?他走进太庙,每件事都向人询问。"孔子听了这话,就说:"这正是礼啊。"

【注释】①《集解》引包咸曰:"太庙,周公庙。孔子仕鲁,鲁祭周公而助祭。"又引孔安国曰:"鄹(音zōu,又作郰),孔子父叔梁纥所治邑。时人多言孔子知礼,或人以为知礼者不当复问也,虽知之当复问,慎之至也。"②《朱注》:"孔子自少以知礼闻,故或人因此而讥之。孔子言'是礼'者,敬谨之至,乃所以为礼也。"

【解读】以上章节讲的多是国家的礼制，本章讲的却是个人日常生活中所应遵循的礼节。孔子到太庙，尽管对祭祀的规章制度不是不知道，但依然每事必问；当有人对此表示怀疑的时候，他却声称"是礼也"——那么，这里所反映出来的"礼"，究竟是一种什么性质的礼呢？《周易·系辞上》云："知崇礼卑。崇效天，卑法地。"又在解释谦卦九三爻辞"劳谦君子，有终，吉"时说："德言盛，礼言恭；谦也者，致恭以存其位者也。"在《系辞下》还讲到："谦以制礼。"这里无论是将知和礼对比，还是将德和礼对比，以及从谦卦的角度来讨论礼，实际上都揭示了礼的两个非常重要的特征：一是谦卑，即知礼者肯定是像大地一样谦卑的；一是恭敬，即知礼者一定是做事时"行己也恭"（5.16）的。可以说，孔子"入太庙，每事问"，其中所彰显出来的"礼"，正是礼的这两个重要特征的生动体现。

3.16 子曰："射不主皮，为力不同科，古之道也。"

【译文】孔子说："比箭，不一定要用蛮力击穿箭靶子，因为各人的力量不一样。这是老规矩。"

【注释】①《杨注》："'皮'代表箭靶子。古代箭靶子叫'侯'，有用布做的，也有用皮做的。孔子在这里所讲的射应该是演习礼乐的射，而不是军中的武射，因此以中不中为主，不以穿破皮侯与否为主。《仪礼·乡射礼》云，'礼射不主皮'，盖本此。"②《朱注》："科，等也。古者射以观德，但主于中，而不主于贯革，盖以人之力有强弱，不同等也。"

【解读】孔子赞美"射不主皮"，认为这是"古之道"，实即"古之礼"也。据朱子考证，当时"周衰礼废，列国兵争"，此礼消亡，人们纷纷以"贯革"为荣，故孔子有此喟叹之语。在射箭比赛中，"射不主皮"其实体现的是比赛双方的一种友好气氛，而故意"贯革"，就是现在所谓的"秀肌肉"了，肯定是有挑战和威胁对方的意味在内的。儒家主张"恕道"（详见4.15和15.24），孔子言此，明显是"以此古礼告当时之人，欲其尚德而不尚力"（唐文治《论语大义》）也。

《周易》第三十四卦为大壮卦。大壮卦（䷡）下乾上震，四阳盛长，大者壮盛，故为大壮；又乾为天、震为雷，雷之威震于天上，亦有大壮之象。但人处大壮之时,最忌耀武扬威、一味冒进,故其《象传》说:"大壮利贞,大者正也。"《大象》更明确警告说:"君子以非礼弗履。"换言之,越是自己力量强大之时,越要走得正、行得端,处处小心,遵守礼法规则,否则灾祸立至矣!大壮卦九三爻还对处于这种情况下的人进行了分析,直接说:"小人用壮,君子用罔。"罔者,不也。也就是说,这时只有小人才会一味地使用蛮力,而君子是不会采取这一套的。在射箭比赛时,那些故意"贯革"者,不就是这样的小人吗?而主张"射不主皮"者,其为君子则无疑也。

3.17 子贡欲去告朔之饩羊。子曰:"赐也!尔爱其羊,我爱其礼。"

【译文】子贡要把每月初一告祭祖庙的那只活羊废去不用。孔子道:"赐啊!你爱惜的是羊,我爱惜的是礼。"

【注释】①《杨注》:"'饩',xì。'告朔饩羊',古代的一种制度……每逢初一,便杀一只活羊祭于庙,然后回到朝廷听政。这祭庙叫做'告朔',听政叫做'视朔',或者'听朔'。到子贡的时候,每月初一,鲁君不但不亲临祖庙,而且也不听政,只是杀一只活羊'虚应故事'罢了。"②《朱注》:"爱,犹惜也。子贡盖惜其无实而妄费。然礼虽废,羊存,犹得以识之而可复焉。若并去其羊,则此礼遂亡矣,孔子所以惜之。"

【解读】"告朔饩羊"和"射不主皮"一样,也是一种古礼,其本意或为祭祀上天并向周天子表示效忠的一种仪式,但随着时间的推移和周室的衰微,已经日渐沦为一种纯粹的形式,成了杨伯峻说的"虚应故事",故而子贡主张废置它,但孔子表示反对。孔子为什么反对呢?这就是朱子说的,此礼的本意虽已不复存在,但羊在那里,就是一种象征,人们还可能因之而知道古礼的存在,说不定哪一天还能恢复它;但如果将这个形式都废掉,则人们的记忆或将被抹除,那样连恢复古礼的可能性也没有了。李泽厚更进一步发挥说:"即使某种典礼仪文已失去其实用意义和具体内容,但其形式本身仍有其某种价值在。它是远古文明的具体遗痕,在后世即以审美意味吸引着人们,培育造塑的是某种审美情感,许多古迹和某些失去使用价值的实用物件,今日均成为'艺术'或'艺术品',即如此。"(《论语今读》)孔子当时所期望的,肯定不是将"告朔饩羊"留下来作为

"艺术品"来欣赏,李氏这里是"过度阐释"了,但这个观点却可启发我们对传统文化价值的深入思考。

更有意思的是,清代学者黄式三曾以《周易》剥卦来解释此章主旨。他说:"周室礼废,饩羊仅存,夫子以羊存而礼犹可复也,即剥之'硕果不食',可转剥而复之机也。"(《论语后案》)盖剥卦(☷)下坤上艮,全卦只有一个阳爻高高在上,有众阴剥阳之象,故名。其上九爻辞为:"硕果不食。君子得舆,小人剥庐。"盖艮为果蓏,一阳独存于上,犹如硕大之果不为人所食,独留树顶之象;一阳覆五阴,亦有庐象。如君子得此,则为小人所载;如小人居之,其变为柔,将自失所覆,如剥其庐。细察黄氏之意,如保留"告朔饩羊"之形式存在,则此"硕果"尚存,那么,"剥极而复"的可能性还是存在的;但如将此"硕果"摘掉,则如"小人剥庐",则事败矣!此时君子固然倒霉,但正如陈梦雷所说:"然自古未有君子亡而小人能自容其身者。庐剥,则小人亦无所容矣。"(《周易浅述》)黄氏的这个对比还是很有启发意义的!

3.18 子曰:"事君尽礼,人以为谄也。"

【译文】孔子说:"对待君主完全照礼来做,别人反以为他在谄媚哩。"

【注释】①《朱注》引黄式三曰:"孔子于事君之礼,非有所加也,如是而后尽尔。时人不能,反以为谄,故孔子言之,以明礼之当然也。②《钱解》:"此章所言,盖为鲁发。时三家强,公室弱,人皆附三家,见孔子事君尽礼,疑其为谄也。"

【解读】《论语》有三处谈到"谄",除了本章,还有1.15的"贫而无谄"和2.24的"非其鬼而祭之,谄也"。所谓"谄",就是对上巴结、献媚,在人际关系当中绝对是小人之所为。《周易·系辞下》云:"君子上交不谄,下交不渎,其知几乎?"陈梦雷解释说:"上交宜恭而近谄,下交宜和而近渎。所分甚微,所谓'几'也。"(《周易浅述》)由此可见,"尽礼"本来就容易被人误以为"谄",又何况背后或许还存在更为复杂的利害因素呢!《周易》提出要"知几",也就是把握好"恭"与"谄"的分际,应该是很好的建议。

3.19 定公问:"君使臣,臣事君,如之何?"孔子对曰:"君使臣以

礼，臣事君以忠。"

【译文】定公问："国君驾驭臣下，臣下服事国君，应该怎样做呢？"孔子回答："国君任用臣下，要守礼；臣下服事国君，要尽忠。"

【注释】①《集解》引孔安国云："定公，鲁君谥。时臣失礼，定公患之，故问也。"②《皇疏》："言臣之从君，如草之从风。故君能使臣得礼，则臣事君必尽忠也；君若无礼，则臣亦不忠也。"③《后案》引陆稼书云："此章有上下交责之意，有明良交泰之思。使不是役，使谓服驭之也。"

【解读】君臣关系是人之上下关系中的一种，又被后人列为"五伦"之首，《论语》屡言之。今人或以为君臣关系已属历史陈迹，但人类社会只要有群体组织存在，则"领导"和"下属"之关系总是存在的，其大原则并没有什么改变，尽管这些名词有可能被废弃不用。本章主旨，和汉代董仲舒强调"君为臣纲"以后，中国专制统治下的君臣关系颇不同。此正如陆稼书所言，孔子这里更强调"上下交责"，也就是君臣双方首先要各尽其责，其具体内容则是"君使臣以礼，臣事君以忠"。为什么呢？因为上对下，容易傲慢，故强调"礼"；而下对上，表面上肯定会恭恭敬敬，但背后和内心却很难说，故强调"忠"。有意思的是，陆稼书还提出这里有"明良交泰之思"，颇值注意。明良者，明君良臣也；交泰者，君臣相得也。而这个"泰"，即源于作为《周易》第十一卦的泰卦。

泰者，通也。盖泰卦（☰）下乾上坤，《象传》明确说，此时"天地交而万物通也，上下交而其志同也。"我们知道，乾为天、坤为地，但意为畅通之泰卦却为下乾上坤，而意为闭塞之否卦反为下坤上乾，表面看来似不合乎情理；然而问题的微妙之处就在于，如就天地之形体而言，自然是天在上而地在下，两者之位固然不可移易，但此处却是就阴阳之气而言，即此时唯有乾阳下行而坤阴上行，两者相交，天地方能化生万物也。可以设想一下，如果乾阳一味止于上，坤阴一味止于下，两者肯定不能相交，则天地将闭塞而无生机矣！我们知道，在《周易》的解释系统中，乾道即君道，坤道即臣道，天地之道亦是君臣之道。如此一来，和天地之道同理，君上与臣下，其名分固然不可更易，但如果君上能够虚心下交（即此章的"君使臣以礼"），臣下能够尽心上承（即此章的"臣事君以忠"），那么君臣同心同德，自然就能无事不成。故《象传》此语，可以这样理解：天地交乃以气言，上下交乃以心言，阴阳二气相交故万物可通，上下同心相交故能志同而道合——这就是泰卦给我们的启示，恰好可以补充此处孔子提出的君臣相处之理。

3.20 子曰："《关雎》乐而不淫，哀而不伤。"

【译文】孔子说："《关雎》这诗，快乐但不放荡，哀感但不伤悲。"

【注释】①《朱注》："《关雎》、《国风·周南》诗之首篇也。淫者，乐之过而失其正者也。伤者，哀之过而害于和者也。"②《杨注》："古人凡过分以至于到失当的地步叫淫，如言'淫祀'（不应该祭祀而去祭祀的祭礼）、'淫雨'（过久的雨水）。"

【解读】此章是孔子借诗来论述礼乐及其所反映出来的人之性情的中和原则。钱穆说："孔子言仁常兼言知，言礼常兼言乐，言诗又常兼言礼，两端并举，使人容易体悟到一种新境界。亦可谓理智与情感合一，道德与艺术合一，人生与文学合一。此章哀乐并举，亦可使人体悟到一种性情之正，有超乎哀与乐之上者。"（《论语新解》）的确，"哀"与"乐"均为人之正当情感，孔子并不反对，但他强调的只是不能超越某种界限，此即所谓"性情之正"者也。

《周易》也讲性情，大原则和《论语》完全一致。如《乾文言》就明确讲："利贞者，性情也。"据陈梦雷说，这就是《彖传》所讲"乾道变化，各正性命"的意思；盖"溯性之本言之，则曰'性命'；推性之用言之，则曰'性情'。"（《周易浅述》）换言之，性情固不可少，但"各正性命"也不能丢。所以，《周易》虽然通过爻辞描述了各种"情伪相感而利害生"（《系辞下》）的复杂情况，但总是强调人们的喜怒哀乐一定要符合"天地万物之情"（咸卦、萃卦、恒卦《彖传》）或"天地之情"（大壮卦《彖传》）或"万物之情"（《系辞下》）。由此看来，"乐而不淫，哀而不伤"，或亦为《周易》之"哀乐观"也。

3.21 哀公问社于宰我。宰我对曰："夏后氏以松，殷人以柏，周人以栗，曰'使民战栗'。"子闻之，曰："成事不说，遂事不谏，既往不咎。"

【译文】鲁哀公向宰我问建立社主的事。宰我回答:"夏代用松木,殷代用柏木,周代用栗木,意思是使人民战栗害怕。"孔子听了这话,就说:"事已成,就不要再说了;事既行,就不要再谏了;事已过,就不要再追究了。"

【注释】①《杨注》:"宰我,孔子学生,名予,字子我。"②《大义》:"问社,问社主也。夏后者,夏为传子之始;后,主也,犹言君子也。"③《朱注》:"三代之社不同者,古者立社,各树其土之所宜木以为主也。战栗,恐惧貌。宰我又言周所以用栗之意如此。孔子以宰我所对,非立社之本意,又启时君杀伐之心;而其言已出,不可复救,故历言此以深责之,欲使谨其后也。"④《钱解》:"或说古者杀人常在社,时三家专政,哀公意欲讨之,故借题问社,此乃隐语示意,宰我所答,隐表赞成。"

【解读】孔子绝非后代所批评的"腐儒"。一方面,他强调国家礼制(包括风俗习惯)不必拘泥于历史陈规,可以"因时损益"(详见2.23);另方面,对于某些礼仪的实施与否,他还强调必须考虑当时的政治现实。比如鲁哀公向宰我问建立社主之事,其实隐含着讨伐三家之意,而宰我所答,实表赞成,孔子认为这是不理智的;盖当时三家擅权已久,不可急切纠正也。历史证明,孔子的提醒是对的,后来鲁哀公为三家所攻而出逃他国,据说宰我也因为协助齐君谋攻田氏而被杀。

我们知道,《周易》作为一部研究"刚柔变化"的著作,对"变通"是非常强调的。比如,《系辞上》就明确说过:"变而通之以尽利""化而裁之谓之变,推而行之谓之通";《系辞下》又说:"变通者,趋时者也""穷则变,变则通,通则久"等等。结合《论语》此章的内容,宰我所说的三代立社之礼固然有其存在之意义,也的确曾使臣民产生敬畏之感,但其时三家专权已久,鲁哀公作为弱主,已没有通过这一礼仪重树自身权威的可能性,而只能缓图之,故此孔子连用三个相似的句子来表示此事之不可为,可谓深知"变通"者也。

3.22 子曰:"管仲之器小哉!"或曰:"管仲俭乎?"曰:"管氏有三归,官事不摄,焉得俭?""然则管仲知礼乎?"曰:"邦君树塞门,管氏亦树塞门。邦君为两君之好,有反坫,管氏亦有反坫。管氏而知礼,孰不知礼?"

【译文】孔子说:"管仲这个人,器量真小啊!"有人问:"这是说管仲生活节俭吗?"孔子说:"管仲有三处宅邸住,专职官员很多,怎能说是生活节俭呢?"又问:"那他懂得礼节吗?"孔子答:"国君建了影壁墙,管仲也建影壁墙;国君招待别国的君主,有放置酒杯的台子,管仲也有这样的台子。如果说他懂得礼节,那谁不懂得礼节呢?"

【注释】①《朱注》:"管仲,齐大夫,名夷吾,相桓公霸诸侯。器小,言其不知圣贤大学之道,故局量褊浅、规模卑狭,不能正身修德以致主于王道。"②《集解》引包咸曰:"或人见孔子小之,以为谓之大俭乎?"③《钱解》:"三归谓其有三处府第可归。""摄,犹兼义。"④《杨注》:"坫音店,diàn,用以放置器物的设备,用土筑成的,形似土堆,筑于两楹(厅堂前部东西各有一柱)之间。"

【解读】本章孔子虽对管仲的不能节俭以及礼制上的僭越问题提出了批评,但其重点应该是对管仲器量的评价;说管仲生活奢靡以及僭礼越分,都只是为了说明管仲没有雄心大志,是"小器"而非"大器"。孔子曾经赞扬过管仲"九合诸侯",许其为"仁"(14.16&17),但或许在孔子看来,以齐桓公之贤明,以管仲之大才,当时管仲完全有可能"致主于王道"(朱子语),而他后来仅仅满足于生活享受和"摆谱",其格局就小了,其中或有孔子的可惜之意。

我们在讨论"君子不器"(见2.12)时曾说过,"器"和"道"是一对范畴,故而所谓"小器",正如朱子所言,乃谓其"不知圣贤大学之道,故局量褊浅、规模卑狭"也。《周易·系辞上》说:"举而错之天下之民谓之事业。"管仲挟"九合诸侯"之势,却没能安置好"天下之民",堪称"事业"乎?《周易》观卦初六曰:"童观,小人无咎,君子吝。"程颐解释说:"小人,下民也,所见昏浅,不能识君子之道,乃常分也,不足谓之咎,若君子如是,则可鄙吝也。"(《程氏易传》)确实,如果是平头百姓,"九合诸侯"或为了不起之大事,但对于管仲这样的大才来说,其晚年不仅生活奢靡,死前又未能妥善荐贤,致使其后齐国陷入长久的动乱之中,获得"器小"(与"君子吝"同义)之讥不是正合适吗?!

3.23 子语鲁大师乐,曰:"乐其可知也:始作,翕如也;从之,纯如也,皦如也,绎如也,以成。"

【译文】孔子把音乐的道理告诉鲁国的太师:"音乐是可以搞懂的。开始的时候,是不同声音的配合;接下来,逐渐和谐而纯粹了,然后变得明亮起来了,最后是袅袅的余音,这样就完成了一首曲子。"

【注释】①《杨注》:"语,去声,yù,告诉。大音泰,tài,乐官之长。翕,xī。从,去声,zòng。皦,音皎,jiǎo。"②《朱注》引谢氏曰:"五音六律不具,不足以为乐。翕如,言其合也。五音合矣,清浊高下,如五味之相济而后和,故曰纯如。合而和矣,欲其无相夺伦,故曰皦如,然岂宫自宫而商自商乎?不相反而相连,如贯珠可也,故曰'绎如也,以成'。"③《大义》:"此所谓金声玉振,始终条理之事也。指乐之节奏言,亦指听乐者言。"

【解读】孔门的乐教和礼教总是联系在一起的,比如此章表面讨论的是乐,背后同样蕴含着礼,当然也包括仁德。《论语·学而篇》曾提到"礼之用,和为贵"(1.12),而乐又何尝不是如此?唐文治《论语大义》云:"此所谓金声玉振,始终条理之事也。"甚确。所谓"翕如""纯如""皦如""绎如"的演奏过程,其实正是儒家所欣赏的中正之乐的具体表现,当然也是儒家仁德的具体表现。

《周易》只在豫卦《大象》"先王以作乐崇德"一句中提到"乐"字,这里同样将"乐""德"并举,其精神和《论语》此章是完全一致的。盖豫卦(䷏)下坤上震,坤为地,震为雷,故其《大象》曰:"雷出地奋,豫;先王以作乐崇德,殷荐之上帝,以配祖考。"朱子解释说:"雷出地奋,和之至也。先王做乐,既象其声,又取其义。"(《周易本义》)屈大均则说:"人声以天声为本。雷者天之声,纯刚无欲,元音也。雷出地上,中和之气大行。气不可象,象其声,声在则气在。以声宣其气,人气宣而上帝之气宣矣。宣上帝之气以宣天下人之气,何德之崇如此?"(转引自马振彪《周易学说》)此均可用来加深我们对此章孔子讨论音乐问题的理解。

3.24 仪封人请见,曰:"君子之至于斯也,吾未尝不得见也。"从者见之。出曰:"二三子何患于丧乎?天下之无道也久矣,天将以夫子为木铎。"

【译文】卫国仪邑的封疆官,请求孔子接见他。他说:"过去贤人君子来到此地,我没有见不到的。"孔子的弟子领他去见孔子。他出来后,说:"诸位何必担心尊师的去国失位呢?天下无道已经很久了,天命是要尊师来做木铎啊!"

【注释】①《朱注》:"仪,卫邑。封人,掌封疆之官,盖贤而隐于下位者也。""丧,谓失位去国。"②《杨注》:"'请见'是请求接见的意思,'见之'是使孔子接见了他的意思。""木铎,铜质木舌的铃子。古代公家有什么事要宣布,便摇这铃,召集大家来听。"③《后案》:"使为木铎者,谓使之上宣政教,下达民情也。盖封人所见君子既众,一旦见出类拔萃之大圣,遂以为天生君子,复生大圣。此天心之复,即否极泰来之候矣,封人言天道之常也,岂知其道终不行哉?"④《大义》:"《朱注》'丧'谓失位去国,愚谓患人心道德之沦丧也。'天下无道'二句,言剥极而将复也。"

【解读】此章还是谈乐教,并借仪封人之口,道出"天将以夫子为木铎"之预言,由此亦见乐教与政教、德教之不可分。古代铎有两种,其中金铎用以"振武事",木铎用以"振文事"。盖仪封人作为"贤而隐于下位者",深知天下无道已久,陡见夫子之圣,故以"木铎"喻之也。有意思的是,黄式三和唐文治都认为,仪封人此说,当为预言天下将"剥极而复"之象,夫子或正为"天心"之兆也。

《周易》第二十三、二十四卦为剥、复卦。剥卦(䷖)下坤上艮,仅有一阳止于上;复卦(䷗)下震上坤,却有一阳生于下。《序卦传》说:"物不可以终尽,剥穷上反下,故受之以复。"《周易》对复卦很重视,其《彖》曰:"复,其见天地之心乎?"什么是天地之心?《系辞下》云:"天地之大德曰生。"剥卦之后紧跟复卦,此天地好生之德,即天地之心也。北宋张载有"为天地立心"之说,盖源于此;此将"天地之心"一转而为圣人之作为,人的主观能动性被极大地彰显出来,更见儒家天人合一、自强不息之精神。孔子生当春秋乱世,其言行犹如木铎之金声玉振,足以醒人,被称为"天心之复",良有以也。

3.25 子谓《韶》,"尽美矣,又尽善也。"谓《武》,"尽美矣,未尽善也。"

【译文】孔子谈到《韶》乐,说:"美极了,而且完全是善的。"论到《武》乐,则说:"美极了,但还没有达到完全的善啊。"

【注释】①《朱注》:"《韶》,舜乐。《武》,武王乐。美者,声容之盛;善者,美之实也。舜绍尧致治,武王伐纣救民,其功一也,故其乐皆尽美。然舜之德,性之也,又以揖逊而有天下;武王之德,反之也,又以征诛而得天下:故其实有不同者。"②《杨注》:"'美'可能指声音言,'善'可能指内容言。"

【解读】此章孔子对《韶》《武》两种乐舞的评价,实际上就是对舜和周武王的评价,可见在孔子那里是没有纯粹的音乐的,音乐总是和政教、德教以及社会风气紧密联系在一起的。盖孔子认为,舜之天下受禅于尧,其乐必和平中正,故谓之"尽善尽美";而周武王之天下是由伐纣而得,虽亦为正义之战,其乐或含有杀伐之声,故谓之"尽美未尽善"。当然,美、善一致,应该是孔子乐教的最高理想。《论语》7.14记有孔子"闻《韶》,三月不知肉味"事,足见孔子对"尽善尽美"之《韶》乐的欣赏程度!

按照朱子的解释:"美者,声容之盛;善者,美之实也。"而杨伯峻则说:"'美'可能指声音言,'善'可能指内容言。"实则两说皆以"美"为形式,以"善"为内容。《周易》古经虽然没有直接谈到"美"字,但坤卦六三爻辞有"含章"二字,《坤文言》明确将"章"读为"美";它说:"阴虽有美,含之。"陈梦雷解释说:"三以阴居阳,虽有美而含之,非其才有所不足,分有所不敢也。""盖以地承天,即以妻承夫,以臣从君之道也。"按照这种观点,周武王作为商纣的臣子,其虽有"美"亦应"含之";此"美"既然张扬出来,当有迫不得已之苦衷是肯定的,故其"未尽善"亦必矣!但革卦《彖传》也说过"汤武革命,顺乎天而应乎人"等语,孔子如此评价周武王,也不是没有值得检讨的地方。

3.26 子曰:"居上不宽,为礼不敬,临丧不哀,吾何以观之哉?"

【译文】孔子说:"居于上位而不能宽宏大量,行礼的时候而不能庄敬严肃,参加丧礼的时候又不能心怀悲哀之情,这个样子我怎能看下去呢?"

【注释】①《朱注》:"居上主于爱人,故以宽为本。为礼以敬为本,临丧以哀为本。既无其本,则以何者而观其所行之得失哉?"②《后案》:"此篇详言礼而结之以敬与哀,与上'林放'章应,故朱子以'本'言。"③《集释》引董仲舒《春秋繁露·义法篇》云:居上不宽,则伤厚而民弗亲。"

【解读】这是本篇的最后一章,主题再一次回到对"礼之本"的强调,即"居上则宽"、"为礼当敬"和"临丧必哀",而且其指向的对象是"居上者",采取的表达形式是疑问句,显示出对当时违反"礼之本"现象的强烈批评口吻。康有为说:"孔子以人溺于仪文,故再三言之。"(《论语注》)本解读在3.3、3.4、3.8和3.14都曾涉及礼之本末或文质关系的讨论,尤其在1.5、1.13、2.7、2.20等处多次讨论过"敬",又在3.4详细讨论过"丧过乎哀",此不赘言,而仅对"居上则宽"稍作展开。

孔子在17.6曾谈到"恭宽信敏惠"五德,谓"能行五者于天下,为仁矣",并明确说"宽则得众"(值得一提的是,此语在20.1又一次出现),可见"宽"是居上者的优秀品质,其作用是能够由此而"得众"。《周易·乾文言》在解释乾卦九二爻辞"见龙在田,利见大人"时说过一段话:"君子学以聚之,问以辩之,宽以居之,仁以行之",正可与此合参。盖乾卦九二有"君德"而居下位,故谓其"宽以居之"也。我们在3.19讨论君臣关系时曾引《周易》泰卦来说明上下之间同心相交的重要性,朱子所谓"居上主于爱人,故以宽为本"者,与此同理。故孔子此处以"宽"要求于"居上者",并不仅仅是指宽容大度的意思,应该还有要求于统治者具有"民胞物与"、礼贤下士、仁民爱物之心之意——或许这才是真正的"礼之本"也。

里仁第四

4.1 子曰:"里仁为美。择不处仁,焉得知(智)?"

【译文】孔子说:"居住在有仁者的地方,这是最美的事了。如果只是随便选择一个住所,而不选择和仁者共处,那怎么能算得上聪明呢?"

【注释】①《皇疏》:"中人易染,遇善则善,遇恶则恶。若求居而不择仁里而处之,则是无智之人。故云焉得智也。"②《朱注》:"里有仁厚之俗为美。择里而不居于是焉,则失其是非之本心,而不得为知矣。"③《杨注》:"知,《论语》的'智'字都如此写。"

【解读】此篇诸章均围绕孔学的核心概念"仁"来展开。唐文治评论说:"前半篇为求仁之要,后半篇为学道之基。"(《论语大义》)而仁与道,实一也;道为仁之道,仁为道之本。其第一章言"里仁为美",起点至为平和,后世之"孟母三迁"故事可为证明。此恰如皇侃所言:"中人易染,遇善则善,遇恶则恶。若求居而不择仁里而处之,则是无智之人。"古语尚有"千金买宅,万金买邻"之说,亦此义也。

《周易》卦爻有承、乘、比、应之关系,犹如彼此相邻而居,各爻的吉凶,往往也和邻居们有关。比如小畜卦六四:"有孚,血去惕出,无咎。"九五:"有孚挛如,富以其邻。"这个六四上承九五,就是遇到了好邻居的缘故。盖小畜卦(☰)下乾上巽,乾本在上之物,乃居巽下,为巽所畜,故为畜也。就六四言,其为本卦之唯一阴爻,以一阴畜众阳,定有伤害忧惧之意,但其柔顺得正,又为虚中巽体,且有五、上二阳助之,乃"有孚"之象,故能"血去惕出"也;就九五言,其乃与四合志畜乾者,且两者关系至为"挛固",其又居中处尊,势能有为以兼乎上下,故谓之"富以其邻"也。九五《小象》曰:"有孚挛如,不独富也。"你看,这样的邻居多好！他不但能保护你，还能给你带来财富呢！如果遇见仁厚的邻居，当然结果也是一样的。

4.2 子曰："不仁者不可以久处约，不可以长处乐。仁者安仁，知者利仁。"

【译文】孔子说："没有仁德的人不可能长久地居于穷困，也不可能长久地居于安乐。仁者则能安于仁，聪明的人则善于利用仁。"

【注释】①《朱注》："约，穷困也。利，犹贪也。"②《集释》："无所为而为之谓之安仁，若有所为而为之，是利之也，故止可谓之智，而不可谓之仁。"

【解读】这一章是讲仁的作用。从反面来说，孔子首先认为，没有仁德的人不可能长久地居于穷困，也不可能长久地居于安乐。因为处于穷困状态，特别需要精神力量的支持，没有仁德的人很难做到这一点，就像15.2孔子所说："君子固穷，小人穷斯滥矣。"《周易》卦爻中这样的例子很多，如旅卦中的初六，当旅之时，其以阴柔居下，不务远大，局于琐屑，故被称为"旅琐琐"，因而"取灾"，即此之谓也。而如果没有仁德之心，又长久地居于安乐，则肯定会放纵自己，结果自然也好不到哪里去。周易的最后一卦是未济卦，其上九有"饮酒濡首"之戒，当属此类。故孟子有"贫贱不能移，富贵不能淫"之说，这肯定只有仁者才能做到。

"仁者安仁，知者利仁"一句，则是从正面来讲仁的作用。真正的仁者，是不会受环境影响的，他始终居住在仁德之中，这就是后来孟子所说的："仁，人之安宅也。"（《孟子·离娄上》）如果一个人把仁德作为自己的家园，自然什么困难都不怕了。《周易》第二十九卦为坎卦，著名的四大难卦之一，但其卦辞却有"维心亨，行有尚"之语，为什么？就因为其虽处重险之中，但二、五均为阳爻，表明此人心有定主（如人之有仁），不为失得所惊，不为祸福所怵，心既亨则必然诸事皆亨矣！而智者呢，他虽然做不到这一点，但他知道仁德对人的好处，能够很好地利用它，这样也不错。比如《周易》中有不少阴爻，自身虽然位卑质柔，但他们知道顺从在上之阳爻，往往结果也不错，即此类智者也。如涣卦之初六，本处险下，但其能顺承九二之刚，即顺承中正之仁者，亦获"吉"之结果。此类情况很多，兹不再举。

4.3 子曰："唯仁者能好（hào）人，能恶（wù）人。"

【译文】孔子说："只有仁者才能真正喜爱某人，厌恶某人。"

【注释】①《朱注》："唯之为言，独也。好、恶，皆去声。盖无私心，然后好恶当于理，程子所谓'得其公正'是也。"②《钱解》："人心为私欲所障蔽，所缠缚，于是好恶失其正，有好之欲其生，恶之欲其死者，此又不能好之一征。惟仁者其心明通，乃始能好人恶人，此又仁者必有知之说。"③《杨注》："我认为'贵仁者所好恶得其中'，正可说明这句。"

【解读】在3.3中，我们曾讨论过湖北郭店竹简发现的"上身下心"之仁字。孔子的仁，有多重涵义，其中之一肯定是指"人之本心"，即一种向善的、通乎天地的中正之心。拥有此心的人就是仁者，正如本章所说，只有这种人才能辨别善恶，判断是非，并能真正地喜爱某人或憎恶某人。这就是朱子说的"盖无私心，然后好恶当于理"，或者程子说的"得其公正"。唐文治则进而说："无私则好恶一出于大公，当理则所好所恶处之悉得其平，盖义与智兼该焉。故《易传》云：'体仁足以长人'。"（《论语大义》）"体仁足以长人"源自《乾文言》，是对作为"元亨利贞"四德之一的"元"的解释，用在这里很是恰当。盖仁者"好人""恶人"绝非最终目的，其最终目的乃是为了"长人"，即长养自身并教化世人也。

4.4 子曰："苟志于仁矣，无恶也。"

【译文】孔子说："一个人如果以仁作为自己的追求，就不会有厌恶的人了。"

【注释】①《朱注》："苟，诚也。志者，心之所之也。恶，如字。其心诚在于仁，则必无为恶之事矣。"②《集释》引俞樾《群经平议》云："上章云'唯仁者能好人，能恶人'，此章云'苟志于仁矣，无恶也'，两章文义相承。此恶字即'能恶人'之恶。"

【解读】本章"恶"字有两解，从上、下章的关系看，以音wù之义为安。盖仁作为"人之本心",从其"公正无私"的角度看,自能"爱其所当爱,恨其所当恨",故云"能好人能恶人";但仁同时又是一种"博爱之心",即12.22所言"仁者爱人"者,故仁者之"恶人"并非真的厌恶那个人,而是通过对其不当行为的批评以导人向善之手段。孔子或许担心听者对上章的表述产生误解,故又以此语补充之。钱穆说:"上章,乃指示人类性情之正。此章无恶也,乃指示人心大公之爱。必兼看此两章,乃能明白上章涵义深处。"(《论语新解》)解释得很清楚。《周易》遁卦《大象》有云:"君子以远小人,不恶而严。"意思是说,君子(即仁者)不必示恶声厉色于小人,但要严守以礼——这个警示正可与此两章之主旨互相发明。

4.5 子曰:"富与贵,是人之所欲也;不以其道得之,不处也。贫与贱,是人之所恶也;不以其道得之,不去也。君子去仁,恶乎成名?君子无终食之间违仁,造次必于是,颠沛必于是。"

【译文】孔子说:"发财和做官,都是人们所期望的;但不用正当的方法得到,就不接受。贫穷和卑贱,都是人们所厌恶的;但不用正当的方法摆脱,就不去掉。如果君子失掉了仁德,又到哪里成就他的名声呢?君子一刻也离不了仁德,匆忙急促的时候是这样,困难奔波的时候也是这样。"

【注释】①《集解》:"时有否泰,故君子履道反而贫贱……虽是人之所恶,不可违而去之也。"另引马融云:"造次,急遽也。颠沛,僵仆也。"②《朱注》:"言君子所以为君子,以其仁也。……终食者,一饭之顷。"③《集释》引《荀子性恶篇》云:"仁之所在无贫穷,仁之所亡无富贵。"④《杨注》:"恶音乌,wū,何处。'恶乎'即'于何处'。"

【解读】此章从人之富贵与贫贱来谈仁德对于君子的重要性。孔子认为,无论是获得富贵还是逃避贫贱,都应以信守仁德、不损害仁德为准则。荀子对此说得更加彻底:一个人只要有仁德在,贫穷就不是真的贫穷了(此即所谓"孔颜之乐"也);而如果失掉了仁德,富贵也不是真的富贵了(世上骄奢淫逸之辈皆如此)。何晏则从"时有否泰"出发,强调有时一个人为了践行仁德,不能拒绝贫贱而要甘于贫贱。《周易》第十二卦是否卦,讲的正是"天地不交,万物不通"的情况,这和第十一卦的泰卦的情况正好相反。对此,其《大象传》讲得很清楚:"君子以俭德辟(避)难,不可荣以禄。"也就是说,此时君子必须坚持节俭之美德以逃避苦难,不能为了荣耀而接受俸禄,出来做官。孔子认为,越是这时候,君子越能成其美名;相反,如果此时失去了仁德,君子也就不成其为君子了。

此章后半段,"君子无终食之间违仁,造次必于是,颠沛必于是",已成千古名言。这说明君子行仁是贯穿于生活中的任何时刻和所有方面的,特别是在匆忙急促和困难奔波的情况下,更要引起注意。《周易》困卦卦辞有"困,亨"之说,其《彖传》曰:"困而不失其所亨,其唯君子乎?"陈梦雷对此的解释很直接:"困而不失其所亨,亨不于其身于其心,不于其时于其道也。"(《周易浅述》)由此可见,只有守住自己的仁心,坚持仁德之道,所谓"造次""颠沛"云云,又其奈我何?!

4.6 子曰:"我未见好仁者,恶不仁者。好仁者,无以尚之;恶不仁者,其为仁矣,不使不仁者加乎其身。有能一日用其力于仁矣乎?我未见力不足者。盖有之矣,我未之见也。"

【译文】孔子说:"我没见过爱好仁德和厌恶不仁德的人啊!爱好仁德的人,那是再好也没有的了;厌恶不仁德的人,其实就是行仁了,他不让不仁之事加在自己身上。有谁能在一天之内全力行仁的呢?我没见过力量不够的。大概这样的人还是有的吧?只是我没有见过罢了。"

【注释】①《集解》引孔安国云:"无以尚之,难复加也。"②《朱注》:"言好仁、恶不仁者,虽不可见,然或有人果能一旦奋然用力于仁,则我又未见其力有不足者。盖为仁在己,欲之则是,而志之所至,气必至焉。故仁虽难能,而至之亦易也。"

【解读】如果说上章讲君子不可须臾之间离开仁,那么此章则讲君子于仁必须力行之。我们知道,孔子讲"仁",在不同语境下有不同的涵义。如从客观方面说,其为人间正道即"仁道";如从主观方面说,则为人之本心即"仁心";人如安于此仁心,则其又可称为"仁德"。钱穆说:"仁者,人心。然必择而安之,久而不去,始可成德,故仁亦有待于用力。"(《论语新解》)孔子虽对世间"好仁者"和"恶不仁者"太过少见表示遗憾,但他随后即说:"有能一日用其力于仁矣乎？我未见力不足者。"可见孔子对人之行仁能力，是充分肯定的，要不他在7.30也不可能说出"我欲仁，斯仁至矣"那样的话来。在《中庸》中，孔子还说过"力行近乎仁"的话。此又见行仁的确是一种"功夫"，后来宋儒在这方面发挥很多，以下章节对此也有具体描绘，可以对观。

又，唐文治曾说："仁者，乾道也。"（《十三经提纲》）行仁的确和乾卦之阳刚上进之精神相通，如乾卦《大象》讲"天行健，君子以自强不息"，即是显著体现。另《乾文言》曰："君子以成德为行，日可见之行也。"《朱子语类》解释说："德者行之本，君子以成德为行，言德则行在其中矣。德者得之于心，行出来方见，这便是行。"（转引自李光地《周易折中》）"日可见之行"和此章的"日用其力于仁"，连语句都有相似处。朱子针对此章还说："盖为仁在己，欲之则是，而志之所至，气必至焉。"可见能否坚持行仁，无论一天也好，还是像颜回那样"三月不违仁"（6.7）也好，关键是在发心或立志上。《周易》之《象传》《彖传》言"志"处甚多，如小畜卦《彖传》曰"刚中而志行，乃亨"，丰卦六二爻《象传》曰"有孚发若，信以发志也"等等，均可与此章之主旨互参。

4.7 子曰："人之过也，各于其党。观过，斯知仁矣。"

【译文】孔子说："人的过错，是有不同类型的。仔细观察人们所犯的过错，就知道仁了。"

【注释】①《集解》引孔安国云："党，类也。小人不能为君子之行，非小人之过，当恕而勿责之。观过，使贤愚各得其所，则为仁矣。"②《朱注》："程子曰：'人之过也，各于其类。君子常失于厚，小人常失于薄；君子过于爱，小人过于忍。'愚按：此亦但言人虽有过，犹可即此而知其厚薄，非谓必俟其有过而后贤否可知也。"③《钱解》："《论语》言仁，或指心，或指德。本章观过知仁，谓观于其人之过，可以知其心之有仁，非谓成德之仁。"

【解读】此章主旨，按照孔安国的理解是这样：如果我们仔细观察人之"各于其党"的诸多过错，将会发现，其中既有"小人之过"，也有"君子之过"；而一个人如能由此自省，并对其中的"小人之过"予以原谅，"使贤愚各得其所"，这应该就是仁了。《周易》否卦六二云："包承。小人吉；大人否，亨。"观卦初六：

"童观，小人无咎，君子吝。"其实说的就是这种情况。即在否卦六二和观卦初六的情况下，只有小人做事才能得吉，而君子做事则不可，盖君子比之小人有更高的人生追求，不敢迁就行事也。一个人如能看到这点，并能宽恕小人之过，这不正是仁心的体现吗？

但孔安国的注解，并没有具体提到"君子之过"。朱子所说"君子失于厚""君子过于爱"，当属此类。盖君子行仁，有时用力未免过猛，亦过也。《汉书·外戚·孝昭上官后传》云："子路丧姊，期而不除，孔子非之。子路曰：'由不幸寡兄弟，不忍除之。'故曰'观过知仁'。"应该就是这种情况了。孔子之喟叹，也有可能由此而发。在3.4中，我们曾用《周易》小过卦《大象》中的"行过乎恭，丧过乎哀，用过乎俭"，对照分析过孔子说的"礼，与其奢也，宁俭；丧，与其易也，宁戚"，如果以此分析子路的例子，应该也很妥当。

4.8 子曰："朝闻道，夕死可矣。"

【译文】孔子说："早上听闻大道，晚上就死去，也是可以的。"

【注释】①《皇疏》："叹世无道，故言。设使朝闻世有道，则夕死无恨，故云可矣。"②《朱注》："道者，事物当然之理。苟得闻之，则生顺死安，无复遗恨矣。朝夕，所以甚言其时之近。"③《集释》引顾炎武《日知录》云："'吾见其进也，未见其止也'。有一日未死之身，则有一日未闻之道。"④《大义》："求道者汲汲皇皇，唯恐不及，其心以为朝得闻道，虽夕死可矣。道无穷而求闻之者亦无穷，此朝夕乃随时之朝夕也。曾子所谓'死而后已'是也。"

【解读】综合诸家之说，此章不宜拘泥于字面意思，这应该是讲君子求道之切的心理状态。唐文治说"此朝夕乃随时之朝夕"，顾炎武则引孔子赞扬颜回的话"吾见其进也，未见其止也"（9.21）来说明之，均是此意。仁者，人之本心也。君子一旦发心求道，必然"汲汲皇皇，唯恐不及"，故《周易·乾文言》有"君子终日乾乾"之说，又有"君子进德修业，欲及时也"之说，表达的其实都是君子作为汲汲求道者的一种心理状态，正可与此章互参。李光地曾自述："某在涿州病发时，公私之事俱不在心。惟读书一生到底不曾透亮，糊糊涂涂，虚过此一生。此念纠缠不已。乃知朝闻夕死一章，吃紧唤醒人也。"（《榕村语录》卷二十三）此可援为例证。又孔子尚有"笃信好学,守死善道"之说(8.13),亦可互相发明。

4.9 子曰:"士志于道,而耻恶衣恶食者,未足与议也。"

【译文】孔子说:"读书人有志于道,但却认为衣食粗恶是一种耻辱,这样的人就没有必要同他讨论问题了。"

【注释】①《朱注》:"心欲求道,而以口体之奉不若人为耻,其识趣之卑陋甚矣,何足与议于道哉?"②《钱解》:"盖道关系天下后世之公,衣食则属一人之私,其人不能忘情于一己衣食之美恶,岂能为天下后世作大公之计而努力以赴之?"

【解读】士就是还没有做官的读书人。孔子教学生,将来做官并获得俸禄和"美衣美食"当然没有问题(可参见2.18"子张学干禄"章),但其目的绝非仅仅为此而已,这里的"道"才是最终目的。但行道非易,"恶衣恶食"随时都有可能。这时候怎么办?当然不能以"恶衣恶食"为耻,因为那样就算不上行道之人了!盖孔子之教,在于"藉仕以行道,非为谋个人生活之安富尊荣而求仕。故来学于孔子之门者,孔子必先教其志于道,即是以道存心。"(钱穆《论语新解》)"以道存心",这话说得好!因为只有将道时时刻刻存之于心,才算得上真正的胸怀大志也。

《周易》讲"乾道""坤道",也讲"天道""地道""人道"等"三极之道",又讲"圣人之道""君子之道"和"中道"等等,有一个整全的体系。《论语》讲"道",则主要侧重于"人道"方面,如这里的"士志于道",主要讲的就是读书人追求的"修齐治平"之道,而非天地之道。但两者当然是相通的,就像我们前边屡次说过的那样,这里有个"下贯"和"上达"的交汇问题。即以《论语》本章为例,此处的"道"固然主要是"修齐治平"之人道,但一个士人如能彻悟此人道,不也就是彻悟了天地之道吗?再以《周易》复卦为例,其卦辞"反复其道"之"道"固然为天地之道,但人如能仿效此道而复其本心,不也就是人道了吗?《程氏易传》讲"复为反(返)善之义",正以此也。总之,无论是《周易》之"下贯",还是《论语》之"上达",两者所追求的"道",都是一种善道,其超越于衣食之上是肯定的——这一点应该为每一个士人永远铭记。

4.10 子曰:"君子之于天下也,无适也,无莫也,义之与比。"

【译文】孔子说:"君子对于天下的事情,没有必须怎么干的想法,也没有必须不怎么干的想法,一切都依义之所在作为衡量标准。"

【注释】①《朱注》:"适,专主也。《春秋传》曰'吾谁适从',是也。莫,不肯也。比,从也。谢氏曰:'适,可也。莫,不可也。无可无不可,苟无道以主之,不几于猖狂自恣乎?此老佛之学,所以自谓心无所住而能应变,而卒得罪于圣人也。圣人之学不然,于无可无不可之间,有义存焉。然则君子之心,果有所倚乎?"②《杨注》:"比,去声,bì,挨着,靠拢,为邻。从孟子和以后的一些儒家看来,孔子'毋必毋固'(9.4),通权达变,'可以仕则仕,可以止则止,可以久则久,可以速则速'(《孟子·公孙丑上》),唯义是从,叫做'圣之时',或者可以做这章的解释。"

【解读】此章内容可与9.4"毋意,毋必,毋固,毋我"和18.8"无可无不可"对照阅读。孔子的这三段文字已经充分说明,孔子处世是主张通权达变的,不愧为孟子所赠"圣之时者"的称号。当然,此"通权达变"又并非滑头主义或者没有原则,其中"有义存焉"。《中庸》云:"义者,宜也。"义的古义虽为"杀"(见1.13),并演变为后来的正义,但和适宜、权变并无矛盾。《周易·系辞下》云:"《易》之为书也,不可远,为道也屡迁,变动不居,周流六虚,上下无常,刚柔相易,不可为典要,唯变所适。"《周易》之"不可为典要,唯变所适"的精神,就是通权达变的精神,也是义的精神,完全可以和本章融会贯通来理解。

4.11 子曰:"君子怀德,小人怀土;君子怀刑,小人怀惠。"

【译文】孔子说:"君子思念的是德性,小人思念的是乡土;君子思念的是法度,小人思念的是实惠。"

【注释】①《朱注》:"怀,思念也。怀德,谓存其固有之善。怀土,谓溺其所处之安。怀刑,谓畏法。怀惠,谓贪利。君子小人趣向不同,公私之间而已矣。尹氏曰:'乐善恶不善,所以为君子。苟安务得,所以为小人。'"②《集释》:"此章言人人殊,窃谓当指趣向而言之。君子终日所思者,是如何进德修业,小人则求田问舍而已。君子安分守法，小人则唯利是图，虽蹈刑辟而不顾也。"

【解读】唐文治说："以下四章，皆戒人心之失。"（《论语大义》）具体到此章，则从两个角度讲君子、小人之不同：一是君子总是想着进德修业，终日乾乾上进，肯定是以天下为家的，肯定是以"不家食"（《周易》大畜卦卦辞）为荣的，而小人却往往苟安于乡土，求田问舍而已，是不思上进的；二是君子做事是讲规矩、守法度的（即节卦《大象》所云"君子以制数度，议德行"也），而小人却以攫取物质上的实惠为准则，有时难免为了一己之私利而行险犯禁。4.8和4.9谈"道"，这里谈"德"；德即道之在我者也，故君子重之。另需指出者，《论语》和《周易》均有不少类似将君子、小人对比的文字，都别有意味，希望读者注意。

4.12 子曰："放于利而行，多怨。"

【译文】孔子说："追逐个人利益而行动，将会招致别人怨恨，自己内心也会多怨气。"

【注释】①《朱注》："孔氏曰：'放，依也。多怨，谓多取怨。'程子曰：'欲利于己，必害于人，故多怨。'"②《后案》："《说文》'放'本训'逐'。驱逐、追逐皆为'放'，放利即逐利也。多怨，谓人恶其专利也。"③《钱解》："人之怨己，旧解都主此。惟《论语》教人，多从自己一面说。若专在利害上计算，我心对外将不免多所怨。孔子曰：'求仁而得仁，又何怨？'若行事能依仁道，则不论利害得失，己心皆可无怨。此怨字，当指己心对外言。放于利而行多怨，正与'求仁得仁则无怨'，其义对待相发。"

【解读】孔子虽然也承认个人利益，也同意"干禄"，但对于"放于利"的行为当然是反对的。"放于利"就是"逐利"，人如果把利益而非仁义放在第一位，必然会伤害别人，进而相互伤害——这就会出现后来孟子讲的"上下交征利则国危矣"的局面，故而孟子才对梁惠王说："何必曰利？亦有仁义而已矣。"（《孟子·梁惠王章句上》）此章的"多怨"有两解，一是孔安国和程子说的"多取怨"，即引起别人的怨恨；一是钱穆说的"我心对外将不免多所怨"。其实两说均通，如果以利与人相交，没有不招致别人怨恨，同时自己也心生怨气的。

《周易》也承认"利"于人的重要性，但《乾文言》同时指出："利者，义之和也。"义者，宜也。也就是说，利益必须建立在适宜的基础上才行。朱子对此解释说："利者，生物之遂，物各得宜，不相妨害，故于时为秋，于人则为义，而得其分之和。"朱子显然认为，所谓"义之和"者，就是人要"各得其分"，彼此不伤害，也就是"合理得利"才行，因此"利"的内核必须有"义"在，否则就是"逐利"，就是"不当得利"了。陈梦雷则解释说："不于利上求利，义之和处便是利。"（《周易浅述》）"放于利"即是"于利上求利"也，大悖于"义之和"，这样的"利"肯定是害人害己的，故招致怨恨是必然的。

4.13 子曰："能以礼让为国乎？何有？不能以礼让为国，如礼何？"

【译文】孔子说："如果能用礼让来治理国家，这有什么困难吗？如果不能用礼让来治理国家，要这些礼仪又有何用呢？"

【注释】①《杨注》："何有，这是春秋时代的常用语，在这里是'有何困难'的意思。黄式三《论语后案》、刘宝楠《论语正义》都说：'何有，不难之词。'"②《正义》："让者，礼之实；礼者，让之文。"

【解读】这里"让"字很重要。朱子《四书集注》、刘宝楠《论语正义》都提到"让者，礼之实"，程树德《论语集释》则引《左传襄公十三年》说"让，礼之主也"，又引《左昭二年》说"卑让，礼之宗也"，又引《左昭十年》说"让，德之主也"，由此可见"让"和"礼"关系之密切。"礼让"一词，或和"孝顺"用法相同，正因后者是前者的重要内容或特征，两者才时常连用。李泽厚《论语今读》对此发挥说："'让'——谦让，就是从个体内外两方面（首先是'外'的行为而后才是'内'的修养教育）来培育'礼''义'。从内心讲，注意克制自己的情绪愿欲（例如从儿童控制食欲起），发展爱人如己和自甘退让的胸怀情感；从外在讲，从行为活动、仪容姿态注意节制、退让、谦逊、'彬彬有礼'……因此'让'从内外两方面在塑造心理情感和人性文化上，成为一种重要因素和具体途径。"而让的范围非常广，包括"让座""让茶""让利""让名"，甚至还有"让位""让国""让天下"等，可谓礼的具体体现。《论语》对泰伯和伯夷、叔齐屡赞之，就因为他们有"让国"的善行。

《周易》是很重视"礼让"的美德的。坤德以"顺"为美，从某个侧面看，其实也是让的表现。又《周易》第十五卦为谦卦。谦卦（䷎）下艮上坤，艮为山、坤为地，山高地卑是自然之常态，但这里的山却屈处地下，有谦之象，故名。谦卦下三爻皆吉而无凶，上三爻皆利而无害。综观《周易》六十四卦，六爻皆吉利者，唯此一卦而已。故"谦受益"作为古训（原出《尚书》），代代相传，并在著名的《了凡四训》中作为一训（"谦德之效"）授人，其功效亦大矣。《礼记》所谓"夫礼者，自卑而尊人"，与谦卦主旨亦一致。而细考谦卦，实则谦者即让也，此由"谦让"一词连用亦可见其端倪。谦卦九三："劳谦君子，有终吉。"《象》曰："劳谦君子，万民服也。"为什么？盖九三为谦卦之唯一阳爻，为其成卦之主，其辛劳可知也；但其却不处上而甘处下，虽有辛劳而能谦让，乃君子也，故为万民所服——能为万民所服者，治理国家还有困难吗？其中之意，不正和《论语》本章完全相通吗？

4.14 子曰："不患无位，患所以立。不患莫己知，求为可知也。"

【译文】孔子说："不担心没有职位，只担心没有任职的能耐；不担心没人知道自己，只求自己有什么可以让人家知道的。"

【注释】①《杨注》："'立'和'位'古通用，这'立'字便是'不患无位'的'位'字。"②《钱解》："位，职位。古人议事有朝会，有官守者，遇朝会则各立于其位。己无才德，将何以立于其位？有知己之才德者，将可援之入仕。患无位，则患莫己知。"

【解读】儒者出仕以求取职位，这是再正常也不过的了，即使今天也是如此。但担任某种职位，肯定是以才、德为基础的，求职不能干坐在那里着急，重点还是"患所以立"和"求为可知"，也就是要在才、德上面下功夫。

众所周知，《周易》对"位"是很重视的，其中既有当位、不当位之说，还有位之贵、贱说。一个卦的六个爻，就是六个位，初、三、五是阳位，二、四、上为阴位，阳爻在阳位、阴爻在阴位就是"当位"，否则就是"不当位"。《系辞下》明确说："列贵贱者存乎位。"就一卦来说，六爻中位置高者和处于上、下卦之中者（即二、五爻）为贵，处于下位者则为贱。如《乾文言》释九五："飞龙在天，乃位乎天德。"《坤文言》释六五："正位居体，美在其中。"屯卦初九《象》曰："以贵下贱，大得民也。"而《系辞下》更说："圣人之大宝曰位。何以守位？曰仁。"并对"德薄而位尊"者多有谴责。《象传》中所谓"位不当也""位正当也""位正中也""虽不当位"等等说法，更是所在多有。可见"位"之当否和高低贵贱，说到底还是和各爻的性质及其所处的具体位置有关，而"仁""德"的有无和厚薄应该是其决定性因素。结合《论语》本章来说，君子"患所以立"的那个"位"，亦应以此为准也。

4.15 子曰："参乎！吾道一以贯之。"曾子曰："唯。"子出，门人问曰："何谓也？"曾子曰："夫子之道，忠恕而已矣。"

【译文】孔子说："参啊！我的思想是有一个根本的东西贯穿其中的。"曾子说："是。"孔子出去以后，别的学生问曾子："这是什么意思呢？"曾子说："他老人家的思想，就是忠和恕罢了。"

【注释】①《朱注》："尽己之谓忠，推己之谓恕。"②《钱解》："贯，串义，亦通义。如以绳穿物。孔子言道虽若所指繁多，实可会通，归于一贯。""尽己之心以待人谓之忠，推己之心以及人谓之恕。"③《杨注》："'恕'，孔子自己下了定义：'己所不欲，勿施于人。''忠'则是'恕'的积极一面，用孔子自己的话，便应该是：'己欲立而立人，己欲达而达人。'"

【解读】孔子说"吾道一以贯之"，曾子以"忠恕"解之。这样解释对吗？历来有争议。按说，孔子之思想，以"仁"为核心；如以一字概括，或以"仁"为最合适（傅佩荣就持此种观点）。但窃以为，这两种解释看似矛盾，其实并无二致。《周礼·大司徒疏》云："中心曰忠，如心曰恕。"朱子说："尽己之谓忠，推己之谓恕。"忠、恕均从心，可见都发于吾人一心之仁，或尽之，或推之，皆仁心之发用也。钱穆于此解释得最为恰切："忠恕之道即仁道，其道实一本之于我心，而可贯通之于万人之心，乃至万世以下人之心者。而言忠恕，则较言仁更使人易晓。因仁者至高之德，而忠恕则是学者当下之工夫，人人可以尽力。"（《论语新解》）孔子讲"仁"，又主张"下学而上达"（14.35），故以"忠恕"解释孔子的思想，更便于学者着力，曾子的理解并没有错。

《周易》古经未见谈"忠恕"者,《易传》唯《乾文言》在"君子进德修业"处谈及"忠信,所以进德也",即以"忠信"解释"进德"之义。朱子说:"忠信,心也。修业,事也。蕴于心所以见于事,修于事所以养其心。"(《朱子语类》)陈梦雷亦说:"忠信,存诸心者无一念之不诚也。德欲进而不已,然使无真实之心,德安能进?故忠信,所以进德也。"(《周易浅述》)又《周易》第十三卦为同人卦,《系辞上》在解释该卦九五爻时说:"二人同心,其利断金。同心之言,其臭(嗅)如兰。"此言君子行迹虽或异,其心终必同也;而此君子所必同之心,即仁心也,亦仁道也。于此可见,《周易》讲"忠信",讲"同人"和"同心",与《论语》之讲"忠恕",确有一致之处,读者不妨细加体悟。又于《卫灵公篇》,孔子还对子贡说过"予一以贯之"(15.3),亦可互参。

4.16 子曰:"君子喻于义,小人喻于利。"

【译文】孔子说:"君子知晓道义,小人知晓利益。"

【注释】①《集解》引孔安国云:"喻,犹晓也。"②《杨注》:"这里的'君子'、'小人'是指在位者,还是指有德者,还是两者兼指,孔子原意不得而知。"③《集释》引焦循《雕菰楼集》云:"若民则无恒产因无恒心,小人喻于利也。唯小人喻于利,则治小人者必因民之所利而利之……儒者知义利之辨而舍利不言,可以守己而不可以治天下之小人。小人利而后可义,君子以利天下为义。"

【解读】宋明理学将此问题发展为"义利之辨",义、利被对立起来,君子、小人被对立起来,或许并不符合孔子原意。孔子讲"庶之,富之,教之"(见13.9),可见并不反对利益,只是强调追求利益必须和礼义教化相一致。《周易》也是讲利益的,如巽卦的象征之一即为"近利市三倍",而其卦爻辞中言"利"者亦甚多,但它同时更强调"利者,义之和"(《乾文言》),也就是要合理得利。在《周易·系辞下》中,"利天下"更被视为圣人的功劳之一。《系辞下》还有小人"不见利不劝"的话,意思是小人只有见到利益才会听从劝告而行义,这和此处"小人喻于利"的主旨正相同。焦循说:"小人利而后可义,君子以利天下为义。"此真懂圣人之精义者也。

4.17 子曰:"见贤思齐焉,见不贤而内自省也。"

【译文】孔子说:"遇见贤人,就想着向他看齐;遇见不贤的人,就想着自我反省。"

【注释】①《朱注》:"思齐者,冀己亦有是善。内自省者,恐己亦有是恶。"②《正义》:"《荀子修身篇》:'见善,修然必以自存也;见不善,愀然必以自省也。'即此章之义。"

【解读】《周易》多处提到"利见大人",和此章"见贤思齐"之义略同。盖"大人"虽可解为政治领袖,但亦指道德高尚者也,正与此处之贤者相类似。如《周易》第五十七卦为巽卦,其卦辞云:"小亨,利有攸往,利见大人。"盖巽卦一阴伏于二阳之下,其性巽以入,以阴从阳,人无不悦,故"利有攸往"也;但阴为卑而易失,故又利见大德之人以匡正之,此大人即居中得位之九五也。又蹇卦上六云:"往蹇来硕,吉;利见大人。"其《象》曰:"利见大人,以从贵也。"更直接点明"见大人"之目的,就是"从贵"。此章所谓"见贤思齐"者,原因当然是自身才德不够,故见到贤人自然升起仰慕与追随之心,这和"利见大人"的目的当然是一致的。

另此章所谓"见不贤而内自省",其义则如朱子所说,即君子"恐己亦有是恶"也。我们知道,《周易》是很强调君子的自身修养的,如蹇卦《大象》即明确说:"君子以反身修德。"虽然这里讲的是君子遇见险难而反身修德之事,却也有普遍之意义。又《周易》第十二卦为否卦,其六二云:"包承。小人吉,大人否,亨。"《小象》曰:"大人否亨,不乱群也。"盖否卦为"天地隔绝"、"小人道长,君子道消"之时,六二此时得位,用其至顺而包承于上,其路通达,乃小人之吉也;大人见此则不以为然,绝不与小人同类,宁愿处"否"而保其名节,其所亨者道也。这里的大人,即此章之"见不贤而内自省"之君子也。

4.18 子曰:"事父母几谏,见志不从,又敬不违,劳而不怨。"

【译文】孔子说:"人子侍奉父母,如果他们有过错,要及早发现并婉转地劝谏;即使自己的意见不被采纳,仍然尊敬他们、不违背他们,虽然心中忧愁,也不怨恨他们。"

【注释】①李炳南《论语讲要》:"几,微也。人之过,在几微发动之时,易于改正,故为人子者,见父母之过于微起时,即当谏之,不俟形成大过。"②《杨注》:"几,平声,音机jī,轻微,婉转。"③《钱解》:"劳,忧义。子女见父母有过,当忧不当怨。或说劳,劳苦义。谏不从,当反复再谏,虽劳而不怨。"

【解读】以下四章又回到孝道来阐释"仁"。盖孝悌为行仁之本,此在1.2即已明言;所谓求仁求道云者,本在人伦日用之中,故不可须臾而离孝道也。仁之本义,虽然后来被孔子提升到了"爱人"的高度(12.22),但其最初的涵义却是"爱亲",比如《国语·晋语》就明确说:"爱亲之谓仁。"《礼记》也两次引用舅犯之言"仁亲以为宝"。后来孟子更直接说:"亲亲,仁也。"(《孟子·告子下》)这就"意味着亲亲是仁的基础的意义",这应该是"当时通行的一种对'仁'的理解。"(陈来《仁学本体论》)本章及以下三章的内容,均当在此基础上予以理解。

如果结合《周易》来讲,此章之"几"字最值得注意。对这个字,有两种不同解释,一是从父母的角度,指的是"父母之过"刚发生且微小之时;一是从劝谏父母的角度,指的是子女"轻微,婉转"的劝谏态度。两说均有道理,故翻译兼采之。《周易》很重视"几",如《系辞上》讲"几事不密则害成",又讲圣人"极深而研几";《系辞下》则讲"几者,动之微,吉之先见者也",又讲"知几其神乎!""君子见几而作,不俟终日。"作为一部研究天地人变化规律的著作,《周易》重视变化的征兆是必然的;它甚至声称,人们只要掌握了这个"几",便能成功地处理天下的一切事务(所谓"唯几也,故能成天下之务",语见《系辞上》)。有意思的是,在对待父母的过错时,因为其中牵扯到子女对待父母的孝敬之情,如何提前发现问题并谨慎小心地予以劝谏,的确用得上"见几而作"的智慧也。

4.19 子曰:"父母在,不远游,游必有方。"

【译文】孔子说:"父母在时,不出远门;如不得已要出远门,也要有确定的去处。"

【注释】①《朱注》:"游必有方,如已告云之东,即不敢更适西,欲亲必知己之所在而无忧,召己则必至而无失也。范氏曰:'子能以父母之心为心,则孝矣。'"②《大义》:"此亦人子之心理然也。远游恐伤父母之心,则不远游可安父母之心也。既远游矣,又必有方……如此,则父母之心更慰矣。"

【解读】古代交通手段和现在无法相比,出门多有不便,故孔子方有此说。这里关键是体察由此反映出来的子女对父母的那种心理情感。李泽厚说:"孔子讲仁、讲孝都非常之实际、具体。例如这里的重点,不在不要远游,而在于不使父母过分思念(飞高走远难以见面)和过分忧虑(无方向的到处游荡,使父母不放心)。这样具体地培育儿女对父母的爱心,即孝,即仁,它是情感的具体塑造而非抽象的理论概念,重要的仍是作为人子的这种情感态度。"(《论语今读》)说得很好。

我们曾经提到,《周易》在家人卦中有一个"交相爱"的说法,这和《论语》一贯重视父母和子女间的亲情的立场应该是一致的。但我们在此不得不指出,因为《周易》毕竟是一部包罗万象的体系性著作,其对孝道的具体细节关注很少,类似《论语》此章的说法当然是没有的。

4.20 子曰:"三年无改于父之道,可谓孝矣。"

【译文】孔子说:"一个人如果能有三年时间不改变父亲生前立下的行事规则,可以说就是孝了。"

【注释】①《集解》引郑玄曰:"孝子在丧,哀戚思慕,无所改于父之道,非心之所忍为也。"②《朱注》引胡寅曰:"已见首篇,此盖复出而逸其半也。"

【解读】此章重出,相关分析请参见1.11。

4.21 子曰:"父母之年,不可不知也。一则以喜,一则以惧。"

【译文】孔子说:"父母的年纪不能不常记在心:既因其高寿而欢喜,又因其年老而害怕。"

【注释】①《朱注》："知，犹记忆也。常知父母之年，则既喜其寿，又惧其衰，而于爱日之诚，自有不能已者。"②《大义》："《朱注》：'知，犹记忆也。'愚谓此记忆之心出于良知者也。喜与惧，亦皆从良知中来也。"

【解读】此章言人对父母之年的喜惧交感之情，很形象。潘雨廷在解读《周易》剥卦《象传》时说："消息（按阴长为消、阳长为息）盈虚，天行之自然，顺之为是，逆之为非。然人之为人，贵乎有情。情之于消息，当是息而非消，是生而非死，此非谓贪生，谓不当无端而觅死。盖易道尚生，凡生息而盈，莫不利⋯⋯故顺乎自然者，息则安之，消则忧之⋯⋯忘情而不忧，非君子也，忧之而不尚天行，亦非君子也。"（《过半刃言》）就此而论，人子对父母的担忧是完全合乎情理的，这当然是一种"君子之情"。而此情此感，其背后就是唐文治所说的"良知"，亦即钱穆所说的"孝心"。而此"孝心"，当然也就是"仁心"。钱穆总结说："以上四章皆言孝。孝心即仁心。不孝何能仁？""此心是一，即仁便是孝，即孝便是仁，非谓仁孝可有先后之分别。"（《论语新解》）说得很好。

《论语》作为"下学上达"之学，强调做人要从人伦日用出发，故谈孝甚多；这个由孝达仁的过程，其实正是"下学上达"的思维进路。《周易》却谈孝很少，只有萃卦一处，而对仁相对谈得就多些。但即使谈仁，两者的谈说方式也不同。《乾文言》将乾卦之"元"和"仁"对接，指出"元者，善之长也""君子体仁，足以长人"，后经宋儒发挥，又将此与复卦的"天地之心"和《系辞下》所谓"天地之大德曰生"结合起来，这样就有了后来陈来先生总结出来的"生生之仁"和"一体之仁"这样两种对"仁"的界说（《仁学本体论》）。很明显，仁在《周易》中是在宇宙论的意义上被谈论的，比如，朱子门人陈淳说"仁是天地生生之全体"，黄宗羲说"仁是浑然元气流行"等等，完全是宇宙论意义上的说法——这体现的恰恰是《周易》"由上而下"的思维进路。而《论语》关于仁的谈论方式则完全不同：在《论语》中，仁都是很具体的，除了孝悌之外，如"克己复礼为仁"（12.1）"仁者，其言也讱"（12.3）"刚毅、木讷近仁"（13.27）等等，以及此处"一则以喜，一则以惧"对孝道的描述，都是"下学上达"的谈论方式；故在《子罕篇》首章，就有孔子很少谈"利与命与仁"那样的话（见9.1），意思就是说，孔子很少在抽象的意义上来谈"仁"。其中区别,请读者务必注意。

4.22 子曰:"古者言之不出,耻躬之不逮也。"

【译文】孔子说:"古人言语不轻易出口,是怕自己的行动赶不上。"

【注释】①《朱注》:"言古者,以见今之不然。逮,及也。行不及言,可耻之甚。古者所以不出其言,为此故也。"②《集释》引王闿运《论语训》云:"古者,皆谓殷时也。出,出位也。处士而言治道,侯国而谋天下,身所不及无以验其行,迹近可耻也。故殷以前无著书者。"

【解读】关于言行关系,孔子针对不同的谈话对象,从不同的角度,在《论语》中有大量论述。比如在2.13中,子贡问君子,孔子曾回答说:"先行,其言而后从之。"这种"行先言后"的思想,和此处的"言之不出,耻躬之不逮",大旨略同。对此的分析,请参见2.13的解读。另王闿运云"古者,皆谓殷时",似不必拘。

4.23 子曰:"以约失之者鲜矣。"

【译文】孔子说:"由于对自己节制、约束而犯过失的事是很少的。"

【注释】①《集解》引孔安国云:"奢则骄溢招祸,俭约无忧患。"②《钱解》:"约,检束义。收敛,不放纵。着实,不浮泛。凡谨言慎行皆是约。处财用为俭约。从事学问事业为守约。鲜,少也。"

【解读】此章之义,以赵佑《温故录》所言最为精妙:"贲尽饰,受以剥。节当位,受以孚,君子损益盈谦,与时消息,于谦得六爻之吉,于丰廑日中之忧。天道人事,未有不始于约终于约者。约而为泰则无恒,泰而能约故可久。"这里提到了《周易》的贲卦、剥卦、节卦、中孚卦、损卦、益卦、谦卦、丰卦,认为天道人事均以"约"为吉,为美,为可久。所当注意者,此处之"约",不仅指"俭约",亦指"检束""收敛""约束""节制""谦卑"等等。人生在世,以能自我约束,顺天应人为贵,故约之义亦大矣!学习本章,亦可和3.4 "林放问礼之本"章的解读互参。

4.24 子曰:"君子欲讷于言而敏于行。"

【译文】孔子说:"君子说话不妨迟钝些,但行动要敏捷。"

【注释】①《朱注》引谢良佐曰:"放言易,故欲讷;力行难,故欲敏。"②《杨注》:"'讷于言而敏于行',造句和《学而篇》的'敏于事而慎于言'意思一样。"

【解读】正如杨伯峻所说,此章语句和《学而篇》的"敏于事而慎于言"基本相同,都是强调君子说话要谨慎,甚至不妨迟钝些,但行动却要敏捷、快速。这是孔子的一贯立场。12.3司马牛问仁,孔子亦说:"仁者,其言也讱。"这个"讱(音rèn)",和"讷(音nè)"基本同义,也是说话迟缓的意思。《礼记》云:"力行近乎仁。"但力行显然比出言要难,故要迅速行动、不能耽误。《周易·系辞下》说:"吉人之辞寡,躁人之辞多。"此"吉人"即君子也,而"躁人"则近乎小人。以言辞的寡与多来对人进行分类,和此处以讷与敏界定君子之言行,正可互参。

4.25 子曰:"德不孤,必有邻。"

【译文】孔子说:"有德行的人不会孤单,一定会有人来做他的同伴。"

【注释】①《集解》:"方以类聚,同气相求,故必有邻,是以不孤也。"②《杨注》:"《易·系辞上》说:'方以类聚,物以群分。'又《乾文言》说:'子曰:同声相应,同气相求。'这都可以作为'德不孤'的解释。"

【解读】"德不孤"来自《周易·坤文言》。原文为:"君子敬以直内,义以方外,敬义立,而德不孤。"这是对坤卦六二爻辞"直、方、大,不习无不利"的解释。《朱子语类》说,这里"敬解直字,义解方字,不孤解大字。施之于人,事君忠,事亲悦,不待习而无一不利。"也就是说,君子内心爱敬而正直,行事仗义而有方,有了这样的德行,自然不会孤单。"必有邻"好理解,实际上是"德不孤"

的合理推论。《系辞上》讲"方以类聚,物以群分",《乾文言》讲"同声相应,同气相求",正如何晏和杨伯峻所说,和这里的意思相合,也可以参考。

另《周易》泰卦六四和谦卦六五,均有"不富以其邻"之语,亦与本章之义相合。程子释谦六五曰:"富者众之所归,唯财为能聚人。五以君位之尊,而执谦顺以接于下,众所归也,故不富而能有其邻也。邻,近也。不富而得人之亲也。为人君而持谦顺,天下所归心也。"(《程氏易传》)李光地则释泰六四曰:"爻辞'不富',与谦六五同,皆言其谦虚而不自满足尔。"(《周易折中》)由此可见,虽然《系辞传》亦有"何以聚人,曰财"之说,但如欲真正得人,最根本者还是以其德也。

4.26 子游曰:"事君数(shuò),斯辱矣;朋友数(shuò),斯疏矣。"

【译文】子游说:"对待君主过于烦琐,就会招致侮辱;对待朋友过于烦琐,就会被疏远。"

【注释】①《朱注》:"程子曰:'数,烦数也。'胡氏曰:'事君,谏不行则当去;导友,善不纳则当止。至于烦渎,则言者轻,听者厌矣。是以求荣而反辱,求亲而反疏也。'范氏曰:君臣朋友皆以义合,故其事同也。"②《集释》引吴嘉宾《论语说》云:"数与疏对。《记》曰'祭不欲数'是也。数者,昵之至于密焉者也。惟恐其辱,乃所以召辱;不欲其疏,所以取疏。故曰'上交不谄,下交不渎'。"③《杨注》:"数,音朔shuò,密,屡屡。这里依上下文意译为'烦琐'。颜渊篇第十二说:'子贡问友。子曰:"忠告而善道之,不可则止,无自辱焉。"'也正是这个意思。"

【解读】这是本篇最后一章,还是结合具体的生活情境来讲"仁"。7.6孔子曾说:"志于道,据于德,依于仁,游于艺。"这个"依"字,笔者认为,就是结合具体的生活情境来行仁的意思。孔子讲仁,不是像苏格拉底那样下定义,总是结合具体的生活情景来讲,比如此前结合行孝、人的言行以及本章结合"事君"和"交友"等,后边类似的例子还有很多。

既然是人类社会,每个人总有领导,总得交朋友,故关于"事君"和"交友"问题,《论语》讨论甚多。"据原典儒学,君臣有相近于朋友一伦的地方,即应有某种独立性。即使臣下对君上的善意忠告，也只能适可而止，不可勉强。这与后世所谓'忠臣不惮辱'、以死相谏等行为、观念颇不相同。"（李泽厚《论语今读》）按照本章子游所说，无论"事君"还是"交友"，如果太过烦琐，不管是出于"求荣""求亲"即某种攀附心理，还是出于道义而进行的劝谏，其实都是丧失了独立性、主体性的一种表现，结果自然不好。

吴嘉宾《论语说》引《周易·系辞下》"上交不谄"来说明"事君数"，还算大致贴切，但引"下交不渎"来说明"朋友数"，似不合适。首先，和朋友交往，不应该属于"下交"；其次，"朋友数"之原由，应该或者出于功利，或者出于私昵心理，还是以独立性、主体性的缺失来解为宜。在《周易》中，这就是"贞"的问题。"贞"为乾卦四德之一，意为"正而固"。作为君子，固然要上进，要服从领导并主动和同事、朋友合作干事，但不能丧失自己的独立性，要坚持正固之人格，这是《周易》反复强调的立场。举例来说，《周易》一卦中的初六与九四，或可作为下属与领导之象征关系之一种，且二者又为相应，但李光地指出："易例初六应九四，无亨吉之义，盖以初六乃才德之卑，应四有援上之嫌，故于义无可取者；其动于应而凶咎，则有之矣，鸣豫、咸拇之类是也。"（《周易折中》）换句话说，如果自身才德不够而一味巴结领导、交接朋友，是不可能得亨得吉的，那是一种"妄动"，倒是有可能招致凶咎，此即本章所谓"辱"也"疏"也。

公冶长第五

5.1 子谓公冶长:"可妻(qì)也。虽在缧绁之中,非其罪也。"以其子妻之。

【译文】孔子评价公冶长:"可以把女儿嫁给他。他虽然蹲过监狱,但那不是他的罪过。"便把自己的女儿嫁给了他。

【注释】①公冶长,姓公冶,名长,孔子弟子。司马迁说是齐人,孔安国说是鲁人。②《杨注》:"妻,动词,去声qì。""子,儿女,此处指的是女儿。"

【解读】朱子说,"此篇皆论古今人物贤否得失";因为孔学是人学,知人论人是其基本功也。首章就讲公冶长曾经有牢狱之灾,但实际上本人是无辜的,所以孔子将自己的女儿嫁给了他。这一方面当然说明公冶长的品格高尚,但同时也说明那的确是个乱世,清白的人会蒙受不白之冤。关于公冶长为什么获罪,有一些离奇的说法,如说他会鸟语等,这里暂且不论;但他肯定是受了冤枉,这在《周易》里有个说法,叫做"无妄之灾"。

《周易》第二十五卦为无妄卦。无妄,本义为实理自然,《史记》作"无所期望而得",亦即自自然然之意。天地化育万物,生生不穷,各正其性命,按照《周易》的宇宙观,万事万物当皆为无妄也。从卦象上看,无妄卦(䷘)下震上乾,震为雷为动,乾为天,动与天合,自可大亨,故卦名无妄。但正如陈梦雷所言:"动以天则无妄,动以人则妄矣。"(《周易浅述》)故全卦对妄心、妄念、妄动者多有戒辞。盖吉凶悔吝生乎动,卦以震动为主,人之私心一旦涉入,则妄将生矣!当然,"妄"和"灾"是不一样的,而妄想妄动所形成的"灾",也未必立即降到自己的身上,一般倒会首先殃及别人。比如无妄卦六三爻提到的这种情况:"无妄之灾。或系之牛,行人之得,邑人之灾。"字面意思是,行人牵牛而去,邻居受灾被捕。这就是说,动了妄念、偷了牛的是行人,但其邻居却被无辜怀疑而罹祸,这对他来说当然是"无妄之灾"。公冶长之蹲监狱,即此类也。那么,面对"无妄之灾"时,一个人到底应该怎么办? 张英在解释此卦时说:"君子知天下原有此不期然而然者,一切听之于自然,而不以纷扰其纯诚精一之心,则所谓无妄者,乃真无妄也。"(《易经衷论》)孔子之所以选择公冶长为婿,一方面当然是知其无罪,即其遇到的是"无妄之罪";另一方面或亦因为公冶长面对"无妄之灾"时表现出来的"一切听之于自然"的那种态度,引起了孔子的注意,得到了孔子的肯定也。

5.2 子谓南容:"邦有道,不废;邦无道,免于刑戮。"以其兄之子妻(qì)之。

【译文】孔子评价南容:"国家政治清明,他会有事干;国家政治黑暗,又不会受到刑罚。"便把自己的侄女嫁给了他。

【注释】①《朱注》:"南容,孔子弟子,居南宫,名韬,又名适(音括kuò),字子容。"②《钱解》:"孔子有兄孟皮,早卒,孔子以孟皮之女嫁南容。"

【解读】由此两章,可见孔子的择婿之道,其实亦择人之道也。南容之才德,或可与宁武子"邦有道,则知(智);邦无道,则愚"(见5.21)相比。程树德《论语集释》曾引张尔岐《蒿庵闲话》云:"免于刑戮,夫子以取南容,则免刑戮之难也。朱子以谨言行释之,盖当时无道,动人不平者甚多,窥伺君子者亦密,言行岂易谨也?"如以孔门弟子而言,"邦有道,不废",易;"邦无道,免于刑戮",难。由此亦见南容之难能可贵也。

《周易》为忧患之书,其古经单言"凶"字就有31处,又有言"征凶"者10处,言"贞凶"者11处,其他言"吝"、"厉"、"悔"、"咎"者更所在多有,可见人生之不易,避难之不易。除了著名的四大难卦之外,又《周易》第二十三卦为噬嗑卦(☲),实即"用狱","先王以明罚敕法"之卦也。噬嗑卦之初九"屦校灭趾"和上九"何校灭耳",均谈的是受刑之事;其中"校"即行刑之器械,一个是说刑具将脚趾盖住了,一个是说刑具将耳朵盖住了,都很可怕。那么,人究竟该如何避难呢?自然是以修德为本。噬嗑卦之初九、上九之受刑,皆因其败德也。如果自身德行无亏而遇难,情况则又不同。如否卦《大象》云:"君子以俭德辟(避)难,不可荣以禄",明夷卦《象传》云"内文明而外柔顺,以蒙大难",《系辞下》云"惧以终始,其要无咎"等等,均为千古不易之名言。结合《论语》此章夫子之言,南容果能做到"邦无道,免于刑戮",或其亦为懂《易》者乎?

5.3 子谓子贱:"君子哉若人!鲁无君子者,斯焉取斯?"

【译文】孔子评价宓子贱:"这人是君子呀!如果说鲁国没有君子,那他是从哪里学来的呢?"

【注释】①《杨注》:"子贱,孔子学生宓(fú)不齐,字子贱,少于孔子四十九岁。"②《朱注》:"上'斯'斯此人,下'斯'斯此德。子贱盖能尊贤取友以成其德者,故夫子既叹其贤,而又言:若鲁无君子,则此人何所取以成此德乎?因以见鲁之多贤也。"③《集释》引《说苑·政理篇》:"孔子往见子贱曰:'自汝之仕,何得何亡?'子贱曰:'自吾之仕,未有所亡,而有得者三:始诵之文,今履而行之,是学益明也;俸禄所供,被及亲戚,是骨肉益亲也;虽有公事,而兼以吊死问疾,是朋友益笃也。'孔子喟然谓子贱曰:'君子哉若人!君子哉若人!鲁无君子也,斯焉取斯?'"

【解读】"君子"一词,在《论语》和儒家文化中极端重要,其字面意思本为国君之子或贵族子弟,后来演化为儒家的一种理想人格的象征。据杨伯峻统计,《论语》提到君子共有107次。而《周易》也常讲君子,据笔者统计,其中《周易古经》有20次,《易传》有107次,仅《象传》就有65次。将这两者谈君子的内容进行比较,可能很有意思。总的感觉,《论语》谈君子,是结合具体的生活情境,和人的道德修养的关系比较密切;而《周易》谈君子,更多的则是结合《周易》特殊的象数关系,基本上是"推天道以明人事"。当然,两者关于君子的内涵多有相似之处,在有关章节中我们已经并将继续将两者加以勾连而分析之。

尽管孔子在《论语》中屡言君子,但大多着重在其内涵上,直接称赞别人为君子的并不多。据说宓子贱曾为单父宰,颇有政绩,其为人必聪明仁厚,故孔子直接赞其为君子。另在5.16、14.5、15.7中,孔子还分别称赞过子产、南宫适(即上章提到的南容)和蘧伯玉为君子。因此,我们可以说《论语》中也有著名的"四君子"。

5.4 子贡问曰:"赐也何如?"子曰:"女(汝),器也。"曰:"何器也?"曰:"瑚琏也。"

【译文】子贡问:"我怎么样呢?"孔子答:"你啊,是一个器皿。"子贡问:"什么器皿呢?"孔子答:"祭祀时的瑚琏啊。"

【注释】①《杨注》:"瑚琏,音胡连,又音胡hú辇niǎn,即簠簋,古代祭祀时盛粮食的器皿,方形的叫簠,圆形的叫簋,是相当尊贵的。"②《朱注》:"子贡见孔子以君子许子贱,故以己为问,而孔子告之以此。然则子贡虽未至于'不器',其亦器之贵者欤?"

【解读】在2.12,孔子曾说:"君子不器";在3.22,孔子又评价管仲说:"管仲之器小哉!"由此可见,抽象地讲,固然"不器"是君子的最高境界;但具体地讲,则器又有小大之别,其中大器是能担当大用者,而小器则为担当小用者。瑚琏是被用来祭祀的器皿,当然是大器。子贡为孔门十哲之一,以言语闻名,办事通达,《史记·仲尼弟子列传》谓其"常相鲁卫",且善于经商,被孔子誉为瑚琏之器,名副其实。瑚琏者,簠(音fǔ)簋(音guǐ)也,为古代祭祀时盛黍稷稻粱之器皿。《周易》坎卦曾提到"樽酒簋贰",损卦也提到"二簋可用享",讲的正是祭祀而用簋的事。《左传·成公十三年》云:"国之大事,在祀与戎。"故《论语》和《周易》都很重视祭祀,对此有很多描写;而子贡被誉为祭祀时的瑚琏之器,一方面说明了子贡的非凡才华,另方面也说明了孔子对子贡的高度期许。

5.5 或曰:"雍也仁而不佞。"子曰:"焉用佞?御人以口给,屡憎于人。不知其仁,焉用佞?"

【译文】有人说:"冉雍这个人虽然有仁德,但却没有口才。"孔子说:"何必要什么口才呢?和别人利口巧辩,常会被人讨厌。如果不知仁德,要口才有什么用呢?"

【注释】①《朱注》:"雍,孔子弟子,姓冉,字仲弓。仲弓为人重厚简默,而时人以佞为贤,故美其优于德,而病其短于才也。"②《杨注》:"佞,音泞nìng,能言善说,有口才。""给,足也。'口给'犹如后来所说'言词不穷'、'辩才无碍'。"

【解读】这是孔子的一贯主张。可以结合孔子反对"巧言令色"(1.3和17.17),强调"先行,其言而后从之"(2.13)"讷于言而敏于行"(4.24)以及"仁者,其言也讱"(12.3)等等来理解。

5.6 子使漆雕开仕。对曰:"吾斯之未能信。"子说(yuè)。

【译文】孔子叫漆雕开去做官。他回答说:"我对这个还没有信心哩。"孔子听了很高兴。

【注释】①《杨注》:"漆雕开,'漆雕'是姓,'开'是名,孔子学生,字子开。"②《正义》:"夫子使开仕,当在为鲁司寇时。《古今人表》作'启'。启者,开也,故字子开。"③《集解》引孔安国云:"仕进之道未能信者,未能究习也。"④康有为《论语注》(下简称《康注》):"漆雕子以未敢自信,不愿遽仕,则其学道极深,立志极大,不安于小成,不欲为速就。"

【解读】孔子让漆雕开去做官,漆雕开表示自己水平还不够,不想去,孔子对此表示赞赏。这一方面说明漆雕开为人处世态度谦虚,另一方面也说明他"学道极深,立志极大",是真正的儒者的表现。《周易·系辞下》在解释鼎卦九四爻辞"鼎折足,覆公餗(音sù,鼎中食物也),其形渥(wò,沾濡也),凶"时,明确说,这是"不胜其任"的缘故,并指出凡是"德薄而位尊,知小而谋大,力小而任重"者,最后没有不出事的。漆雕开不急于出来做官,能够对自己保持清醒的认识,的确了不起。《韩非子·显学》把"漆雕氏之儒"列为儒家八派之一,可见漆雕开在后世的影响还是非常大的。

5.7 子曰:"道不行,乘桴浮于海。从我者,其由与?"子路闻之喜。子曰:"由也好勇过我,无所取材。"

【译文】孔子说:"如果我的主张不能实行,就乘着木筏到海外去!那时跟随我的,恐怕只有仲由吧?"子路听到这话,不禁喜形于色。孔子就说:"仲由啊,你的勇敢精神远远超过了我,但可惜我们没地方去弄木材啊!"

【注释】①《杨注》:"桴,音孚fú,古代把竹子或者木头编成簰,以当船用,大的叫筏,小的叫桴,也就是现在的木簰。"②《钱解》:"'好勇过我,无所取材':孔子转其辞锋,谓由之好勇,过于我矣,其奈无所取材以为桴何? 材,谓为桴之竹木。此乃孔子更深一层之慨叹。"

【解读】学习此章,孔子对子路"好勇过我"的批评,还是次要的,应重点关注孔子"道不行,乘桴浮于海"的说法。这表明孔子虽然主张积极入世,但他依然保留了出世的超然情怀,这在《论语》中有很多表现,此处就是一例。而《周易》在对待入世、出世的问题上,也是一样,如乾卦强调"天行健、君子以自强不息"的入世精神固然是其主流,但在面临"道不行"的情况下,如面临否卦、剥卦、遁卦等的情况下,《周易》也是主张"不可荣以禄""顺而止之""君子好遁"等等类似出世的举动的。这说明儒者绝不迂腐,而是始终主张"与时偕行"(《乾文言》及损卦《象传》)或"与世俯仰"的。然而此章最后一句"无所取材",则又将夫子由出世之思拉回到了现实之中,这与18.6夫子感叹"鸟兽不可与同群,吾非斯人之徒与而谁与"的话简直如出一辙,其矛盾心情亦深矣、痛矣!

5.8 孟武伯问子路仁乎? 子曰:"不知也。"又问。子曰:"由也,千乘之国,可使治其赋也,不知其仁也。""求也何如?"子曰:"求也,千室之邑,百乘之家,可使为之宰也,不知其仁也。""赤也何如?"子曰:"赤也,束带立于朝,可使与宾客言也,不知其仁也。"

【译文】孟武伯问孔子:"子路算得上仁吗?"孔子说:"不清楚。"他又问。孔子回答:"仲由啊,如果有一千辆兵车的国家,可以让他负责兵役和军政工作,但我不清楚他是否达到了仁。"孟武伯继续问:"那冉求怎么样?"孔子说:"求啊,千户人口的地区,百辆兵车的封地,可以让他当总管,但我不清楚他是否达到了仁。""那公西赤又怎么样呢?"孔子说:"赤啊,穿着礼服站在朝廷之上,可以让他和外宾交涉,但我不清楚他是否达到了仁。"

【注释】①《朱注》:"赤,孔子弟子,姓公西,字子华。"②《康注》:"三子之于仁,盖已甚深,但仁道至大,孔子犹言岂敢。一息之违,即已非仁,孔子不言三子非仁,而但言不知,盖许其深信者,而逊言其未纯至者欤?"③《正义》引程瑶田《论学小记》云:"夫仁至重而至难者也。故曰仁以为己任,任之重也。死而后已,道之远也。如自以为及是,未死而先已,圣人之所不许也。"

【解读】在孔子的心目中,仁和才能应该是两回事,所以这里孔子尽管对子路等三人的才能表示了充分的肯定,但对其仁却不置可否,均言"不知"。我们说过,"仁"是孔学的核心概念。如果仔细分析,"仁"可能有三层意思:一指仁心,指的是人所具有的某种情感和意志上的向善性;二指仁德,即将此仁心蓄之既久而形成的一种善良品德;三指一种圆满的境界,即一个人如能达到《周易·乾文言》所谓"与天地合其德,与日月合其明,与四时合其序,与鬼神合其吉凶"之境界,或者《大学》所谓"止于至善"之境界,则此仁心、仁德即圆满矣!但此实则"至重而至难"也,故在8.7中,曾子曾说:"士不可以不弘毅,任重而道远。仁以为己任,不亦重乎?死而后已,不亦远乎?"的确如此,行仁是要一个人用一生来践行的,只要一个人还活着一天,他都不能说离仁的境界就没有距离了!在《论语》中,只有七个人曾被孔子称为达到了仁的境界:前几个是古代人物,即"殷有三仁"的微子、箕子、比干(18.1)和孤竹国的伯夷、叔齐兄弟俩(7.15);再一个是被孔子赞为"如其仁,如其仁"的管仲(14.16);最后一个则是居孔门十哲中德行科首位,"其心三月不违仁"的颜回(6.7)。这七个人,都是在死后被孔子"封仁"的,所谓"盖棺论定"者即指此也。行仁之不易,于此可见。

5.9 子谓子贡曰:"女(汝)与回也孰愈?"对曰:"赐也何敢望回?回也闻一以知十,赐也闻一以知二。"子曰:"弗如也;吾与女(汝)弗如也。"

【译文】孔子问子贡:"你和颜回两个人,谁更强一些呢?"子贡回答:"我怎敢和颜回相比?他听到一件事,就能推知十件事;而我听到一件事,只能推知两件事。"孔子说:"是赶不上他啊,我和你都赶不上他啊。"

【注释】①《集解》引孔安国云:"愈,犹胜也。"又引包咸云:"既然子贡不如,复云吾与女俱不如者,盖欲以慰子贡也。"②《康注》:"一,数之始;十,数之终。二者，一之对也。颜子明睿所照，即始而见终；子贡因此而识彼，无所不悦……道有阴阳，互相对待，故有一必有二；理包万有，含蕴枝条，故有一必有十。"

【解读】在众多弟子当中，颜回为孔子之最爱，《论语》中多有赞语，后人也常以"孔颜人格""孔颜乐处"来看待儒者的理想。而子贡作为"瑚琏之器"，在孔门中的地位亦不可小觑，如在《子张篇》中，子贡竟有两次被人称赞"贤于仲尼"，其影响力之大可知矣！此章孔子让子贡来评价自己和颜回哪个更强些，子贡确为仁智兼备之人，回答得非常谦虚、客观和得体，孔子对这个回答显然是满意的。

子贡的回答，主要是以"闻一知十"和"闻一知二"来区别颜回和自己的高低的，并由此坦承自己不敢望颜回之项背。有意思的是，康有为在解释此章时，借用了《周易》的数理理论。《周易·系辞上》有著名的"天一，地二；天三，地四；天五，地六；天七，地八；天九，地十"的段落，按照易学家的通常解读，其中正是暗含着"一，数之始；十，数之终"的道理，因此"十"又被称为"盈数"；颜回能够"闻一知十"，则其析理之精至于极矣，故连孔子都感叹"吾与女弗如也"。当然，这里的"二"亦非同一般，如从"道有阴阳，互相对待，故有一必有二"的角度来看，则"闻一知二"就是了解了事情的正面，则能知道事情的反面，那当然也很了不起也！据翁中和《人天书》的推论，子贡可能是得了孔子的易学真传的人，那么子贡的话里含有易理，应该也是可能的。

5.10 宰予昼寝。子曰："朽木不可雕也，粪土之墙不可杇也。于予与何诛？"子曰："始吾于人也，听其言而信其行；今吾于人也，听其言而观其行。于予与改是。"

【译文】宰予在白天睡觉。孔子说："已经腐烂的木头无法雕刻，粪土似的墙壁无法粉刷。对于宰予，还值得责备他什么吗？"又说："起初对于别人，我总是听他的话就相信他的行为；现在对于别人，我不仅听他的话还要考察他的行为。正是因为宰予，我才改变了态度啊。"

【注释】①《杨注》："杇，音乌wū，泥工抹墙的工具叫杇，把墙壁抹平也叫杇。"②《大义》："圣门之学，进德修业，朝乾夕惕，瞬有存，息有养。宰我怠惰，故夫子责之。"

【解读】孔子对宰予"昼寝"的批评,可以从三个层面来理解:第一,孔学一直主张进德修业,如《周易》强调"君子以自强不息""君子终日乾乾"等等均是,而宰予如此怠惰,当然为孔子所不喜。第二,昼夜颠倒,本身就是不符合自然规律的。《周易》特别讲究阴阳各守其分,《系辞上》讲"悬象著明莫大乎日月",又讲"通乎昼夜之道而知",就是要求我们按照日(太阳)、月(太阴)运行的规律来行动,而宰予昼寝显然违背了这一规律。第三,宰予名列孔门十哲中的言语科,当然能言善辩,但在行为上却出现了"昼寝"的丑事,故孔子又从"言行不一"的角度对他严加批评,所谓"爱之深,责之切"是也。有关言行关系的分析,读者可参考其他章节的解读,此不赘。

5.11 子曰:"吾未见刚者。"或对曰:"申枨。"子曰:"枨也欲,焉得刚?"

【译文】孔子说:"我没有见过刚强的人啊。"有人回答:"申枨就是。"孔子说:"申枨是欲望太多,哪里能够算得上刚强呢?"

【注释】①《杨注》:"申枨,枨音橙chéng。《史记·仲尼弟子列传》有申党,古音'党'和'枨'相近,那么'申枨'就是'申党'。"②《朱注》:"刚,坚强不屈之意,最人所难能者,故夫子叹其未见。欲,多嗜欲也。多嗜欲,则不得为刚矣。"并引程子曰:"人有欲则无刚,刚则不屈于欲。"又引谢良佐曰:"刚与欲正相反。能胜物之谓刚,故常伸于万物之上;为物掩之谓欲,故常屈于万物之下。"

【解读】孔子心目中的"刚",肯定是指一个人敢于担当道义、不怕任何困难的意思,但这样的人很少见,故孔子有"吾未见刚者"之叹。而嗜欲多的人容易冲动,有时候看起来像刚强的样子,比如申枨或许就是这样,所以孔子在这里对两者的区别进行了认真的辨析,"无欲则刚"的成语或许就来自这里。

《周易》以阳爻为刚,以阴爻为柔,如乾卦六爻皆阳,有刚德;《乾文言》所谓:"刚健中正,纯粹精也。"《易传》则经常将"刚"和"中"连用,如仅《象传》直接言"刚中"者就有13处,对此多有赞语。于此可见,"刚"并非是凭借一己之欲而一味向前的意思，而是以"中正"或"道义"为本，当进则进、当退则退之义也。故乾卦九三"君子终日乾乾"固然是阳刚之表现，初九"潜龙勿用"也是阳刚之表现，此正如《乾文言》所说："龙德而隐者也。不易乎世，不成乎名。遁世无闷，不见是而无闷。乐则行之，忧则违之，确乎其不可拔，潜龙也。"在时机不对的情况下，能够自守其道，不因俗世的要求而变易自己的理想，不求名、不求利，达到了"确乎其不可拔"的境界，这不正是真正的刚强吗？另，《坤文言》曰"坤至柔，而动也刚"，又见柔和刚也不是截然对立的，至柔亦能生刚也；需卦《彖传》则曰"刚健而不陷，其义不困穷"，则见刚健和正义也是紧密联系在一起的——此均有深意，读者不妨深味之。

5.12　子贡曰："我不欲人之加诸我也，吾亦欲无加诸人。"子曰："赐也，非尔所及也。"

【译文】子贡说："我不想别人强加东西给我，我也不想强加给别人什么。"孔子说："赐啊，这还不是你所能做到的。"

【注释】①《朱注》："此仁者之事，不待勉强，故夫子以为非子贡所及。"②《康注》："子贡'不欲人之加诸我'，自立自由也；'无加诸人'，不侵犯人之自立自由也。人为天之生，人人直隶于天，人人自立自由……子贡盖闻孔子天道之传，又深得仁恕之旨，自颜子而外，闻一知二，盖传孔子大同之道者。"

【解读】子贡在孔门弟子中具有特殊性，在《论语》中他是唯一和孔子谈论"性与天道"的人，在马王堆帛书《周易》之《要》篇中，子贡也是孔子的主要对话者。故翁中和与康有为的猜测不是没有道理，很可能子贡不仅深得孔子易学之真传，而且对孔子的"大同之道"也别有领悟。此章子贡所说"我不欲人之加诸我也，吾亦欲无加诸人"，既和12.2和15.24的"己所不欲，勿施于人"有相通之处，但也有其弦外之音，这就是康有为所说的、隐含在其中的"人人自立自由"的大同社会之理想。李泽厚亦指出，这里子贡所要求的，是某种"客观的公平和正义原则，即社会性公德；颇不同于颜回、曾参追求的个人主观修养和人生境界的宗教性私德"（《论语今读》）。这可能和子贡既有经商经历，又有从政经历，对社会的认识比较深刻有关。此种"人人自立自由"之社会理想，或可和《周易》乾卦用九提出的"见群龙无首,吉"的境界有一比。盖六爻体乾,无论潜、见、跃、飞,皆龙也,如能各得自由,各安其位,各自发展,而不相乱,不正是大同社会的景象吗?但惜乎当时处于礼崩乐坏之时,这种理想未免陈义过高,故孔子评论说"非尔所及也",无疑是给子贡当头泼了一瓢冷水。当然,孔子此话或许仅仅是因子贡的修为未达于此而发(如朱子之说),而并非是对这一理想本身表示反对,这样解释,亦通。

5.13 子贡曰:"夫子之文章,可得而闻也;夫子之言性与天道,不可得而闻也。"

【译文】子贡说:"老师关于古典文献和礼乐仪式等外在方面的学问,我们是能够听到的;但老师关于人性和天道方面的学问,我们却很难听到啊!"

【注释】①《朱注》:"文章,德之见乎外者,威仪、文辞皆是也。性者,人所受之天理;天道者,天理自然之本体:其实一理也。言夫子之文章,日见乎外,固学者所共闻;至于性与天道,则夫子罕言之,而学者有不得闻者。盖圣门教不躐等,子贡至是始得闻之,而叹其美也。"②《钱解》:"文章:指诗书礼乐,孔子常举以教人。性与天道:孔子言性,《论语》惟一见。天道犹云天行,孔子有时称之曰命,孔子屡言知天知命,然不深言天与命之相系相合。子贡之叹,乃叹其精义之不可得闻。"③《杨注》:"孔子是古代文化的整理者和传播者,这里的'文章'该是指有关古代文献的学问而言。在《论语》中可以考见的有诗、书、史、礼等等。"④刘逢禄《论语述何》:"天道,微言也,《易》《春秋》备焉,难与中人以下言也。"

【解读】本章是《论语》中唯一直接谈及"性与天道"的地方,人们当然非常重视,所以屡为后儒所征引,如其曾数见于《史记》和《汉书》中。但这里的"文章"到底是指什么?尤其是"性"与"天道",到底是什么意思?此两者之间又是什么关系?而孔子之"言性与天道",又何以"不可得而闻"呢?还有本章的内容是由子贡陈述的,那么子贡和"性与天道"有什么特殊关系吗?他是不是得到了孔子的"不传之秘"呢?历来注家纷纭,莫衷一是,实在有必要细加辨析。

关于"文章",或以为指"古代文献",或以为指"诗书礼乐",但均不如朱子所谓"德之见乎外者"为的当,盖此处既讲"性与天道",则此"文章"当与

"性与天道"为相对,故其涵义当取广义而言也。而关于"天道",或以为指"天理",或以为指"天命",但其本义似为"天行",盖"天道"原本是指天地自然之客观运行规律也,故曰"天行"。《周易》剥卦《象传》云:"君子尚消息盈虚,天行也。"即此意也。又"天道"何以称"天命"?那是因为于人而言,天道有其不可抗拒性,故"天命"即"天道"之"命"也;而称"天理",则属于宋朝道学家之特殊爱好,是就"天道"之内在理路而言,故"天理"即"天道"之"理"也。至于"性",当指人性,此无太多异议。另就"性"和"天道"的关系来说,无疑"天道"或者"天命""天理"是"性"的来源和最终依据,而"性"是"天道"或者"天命""天理"在人们身上的具体反映。无论是"天道"还是"人性",当然都不是固定不变的。王夫之有个观点:"性者生理也,日生则日成也……天日命于人,而人日受命于天。故曰:性者生也,日生而日成之也。"(《尚书引义》)换言之,吾人在胎孕之中,受"命"而成"性",在出生以后的"长养"过程中,也无时无刻不在受"命"以成"性",这将是伴随人的一生的一个持续不断的过程。这种观点无疑是正确的。

大致弄懂了这些概念之后,我们再来看:孔子之"言性与天道",何以"不可得而闻"呢?首先请注意,子贡这里讲的是"不可得而闻",并没有讲孔子对此问题绝对闭口不谈。唐文治说:"曰'言',非不言也,特罕言耳。"(《论语大义》)故所谓"不可得而闻",可以理解为"夫子罕言"也。那么,为什么会这样呢?这就涉及到儒家关于"性与天道"和"文章"的关系问题了,以及儒家所特有的教育学问题了。窃以为,其中值得探讨的问题有三:

第一,一般认为,儒家强调人伦日用,不搞玄虚的哲理思辨。如孔子曾说:"予欲无言……天何言哉?"(17.19)又《史记·太史公自序》引孔子说:"我欲载之空言,不如见之于行事之深切著明也。"所以李泽厚曾将儒家的一大特点归结为"实践(实用)理性"。只是到了宋朝,为了和日益强大的佛教相对抗,才有了北宋五子基于《周易》对儒家本体论的建构。但如果我们结合《周易》来看,则又不能说先秦儒学就没有对本体论或"性与天道"的思考。比如《易传》就多次提到"乾道""坤道""天之道""地之道"以及"一阴一阳之谓道,继之者善也,成之者性也""和顺于道德而理于义,穷理尽性以至于命"等等说法,可以说"都是从本体宇宙论的观点来说明,因而能凸显其形而上的性格"(戴琏璋《易传之形成及其思想》)。且不管《易传》是否孔子本人所著,如从孔子"晚而喜《易》",

韦编三绝"(《史记·孔子世家》)的史实以及帛《易》等新的出土文献来看,孔子对于"性与天道"肯定是有过很多思考的,《易传》中的思想肯定是和孔子存在着极大的关联的。但考虑到孔子也只是到了晚年才意识到《易》的重要性且"性与天道"本就难言(《系辞传》所谓"书不尽言,言不尽意"),那么其大部分学生无缘得闻孔子之"言性与天道",也就是可以理解的了。

第二,最重要的是,"性与天道"和诗书礼乐等等所谓的"文章"实不可分。如顾炎武就明确说:"夫子之教人文行忠信,而性与天道在其中矣。故曰'不可得而闻'。""今人但以《系辞》为夫子言性与天道之书。愚尝三复其文,如'鸣鹤在阴'七爻,'自天佑之'一爻,'憧憧往来'十一爻,'履,德之基也'九卦,所以教人学《易》者,无不在于言行之间矣。故曰:'初率其辞,而揆其方,既有典常。苟非其人,道不虚行。'"(《日知录》)郑汝谐亦说:"性与天道难言也。夫子寓之于文章之中,惟子贡能闻之。"(《论语意原》)又智旭说:"言性言天,便成文章;因指见月,便悟性天。除却性道,安有文章,文章即性道之体现也。既云夫子之言性与天道,即非不言。不可得而闻者,闻而未信,信而未解,解而未行,行而未证之差也。"(《四书蕅益解》)比如"子在川上,曰:'逝者如斯夫!不舍昼夜。'"(9.17)这里表面上是孔子在讲川流之事,但程子就曾这样解释说:"此道体也。天运而不已,日往则月来,寒往则暑来,水流而不息,物生而不穷,皆与道为体,运乎昼夜,未尝已也。是以君子法之,自强不息。及其至也,纯亦不已焉。"(转引自朱子《四书集注》)孔子示道,无非如此。当然,说"性与天道"和"文章"密不可分固然没有问题,但如说两者完全是一回事,那肯定就有问题了(即便从子贡的话里,我们也看不出他否认两者之间存在关系的意思)。唐文治曾经注意到,这里似乎存在两种观点:一是认为"精粗本末"本为"合一",一是认为"夫子有教人文章之时,有教人性天道之时,非于文章内得性天道也"。而唐氏本人则主张,"此二说,要不可偏废"(《论语大义》)。窃以为,这应该是正确的态度。

第三,为什么讲"此二说,要不可偏废"?这就涉及到儒家的特殊教育学了。因为讲到"精粗本末合一",那只有智慧高超的人才能领悟;而对于普通人来说,"性与天道"和"文章"毕竟还是两码事。孔子曾经明确说:"中人以上,可以语上也;中人以下,不可以语上也。"(6.21)讲的就是这个道理。我们知道,儒家重视因材施教,强调"学有次第""教不躐等",应该就是基于这种思想。焦竑亦说:"性命之理,孔子罕言之,老子累言之,释氏则极言之。孔子罕言,待其人也,故曰：'不愤不启，不悱不发。中人以下，不可以语上也。'然其微言不为少矣，第学者童习白纷（按指学人从童年学习到白首之年还是纷然不解其义），翻成玩狎。"（《焦氏笔乘》）依焦竑之意，孔子关于"性与天道"之微言，尽管要待人而授，但实际上还是说了不少的，只是不被人们注意罢了，此由上引夫子"川上之叹"可知也。

这就要谈到本章的陈述者子贡和"性与天道"的关系问题了。

在孔门弟子中，子贡堪称"智慧第一"。据统计，子贡的名字在《论语》中共计出现41次，涉及三十章，所谈的问题都极重要，其中仅关乎"性与天道"者就有四章，即除了本章外，还有14.35（子曰："莫我知也夫！"子贡曰："何为其莫知子也？"子曰："不怨天，不尤人；下学而上达。知我者其天乎！"）、15.24（子贡问曰："有一言而可以终身行之者乎？"子曰："其恕乎！己所不欲，勿施於人。"）、17.19（子曰："予欲无言。"子贡曰："子如不言，则小子何述焉？"子曰："天何言哉？四时行焉，百物生焉。天何言哉？"）等。另在19.23中，子贡曾以"宫墙之喻"称赞夫子"宗庙之美，百官之富"，并谓"得其门者或寡矣"，这显然是"得其门者"之语。而在帛《易》之《要》篇中，和孔子讨论《易》道者，也不是别人，正好就是子贡。甚至程子在评价"货殖"章时，也明确说过："子贡之货殖，非若后人之丰财，但此心未忘耳。然此亦子贡少时事，至闻性与天道，则不为此矣。"（见11.19）仅此而言，说子贡已闻"性与天道"，应该不是猜测。盖孔子晚年，颜回、子路已死，弟子中只有子贡德才兼备，且子贡经过多年历练，对人生的体悟增加不少，故很可能成为唯一可与孔子谈论"性与天道"之人也。翁中和曾用十条证据证明《论语》之编撰当出于子贡之手，其中将"《论语》记性道之传授，皆记夫子与子贡之所言"作为重要依据之一，并谓子贡"为能有悟于孔子之学者"（《人天书》），此说或有一定道理也。

5.14 子路有闻，未之能行，唯恐有闻。

【译文】子路听到一个道理，如果尚未践行的话，就害怕听到新的道理。

【注释】①《杨注》："有，同'又'。"②《朱注》："前所闻者既未及行，故恐复有所闻而行之不及也。范氏曰：'子路闻善，勇于必行，门人自以为弗及也，故著之。若子路，可谓能用其勇矣。'"

【解读】子路曾有"闻斯行诸"之问(11.22),盖子路乃能遵所闻而勇于行者也,其"力行"之勇,在孔门弟子中是出了名的。另钱穆说:"此见子路之有闻而必行,非真恐复有闻。"(《论语新解》)评价甚为的当。《周易·乾文言》在解释乾卦九四爻辞"或跃在渊,无咎"时,曾明确说:"君子进德修业,欲及时也。"子路这种一旦"有闻"就立即践行的精神,正是"君子进德修业"的典范,实在值得大力提倡。

5.15 子贡问曰:"孔文子何以谓之'文'也?"子曰:"敏而好学,不耻下问,是以谓之'文'也。"

【译文】子贡问:"孔文子凭什么得到了'文'的谥号呢?"孔子答:"他聪慧而又好学,且能不以谦虚下问为耻,所以得到了'文'的谥号。"

【注释】①《集解》引孔安国云:"孔文子,卫大夫孔圉。文,谥也。敏者,识之疾也。下问,问凡在已下者也。"②《朱注》:"凡人性敏者多不好学,位高者多耻下问,故谥法有以勤学好问为文者,盖亦人所难也。孔圉得谥为文,以此而已。"③《大义》:"谥法勤学好问亦得称文,非经天纬地之文也。""此章论孔文子,盖指学问而言。"

【解读】这里最值得注意者是"不耻下问"一语。诚如朱子所言,"位高者多耻下问",但孔文子偏能"下问",故为孔子所赞扬。这个道理,在《周易》中曾被反复提及。最典型者如益卦《象传》所云:"益,损上益下,民说无疆,自上下下,其道大光。"盖益卦(䷩)乃由否卦(䷋)而来,其卦体下震上巽,即损乾之下爻而益坤之下爻也,故此卦有人君损其所有、以惠百姓之象,自然民众喜悦无穷矣;又因其自上而能下下,则亦人君居九重之上而深入百姓之象也,故其道之光得以大显。另如泰卦、临卦之吉,亦因阳爻以其至尊而甘居下位所致,盖唯有如此方能阴阳交感也。就此而言,"不耻下问"固然为治学之要道,推而论之,则"自上下下"实为人生成功之要道也。

5.16 子谓子产:"有君子之道四焉:其行己也恭,其事上也敬,其养民也惠,其使民也义。"

【译文】孔子评价子产:"他有四种行为合乎君子之道:自己行事能够谦恭有礼,对待君上能够诚敬谨慎,对待人民能够施以恩惠,役使人民能够恰到好处。"

【注释】①《杨注》:"子产,公孙侨,字子产,郑穆公之孙,为春秋时郑国的贤相,在郑简公、郑定公之时执政二十二年。"②《朱注》:"恭,谦逊也。敬,谨恪也。惠,爱利也。使民义,如都鄙有章、上下有服、田有封洫、庐井有伍之类。"③《大义》:"恭、敬、惠、义,得其一,已足为君子之道,况有其四乎?可见内外体用之兼全矣。""此章赞子产,盖兼德行、事功而言。"

【解读】在《论语》中,孔子有三处提到子产,均为赞语。此处以"君子之道四"赞之,唐文治认为兼具"德行"和"事功"两个层面,并谓"内外体用之兼全矣"!关于"恭"与"敬",前边多有论列,这里只对"养民也惠"和"使民也义"稍作展开。这两条属于"事功"层面,都和"民"有关,应该属于子产之"外王"功夫,尤其值得强调。

《周易》是很重视"理财"和"惠民"问题的。如节卦《象传》云:"不伤财,不害民。"又《系辞下》云:"何以聚人?曰财。理财正辞,禁民为非曰义。"颐卦《象传》还明确讲到"养民"的问题:"天地养万物,圣人养贤以及万民。"圣人和官员当然有"养民"之义务,而"养民"之内容,很重要的方面就是"不伤财"和"理财",也就是"养民也惠"。子产能够做到这一点,的确很了不起!

而关于"使民也义",据《左传·襄公三十年》记载:"子产使都鄙有章,上下有服,田有封洫,庐井有伍。"这正是《系辞下》所谓"禁民为非"之义也。又师卦初九云"师出以律",其《象传》又云:"师,众也。贞,正也。能以众正,可以王矣。刚中而应,行险而顺,以此毒天下,而民从之,吉又何咎矣!"这虽然主要是讲统兵打仗之事,但"使民"如同打仗,如果"能以众正""师出以律",即像子产那样"使都鄙有章,上下有服"而建立各种规章制度,虽然行事过程中或有险难,甚至可能产生大的毒害("毒天下"),但老百姓还是乐于跟从的,这样统兵者或牧民者自然就不会有什么咎害了。由此可见,"使民也义"确为君子之道也。

5.17 子曰:"晏平仲善与人交,久而敬之。"

【译文】孔子说:"晏平仲善于和别人交往,相交越久,他越尊敬别人,别人也越尊敬他。"

【注释】①《杨注》："晏平仲,齐国的贤大夫,名婴。《史记》卷六十二有他的传记。"②《钱解》："此'之'字有两解:一,人敬晏子。故一本作'久而人敬之',谓是善交之验。一,指晏子敬人。交友久则敬意衰,晏子于人,虽久而敬爱如新。"③《大义》："交久则敬易衰,惟其交之久而敬益久,可见其心之始终不渝也。"

【解读】晏平仲即著名的晏子,齐国的著名政治家。此章讲他善于和人交往,并能做到"久而敬之"。这个"之"字,有"晏子本人"和"与他交往的人"两种解释,均通,故译文兼采之。盖与人交往,开始的时候互相尊敬比较容易,"惟其交之久而敬益久",则友谊之树方能长青也。

久者,恒也。《周易》第三十二卦为恒卦,对"恒久之道"赞语甚多,如其《彖传》有云:"恒,久也。""天地之道,恒久而不已也。""日月得天,而能久照;四时变化,而能久成。圣人久于其道,而天下化成;观其所恒,而天地万物之情可见矣!"其《象传》则云:"君子以立不易方。"其中将"恒久之道"提升到了"天地之情"的地步,并认为这是圣人和君子效法的榜样,可以作为"不易方"而化成天下。除了本章,在《论语》中,孔子还曾讲到"不仁者不可以久处约"(4.2) "久要不忘平生之言"(14,12)等,对"久"的重视是显而易见的,均可由恒卦来加深理解。

5.18 子曰:"臧文仲居蔡,山节藻棁(zhuō),何如其知(智)也?"

【译文】孔子说:"臧文仲为大乌龟盖了一间房子,有雕刻着像山一样的斗栱和画着藻草的梁上短柱,这样的人怎么算得上聪明呢?"

【注释】①《朱注》："臧文仲,鲁大夫臧孙氏,名辰。居,犹藏也。蔡,大龟也。节,柱头斗栱也。藻,水草名。棁,梁上短柱也。盖为藏龟之室,而刻山于节、画藻于棁也。"②《杨注》："古代人迷信卜筮,卜卦用龟,筮用蓍草。用龟,认为越大越灵。蔡便是这种大龟。"

【解读】时人或以为臧文仲是一个智者,但孔子通过他对待乌龟的态度,却批评臧文仲为"不智",这充分反映了孔子的理性主义哲学观,由此亦可一窥孔子对待卜筮的真实态度也。

我们知道,一般认为,孔子晚年特别喜欢《周易》,以至于"韦编三绝";因为《周易》原本是一部卜筮之书,子贡就明确对此表示过不满。在帛书《周易》之《要》篇中,孔子对子贡解释说:"《易》,我后其祝卜矣,我观其德义耳也。""后世之士疑丘者,或以《易》乎!吾求其德而已,吾与史巫同途而殊归者也。君子德行焉求福,故祭祀而寡也;仁义焉求吉,故卜筮而希(稀)也。祝巫卜筮其后乎!"表达的主要意思是,孔子之所以喜欢《周易》,出发点是和史巫截然不同的,他重视的是其中的"德义",因而祭祀和卜筮是很少的,而永远将"德行"和"仁义"放在第一位,孔子还表示了后世之人或许因此对他不予理解的担心。刘大钧先生说:"《周易》本是'先王以神道设教'的卜筮之书,后经孔子改造,才变成了阐发'人文化成'的人文之《易》。"(《周易纳甲筮法》再版前言)正以此也。孔子有时或有占卜之事,但正如潘雨廷先生所说,那也不过是"借卜筮以言"。"借卜筮以言,非迷信于卜筮者可比。其间有可辨之几,未可混而为一。"(《论〈左传〉与易学》)即使从本章孔子对"臧文仲居蔡"的批评来看,孔子的这种人文主义立场不也是一以贯之的吗?

5.19 子张问曰:"令尹子文三仕为令尹,无喜色;三已之,无愠色。旧令尹之政,必以告新令尹。何如?"子曰:"忠矣。"曰:"仁矣乎?"曰:"未知;焉得仁?""崔子弑齐君,陈文子有马十乘,弃而违之。至于他邦,则曰,'犹吾大夫崔子也。'违之。之一邦,则又曰:'犹吾大夫崔子也。'违之。何如?"子曰:"清矣。"曰:"仁矣乎?"曰:"未知;焉得仁?"

【译文】子张问:"楚国的令尹子文三次做令尹的官,没有得意之色;三次被罢免,没有怨恨之色。每次被罢免,一定会把自己的一切政令全部告诉接班的人。这人怎么样?"孔子答:"应该算是忠诚了。"子张问:"算不算仁呢?"孔子说:"不知道;这怎么能算得上仁呢?"子张又问:"崔杼杀掉了齐庄公,陈文子有四十匹马,舍弃不要,离开了齐国。到了另一个国家,则说:'这里的执政者同我们的崔子差不多。'又离开。又到了一国,又说:'这里的执政者同我们的崔子差不多。'于是又离开。这个人怎么样?"孔子答:"清白得很啊。"子张问:"算不算仁呢?"孔子答:"不知道;这怎么能算得上仁呢?"

【注释】①《杨注》"令尹子文,楚国的宰相叫做令尹。子文即斗谷(谷音构)于菟(音乌徒)。根据《左传》,子文于鲁庄公三十年开始做令尹,到僖公二十三年让位给子玉,其中相距二十八年。""崔子,齐国的大夫崔杼;齐君,齐庄公,名光。""陈文子,也是齐国的大夫,名须无。"②《朱注》:"读者于此,更以上章'不知其仁'、后篇'仁则吾不知'之语并与三仁、夷齐之事观之,则彼此交尽,而仁之为义可识矣。今以他书考之,子文之相楚,所谋者无非僭王猾夏之事;文子之仕齐,既失正君讨贼之义,又不数岁而复反于齐焉——则其不仁亦可见矣。"

【解读】这两个故事,都很生动。由此我们可以发现孔子对"仁"的理解,颇不同于"忠"和"清"等其他道德条目,"仁"实则成了孔学道德体系的核心概念或至高之境。这可以从两个方面予以说明。

第一,仁是本体。李泽厚说:"儒学的'仁'具有某种'与天地参'的'本体'性质。它来源于原始巫术。'仁'涵盖宇宙,贯通一切,能远能近,既易获取,又难得到,似颇神秘,即此之故。直到康有为、谭嗣同以'电''以太'释仁,既是本体,又是生命,又是情感,仍此传统。"(《论语今读》)故陈来先生有"仁本体"之说。本章中,孔子许令尹子文为"忠",许陈文子为"清",而不许二人为仁,仁之崇高地位明矣。此和5.8亦可互参。

第二,仁为全体。本体实全体也,"仁者,以天地万物为一体"(程颢语),故仁是大全,亦是全德,依此孔子也不可能以仁轻易许人。钱穆说:"细味本章辞气,孔子仅以忠、清之一节许此两人。若果忠、清成德如比干、伯夷,则孔子亦即许之为仁矣。盖比干之为忠,伯夷之为清,此皆千回百折,毕生以之,乃其人之成德,而岂一节之谓乎?"(《论语新解》)这里的"成德"与"一节"之辨,或即此意。

由此想到,《周易·系辞上》有"神无方而《易》无体"之说,又讲"《易》无思也,无为也,寂然不动,感而遂通天下之故"等等,和《论语》将"仁"提到本体或全体的高度颇有不同——此亦"下贯"与"上达"两种思维进路之不同所致也,读者察之。

5.20 季文子三思而后行。子闻之，曰："再，斯可矣。"

【译文】季文子做每件事，常常考虑多次才行动。孔子听后说："想两次，其实就可以了。"

【注释】①《集解》引孔安国云："季文子，鲁大夫季孙行父也。文，谥也。"②《朱注》引程子云："为恶之人，未尝有思，有思则为善矣。然至于再则已审，三则私意起而反惑矣，故夫子讥之。"

【解读】"三思而后行"现已成为遇事审慎思考的正面成语，但孔子这里却提出了批评，此或主要针对季文子其人而言，但具体情境已不清楚。对"再思"优于"三思"的分析，以程子的思路为合理，唐文治的思路则与此相似，但阐释得更为清楚明白："以学问而言，虽十思不为多。以事未至而言，亦不妨再三审度，所谓'凡事预则立'也。此章盖指临事而言。"而于临事时，"凡人始念皆正，成败得失之见，皆出于后起之私。此《周易》六十四卦初九一爻，所以多吉也。"（《论语大义》）季文子或有因临事三思而起私意之经历，故孔子责之。

5.21 子曰："宁武子，邦有道，则知（智）；邦无道，则愚。其知（智）可及也，其愚不可及也。"

【译文】孔子说："宁武子在国家上轨道的时候，就显得很聪明；在国家不上轨道的时候，就显得很愚笨。他的聪明，别人赶得上；他的愚笨，别人赶不上。"

【注释】①《杨注》："宁武子，卫国的大夫，姓宁，名俞。"②《皇疏》："言武子若值邦君有道，则肆己智识以赞明时也；若值国主无道，则卷智藏明，诈昏同愚也。"③《朱注》引程子曰："邦无道，能沈晦以免患，故曰不可及也。亦有不当愚者，比干是也。"

【解读】孔子当然是主张积极入世的，但他同时也常有出世之思，这在"天下有道则见，无道则隐"（8.13）"吾与点也"（11.26）"无可无不可"（18.8）等等表述中都有体现。此章对宁武子的点评,也有这种意味。实际上,"穷则独善其身,达则兼济天下"(语出《孟子》),一直是儒者的正常心态。《周易》在这方面的表述那就更多了,如随卦(䷐),其卦体下震上兑,震为雷、兑为泽,其《大象》云:"泽中有雷,随;君子以向晦入宴息。"按照《周易》的解释系统,雷二月动而八月息,"泽中有雷"即阳气收敛之候也;故当此之时,君子宜于自明向晦,早日隐退而休息也。这里的寓意,其实和"邦有道,则知;邦无道,则愚"完全相同。但像宁武子那样,能在"邦有道"时积极出来做事,展示自己的聪明才智,而在"邦无道"时装糊涂而及时隐退,实际上并不容易,故孔子赞之。最后还需要指出的是,"愚不可及"目前已成为贬义词,和此处的意思完全相反,倒也有趣。

5.22 子在陈,曰:"归与!归与!吾党之小子狂简,斐然成章,不知所以裁之。"

【译文】孔子在陈国,说:"回去吧!回去吧!我在老家的那些学生们狂放不羁,文采斐然可观,我真不知道怎样调教他们哩。"

【注释】①《朱注》:"吾党小子,门人之在鲁者。狂简,志大而略于事也。斐,文貌。成章,言其文理成就,有可观者。此孔子周流四方,道不行而思归之叹也。夫子初心,欲行其道于天下,至是而知其终不用也。于是始欲成就后学,以传道于来世。"②《后案》:"'不知裁',孔冲远以为不知变通,见《诗·载驰》疏。朱子云:'志大而略于事,或陷于异端者。'陆稼书《讲义》引徐氏《惜阴录》曰:'庄周亦是狂士,以不知裁,遂肆为异学之倡。'"

【解读】此章言孔子在陈国受困之时,知道"行其道于天下"已无可能,于是希望回到家乡"传道于来世"的复杂心情。这里最值得注意的是"裁"之一字,此字实际上包含了丰富内涵,孔子在后世作为一个教育家的面相,可以说在此字之中已有充分显现。

《周易》有两处谈到"裁",恰可与本章互参。第一处是泰卦《大象》:"天地交泰,后以财成天地之道,辅相天地之宜,以左右民。"这里的"后"是指先王,而"财"即"裁"也。李光地说:"凡天地之所有而人制用者,谓之财成。天地所未有而人兴作之者,谓之辅相。然亦非两事也,财成言其始,辅相言其成。"

(《周易折中》)这是说，人可以对天地万物的规律加以裁制和成就，并借之而治理百姓也。第二处是《系辞上》在"形而上者谓之道，形而下者谓之器"之后，紧接着说："化而裁之谓之变，推而行之谓之通，举而错（措）之天下之民谓之事业。"这里的"裁"，和泰卦之"财"有相通之处，但又明确将其和"变通"、"举而错之天下之民"联系了起来，故而"裁"的目的得到了更加明确的揭示。仔细思考《周易》这两处对"裁"的解释，再回头对照本章"吾党之小子"之"狂简"且"斐然成章"的现状，孔子"欲裁大木柱长天"的志向不是很清楚了吗？

5.23 子曰："伯夷、叔齐不念旧恶，怨是用希。"

【译文】孔子说："伯夷、叔齐不记念别人过去的恶行，别人对他们的怨恨就少了。"

【注释】①《集解》引孔安国云："伯夷、叔齐，孤竹君之二子也。孤竹，国名也。"②《集释》引《朱子语类》云："此与不迁怒一般。其所恶者，因其人之可恶而恶之，而所恶不在我。及其能改，又只见其善，不见其恶，圣贤之心皆如此。"又引林希元《四书存疑》云："盖所恶者，恶其恶也，非恶其人也。"

【解读】伯夷、叔齐是被孔子赞扬过的仁者（7.15），"不念旧恶"或亦其美德之一也。旧恶者，已经过去之恶也，或此人已改之，或时过境迁，此恶已不成其为恶，君子岂能挂怀？如以旧恶而迁怒于人，是小人无疑也。《周易》坤卦《大象》云："地势坤，君子以厚德载物。"马振彪释之曰："君子能容物，以其德厚如地也。"（《周易学说》）伯夷、叔齐之仁，由此可见。

5.24 子曰："孰谓微生高直？或乞醯（xī）焉，乞诸其邻而与之。"

【译文】孔子说："谁说微生高这个人直啊？有人向他讨点醋，自家没有，他竟然到邻居那里借来给人。"

【注释】①《杨注》："《庄子》《战国策》诸书载有尾生高守信的故事，说这人和一位女子相约，在桥梁之下见面。到时候，女子不来，他却老等，水涨了都不走，终于淹死。'微'、'尾'古音相近，字通，因此很多人认为微生高就是尾生高。"②《集释》引顾梦《四书说约》云:"古来只为周施世故之念,坏尽人品。如微生乞醯一事,何等委屈方便,却只是第二念,非当下本念。夫子有感而叹之,不在讥微生,指点要人不向转念去也。"

【解读】"直",《论语》中多处谈及。如2.19和12.22的"举直错诸枉",6.19的"人之生也直",8.2的"直而无礼则绞",12.20的"质直而好义",13.18"吾党之直者",14.34的"以直报怨",18.2的"直道而事人"等等,可见这是孔子很重视的美德。

那么,究竟什么是"直"呢?直字小篆从十从目从乚(yǐn)。《说文解字》云:"正见也。"徐锴注曰:"今十目所见是直也。"章太炎则释之曰:"烛隐,故汉有'司直'之官,引申为曲直。"(《说文解字授课笔记》)《周易》以乾为直,故《系辞上》云:"夫乾,其静也专,其动也直。"但,阴如能从阳,亦为直,故坤卦六二有"直、方、大"之说,《坤文言》释曰:"直其正也。"可见无论从字源上讲,还是从《周易》上讲,"直"都是光明正大的意思,经得起"十目所视",是阳刚之君子或顺从阳刚之君子者的行为特征。微生高自己家里没醋,却到邻居家里借了来给人,或者是爱好自己的虚名,或者是对借者有所求而曲意逢迎,肯定背离了自己的"当下本念",无论如何算不上直,故唐文治曾结合上章评论说:"夷齐之'不念旧恶',其仁是真仁;微生之'乞诸其邻',乃伪直。"(《论语大义》)信哉斯言!

5.25 子曰:"巧言、令色、足恭,左丘明耻之,丘亦耻之。匿怨而友其人,左丘明耻之,丘亦耻之。"

【译文】孔子说:"花言巧语,虚颜假色,以及过度的恭顺,左丘明认为可耻,我也认为可耻。隐藏内心的怨恨,却表面上同人家相好,左丘明认为可耻,我也认为可耻。"

【注释】①《钱解》:"左丘明:鲁人,名明。或说即《左传》作者。惟《左传》称左氏,此乃左丘氏,疑非一人。"②《朱注》引谢良佐云:"二者之可耻,有甚于穿窬也。左丘明耻之,其所养可知矣。夫子自言'丘亦耻之',盖'窃比老彭'之意。又以深戒学者,使察乎此而立心以直也。"

【解读】此章紧接上章,可以说同样是讨论"直"的问题。微生高"乞诸其邻"不是直,这里的"巧言、令色、足恭"以及"匿怨而友其人"也不是直,因为它们都不是发自"当下本念"或者本心的行为,乃是虚伪之举,一定是别有私心所致,故孔子认为它们都是可耻的。《周易·系辞下》有"小人不耻不仁"之说,有如此行为的人肯定是小人;孔子言此,就像谢良佐分析的那样,乃"深戒学者,使察乎此而立心以直也"。

5.26 颜渊、季路侍。子曰:"盍各言尔志?"子路曰:"愿车马衣轻裘,与朋友共,敝之而无憾。"颜渊曰:"愿无伐善,无施劳。"子路曰:"愿闻子之志。"子曰:"老者安之,朋友信之,少者怀之。"

【译文】颜渊、季路两人站在孔子身边。孔子说:"你们何不说说各自的志向呢?"子路说:"希望把我的车马和衣服与朋友们共同使用,即便用坏了,也没有什么遗憾的。"颜渊说:"希望不夸耀自己的优点,也不张扬自己的功劳。"子路问孔子:"我们愿意听听您的志向。"孔子说:"使老年人得到安养,使朋友们诚信相待,使年轻人心怀感恩。"

【注释】①《钱解》:"侍,指立侍言。若坐而侍,必别以明文著之。"②《朱注》:"盍,音合,何不也。伐,夸也。善,谓有能。施,亦张大之意。劳,谓有功,《易》曰'劳而不伐'是也。或曰:'劳,劳事也。劳事非己所欲,故亦不欲施之于人。'亦通。""老者养之以安,朋友与之以信,少者怀之以恩。一说:安之,安我也;信之,信我也;怀之,怀我也。亦通。"③《集解》引孔安国云:"怀,归也。"《正义》:"《尔雅·释诂》:'怀,止也。'《释言》:'怀,来也。'并与'归'训近。言少者得所养教,归依之若父师也。"

【解读】孔学特别强调"立志"。《论语》中有两处"各言尔志",即此章和11.26。因为在11.26中,孔子有"吾与点也"的诗性说法,特别受到后人的重视;但实际上,此章孔子所谈的"安之、信之、怀之"的志向,窃以为才更加重要。

子路和颜回的回答当然也非同一般,且个性特别明显。子路能自舍财物,破除物我之私,轻财重义,有侠客风范。中孚卦九二有云:"我有好爵,吾与尔靡之。"差可比之。爵，酒杯也。靡，共也。自己有好酒，能和别人分享，境界已经很高。颜回的心性修养，孔门弟子中无人能及，其"无伐善，无施劳"，即《乾文言》所谓"善世而不伐"以及《系辞上》在解释谦卦时所云："劳而不伐，有功而不德，厚之至也。"其境界恐怕比子路更高一个层次。

而孔子的志向，和《礼记·礼运》中提到的大同社会，实有异曲同工之妙。所谓"大道之行也，天下为公，选贤与能，讲信修睦。故人不独亲其亲，不独子其子，使老有所终，壮有所用，幼有所长，矜、寡、孤、独、废疾者皆有所养"等等，不就是这里的"老者安之，朋友信之，少者怀之"吗？康有为说："大同者，孔门之归宿，虽小康之世，未可尽行，而孔门远志，则时时行之，故往往于微言见之。"（《论语注》）我们在子贡所言"我不欲人之加诸我也，吾亦欲无加诸人"中，对此已有体会，并曾以"群龙无首"喻之（见5.12）；而本章孔子和两个高徒纵论志向，于此大同社会之描绘，则更栩栩如生矣！乾卦九五爻辞为"飞龙在天，利见大人"，《乾文言》对此解释说："同声相应，同气相求。水流湿，火就燥。云从龙，风从虎。圣人作而万物睹。本乎天者亲上，本乎地者亲下，则各从其类也。"按照孔学之本体论，天下万物本为一体，但又有上、下之分，故而"同声相应，同气相求""本乎天者亲上，本乎地者亲下"，当着"飞龙在天"（可理解为圣人在位）的大同社会时，则万事万物必将"各从其类"也。这个描绘，无疑是和孔子的理想是一致的。只不过，《周易》是"推天道以明人事"，故在言辞上有所不同罢了。又潘雨廷在解释《周易》未济卦"贞吉，无悔。君子之光，有孚吉"爻辞时说："济道无穷，光有万殊，莫非苦海之慈航，长夜之明灯。各孚其孚，各济其济，有不吉者乎？《易》曰'贞吉无悔，君子之光，有孚吉。'其普贤之行愿乎？观音之普门乎？老者安，朋友信，少者怀，三世备矣。"（《龝爻》）孔子之语彰显的"君子之光"，其境界何其高远也！

5.27 子曰："已矣乎，吾未见能见其过而内自讼者也。"

【译文】孔子说："算了吧，我还没有见过看到自己的错误能在内心深处自我责备的哩。"

【注释】①《皇疏》："已，止也。止矣乎者，叹此以下事久已无也。讼，犹责也。言我未见能自见其所行事有过失而内自责也。"②《朱注》："内自讼者，口不言而心自咎也。人有过而能自知者鲜矣,知过而能内自讼者为尤鲜。能内自讼,则其悔悟深切而能改,必矣。"③《大义》:"见其过者,本心之是非,致知之事;内自讼者,本心之兢惕,诚意之事。由致知而至凛于独知之地,其功较难,故未易见。"

【解读】所谓"内自讼"者,就是敢于自我批评。特别拈出"内"字,是强调这种自我批评必须发自内心,才有力量。这又是孔子"吾未见"之一例,可见其难也。《周易》有讼卦,但其内容主要是讲打官司,与此章之旨有异。倒是《周易》占辞中的"悔"字,值得与"内自讼"做比较。《说文解字》云:"悔,恨也。从心从每。"黄宗炎说:"悔,从心从每。每者,历思其既往之非,每每而生于心,有不言而自讼之意。"而"求于内者,必克己,故自凶而吉。"又和占辞"吝"对比说:"吝从口从文。口饰非而文过,自为甘言善语以欺外人,过者惮改矣,故自吉而向凶。君子小人之分,惟系于此。"(《周易寻门余论》)于此可见,"悔"和"内自讼"的确相通;能悔其过或"内自讼"者,未有不"自凶而吉"者也。故朱子亦说:"能内自讼,则其悔悟深切而能改,必矣。"《周易》家人卦九三有云"悔,厉,吉",鼎卦有云"悔,终吉",均可为例。

5.28 子曰:"十室之邑,必有忠信如丘者焉,不如丘之好学也。"

【译文】孔子说:"就是十户人家的小地方,也一定有像我这样又忠心又信实的人,只是不像我这样爱好学习罢了。"

【注释】①《朱注》:"十室,小邑也。忠信如圣人,生质之美者也。夫子生知而未尝不好学,故言此以勉人。"②《康注》:"良材美质,随地皆有,成就与否,则视学与不学……夫子自言,质之忠信与常人同,而好学异,所以勉后学者至矣。"

【解读】作为本篇最后一章,孔子以自己为例,再次强调"学"的重要性。唐文治曾转引顾炎武的点评:"此篇多论古今人物,而终之曰'已矣乎,吾未见能见其过而内自讼者也',又曰'十室之邑,必有忠信如丘者焉,不如丘之好学也';是则论人物者,所以为内自讼之地,而非好学之深,则不能见己之过,虽欲改不善以迁于善,而其道无从也。"并进而说:"盖古之君子,其律己也必严,其论人也必恕。律己而不严,则其品行之卑下可知也;论人而不恕,则其心术之刻薄可知也。世之好议论人者,其亦内自讼而无自怠其好学之志哉!"(《论语大义》)此论甚精,小子不敢赘言矣。

雍也第六

6.1 子曰："雍也可使南面。"

【译文】孔子说："冉雍这个人，可以让他南面做官、治国理政。"

【注释】①《集解》引包咸曰："可使南面者，言任诸侯，可使治国政也。"②《杨注》："古代早就知道坐北朝南的方向是最好的，因此也以这个方向的位置最为尊贵，无论天子、诸侯、卿大夫，当他作为长官出现的时候，总是南面而坐的。说见王引之《经义述闻》和凌廷堪《礼经释义》。"

【解读】此篇还是以品评人物为主。冉雍（字仲弓），在孔门十哲中名列德行科，首先受到孔子的赞扬而出场。按照杨义《论语还原》的考证，冉雍是《论语》第一次编纂时的主持人（见1.4），故而以其名字命名本篇恐怕不是无意的。

理解本章的关键当然是"南面"一词。《周易·说卦传》云："离也者，明也，万物皆相见，南方之卦也。圣人南面而听天下，向明而治，盖取诸此也。"按照后天八卦方位，离卦属于南方，离为火，代表太阳和光明；正由于它的存在，万物才能"皆相见"。圣人效此，南面而坐，向着太阳和光明，遂有了公正的意思，所以能治理天下。古代有将天子叫做"南面王"的说法，就来源于此。中国古代的建筑，比如被公认为夏都的二里头宫殿，就有了坐北朝南的基本格局。但考诸典籍，可"南面"者并不仅仅是指圣人和天子，凡是诸侯、卿大夫等，也就是有治民之权者，皆可称为"南面"，故孔子讲冉雍"可使南面"，或并非指他能当天子，而是指他有当官的素质也。冉雍曾担任过鲁国"三桓"中最有权势的季氏家族的大管家（"家宰"），肯定是有相当的行政管理能力的。另康有为说："孔门论位，但也较德。苟有其德，仲弓可南面，孔子可素王；苟无其德，桀、纣可独夫，从政皆斗筲。言其称也，荀子称'圣人之不得势者仲尼、子弓（即仲弓）是也'。以圣人称仲弓，盖荀子尊其本师，亦见仲弓宜得势，与孔子同尊之至矣。"(《论语注》)由此亦见冉雍绝非一般人物也。

6.2 仲弓问子桑伯子。子曰："可也，简。"仲弓曰："居敬而行简，以临其民，不亦可乎？居简而行简，无乃大简乎？"子曰："雍之言然。"

【译文】仲弓问到子桑伯子这个人。孔子说："可以，他这个人简单。"仲弓说："存心敬畏，行事简单，以此来治理百姓，不也可以吗？但存心简单，又行事简单，不是太简单了吗？"孔子说："你这话不错。"

【注释】①《杨注》："子桑伯子，此人已经无可考。既然称'伯子'，很大可能是卿大夫。""无乃，相当于'不是'，但只用于反问句。大，同'太'。"②《集解》引孔安国曰："居身敬肃，临下宽略，则可也。"③《朱注》："言自处以敬，则中有主而自治严，如是而行简以临民，则事不烦而民不扰，所以为可。若先自处以简，则中无主而自治疏矣，而所行又简，岂不失之大简，而无法度之可守乎？"

【解读】孔子对子桑伯子的赞扬或有保留。他同意冉雍的看法，只肯定"居敬而行简"，但反对"居简而行简"。子桑伯子具体是怎么做的，因其人已不可考，就不知道了。

孔学很重视"敬"，这在前面已有不少讨论。那究竟什么是敬呢？朱熹说："敬只是一个畏字""小心畏谨便是敬"(《朱子语类》)又说"潜心以居，对越上帝"(《朱子文集》卷25敬斋篇)。可见在某种意义上，这就是"对天地万物、对人的本体存在有一种敬畏的宇宙情怀"(李泽厚《论语今读》)。所谓"出门如见大宾，使民如承大祭"(12.2)，应该即此也。一个人如果有这种情怀(即"居敬")，那么当其"临民"时"行简"，因为"中有主"自然"事不烦而民不扰"，效果肯定不错；但如果没有这种情怀(即"居简")，那么当其"临民"时又"行简"，因为"中无主"必致民心散乱，故谓之"失之大简"矣。

"敬"在《周易》中所在多有，我们在1.5等处曾有讨论。如果将"敬"理解为一种"准宗教感情"，那么很显然，《周易》中始终弥漫着这种感情。另对"简"，《周易》也有很高明的说法，但它并非主要是针对"临民"，而是讲的更加普遍的道理。如《周易·系辞上》云："乾以易知，坤以简能；易则易知，简则易从；易知则有亲，易从则有功；有亲则可久，有功则可大；可久则贤人之德，可大则贤人之业。易简而天下之理得矣。天下之理得，而成位乎其中矣。"这里的"易"和"简"，都是平易的意思，和《论语》此章的"简"基本同义。这段著名的话，主要是讲乾坤创造世界的道理，其实是极其简单平易的，一点也不神秘；如果人们懂得了"易简"二字，那就是掌握了《易》理，成功就没有问题了。后来宋儒特别强调"易简"功夫，盖源于此。

6.3 哀公问："弟子孰为好学？"孔子对曰："有颜回者好学，不迁怒，不贰过。不幸短命死矣，今也则亡，未闻好学者也。"

【译文】鲁哀公问："你的学生当中，谁最好学？"孔子回答说："有一个叫颜回的人最好学。他不把怒气发到不相干的人身上，同样的错误不再犯第二次。但他不幸短命死了，现在没有这样的人了，没听过好学的人了。"

【注释】①《杨注》："《公羊传》把颜渊的死列在鲁哀公十四年（公元前481年），其时孔子年七十一，依《史记·仲尼弟子列传》，颜渊少于孔子三十岁，则死时年四十一。"②李炳南《论语讲要》："颜子好学，是指学道而言。唯有好学，始能希圣希贤。"

【解读】颜回是孔子最得意的弟子，可惜在孔子七十一岁时就死掉了，孔子当然很伤心。这里提到颜回"好学"，诚如李炳南所说，不是指学习现在所谓的自然科学知识，而主要是指"学道"而言，或者说指的是人的实践行为和道德修养。"不迁怒，不贰过"，就是颜回好学的结果或者证明。

在《周易》中，孔门弟子只有颜回的名字出现过一次，是在《系辞下》中。孔子在那里说："颜氏之子，其殆庶几乎？有不善未尝不知，知之未尝复行也。《易》曰：'不远复，无祗悔，元吉。'"颜氏之子即颜回。殆，将也。庶几，接近之义。此句紧接上句"君子知微知彰，知柔知刚，万夫之望"而来，意思是说："颜回这个人，大概接近于知微知彰、知柔知刚了罢。有了过失未尝不自知，知道了就没有不改正的。"这个意思，和《论语》此章的"不贰过"非常接近。"不远复，无祗悔，元吉"，出自复卦初九。祗，音zhī，大也。意思是说，此初九爻离开不远而复归，无大后悔之事，故得大吉。刘沅曾解释说："阳动于初，复之最先者也。

一念稍非，即为身累，念甫动即复于善，修身莫吉于此。"(《周易恒解》)孔子用颜回的德行来阐释此爻，非常精妙。

6.4 子华使于齐，冉子为其母请粟。子曰："与之釜。"请益。曰："与之庾。"冉子与之粟五秉。子曰："赤之适齐也，乘肥马，衣轻裘。吾闻之也：君子周急不继富。"

【译文】公西华出使齐国，冉有替他母亲向孔子申请小米。孔子说："给他六斗四升。"冉有请求增加。孔子说："再给他二斗四升。"冉有却给了他八十石。孔子说："公西赤到齐国去，坐着由肥马驾的车子，穿着又轻又暖的皮袍。我听说：君子只周济贫穷，是不增加别人的财富的。"

【注释】①《杨注》："《论语》中，孔子弟子称'子'的不过曾参、有若、闵子骞和冉有几个人，因之这冉子当然就是冉有。""釜(fǔ)，古代量名，容当时的量器六斗四升。庾(yǔ)，古代量名，容当日的二斗四升。秉，音丙(bǐng)，古代量名，十六斛。五秉则是八十斛。古代以十斗为斛，所以译为八十石。"②《朱注》："使，为孔子使也。乘肥马、衣轻裘，言其富也。急，穷迫也。周者，补不足。继者，续有余。"③《集解》引郑玄曰："非冉有与之太多。"

【解读】公西赤家想必不是太贫穷，冉有以同学之谊，借公西赤出使齐国而予其母亲太多照顾，孔子因此非之。孔子赞扬"周急不继富"，和其对《周易》损、益二卦的重视（见2.23），实有相通之处。益卦《象传》云："损上益下，民说无疆，自上下下，其道大光。"强调的就是在上者要有损己而利民的思想，如此才能道路通达；因为在上者本来已经聚敛太多，自然以惠民、益下为适宜，这也符合天道"损益盈虚"之规律。又益卦上九云："莫益之，或击之。立心勿恒，凶。"马振彪解释说："雷风为恒卦，益则变为风雷。只知求益，而反乎恒常之道，倒行逆施，故凶。"（《周易学说》）虽然古今注家常拿国家大事来解释这些言辞，但我们对待财富的态度，似亦应遵循这个原则，否则必危矣！冉有的"请益"之举以及孔子对他的批评，或可从这个角度予以理解。

6.5 原思为之宰，与之粟九百，辞。子曰："毋！以与尔邻里乡党

乎！"

【译文】原思当孔子家的总管，孔子给他小米九百的俸禄，他不肯接受。孔子说："那不行！可以分给你的邻里和乡党呀！"

【注释】①《杨注》："原思，孔子弟子原宪，字子思。九百，下无量名，不知是斛是斗，还是别的。五家为邻，二十五家为里，万二千五百家为乡，五百家为党。"②《朱注》："有余自可推之以周贫乏，盖邻里乡党有相周之义。"

【解读】此章和上章主旨相似，谈的都是关于合理取酬的问题。李泽厚说："要点不在多少，而在原则；上章强调少拿，此章赞成多拿。"(《论语今读》)孔子从来不回避利益问题，但他同时强调"富与贵，是人之所欲也。不以其道得之，不处也"(4.5)"不义而富且贵，于我如浮云"(7.16)等等，而《周易》也强调"以美利利天下"(《乾文言》)。这里的"道""义"和"美"，其实就是李泽厚说的取利的"原则"问题。而且此章还谈到，如果觉得获得的报酬多了，可以"与尔邻里乡党"，这也符合损卦《象传》提到的"损益盈虚"精神，以及《礼记·礼运》提出的"大同社会"理想（见5.12和5.26）。

6.6 子谓仲弓，曰："犁牛之子骍且角；虽欲勿用，山川其舍诸？"

【译文】孔子评价冉雍说："普通耕牛的儿子却长着红色的毛和整齐的角，虽然不想用它作牺牲，山川之神难道会放弃吗？"

【注释】①《朱注》："犁，杂文。骍，赤色。周人尚赤，牲用骍。角，角周正中，牺牲也。用，用以祭也。山川，山川之神也。言人虽不用，神必不舍也。仲弓父贱，行恶，故夫子以此譬之，言父之恶，不能废其子之善，如仲弓之贤，自当见用于世也。"②《杨注》："诸，'之乎'两字的合音字。"

【解读】古代祭祀以牛为"太牢"，是上等的牺牲，故这里讲冉雍的父亲虽然很普通，甚至还可能有恶行，但冉雍本人却材质很好，就像"骍（音xīng）且角"的牛，足堪大用。孔子曾将子贡比喻为"瑚琏之器"(5.4)，这和本章用牛比喻冉雍一样，都是用能够参与祭祀之事作为贤能之士的衡量标准，值得注意。因为能够参与祭祀，实际上即表明此人能继承祖先之事业也，故非材质华美之人不能胜任。《周易》古经提到牛的地方很多，如既济卦九五之"东邻杀牛"，讲的就是用牛来做祭祀之用，可以对比思考。当然在这里，通过孔子之言，又一次见出冉雍之非凡材质也。

6.7 子曰："回也，其心三月不违仁，其余则日月至焉而已矣。"

【译文】孔子说："颜回的心可以长时间地不离开仁德，其余的学生就只能在短时间内做到了。"

【注释】①《杨注》："三月、日月，这种词语必须活看，不要被字面所拘束。"②《康注》："三月，言其久也。不违仁，无纤毫佚虑私欲也。稍有私欲佚虑，即间断矣；能常惺惺，神明光炯，纯固至矣。"

【解读】这里有两个问题值得注意。一是仁与心之关系。《周易》复卦讲"天地之心"，宋儒已解为"天地之仁"；故就本体论言之，则仁与心本为一也。然则"人心"并非"天地之心"，人心虽有求仁之本能，但亦和私欲相混杂，则两者又不同矣；故就实践言之，仁与心并非一致。故唐文治说："仁与心本合一，惟圣人浑然无间。自大贤以下，不免有私欲之隔，心与仁遂分为二，则以学力之浅深，为离合之久暂。"（《论语大义》）但这里又必须指出，孔子始终认为，无论何人，如能发心求仁，则"我欲仁，斯仁至矣"（7.30），这正是孔学的伟大之处。二是行仁之难，必须持之以恒。孔子曾说："君子无终食之间违仁，造次必于是，颠沛必于是。"（4.5)此章又盛赞颜回"三月不违仁"，都是强调不间断地、持续地行仁之重要。马一浮在解释"君子无终食之间违仁"时说："此明性德之存，不容有须臾之闲。一或有闲，则惟恐失之。"（《君子小人之辨》）看来君子行仁，必须学习恒卦之精神，要"立不易方"（《象传》）才行。

6.8 季康子问："仲由可使从政也与？"子曰："由也果，于从政乎何有？"曰："赐也可使从政也与？"曰："赐也达，于从政乎何有？"曰："求也可使从政也与？"曰："求也艺，于从政乎何有？"

【译文】季康子问孔子:"仲由这个人,可以让他从政吗?"孔子说:"仲由果敢决断,让他从政有何困难?"又问:"那端木赐,可以让他从政吗?"孔子说:"端木赐通权达变,让他从政有何困难?"又问:"还有冉求,可以让他从政吗?"孔子说:"冉求多才多艺,让他从政有何困难?"

【注释】①《朱注》引程子曰:"非惟三子,人各有所长。能取其长,皆可用也。"②《钱解》:"果:有决断。何有:何难义。达:通达。艺:多才能。此章见孔子因材设教,故能因材致用。"

【解读】孔门弟子众多,各有所长,此三人更是从政的一时之选,故而孔子赞之。李泽厚说:"可见搞政治,主要仍在才干、能力,而并不是心性修养或'内圣'。这是孔子不同于程朱处。"(《论语今读》)说得有道理。实际上,孔子是将"从政"分为决策大政方针和管理具体政务两个层面的,本章讲的"从政"显然是指后者。在《子路篇》有个著名的例子:"冉子退朝。子曰:'何晏也?'对曰:'有政。'子曰:'其事也。如有政,虽不吾以,吾其与闻之。'"(13.14)此将"政"与"事"分辨得十分清楚。当然,这并非表明管理具体政务就不好,就层次低。比如孔子这里关于"果""达""艺"的论述,在某种意义上就显示了孔子对所推崇的从政者应该具备的某些重要素质的极端重视。

《周易》蒙卦《大象》有"君子以果行育德"之说,"果行"即"勇决其行"也。子路"片言可以折狱","无宿诺"(12.12),真"果行"之人也。子贡天纵之才,或已秘闻孔子"性与天道"(5.13),故能通权达变,此与《周易》所谓"通变"或"变通"完全一致,如《系辞上》云"通变之谓事""化而裁之谓之变,推而行之谓之通",《系辞下》云"通其变,使民不倦"等等均是。而所谓"艺",是指包括"礼、乐、射、御、书、数"六艺在内的一切技艺,盖从政者涉猎不能不广,故孔门向来重视"艺"的培养。冉求曾为季氏宰,据说多才多艺,尤其擅长理财,孔子在14.12也曾赞扬过"冉求之艺"。我们知道,《周易》古经是一部百科全书,据李镜池统计,其卦爻辞如从内容上看,大概包括行旅、战争、祭祀、饮食、渔猎、牧畜、农业、婚媾、居处、疾病、刑赏、讼狱等十二个方面(《周易探源》)。很显然,无论是从事哪个领域的职业,特别是无论从事哪个领域的管理工作,要想做到

"趋吉避凶",都需要掌握相关的知识和技能,故而"冉求之艺"的确是从政者需要培养和追求的目标之一。

6.9 季氏使闵子骞为费宰。闵子骞曰:"善为我辞焉!如有复我者,则吾必在汶上矣。"

【译文】季氏叫闵子骞作他的采邑费地的县长。闵子骞对使者说:"好好地替我辞掉吧!如果再来找我,那我就到汶水之北去了。"

【注释】①《杨注》:"闵子骞,孔子学生闵损,字子骞,比孔子小十五岁(公元前515—?)。"②《后案》:"季氏未知桓子、康子,与仲弓及季路、冉有所仕之时同不同,未可知也。季氏为无道,然不亡者,以冉有、季路为宰臣也。闵子辞费宰,以季氏为不可救之人,扶危济颠之无术也。"③《钱解》:"汶,水名,在齐南鲁北境上。水以北为阳,凡言某水上,皆谓水之北。言若季氏再来召,我将北之齐,不居鲁。"

【解读】《孔子家语》有"闵子骞为费(音bì)宰,问政"之事,和本章说法有异,注家多有辨说。闵子骞名列孔门十哲之德行科,以孝闻名(见11.5)。从本章闵子骞辞费宰来说,其行为或为《周易》蛊卦上九所言"不事王侯,高尚其事"乎?或如孔子的另一个弟子漆雕开那样(见5.6),闵子骞是担心自己修为尚浅而"不胜其任"吗?还是和当时的政治形势有关?看来只能存疑了。

6.10 伯牛有疾,子问之,自牖执其手,曰:"亡之,命矣夫!斯人也而有斯疾也!斯人也而有斯疾也!"

【译文】伯牛生了病,孔子去探望他,从窗户里握着他的手,说:"没有办法了,这是命啊!这样的人居然得了这样的病!这样的人居然得了这样的病!"

【注释】①《集解》引马融曰:"伯牛,弟子冉耕。"引包咸曰:"牛有恶疾,不欲见人,故孔子自牖执其手也。"②《朱注》:"牖,南牖也。礼:病者居北牖下。君视之,则迁于南牖下,使君得以南面视已。时伯牛家以此礼尊孔子,孔子不敢当,故不入其室,而自牖执其手,盖与之永诀也。"③《杨注》:"亡之,这'之'字不是代词,不是'亡'(死亡之意)的宾语,因为'亡'字在这里不应该有宾语,只是凑成一个音节罢了。"

【解读】伯牛亦名列孔门十哲之德行科。《朱注》引侯氏曰:"伯牛以德行称,亚于颜、闵。故其将死也,孔子尤痛惜之。"这里有三个问题值得讨论。

一,孔子始终承认天命的存在,此"天命"并非人所能自由把握,如疾病和寿命即如此。子夏有云"死生有命,富贵在天"(12.5),《周易》无妄卦《象传》有云"无妄之往,何之矣?天命不佑,行矣哉?"德、福未必相配,这也是无可奈何之事。

二,我们虽将《论语》比为《新约》,将孔子比为耶稣,但孔子"远非教主或神仙,并不能使盲目明,病者起,而只能慨叹命运的无据,这本就是人生和生活"(李泽厚语)。所以孔子始终是人间的导师,至多是圣人,而非神人。

三,有意思的是,这里有"自牖执其手"之语,按照朱子的解释,这是因为孔子不敢越礼,故"不入其室"。而《周易》坎卦六四也有"纳约自牖"的说法。王弼说:"一樽之酒,二簋之食,瓦缶之器,纳此至约,自进牖,乃可羞(馐)于王公,荐于宗庙,故终无咎。"陈梦雷说:"自牖,言不由正道,因其所明者而进结之。盖当艰险之时,不能直致,自间道以上达也。六四居大臣之位,处险之中,本其至诚,因君之所明者而委曲献纳,则虽历艰险而终得无咎也。"(《周易浅述》)当然还有其他解释。两者似不类,录以备考可也。

6.11 子曰:"贤哉,回也! 一箪食,一瓢饮,在陋巷,人不堪其忧,回也不改其乐。贤哉,回也!"

【译文】孔子说:"颜回的德行真好啊,一竹筐饭,一瓜瓢水,住在简陋的巷子里,别人都不堪忍受这样的忧愁,而颜回却不改变他的快乐。颜回的德行真好啊!"

【注释】①《杨注》:"箪,音单dān,古代盛饭的竹器,圆形。"②《朱注》引程子曰:"颜子之乐,非乐箪瓢、陋巷也,不以贫窭累其心而改其所乐也,故夫子称其贤。""箪瓢陋巷非可乐,盖自有其乐尔。'其'字当玩味,自有深意。""昔受学于周茂叔,每令寻仲尼、颜子乐处,所乐何事。"

【解读】本章是《论语》的著名段落，将颜回的"不改其乐"，与孔子对自己的评价"饭疏食饮水，曲肱而枕之，乐亦在其中矣"（7.16）以及"其为人也，发愤忘食，乐以忘忧，不知老之将至"（7.19）结合起来，就是宋儒总结出来的"孔颜乐处"了。但究竟师徒二人"所乐何事"，朱子云："程子之言，引而不发，盖欲学者深思而自得之。今亦不敢妄为之说。"但唐文治一言以蔽之曰："颜子之乐，乐道而已。孔子'乐以忘忧'，亦是乐道。惟孔子乐天知命，出于自然，故曰'乐在其中'；颜子仰钻高坚，笃于好学，故曰'不改其乐'。此则不达一间处也。"（《论语大义》）实际上，孔子本人就说过"君子忧道不忧贫"（15.32）的话，那么反过来，自然其所乐者亦为道也，而贫富并不是衡量忧乐的砝码，虽然儒者并不反对个人拥有正当的财富和适度的感性快乐。

我们在1.16曾谈到庞朴的"忧乐圆融"，这里正好可以继续这一讨论。正如孔颜师徒所乐者是"乐道"一样，其所忧者自然也是"忧道"，故其所乐、所忧的确和常人不同也。此处"人不堪其忧"之"忧"以及他处"仁者不忧"（9.29和14.28）之"忧"，包括《周易·系辞上》所谓"乐天知命，故不忧"之"忧"，皆常人之忧也；而孔子所谓"德之不修，学之不讲，闻义不能徙，不善不能改，是吾忧也"（7.3）之"忧"，包括孟子"君子有终身之忧"之"忧"，以及《系辞下》所谓"作《易》者，其有忧患乎"之"忧"，则是圣贤之忧也。庞朴说："儒家将忧分为两类：一为外感的，因困难挫折而招致的忧，亦即物欲或难满足之忧；一为内发的，欲实现理想而生起的忧，亦即善性力图扩大之忧。""君子所真正担忧的，是内忧……总之是种种内圣外王之忧。"而乐呢？"儒家所津津乐道的，也是理性的快乐。"即使孟子所说"君子三乐"即后来称之为天伦之乐者，也没有多少普遍意义，"最要紧的是'仰不愧于天，俯不怍于人'之乐，或者叫'反身而诚'之乐。"而"这种得道之乐，也正就是那念念不忘的修德之忧。""泰州学派人物说得好：'君子终身忧之也；是其忧也，乃所以为乐也。'此中忧乐合一之妙，非寻常之小忧小乐两相对峙可比，也非未亲身实践者可得玩味的。"并进而指出："这种即忧即乐、化忧为乐的体悟，这种高扬理性之乐的原则，便是宋儒所孜孜以求的'孔颜乐处'。"（《忧乐圆融——中国的人文精神》）这些文字，对孔颜之"忧乐观"，已经描述得很清楚了，读者察之。

6.12 冉求曰："非不说（悦）子之道，力不足也。"子曰："力不足者,中道而废。今女(汝)画。"

【译文】冉求说:"不是我不喜欢您讲的道理,是我的力量不够啊。"孔子说:"如果真的是你的力量不够,那会走到半道时才停下来。现在你这是画地为牢啊。"

【注释】①《朱注》:"力不足者,欲进而不能。画者,能进而不欲。谓之画者,如画地以自限也。"②《大义》:"盖力不足者,尚有奋起之时;而自画者,则无入道之望。自来为学之士,不进则退。"

【解读】此孔子诫勉弟子之语也。孔子一生"知其不可而为之"(14.38),主张"求仁得仁"(7.15),怎么会允许学生画地为牢而不刚健精进呢?前边讲过,"求也艺"(6.8),即冉求在具体事务上很有才能,但可能他对仁道、仁德的追求并不积极,故孔子批评之。"今女画"者,即《周易》节卦中的"苦节"者也,如其九二所云:"不出门庭,凶。"《象》曰:"不出门庭,失时极也。"这就像一个年富力强之人,正当奋发有为之时,却裹足不前,以至于丧失了发展的机会,当然为凶。而真正的求道者,不管力量大小,应该首先行动起来,此如随卦之初九:"官有渝,贞吉。出门交有功。"《象》曰:"官有渝,从正吉也。出门交有功,不失也。"因为一个人只要首先改变自己,立即出门行动,且遵守正道,则自然会有建功立业之机会。此实为儒者"自强不息"精神的又一具体表现也。

6.13 子谓子夏曰:"女(汝)为君子儒!无为小人儒!"

【译文】孔子对子夏说:"你要做君子式的儒者,不要做小人式的儒者!"

【注释】①《集解》引孔安国曰:"君子为儒,将以明道。小人为儒,则矜其名。"②《朱注》引程子曰:"君子儒为己,小人儒为人。"又引谢良佐曰:"君子、小人之分,义与利之间而已。然所谓利者,岂必殖货财之谓?以私灭公,适己自便,凡可以害天理者皆利也。子夏文学虽有余,然意其远者大者或昧焉,故夫子语之以此。"③《钱解》:"推孔子之所谓小人儒者,不出两义:一则溺情典籍而心忘世道;一则专务章句训诂,而忽于义理。子夏之学,或谨密有余,而宏大不足,然终不免于小人儒之讥矣。"

【解读】关于"君子儒"和"小人儒"之内涵，照样众说纷纭，窃以为钱穆之说或为的当。

子夏比孔子小四十四岁，亦在孔门十哲之列，属文学科。据说他才思敏捷，应该懂《诗》，因为孔子曾称赞他："起予者商也！始可与言《诗》已矣。"（见3.7）而据孔颖达《春秋正义》："孔子授《春秋》于卜商。"可见子夏又懂《春秋》。又据《孔子家语》，当"孔子读《易》至于损、益，喟然而叹"时，也是子夏首先站起来向孔子发问的；故而后来有《子夏易传》之传说或非无据，子夏也许真的对《易》下过功夫。然则正如《礼记》所说："《易》之失，贼。"子夏是否因为太过迷恋于《易》之卜筮和术数的内容，因而入于隐怪，甚至有可能害道，故为孔子所责备呢？

无论如何，从各种迹象看，子夏对儒家经典的涉猎范围相当广泛。而孔子死后，据说子夏曾居于西河传经，弟子众多，魏文侯还拜他为师，曾参责备他"退而老于西河之上，使西河之民疑女（汝）于夫子"（《礼记·檀弓上》），可见他在当时名声已经很大。蔡仁厚说："按汉儒传经，多推本子夏，要非无故。孔门后学，实有传道之儒与传经之儒两大系。大体言之，自曾子、子思、孟子以及《中庸》《易传》一系为传道之儒，自子夏至荀子下及汉初经师，则传经之儒也。"（《孔门弟子志行考述》）由此来看，说子夏"溺情典籍而心忘世道"以及"谨密有余，而宏大不足"，有"小人儒"之倾向，就更加有可能了。

6.14 子游为武城宰。子曰："女（汝）得人焉耳乎？"曰："有澹台灭明者，行不由径，非公事，未尝至于偃之室也。"

【译文】子游当了武城县的县长。孔子问他："你在那里发现什么人才没有？"他说："有一个叫澹台灭明的人，走路不走捷径；如果不是公事，从来不到我的家里。"

【注释】①《钱解》："澹台灭明：澹台氏，字子羽，后亦为孔子弟子。"②《朱注》："径，路之小而捷者。不由径，则动必以正。"

【解读】孔学既以匡扶天下为己任,当然对"得人"很是重视。子游和子夏一样,也列于孔门十哲之文学科;子游能发现澹台灭明,说明他还有识人之才。"行不由径",就是办事不走"后门",不抄近路;"非公事,未尝至于偃之室",也是其中表现之一。《周易》复卦六四云:"中行独复。"《象》曰:"中行独复,以从道也。"澹台灭明即"中行独复"之君子也。

我们知道,孔子是讲究"通权达变"的。澹台灭明之作为固然不错,但如执之过甚,或有迂腐之嫌,故子游说完后并未见孔子对他有何评价。《周易》作为一部关乎宇宙变化规律的书,当然更不反对迂回以行道,如睽卦（☲）九二云:"遇主于巷,无咎。"就是一例。此处之"巷",即委曲之小道也,和《论语》本章的"径"类似。李光地说:"《春秋》之法,备礼则曰会,礼不备则曰遇。睽卦皆言遇,小事吉之谓也。"(《周易折中》)朱子云:"二五阴阳正应,居睽之时,乖戾不合,必委曲相求而得会遇,乃为无咎。"(《周易本义》)意思是说,睽卦本为上下睽违之时,九二与六五虽为正应,亦不得不通过迂回之道而通其意也。程子说:"学易者识此,则知变通矣。"(《程氏易传》)此或可补本章之义。

6.15　子曰:"孟之反不伐,奔而殿,将入门,策其马,曰:'非敢后也,马不进也。'"

【译文】孔子说:"孟之反不夸耀自己的功劳。打仗时部队败退,他独自殿后,将进城门时,他用鞭子打着马说:'不是我敢于殿后啊,是这马走得不快啊。'"

【注释】①《正义》引郑玄注云:"姓孟名之侧,字之反也。"②《朱注》:"伐,夸功也。奔,败也走。殿,军后曰殿。策,鞭也。战败而还,以后为功。反奔而殿,故以此言自掩其功也。"

【解读】这个略带幽默的小故事,和孟子讲的"五十步笑百步"的故事正好相反,可以对比思之,亦有趣也。《周易》坤卦六三云:"含章可贞。或从王事,无成有终。"《坤文言》解释说:"阴虽有美,含之;以从王事,弗敢成也。地道也,妻道也,臣道也。地道无成,而代有终也。"大意是说,下级为上级做事,不敢居功专成,只是奉事而代守其终罢了。孟之反的作为,不就是这样吗? 这实在是坤德之至了!

6.16 子曰:"不有祝鮀(tuó)之佞,而有宋朝之美,难乎免于今之世矣。"

【译文】孔子说:"如果没有祝鮀的甜嘴巧言,而光有宋朝的美色,在当今社会中怕是都难以避免灾祸了吧。"

【注释】①《朱注》:"祝,宗庙之官。鮀,卫大夫,字子鱼,有口才。朝,宋公子,有美色。言衰世好谀悦色,非此难免,盖伤之也。"②《皇疏》引范云曰:"祝鮀以佞谄被宠于灵公,宋朝以美色见爱于南子。"③《康注》:"衰世不尚德而好谀好色,有此佞美,则人爱悦。且但美而不佞,犹入门见妒,必美而兼佞,乃可以邀宠免祸。"

【解读】祝鮀和宋朝,一个是大夫,一个是公子,却不能襄助君主干正事,而专以巧言和美色邀宠,此诚《周易》否卦六三所云"包羞"者也!王安石解"包羞"云:"处臣之盛位,而不能发舒以正其君,是可羞也。"(转引自李衡《周易义海撮要》)但本章更进一步说,现在光有宋朝之美还不够,必须同时兼有祝鮀之佞,方能免祸,则天下之无道更可知也。

6.17 子曰:"谁能出不由户?何莫由斯道也?"

【译文】孔子说:"谁能出屋时不从大门经过呢?为何不跟从我指出的大道呢?"

【注释】①《朱注》引洪氏曰:"人知出必由户,而不知行必由道。非道远人,人自远尔。"②《康注》:"孔子创教,一本诸身,征诸民,因乎人情以为道,故曰'道不可离'。盖为人道,而异乎鸟兽道、鬼神道也。人行不能不由道,人出不能不由户,极言不能离之意。"

【解读】《周易·说卦传》云:"立天之道,曰阴与阳;立地之道,曰柔与刚;立人之道,曰仁与义。"这就是著名的"三极之道"。我们已经指出,在《论语》中,孔子对"性与天道"或"天地之道"的确谈得很少(见5.13),他谈得最多的还是"人道"或"仁义之道";本章所谓"斯道",当指此"人道"或"仁义之道"无疑也,而此"人道"或"仁义之道"当然又是和"天地之道"或"性与天道"相通的。所谓"人出不能不由户",即指"人行不能不由道"——此孔子诫勉弟子之语也。又《周易·系辞下》云:"乾坤,其《易》之门邪?"此门,即户也。《周易》以乾、坤二卦为其门户,亦为出入"三极之道"之门户,或可与《论语》本章互参,读者察之。

6.18 子曰:"质胜文则野,文胜质则史。文质彬彬,然后君子。"

【译文】孔子说:"质地超过文饰,就显得粗野了;文饰超过质地,就显得虚浮了。只有文饰和质地配合得恰如其分,一个人才能称得上君子。"

【注释】①《朱注》:"野,野人,言鄙略也。史,掌文书,多闻习事,而诚或不足也。彬彬,犹班班,物相杂而适均之貌。"②宦懋庸《论语稽》:"文质得中,岂易言哉!后儒语录每用俗语,野也。汉魏碑记不载事实,而滥用陈言,史也。皆不得其中者也。"

【解读】"文质彬彬,然后君子",已成俗语。"质胜文则野,文胜质则史",这里的"文"肯定不仅仅是指辞章(宦懋庸、黄式三有此观点),而是包括人的言辞、礼仪等等一切仪文在内的东西;而"质"呢?则包括人的品德、能力等等一切内容在内。窃以为,文质关系,在某种意义上就是形式和本质的关系问题。

首先,质是本质,当然很重要。《八佾篇》子曰:"人而不仁,如礼何?人而不仁,如乐何?"(3.3)其中的"仁"就是"质","礼"和"乐"就是"文"。"人而不仁,如礼何?人而不仁,如乐何?"就是说,光有礼乐而没有仁,那些礼乐就成了"虚文"了,就没有什么用了。古人讲"三不朽",为什么将"立德、立功"放在前面,而将"立言"放在后边?那就是因为德行和事功是做人的本质,而言论则是"文"。据《孔子家语》记载,孔子曾因占卜得贲卦而不悦,为什么?当然是因为如果其仅以文教圣人传世,孔子心有不甘也。

但另外一方面,文也很重要。如《颜渊篇》棘子成曰:"君子质而已矣,何以文为?"子贡曰:"惜乎,夫子之说君子也!驷不及舌。文犹质也,质犹文也。虎豹之鞟犹犬羊之鞟。"(12.8)这个例子充分表明,"文"有时的确也很重要,盖世界上并没有脱离了形式的纯粹本质也。

本章讲"文质彬彬",就是主张文、质和谐,形式和内容相统一。做人是这样,做事也是这样,评价一个朝代的状况,也是这样。《卫灵公篇》子曰:"君子义以为质,礼以行之,孙以出之,信以成之。君子哉!"(15.18)这里边的义、信就属于"质",而"礼""孙(逊)"就是"文"。能做到这样的人,可能就是文质和谐的人了,所以孔子称之为"君子"。关于文、质关系的具体讨论,请参见3.3、3.4、3.8和3.14等章,此不赘。

6.19 子曰:"人之生也直,罔之生也幸而免。"

【译文】孔子说:"人活在世界上,本是由于他的正直;而不正直的人也能活下来,那全是他侥幸的结果。"

【注释】①《朱注》引程子曰:"生理本直。罔,不直也。而亦生者,幸而免尔。"②《正义》:"直,诚也。诚者内不以自欺,外不以欺人。"③《后案》:"人受生于天,全生于世,以直道为之主。失此直道,天威所必谴,王法所必诛,众怒所必加,免者幸而已,言其鲜也。"

【解读】《皇疏》引李充云:"人生之道惟其身直。"盖人皆直立行走,此与禽兽有异,故后来以"直"喻人性之诚实无欺也。黄式三云:"天地以至诚生物,故《系辞传》言乾之大生,静专动直;专、直皆诚也。不诚则无物,故诚为生物之本。人能存诚,则行主忠信,而天且助顺,人且助信,故能生也。若夫罔者,专务自欺以欺人,所谓自作孽不可活者;非有天罚,必有天殃,其能免此者幸而。"(《论语后案》)说得很好。所引"乾之大生"句,源自《周易·系辞上》,即"夫乾,其静也专,其动也直,是以大生焉";又提出"专、直,皆诚也",颇能予人以启迪。又《中庸》有云:"君子居易以俟命,小人行险以侥幸。"其中"居易"者,朱子解为"素位而行",实则即诚也、即直也。君子与小人之区别,于此可见。又《周易》坎卦(䷜)初六云"习坎,入于坎窞(dàn),凶",张浚释之曰:"阴居重坎下,迷不知复,以习于恶,故'凶',失正道。《传》曰'小人行险以侥幸',初六之谓。"(转引自李光地《周易折中》)亦可与此章互参。

6.20 子曰："知之者不如好之者，好之者不如乐之者。"

【译文】孔子说："对于任何事情，光知道它不如喜欢它，而喜欢它又不如以此为乐。"

【注释】①《朱注》引尹焞云："知之者，知有此道也。好之者，好而未得也。乐之者，有所得而乐之也。"②《大义》："知之、好之、乐之，或指义理，或指性天。愚谓，当依《朱注》，盖谓道也。"③《康注》："知而不能好，则是知之未至；好之而未及于乐，则是好之未深；惟乐者深远矣。凡人事皆有是三等，学道者亦然。"

【解读】和道家的"绝圣弃智"相比，儒家绝对是爱智主义者。这既能从《论语》如此强调"好学"可以看得出来，也能从《周易》强调"学以聚之，问以辩之"（《乾文言》）"卦之德方以知"（《系辞上》）以及"君子知微知彰，知柔知刚，万夫之望"（《系辞下》）等等可以看得出来。当然，儒家的"知/智"毕竟和近代以来的科学知识不同，比如在《论语》中，它更多的只是一种人伦日用智慧，而在《周易》中倒是包含一些自然规律的东西，但也是和人伦日用智慧混合在一起讲的，有时很难辨别。对这种知识和智慧的追求，其最高境界，就是我们在6.11讨论过的"忧道"和"乐道"。关于这种奇妙境界的描述，《论语》中有很多，其典型就是"孔颜乐处"。而在《周易》中，无论是《系辞上》讲的"知周乎万物，而道济天下，故不过；旁行而不流，乐天知命，故不忧"，还是《乾文言》讲的"乐则行之，忧则违之"，甚至需卦《象传》讲的"云上于天，需；君子以饮食宴乐"等等，其实也都洋溢着这种"乐道"的浓郁气息。所以，我们可以说，儒家不仅是爱智主义者，还是乐道主义者。

至于此章所讲的三种境界，有以为是指学问者，有以为是指修道者，实则如康有为所说，"凡人事皆有是三等"也。因为对于任何事情，我们总是先要知道它，然后才能喜欢它，最后还可能以此为乐。这个过程当然是一步步深入的，但中间也有可能链条中断，达不到后边的两个阶段；甚至有些美好的事物，我们一辈子都不知道，也是可能的。当然，尽管孔子并不反对一般知识的学习并声称自己"多能鄙事"，但诚如子夏所说："百工居肆以成其事，君子学以致其道。"（19.7）对于孔子及其弟子们来说，其所乐者只有"斯道"（6.17）即"仁义之道"也；君子既然知道了它，就会喜欢它，既然喜欢上了它，就会以此为乐,直至"死而后已"。这就是为什么朱子和唐文治都强调,这里所讲的主要是道的问题之所在了。

6.21 子曰:"中人以上,可以语上也;中人以下,不可以语上也。"

【译文】孔子说:"有中等智力又愿意上进的人,可以告诉他高深的道理;有中等智力但却甘居下流的人,不可以告诉他高深的道理。"

【注释】①《集解》引王肃曰:"上,谓上智之所知也。两举中人,以其可上可下也。"②《朱注》:"语,去声,告也。言教人者,当随其高下而告语之,则其言易入而无躐等之弊也。"③《后案》:"中人以上,是中人而能上进者。中人以下,是中人而下流者。'以'之训'而',详见王氏《释词》也。"

【解读】孔子说过"唯上知与下愚不移"(见17.3),这说明在孔子的心目中,人的智力是分等级的,这说的当然是部分事实。但与此同时,孔子更强调学习和教化的重要性,故他对"中人"尤其重视,盖唯有"中人"可上亦可下也。本章"中人以上""中人以下"之"以",当依王引之《经传释词》训为"而",其义如黄式三所说,强调的正是"中人"是否愿意上进,才是老师能不能对其"语上"的决定性因素。换句话说,"可以语上"的条件有两个:一是起码具有"中人"或"中人"以上的材质,二是本人愿意上进。

当然,理解此章的关键,还有孔子所要"语"的"上"究竟是什么? 它肯定不是泛泛而谈的什么人生道理。按照康有为的说法,它应该就是"精义妙道"(《论语注》);按照翁中和的说法,也就是一般人"不可得而闻"的"性与天道","盖由圣人所见,以为中人以下之才,倘若告以性道之故,必且骇怪而走矣;岂不失言乎?"(《人天书》)又《老子》云:"上士闻道,勤而行之;中士闻道,若存若亡;下士闻道大笑之,不笑不足以为道。"或与孔子此处之意相似。窃以为,此"性与天道",当即《周易》中的"三极之道"也(详见5.13)也。按照翁中和的猜测,此种道理只对子贡等少数天赋好且努力的弟子传授,亦未可知。

6.22 樊迟问知(智)。子曰:"务民之义,敬鬼神而远之,可谓知(智)矣。"问仁。曰:"仁者先难而后获,可谓仁矣。"

【译文】樊迟请教怎样才算明智。孔子说:"尽力去做老百姓觉得适宜合理的事,尊敬鬼神但远离它们,就算是明智了。"又请教怎样才算仁德。孔子说:"有仁德的人首先直面困难去做事,然后才考虑收获,这就算是仁德了。"

【注释】①《钱解》:"鬼神之祸福,依于民意之从违。故苟能务民之义,自能敬鬼神,亦自能远鬼神,两语当连贯一气读。《左传》随季梁曰:'民,神之主也。'与孔子此答大意近似。"②《朱注》引程子曰:"人多信鬼神,惑也。而不信者,又不能敬。能敬能远,可谓知矣。"③《集解》引孔安国曰:"先难后获,先劳苦而后得功,所谓为仁也。"

【解读】在2.24中,我们已经讨论过"鬼神"问题。孔子是理性主义者和现世主义者,他是反对一味地依赖鬼神而放弃自身努力的,故强调"敬鬼神而远之"。"这种不肯定、不否定……是中国的典型智慧。"(李泽厚《论语今读》)而更值得注意的是,在"敬鬼神而远之"的前面,这里还有"务民之义"四字,钱穆主张"两语当连贯一气读",并直接解释说:"鬼神之祸福,依于民意之从违。"换言之,对于统治者来说,与其太多地祭祀鬼神,还不如将精力用在照顾老百姓上,这才算得上真正的明智。孟子的民本思想应该与此一脉相承。

《周易》对"民"也是很重视的。比如屯卦《象传》解释初九"利建侯"云:"以贵下贱,大得民也",师卦《象传》云"君子以容民畜众",履卦《象传》云"君子以辨上下,定民志",谦卦《象传》解释九三云"劳谦君子,万民服也",临卦《象传》云"君子以教思无穷,容保民无疆"等等。尤其值得一提的是,《周易》还特别强调圣人"吉凶与民同患",并说圣人之作《易》,就是"明于天之道,而察于民之故,是兴神物以前民用",又说"民咸用之谓之神"(《系辞上》)于此可见,《左传》所说"民,神之主也"并非虚言,而《周易》所谓"神道设教"之宗旨亦昭然若揭矣。此均可与《论语》本章互参。

另,本章以"先难而后获"释"仁",与《周易》无妄卦六二爻"不耕获,不菑畬"有异曲同工之妙。程子说:"耕,农之始;获,其成终也。田一岁曰菑,三岁曰畬。不耕而获,不菑而畬,谓不首造其事,因其事理所当然也……盖耕则必有获,菑则必有畬,是事理之固然,非心意之所造作也。"(《程氏易传》)故"不耕获,不菑畬"实为"只问耕耘不问收获"之意。又刘沅释之曰:"六二柔顺得中,无急躁之心,故有不计功利之象。"(《周易恒解》)孔子以此来教樊迟,或和樊迟太懒惰以及办事太急功近利有关,读者察之。

6.23 子曰:"知者乐(yào)水,仁者乐(yào)山。知者动,仁者静。知者乐,仁者寿。"

【译文】孔子说:"智者喜欢流水,仁者喜欢高山。智者多动,仁者多静。智者快乐,仁者长寿。"

【注释】①《钱解》:"本章首明仁知之性。次明仁知之用。三显仁知之效。然仁知属于德性,非由言辞可明,故本章借山水以为形容,亦所谓能近取譬。道德本乎人性,人性出于自然,自然之美反映于人心,表而出之,则为艺术。故有道德者多知爱艺术,以此二者皆同本于自然也。"②《今读》:"用山、水类比和描写仁、智,非常聪明和贴切。作为最高生活境界的'仁',其可靠、稳定、巩固、长久有如山;作为学习、谋划、思考的智慧,其灵敏、快速、流动、变迁有如水。"

【解读】毫无疑问,就其本源而言,仁、智原为一事,皆为道体之发用,故《周易·系辞上》说:"一阴一阳之谓道。继之者善也,成之者性也。仁者见之谓之仁,知者见之谓之知。"但如分别言之,仁、智却有不同,其性、其用、其效亦各异也。有意思的是,在本章中,孔子以山、水来比喻仁、智二德,和《周易》之象学颇有会通之妙。

我们知道,《周易》八卦之本义,即八种自然事物也,其中就包括山(艮)和水(坎)。《说卦传》很重视艮卦,曾说:"成言乎艮。"并释之曰:"艮,东北之卦也,万物之所成终,而所成始也,故曰'成言乎艮'。"盖艮之卦德为止,"艮止于其所而不迁,所以成其终;天行健而不息,即于此成其始。"(马振彪《周易学说》)能始万物,又能终万物者,岂非仁乎? 即王阳明《传习录》所谓"仁是造化生生不息之理,弥漫周遍,无处不是",或其门人所谓"仁是生生不息之机"是也(黄宗羲《明儒学案·浙中王门学案》)。由此推论,则所谓"静"者"寿"者,自亦其题中应有之义也。宋儒对艮卦多有赞词(所谓"看一部《华严经》,不如看一艮卦"),良有以也。而坎为水,其德为险;《说卦传》云:"正北方之卦也,劳卦也，万物之所归也，故曰'劳乎坎'。"又云："坎为通。"盖"水洊至"为坎，故当险难；但"君子以常德行，习教事"（《大象》），虽辛劳备至，终能如水而通——此非智者之所为、当为乎？又坎卦卦辞云："有孚，维心亨，行有尚。"也就是说，无论面对多少困难，其心是亨通的，且行动必有收获——而所谓"动"者"乐"者，亦其当然之事也。另八卦之兑卦，为泽，泽亦为水，其德为悦，与"智者乐"亦通。

6.24 子曰："齐一变，至于鲁；鲁一变，至于道。"

【译文】孔子说："齐国政治制度如果进行改革，就能达到鲁国的样子了；鲁国政治制度如果进行改革，就能合乎大道了。"

【注释】①《朱注》："孔子之时，齐俗急功利，喜夸诈，乃霸政之余习。鲁则重礼教，崇信义，犹有先王之遗风焉；但人亡政息，不能无废坠尔。道，则先王之道也。言二国之政俗有美恶，故其变而之道有难易。"②《康注》："盖齐俗急功利，有霸政余习，纯为据乱之治。鲁差重礼教，有先王遗风，庶近小康。拨乱世虽变，仅至小康、升平；小康、升平能变，则可进至太平大同矣。"

【解读】由此章亦可见出，孔子绝非单纯强调心性修养，他对政治制度一向非常关注，公羊家谓之"托古改制"不是没有根据的。在2.23中，孔子曾表示推崇三代制度之"损益"，在这里他又强调齐国和鲁国要"变"，可见其对政治制度改革期望之殷。这里有意思的还有，康有为以公羊家之"三世说"（即据乱世、升平世和太平世）来解释孔子对齐国、鲁国以及未来社会（"至于道"）之评价，倒也若合符节。

《周易》不像《论语》，关于"三世说"的痕迹并不多，但其对上古政治制度的向往也是明显的，并有不少理想化的描述。最著名的当属《系辞下》"古者包牺氏之王天下"一章，对包牺（伏羲）氏、神农氏、黄帝、尧、舜氏统治下的社会有着栩栩如生的描绘，谓之"黄帝、尧、舜垂衣裳而天下治"，完全是一幅太平大同社会的生动情境。此外，在《易传》中，也多处提到"王""先王"和"后"等，如师卦《彖传》曰："能以众正，可以王矣。"比卦《大象》曰："先王以建万国，亲诸侯。"泰卦《大象》曰"后以财成天地之道，辅相天地之宜，以左右民。"观卦

《大象》曰:"先王以省方,观民设教。"噬嗑卦《大象》曰:"先王以明罚敕法"等等。这些内容,也都可以视为对理想社会的一种描述。近人如章太炎、胡朴安等多有从社会制度角度对《周易》进行研究者,可以参考。

6.25 子曰:"觚不觚,觚哉!觚哉!"

【译文】孔子说:"这酒杯不是那酒杯啊!这是什么酒杯!这是什么酒杯!"

【注释】①《杨注》:"觚,音孤gū,古代盛酒的器皿,腹部作四条角,足部也作四条棱角。"②《皇疏》引王肃云:"当时沉湎于酒,故曰'觚不觚',言不知礼也。"③《集释》引《韩诗外传》云:"觚,寡也,饮当寡少也。"又引《论语偶谈》云:"今名为觚而其所受乃入三升之觯,四升之角,于义全失矣。"

【解读】据说古礼对酒器之容量均有明确规定,一升曰爵,二升曰觚,三升曰觯(zhì),四升曰角,但到了孔子的时代,人们已经不遵守这个规定了,虽然拿的是觚,但其容量却如三升之觯或四升之角,故而孔子发此感叹也。《皇疏》曾引蔡谟云:"酒之乱德,自古所患,故《礼》说三爵之制,《尚书》著明《酒诰》之篇,《易》有濡首之戒,《诗》列《宾筵》之刺,皆所以防沉湎。"《周易》末卦为未济卦,其上九爻辞云:"有孚于饮酒,无咎。濡其首,有孚失是。"《象》曰:"饮酒濡首,亦不知节也。"蔡谟所言"濡首之戒",即此也。孔子所居之世,礼节尽失,人们惟沉湎于感官之乐,诚可悲也。

6.26 宰我问曰:"仁者,虽告之曰,'井有仁焉。'其从之也?"子曰:"何为其然也?君子可逝也,不可陷也;可欺也,不可罔也。"

【译文】宰我问:"有仁德的人,假如有人告诉他,'井里掉下一位仁人啦。'那他会不会立即跟着跳下去呢?"孔子说:"为什么要这样呢?君子可以过去营救,但他不会立即跟着跳下去而被陷于井下啊;君子是可以被欺骗的,但不可能被愚弄啊。"

【注释】①《后案》:"皇本作'井有仁者焉',《晋语》'善人在患,不救不祥',

此意可通。仁、人二字,古多互用。如《诗》'先祖匪人','人'当作'仁';《本草》'杏仁''桃仁'等字,古本作'人'也。"②《朱注》:"从,谓随之于井而救之也。逝,谓使之往救。陷,谓陷之于井。欺,谓诳之以理之所有。罔,谓昧之以理之所无。盖身在井上,乃可以救井中之人,若从之于井,则不复能救之矣。此理甚明,人所易晓,仁者虽切于救人而不私其身,然不应如此之愚也。"

【解读】《周易·系辞下》云:"吉人之辞寡,躁人之辞多。"宰我名列孔门十哲之言语科,或为"躁人"也,故以"井有仁"这样的话来测试和为难仁者,而孔子之答亦妙矣。此诚如朱子所言:"盖身在井上,乃可以救井中之人,若从之于井,则不复能救之矣。"虽然孔子说过"好仁不好学,其蔽也愚"(17.8)的话,但仁者并非真的是愚人,反而多是智者,他肯定能恰当地判断救人之策略,而不会盲目跟随落井之人而下井;这是因为,拯救落井之人自为仁者所必为,但"杀其身无益于人,仁者之所必不为也。惟君父在险,则臣子有从之之道,然犹挟其具,不徒从也。"(朱熹《论语或问》引苏轼语)

井在古人生活中具有重要地位,《周易》第四十八卦为井卦,其卦辞有"改邑不改井""往来井井"之语,由此亦可略见当时老百姓对井的重视。但井又是危险的,它和陷阱有相似之处,故而井卦虽然主要是从"井养"取义,但也有"赢其瓶"之告诫;这就说明,"落井"之危险,无论对人、对物始终都是存在的。再结合本章内容来看,估计当时有人落井应是常有之事,这才导致宰我设局,提出如此刁钻古怪之问题来问孔子也。

6.27 子曰:"君子博学于文,约之以礼,亦可以弗畔矣夫!"

【译文】孔子说:"君子广泛地学习各种文献,再用礼节来加以约束,也就不会离经叛道了。"

【注释】①《朱注》:"约,要也。畔,背也。"并引程子曰:"博学于文而不约之以礼,必至于汗漫。博学矣,又能守礼而由于规矩,则亦可以不畔道矣。"②《后案》:"约之以礼,谓行其所学必节之以礼也。君子多识前言往行,非以为耳目之资,固孜孜然欲法古人之所为也……读诸子杂说,衡以先王之礼可否,定而始行。即《诗》《书》所载,必以礼准之,知其浅深醇驳之殊,始可以力行不惑,于道乃不背也已。"

【解读】《史记·滑稽列传》曾引孔子说："礼以节人。"有意思的是，黄式三在解读此章时，专门提到了"君子多识前言往行，非以为耳目之资"，无论学习任何东西，均要"以礼准之"云云。此处之"君子多识前言往往行"，乃出自《周易》大畜卦之《大象》，原文为："天在山中，大畜；君子以多识前言往行，以畜其德。"盖大畜卦（☰）下乾上艮，乾为天为健，艮为山为止，有"天在山中"之象，亦畜止刚健之意，故君子见此，需"日新其德""多识前言往行，以畜其德"也。其中所谓"大畜"者，以及《象传》所谓"止健"者，实则即"约之以礼"也。其六四爻有"童牛之牿，元吉"之说，可以为例。童牛即未长角之小牛，牿（gù）则为置于牛角前之横木以止触者。其意是说，于童牛之上加牿，可以禁恶于未形，故得大吉也。本章所谓"约之以礼"者，或有研读文献须"由博返约"之意，但于君子之言行，亦有更大之指导价值——结合大畜卦之所言，其义更明矣！

6.28 子见南子，子路不说（yuè）。夫子矢之曰："予所否者，天厌之！天厌之！"

【译文】孔子去和南子相见，子路很不高兴。孔子对他解释说："我之所以这样倒霉，是上天抛弃了这个世界啊！是上天抛弃了这个世界啊！"

【注释】①《朱注》："南子，卫灵公之夫人，有淫行。孔子至卫，南子请见。孔子辞谢，不得已而见之。而子路以夫子见此淫乱之人为辱，故不悦。圣人道大德全，无可不可。其见恶人，固谓在我有可见之礼。则彼之不善，我何与焉？"②《正义》："南子虽淫乱，然有知人之明，故于蘧伯玉、孔子皆特致敬。其请见孔子，非无欲用孔子之意，子路亦疑孔子此见为将诎身行道，而于心不悦。正犹公山弗扰、佛肸召，子欲往，子路皆不悦之比。可知圣人达节，非俗情所能测矣。"并引蔡谟曰："矢，陈也。夫子为子路陈天命也，非誓也。"又引李充曰："夫道消运否，则圣人亦否，故曰'予所否者，天厌之'，厌亦否也，言圣人与天同其否泰耳。"③《集释》引赵翼《陔馀丛考》云："窃意子路之不悦，与'在陈愠见，君子亦有穷乎'之意正同，以为吾夫子不见用于世，至不得已作如此委曲迁就，以冀万一之遇，不觉愤悒侘傺，形于辞色。子乃直告之曰：予之否塞于遇，实是天弃之，而无可如何矣。如此解似觉神气相贯。"

【解读】此章歧义甚多,当以赵翼之解为的当。南子是当时卫国的实权人物,孔子去见南子,确有"委曲迁就,以冀万一之遇"之可能,此可从孔子甚至欲应公山弗扰和佛肸之召(见17.5和17.7)可知。子路之"不悦",固然有对于孔子不理解处,但其主要内容应该还是对孔子之遭际感到不平之意。孔子的回答,主要是说,他之所以如此倒霉,实在是时运使然,即李充所谓"圣人与天同其否泰"也。《周易》否卦《象传》云:"天地不交,否;君子以俭德辟(避)难,不可荣以禄。"孔子生当否卦之世,虽然他终日乾乾上进,不放弃任何机会,试图解民于倒悬,但也深知"道之不行"(18.7),此实属无可奈何之事,故即使圣如孔子亦有此无力回天之叹也。

6.29 子曰:"中庸之为德也,其至矣乎!民鲜久矣。"

【译文】孔子说:"像中庸这种德行,应该是最高的境界了吧!但长期以来,人们很少有做到的啊。"

【注释】①《皇疏》:"中,中和也。庸,常也。鲜,少也。言中和可常行之德,是先王之道,其理甚善,而民少有行此者已久也。言可叹之深也。"②《朱注》:"中者,无过、无不及之名也。庸,平常也。至,极也。鲜,少也。言民少此德,今已久矣。程子曰:'不偏之谓中,不易之谓庸。中者天下之正道,庸者天下之定理。自世教衰,民不兴于行,少有此德久矣。'"③《杨注》:"中庸,这是孔子的最高道德标准。'中',折中,无过,也无不及,调和;'庸',平常。孔子拈出这两个字,就表示他的最高道德标准,其实就是折中的和平常的东西。"④《今读》:"'中庸'者,实用理性也,乃不可改易的民族精神,它着重在平常的生活实践中建立起人间正道和不朽理则,此'人道',亦'天道'。虽平常,却乃'道'之所在。"

【解读】《礼记·中庸》作"中庸其至矣乎!民鲜能久矣。"按文理,本章此处应加"能"字。而"中""庸"二字,均有很多解释,歧义纷呈,需要辨析。

此"中",程子解为"不偏",朱子解为"无过、无不及",即《皇疏》所谓"中和"也。《中庸》讲"致中和",《周易·乾象传》讲"保合太和",即此义也(参见1.12)。又《周易》讲"中",既有卦位之中,即一卦之二、五爻,因其处于上、下卦之中,往往得吉;又讲"时中",即艮卦《象传》所谓"时止则止,时行则行"

也——此均可和程朱之解互参。又陈明认为此"中"同于《尚书》"惟皇上帝,降衷于下民"之"衷",并引《说文》"中,内也"、《增韵》"衷,方寸所蕴也"而发挥说:"'中庸'之'中'从根源上说乃天之所降,经验上讲是'方寸所蕴',人性上讲则应该是一种人之为人的规定性,它是一种待实现的潜在的品质、意志,是上天生生之德的个体落实。"与此相关,其解"庸"为"用",这样"中庸"就是"用中"之义,亦可备一说。如此理解,此"中"即指"含于'心'中而与'情''气'不可分离的'性'……某种程度上可以借用康有为的说法称之为'性体'。"(见陈明《<易><庸><学>三典义理试说》)乾卦《彖传》所谓"乾元"者,或即此也。

此"庸",一般解为"常"。但此"常"有主要从"平常"理解者,如杨伯峻和李泽厚,也有主要从"典常"理解者,如皇侃和程子。这两种解读角度,均有道理,或可通。盖孔学之道,尽在人伦日用之中,固为平常之道,但此平常之道又有理有则也。《乾文言》在解释乾卦九二爻辞"见龙在田,利见大人"时说:"龙德而正中者也。庸言之信,庸行之谨,闲邪存其诚,善世而不伐,德博而化。"《易九家注》云:"庸,常也。"并谓"言常以信,行常以谨。"《荀子·不苟》曰:"庸言必信之,庸行必慎之。"杨倞注谓:"言常信,行常慎。"可见此"常"除了"平常"之意,应该还指"定理""理则""礼仪"之谓。《乾文言》于乾卦九二爻言"庸""正中"和"诚",可见"庸"与"中"和"诚"内涵均通。故程石泉云:"中庸者,即典、型、彝、则、矩、范、律、章以导乎中和为鹄的者也。"(《论语读训》)说得很好。

6.30 子贡曰:"如有博施于民而能济众,何如?可谓仁乎?"子曰:"何事于仁!必也圣乎!尧舜其犹病诸!夫仁者,己欲立而立人,己欲达而达人。能近取譬,可谓仁之方也已。"

【译文】子贡问:"假如有人能广泛地给予人民好处,又能切实地帮助大家,这个人怎么样呢?可以说是行仁了吗?"孔子说:"哪里仅仅是行仁哩!那肯定是达到了圣人的境界啊!尧舜或者都难以做到这个样子呢!所谓的仁,就是自己要立得住,同时还能帮助别人立得住;自己要做事通达,同时还能帮助别人做事通达。能从自己身边的事情做起,就是行仁的方法了。"

【注释】①朱注:"以己及人,仁者之心也。于此观之,可以见天理之周流而无间矣。状仁之体,莫切于此。"并引程子曰:"医书以手足痿痹为不仁,此言最善名状。仁者以无地万物为一体,莫非己也。认得为己,何所不至? 若不属己,自与己不相干,如手足之不仁,气已不贯,皆不属己。故博施济众,乃圣人之功用。仁至难言,故止曰:'己欲立而立人,己欲达而达人。能近取譬,可谓仁之方也已。'欲令如是观仁,可以得仁之体。"②宦懋庸《论语稽求篇》曰:"子贡从广远处言仁,夫子从切近处言仁。子贡之言愿大难偿,故尧舜犹病。夫子之言则推己及人,只在尽己之心,由近及远,能立达一人则仁及一人,能立达千万人则仁及千万人,何病之有?'能近'二句指出下手所在。方如治病之方,言近取诸己以譬人,即为仁之方也。"

【解读】此为本篇最后一章,以言"圣"与"仁"收尾,或与首章言"雍也可使南面"隐约有呼应之意。此章有两大问题,值得留意。

一是"圣仁之别"。宋儒喜以"内圣外王"概括孔学,但由此章可知,圣学绝非仅止心性之学也,圣人不光怀有仁心,更要"博施于民而能济众",此即《周易》颐卦《彖传》所言"圣人养贤以及万民"之意也。李泽厚说:"这恰好说明,'仁'主要是指一种心理情感和精神境界,'圣'则因包括外在功业的整个客观成就,所以'大'于仁。由此亦可见孔子颇重'博施于民'的功业成就,并非专讲一己之成德,与受佛学影响的宋明理学不同。"(《论语今读》)时下蒋庆、干春松等人倡言"政治儒学""制度儒学",正是以此为入手处。

二是"仁之方"。子曰:"吾道一以贯之。"(4.15)此"道"即"仁道"也,亦"恕道"也;其中"仁道"是从内涵讲,"恕道"是从方法讲。作为"仁之方"的"吾道",其表述方式有两种:一是孔子在12.2和15.24中两次提到的"己所不欲,勿施于人";一是孔子在此章提到的"己欲立而立人,己欲达而达人"。前者采取的是否定的言说方式,后者采取的是肯定的言说方式,而其义则一也。本章还进一步将此"仁之方"归纳为"能近取譬"。我们知道,所谓"恕道",强调的也是"推己及人"的功夫,故此与"能近取譬"并无二致。人为什么要这样做呢? 程子从本体论上阐发说:"仁者以无地万物为一体。"换句话说,"以无地万物为一体"乃行仁之本体论前提也。《乾文言》曰:"夫大人者,与天地合其德,与日月合其明,与四时合其序,与鬼神合其吉凶。"此与程子之言完全相通,亦可互参。

述而第七

7.1 子曰:"述而不作,信而好古,窃比于我老彭。"

【译文】孔子说:"传述而不创作,相信并喜爱古代文化,私底下我拿自己和老彭相比。"

【注释】①《集解》引包咸曰:"老彭,殷贤大夫,好述古事。我若老彭,祖述之耳。"②《杨注》:"下文第二十八章说:'盖有不知而作之者,我无是也。'这个'作',大概也是'不知而作'的涵义,很难说孔子的学说中没有创造性。又第二十章说:'好古敏以求之',也可为这个'好古'的证明。"③《朱注》:"老彭,商贤大夫,见《大戴礼》,盖信古而传述者也。孔子删《诗》《书》,定《礼》《乐》,赞《周易》,修《春秋》,皆传先王之旧,而未尝有所作也,故其自言如此……夫子盖集群圣之大成而折衷之。其事虽述,而功则倍于作矣,此又不可不知也。"

【解读】本篇主旨是孔子志行述评,有孔子的自评,也有弟子们对他的评价。朱子云:"此篇多记圣人谦己诲人之辞及其容貌行事之实。"(《四书集注》)而唐文治则说:"古之经师最重学派,古之人师最重师表。有学派而后师表尊,有师表而后学派盛。读《述而》一篇,可以知圣门之学派,可以知圣门之师表。"此学习《述而篇》又一角度也。

本篇首章为孔子自评,他说自己"述而不作,信而好古",和自己的殷人祖先老彭可以相比。按唐文治之说,此即圣门学派之肇基也。朱子说:"孔子删《诗》《书》,定《礼》《乐》,赞《周易》,修《春秋》,皆传先王之旧,而未尝有所作也,故其自言如此。"但李泽厚却说:"任何'述'中都有'作',孔子以'仁'解'礼',便是'作'。实际上孔子是'述而又作'。'述'者'礼'也;'作'者'仁'也。'作'是为了'述',结果却超出了'述'。"(《论语今读》)这说的恐怕才是事实。

作为儒家学说的创始人,孔子虽然在继承古典方面有很大功劳,但其中当然也有自己的创造,如"仁"的概念的提出等即是,故不能说他光是"述而不作"。孔子自己这样讲,当然有谦虚的因素(朱子所谓"其德愈盛而心愈下"),但究其根本,当是出于其"托古改制"之政治需要也。

孔子曾说:"夏礼,吾能言之,杞不足征也;殷礼,吾能言之,宋不足征也。文献不足故也。足,则吾能征之矣。"(3.9)又说:"吾欲观夏道,是故之杞,而不足征也,吾得《夏时》焉;吾欲观殷道,是故之宋,而不足征也,吾得《坤乾》焉。"(《礼记·礼运》)《坤乾》即《归藏》,"三易"之一种。可见当时上古文献非常缺乏,而以口传资料为多,很难采信,所谓"皆传先王之旧"云云,当是"托古改制"之烟幕也。康有为说:"吾中国号称古名国,文明最先矣,然'六经'以前无书可记。夏、殷无征,周籍已去,共和以前不可年识,秦、汉以后乃得详记。""合比考之,三代文明皆借孔子发扬之,实则茫昧也。"(《孔子托古改制考》卷一)孔子当时无位,生于乱世而欲立万世之法,"托古改制"乃是合乎情理的行为,这也是历朝历代改革所经常采取的政治策略,如西人之文艺复兴亦如此也。

我们曾经提到,经过孔子删述的《周易》,其中多次提到"王""先王"和"后"等(见6.24),此自然也称得上"托古改制"之孑遗无疑也。又潘雨廷曾以《周易》随卦释"述而不作",亦可聊备一说。盖随卦(䷐)下震上兑,其卦辞云:"元亨利贞,无咎。"其《彖》曰:"随,刚来而下柔,动而说,随。大亨,贞无咎,而天下随时,随时之义大矣哉!"潘雨廷说:"有阴有阳,有先有后,有上有下,有作有述,此《易》之两仪。夫随之为象,阴也,后也,下也,述也。阴以归阳,其元不二;后以从先,其道不迷;下以亲上,其首不濡;述以从作,其思不乱。随之为德,至理存焉。然阳当具无首之则,先宜有相错之容,上必备厚下之恕,作已得易简之真。或其德未全,人能随之乎?况未见其全而随之,岂至理之随德?《易》曰:'随,元亨利贞,无咎。'谓四德未足而言随,咎亦多矣!一言以蔽之,随者随时,孔子述而不作,圣之时者也。"此说亦妙哉。

7.2 子曰:"默而识(zhì)之,学而不厌,诲人不倦,何有于我哉?"

【译文】孔子说:"把该学的东西默记在心,对学习永不满足,教导别人永不倦怠。除了这些,我还有什么呢?"

【注释】①《朱注》:"识,记也。默识,谓不言而存诸心也。一说:识,知也,不言而心解也。前说近是。何有于我,言何者能有于我也。三者已非圣人之极至,而犹不敢当,则谦而又谦之辞也。"②宧懋庸《论语稽》曰:"此盖当时不知圣人,谓必有人之所不能有,故夫子言我生平不过默而识之,学而不厌,诲人不倦耳,此外亦何有于我哉。"

【解读】这三件事情,均为"夫子自道",看似简单,其实很了不起。康有为说:"性命之本,明德之灵,天人之际,不可以语言文字著也。成性存存,道义之门,神而明之,默而存之,独证独悟,灵明自得。既已得之已,则服膺而不厌,教人则无类而不倦。"其中"成性存存,道义之门"和"神而明之,默而存之"句,均出自《周易·系辞上》;盖"道体"之妙,实无可言说,只能"默而识之"也。又《孟子·公孙丑上》云:"昔者子贡问于孔子曰:'夫子圣矣乎?'孔子曰:'圣则吾不能,我学不厌而教不倦也。'子贡曰:'学不厌,智也;教不倦,仁也。仁且智,夫子既圣矣乎!'"可见按子贡或孟子之理解,"学而不厌,诲人不倦"已达圣人之境矣。盖"学而不厌"即"自强不息"之谓也,"诲人不倦"即"化成天下"之谓也,此均以"默而识之"为前提,此三者能"有于我",则超凡入圣无疑也。

7.3 子曰:"德之不修,学之不讲,闻义不能徙,不善不能改,是吾忧也。"

【译文】孔子说:"德行不好好修养,学问不好好讲习,听到当做的事却不去做,自己有缺点又不能改正,这些都是我的忧虑啊!"

【注释】①《集解》引孔安国曰:"夫子常以此四者为忧。"②《朱注》引尹焞曰:"德必修而后成,学必讲而后明,见善能徙,改过不吝,此四者日新之要也。苟未能之,圣人犹忧,况学者乎?"③《集释》引《朱子语类》云:"修德是本,为要修德,故讲学,徙义、改过即修德之目。"

【解读】德者,得也。凡人之得于道者,均为德。故古人讲德,范围非常广泛。朱子说"修德是本",实将讲学、徙义、改过均归之于修德名下,即缘于此。又尹焞认为,本章夫子所言四事,乃"日新之要"。此"日新"一词,当源于《周易》大畜卦之《象传》。原文有云:"大畜,刚健、笃实、辉光,日新其德。"盖大畜卦(䷙)下乾上艮,乾为天为健,艮为山为止;这里"刚健"乃乾德也,"笃实"乃艮德也,而"辉光"则为二物之相磨而神明见矣。苏东坡有云:"乾不得艮,则素健而已矣;艮不得乾,则徒止而已矣。以止厉健,以健作止,而德之变不可胜穷也。"(《东坡易传》)故大畜卦有"日新其德"之誉。我们知道,修德、讲学、徙义、改过,此四者乃孔学之基本功,尹焞将之归于"日新之要",可谓贴切之极。

此外,值得注意的是,这里孔子并不是直接讲"修德"等的重要性,而是讲"德之不修,学之不讲,闻义不能徙,不善不能改,是吾忧也。"其中或含有对弟子们的批评和期待,亦可视为孔子的自我反省。且这里又一次提到"忧"字,此"忧"即"君子忧道不忧贫"(15.32)之"忧"也,亦"作《易》者,其有忧患乎"(《系辞下》)之"忧"也。相关讨论,请参见6.11,此不赘。

7.4 子之燕居,申申如也,夭夭如也。

【译文】孔子在家闲居的时候,看上去很整齐,却又很舒服的样子。

【注释】①《后案》:"燕,犹闲也。"②《集释》引胡绍勋《四书拾义》云:"《汉书·万石君传》'子孙胜冠者在侧,虽燕必冠,申申如也。'师古注云:'申申,整敕之貌。'此经记者先言申申,后言夭夭,犹《乡党》先言踧踖,后言与与也。申申言其敬,夭夭言其和。"

【解读】这一章很有趣,描写的是孔子在家里闲居的样子。刘逢禄《论语述何》解"燕居"为"不仕之时",亦通。盖从短时段言,"燕居"可指退朝在家之时;而从长时段言,或可指尚未出仕之时。无论哪种情况,因为不在众目睽睽之下,君子正当"慎独"也"养志"也,同时亦不必过于焦虑,当有顺天休命之胸怀,居易俟命可也。圣人"申申夭夭",既整齐又舒展,已给我们做出了榜样。

《周易》需卦《大象》曰:"云上于天,需;君子以饮食宴乐。"或可与之比。盖需卦(䷄)下乾上坎,乾为天,坎为水为云,云上于天而不雨,君子见此,饮食以养身,宴乐以宁神,正是"燕居"之象。《朱子语类》云:"需,待也。以饮食宴乐,谓更无所为,待之而已。待之须有至时,学道者亦犹是也。"如仔细体味,子之燕居,的确有这种气象。

7.5 子曰:"甚矣吾衰也!久矣吾不复梦见周公!"

【译文】孔子说:"我衰老得多厉害呀!已经有很长时间,我都没有梦见周公了!"

【注释】①《杨注》:"周公,姓姬,名旦,周文王的儿子,武王的弟弟,成王的叔父,鲁国的始祖,又是孔子心目中最敬服的古代圣人之一。"②《朱注》:"孔子盛时,志欲行周公之道,故梦寐之间,如或见之。至其老而不能行也,则无复是心,而亦无复是梦矣,故因此而自叹其衰之甚也。"

【解读】孔子曾说:"周监于二代,郁郁乎文哉!吾从周。"(3.14)而西周建国之初,武王很快就过世了,成王则年幼,大部分政治制度其实都是在周公的主持下制定的,所以孔子对周公很是仰慕、钦敬。因孔子生于乱世,日思周公,盛年或常于梦中见之,但随着年老体衰,且知"道之不行",故晚年不复梦之,遂有此感叹也。

周公不仅制礼作乐,据说和《周易》也有一定关系。对于《周易》作者,历来有"伏羲制卦,文王系辞,孔子作《十翼》"之说,但孔颖达《周易正义·论卦辞爻辞谁作》认为,如说完全是文王为卦爻系辞,升卦提及"王用亨于岐山"、明夷卦提及"箕子之明夷"等均不合情理;"又《左传》:韩宣子适鲁,见易象云'吾乃知周公之德',周公被流言之谤,亦得为忧患也。验此诸说,以为卦辞文王,爻辞周公。马融、陆绩等并同此说,今依而用之。所以只言三圣,不数周公者,以父统子业故也。"《系辞下》云:"《易》之兴也,其于中古乎?作《易》者,其有忧患乎?"文王拘于羑里,固为忧患;周公主政受到诽谤,亦为忧患,故其的确有做爻辞或补充其父之作之可能也。但对于此说,从各种角度表示反对者,亦大有人在(如皮锡瑞、康有为、李镜池、潘雨廷等),这里无法逐一辨析,只能说关于《周易》作者问题迄今尚无定论,故而我们不妨兼听可也。

7.6 子曰:"志于道,据于德,依于仁,游于艺。"

【译文】孔子说:"立志于道,执守于德,紧依于仁,畅游于各种技艺之中。"

【注释】①《朱注》:"志者,心之所之之谓。据者,执守之意。德者,得也,得其道于心而不失之谓也。依者,不违之谓。仁,则私欲尽去而心德之全也。游者,玩物适情之谓。艺,则礼乐之文,射、御、书、数之法,皆至理所寓,而日用之不可阙者也。此章言人之为学当如是也。"②《今读》:"这大概是孔子教学总纲。'游'并非朱熹注的'玩物适情之谓'(杨注'游憩'同此),而应是熟练掌握礼、乐、射、御、书、数即六艺,有如鱼之在水,十分自由,即通过技艺之熟练掌握而获得自由和愉快也。亦是一种'为科学而科学,为艺术而艺术'的快乐也。"

【解读】这的确可以视为"孔子教学总纲"。道、德、仁、艺,由远及近,浑然一体。志、据、依、游,由严肃到轻松,心身渐趋一致。盖道者,天人合一之大道也,非人发心、发愿不能得之,故强调"志";这当然是严肃的事。德者得也,但一朝得之,亦可能一夕失之,故强调"据";这肯定也是不容易的,读者可以试想战争年代坚守"根据地"的例子。而仁者心德之全也,如"人之有衣"(康有为语),又如水之随物赋形,故强调"依";此时境界已高矣,然衣之于身、水之于物,犹有隔阂也。而艺者,非仅只目下所谓狭义之艺术也,乃指包括礼、乐、射、御、书、数等六艺在内的一切事务和学业也,君子如能有道、德、仁为基础,则将如鱼之有水,则诸艺可"游"也;此时心身、本末已达于一致,真善美亦达于一致矣!

《周易》和《论语》对"道""德"的不同处理方式,我们前面屡言之,这里就不讨论了。本章有意思的有两点:一是《论语》谈"志"仅16次,而《周易》光《象传》谈"志"就有55次。盖《周易》主要是结合卦爻之处境来谈"志",故其"志"有大有小、有高有下、有优有劣,内容极其丰富,如《象传》云豫卦初六"志穷凶也"和临卦初九"志行正也"就显然不同,值得仔细研究。二是《论语》讲"依于仁,游于艺",有很强的美学意味,《周易》虽讲利害关系较多(如"吉凶悔吝"之类),但卦爻辞中"以美启真""以美储善"的例子亦所在多有;另如《系辞上》讲"君子居则观其象而玩其辞,动则观其变而玩其占"之语,更是意蕴深厚,有着丰富的古典美学思想在内,可以说已经深刻地影响了历代士人的心灵世界和生活世界的构造,完全可以和《论语》此章互相发明。

7.7 子曰:"自行束修以上,吾未尝无诲焉。"

【译文】孔子说:"凡是十五岁以上而立志求学者,我从来没有不加以教诲的。"

【注释】①《朱注》:"修,脯也。十脡为束。古者相见,必执贽以为礼,束修,其至薄者。盖人之有生,同具此理,故圣人之于人,无不欲其入于善。但不知来学,则无往教之礼,故苟以礼来,则无不有以教之也。"②《后案》:"《后汉书伏湛传》'杜诗荐湛自行束脩,讫无毁玷',注:'自行束修,谓年十五以上。'《延笃传》曰'吾自束修以来',注:'束修,谓束带修饰。'郑玄注《论语》曰:'谓年十五以上也。'"③《康注》:"束,约也。修,治也……雨露不能苏已枯之草,巧匠不能雕已朽之木,苟无志向上,虽诲何益?"

【解读】"束修"一词,汉儒以来解释向有分歧,大致有三种:一是如孔安国和朱子,认为这是指的干肉脯;二是郑玄等人,认为是借古时"束带修饰"之礼而指十五岁以上求学者;三是康有为及其先师朱九江等人,更强调"结发束修"的原始涵义,认为其中更多是指"束身修行""束修其心""恭俭节整"之意。傅佩荣指出:"古人说'自……以上',皆指数字之增加,并且主要用于年龄。"(《解读论语》)故我们这里的翻译,选取了后两种说法并试图折中之。"束修"是古人十五岁时的成人礼,当然可以借指年龄,但孔子这里恐怕更重视的是此成人礼背后一个人立志向学的决心;如果一个人有了这种决心并能注意约束自己,孔子明确表示"吾未尝无诲焉",这比单纯送孔子十条干肉脯应该更吸引孔子。《礼记·曲礼》云:"礼闻来学,不闻往教。"《周易》蒙卦卦辞有云:"匪我求童蒙,童蒙求我。"亦此意也。一个求学者必须发心向学,才能施教;如果老师追着学生去教,其效果肯定好不到哪里去。

7.8 子曰:"不愤不启,不悱不发。举一隅不以三隅反,则不复也。"

【译文】孔子说:"不到他想弄懂而实在弄不懂时,不要去开导他;不到他想说出来但实在说不出来时,不要去启发他。告诉他一个桌子的角是这样,他却不能由此推知其他三个角的情况,就不要再教他什么了。"

【注释】①《朱注》:"愤者,心求通而未得之意。悱者,口欲言而未能之貌。物之有四隅者,举一可知其三。"并引程子曰:"愤悱,诚意之见于色辞者也。待其诚至而后告之;既告之,又必待其自得,乃复告尔。""不待愤悱而发,则知之不能坚固;待其愤悱而后发,则沛然矣。"②《康注》:"若夫天人之际,性命之微,非候其渐有证悟,不能强告,强告之亦无益,故徐以图之。盖教亦多术,不得不然者。此与'中人以下不可语上'参观之。"

【解读】这就是由孔子开创的、著名的"启发式教学法",至今还在教育教学中备受重视。为什么必须当学生处于"愤悱"时才"启"之,才"发"之?此诚如程子所言:"不待愤悱而发,则知之不能坚固;待其愤悱而后发,则沛然矣。"其中所强调者,依然是学生的发心和诚意也。古希腊哲学家苏格拉底的"产婆术",也强调要发挥学生的学习主动性,与此有相似处。

《周易》蒙卦(䷃)卦辞在紧接"匪我求童蒙,童蒙求我"之后说:"初筮告,再三渎,渎则不告。"则是借卜筮的例子,同样强调教育要择机而行,亦可与此章相发明。程子对此解释说:"筮,占决也。初筮告,谓至诚一意以求己则告之;再三则渎慢矣,故不告也。"(《程氏易传》)如果结合教育教学来说,其意思大致是,凡像第一次虔诚地来占卜的人那样来真心求学者,则告之;如其求学并非出于真心,只是一而再、再而三地装模作样地来提问,实际上那是亵渎师长,拒之门外可也。

当然,"不愤不启,不悱不发",还不完全是学生有无诚心的问题,还有一个学习必须"待其自得"的问题。这就像复卦之六五:"敦复,无悔。"敦复何以无悔?《小象》曰:"敦复无悔,中以自考也。"敦者,厚也;考者,成也。盖复卦(䷗)下震上坤,唯有初九一阳来复,而六五本不与初九相应,但因其以中顺、敦厚之德居君位,故能复之;此自成者也,岂有悔乎?这就像一个求学者,天资或不高,环境或不好,但能踏实向学,朝暮求之,一旦遇名师而点化之,岂有不开悟之理?另孟子亦说:"君子深造之以道,欲其自得之也。自得之,则居之安,

居之安,则资之深。资之深,则取之左右逢其源。故君子欲其自得之也。"(《孟子·离娄下》)在《中国的自由传统》一书中,美国汉学家狄百瑞将强调"自得"作为儒家自由传统的一个重要表征,读者不妨和本章对照参考。

7.9 子食于有丧者之侧,未尝饱也。

【译文】孔子在死者亲属旁边吃饭的时候,从来没有吃饱过。

【注释】①《集解》:"丧者哀戚,饱食于其侧,是无恻隐之心。"②《皇疏》:"谓孔子助葬时也。为应执事,故必食也。必有哀色,故不饱也。《礼》:'饥而废事,非礼也;饱而忘哀,亦非礼也。'"③《朱注》:"临丧哀,不能甘也。"

【解读】此章并见《礼记·檀弓上》。从皇侃的疏来看,孔子是经常为人料理丧事的,此时不能不吃饭,因为要做事;但又不能吃饱,因为丧礼要求"必有哀色"。当然,这肯定不光是礼的外在要求,也是圣人之仁心发用。《周易》第十卦为履卦,履者礼也,其卦辞有云"履虎尾,不咥人",九四爻辞又云"履虎尾,愬愬终吉",由此可见践礼之危险或小心翼翼之态也。孔子此章之举止,亦可援以为例。

7.10 子于是日哭,则不歌。

【译文】孔子在这一天哭过,就不再唱歌。

【注释】①《朱注》:"哭,谓吊哭。一日之内,余哀未忘,自不能歌也。"并引谢良佐云:"学者于此二者,可见圣人情性之正也。能识圣人之情性,然后可以学道。"②《集释》引孙奇峰《四书近指》云:"哀乐皆情也,圣人中节焉而已。然乐可以骤哀,哀不可以骤乐,故不能歌,此中有天则焉。"

【解读】按朱子,此章应与上章连读。钱穆说:"此非礼制,乃人心之仁道。本章见圣人之心,即见圣人之仁。"(《论语新解》)谢良佐和孙奇峰则从"性情"角度来解读,或言"情性之正",或言"中节"和"天则",亦有道理。实则仁道即"中道"也,即"中庸"也,即"中节"也。《周易》尚中,前面屡言之,此"中"有

"位中",亦有"时中",从性情的角度说,当然亦有"情中"。孔子于一日之内,哭则不歌,即"情中"或"性情之中"也。

7.11　子谓颜渊曰:"用之则行,舍之则藏,惟我与尔有是夫!"子路曰:"子行三军,则谁与?"子曰:"暴虎冯(píng)河,死而无悔者,吾不与也。必也临事而惧,好谋而成者也。"

【译文】孔子对颜渊说:"如能用我,就行道于世;如不用我,就藏道于身。只有我和你能这样吧!"子路说:"老师如果领兵打仗,又和谁共事呢?"孔子说:"徒手搏虎,徒身过河,死也不悔的人,我是不会和他共事的。临事能小心谨慎,谋划好才行动的人,我才和他共事啊。"

【注释】①《集解》引孔安国曰:"暴虎,徒搏。冯河,徒涉。"②《杨注》:"'行'字古人用得很活,行军犹言行师。《易经·谦卦·上六》云:'利用行师征邑国',又《复卦·上六》:'用行师终有大败',行师似有出兵之意。""徒手搏虎曰暴虎,徒足涉河曰冯河。'冯河'两字最初见于《易·泰卦·爻辞》,又见于《诗·小雅·小旻》。'暴虎'也见于《诗经·郑风·大叔于田》和《小雅·小旻》,可见都是很早就有的俗语。"③《今读》:"问答都很有趣。子路嫉妒孔子盛赞颜回,从而夸耀自己的勇敢,跃然纸上。而孔子又一次挫折他,还是老话:光凭勇敢不行。"

【解读】这里有三个问题值得讨论。

一是"用之则行,舍之则藏"。孔子曾赞宁武子"邦有道,则知;邦无道,则愚"(5.21),又赞蘧伯玉"邦有道,则仕;邦无道,则可卷而怀之"(15.7),均可与此互参。孔子在《论语》中表达类似想法的地方还有很多。《周易》乾卦九五"飞龙在天"或约等于"用之则行",初九"潜龙勿用"或约等于"舍之则藏"。但值得注意的是,"藏"又并非道家之隐居,并非不做任何事;此诚如刘逢禄在《论语述何》中所说:"用舍,天也。孔颜之学,用则尧舜、三王之事;舍则传之其人,非有所加损也。"孔子晚年返鲁,删述六经,教化弟子,固为"藏"也,但其意义不知高于出任某一俗职若干倍矣。

二是"暴虎冯河"。这是孔子批评子路有勇无谋的话,已经进入汉语成语之列。有趣的是,"冯河"虽然最早见于《周易》泰卦九二爻辞,但和此章孔子之意颇不同。泰卦原文为："九二：包荒，用冯河，不遐遗，朋亡。得尚于中行。"王弼注曰："体健居中而用乎'泰'，能包含荒秽，受纳'冯河'者也。用心弘大，无所遐弃，故曰'不遐遗'也。无私无偏，存乎光大，故曰'朋亡'也。如此乃可以'得尚于中行'。"（《周易正义》）程子对"冯河"的解释更加明确："泰宁之世，人情习于久安，安于守常，惰于因循，惮于更变，非有冯河之勇，不能有为于斯时也……自非刚断之君，英烈之辅，不能挺特奋发以革其弊也，故曰'用冯河'。"（《程氏易传》）《周易》讲"用冯河"，孔子则讲"吾不与"，其意若相反，当因语境不同故也，读者察之。

三是"临事而惧，好谋而成"。此语紧接上文，也是孔子对子路的告诫。儒家是爱智主义者，强调做事小心谨慎、精心谋划，这在孔子及其弟子们的言行中所在多有，如孔子曾讲"小不忍，则乱大谋"（15.27），曾子讲"为人谋而不忠乎"（1.4），等等。《周易》于此的立场和孔子完全一致，如讼卦《大象》云："天与水违行，讼；君子以作事谋始"，履卦九四爻辞云"履虎尾，愬愬终吉"，震卦《大象》云"洊雷，震；君子以恐惧修身"，等等。特别是，《系辞下》云："其出入以度，外内使知惧。"又云："惧以终始，其要无咎。"都是强调任何时候都要谨慎从事，不能盲动，正可与此互参。

7.12 子曰："富而可求也，虽执鞭之士，吾亦为之。如不可求，从吾所好。"

【译文】孔子说："如果可以致富的话，就是做市场的守门人，我也去干。但如果不能，还是顺从我的爱好罢。"

【注释】①《集释》引钱坫《论语后录》云："执鞭有二义，《周礼·秋官》'条狼氏下士八人'，其职云：'掌执鞭以趋避，王出入则八人夹道，公六人，侯伯四人，子男二人。'此一义也。《地官·司市》'入则胥执鞭度守门'，此一义也。以求富之言例之，或从《地官》为长。"②《朱注》："执鞭，贱者之事。设言富若可求，则虽身为贱役以求之，亦所不辞。然有命焉，非求之可得也，则安于义理而已矣，何必徒取辱哉？"

【解读】此章讲致富之道，不避"贱者之事"，而其关键则在于，它是否合乎道义。孔子曾说："富与贵，是人之所欲也。不以其道得之，不处也。贫与贱，是人之所恶也。不以其道得之,不去也。"(4.5)所谓"如不可求,从吾所好",即指此也。再具体点说,此吾之所好者,道也;富贵与贫贱,与道之所在无关,实不必在意也。《乾文言》在解释乾卦初九"潜龙勿用"时有云:"乐则行之,忧则违之。"意思就是说,不以其道而行则"忧",故"违之";以其道而行则"乐",故"行之"。君子虽为"执鞭之士",不违道且可致富,则何乐而不为?"如不可求",即不能以道得之,则安于贫贱,又有何妨?!

7.13 子之所慎:齐(zhāi),战,疾。

【译文】孔子慎重对待的事:斋戒,战争,疾病。

【注释】①《杨注》:"齐,同'斋'。古代于祭祀之前,一定先要做一番身心的整洁工作,这一工作便叫做'斋'或者'斋戒'。《乡党篇》第十说孔子'斋必变食,居必迁坐'。"②《正义》:"《说文》云:'战,斗也。'慎战,谓临事而惧、好谋而成也。慎疾者,所以守身也。《金匮要略》言:'人有疾当慎养,苦酸辛甘不遗,形体有衰,虽在经络,无由入其腠理。'即此义也。"③《朱注》:"齐之为言,齐也。将祭而齐其思虑之不齐者,以交于神明也。诚之至与不至,神之飨与不飨,皆决于此。战则众之死生、国之存亡系焉,疾又吾身之所以死生存亡者,皆不可以不谨也。尹氏曰:'夫子无所不谨,弟子记其大者耳。'"

【解读】孔子主张"谨而信"(1.6),当然无事不慎;此章所谓"齐,战,疾"三者,盖弟子记其大者耳。《左传·成公十三年》云:"国之大事,在祀与戎。"即指其中的前二者。

斋戒是祭祀的前期准备,也可以说是祭祀的必要组成部分,因和"鬼神"相关,自不能不慎。孔子说过:"自既灌而往者,吾不欲观之矣。"我们曾用《周易》观卦"盥而不荐"解之(见3.10),其中之关键即朱子所谓"诚"也。"盥而不荐"或为祭祀的前半段,而斋戒应当还在其前,但祭祀者于此当收摄思虑、专注于心则一也。古人对此有很多规矩,如禁绝房事、吃素、沐浴更衣等等即是。《周易·系辞上》也曾提到"斋戒"(和"洗心"),虽然主要是讲《易》之功用,但对于祭祀当然也是适用的。

而战争,"众之死生、国之存亡系焉",更不能不慎。前章孔子对子路所言

"临事而惧""好谋而成",就是"慎战"的重要内容。《周易》很多地方提到战争,如师卦作为专门讲战争的卦,其初六云"师出以律,否臧凶",六三云"师或舆尸,凶",都是在讲战争的凶险。而复卦上六云"用行师,终有大败",泰卦上六云"城复于隍,勿用师"等,也和慎战有关。然而战争有时无法避免,《乾文言》所谓"阴疑于阳,必战"是也,故战端一起,更不能不慎之又慎也。

最后是"慎疾"。刘宝楠说:"慎疾者,所以守身也。"《孝经》有云:"身体发肤,受之父母,不敢毁伤,孝之始也。"儒家既以孝作"为仁之本",慎疾是必然的。《周易》同样如此,如复卦卦辞曾讲到"出入无疾",可以说是一个很高的人生理想。从"守身"的角度讲,《系辞下》曾云:"君子安其身而后动,易其心而后语,定其交而后求。君子修此三者,故全也。"此将"安其身"放在了何等重要的位置!《系辞上》亦云:"君不密则失臣,臣不密则失身。"对"失身"之事更是特别重视。此诚如朱子所言,盖因其涉及"吾身之所以死生存亡者",故不能不慎也。

7.14 子在齐闻《韶》,三月不知肉味,曰:"不图为乐之至于斯也。"

【译文】孔子在齐国听到《韶》乐,很长时间吃肉不知其味。后来他说:"想不到欣赏音乐居然能到这样的地步!"

【注释】①《集解》引周生烈曰:"孔子在齐,闻习《韶》乐之盛美,故忽忘于肉味。"②《康注》:"图,计划也。不知肉味,盖神注于此,则所忘在彼也。《韶》为舜乐。盖天下为公,太平之治,大同之道,孔子所神往者,故赞叹观止,曰不图至斯也。"

【解读】据《史记·孔子世家》,孔子年三十五,鲁昭公奔于齐,鲁乱,孔子适齐。或孔子于彼时得闻《韶》乐也。孔子曾赞《韶》乐云:"尽美矣,又尽善也。"(3.25)又吴季札见舞韶者曰:"德至矣哉!大矣,如天之无不帱也,地之无不载也。虽甚盛德,其蔑以加于此矣!观止矣!"(《左传·襄公二十九年》)孔子于齐闻《韶》乐而"三月不知肉味",当于其中深得舜时太平之治之三昧,乃借乐以观政、观德也。有关孔子的音乐思想,请参看3.23和3.25的解读,此不赘。

7.15 冉有曰:"夫子为卫君乎?"子贡曰:"诺,吾将问之。"入,曰:"伯夷、叔齐何人也?"曰:"古之贤人也。"曰:"怨乎?"曰:"求仁而得仁,又何怨?"出,曰:"夫子不为也。"

【译文】冉有问子贡:"老师会帮助卫君吗?"子贡说:"好的,我去问一下。"子贡走进孔子屋中,问孔子:"伯夷、叔齐是什么样的人呢?"孔子说:"古代的贤人啊。"子贡说:"那他们后来觉得怨悔吗?"孔子说:"他们追求的是仁德,并得到了仁德,这有什么可以怨悔的呢?"子贡出来,对冉有说:"老师不会帮助卫君的。"

【注释】①《皇疏》引江熙云:"夫子在卫受辄宾主,悠悠者或疑为之,故问也。"②《杨注》:"卫君,指卫出公辄。辄是卫灵公之孙,太子蒯聩之子。太子蒯聩得罪了卫灵公的夫人南子,逃在晋国。灵公死,立辄为君。晋国的赵简子又把蒯聩送回,藉以侵略卫国。卫国抵御晋兵,自然也拒绝了蒯聩的回国。从蒯聩和辄是父子关系的一点看来,似乎是两父子争夺卫君的位置,和伯夷、叔齐两兄弟的互相推让,终于都抛弃了君位相比,恰恰成一对照。"③《朱注》:"伯夷、叔齐,孤竹君之二子。其父将死,遗命立叔齐。父卒,叔齐逊伯夷。伯夷曰:'父命也。'遂逃去。叔齐亦不立而逃之,国人立其中子。其后武王伐纣,夷、齐扣马而谏。武王灭商,夷、齐耻食周粟,去,隐于首阳山,遂饿而死。"④《集解》引孔安国云:"夷、齐让国远去,终于饿死,故问怨乎。以让为仁,岂怨乎?"又引郑玄云:"父子争国,恶行也。孔子以伯夷、叔齐为贤且仁,故知不助卫君明矣。"

【解读】《论语》有5次提到伯夷、叔齐。比如孔子曾说:"伯夷、叔齐不念旧恶,怨是用希。"(5.23)又说:"不降其志,不辱其身,伯夷、叔齐与!"(18.8)本章用伯夷、叔齐兄弟俩的"让国"来和卫君父子的"争国"对比,更加彰显前者之"贤且仁"矣!

此章的"看点"很多,如伯夷、叔齐和卫君父子的故事,以及子贡的灵活机智(李贽于此章甚至称子贡为"可人")等等,但其中最打动人的应该还是"求仁而得仁,又何怨?"这句话。"求仁得仁"即"我欲仁,斯仁至矣"(7.30),即"为仁由己"(12.1),这充分标明了行仁完全在我的主观能动性;但问题是,行仁的结果并不一定都是德、福一致的,如伯夷、叔齐之饿死首阳山,就是著名的例子,故而子贡才有"怨乎"之问。孔子的回答斩钉截铁:他们既然以行仁作为自己的人生目标,怎么可能有什么怨悔呢?!相反,由此二人"蒙难"的故事,儒家"求仁得仁"的伟大人格却显得更加突出了。在《周易》中,这样的例子同样举不胜举,如明夷卦中"以蒙大难"的文王,困卦中面临"致命遂志"时的君子,蹇卦中"王臣蹇蹇"的"王臣"等等,均属此类——这些"求仁得仁"者,其人格多么伟大!他们理应受到后人的尊敬。

7.16 子曰:"饭疏食饮水,曲肱而枕之,乐亦在其中矣。不义而富且贵,于我如浮云。"

【译文】孔子说:"吃粗粮,喝冷水,弯起自己的胳膊做枕头,这里边也有乐趣啊。那些通过不义而求得的富贵,对我来说就像天上倏生倏灭的云彩一样。"

【注释】①《杨注》:"疏食,有两个解释:(甲)粗粮。古代以稻粱为细粮,以稷为粗粮。(乙)糙米。水,古代常以'汤'和'水'对言,'汤'的意义是热水,'水'就是冷水。肱,音宫gōng,胳膊。"②《大义》:"浮,犹过也。'如浮云',谓云倏过,不足凭于己也。"

【解读】一般认为,这是"孔颜乐处"的又一典型案例。它和4.9、6.11、7.12等章一样,讲的都是君子"唯义是从"的精神,即便由此而弃绝富贵,君子也照样能够自得其乐,盖"道藏于身"之故也。如李颙说:"'乐在其中',困而不失其所亨也。富贵本如浮云,况不义之富贵乎?"(《四书反身录》)"困而不失其所亨",语出《周易》困卦《象传》。这样讲当然是正解。但如结合孔子讲"节用而爱人,使民以时"(1.5)以及他老人家"钓而不纲,弋不射宿"(7.27)等等情况来看,说"饭疏食饮水,曲肱而枕之"具有保护自然生态、主张极简主义生活方式的意思,应该也不算太离谱。

其实,儒家虽然不像道家那样喜欢隐居山林,但和山水之间的感情还是很亲近的,如孔子所言"吾与点也"(11.26),就是一个著名的例子,此章似乎亦可由此得一别解。我们知道,《周易》是将天地人连为一体来思考问题的,天地向来被作为人之效法的最大对象(邵雍所谓"学于天地而得天地之情"),故而孔子这种"饭疏食饮水,曲肱而枕之"的生活状态,如果抛开"不义而富且贵,于我如浮云"的道德选择上的考虑,实在是一种完全合乎《周易》自然哲学的、天人合德的理想生活方式呢。

7.17 子曰:"加我数年,五十以学《易》,可以无大过矣。"

【译文】孔子说:"让我多活几年,到五十岁时去学习《易经》,就肯定不会犯大的过错了。"

【注释】①《皇疏》:"当孔子尔时年已四十五六,故云'加我数年,五十而学《易》'也。所以必五十而学《易》者,人年五十,是知命之年也。"②《集释》引宦懋庸《论语稽》曰:"此孔子四十二岁以后,自齐返鲁,退修《诗》《书》《礼》《乐》时语也。盖《诗》《书》《礼》《乐》之修,非数年之功不可。因《诗》《书》《礼》《乐》而思及《易》,情之常也。方修《诗》《书》《礼》《乐》而未暇及《易》,理之常也。彼曰修而此曰学,自人言之则曰修,自夫子自言则谦曰学也。"③《正义》:"《孔子世家》:'孔子晚而喜《易》,序《彖》《系》《象》《说卦》《文言》。读《易》,韦编三绝。曰:"假我数年,若是,我于《易》则彬彬矣。"'夫子五十前得《易》,冀以五十时学之,明《易》广大悉备,未可遽学之也。及晚年赞《易》既竟,复述从前'假我数年'之言,故曰:'假我数年,若是,我于《易》则彬彬矣。'若是者,竟事之辞,言惟假年乃彬彬也。《世家》与《论语》所述不在一时,解者多失之。"

【解读】关于此章,曾有将"易"解作"亦"者,今不从。因为孔子与《易经》之关系,经过汉儒到欧阳修,到《古史辨》派,再到当代易学家,并拜地下考古材料之赐,已经无可置疑。但具体细节当然尚需讨论,比如《论语》此章孔子的话和《史记·孔子世家》中的话,到底是什么时候说的,其涵义究竟是什么,就确有辨析之必要。在这个问题上,窃以为,宦懋庸的观点应该是正确的,即《论语》之说应该在前,约当自齐返鲁时,其所表达的主要是对将来学《易》的一种期望(其理由参见《论语稽》);《史记》之说应该在后,约当晚年"赞《易》"时,其所表达的则是悔不当初的复杂心情。两者内涵虽然接近,刘宝楠甚至认为,后者是"复述"前者之言,但是蕴藏其中的情感指向明显不同。

为什么会这样呢？可能有两个原因。一是孔子见到《易经》的时间不会太早。据《左传》谓在鲁庄公二十二年（公元前672年）"周史有以《周易》见陈侯者"，故而"于鲁庄公二十二年之前《周易》乃藏于周王室之秘笈，二十二年后诸侯国方得用之。诸侯虽得用《周易》，但必藏于各诸侯府库之中，由筮史之臣掌管之，普通庶民不易得之。因之，当孔子居鲁之时未见《周易》，必待孔子返鲁后方始见之。"（程石泉《易辞新诠》）二是孔子虽然见到了《易经》，但正如宦懋庸所言，当时他把修《诗》《书》《礼》《乐》当做首要之事，"未暇及《易》"。据潘雨廷研究，孔子晚年整理"六经"之顺序，当分为两部分，"若《诗》《书》《礼》《乐》为五十岁前后早已重视者，而《春秋》与《易》，必待周游列国后始深入研究，且使汇合于《诗》《书》《礼》《乐》之中以成'六艺'，此为孔子最后之成就。"（《论孔子与"六经"》之考察）如果这样，问题就大致明白了，《论语》此章记载的是孔子"赞《易》"之前的话，《史记》记载的则是孔子"赞《易》"之后的话。

至于孔子这段话的内涵，倒也容易理解，主要有两方面值得注意。一是"五十以学《易》"，为什么说"五十"？盖五十乃知天命之年（见2.4），而《周易》又不同于《诗》《书》《礼》《乐》，恰是"穷理尽性以至于命"（《说卦传》）之书，故孔子才希望五十岁后来研究它。二是"可以无大过"，学《易》何以能够"无大过"？这和《周易》的性质有关。"《易》六十四卦三百八十四爻，亦可一言以蔽之曰'善补过'。圣人所以能无过者，以其心常恐有过，兢兢业业以成于性，故能动不逾矩焉尔。且不敢言'无过'，而曰'无大过'，圣人之存心固如此。"（李光地《读论语札记》）故由此章，可见孔子之确乎深于《易》，更见其自谦以至于此也。

7.18 子所雅言，《诗》、《书》、执《礼》，皆雅言也。

【译文】孔子平常所说的有哪些呢？颂《诗》、读《书》和守《礼》，就是他平常所说的。

【注释】①《朱注》："雅，常也。执，守也。《诗》以理情性，《书》以道政事，礼以谨节文，皆切于日用之实，故常言之。礼独言执者，以人所执守而言，非徒诵说而已也。程子曰：'孔子雅素之言，止于如此。若性与天道，则有不可得而闻者，要在默而识之也。'谢氏曰：'此因学《易》之语而类记之。'"②《大义》："雅，常也。《诗》以养性情，而归本于端风化；《书》以道政事，而归本于敬天命；《礼》言执者，所以范围视、听、言、动而归本于尊德性、道问学。此圣门之家法，由本返约，实基于此。"

【解读】孔安国等人以"雅言"为"正言"，刘宝楠所谓"夫子生长于鲁不能不鲁语，惟颂《诗》、读《书》、执《礼》，必正言其音"者也，所以杨伯峻直接将之译为"普通话"。唐文治对此批评说："盖颂《诗》、读《书》，犹可云正读其音；若执《礼》，则道在力行，何所谓正读乎？"（《论语大义》）说得有理。故此处不采此说，而采程子和朱子之说，即将其解为"雅素之言"。此诚如康有为所说："盖《易》与《春秋》为孔子晚暮所作，《诗》《书》《礼》则早年所定，故《易》与《春秋》晚岁择人而传，《诗》《书》《礼》则早年以教弟子者。然《诗》《书》《礼》皆为拨乱而作，若天人之精微，则在《易》与《春秋》。"（《论语注》）以此解释"雅言"，并和上章孔子讲"五十以学《易》"对比，似觉文理通顺。关于"性与天道"的讨论，请参见5.13。

7.19 叶公问孔子于子路，子路不对。子曰："女（汝）奚不曰，其为人也，发愤忘食，乐以忘忧，不知老之将至云尔。"

【译文】叶公向子路打问孔子的情况，子路没能回答。孔子对子路说："你为什么不这样说：他这个人啊，发愤学习常常忘记了吃饭，深得大道之乐常常忘记了生活中的忧愁，他甚至不知道自己越来越老了呢！"

【注释】①《杨注》："叶，旧音 shè，地名，当时属楚，今河南叶县南三十里有古叶城。叶公是叶地方的县长，楚君称王，那县长便称公。此人叫沈诸梁，字子高，《左传》定公、哀公之间有一些关于他的记载。"②《朱注》："未得，则发愤而忘食；已得，则乐之而忘忧。以是二者，勉焉日有孳孳，而不知年数之不足，但自言其好学之笃耳。然深味之，则见其全体至极、纯亦不已之妙，有非圣人不能及者。"③程石泉《论语读训》（下简称《读训》）："子路不对叶公之问，因子路不知所欲答也。子路之质而无文，不善言语可见矣。孔子曰'女奚不曰'云云，非所以骄且吝者，盖实以自况而已。"

【解读】此又一篇"夫子自道"也。文中的"叶公",就是传说中"好龙"的那位。唐文治说:"进学之道必始于发愤,惟发愤而后得乐,《易传》所谓'乐天知命,故不忧也'。'不知老之将至',无息之功也。案孔圣年谱,如叶时年六十二,故云'老之将至'。"(《论语大义》)康有为则说:"忘食,则不知贫贱;忘忧,则不知苦乐;忘老,则不知死生。非至人安能至此?"(《论语注》)"至人"即龙也即圣人也,叶公果然不识龙乎?另关于"孔颜乐处",前边已有不少论述,读者可综合思考之。

7.20 子曰:"我非生而知之者,好古,敏以求之者也。"

【译文】孔子说:"我不是生下来就什么都知道的人,而只是喜欢古典文化,愿意勤奋地追求它罢了。"

【注释】①《集解》引郑玄曰:"言此者,勉劝人于学也。"②《朱注》:"生而知之者,气质清明,义理昭著,不待学而知也。敏,速也,谓汲汲也。"并引尹焞曰:"孔子以生知之圣,每云好学者,非惟勉人也。盖生而可知者义理尔,若夫礼乐名物、古今事变,亦必待学而后有以验其实也。"

【解读】此孔子劝学之语也。何谓"生而知之"?虽有学者曲为之说,但总觉不合理,窃以为,此犹康德所"悬设"之先天理念也,乃孔子劝人向学之假托者也;既然圣如孔子都声称"我非生而知之者",则"生而知之者"何在?余人更当发愤图强矣!唐文治说:"天下无生而知之者,虽圣人亦必为穷理之学也。人人皆有良知,虽因困而知之,亦与生知无异。"(《论语大义》)此言得之。《礼记·中庸》云:"或生而知之,或学而知之,或困而知之,及其知之,一也。"所以,自孔子至于孟子、朱子等圣贤,莫不以"好学"自勉并勉人。

《周易》不讲"生而知之",但其蒙卦(䷃)有"发蒙""困蒙""童蒙"之说;"发蒙""童蒙"或约等于"学而知之","困蒙"或约等于"困而学之"。蒙卦六四云:"困蒙,吝。"《象》曰:"困蒙之吝,独远实也。"盖此六四为小人,独远于阳刚诚实之道,故其道吝也,必变为君子而发心向学,则出困矣。困卦《象传》曰:"困而不失其所亨,其唯君子乎?"即此意也。蒙卦初六"发蒙,利用刑人",

是说初六能够向榜样学习；六五"童蒙""顺以巽"，是说六五能够顺从九二（老师）之教训——此皆"学而知之"者也。孔子所谓"好古，敏以求之"，已指出其路径至明矣。

7.21 子不语：怪、力、乱、神。

【译文】孔子从不谈论怪异、蛮力、叛乱和鬼神之事。

【注释】①《集解》引王肃曰："怪，怪异也。力，谓若奡荡舟、乌获举千钧之属。乱，谓臣弑君、子弑父。神，谓鬼神之事。或无益于教化，或所不忍言。"②《朱注》引谢良佐曰："圣人语常而不语怪，语德而不语力，语治而不语乱，语人而不语神。"

【解读】孔学是人伦日用之学，故孔子"语常而不语怪，语德而不语力，语治而不语乱，语人而不语神"。即便孔子偶尔也讲"鬼神"，但此"鬼神"却和迷信不同，不过指的是我们的祖先或者去世不久的亲人而已，况且他始终主张"敬鬼神而远之"（6.22）。另南宫适曾问孔子"羿善射，奡荡舟，俱不得其死然。禹、稷躬稼而有天下"，孔子赞之："君子哉若人！尚德哉若人！"（14.5）可见孔子对于蛮力也不"感冒"，而是以"尚德"为重。

与此相似，《周易》虽然也讲"神道设教"（《观·彖》），但并没有像基督教一样设置一个"一元神"，并谓"阴阳不测之谓神"（《系辞上》），始终认为宇宙是自生自化、不假外力而有序运行的——这和《论语》的"鬼神观""宇宙观"完全一致。因此《周易》同样强调"庸言之信，庸行之谨"（《乾文言》），也就是要人从日常言行来修炼自己、提升自己——圣人之道，岂有他哉！

7.22 子曰："三人行，必有我师焉：择其善者而从之，其不善者而改之。"

【译文】孔子说："三个人一起走路，其中一定有可以当我老师的人：我选择好的来学习，有缺点的就加以改正。"

【注释】①《朱注》："三人同行，其一我也。彼二人者，一善一恶，则我从其善而改其恶焉。是二人者,皆我师也。尹氏曰:'见贤思齐,见不贤而内自省,则善恶皆我之师,进善其有穷乎?'"②《大义》:"此夫子之设辞。三人同行,其一我也,其二人者,或此善而彼恶,或始善而终恶,或二人皆善,或二人皆恶,择之之道,在乎穷理精尔。"

【解读】子贡曾说:"夫子焉不学?而亦何常师之有?"(19.22)此处孔子更以"三人行"为假设,进一步说明了"圣人无常师"的道理。根据朱子和唐文治等人的解读,实则不管善人恶人,人人均可为师也。

《周易》损卦(䷨)六三云:"三人行,则损一人;一人行,则得其友。"《系辞下》释之曰:"天地氤氲,万物化醇。男女构精,万物化生。《易》曰:'三人行则损一人,一人行则得其友。'言致一也。"由此可见,"三人行"或为当时俗语,故《论语》和《周易》均有此记载。但两者所表达的意思却有不同:前者强调的是以人为师,后者强调的则是阴阳相吸、两两相偶而"致一"。《周易》不是不强调"师",但其所师者更为广大,不只人人可以为师,实则天地万物皆可为师也。如《系辞下》有云"无有师保,如临父母",其中就谈到了"师保";古代称呼教辅太子的官为"师保",后亦以此代指老师。这里的意思是说,假如老师和父母不在跟前,《周易》就可以作为我们的老师和父母,盖《周易》乃天地万物之化身,故有此神妙作用也。

7.23 子曰:"天生德于予,桓魋(tuí)其如予何?"

【译文】孔子说:"上天既然赋予我这样的使命,那桓魋又能把我怎么样?"

【注释】①《杨注》:"桓魋,宋国的司马向魋,因为是宋桓公的后代,所以又叫桓魋。"②《集解》引包咸曰:"天生德于予者,谓授我以圣性也。德合天地,吉无不利,故曰'其如予何'。"③《康注》:"孔子自知已受天命,为改制之新王教主,非贼臣所能害也。"

【解读】据《史记·孔子世家》,孔子过宋,与弟子习礼大树下。宋司马桓魋欲杀孔子,拔其树。孔子去,弟子曰:"可以速矣!"故孔子发此言,以慰弟子。孔子曾说："五十而知天命。"(2.4)又说："不知命，无以为君子也。"(20.3)此"天命"或"命"，当即此处之"天生之德"也。德者得也，孔子所谓"命"者，即人之得于上天之独特使命也。按照孔子的观点，一个君子应该在五十岁时就认识到上天赋予自己的独特使命，如果认识不到这一点，则非君子也。孔子于宋遭桓魋之厄时，已经对自己的历史使命有了清醒的认识，所以才自信地说："桓魋其如予何？"康有为将孔子作为"改制之新王教主"或有过甚其辞之处，但孔子当时肯定意识到了自己担当的文化使命则是确然无疑的，故包咸以"德合天地，吉无不利"赞之。"德合天地"出自《乾文言》，"吉无不利"出自大有卦之上九爻辞。

7.24 子曰："二三子以我为隐乎？吾无隐乎尔。吾无行而不与二三子者，是丘也。"

【译文】孔子说："你们这些年轻人认为我对你们有什么隐瞒吗？我对你们实在没有什么隐瞒啊。我的行为没有任何不可以向你们公开的，这就是我孔丘的为人啊。"

【注释】①《朱注》："与，犹示也。诸弟子以夫子之道高深不可几及，故疑其有隐，而不知圣人作、止、语、默无非教也，故夫子以此言晓之。"②《集释》引李颙《四书反身录》云："夫子以行示范，而门人惟言是求，故自明其无隐之实以警之，与'天何言哉'之意同。"③《大义》："盖圣人动、静、语、默，无非敬畏天命之诚，即无在非格致诚正之学，故曰'无行而不与二三子'，是在学者善体之耳，是故圣人犹天也。"

【解读】孔子不但重言教，更重身教，并有"予欲无言"及"天何言哉？四时行焉，百物生焉。天何言哉？"(17.19)之叹，此孔子以天喻己之实证也。《周易·系辞下》云："天下何思何虑？天下同归而殊途，一致而百虑，天下何思何虑？"与此意略同。唐文治云"圣人犹天"，良有以也。尽管如此，其弟子由于根器之不同，对于孔子之道的体悟当有深浅之异，故有人疑之。"吾无行而不与二三子者"，此语表明孔子之心昭昭犹如日月，甚可慨也。

7.25 子以四教：文、行、忠、信。

【译文】孔子用这四种内容教育弟子：古典文献、德行实践、忠于职守、信实可靠。

【注释】①《集释》引金履祥《论语集注考证》云："文行忠信，此夫子教人先后浅深之序也。文者，《诗》《书》六艺之文，所以考圣贤之成法，识事理之当然，盖先教以知也。知而后能行，知之固将以行之也，故进之于行。既知之又能行之矣，然存心之未实，则知或务于夸博，而行或出于矫伪，故又进之以忠信。忠发于心而信周于外，程子谓发己自尽为忠，循物无违谓信。天下固有存心忠实，而于事物未能尽循而无违者，故又以信终之。至于信，则事事皆得其实而用无不当矣。此夫子教人先后浅深之序，有此四节也。"②《集注》引程子曰："教人以学文修行而存忠信也。忠信，本也。"

【解读】"文、行、忠、信"何以如此排列？金履祥认为其中有"先后浅深之序"，颇有道理，且与程子所言"忠信，本也"相合。《说文解字》云："忠，敬也。从心中声。""信，诚也。从人从言。"段玉裁注："敬者，肃也。未有尽心而不敬者。""人言则无不信者，故从人言。"黄式三曾引陈安卿曰："五常之信，以心之实理言。忠、信对言，忠是尽心，信是据实而言。"并结合《周易·乾文言》"忠信，所以进德也；修辞立其诚，所以居业也"说："曰业，德之发诸事也。修辞，信也；立诚，忠也：是进德之事也，正与此相发明。"（《黄氏后案》）解得很好。但黄式三反对"忠信为本"之说，认为此之四教应该并重，不宜偏重忠信，亦可参考。

7.26 子曰："圣人，吾不得而见之矣；得见君子者，斯可矣。"子曰："善人，吾不得而见之矣；得见有恒者，斯可矣。亡（wú）而为有，虚而为盈，约而为泰，难乎有恒矣。"

【译文】孔子说："圣人，我是看不到了；能够看到君子，也就不错了。"又说："善人，我是看不到了；能够看到有恒的人，也就不错了。明明没有却假装有，明明空虚却假装充实，明明穷困却假装奢华，这样的人要做到有恒就困难了。"

【注释】①《钱解》:"圣人、君子以学言,善人、有恒者以质言。亡,通无。时世浇漓,人尚夸浮,匿无为有,掩虚为盈,心困约而外示安泰,乃难有恒。人若有恒,三人行,必可有我师,积久为善人矣。善人不践迹,若能博文好古,斯即为君子。君子学之不止,斯为圣人。有恒之与圣人,相去若远,然非有恒,无以至圣。章末申言无恒之源,所以诫人,而开示其入德之门。"②《杨注》:"这个'恒'字和《孟子·梁惠王上》的'无恒产而有恒心'的'恒'是一个意义。这'泰'字和《国语·晋语》的'恃其富宠,以泰于国',《荀子·议兵篇》的'用财欲泰'的'泰'同义,用度豪华而不吝惜的意思。"

【解读】对圣人、君子、善人和有恒者的解释,历来众说纷纭,但以钱穆的解说为最清晰,且钱氏对四者之关系阐述得亦极晓畅。他强调说:"有恒之与圣人,相去若远,然非有恒,无以至圣。章末申言无恒之源,所以诫人,而开示其入德之门。"故此"恒"之一字,实为"入德之门"也!

《周易》第三十二卦为恒卦。恒卦(䷟)下巽上震,巽为风,震为雷,其《彖》有云:"恒,久也。刚上而柔下,雷风相与,巽而动,刚柔皆应,恒。"又云:"日月得天,而能久照;四时变化,而能久成。圣人久于其道,而天下化成。观其所恒,而天地万物之情可见矣!"在《子路篇》中,孔子曾引恒卦九三爻辞"不恒其德,或承之羞"(见13.22),这是《论语》唯一直接引用的《周易》卦爻辞——由此亦见孔子对恒卦之重视。

清初易学大师李光地曾以恒卦解《论语》此章,其主旨和钱氏颇相通,现全文抄录如下:"有恒是笃实之人,有常心而能久于事者。就其有常者而开明之,就其能久者而践修之,则志仁无恶,而为善人之事矣。不笃实则虚夸,虚夸之人,必不能有常心而久于事。《易》曰:'浚恒之凶,始求深也。'求深非不善也,始而求深,在贤者尚有进锐退速之过,况其下者乎?夫子有川上之叹,而亟称于水曰:'水哉水哉!'为其德至实,不舍昼夜,盈科后进也。故学者始而但求小得,得一善则拳拳服膺,如水虽未出中而涓涓不息也,终则其中未大,有若无,实若虚,如水之既平而终不盈也。惟其如是,是以能常德行而习教事,久于其道,而忽不知入于贤圣之域矣。此夫子之思有恒意也。"(《读论语札记》)

需要略做说明如下:这里的"浚恒"为恒卦初六爻辞,其《小象》曰"浚恒之凶,始求深也";又其以水德喻"有恒",谓其"不舍昼夜,盈科后进",其中"科"通"窠",即坑也;《周易》坎为水,故该文还引用了坎卦《大象》"水洊至,习坎;君子以常德行,习教事"语,而"求小得"则为坎卦九二爻辞也;又"未出中"是指坎卦九二尚未出坎险之中,语出其《小象》"求小得,未出中也";"中未大"则指九五,其《小象》云"坎不盈,中未大也",意思是九五有刚中之德,虽居九五而不敢为大也,如水之不盈故为佳美也。此段内涵极其丰富,特别是以"求小得"之水德作为"有恒"之比喻,甚切人事之常,已将"有恒"之重要性概括尽矣,读者察之。

7.27 子钓而不纲,弋(yì)不射宿。

【译文】孔子也钓鱼,但不用长绳系多钩来钓。孔子也射鸟,但不射归巢之鸟。

【注释】①《钱解》:"钓,一竿一钩。纲,大索,悬挂多钩,横绝于流,可以一举获多鱼。""古人以生丝系矢而射为弋。宿,止义。宿鸟,栖止于巢中之鸟。"②《朱注》引洪兴祖曰:"孔子少贫贱,为养与祭,或不得已而钓、弋,如猎较是也。然尽物取之,出其不意,亦不为也。此可见仁人之本心矣。待物如此,待人可知,小者如此,大者可知。"

【解读】洪氏所言甚确,由此"可见仁人之本心矣"。又康有为说:"天地者,生之本,众生原出于天,皆为同气,故万物一体,本无贵贱,以公理论之,原当戒杀。惟进化有次第,方当据乱世时,禽兽逼人,人尚与禽兽争生存……佛氏大悲,早行戒杀,然发之过早,未能行也……盖未当其时而早行太平,其失甚矣,此孔子所以告人'时中'也。"(《论语注》)"时中",语出《周易》蒙卦《彖传》,即"与时偕行""中行""中庸"之谓也(《中庸》亦云"君子之中庸也,君子而时中");认为"钓而不纲,弋不射宿"体现了孔子的"时中"思想,颇有见地。此外,如果我们将孔子此举和"饭疏食饮水,曲肱而枕之"(7.16)结合起来看,那么,说孔子具有生态主义的思想萌芽,的确也不算太离谱。

7.28 子曰:"盖有不知而作之者,我无是也。多闻,择其善者而从之；多见而识(zhì)之。知之次也。"

【译文】孔子说："也许有人不懂什么而能创作的，我可不是这样。多听，选择好的就接受；多看，选择好的就记在心里。我这样获取知识，当然是次于'生而知之'的。"

【注释】①《钱解》："此'作'字或解'著作'，然孔子时，尚无私家著作之风。或解'作为'，所指太泛。世之不知而作者多矣，不当用'盖有'二字。此作字当同'述而不作'之'作'，盖指创制立说言。"②《杨注》："《论语》的'次'一共享了八次，都是当'差一等'、'次一等'讲。季氏篇云：'孔子曰："生而知之者，上也；学而知之者，次也。"'这里的'知之次也'正是'学而知之者，次也'的意思。"③《大义》："多闻、择善而从，博考制度文章，折衷于至当也；多见而识，'多识前言往行，以畜其德'也；知之次，谓次于生知者也。"

【解读】此章孔子强调的依然是自己"述而不作"(7.1)，而且属于"学而知之"，并非"生而知之"(7.20)。此"知"虽为"知之次"，但诚如张栻所言："择焉识焉而不已，则其知将日新矣。"(《南轩先生论语解》)我们知道，李光地曾以坎卦九二"求小得"比喻"有恒"者(见7.26)，而此处之"择焉识焉"者，当亦有"求小得"之效无疑也。又李贽说："甘心为次，所以无上。"(《四书评》)此言得之。

7.29 互乡难与言，童子见，门人惑。子曰："与其进也，不与其退也，唯何甚？人洁己以进，与其洁也，不保其往也。"

【译文】互乡这地方的人难于交谈，但那里的一个少年却得到了孔子的接见，孔子的学生感到困惑不解。孔子说："我是赞成他上进，不赞成他退步啊，这样做有何过分呢？人家把自己收拾得齐整来讨教，就应该嘉许他齐整的方面，而不要老是追究他的过去啊。"

【注释】①《朱注》："互乡，乡名。其人习于不善，难与言善。惑者，疑夫子不当见之也。"②《钱解》："唯何甚：甚，过分义。谓如此有何过分。孟子曰：'仲尼不为已甚'，即此甚字义。"

【解读】李颙论此章曰："顾天下无不可变之俗，无不可化之人，特患无机可乘耳。以互乡之童子而知慕夫子，不顾流俗之非笑，毅然请见，可见秉彝好德之良，原非习俗所得而泯。即此便是可乘之机，迎其机而进之，安知其不可为善也。"(《四书反身录》)《周易》贲卦《象传》有云："观乎人文，以化成天下。"这是儒家一贯的人生理想。尽管互乡之人或有不善之风俗，但此少年既然"洁己以进"，肯定是"秉彝好德"之辈，孔子予以接见，的确没有任何不妥，而且是大大的好事也。

即便退一步讲，此少年和其他互乡之人一样，也是顽劣之辈，难道孔子就不能接见他了吗？教育的任务不就是施加良好影响于受教育者吗？孔子曾说："有教无类。"(15.39)据此，他怎么可能因为教育对象的智愚高下而放弃施教呢？《周易》解卦（䷧）六五有云："君子维有解，吉；有孚于小人。"此"有孚于小人"之涵义，就是君子要相信小人，只有这样才能取得小人的信任，并进而使小人化为君子也。李光地释之曰："有孚于小人者，小人亦信之也。君子信，故乐于为善。小人信，故化而不为恶。往往国家有举措，而小人未革心者，未信之也。信则枉者直，而不仁者远矣。"(《周易折中》)这对于教育者来说实在是具有极其重要的借鉴意义的。

7.30 子曰："仁远乎哉？我欲仁，斯仁至矣。"

【译文】孔子说："仁难道离我们很远吗？我追求它时，它就来了。"

【注释】①《皇疏》："世人不肯行仁，故孔子引之也。问言仁道远乎也，言其不远也。但行之由我，我行即是，此非出自远也。"并引江熙云："复礼一日，天下归仁，是仁至近也。"②《朱注》："仁者，心之德，非在外也。放而不求，故有以为远者；反而求之，则即此而在矣，夫岂远哉？程子曰：'为仁由己，欲之则至，何远之有？'"

【解读】行仁甚难，故孔子屡言之。此章则讲："仁之为器重，其为道远，然其昏明得失，则存乎一念之间。当其欲仁即是仁矣，非欲者一物，至者又一物也。于此识取，则如百果草木之有根也，培养耘治以待其熟而已矣。"(李光地《读论语札记》)也就是说，仁道固然是一生之事而重而远，但其本源于人之发心一念间，临事之际，吾人之仁心一起即为仁矣，故江熙云"是仁至近也"，程子云"何远之有"；但此仁心肯定起初很微弱，就像小树之初扎根，需要我们"培养耘治"，则此小树日后必将成为参天大树也。

《周易》第二十四卦为复卦，复卦（☷）下震上坤，全卦唯有初九一个阳爻，所谓"一阳来复"是也，此和"我欲仁，斯仁至矣"或可比之。复卦初九云："不远复，无祇悔。元吉。""祇"（zhī）或为"祇"（qí）之误，意为大。其《小象》曰："不远之复，以修身也。"对"不远复"之解释，历来有两种不同说法：一种是说，这是讲君子改过从善之道，如程颐云："修身之道，唯知其不善，则速改以从善也。"（《程氏易传》）并多有举颜回"有不善未尝不知，知之未尝复行"之例以证之者。另一种是说，此时一阳来复，阳气尚极微弱，不能行之过远。如杨时说："初九阳始生而未形，动之微也。吉凶悔吝生乎动，未形而复，其复不远矣。"（马振彪《周易学说》）窃以为此两说不妨并存。盖复卦乃一阳来复，从坤反震，就其出处而言，正改过之时，故唯恐不速也；而从其未来发展而言，初九之一阳尚弱，的确不宜行之过远，当注意循序渐进也。

我们知道，宋儒已将复卦之初九解为"仁心"和"天地之心"，如金履祥谓"复卦初爻象征天地之心，乃庖牺画卦之始，此一阳六十四卦之始，是为天地生生之心"（《仁山文集》）；故所谓"复"者，即回复人之纯粹至善之仁心或天地之心也。"我欲仁，斯仁至矣"，亦此意也。平时吾人或有很多缺点，麻木不仁之处甚多，但如能知其不善、行不太远即"欲"回归吾人之仁心，则"斯仁至矣"，那自然就不会有"大悔"了；而在此基础上，如能小心护养此一点仁心善念，不急于求成，假以时日，循序而行，则必将瓜熟蒂落、水到渠成，走上君子之路矣。读者当结合李氏对此章之解读深思之，则此意自明也。

7.31 陈司败问昭公知礼乎，孔子曰："知礼。"孔子退，揖巫马期而进之，曰："吾闻君子不党，君子亦党乎？君取（娶）于吴为同姓，谓之吴孟子。君而知礼，孰不知礼？"巫马期以告。子曰："丘也幸，苟有过，人必知之。"

【译文】陈司败问："昭公懂礼吗？"孔子说："懂礼。"孔子走后，陈司败向巫马期作了个揖,请他走上前来,说:"我听说君子不偏袒人,难道君子也偏袒人吗?昭公在吴国娶亲,是同姓,叫她吴孟子。如果说昭公懂礼,那谁不懂礼?"巫马期将这事告诉了孔子。孔子说:"我真幸运啊!只要我有过错,别人一定知道。"

【注释】①《杨注》:"陈司败,人名。有人说'司败'是官名,也有人说是人名,究竟是什么样的人,今天已经无法知道。昭公,鲁昭公,名裯,襄公庶子,继襄公而为君。'昭'是谥号。巫马期,孔子学生,姓巫马,名施,字子期。'取'这里用作'娶'字。'为同姓':鲁为周公之后,姬姓;吴为太伯之后,也是姬姓。"②《朱注》:"孔子不可自谓讳君之恶,又不可以娶同姓为知礼,故受以为过而不辞……然其受以为过也,亦不正言其所以过,初若不知孟子之事者,可以为万世之法矣。"并引吴棫曰:"鲁盖夫子父母之国,昭公,鲁之先君也。司败又未尝显言其事,而遽以'知礼'为问,其对之宜如此也。及司败以为有党,而夫子受以为过,盖夫子之盛德,无所不可也。然其受以为过也,亦不正言其所以过,初若不知孟子之事者,可以为万世之法矣。"③《今读》:"古同姓不婚。昭公大失礼,孔子自然知道。朱注解说最妙,表明孔子很会说话,也很'狡猾',始终不直说君主不知礼,形象生动。"

【解读】《礼记·坊记》云:"取妻不取同姓,以厚别也。"鲁国与吴国为同姓,自周之始祖古公亶父至鲁昭公已有六百余年,昭公娶孟子,其血统渊源至少已隔二三十代,而陈司败犹以"不知礼"责之,可见周礼影响之深、之广。而有趣的是,倘验之现代优生学理论,吾国"同姓不通婚"之礼,亦大有深意焉!然则此章不仅是在讨论昭公之"知礼"与否,同时也是夫子以身示范在讲"为尊者讳"之礼也。朱子所谓"可以为万世之法"者,即此也。

前已提及,《周易》第十卦为履卦,其前为小畜卦。《尔雅·释言》云:"履,礼也。"《序卦传》云:"物畜然后有礼,故受之以履。"履卦卦辞云:"履虎尾,不咥人,吉。"盖履卦(☰)下兑上乾,兑为和悦,乾为刚健,故本卦借"履虎尾"之象,来喻以和悦蹑刚健之后、处危而不见伤之礼之本义。昭公之被陈司败指责为"不知礼",孔子之坦承自己"有过",皆当在是否能够小心翼翼地遵守礼节上予以评价。昭公之失礼固不论矣,孔子在应对陈司败的问题上所表现出来的礼节和智慧,尤其令人深思并叹服。对此程树德《论语集释》曾引张甄陶《四书翼注》

云:"臣不可贬君,自无答'不知礼'之礼,然使不答,即坠其局矣。亟答之曰'知礼',挫其气也。陈司败知夫子见其肺肝,不敢措辞,揖巫马期以泄其忿。使夫子别致一辞以自表其失言,又坠其局矣。惟欣然曰'丘也幸',则司败之技穷。"此将孔子回复陈司败之问的复杂心理描写得极其生动。故对"丘也幸,苟有过,人必知之"一语,我们固然可以孔子勇于改过而许之;但同时也要知道,孔子起初许昭公为"知礼",其实礼也,而其后来又坦诚自己"有过",则是孔子代昭公受过,其实亦礼也。由此可见礼之大用全在人伦日用之中,能不慎乎!

7.32 子与人歌而善,必使反之,而后和之。

【译文】孔子同别人一道唱歌,如果唱得好,一定请他再唱一遍,并且自己还与他唱和。

【注释】①《朱注》:"反,复也。必使复歌者,欲得其详而取其善也。而后和之者,喜得其详而与其善也。此见圣人气象从容,诚意恳至,而其谦逊审密,不掩人善又如此。"②《康注》:"此见圣人乐与人善,乐与人同……盖一事之微,而与人之雅,乐人之善,感人之心如此。按,天地之大德曰生,故人道以乐生为主。宋贤执礼甚严……失人道养生之宜,悖圣人乐生之道,日尊孔子而暗从墨氏。致人道大戮,天下不堪,此程、朱之过也。"

【解读】此章有两点值得注意。

一是孔子并非不苟言笑的腐儒,他懂音乐,也知道享受日常生活之快乐,这不仅在前边的"饭疏食饮水,曲肱而枕之"(7.16)中可以看得出来,在后边的《乡党篇》中还有大量孔子的日常生活片段的披露,那就看得更加清楚了。此诚如康有为所说:"天地之大德曰生,故人道以乐生为主。"其实儒家对日常生活始终是抱持积极态度的,并非像宋儒那样太过一本正经,唱歌、弈棋、射箭等娱乐活动都是经常参加的。值得一提的是,《周易》虽"忧患之书",但亦未弃绝世俗生活,如康有为所引"天地之大德曰生"之语即出自《周易·系辞下》。

二是由此体现出来的孔子"乐与人善,乐与人同"的仁者情怀。无论是按照《论语》的仁道理论,还是按照《周易》的"三极之道"理论,其实儒家都是主张"万物一体"的,故而"乐与人善,乐与人同"乃是儒家宇宙观、价值观的一种合理推论。《周易》第十三卦为同人卦(䷌),其卦辞有云"同人于野,亨"。刘沅解释说:"以天下为一家,中国为一人,情孚恩恰,即同人于野之意。"(《周易恒解》)唱歌或为小道,但正如康有为所说,孔子"乐与人善,乐与人同"的情怀于此亦表露无遗也。

7.33 子曰:"文莫吾犹人也。躬行君子,则吾未之有得。"

【译文】孔子说:"在文化知识和先天禀赋上,我和大家没什么两样,可惜我还没能躬行实践,成为一个君子啊。"

【注释】①《朱注》:"莫,疑辞。犹人,言不能过人,而尚可以及人。未之有得,则全未有得。皆自谦之辞。"②《读训》引但植之《释论语文莫》云:"按《汉书·食货志》,今半两钱法重四铢,而奸或盗摩钱质而取熔。如淳曰:'钱一面有文,一面幕,幕为质。民盗摩漫面,而取其熔质,以更铸作钱。'是文莫犹文幕、文漫也。古音漫同幕。文莫犹言文质。言文质无以异于人,犹俗言学问资质等于常人耳。"

【解读】关于"莫"字,历来有多解。孔安国解为"无",王引之认为是"其"之误,刘宝楠认为"文莫"是燕齐间俗语"勉强"之义,朱子以为是"疑辞"。不过但氏认为"文莫"即"文质",似更有道理;程石泉更据此推断:"'质'字错而为'莫',盖以原简漫漶,后人猜度致误耳。"(《论语读训》)另《论语》谈文质关系甚多,如讲"文质彬彬,然后君子"(6.18)、"文犹质也,质犹文也"(12.8)等,此解也更契合《论语》文意,故译文采之。这当然是孔子之谦辞。

最值得注意的其实是"躬行君子"一语。从孔子关于言行的诸多论述中,我们已经知道,孔子始终是将"行"置于"言"前的,这里又特别提出"躬行君子"之说,并称"吾未之有得",可见"躬行"是君子的一个很高的标准。躬者身也,后用来代指本人。如《周易》蒙卦六三有云"见金夫,不有躬",就是讲六三见到有钱者(九二)而自献其身,此"淫贪之女"(李士鉁语)也;此"躬"即指作为阴爻的六三本人。故此处之"躬行",当指身体力行、亲力亲为之意,《中庸》所谓"力行近乎仁"者是也。

《周易》之六画卦以三、四爻为人位,也特别强调"躬行""力行"之义,如乾卦九三云"君子终日乾乾",九四云"或跃在渊",《乾文言》即解释说:"终日乾乾,行事也。或跃在渊,自试也。"这里的"行事"当然是指"进德修业",但特别强调了行动的重要性;"自试"则讲一个人的修为如果达到了一定的程度,要勇于站出来,主动承担更大的责任,要敢于尝试和实践——由此理解"躬行君子",或有新的体会。

7.34 子曰:"若圣与仁,则吾岂敢? 抑为之不厌,诲人不倦,则可谓云尔已矣。"公西华曰:"正唯弟子不能学也。"

【译文】孔子说:"若讲到圣和仁,我怎么敢当呢? 我不过是为之努力而永不满足,教导别人也从来不知道厌倦,仅此而已!"公西华说:"这正是我们学不到的啊。"

【注释】①《杨注》:"《孟子·公孙丑上》载子贡对这事的看法说:'学不厌,智也;教不倦,仁也。仁且智,夫子既圣矣。'可见当时的学生就已把孔子看成圣人。"②《今读》:"一方面,'我欲仁,斯仁至矣',仁似乎如此容易得到。另方面,'若圣与仁,则吾岂敢',仁又如此难得。这不是逻辑矛盾么? 可见,孔门仁学并非思辨哲学,需逻辑一贯,它乃实用理性,重在行为、实践,旨在培育情性,强调自觉、坚持,是以亦难亦易。这里有意向性与现实性之分。"

【解读】前已有"学而不厌,诲人不倦"之语(见7.2),本章与此略同。李泽厚说:"孔子几度自称'不厌''不倦',此即中华民族实践意向之韧性精神,虽百折不回,岁寒不凋,才有所成就;孔子固不同于各宗教主之天纵之圣,能不学而知,超绝人世。"(《论语今读》)换句话说,孔子虽非基督教之上帝,但此"不厌""不倦"之圣人情怀,却在模塑中华民族精神方面具有无可怀疑之巨大影响。

《周易》不仅于乾卦强调"自强不息",实际上其《经》《传》处处都体现了这种精神。比如升卦(䷭)上六有云"利于不息之贞",陈梦雷释之曰:"上无可升而务升不已,能为不息之贞,则卫武公之耄期进德也。"(《周易浅述》)这里提到的卫武公(约公元前852年-公元前758年),姬姓,卫氏,名和,是春秋时期卫国第十一任国君。卫武公在位55年,能自责,采纳众谏,并在95岁时作《抑》诗以自儆,诗中有云"人亦有言,靡哲不愚""投我以桃,报之以李""温温恭人,维德之基"等。(《诗经·大雅·抑》)此可谓孔子提倡之"不厌""不倦"精神的又一典型也,或堪与孔子晚年赞《易》、删述六经之举相比。

具体到"学而不厌",本解读已屡言之,此不赘;至于"诲人不倦",以往多从孔子作为教育家的角度来看,或可稍作展开。《周易》第十九卦为临卦(䷒),其《大象》曰:"泽上有地,临;君子以教思无穷,容保民无疆。"临者,临民理政之义也。只不过,中国文化向来"政""教"一体,故两者实难分开。如果说此处之"教思无穷"约等于"诲人不倦",为"教"的话,那么,"容保民无疆"则毫无疑问为"政",而两者实一回事也。由此我们可以知道,孔子之"诲人不倦",实有通过教化弟子进而教化百姓之意,此为孔学之大本。而孔子说:"若圣与仁,则吾岂敢?"此固为孔子自谦之辞,但另方面,在孔子心目中,圣人或仁者均应"兼善天下"、"政""教"合一,自己素位而行,故不敢当此之名也——这种心理是完全可以理解的。

7.35 子疾病,子路请祷。子曰:"有诸?"子路对曰:"有之;《诔》曰:'祷尔于上下神祇。'"子曰:"丘之祷久矣。"

【译文】孔子病重,子路请代为祈祷。孔子(病愈后)问:"有这回事吗?"子路答:"有的;《诔》上说:'为你向天地神灵祈祷。'"孔子说:"那我已经祈祷很久了。"

【注释】①《杨注》:"'疾病'连言,是重病。诔,音耒lěi,本应作讄,祈祷文。和哀悼死者的'诔'不同。"②《朱注》:"上下,谓天地。天曰神,地曰祇。祷者,悔过迁善,以祈神之佑也。无其理则不必祷。既曰有之,则圣人未尝有过,无善可迁,其素行固已告于神明,故曰:'丘之祷久矣。'又《士丧礼》疾病行祷五祀,盖臣子迫切之至情有不能自已者,初不请于病者而后祷也。故孔子之于子路,不直拒之,而但告以无所事祷之意。"

【解读】孔子喜欢言天,也常言命或天命,但对于鬼神却谈得很少,虽强调祭祀要尽心,却不太强调祷告,如他曾说:"获罪于天,无所祷也。"(3.13)在本章中,孔子倒没有直斥祈祷为无理,只是说"丘之祷久矣",但这里的语气却充满了对祈祷的不信任态度。关于这句话，钱穆疏解说："孔子谓我日常言行，无不如祷神求福，素行合于神明，故曰祷久矣，则无烦别人代祷。"（《论语新解》）此和朱子的解读相一致，其中或有对子路之"至情"的理解，但其"无所事祷之意"是非常清楚的。盖孔子是一个彻底的理性主义者，更强调"素行"（即日常言行）的重要性，对于临来抱佛脚似的祈祷，不可能相信其效用。

但孔子毕竟说的是"丘之祷久矣"，这表明他对祈祷本身以及祈祷的对象"上下神祇"并没有完全否定，这又是怎么一回事呢？这里有必要引出《说苑·辩物》中孔子和子贡的一段对话："子贡问孔子：'死人有知、无知也？'孔子曰：'吾欲言死者有知也，恐孝子顺孙妨生以送死也。欲言无知，恐不孝子孙弃不葬也。赐，欲知死人有知将无知也，死徐自知之，犹未晚也。'"这段对话很清楚地表明，孔子对于人死后"有知"还是"无知"的问题之所以予以回避，实际上是有着极为现实的考虑的。同样，孔子对于天地神祇的存在以及祈祷的作用，肯定也是故意存而不论的。《周易》观卦《象传》曾专门提到"神道设教"问题，并谓"圣人以神道设教，而天下服矣"，即公然宣称"天下服矣"是"神道设教"的直接目的——这样一种理性主义的宗教叙述方式，是和西方人设立的全知全能的人格神创造世界的宗教叙述方式大不相同的，所以西方学者长期以来并不承认儒教为宗教，也就可以理解了。

此外需要指出的是，疾病本是"子之所慎"的重要内容（见7.13），"丘之祷久矣"肯定隐含着孔子对疾病的预防以及饮食、燕居、健身等等"素行"的重视，这在后边的《乡党篇》中我们将会看得更加清楚。但尽管如此，由于肉身的脆弱性以及外界因素的影响，一个人得病还是无法避免的。这种无法避免的疾病，在《周易》中有个说法，叫做"无妄之疾"。此出自无妄卦（☰）之九五，其爻辞曰："无妄之疾，勿药有喜。"无妄者，诚实而无虚妄也；尽管如此，我们依然患病，何也？张英说："天下原有不期然而然之福，所谓'不耕获，不菑畲'是也；天下亦有不期然而然之祸，所谓'行人得牛，邑人之灾''无妄之疾'是也。君子知天下原有此不期然而然者，一切听之于自然而不以纷扰其纯诚精一之心，则所谓无妄者乃真无妄也。"（《易经衷论》）张氏对"不耕获，不菑畲"之理解或不准确（请参见6.22），但对"无妄"之义的解读却是深刻的。九五爻辞所谓"勿药有喜"，即缘于此。孔子病重并反对子路为其代祷，或因孔子深知自己所患乃"无妄之疾"乎？

7.36 子曰:"奢则不孙(逊),俭则固。与其不孙(逊)也,宁固。"

【译文】孔子说:"奢侈就会变得骄傲,俭约就会流于固陋。与其骄傲,宁可固陋。"

【注释】①《杨注》:"孙,同'逊'。固,固陋,寒伧。"②《康注》:"孔子尚文,治礼从文。若奢、俭,俱失中,而奢之害大。孔子生当据乱犹长之世,时君大夫以奢相尚,筑台凿池皆役小民……孔子恶之,恶僭不逊也。若华美而合于礼,为文而非奢,孔子所尚矣……孔子为圣之时,若当平世,必言'与其俭也,宁奢'。"

【解读】此与3.4孔子所言"礼,与其奢也,宁俭;丧,与其易也,宁戚",主旨有相通之处,只不过那里直接点出了是讲礼,此处则未及礼字也。唐文治说:"《八佾篇》'与其奢也,宁俭',指礼本而言;此章'与其不孙也,宁固',指心理而言。欲救人心者,先救其偏。"(《论语大义》)可以参考。有子曰:"礼之用,和为贵。"(1.12)而"若奢、俭,俱失中,而奢之害大。"(康有为《论语注》)此"害"即偏之害也,追根溯源,即心理之失正、失中之害也;"两害相权取其轻",故孔子才主张"与其奢也,宁俭"以及"与其不孙也,宁固"。李贽称此为孔子之"救世苦心"(《四书评》),颇有一针见血之妙。另康有为以据乱世、太平世解此章之旨,或有道理,但说孔子若在太平世将言"与其俭也,宁奢"则未必,盖"奢"不管在何时何地均属"失中"也,且从生态主义之角度看,"奢"亦绝对不是什么好事。《周易·系辞上》云"书不尽言,言不尽意",又云"神而明之,存乎其人"。此中深意,读者察之。

7.37 子曰:"君子坦荡荡,小人长戚戚。"

【译文】孔子说:"君子的内心平坦宽广,小人的内心常怀局促。"

【注释】①《集解》引郑玄曰:"坦荡荡,宽广貌。长戚戚,多忧惧貌。"②《后案》:"'戚戚'即《诗》之'慽慽',为缩小之貌。《说文》无'慽'字,凡经典戚与慽训忧者,皆以'慽'为正字;训迫促者,以'戚'为正字,即戚近义之引申。此戚戚当训迫缩,与荡荡反对也。"③《集释》引李颙《四书反身录》曰:"只不为名牵,不为利役，便俯仰无愧，便坦荡自得。小人不为名牵，便为利役，未得患得，既得患失，便是长戚戚。"

【解读】黄式三训"戚戚"为"迫缩"，比郑玄等人训为"忧惧"，应该更准确。当然，如果认为"忧惧"是"迫缩"之引申义，也是没有问题的。

《论语》经常将君子、小人对举，如 "君子周而不比，小人比而不周"（2.14）"君子怀德，小人怀土；君子怀刑，小人怀惠"（4.11）"君子喻于义，小人喻于利"（4.16）"君子和而不同，小人同而不和"（13.23）"君子求诸己，小人求诸人"（15.21）等等。君子的内心为什么是"坦荡荡"的，而小人的内心却是"长戚戚"的？其根本原因当然是李颙谈到的两者对待名利的态度问题，但除此之外，由以上君子、小人的任何一种差异，其实都能最终达致这种心态的分野。比如，君子"和而不同"，凡事能大度包容，自然是内心坦荡的；小人"同而不和"，即表面和气而背后犯嘀咕，其内心怎么能不局促难安呢？

《周易》也有将君子、小人对举者，但不如《论语》为多。如泰卦《象传》讲"君子道长，小人道消"，否卦《象传》讲"小人道长，君子道消"，否卦六二讲"小人吉，大人否，亨"（此处"大人"即"君子"，程子说"不云君子而言大人，能如是则其道大矣"），观卦初六讲"小人无咎，君子吝"，剥卦上九讲"君子得舆，小人剥庐"，遁卦九四讲"君子吉，小人否"，大壮卦九三讲"小人用壮，君子用罔，贞厉"，革卦上六讲"君子豹变，小人革面，征凶，居贞吉"，《杂卦传》讲"君子道长，小人道忧"等等。如果做个对比的话，很显然，《论语》讲君子、小人多基于道德的角度，而《周易》则多基于卦爻所处的时位变化的角度，故后者往往有吉凶悔吝等诫辞。当然，这也并不是说《周易》就没有道德上的预设，此诚如张载所言"《易》为君子谋，不为小人谋"（《正蒙》），其基本价值立场和《论语》是完全一致的；否则我们就不能理解，《周易》何以在泰卦讲"君子道长，小人道消"，在否卦讲"小人道长，君子道消"，其褒贬之意是一目了然的。毫无疑问，《周易》通过吉凶悔吝等诫辞，实际上就是鼓励人们做君子、远小人。特别是面临某些特殊的情境时（如否卦六二和观卦初六），君子更不应退缩，要甘于"否"和"吝"，因为此为道义所要求于君子者也；且越是如此，君子越是心地坦荡、内心光明，否卦六二所谓"小人吉，大人否，亨"者即指此也（见15.2）。当然，天道变化的规律最后往往是利于君子的，《杂卦传》结尾所谓"君子道长，小人道忧"已经对此予以了充分的暗示。

7.38 子温而厉,威而不猛,恭而安。

【译文】孔子温和而严厉,有威仪而不生猛,态度谦恭而又安详。

【注释】①《皇疏》引王弼云:"温者不厉,厉者不温,威者必猛,猛者不威,恭则不安,安者不恭,此对反之常名也。若夫温而能厉,威而不猛,恭而能安,斯不可名之理全矣。故至和之调,五味不形;大成之乐,五声不分;中和备质,五材无名也。"②《朱注》:"厉,严肃也。人之德性本无不备,而气质所赋,鲜有不偏。惟圣人全体浑然,阴阳合德,故其中和之气见于容貌之间者如此。门人熟察而详记之,亦可见其用心之密矣。"

【解读】此为本篇最后一章,以圣人气象收尾。关于此种气象之内涵,以李光地的解释为最地道,他说:"温者春生之气,威者秋肃之气;恭者内温外肃,阴阳合德之气也。温而厉,则阳中有阴;威而不猛,则阴中有阳。合二句,只一恭字尽之。又推出一安字,则见其一出于诚而无勉强,性之德固若是也。三句就一时想像亦可,然亦有迭见者。盖喜怒哀乐,圣与人同,当其喜则温之气形,当其怒则威之气形,及乎喜怒未发,则恭之意常在也。深体而默识之,则知圣人与天地相似。"(《读论语札记》)。此以阴阳二气解读圣人气象,与朱子所谓"圣人全体浑然,阴阳合德"相通,又说"圣人与天地相似",可见李氏仰慕孔子之情亦深矣!有意思的是,唐文治《论语大义》全文引述了李氏以上评述,并进而说:"圣人全体太极,一阴一阳之道,成性存存,《述而篇》记夫子之威仪容貌以申申夭夭始,以此章终,盖涵养之功至矣。"我们知道,"太极""一阴一阳之谓道""成性存存"等语,均出自《周易·系辞传》,唐李朱三人不约而同以"天地""太极""阴阳合德"喻圣人,吾辈于此亦可遥见孔子之盛大气象矣!

泰伯第八

8.1 子曰:"泰伯,其可谓至德也已矣。三以天下让,民无得而称焉。"

【译文】孔子说:"泰伯,可以说有极高的品德啊。他屡次把天下让给季历,老百姓却找不出具体的德行来称赞他。"

【注释】①《杨注》:"泰伯,亦作'太伯',周朝祖先古公亶父的长子。古公有三子,太伯、仲雍、季历。季历的儿子就是姬昌(周文王)。据传说,古公预见到昌的圣德,因此想打破惯例,把君位不传长子太伯,而传给幼子季历,从而传给昌。太伯为着实现他父亲的意愿,便偕同仲雍出走至勾吴(为吴国的始祖),终于把君位传给季历和昌。昌后来扩张国势,竟有天下的三分之二,到他儿子姬发(周武王),便灭了殷商,统一天下。"②《朱注》:"至德,谓德之至极,无以复加者也。三让,谓固逊也。无得而称,其逊隐微,无迹可见也。"

【解读】本篇以泰伯为题,且以尧、舜、禹的事迹做结,其主旨是很清楚的。有学者认为,这是对"孔子志行道术之渊源"的追溯,它"由周文王的伯父泰伯,上溯舜、禹,以及于尧。这与《尚书》截断众流,从尧舜开篇,蕴含着一脉相承的道统意识。"(杨义《论语还原》)。唐文治则说:"人心衰,世风薄,圣人则以忠厚笃实之道教人,并以笃实之学教人。三代之时,人心无私而无所诈伪,无欺而无所计较,浑浑穆穆,何其盛也!"(《论语大义》)说得更有道理。本篇前边有五章叙述曾子之言行,或亦当由此来理解。盖曾子之学以"笃实"为本,最得孔子之真传,其实际影响甚至超过颜回,故被置于此突出位置也。

关于泰伯"三让天下"之史实,学者颇有争议,尤其是古公是否已有"翦商"之意并预见到了姬昌(文王)之"圣德",以及泰伯究竟是"让商"还是"让周"等等，现在都很难说清楚了。但古公有三个儿子，泰伯是长子，古公却想将周部落的最高权力传给自己最小的儿子季历，却是被大家都公认的。因此，泰伯之"三让天下"，也许简单地理解为他将周部落的继承权让与自己的弟弟就可以了。在那个年代，毕竟嫡长子继承制已被普遍接受，这是很不容易的一件事。从泰伯的角度讲，这既体现了他对父亲的孝道，也体现了他顾全大局、维护部落统一的高贵品质，故而孔子称赞他为"至德"。我们知道，春秋时期弑君弑父事件频繁发生，礼崩乐坏已是不争的事实。司马迁说："《春秋》之中，弑君三十六，亡国五十二。"（《史记·太史公自序》）正是有感于此，孔子才作《春秋》并在这里高扬泰伯之"让德"，而《论语》的编撰者也将"泰伯"置于本篇之首，其用意是很清楚的。

　　《周易》第五十九卦为涣卦。涣者，散也，如"人心涣散"至今还为人们所使用。涣卦（䷺）下坎上巽，坎为水，巽为风，风行水上，有"离披解散"之象，故名涣。可以设想一下，泰伯本为长子，是周部落的天然继承人，而古公却想将继承权授予最小的儿子季历；如果这个问题处理不好，人心涣散、部落分裂是完全可能的。那么，怎么办呢？涣卦就是专门讲"济涣"之策的，其卦辞有"王假有庙"之语，意思就是王来到了祖庙，输其诚以感格神明、聚集人气也。具体到泰伯来说，他的"三让天下"，则和涣卦六四的情况极其相似。涣卦六四云："涣其群，元吉。涣有丘，匪夷所思。"朱子释之曰："居阴得正，上承九五，当济涣之任者也。下无应与，为能散其朋党之象。占者如是，则大善而吉。又言能散其小群以成大群，使所散者聚而若丘，则非常人思虑之所及也。"（《周易本义》）而李光地的评述就更直接了，他说："孔安国《书》序云，'丘'，聚也。则丘字即训聚。'涣有丘，匪夷所思'，语气盖云，常人徒知散之为散，不知散之为聚也；散中有聚，岂常人思虑之所及乎？世有合群、党以为自固之术者，然徒以私相结，以势相附耳，非真聚也；及其散也，相背相倾，乃甚于不聚者矣。惟无私者，公道足以服人；惟无邪者，正理可以动众。此所谓散中之聚，人臣体国者之所当知也。"（《周易折中》）作为嫡长子，泰伯肯定有自己的支持者团队，但当济涣之时，泰伯能够解散自己的小团队，和仲雍出走远方，这就是"涣其群"；而这种散却也是聚，它使得周部落能够团结在季历的旗帜下，即"散其小群以成大群"，故而亦可叫做"涣有丘"也。泰伯之"至德"，于此可见矣！

8.2 子曰:"恭而无礼则劳,慎而无礼则葸(xǐ),勇而无礼则乱,直而无礼则绞。君子笃于亲,则民兴于仁;故旧不遗,则民不偷。"

【译文】孔子说:"恭敬而不懂礼,就会太过辛苦;谨慎而不懂礼,就会显得懦弱;勇敢而不懂礼,就会胡乱作为;直爽而不懂礼,就会说话尖刻。在上位者能用笃实的情感来对待亲族,老百姓就会逐渐走向仁义;不遗弃老同事、老朋友,老百姓就不会人情凉薄。"

【注释】①《杨注》:"葸,胆怯,害怕。绞,尖刻刺人。偷,淡薄,这里指人与人的感情而言。"②《朱注》:"君子,谓在上之人也。兴,起也。偷,薄也。张子曰:'人道知所先后,则恭不劳、慎不葸、勇不乱、直不绞,民化而德厚矣。'吴氏曰:'君子以下,当自为一章,乃曾子之言也。'愚按:此一节与上文不相蒙,而与首篇'慎终追远'之意相类,吴说近是。"

【解读】此章有两段,内容似不相关,多有将其分为两章者。按王闿运《论语训》的解读,此"言治民在端本也",则将两者连在一起,亦无大错。

这里讲的依然是"礼"的重要性。李泽厚说,儒家的"礼",不仅"是各种执政行事的规矩准则,同时也是个体为人做事的尺度。"(《论语今读》)比如,恭、慎、勇、直固然是美德,但如不符合礼节去做,就会走向劳、葸、乱、绞,因此把握其中的"度"是非常重要的。对此唐文治有个分析:"劳者,适所以取辱;葸者,适所以偾事(坏事)。此两者文胜之过、阴柔之弊。反而激焉,则为乱,为绞。《阳货篇》曰:'好勇不好学,其蔽也乱;好直不好学,其蔽也绞。'此二者嚣陵之习,阳刚之弊。上行下效,秩序紊而世道日衰矣。"总之,无论是"阴柔之弊"还是"阳刚之弊",按照《周易》的观点,都是"失中"(参见7.36),而"失中"在这里来说就是"无礼",或者"不懂礼"。联想到春秋乱世的情况,孔子此言当为有感而发也。

在儒家看来,礼之大本为行孝,此即本章所谓"笃于亲"和"故旧不遗"也。我们知道,儒家的伦理观是由内及外、逐渐外推的,如果"君子笃于亲"和"故旧不遗",则小民必将"兴于仁"而"不偷"矣,假以时日,熏染不断,"民德归厚"将是完全可能的(见1.9)。王闿运所谓"治民在端本"之义,即在此也。又《微子篇》云:"周公谓鲁公曰:'君子不施(驰)其亲,不使大臣怨乎不以。故旧无大故,则不弃也。"(见18.10)此与本章之旨趣略同,可参考。唐文治讲,《泰伯篇》主旨是"以忠厚笃实之道教人,并以笃实之学教人",由本章"笃于亲"三字,已约略可见唐氏所言不虚也。

8.3 曾子有疾,召门弟子曰:"启予足!启予手!《诗》云:'战战兢兢,如临深渊,如履薄冰。'而今而后,吾知免夫!小子!"

【译文】曾参病了,把他的弟子们召集过来说:"看看我的脚!看看我的手!《诗经》上说:'要小心谨慎呀!好像走在深渊之旁,又好像走在薄冰之上。'从今之后,我知道我可以免于这种担心了!小子们!"

【注释】①《正义》:"《说文》:'瞀,视也。'《广雅·释诂》同。王氏念孙《疏证》引此文,谓'启'与'瞀'同,此亦得备一解。盖恐以疾致有毁伤,故使视之也。《孝经》云:'身体发肤,受之父母,不敢毁伤。'"②《杨注》:"《诗》云三句诗见《诗经·小雅·小旻篇》。《易·履卦》爻辞:'眇能视,跛能履。'履,步行也。"③《朱注》:"启,开也。曾子平日以为身体受于父母,不敢毁伤,故于此使弟子开其衾而视之。"并引尹焞曰:"父母全而生之,子全而归之。曾子临终而启手足,为是故也。非有得于道,能如是乎?"

【解读】以下五章均为曾子的言行记录。按照杨义《论语还原》考证,《论语》一书经历了三次大的编纂过程(见1.4);曾子小孔子四十六岁,由于资历问题,当然没有参与头两次的《论语》编纂。但曾氏一族原为鲁国被灭掉的鄫国后裔,曾子与其父曾点同师孔子,在鲁国具有很大的家族势力,并于后来成为当时最大的儒学门派,故在曾子死后,由其弟子子思(孔子之孙)和乐正子春主持了对《论语》的第三次增补重修,这里的五章内容以及《学而篇》"吾日三省吾身"章等内容很可能就是那时被收入的。

本章及下一章是曾子的"临终遗言",它"强调人生行事'如临深渊,如履薄冰'的忠敬谨慎;强调礼之所贵在于主体容貌、颜色、辞气,要讲求礼之本,至于某些礼仪,留给相关吏员处理即可";由此亦可见出曾子之品格,"未达时谓之'鲁',既达后谓之典重"(《论语还原》)。的确,孔子生前,曾经评价曾子"参也鲁"(11.18),但经过多年的历练,后来曾子堪称大器,此诚如唐文治所言:"曾子之学,于圣门中最为笃实。'启予足,启予手',与《大戴礼记》中疾病篇语绝相类似;'动容貌'三者,行谊笃实之至也;'以能问于不能',交友忠厚之义也;'可以托六尺之孤',事君忠厚之义也;'任重而道远',学之笃实者。皆当守此以为宗也。"(《论语大义》)换句话说,曾子之学可谓得孔门正传,其之所以能经由子思、孟子而对后儒产生了巨大之影响,良有以也。

再具体结合本章来看,这里有两个问题最值关注:一是曾子的孝道精神。曾子临终前要求弟子"启予足,启予手",很形象地践行了《孝经》中"身体发肤,受之父母,不敢毁伤,孝之始也"的教导,堪称孝之典范,是对弟子们上的"最后一课",足以发人深省。《周易》履卦(䷉)上九云"视履考祥,其旋元吉",什么意思呢? 程子解释说:"上处履之终,于其终视其所履行,以考其善恶祸福,若其旋则善且吉也。旋,谓周旋完备,无不至也。人之所履,考视其终,若终始周完无疚,善之至也,是以'元吉'。"(《程氏易传》)曾子能做到"父母全而生之,子全而归之",并一生言行问心无愧,当得"元吉"无疑也。二是曾子的戒惧精神。曾子总结自己的一生,其之所以能够全身而终、寿终正寝,就是因为践行了《诗经》所言"战战兢兢,如临深渊,如履薄冰"的重要教导,且告诫弟子,一个人只有临终之时方能"免夫"! 这种"戒惧精神",深得《周易》之精髓。众所周知,《周易·系辞下》有一段著名的话:"《易》之兴也,其当殷之末世,周之盛德耶? 当文王与纣之事耶? 是故其辞危。危者使平,易者使倾。其道甚大,百物不废。惧以终始,其要无咎。此之谓《易》之道也。"这里明确讲,"惧以终始,其要无咎"为"《易》之道",可谓《周易》一书之"八字要诀"也! 而此"八字要诀",和曾子提到的《诗经》所言何其相似乃尔! 故曾子之为人,或没有深研《周易》,他肯定也没有子贡之聪明,子夏之通经功夫,但其一生小心谨慎,择善固执,谁又能说他生前没有悟道呢?!

8.4 曾子有疾,孟敬子问之。曾子言曰:"鸟之将死,其鸣也哀;人之将死,其言也善。君子所贵乎道者三:动容貌,斯远暴慢矣;正颜色,斯近信矣;出辞气,斯远鄙倍矣。笾豆之事,则有司存。"

【译文】曾参病了,孟敬子去探问他。曾子说:"鸟快死时,叫声是悲哀的;人快死时,说的话是善意的。君子待人接物在三个方面要特别重视:调整好自己的容貌，就可以避免粗暴和慢待；端正好自己的脸色，就可以使自己接近信实；表达好自己的言辞和声调，就可以避免鄙陋和悖理。至于具体礼器方面的事情，自有专门的人负责。"

【注释】①《集解》引马融曰："孟敬子，鲁国大夫仲孙捷。"引包咸曰："'笾豆之事，则有司存。'敬子忽大务小，故有戒之以此也。笾豆，礼器。"②《朱注》："贵，犹重也。容貌，举一身而言。暴，粗厉也。慢，放肆也。信，实也。辞，言语。气，声气也。鄙，凡陋也。倍，与背同，谓背理也。"③《皇疏》引颜延之曰："动容则人敬其仪，故慢暴息也。正色则人达其诚，信者立也。出辞则人乐其义，故鄙倍绝也。"④《集释》引邢昺《论语注疏》曰："人之相接，先见容貌，次观颜色，次交言语，故三者相次而言也。"

【解读】钱穆说："曾子为学，盖主谨于外而完其内。孟子乃主由中以达外。要之，学脉相承，所谓壹是皆以修身为本。"（《论语新解》）故曾子临终遗言，似极普通，依然是兢兢守身之言。即便是这里"所贵乎"的"道"，郑玄也早已指出："此道，礼也。"和微言大义的"道"显然不同。甚至就连这几句话，也和《礼记·冠义》中的下述内容亦无太大差别："礼义之始，在于正容体，齐颜色，顺辞令。"基于此，康有为认为曾子"未尝闻道"，甚至讥其"终日省身寡过而已"，并谓其"于佛法中为神秀"。（《论语注》）这显然是小看曾子了。

我们屡次说过，孔学本就在人伦日用之中，曾门一派后来之所以最为壮大，就在于其念念不忘在人伦日用之中下功夫也。还是钱穆对本章解得好："《中庸》言：'喜怒哀乐未发之谓中，发而皆中节之谓和。'容貌、颜色、辞气，喜怒哀乐之所由表达。鄙之与雅，倍之与顺，正之与邪，信之与伪，暴之与和，慢之与庄，即中节不中节之分……曾子此章，有据有守，工夫平实，病危临革而犹云云，可见其平日修养之诚且固。"（《论语新解》）这种笃实功夫，虽然看似不是什么"高大上"，实则最见成效也。

又李光地分析此章说："暴与慢，鄙与倍，皆相对。暴戾、倍（悖）理，刚恶也。惰慢、鄙陋，柔恶也。颜色但云近信云者，正字与动、出不同，已是整肃之意；曰近信，则又见其出于诚然而可亲近，亦是相对说。"（《读论语札记》）这里用"相对"来分析"暴与慢""鄙与倍"，和李氏在《述而篇》中分析"温与厉""威与不猛"以及上述钱穆讲"鄙之与雅,倍之与顺"等手法相同,实即《周易》"阴阳相对"原理之运用也(见7.38)。特别是提出"刚恶""柔恶"之说,颇迪人之思——由此亦见儒学向来强调"中节""中道"以及"刚柔适中"之深意也。

8.5 曾子曰:"以能问于不能,以多问于寡;有若无,实若虚,犯而不校——昔者吾友尝从事于斯矣。"

【译文】曾子说:"本事大却向本事小的人请教,知识丰富却向知识匮乏的人请教;有学问就像没有学问一样,内心充实却像空无所有,即便被人冒犯也从不计较——以前我的一位朋友就是这样做的啊。"

【注释】①《集解》引包咸曰:"校,报也。言见侵犯而不报也。"引马融曰:"友谓颜渊。"②《朱注》:"校,计较也。友,马氏以为颜渊是也。颜子之心,惟知义理之无穷,不见物我之有间,故能如此。谢氏曰:'不知有余在己,不足在人,不必得为在己,失为在人,非几于无我者不能也。'"

【解读】唐文治说:"此所谓大也。人之生莫不有德,有德即有量。人莫不具有天地之量,只以私欲锢蔽,遂至动与物忤,而己之所知所能,亦遂日以狭窄。颜子之所从事于斯,所谓'有容,德乃大'也。进乎此,则如舜之与人为善,而与天地同其大矣。"(《论语大义》)又李颙说:"颜子'以能问不能',若无若虚,与物无竞,非其心同太虚,安能如是?在颜子实不自知,而曾子以是称之,则曾子所养可知矣。"(《四书反身录》)由孔颜至于曾子,其修身功夫及盛大气象,于此段文字中实得又一证明也。

《周易》一书,"推天道以明人事"者也,培养"天地之量"始终是君子的重要目标之一,故与此章之主旨完全相通。兹举三卦之例略为申说:一是谦卦(䷎),此卦下艮上坤,艮为山,坤为地,其《大象》曰:"地中有山,谦;君子以裒多益寡,称物平施。"山本来是在地上,现在却自处地中,这不就是"有若无,实若虚"之谦德吗?二是大畜卦(䷙),此卦下乾上艮,乾为天,艮为山,其《大象》曰:"天在山中,大畜;君子以多识前言往行,以畜其德。"程子说:"莫大于天,而在山中,艮在上而止乾于下,皆蕴畜至大之象也。在人为学术道德充积于内,乃所畜之大也。"（《程氏易传》）这不就是"以能问于不能,以多问于寡"吗？三是咸卦（☷），此卦下艮上兑,艮为山,兑为泽,其《大象》曰："山上有泽,咸；君子以虚受人。"程子说："泽性润下,土性受润,泽在山上而其渐润通彻,是二物之气相感通也。君子观山泽通气之象,而虚其中以受于人。夫人中虚则能受,实则不能入矣。虚中者,无我也。中无私主,则无感不通。"（《程氏易传》）倘得如此,岂非已有"天地之量"乎？

8.6 曾子曰："可以托六尺之孤,可以寄百里之命,临大节而不可夺也。君子人与？君子人也。"

【译文】曾子说："可以把六尺高的孤儿托负给他,可以把百里内的使命寄托给他,面临生死存亡的紧要关头,也不能使他放弃操守。这种人是君子吗？肯定是君子啊！"

【注释】①《杨注》："六尺,古代尺短,六尺约合今日一百三十八厘米,市尺四尺一寸四分。身长六尺的人还是小孩,一般指十五岁以下的人。"②《读训》："'六尺之孤'者,言小而无告者；'百里之名'者,言有方面之任者；'临大节而不可夺'者,言面临生死荣辱之大节而不移其心者。"③《朱注》："与,疑辞。也,决辞。设为问答,所以深著其必然也。其才可以辅幼君、摄国政,其节至于死生之际而不可夺,可谓君子矣。程子曰：'节操如是,可谓君子矣。'"

【解读】朱子以前两句指"才",后一句指"节",认为"才""节"两美,方为君子。唐文治则说："可以托孤,可以寄命,两'可以'字,情为之主,才为之辅。"（《论语大义》）细味此中文字,的确有悲壮之情在也。特别是考虑到孔子去世时,其子孔鲤已经去世,其孙孔伋（子思）年方五岁,曾子很可能接受了"托孤"之责,这里边的悲情因素就更加清晰了。因此理解这段话,"情""才""节"三者应该都不可或缺；而只有这样,曾子心目中的"君子"才显得更为丰满、更为高大,而且此亦和历史上公认的伊尹、周公、诸葛亮等类似人物的悲情英雄角色相吻合也。

有意思的是,黄式三说："百里,畿内外班禄之地最大者,故经、传称诸侯为'百里'。《易》曰'震惊百里'。"这里引用的"震惊百里",出自《周易》

震卦卦辞，原文为："震：亨。震来虩（xì）虩，笑言哑哑。震惊百里，不丧匕鬯（chàng）。"虩虩，戒惧之貌；哑哑，和适之貌；匕与鬯，均祭器也。盖震为雷，又为长子，此乃长子主持祭祀时之应有场景也：犹如百里之内雷鸣不断，长子心存戒惧而笑貌和适，手中牢牢地执持着祭器，最后顺利地完成了祭祀的任务，所以为亨。结合本章来说，所谓"托六尺之孤，寄百里之命"，不正是如此吗？而"临大节而不可夺"，亦可以说即"不丧匕鬯"也。

8.7 曾子曰："士不可以不弘毅，任重而道远。仁以为己任，不亦重乎？死而后已，不亦远乎？"

【译文】曾子说："士人不能不强大而有毅力啊，因为他负担的任务重，要走的路途远。将实现仁德作为自己的职责，不是任务很重吗？直到死去才停下脚步，路途不是很遥远吗？"

【注释】①《集解》引包咸曰："弘，大也。毅，强而能决断也。士弘毅，然后能负重任、致远路也。"引孔安国曰："以仁为己任，重莫重焉。死而后已，远莫远焉。"②章太炎《广论语骈枝》："《说文》：'弘，弓声也。'后人借'强'为之，用为'强'义。此'弘'字即今之'强'字也。《说文》：'毅，有决也。'任重须强，不强则力绌；致远须决，不决则志渝。"③《朱注》："弘，宽广也。毅，强忍也。非弘不能胜其重，非毅无以致其远。仁者，人心之全德，而必欲以身体而力行之，可谓重矣。一息尚存，此志不容少懈，可谓远矣。程子曰：'弘而不毅，则无规矩而难立；毅而不弘，则隘陋而无以居之。'又曰：'弘大刚毅，然后能胜重任而远到。'"

【解读】本篇所载曾子五章，可以说每章都极精彩，而此章则称得上曾子之学的一个总结，已成千古名言矣！甚至连对曾子不大瞧得上眼的康有为都说："昔尝编《论语》孔门诸子学案，曾子之言皆守身谨约之说，惟此章最有力，真孔子之学也。"（《论语注》）其中"弘毅"二字，为本章文眼，最值注意。"弘"为"强"当为本义，为"大"、为"宽广"则为转义，盖唯有强方能成其大、成其广也。"毅"为坚决、强忍、有恒之义。章太炎说："任重须强，不强则力绌；致远须决，不决则志渝。"朱子说："非弘不能胜其重，非毅无以致其远。"曾子以"弘毅"释"仁"，真得孔子之传者也，信矣哉！

又李光地结合本章,对曾子之学有一总评,说得很好,现全文抄录如下:"前文连记曾子数章,以尽于此。合而观之,'以能问于不能'一章是'弘','可以托六尺之孤'一章是'毅',但其根本则在战战兢兢以存心,而用力于容貌、颜色、辞气之际而已。盖心弥小,则德弥弘;行弥谨,则守弥固。《易》之大过,任天下之重者也,而以'藉用白茅'为基。大壮,极君子之刚者也,而以'非礼弗履'自胜。故朱子之告陈同父曰:'临深履薄,敛然于规矩准绳之中,而其自任以天下之重者,虽贲、育不能夺也。'"关于曾子之学,李氏特别指出"其根本则在战战兢兢以存心,而用力于容貌、颜色、辞气之际"(见8.3和8.4),此真懂曾子者也!

有意思的是,李氏这里还提到了《周易》中的大过和大壮两卦,笔者拟对此略作疏解。盖大过卦(䷛)下巽上兑,巽为木,兑为泽,有"泽灭木"之象;又四阳居中,二阴分居上下,阳为大,阴为小,故名大过。其《大象》曰:"泽灭木,大过;君子以独立不惧,遁世无闷。"程子解释说:"泽,润养于木者也,乃至于没于木,则过甚矣。君子观大过之象,以立其大过人之行。天下非之而不顾,遁世不见知而不悔,如此然后能自守,所以为大过人也。"(《程氏易传》)李氏所谓"任天下之重者",以此。其初六曰:"藉用白茅,无咎。"盖初以阴柔、巽体而处下,过于戒慎者也,其象犹如祭祀时以白茅为垫而承物也,故获无咎——曾子一生小心谨慎,而所从事者又至大(所谓"仁以为己任"),故李氏以此赞之也。而大壮卦(䷡)下乾上震,下四阳而上二阴,阳长已过中矣,而阳为大、阴为小,故称大壮;又乾为天,震为雷,全卦有雷之威响彻天上之象,亦为大壮。李氏所谓"极君子之刚者也",以此。其《大象》曰:"雷在天上,大壮;君子以非礼弗履。"王弼说:"壮而违礼则凶,凶则失壮。"(《周易注》)张载说:"克己复礼,壮莫甚焉。"(《易说》)程子说:"君子之大壮者,莫若克己复礼。古人云:'自胜之谓强。'"(《程氏易传》)曾子以戒惧之心,刻刻用力于容貌、颜色、辞气之际,"死而后已",岂非"自胜者"乎?岂非"大壮者"乎?这样的修养功夫,当然胜过孟贲、夏育等所谓大力士若干倍矣!天下仁人志士,当以此自励也。

8.8 子曰:"兴于诗,立于礼,成于乐。"

【译文】孔子说:"开始于诗歌,立足于礼仪,学成于音乐。"

【注释】①《集解》引包咸曰:"兴,起也,言修身当先学诗也。礼,所以立身也。

乐,所以成性。"②《朱注》:"兴,起也。诗本性情,有邪有正,其为言既易知,而吟咏之间,抑扬反复,其感人又易入。故学者之初,所以兴起其好善恶恶之心而不能自已者,必于此而得之。礼以恭敬辞逊为本,而有节文度数之详,可以固人肌肤之会、筋骸之束。故学者之中,所以能卓然自立,而不为事物之所摇夺者,必于此而得之。乐有五声十二律,更唱迭和,以为歌舞八音之节,可以养人之性情,而荡涤其邪秽,消融其渣滓。故学者之终,所以至于义精仁熟而自和顺于道德者,必于此而得之,是学之成也。"

【解读】这也是非常重要的一章。与"志于道,据于德,依于仁,游于艺"(7.6)之说相比,"诗、礼、乐皆艺也,其精者与道、德、仁同归,故可以兴、以立、以成。其粗者为篇章文辞,器、数、声、容之属,亦莫非至精之所寓。故彼言道、德、仁,又言艺,此则混而一之。"(李光地《读论语札记》)司马迁说:"孔子以诗书礼乐教弟子,盖三千焉。身通六艺者,七十二人。"(《史记·孔子世家》)由此可知此三者为孔门的首要功课,而"性与天道"或仅传授极少数天纵之才(见5.13)。然或惟此,反而更加突显此三者之重要性也。

所谓"兴于诗"者,盖诗言情,与人性最近,且有韵律节奏在其内,"感人又易入",故圣人始教,以诗为先。而经过孔子删述后的《诗经》,其三百篇,"一言以蔽之,曰:'思无邪。'"(2.2)其中蕴含"至情",真实无伪,作为教材可以使学生练习"兴、观、群、怨"(17.9),确是人生入门第一课也。我们多次说过,儒学是人伦日用之学,孔子并不拒绝情感和欲望,此亦为证。有意思的是,有不少学者指出,《周易》卦爻辞很多具有诗歌特征,不仅押韵,而且多用象征,如黄玉顺就认为,《周易》古经是由两种文献即殷周之际流行的"古歌"和西周初期编定的占辞构成,并将六十四卦视为六十四首所谓"逸诗"(《易经古歌考释》);美国汉学家夏含夷也指出:"《诗经》中的'兴'和《周易》的'象'(也就是繇辞),在西周宇宙论中起着同样的知识作用,而这个作用与占卜也有着密切关系。"(《兴与象》)基于此,或言《周易》亦有"诗教"之作用当不过分也。

所谓"立于礼"者,盖礼为人生活于社会群体中,包括视、听、言、动等等在内的一切行为规范之总和也,故孔子说:"不学礼,无以立。"(16.13)孔学重礼,前面屡言之,其核心就是以孝道为基础的一系列社会道德规范,而于此《周易》与《论语》全然相通。只不过,如果我们将礼视为社会秩序之反映的话,那么,《周易》更强调此种社会秩序乃是由天地自然秩序而来,即社会秩序和自然秩序是全然合一的。如《序卦传》云:"有天地,然后有万物;有万物,然后有男女;有男女,然后有夫妇;有夫妇,然后有父子;有父子,然后有君臣;有君臣,然后有上下;有上下,然后礼义有所错(措)。"这段话,已将天地秩序和社会秩序的关系解释得非常清楚了!也正是因此,北宋张载的《西铭》即根据《说卦传》"乾,天也,故称乎父;坤,地也,故称乎母"之说,开篇即言"乾称父,坤称母",从而引出"天地之塞,吾其体;天地之帅,吾其性。民吾同胞,物吾与也"的著名结论。马一浮说:"'乾称父,坤称母',斯能达孝矣;'民吾同胞,物吾与也',斯能达弟(悌)矣。"(《复性书院讲录》)由此可见,所谓"立于礼"并非仅仅立于社会也,亦立于天地之间也。读者倘识此,则能体会打通《论语》和《周易》之妙矣。

而所谓"成于乐"者,盖"乐者,天地之和也"(《礼记·乐记》),其理甚微,而其效至大也。《礼记》中今存《乐记》一篇,对乐的产生、乐与礼之关系、乐与社会人事及天地自然之关系以及乐对人的性情的影响等等,都有广泛而深刻的阐述。而值得注意的是,《乐记》有两段文字,和《周易·系辞上》首章的文字极其相似。我们先看《系辞上》云:"天尊地卑,乾坤定矣。卑高以陈,贵贱位矣。动静有常,刚柔断矣。方以类聚,物以群分,吉凶生矣。在天成象,在地成形,变化见矣。是故刚柔相摩,八卦相荡,鼓之以雷霆,润之以风雨;日月运行,一寒一暑。"而《乐记》则云:"天尊地卑,君臣定矣。卑高已陈,贵贱位矣。动静有常,小大殊矣。方以类聚,物以群分,则性命不同矣。在天成象,在地成形。如此,则礼者天地之别也。地气上齐(通'跻'),天气下降,阴阳相摩,天地相荡,鼓之以雷霆,奋之以风雨,动之以四时,煖(通'暖')之以日月,而百化兴焉。如此,则乐者天地之和也。"这里无意于从文本上辨别两者之异同及其来源问题,但有必要指出的是:《乐记》的作者显然认为,音乐是天地自然秩序的反映,其最高境界则是"天地之和"(礼同样是天地自然秩序的反映,体现的则是"天地之别");儒家之所以经常"礼乐"并举,盖源于此。我们曾经提到,《周易》是在"雷出地奋"之豫卦中来讲"先王以作乐崇德"的,实际上,这就是主张人间的音乐应该仿效天地自然之和乐也(参见3.1)。从这个角度看,人如能接受作为"天地之和"的、像《韶》《武》那样的音乐作品之熏陶,则必将"荡涤其邪秽,消融其渣滓",人性将渐趋完善,并融汇于天地之间矣——此岂非"成于乐"乎?

8.9 子曰:"民可使由之,不可使知之。"

【译文】孔子说:"对于老百姓,可以按照我们提出的政策使用和引导他们,就没必要让他们知道那是为什么了。"

【注释】①《集解》:"由,用也。可使用而不可使知者,百姓能日用而不能知。"②《集释》:"愚谓《孟子·尽心篇》:'孟子曰:"行之而不著焉,习矣而不察焉,终身由之而不知其道者,众也。"'众谓庸凡之众,即此所谓民也,可谓此章确诂。纷纷异说,俱可不必。"③《杨注》:"这两句与'民可以乐成,不可与虑始'(《史记·滑稽列传补》所载西门豹之言,《商君列传》作'民不可与虑始,而可与乐成')意思大致相同,不必深求。后来有些人觉得这种说法不很妥当,于是别生解释,意在为孔子这位'圣人'回护,虽煞费苦心,反失孔子本意。"

【解读】《周易·系辞上》云:"一阴一阳之谓道。继之者善也,成之者性也。仁者见之谓之仁,知(zhì)者见之谓之知,百姓日用而不知,故君子之道鲜矣。"意思是说,天地阴阳妙道,其中有善性存焉,然其"浑然一理,无声无臭,惟仁者发见于恻隐则谓之仁,智者发见于是非则谓之智,而后所谓善性者方有名状也";而"百姓虽与君子同具此善性之理,但为形气所拘,物欲所蔽",虽然日用之而不知之,故"知君子仁智之道者鲜矣"(来知德《周易集注》)。这里的"百姓",即《论语》此章中的"民",所谓"无知无识"者也——此分析"民可使由之,不可使知之"之原因已经很直白了。以往注家多有担心孔子此语有"愚民"之嫌,故多方为之"回护"者,殊不知"唯上知与下愚不移"(17.3)是孔子的一贯立场,且此亦人之常情,实无回避之必要也。

另从治理百姓的政治策略而言,刘开《论语补注》曾评论本章说:"非常之原,黎民惧焉。及臻厥成,天下晏如也。圣人利物济世,其创法制宜,用权行道,要使吾民行之有神而已,固不能使之晓吾意也。《易》曰:'通其变,使民不倦。神而化之,使民宜之。'(按此出于《系辞下》)当其时,民无有不由者也,然岂能识其故乎?盘庚迁都,民皆不欲,盘庚决意行之,诰谕再三,而民始勉强以从其后,卒相与安之。此可由、不可知之明验也。子产治郑,都鄙有章,郑民始怨而后德之。故使之行其事可也，而欲使明其事则势有不能。是不可知者，即其所可由者也。"孔子通经达权，绝非腐儒，如此理解孔子，自有其可取之处，亦不必回避也。

8.10 子曰："好勇疾贫，乱也。人而不仁，疾之已甚，乱也。"

【译文】孔子说："喜欢勇敢的人而厌恶贫穷，一定会出乱子。对于不仁的人，痛恨太过，也一定会出乱子。"

【注释】①《集解》引包咸曰："好勇之人而患疾己贫贱者，必将为乱。"引孔安国曰："疾恶太甚，亦使其为乱。"②许谦《读四书丛说》："人而不仁，疾之已甚而致乱，盖教君子当知时审势也。不仁者固所当恶……若处非其时，而势不能诛讨，徒疾恶之，则鲜有不致乱者，汉之宦者是已。"

【解读】张居正说："夫好勇疾贫者，是身自为乱，固为天下之首恶。至于恶不仁者，本为正理，特以处之不善，乃亦足以致乱，而徒为祸阶，则君子之待小人，岂可以轻发而不审处哉！"(《论语别裁》)张氏所谓君子之所当"审处"者，即许谦所言"君子当知时审势也"。此均讲君子之待小人，不能"疾之已甚"，应该择时、择机而行，否则将徒自生乱也。

《周易》第四十三卦为夬卦。夬（guài）者，决也。夬卦（☱）下乾上兑，乾为天，兑为泽，有"泽上于天"之象；又下五爻皆阳，惟上爻为阴，阳为君子，阴为小人，有众君子决去小人之象，故名。然夬之为卦，以盛进之五刚，决衰退之一柔，其势看似甚易，但卦爻间却多有危辞。比如卦辞有云"不利即戎"，"戎"者，军队也，即不能立即动用武力也。又如初九云"壮于前趾，往不胜为咎。"《小象》曰："不胜而往，咎也。"也是主张不要轻举妄动，否则将有咎害。这是为什么呢？盖小人之难去者，以其隐蔽而不可见，有的小人地位还很高（如本卦上六，即处上位且近九五之君），背后往往有各种势力予以支持，如以强力去之，必将生乱也。东汉末年，阉宦专权，何进召董卓进京，酿成大祸，加速了东汉的灭亡，即此例也。当然，这也并非主张全然无所作为，而是强调其行动必须慎之又慎，如卦辞有云"利有攸往"，就是主张必须有所行动；又提出"扬于王庭，孚号有厉"，意思是，可以先造舆论，在"王庭"之上大声宣扬善恶之区别，以自己的诚信予小人以严厉警告；又提出"告自邑"，即主张先行自治，或强化自身能力，等等。惟其如此，在经过了充分的准备之后，才能一鼓作气，将小人果断除去也——《周易》夬卦的所有这些内容，均可与本章互参。

8.11 子曰："如有周公之才之美，使骄且吝，其余不足观也已。"

【译文】孔子说："如果有人的才能像周公那样好，但他却骄傲和鄙吝，别的也就不值一提了。"

【注释】①惠栋《九经古义》："《周书·寤敬篇》：'周公曰："不骄不怪（音lìn，同吝），时乃无敌。"'此乃周公平生之学，所以裕制作之原也。夫子因反其语，以诫后世之为人臣者。"②《朱注》："才美，谓智能技艺之美。骄，矜夸。吝，鄙啬也。程子曰：'此甚言骄、吝之不可也。盖有周公之德，则自无骄、吝；若但有周公之才而骄、吝焉，亦不足观矣。'又曰：'骄，气盈。吝，气歉。'愚谓骄、吝虽有盈歉之殊，然其势常相因。盖骄者吝之枝叶，吝者骄之本根。故尝验之天下之人，未有骄而不吝，吝而不骄者也。"

【解读】周公是孔子仰慕的古圣贤之一（见7.5），是"不骄不吝"的典型，此处孔子却假设周公"骄且吝"并指出了其严重后果，这显然是在告诫后人：你们并无周公之才之美，如果还要"骄且吝"的话，则不知将伊于胡底矣! 这种修辞手法，的确很打动人。

骄傲的反面是谦虚。《尚书·大禹谟》云："满招损，谦受益，时乃天道。"《周易》更重谦德，谦卦（☷）以山在地下取象，最为圣人所称赞，其下三爻皆吉而无凶，上三爻皆利而无害；综观《周易》六十四卦，六爻皆吉利者，唯此一卦而已。但谦虚当然不等于软弱，实际上，谦卦六五爻有云"利用侵伐"，上六爻有云"利用行师"等，可见谦德威力亦大矣! 朱子曾解释说："大抵谦自是用兵之道，只退处一步耳，所以'利用侵伐'也。盖自初六积到六五、上六，谦亦极矣，自宜人人服之。尚更不服，则非人矣，故'利用侵伐'也。"（《朱子语类》）

而骄傲呢？我们经常听说一句话"骄兵必败"，已经指出了骄傲的后果。孔子为什么将"骄"和"吝"并称呢？就是因为骄傲必然导致鄙吝，鄙吝也必然导致骄傲也。关于这一点，朱子讲得已经很明白。"吝"字，《说文解字》作"遴"，谓

"难行也"。《周易》古经以"吝"为占辞,含"小吝""终吝""贞吝"在内,共出现20次。在5.27中,我们曾经引用过黄宗炎对"悔吝"的分析,他说:"吝从口从文。口饰非而文过,自为甘言善语以欺外人,过者惮改矣,故自吉而向凶。""自吉而向凶",所以为"难行"也。而"悔,从心从每。每者,历思其既往之非,每每而生于心,有不言而自讼之意。"故其乃"求于内者,必克己,故自凶而吉"。(《周易寻门余论》)因此,《周易》虽然经常"悔吝"并举,但两者实不同也。至于《论语》此处的"吝",一般解为"鄙吝",但如按《周易》中的理解,此之所以为"鄙吝"者,当正因为其骄傲自满、"饰非而文过"也;而反过来呢,一个人如果"鄙吝"的话,则必然见识短浅,亦将导致自满和骄傲也。故而朱子才总结说:"盖骄者吝之枝叶,吝者骄之本根。故尝验之天下之人,未有骄而不吝,吝而不骄者也。"(窃以为,如说"吝者骄之枝叶,骄者吝之本根"亦可。)此中深意,读者察之。

8.12 子曰:"三年学,不至于谷,不易得也。"

【译文】孔子说:"读书三年还不想着去做官拿俸禄,这是难得的哩。"

【注释】①《朱注》:"至,疑当作志。谷,禄也。为学之久,而不求禄,如此之人,不易得也。杨氏曰:'虽子张之贤,犹以干禄为问,况其下者乎?然则三年学而不至于谷,宜不易得也。'"②林希元《四书存疑》:"谋道不谋食,为己不为人。孔门颜、曾、冉、闵之外,少有不为禄而仕者,故孔子叹之。"

【解读】孔子虽然有此感叹,但他并不反对弟子们去"干禄"(2.18),不仅子夏说过"学而优则仕"(19.13)的话,孔子本人也说过"学也,禄在其中矣"(15.32)的话,可见在孔子那里,"学"和"禄"并不矛盾。程石泉说:"观乎仲弓、子游、闵子骞、冉求、子路、公西华皆曾仕于鲁,与后儒倡言'不事王侯,高尚其事'不同。"(《论语读训》)"不事王侯,高尚其事"语出《周易》蛊卦上九爻,但那是因为"上九居蛊之终,无系应于下,处事之外,无所事之地也。以刚明之才,无应援而处无事之地,是贤人君子不偶于时而高洁自守、不累于世务者也,故云'不事王侯,高尚其事'。"(《程氏易传》)而像蛊卦其他五爻,因处"有事之地",就都是以勇于任事为己任的。人生在世,焉能无事?故出门任事是人生常态。这就不难理解，何以在《微子篇》中，子路还代表孔子说出了"不仕无义"那样严重的话来(18.7)。当然，与此同时，孔子对那些不急于做官的人(如漆雕开，见5.6)，又是表示尊敬的——因为毕竟做官不是儒家的最终目的，"谋道""行仁"才是儒家的最终目的也。

8.13 子曰："笃信好学，守死善道。危邦不入，乱邦不居。天下有道则见(xiàn)，无道则隐。邦有道，贫且贱焉，耻也；邦无道，富且贵焉，耻也。"

【译文】孔子说："对于我们追求的道，要真心诚意地信仰，要好好地学习，要自始至终地予以善待和保全。已经显露危险的国家，就不要去了；已经出现祸乱的国家，就不要居住了。天下的政治上轨道，就出来工作；天下的政治不上轨道，就暂时隐居。国家政治清明，如果自己贫贱，那是耻辱；国家政治黑暗，如果自己富贵，那也是耻辱。"

【注释】①《皇疏》："此章教人立身法也。云'笃信好学'者，令笃厚于诚信，而好学先王之道也。云'守死善道'者，宁为善而死，不为恶而生，故云'守死善道'也。云'危邦不入'者，谓初仕时也，见彼国将危则不须入仕也。云'乱邦不居'者，谓我国已乱，则宜避之不居住也。然乱时不居，则始危时犹居也；危者不入则乱，故宜不入。云'天下有道则见'者，天下谓天子也，见谓出仕也；若时王有道，则宜出仕也。云'无道则隐'者，若时王无道则隐，枕石漱流也。陈文子弃马十乘而去，是乱邦不居也。云'邦有道，贫且贱焉，耻也'者，国君有道，则宜运我才智佐时出仕，宜始得富贵；而己独贫贱，则是才德浅薄不会明时，故为可耻也。云'邦无道，富且贵焉，耻也'者，国君无道而己出仕，招致富贵，则是己亦无道，得会恶逆之君，故亦为可耻也。"②李光地《读论语札记》："'笃信好学'以所知言，'守死善道'以所行言。下文皆'守死善道'之事，而自'笃信好学'来者。盖所谓'守死'者，言安于贫贱之节，不苟合于当世而已。若婴(撄)暴乱之锋，以为'守死'，则'危邦不入，乱邦不居'云云者，皆不可通矣。'危邦不入，乱邦不居'，是犹有邦之可择也。若夫天下无邦，则惟有隐遁不出而已。故又言'天下有道则见，无道则隐'。然可以隐则隐矣，万一姓名既著，乡国既知，举世混浊，莫适之也。故又言'邦有道，贫且贱焉，耻也；邦无道，富且贵焉，耻也。'反复来说，究归于安守贫贱而止，故曰'守死善道'也。三段重叠，复说'邦'

字、'天下'字，皆有意指，不然末段却成赘语。"

【解读】诚如李光地所言，"守死善道"为本章之核心。此"道"，即孔子念兹在兹之"仁道"也，亦《周易》"三极之道"也，亦泰伯"至德"所由之道也。此"道"至大，非"笃信好学"不能得之；既得之，非"守死"而善待之不能保之。唐文治说："守死善道者，何也？即曾子启手足之言也，任重道远、死而后已也，尤圣门笃实之真传。孟子曰'大匠不为拙工改废绳墨'，欲人之笃信好学也。又曰'天下有道，以道殉身；天下无道，以身殉道'，欲人之守死善道也，亦圣门笃实之真传也。"（《论语大义》）孔子此处使用了"死"字，与'朝闻道，夕死可矣'同一语气（4.8），可见"道"对于士人之重要程度。

当然，孔子并不主张为了"卫道"而无谓地牺牲生命，即李光地所谓"婴（撄）暴乱之锋"者，而是主张"通经达权"，即在行动中要有足够的灵活性。由"危邦不入，乱邦不居。天下有道则见，无道则隐"诸语，此意已昭然若揭也。但值得注意的是，孔子说的"不入""不居"和"隐"又和道家的遁世不同；因为道家主张"不管政治好坏与否都应'避逃'，并认为天下乌鸦一般黑，不可能有好的政治、国家或'天下'。儒家讲隐，讲藏，则是为了韬晦保身，以便将来'达则兼济天下'，基调仍然是进取。但儒、道两家都很重视保全自己的生命，不主张胡乱去'献身'。"（李泽厚《论语今读》）这些观点，在后边的《微子篇》中有着更加充分的反映。

《周易》第十八卦为蛊卦。《序卦传》云："蛊者，事也。"《杂卦传》云："蛊则饬也。"盖蛊卦（䷑）下巽上艮，巽为风，艮为山，有"风遇山而回、物皆挠乱"之象，故名；但正因其有事，故需整饬也。全卦以"治蛊"为主旨，初六、九三、六五均讲"干父之蛊"，九二则讲"干母之蛊"，六四讲"裕父之蛊"，此五爻均为栖栖遑遑之改革者也，和儒家的形象很相像（见1.11）。但上九则云："不事王侯，高尚其事。"上章已引。其《小象》曰："不事王侯，志可则也。"程子解释说："如上九之处事外，不累于世务，不臣事于王侯，盖进退以道，用舍随时，非贤者能之乎？其所存之志，可为法则也。"又说："古之人有行之者，伊尹、太公望之辈，曾子、子思之徒是也。不屈道以徇时，既不得施设于天下，则自尊其身，尊高敦尚其事，守其志节而已。士之自高尚，亦非一道：有怀抱道德，不偶于时，而高洁自守者；有知止足之道，退而自保者；有量能度分，安于不求知者；有清介自守，不屑天下之事，独洁其身者。所处虽有得失小大之殊，皆自高尚其事者也。《象》所谓'志可则'者，进退合道者也。"（《程氏易传》）此"进退合道"一语，正可为本章孔子"见""隐"之说做注脚也。

8.14 子曰："不在其位，不谋其政。"

【译文】 孔子说："不处在那个职位上，就不要考虑那个职位上的事情。"

【注释】 ①孙奇峰《四书近指》："在位者不谋为旷职，不在位者而谋为侵官，胥失之道也。"②《大义》："有性分中之位，有职分中之位。曾子曰：'君子思不出其位。'性分中之位也。此章'位'字，职分中之位也。"③许谦《读四书丛说》："凡侵官越局，皆所当戒。然居上位而侵细务，亦是也。居下位而谋大事，亦是也。如所谓吏部之官不得理兵部，鸿胪之卿不得理光禄，皆是也。"

【解读】 一个理想的社会，人们当然应该是各司其职、各安其分的。孔子的话，就是让人知其职守，并忠于其职守，而不要有非分之想、非分之为。《中庸》云："君子素其位而行，不愿乎其外。"孟子说："位卑而言高，罪也。"（《孟子·万章下》以及许谦说："凡侵官越局，皆所当戒。然居上位而侵细务，亦是也。居下位而谋大事，亦是也。"讲的都是这个意思。当然，孔子也讲过"天下有道，则庶人不议"（16.2），那么反过来呢，如果"天下无道"，庶人议政也就是不可避免的了。因此对孔子这话，也要辩证地看。

《周易》对"当位""不当位"的问题是很重视的，我们在4.14中已有介绍。如履卦六三有云"履虎尾，咥人，凶"，《小象》曰"咥人之凶，位不当也"；临卦六四云"至临，无咎"，《小象》曰"至临无咎，位当也"；夬卦九四有云"臀无肤，其行次且（同"趑趄"）"，《小象》曰"其行次且，位不当也"，等等。盖《周易》以阳爻居初、三、五为当位，以阴爻居二、四、上为当位，反之则为不当位也。当然，这也不是绝对的，如需卦上六云："入于穴，有不速之客三人来，敬之终吉。"《小象》曰："不速之客来，敬之终吉；虽不当位，未大失也。"连朱子对此都表示不理解："以阴居上，是为当位。言'不当位'，未详。"（《周易本义》）程子则曲为之解："不当位，谓以阴而在上也。爻以六居阴为所安，《象》复尽其义，明阴宜在下，而居上，为'不当位'也。然能敬慎以自处，则阳不能陵，终得其吉，虽不当位,而未至于大失也。"(《程氏易传》)可见对这个"当位""不当位"的问题,同样要具体情况具体分析。

其实,某爻的"当位"与否,还是一个比较简单的问题,如何根据自己所处的位置而处理好和其他各爻的关系,才是更为关键的问题。这也就是"在其位,谋其政"的问题,或既避免"侵官"又避免"旷职"的问题,也就是现在说的既不要"越位"也不要"缺位"的问题。而在这方面,《周易》予我们的启示就更多了。比如古代易学家多以四爻为权臣,以五爻为君主,四和五的关系最难处理,故《系辞下》有"四多惧"之说,即指此也。元代的许衡对此有很好的论述,他说:"四之位近君,多惧之地也。以柔居之,则有顺从之美,以刚居之,则有僭逼之嫌。然又须问居五者阴邪阳邪。以阴承阳,则得于君而势顺;以阳承阴,则得于君而势逆。势顺则无不可也,势逆则尤忌上行。"(《读易私言》)这段话的内涵极其丰富,主要包括三层意思:首先他讲,当大臣不容易,因为此为"多惧之地",如果四为阴爻(即"以柔居之")则有"顺从之美",如果四为阳爻(即"以刚居之"),四对五就有可能形成"僭逼之嫌";再进一步,他讲,这当然还要看五爻本身究竟是阴爻还是阳爻,如果四为阴、五为阳(即"以阴承阳")则为"势顺",而如果四为阳、五为阴(即"以阳承阴")则为"势逆";最后,他指出,如果"势顺"则无事不可,而如果"势逆"就特别忌讳"上行",这时候就要万分小心了。后边许衡还结合处于上卦时的不同经卦(如离卦、震卦等)中的四、五爻关系进行了更加具体的分析,限于篇幅,这里就不介绍了——这些精妙之论,对我们理解本章内容或有帮助。

8.15 子曰:"师挚之始,《关雎》之乱,洋洋乎盈耳哉!"

【译文】孔子说:"当太师挚开始演奏时,当《关雎》的表演结束时,满耳朵都是美妙悠扬的音乐呀!"

【注释】①《朱注》:"师挚,鲁乐师,名挚也。乱,乐之卒章也。《史记》曰:'《关雎》之乱,以为风始'。洋洋,美盛意。孔子自卫反鲁而正乐,适师挚在官之初,故乐之美盛如此。"②《杨注》:"'始'是乐的开端,'乱'是乐的结束。由'始'到'乱',叫做'一成'。'乱'是'合乐',犹如今日的合唱。当合奏之时,奏《关雎》的乐章,所以说'《关雎》之乱'。"

【解读】孔子曾说:"吾自卫反鲁,然后乐正,《雅》《颂》各得其所。"(9.15)。或此时太师挚正好掌管鲁国的乐师之职,两人合作得很好,故有本章所述美盛之事也。《微子篇》曾提到"太师挚适齐"(18.9),张居正由此分析孔子讲这话的背景说:"自师挚适齐,继者皆不能及,圣人所以追思而叹美之也。"(《论语别裁》)所谓"礼崩乐坏"者,此又添一证。不过需要注意的是,这两个"挚"是否为同一个人,目前学者尚有争议。但无论如何,从"洋洋乎盈耳哉"来看,此音乐之美亦极矣,显然正是《乐记》所称赞的反映"天地之和"的那种乐曲,与上章"兴于诗,立于礼,成于乐"(8.8)之说亦相呼应。

8.16 子曰:"狂而不直,侗而不愿,悾悾而不信,吾不知之矣。"

【译文】孔子说:"佯狂而不正直,无知而不厚道,无能而不信实,这种人我就不知道怎么办啦。"

【注释】①《朱注》:"侗,音通,无知貌。愿,谨厚也。悾,音空。悾悾,无能貌。'吾不知之'者,甚绝之之辞,亦不屑之教诲也。苏氏曰:'天之生物,气质不齐。其中材以下,有是德则有是病,有是病必有是德。故马之蹄啮者必善走,其不善者必驯。有是病而无是德,则天下之弃才也。'"②许谦《读四书丛说》:"狂谓心志高远,而事为不精详;侗谓无知,以理言;悾悾谓无能,以事言。常人之情,有狂、侗、悾悾之病,必有直、愿、信之德。人志高远,而不计较小节,则为事必质直而不迂曲;无知者则不敢妄为,故愿;无能者则不敢轻出语,故信。若有是病,而无是德,虽圣人亦不敢教也。"③《大义》:"狂、侗、悾悾,气质之性也。不直、不愿、不信,习也。气质有偏,而能矫之以学,犹可救也。若为恶习所染,浮伪巧滑,则终身不能入德,虽圣人无如之何矣,可畏哉!"

【解读】一般人有什么样的气质之偏,则有相应的品德以救其弊,但孔子讲的这几类人,却"有是病,而无是德"(许谦语),故连他老人家都不禁叹之,即表示莫名其妙而不敢教也。当然,按照朱子的说法,孔子这种"绝之"之叹,或有对人性之堕落的深刻批评意味,但实际上也是一种特殊的教诲,此即后来孟子所谓"不屑之教诲"也。有此病者,如能听闻圣人此种言辞而能痛下决心而改之，则此教诲即起作用矣（参见17.20）。

《周易》古经，有占辞曰"凶"者达56条（其中单言"凶"者31条，言"贞凶"者11条，言"征凶"者10条，言"有凶"者3条，言"终凶"者1条），窃以为，此皆"不屑之教诲"也。《说文》："凶，恶也，像地穿交陷其中也。"《广雅·释诂》："凶，恶也。"盖事有恶果为凶，故凶训恶。恶果者，祸殃也；故凶者，祸殃也。比如益卦上九云"莫益之，或击之，立心勿恒，凶"，随卦九四云"随有获，贞凶"，大壮卦初九云"壮于趾，征凶"，夬卦九三云"壮于頄，有凶"等等。这些占辞，讲的都是当处于某卦中某爻位时如果采取某种行动，则可能致凶之状况。但此时虽然凶之征兆已经显现，君子见此，如能反之而行，是否也可以避免其之发生呢？答案是肯定的。黄宗炎曾分析凶字"从乂（古五字），从凵（像土陷形，未成字）。五者，十之半也；凵者，陷土于土甴（古塊字）之中，动中有窒碍也"；并发挥说："此圣人许人以迁善改过之门也……君子虽处困穷忧患，其半属于天，其半属于我；在天者不能违其数，在我者犹可救以理也……天道人事固未尝有全凶者，君子察乎内外动静，庶不罹于凶咎矣。"（《周易寻门余论》）《周易》之言悔、吝、厉者，亦当如此理解，方为大道。圣人作《易》之苦心如此，正可与夫子"吾不知之矣"之叹同观，读者察之。

8.17 子曰："学如不及，犹恐失之。"

【译文】孔子说："学习就像追赶什么似的，生怕追不上；即使追上了，又害怕弄丢了似的。"

【注释】①《皇疏》引缪协曰："学自外来，非夫内足，恒不懈情乃得其用。如不及者，已及也。犹恐失者，未失也。言能恐失之，则不失。如不及，则能及也。"②许谦《读四书丛说》："为学者昼夜勤力不息，如追一物，唯恐不及。既用功如此，尚恐失之。盖人生有期，白日不再，既生为人，全见些小道理便死了，只是枉了一世。所以古人为学，不分毫放过。"③李颙《四书反身录》："为身心性命而学，则学如不及，犹恐失之，君子自强不息之心也。为富贵利达而学，则学如不及，犹恐失之，鄙夫患得患失之心也。同行异情，人品霄壤。"

【解读】《周易》所谓"及时"之义，或与本章主旨相通。《乾文言》在解释乾卦九四"或跃在渊，无咎"时说："上下无常，非为邪也。进退无恒，非离群也。君子进德修业，欲及时也，故无咎。"项安世释之曰："进退上下，不敢自必，相时而动，所谓'自试也'。大抵上下之交，皆危疑之地，故三厉而四犹疑之。"（《周易玩辞》）程子则说："君子之顺时，犹影之随形，可离非道也。"（《程氏易传》）盖九四以阳刚居柔位，乃上下之际，当勇往直前以求上进也；然当"危疑之地"，故在外人看来，有"上下无常""进退无恒"之象，但如此做绝非"为邪"，亦非"离群"，而是"不敢自必，相时而动"之举，都是合道的。其实这也就是乾卦《大象》所谓"自强不息"之精神也：其九三"终日乾乾"谈的是这种精神，其九四"或跃在渊"谈的也是这种精神；如果说整部《周易》以及《论语》谈的都是这种精神，应该也不算太离谱。又李光地《周易折中》曾引王通云："《易》之忧患，业业焉，孜孜焉。其畏天悯人，思及时而动乎！"即此意也。显然，本章孔子所谓"学如不及，犹恐失之"者，体现的正是这种"及时而动"的儒者精神。

8.18 子曰："巍巍乎！舜禹之有天下也，而不与焉。"

【译文】孔子说："多么地崇高啊！舜和禹坐拥天下，但却不亲身治理。"

【注释】①《朱注》："巍巍，高大之貌。与，去声。不与，犹言不相关，言其不以位为乐也。"②《后案》："孟子答陈相，上言以不得人为忧，下言非无所用心，中引此《经》及下章'舜有臣五人而天下治'，复骈章类叙，则'不与'者得人善任，不身亲其事也。"并引《汉书·王莽传》太后诏曰："选忠贤，立四辅，群下劝职。孔子曰：'巍巍乎！舜禹之有天下而不与焉。'颜注：'言委任贤臣以成其功，而不身亲其事也。与读曰豫。'"又引王充《论衡·语增篇》云："舜承安继治，任贤使能，恭己无为而天下治。故孔子曰：'巍巍乎！舜禹之有天下而不与焉。'"③《集释》引毛奇龄《论语稽求篇》云："言任人致治，不必身预，所谓无为而治是也。"

【解读】对于"不与"的涵义，历来有争议，但从此章语气以及下两章的内容来看，以黄式三、毛奇龄所解"任人致治，不必身预"之义为长，《朱注》或失之。实际上，此即《周易·系辞下》所谓"黄帝、尧、舜垂衣裳而天下治"之谓也，亦即王充所谓"任贤使能，恭己无为而天下治"之谓也。

值得注意的是，《系辞下》的原话是："黄帝、尧、舜垂衣裳而天下治，盖取诸乾坤。"乾坤者，即乾与坤二卦也。那么，为什么说"垂衣裳而天下治"是仿效乾、坤二卦而来的呢？我们知道，乾、坤为《周易》唯一的两个纯阳、纯阴之卦，是八卦之父母，其他六卦则为其子女之卦。《系辞下》曾引孔子的话说："乾坤，其《易》之门邪？"并谓："乾，阳物也；坤，阴物也。阴阳合德，而刚柔有体。以体天地之撰，以通神明之德。"而《系辞上》则说："乾以易知，坤以简能；易则易知，简则易从；易知则有亲，易从则有功；有亲则可久，有功则可大；可久则贤人之德，可大则贤人之业。易简，而天下之理得矣。天下之理得，而成位乎其中矣。"故乾、坤二卦，实为《周易》最重要、最核心之卦也，仿效此二卦而行事，则得《周易》之微旨矣。马振彪曾引郭雍曰："无为而治者，无他也，法乾坤易简而已。"又引刘沅说："上衣六幅，像乾六奇。下裳十有二幅，像坤六耦。"马氏本人则说："衣玄色，象天在上；裳黄色，象地在下。以此制服垂拱无为，道在法天地，与之合德，故无为而无不为也。"(《周易学说》)结合本章来看，舜、禹虽拥有天下，但效法乾坤之德，则刚柔有体，易简有度，任人得当，貌似"不与"而天下得治矣，故孔子赞之。

8.19 子曰："大哉尧之为君也！巍巍乎！唯天为大，唯尧则之。荡荡乎，民无能名焉。巍巍乎其有成功也，焕乎其有文章！"

【译文】孔子说："尧真是伟大啊！真是崇高啊！世界上只有天是最大的，而只有尧能够效仿它。他的恩惠流布得多远啊！老百姓简直不知道怎样称赞他。他的功业多么地崇高啊，他的礼制多么地灿烂啊！"

【注释】①《集解》引孔安国曰："则，法也。美尧法天而行化也。"又引包咸曰："荡荡，广远之称也。言其布德广远，民无能识其名也。"②《朱注》："唯，犹独也。则，犹准也。荡荡，广远之称也。言物之高大，莫有过于天者，而独尧之德能与之准。故其德之广远，亦如天之不可以言语形容也。成功，事业也。焕，光明之貌。文章，礼乐法度也。尧之德不可名，其可见者此尔。"并引尹焞曰："天道之大，无为而成。唯尧则之以治天下，故民无得而名焉。所可名者，其功业文章巍然焕然而已。"③《今读》："'唯尧则之'一句重要，它实指，尧为中介，沟通天人，且以天为范本而行政，亦'天何言哉，四时行焉，百物生焉'(17.17)之意。后世天人感应、官制象天、宇宙秩序与社会秩序(政治伦理秩序)的一致，等等，均此之发展发挥。"

【解读】上章赞美舜和禹，此章赞美尧。尧被孔子赞为"大哉"和"巍巍乎"的原因是什么呢？这里明确说就是"则天"，即他能够效法天道。我们在上章曾引用《系辞下》的话"黄帝、尧、舜垂衣裳而天下治，盖取诸乾坤"，这和"则天"是完全一致的。正因为尧（和舜、禹一样）能"则天"或者"取诸乾坤"，所以他治理天下可以达到"无为而无不为"的境界："荡荡乎，民无能名焉"，即"无为"也；"巍巍乎其有成功也，焕乎其有文章"，即"无不为"也。而两者为一，不可分割。

清代著名易学家焦循在其《论语补疏》中对此章评论说："《谥法》'民无能名曰神'，《孟子》言'圣而不可知之之谓神'。无为而治，故不可知。《系辞传》云：'黄帝、尧、舜氏作，通其变，使民不倦，神而化之，使民宜之。'尧之'无能名'，舜之无为而治，皆神也。'为政以德，譬如北辰，居其所而众星共之。'包（咸）曰：'德者无为。'《易》之四德为'元亨利贞'，天以寒暑日月运行为道，圣人以'元亨利贞'运行为德，用中而不执一，故无为。无为，故不可知。不可知，故民无能名……此尧舜所谓为德，即德即神，即神即德。故云'显道，神德行'，皆化裁推行之至用也。'民无能名'四字，为成功、文章之本，为'则天'之实也。"这段话，将"民无能名"与圣人之"德""神"以及"则天"等勾连起来，并多有引用《周易》之语，内涵极为丰富，读者不妨细味之。

8.20 舜有臣五人而天下治。武王曰："予有乱臣十人。"孔子曰："才难，不其然乎！唐虞之际，于斯为盛。有妇人焉，九人而已。三分天下有其二，以服事殷。周之德，其可谓至德也已矣。"

【译文】舜有五位贤臣，而天下太平。周武王说："我有十位善治天下的能臣。"孔子因而说："人才难得，不是这样吗？从唐尧、虞舜到周武王时，人才最为兴盛。但周武王的十位能臣之中还有一位妇女，那实际上只是九位而已。周已占有天下三分之二的土地，仍然向商称臣，周的德行可以说是最高的了。"

【注释】①《杨注》："《说文》：'乱，治也。'《尔雅·释诂》同。《左传》昭公二十四年引《大誓》说：'余有乱臣十人，同心同德。'则'乱臣'就是'治国之臣'。《逸周书·程典篇》说：'文王合九州之侯，奉勤于商'。相传当时分九州，文王得六州,是有三分之二。"②《朱注》:"五人,禹、稷、契、皋陶、伯益。十人,谓周公旦、召公奭、太公望、毕公、荣公、太颠、闳夭、散宜生、南宫适,其一人谓文母。刘侍读以为子无臣母之义,盖邑姜也。九人治外,邑姜治内。唐、虞,尧、舜有天下之号。际,交会之间。言周室人才之多,惟唐、虞之际乃盛于此。降自夏、商,皆不能及,然犹但有此数人尔,是才之难得也。"并引范祖禹曰:"文王之德,足以代商。天与之,人归之,乃不取而服事焉,所以为至德也。孔子因武王之言而及文王之德,且与泰伯皆以'至德'称之,其旨微矣。"

【解读】此章有两个主题:一是讲人才的重要性,一是讲周之"至德"。

关于"唐虞之际,于斯为盛"这句话,历来注家有争议,问题主要集中在到底是指唐尧、虞舜时期的人才比周武王时期"为盛",还是周武王时期的人才比唐尧、虞舜时期"为盛"上,对此唐文治说:"此不必拘。孔子之意,盖谓唐虞之际与周初人才,皆为极盛,然周不过九人而已。总以见人才之难得。"(《论语大义》)但值得注意的是,这里将女子(一般认为是周武王之妻邑姜)排除在"人才"之外,有"重男轻女"之嫌,是必须批判的。

当然,话题的重点还是"才难"。那么,为什么说"才难"呢?又什么是"才"呢?"才"以用言,在古代与"材"同。如《周易·系辞下》云:"彖者,材也。""彖"原指卦辞,后亦指《彖传》之辞。朱子释之曰:"彖,言一卦之材。"(《周易本义》)李光地进一步说:"材者,构屋之木也。聚众材而成室,彖亦聚卦之众义以立辞,故《本义》谓'彖言一卦之材'。"(《周易折中》)又《系辞下》云:"爻彖以情言。"朱子释之曰:"爻彖,谓卦爻辞。"盖卦爻辞"皆是圣人之情,见乎系辞,而假爻彖而言,故曰'爻彖以情言'。"(崔憬语,转自《周易折中》)此"情"即《周易》屡言之"天地万物之情"也,亦"圣人之情"也。又《乾文言》曰:"六爻发挥,旁通情也。"此言六爻"曲尽其情"(朱子语)也。故综合以上之说,焦循对《周易》中的"才"有个定义:"才者,能达其情于天下者也。才能达其情,而情乃可旁通,性命乃可'各正'。"又说:"通其情可以为善者,才也。不通情而为不善者,无才也。"并强调说:"伏羲作八卦,以类万物之情。所以'穷则变,变则通,通则久'者,唯此'旁通情'而已矣。孔子叹'才难',孟子道'性善',皆本乎是。舍情而言善,舍欲而求仁,舍才以明道,所以昧乎羲文、孔孟之传者也。"(《易通释》)由此可见,才和德确有不同,盖德为本,才为用,"才"在"曲尽其情"或者"旁通情"上行其善，最不容易，故孔子称"才难"也。唐虞之际以及周初，能有如此之多的人才在朝做事，实属不易，非大德不能容才如是，故孔子赞之。

另本章言周部落当时"三分天下有其二，以服事殷"，故孔子又赞其为"至德"，此与本篇首章赞泰伯"至德"正相呼应。蔡节说："《论语》一书以'至德'称者，唯泰伯、文王二人，其旨微矣。泰伯知天下必去商而归周，故逃之荆蛮而避之。文王三分天下有其二，以服事殷。泰伯、文王均此一心也，此其所以为至德。"（《论语集说》）又《系辞下》说："《易》之兴也，其当殷之末世，周之盛德耶？当文王与纣之事耶？"此"盛德"即"至德"也。唐文治说：此"明周家之忠厚开基也。"（《论语大义》）即正因周有此"至德"，才能得天下人才而用之，才能为周之立国奠定坚实之基础也——读者不妨结合8.1细玩之。

8.21 子曰："禹，吾无间然矣。菲饮食而致孝乎鬼神，恶衣服而致美乎黻冕，卑宫室而尽力乎沟洫。禹，吾无间然矣。"

【译文】孔子说："禹，我对他没有什么可以批评的啊。他自己饮食菲薄而尽心孝敬鬼神；平时穿得很差，却讲究祭服之美；自己宫室卑陋，却尽力修治田间沟渠。我对他真是没有什么可以批评的啊。"

【注释】①《朱注》："间，罅隙也，谓指其罅隙而非议之也。菲，音匪，薄也。致孝鬼神，谓享祀丰洁。衣服，常服。黻，音弗，蔽膝也，以韦为之。冕，冠也。皆祭服也。沟洫，田间水道，以正疆界、备旱潦者也。或丰或俭，各适其宜，所以无隙之可议也，故再言，以深美之。"②《钱解》："本章孔子深赞禹之薄于自奉而尽力于民事，亦'有天下而不与'之一端。事生以饮食为先，衣服次之，宫室又次之。奉鬼神在尽己心，故曰致孝。祭服备其章采，故曰致美。沟洫人功所为，故曰尽力。"③《后案》："此赞夏后之丰俭合宜，以讽世也。周末衣食宫室俱逾礼制，既失之奢；鲁惠公时，史角至鲁，其后为晏、墨翟尚俭之学，而自谓宗师大禹，则又异端之渐启矣。"

【解读】从叙述的逻辑上看，本篇如以上章言周之"至德"结尾，或正合适，但这里又加了一章赞禹，这是为什么呢？唐文治说："自古制行之笃实，无过于禹。天下惟大拙之人，乃能为大巧之事。禹之所以能治水者，以其治事无不笃实也。自古力行家能勤能苦，必以夏王为法乎？其端于'菲饮食而致孝乎鬼神'三者见之。《传》（按即《左传》）曰：'美哉禹功，明德远矣。''明德'即'至德'也。故《泰伯篇》以'禹，吾无间然矣'终。"（《论语大义》）如果联想到本篇首章言泰伯之"三以天下让"，中间五章言曾子之学以及后面孔子"笃信好学，守死善道"之教导等，将本篇归纳为"笃实"主题，并以大禹之行迹做结，的确是很有道理的。

那么，到底什么是笃实呢？李光地评此章说："致孝鬼神与菲饮食对。致美黻冕与恶衣服对。尽力沟洫亦是与卑宫室对。"（《读论语札记》）在这两两相对的六事中，"菲饮食""恶衣服""卑宫室"是说禹在饮食、衣服和宫室方面有"俭德"。我们知道，儒家非常重视"俭德"，比如子贡曾说孔子"温良恭俭让"（1.10），孔子本人也说过"礼，与其奢也，宁俭"（3.4）"奢则不孙，俭则固"（7.36）等话；可见"俭德"很重要，亦见"禹之薄于自奉而尽力于民事"也。又许谦评此章说："致孝鬼神，是祭宗庙尽其诚。致美黻冕，是待诸侯尽其力（按祭祀时当与诸侯在一起，故'致美黻冕'是对诸侯之尊重也）。尽力沟洫，是养其民尽其爱。"（《读四书丛说》）此是强调"致孝鬼神""致美黻冕""尽力沟洫"所显示的儒家之"诚""力"与"爱"也，此三者与"俭德"一起，或已将"笃实"之义囊括尽矣。故《左传》称禹为"明德"，与孔子称泰伯和文王"至德"同。

最后需要指出的是，禹"恶衣服"但又"致美黻冕"，或认为两者有矛盾，须知"致美黻冕"是为了祭祀之用，故不吝华美也；而"致孝鬼神"既与"菲饮食"对，亦可想见其对"鬼神"的敬奉肯定也是丰盛的。此不足怪，可参见前面章节孔门重视祭祀的有关内容。又《周易》萃卦《象传》有"王假有庙，致孝享也"之说，与本章"致孝乎鬼神"当可同观，特别是对"鬼神"而言"致孝"，此更见孔学之"鬼神"的确与我们现下所理解之"鬼神"完全不同也（参见2.24、6.22等）。

子罕第九

9.1 子罕言利与命与仁。

【译文】孔子本人很少主动谈到利益、命运和仁德之事。

【注释】①《集解》:"罕,希(稀)也。利者,义之和也。命者,天之命也。仁者,行之盛也。寡能及之,故希言也。"②《集注》:"罕,少也。程子曰:'计利则害义,命之理微,仁之道大,皆夫子所罕言也。'"③《集释》:"盖言者,自言也。记者旁窥已久,知夫子于此三者皆罕自言,非谓以此立教也。说者徒见弟子问答多问仁,遂疑命、仁为夫子所常言,实则皆非此章之义也。《论语》中如'小人喻于利''放于利而行''君子畏天命''不知命无以为君子''我欲仁而仁至'之类,出于夫子自言者实属无几。大抵言仁稍多,言命次之,言利最少,故以利承'罕言'之文,而于命于仁则以两'与'字次第之。"④《杨注》:"金人王若虚(《误谬杂辨》)、清人史绳祖(《学斋占毕》)都以为造句应如此读:'子罕言利,与命,与仁。''与',许也。意思是'孔子很少谈到利,却赞成命,赞成仁'。我则以为《论语》中讲'仁'虽多,但是一方面多半是和别人问答之词;另一方面,'仁'又是孔门的最高道德标准,正因为少谈,孔子偶一谈到,便有记载。不能以记载的多便推论孔子谈得也多。"

【解读】唐文治认为,《子罕篇》和《述而篇》都是谈"师范"和"教育"的,但"《述而篇》重在明学派,自修之意多;《子罕篇》重在施教术,督责之意多。《述而篇》大抵为中人以上言,《子罕篇》大抵为中人以下言。"并举首章为例说:"孔子未尝不言利与命,至答门弟子问仁尤多,而云'罕言'者,盖末学之士语以利则志昏,(语以)命则迷信,(语以)仁则广大而不知所归宿也。"(《论语大义》)这是从言说对象出发来分析本章之内容,颇有创意,可备一说。按照这种说法,孔子所谓"中人以上,可以语上也;中人以下,不可以语上也"(6.21),应该是本章乃至本篇的一个假定前提也。

关于本章孔子之所"罕言"的内容，向来争论很大。主流观点认为，利、命、仁三者，孔子均罕言之；但史绳祖等人却鉴于《论语》谈命谈仁并不稀少的事实而认为，孔子在这里只是罕言利而已，他对命和仁却都是赞成的，即将"与"读为四声，解为动词"许"也。但综观诸家之说，本人还是同意程树德和杨伯峻等人的分析，认为对此三者，孔子本人主动谈得并不多，平时只是被动地回答弟子们的有关提问而已；但此三者又的确是孔学的核心问题，孔子越是谈得少，弟子们越是感兴趣，故但凡有所言说，就被其弟子或再传弟子们在《论语》中详细地记录了下来，结果反而显得条目并不少，因而难免给人造成一定的困惑。证明这个观点的一个证据是，杨逢彬曾从《左传》中挑出55例涉及"与"字的文句进行语法学分析，结果未发现一例是以抽象名词（如"命"和"仁"之类）作宾语的，这就表明，此"与"字在这里只能是连词性质（《左传》中类似的文句倒是很多），而绝无可能是动词（《论语新注新译》）。

那么，孔子为什么较少谈论利、命和仁呢？这应该和儒家对此三者的特殊理解有关。比如《乾文言》明确讲"义者，利之和也""乾始能以美利利天下，不言所利"，焦循由此申论说："古所谓利，皆以及物（惠及万物）言。至春秋时，人第（但）知利己；其能及物，遂别为之义。故孔子赞《易》，以义释利，谓古所谓利，今所谓义也。孔子言义，不多言利，故云'子罕言利'。"（《论语补疏》）由此可见"利"的概念有个变化发展的过程，孔子不愿意对"利己"之"利"有所谈论也就是正常的了。而"命"和"仁"呢？孔子虽然在《论语》中表面上似乎谈得并不少，但如上所述，其中大部分是被动地回答弟子们的提问，就其本质其实谈得并不多；究其原因，盖"命之理微，仁之道大"（程子语），孔子只是到了晚年读《易》之后才择其人而谈之也。换句话说，如此理解下的利、命、仁应该是很抽象、很高深的学问，"中人以下"是很难理解的，所以孔子很少主动地谈论它们——这在本篇以后的章节中表现得尤其明显。

9.2 达巷党人曰："大哉孔子！博学而无所成名。"子闻之，谓门弟子曰："吾何执？执御乎？执射乎？吾执御矣。"

【译文】达巷党有个人说："孔子真伟大啊！他的学问那么广博，但可惜的是没有一个足以成名的专长。"孔子听了这话，就对弟子们说："我以什么为专长呢？赶马车吗？还是射箭呢？我赶马车好了。"

【注释】①《集解》引郑玄曰："达巷者，党名也。五百家为党。此党人之美孔子博学道艺，不成一名也。"②《朱注》："达巷，党名。其人姓名不传。博学无所成名，盖美其学之博而惜其不成一艺之名也。执，专执也。射、御皆一艺，而御为人仆，所执尤卑。言欲使我何所执以成名乎？然则吾将执御矣。闻人誉己，承之以谦也。"并引尹焞曰："圣人道全而德备，不可以偏长目之也。达巷党人见孔子之大，意其所学者博，而惜其不以一善得名于世，盖慕圣人而不知者也。"

【解读】此借达巷党人之口以赞孔子也。上篇孔子曾赞尧曰"大哉尧之为君也""荡荡乎！民无能名焉"（8.19），本章达巷党人则说孔子"大哉孔子！博学而无所成名"，于此可见编者当有将孔子和尧加以对比之意——由此亦见孔子之学即尧舜之学也。但此达巷党人本人，可能并不知道"无所成名"乃圣人之至高境界，故其话语中又明显有对孔子"不成一艺之名"表示遗憾之意。而孔子之答亦妙矣！

李光地对此分析说："圣人或默或语，无非教者。如此章答语，非姑以谦辞塞党人之言。盖泛滥而不精于一，诚学者大病。圣人虽不然，然党人既有是言，则直受之而已。六艺莫粗于射、御，而御较射又粗，学无精粗，而必由粗者始。人之为学，往往驰心高妙，而有不屑卑近之过，此子游所以薄洒扫应对为末节，而见讥于子夏也（按此事见于19.12）。闻人言而思所执，一则虚受反己，二则教弟子守约务近，非苟为谦而已也。"（《读论语札记》）也就是说，孔子本人实际上并非"不成一艺"或没有专长，太宰就曾称赞孔子为"多能"，孔子本人也说自己"多能鄙事"（9.6），但此达巷党人既然不了解孔子，孔子干脆就以其圣人之博大胸怀"直受之而已"，并且表示自己要学习最卑贱的"执御"之事——这其实是他老人家顺便对弟子们示范了一番做事不妨"由粗者始""守约务近"的人生道理。《周易·系辞上》云："言天下之至赜，而不可恶也。"并云："知（智）周乎万物而道济天下，故不过""曲成万物而不遗"等等。其意思是说：即使对待世界上最卑贱、最幽微的事情（"至赜"），我们最好也不要厌恶它们；一个人的智慧应该普照万物，而一点也不遗漏，盖唯此方能周济天下也——此《易》道也，亦圣人之道也。就此而论，孔子已将"道"与"艺"混而为一，实不愧圣人之名号也。

9.3 子曰："麻冕，礼也；今也纯，俭，吾从众。拜下，礼也；今拜乎上，泰也。虽违众，吾从下。"

【译文】孔子说："用麻料来织礼帽，这符合传统的礼制；但今天大家都用丝料了，这样做比过去俭省些，我同意大家的做法。臣子见君上，先在堂下磕头，然后升堂再磕头，这符合传统的礼制；但今天大家都免除了堂下磕头，只是升堂后才磕头，这样做就是倨傲的表现了。虽然违背大家的做法，我依然主张要在堂下磕头。"

【注释】①《朱注》："麻冕，缁布冠也。纯，丝也。俭，谓省约。缁布冠，以三十升布为之，升八十缕，则其经二千四百缕矣。细密难成，不如用丝之省约。臣与君行礼，当拜于堂下。君辞之，乃升，成拜。泰，骄慢也。"并引程子曰："君子处世，事之无害于义者，从俗可也；害于义，则不可从矣。"②《钱解》："本章见礼俗随世而变，有可从，有不可从。孔子好古敏求，重在求其义，非一意遵古违今。此虽举其一端，然教俭戒骄，其意深微矣。"

【解读】按照程子和钱穆的意思，君子对待礼俗，"重在求其义"，如果某种礼俗"害于义"，则断不可从。《中庸》说："义者，宜也。"就礼俗而言，其是否得宜，肯定和时代的关系比较大。比如现在，我们早就没有了磕头的仪式，故本章所言堂上、堂下磕头的区别，自然也就不存在了，因此理解本章大家或有困难。但正如钱穆所说，礼是要人"教俭戒骄"的，这个大的原则，恐怕至今依然是应当遵循的。

又李光地在《读论语札记》中说："变礼、从俗之事，圣人亦偶为之。然过礼而不失乎恭俭，则为之可也；过礼而至于干僭，则宁违俗而守礼。《易》之小过曰：'过其祖，遇其妣；不及其君，遇其臣。'其义与夫子之言同。"李氏所引爻辞出自小过卦六二，原文为："过其祖，遇其妣；不及其君，遇其臣。无咎。"盖小过卦（☳）为下艮上震，四阴在外，二阳在内，阴多于阳，而阳为大、阴为小，故名小过；其六二以柔居中，能够当过则过、当不及则不及，故获无咎也。李光地在《周易折中》中更加详细地分析过此爻，而且同样联系到了《论语》此章，亦转引如下:"古者重昭穆,故孙则祔于祖,孙妇则祔于祖姑。晋之'王母',此爻之'妣',皆谓祖姑也。两阴相应,故取妣、妇相配之象(按:祔音附。《说文》:'祔,后死者合食于先祖。')凡《易》之义,阴阳有应者,则为君臣,为夫妇,取其耦配也。无应者,则或为父子,或为等夷,或为嫡媵,或为妣妇,取其同类也。此爻二、五皆柔,有妣妇之配,无君臣之交,故取遇妣不及其君为义。孙行而祔于祖列,疑其过矣。然礼所当然是适得其分也,无应于君者,不敢仰干于君之象。然守柔居下,是臣节不失也。以人事类之,则事之可过者,过而得其恭顺之体;事之必不可过者,不及而安于名分之常。夫子之言'麻冕''拜下',意正如此也。小过之义主于过恭过俭,妻道也,臣道也。二当其位,而有中正之德,故能权衡于过不及而得其中,于六爻为最善。"此中深意,读者可细玩之。

9.4 子绝四:毋意,毋必,毋固,毋我。

【译文】孔子绝不容许这样四种毛病,即不起私意,不专断,不固执,不自以为是。

【注释】①《朱注》:"绝,无之尽者。毋,《史记》作'无',是也。意,私意也。必,期必也。固,执滞也。我,私己也。四者相为终始,起于意,遂于必,留于固,而成于我也。盖意、必常在事前,固、我常在事后,至于我又生意,则物欲牵引,循可不穷矣。"②李炳南《论语讲要》:"'意'是心里起的念头。'必'是偏见,不合中庸之道。'固'是固执,固蔽地执持一些事理,不能变通。'我'是对自我误执。"

【解读】李光地从《周易》的角度,对本章也有个评论,同样抄录如下:"我,乃私意之根,虽不动念,而不化者,易之艮所谓身也。有我则不能廓然大公,故不能物来顺应,而有意,有必,有固。若物来顺应,则物未来而私心妄念之不生,何意之有?应物而不累于物,何必之有?顺理以应之而不滞于物,何固之有?如是则复还于太虚而无迹,何我之有?盖毋意,则所发者皆天地之心,元之德也。毋必,则为不计效,施不望报,亨之德也。毋固,则因物付物,利之德也。毋我,则不言所利,贞之德也。三者皆归于无我,而行乎无我,犹贞之终始万物也。不获其身而不私于己,故能不见其人,而不系于物。圣人之与天地相似者,如此。"(《读论语札记》)

对于这段评论，笔者稍作疏解如下：一是李氏以"我"为"私意之根"，又将"我"视为艮卦所谓"身"者。盖艮卦（☶）为《周易》第五十二卦，艮者止也，其卦辞曰："艮其背，不获其身；行其庭，不见其人。无咎。"朱子释之曰："盖身，动物也，唯背为止，'艮其背'，则止于所当止也；止于所当止，则不随身而动矣，是不有其身也。如是则虽行于庭除有人之地，而亦不见其人矣。盖'艮其背而不获其身'者，止而止也；'行其庭而不见其人'者，行而止也。动静各止其所，而皆主夫静焉，所以得无咎也。"（《周易本义》）由此可见，其卦辞所讲乃"止而止"和"行而止"之象，如此则忘其身矣，亦即无我矣；按照李氏的说法，这样就达到了"物来顺应"的境界，不生任何"私心妄念"，则何意之有？二是李氏认为，此"四毋"即乾卦卦辞所讲"元亨利贞"之四德也，即"毋意"乃元之德，"毋必"乃亨之德，"毋固"乃利之德，"毋我"乃贞之德；并认为前三者皆可归于"无我"，而"行乎无我，犹贞之终始万物也"。盖《说卦传》云："终万物、始万物者莫盛乎艮。"三是李氏由此得出一个结论："圣人之与天地相似者，如此。"郑汝谐《论语意原》云："子之所绝者，非意、必、固、我也，绝其'毋'也。禁止之心绝，则化矣。"这个解释为程树德和李炳南等人所激赏，确有妙处，亦可和李氏之说互参。

9.5 子畏于匡，曰："文王既没，文不在兹乎？天之将丧斯文也，后死者不得与于斯文也；天之未丧斯文也，匡人其如予何？"

【译文】孔子在匡地受到围困时说："周文王死了以后，中华文化的道统不就在我这里了吗？天如果想要消灭这种文化，那我就不会掌握它了；天如果不想消灭这种文化，匡人又能把我怎么样呢？"

【注释】①《杨注》："《史记·孔子世家》说，孔子离开卫国，准备到陈国去，经过匡。匡人曾经遭受过鲁国阳货的掠夺和残杀，而孔子的相貌很像阳货，便以为孔子就是过去曾经残害过匡地的人，于是囚禁了孔子。'畏'是拘囚的意思。与，音预。"②《集解》引孔安国曰："文王既没，故孔子自谓后死者。言天将丧斯文也，本不当使我知之。今使我知之，未欲丧也。"③《康注》："文者，文明之道统也。《春秋》继周文王，有文明之道，文王隐没五百年，文明之道统大集于孔子。后死者，孔子对文王自谓也。言天若绝文明之统，则孔子自谓不得为文明之教主；天若未绝文明之统，则我为文明之教主,匡人必不能违天相害。"

【解读】盖其时孔子为匡人所围,形势危急,故发此感慨,以向弟子陈明自己"以道自任"之志也。朱子说:"道之显者谓之文,若礼乐制度之谓。不曰道而曰文,亦谦辞也。"(《四书集注》)黄式三说:"先王所以治天下者曰道,所以载道者文。夫子云'述而不作',述斯文即述斯道也。自程门分文与道为二,《注》因以不言道为谦辞,然《经》意是自任,不是自谦之时,朱子《答陈安卿书》言之矣。"(《黄氏后案》)故此处之"文",实即"道"也。

我们知道,中国是当今世界唯一一个有着五千年一脉相承文明的国家,"文"历来备受重视,比如古代的人,如果死后谥号中有"文",往往是最高奖赏。"文明"一词,最早出现在《周易》贲卦《象传》中,其云:"文明以止,文明也。观乎天文,以察时变。观乎人文,以化成天下。"盖贲卦(䷕)下离上艮,离为火,艮为山,火焰烛山,山高接天,故有"文明"之象。所谓"文明以止"者,止乎礼乐制度也,这是人类社会不同于动物世界之最大处。圣人既能"观乎天文",又能"观乎人文",所以能洞察天地之变,从而"化成天下"也。在本章中,孔子于生死关头,强调"文王既没",中华文明的道统已落在自己身上,匡人必不能违背天意而害之,其中所体现出来的、接续道统的使命感和责任感,何其感人至深也!

9.6 太宰问于子贡曰:"夫子圣者与?何其多能也?"子贡曰:"固天纵之将圣,又多能也。"子闻之,曰:"太宰知我乎!吾少也贱,故多能鄙事。君子多乎哉?不多也。"

【译文】太宰问子贡:"孔老先生是圣人吗?为什么这样多才多艺呢?"子贡回答:"这本是上天让他成为圣人,又让他多才多艺啊。"孔子听后,便说:"太宰真是了解我啊!我小时候穷困,所以学了不少鄙贱的技艺。真正的君子会懂这么多的技艺吗?应该是不会的吧。"

【注释】①《集释》:"太宰有吴、宋、鲁、陈之四说,以书法言之,当以鲁太宰为正。"②《朱注》:"与,平声。与者,疑辞。太宰盖以多能为圣也。纵,犹肆也,言不为限量也。将,殆也,谦若不敢知之辞。圣无不通,多能乃其余事,故言'又'以兼之。

（而孔子之答：）言由少贱故多能，而所能者鄙事尔，非以圣而无不通也。且多能非所以率人，故又言君子不必多能以晓之。"③李光地《读论语札记》："曰'夫子圣者与'，犹疑夫子之非圣也。曰'何其多能也'，将以多能为圣也。'固天纵之将圣'，是破其疑非圣之心。'又多能也'，是破其以多能为圣之见。曰自是天纵之，使之至于圣，而又多能也。圣固是天纵，多能亦是天纵。子贡此语，可谓智足知圣，而无改评者。故夫子舍子贡之言，而与太宰相答。曰吾之多能，太宰知乎！由少贱而习于鄙事之故耳。君子且不贵，况圣人乎？盖避圣之号，而又示人以学圣之方也。"

【解读】此章言"德"与"艺"之关系并示人以"学之方"也。盖无论太宰和子贡所说"圣人"，还是孔子所说"君子"，均以德为本，而所谓"能"者，即才也艺也；故这里讲"圣人""君子"是否或应否"多能"，实则即讲"德""艺"关系也。李光地曾将此章与"达巷党人"章对比说："前答党人，则欲专于执御之卑。此答太宰，又言不贵鄙事。意似相反而实相贯。党人誉夫子以博学，就艺言之故，夫子因所谓无成名者而审所执。盖克勤小物，亦学也；专精于一而不务博者，学之要也。太宰因多能而誉夫子，以圣则不知有德、艺之分，故夫子不让多能之名，而为之明君子之学：大德不官，大道不器，务本而不急末者，尤学之要也。圣人之因人答问，莫非至理，固如此。"（《读论语札记》）也就是说，孔子从来不否认"多能"或"才艺"之作用，但在"达巷党人"章，他强调的是要"克勤小物"，甚至"执御"，他老人家都愿意干；而在本章，他强调的则是在"多能"之上还有大道在，判断一个人是否为君子，并不以其是否"多能"为标准。故李氏说"专精于一而不务博者，学之要也"，又说"务本而不急末者，尤学之要也"。读者可结合8.20和9.2等章论述才艺的有关内容，对《周易》所言"曲成万物而不遗"之旨，以及儒家关于为学之本末关系的观点深味之。

9.7 牢曰："子云，'吾不试，故艺。'"

【译文】子牢说："孔子说过，我不被人所用，因此学了一些技艺。"

【注释】①《集解》引郑玄曰："牢，弟子子牢也。试，用也。言孔子自云，我不见用，故多技艺。"②《皇疏》引缪协曰："此盖所以多能之义也。言我若见用，将崇本息末，归纯反素，兼爱以忘仁，游艺以去艺，岂唯不多能鄙事而已。"

【解读】上章讲"吾少也贱，故多能鄙事"，本章讲"吾不试，故艺"，其道理是一致的，完全可以综合来看。朱子《四书集注》即将这两部分连为一章。

9.8 子曰："吾有知乎哉？无知也。有鄙夫问于我，空空如也，我叩其两端而竭焉。"

【译文】孔子说："我有知识吗？我没有啊。有个乡下人来问我问题，我本来头脑空空的，就从他所提问题的首尾两端去问他，最后得出结论，再告诉他。"

【注释】①《朱注》："叩，发动也。两端，犹言两头。言终始、本末、上下、精粗，无所不尽。"②李颙《四书反身录》："夫子惟其'空空'，是以大而能化，心同太虚……吾人学无归宿，正坐不能空其所知，比之鄙夫，反多了一番知识，反增了一番心障，以致下不能如鄙夫，是以上不能希往圣。"③焦循《论语补疏》："此'两端'即《中庸》舜'执其两端，用其中于民'之'两端'也。鄙夫来问，必有所疑；惟有两端，斯有疑也。故先叩发其两端，谓先问其所疑，而后即其所疑之两端而穷其意，使知所问焉。凡事皆有两端……而皆有所宜。得其所宜则为中。孔子叩之，叩此也；竭之，竭此也。"

【解读】此章最可玩味者为"空空如也"和"叩其两端"二语。对于"空空如也"，有以为是指鄙夫者，有以为是指孔子者，译文从后说。如按前说，当指鄙夫没有头脑，故来相问，亦不为错；但如从后说，似与上下文意更切，且其寓意亦更高一层，李颙对此辩之甚详，即所谓"夫子惟其'空空'，是以大而能化，心同太虚"也。《周易·系辞上》云："《易》无思也，无为也，寂然不动，感而遂通天下之故。非天下之至神，其孰能与于此？"据此而言，孔子之"空空如也"是经过多年人生历练、储备充足知识后的"空"，是不再含有任何偏执、廓然大公后的"空"，故看似"无思无为，寂然不动"，但却能物来顺应，"感而遂通"也。这当然和鄙夫纯然无知的"空"不同，又和李颙所批评的"多了一番知识""增了一番心障"后的我们不同。

在"空空如也"的前提下，孔子还讲到了"叩其两端"的教学方法。此"两端",即《中庸》所谓"执其两端,用其中于民"之"两端"也。李颙说得好:"鄙夫来问,必有所疑;惟有两端,斯有疑也。故先叩发其两端,谓先问其所疑,而后即其所疑之两端而穷其意,使知所问焉。"因为"凡事皆有两端",即有阴阳两面,其疑问就在不知道哪种是对的,哪种是错的,故"叩此""竭此",最后即得其所宜也。而李颙又说:"得其所宜则为中。"此"中"即"中庸之为德"之"中"也(见6.29),与《周易》所言之"中"同。可见"中"乃"叩其两端"之结果也。

《周易》重视"中",前已屡言之。明万廷言所著《易原》,有"明中"十篇,特摘录数言,以相发明:"《易》惟中,乾、坤、图、象,皆中也。""夫未发之中,心体也(按此即夫子"空空如也"之心也),《易》之源,生生之大本也。""二、五之所以为中,何也?曰:《易》之用,阴阳刚柔而已。二、五者,圣人随阴阳刚柔之变而处之中,所谓'时中'者也。""六十四卦必有中,而中即八卦之中也。八卦之中即一卦之中,一卦之中即吾喜怒哀乐之未发。未发,天也。""然则中其难言哉!亦深且远矣。曰:尧、舜、禹、汤、文、武、周公、孔子,非所谓穷理尽性、允执厥中者哉!"又《清华简》中的《保训》篇(据说即周文王遗训)也提到了"中",亦可同观。

9.9 子曰:"凤鸟不至,河不出图,吾已矣夫!"

【译文】孔子说:"凤凰不来,河图不出,我这一辈子恐怕是完了吧!"

【注释】①《集释》引司马迁《史记·孔子世家》云:"子曰:'河不出图,洛不出书,吾已矣夫!'"②《朱注》:"凤,灵鸟,舜时来仪,文王时鸣于岐山。河图,河中龙马负图,伏羲时出。皆圣王之瑞也。"并引张载曰:"凤至图出,文明之祥。伏羲、舜、文之瑞不至,则夫子之文章,知其已矣。"

【解读】《周易·系辞上》有云:"河出图,洛出书,圣人则之。"意思是说,圣人见《河图》《洛书》而做八卦也;此与"古者包牺氏之王天下也,仰则观象于天,俯则观法于地,观鸟兽之文与地之宜,近取诸身,远取诸物,于是始作八卦,以通神明之德,以类万物之情"之意略同。但究竟何谓《河图》?何谓《洛书》?具体是什么样子?历来争议很大,北宋以前只是视此为"祥瑞",视其内容为文字或地图而已,但似乎并未坐实,只是后来北宋的刘牧首先在其所著《易数钩隐图》中以黑白点的样子画出了《河图》《洛书》，后来朱子又经其改窜将之置于《易学启蒙》和《周易本义》两书中，易学派别中遂有"图书"之学诞生，但质疑的声音也一直存在。李申《易图考》和郭彧《易图讲座》等书，对此问题之历史沿革论列最详，可以参考。

《论语》此章，和《史记》所引虽有差异，但表达的意思应该差不多。孔子从来不相信有什么"祥瑞"之事，此绝非孔子自知其有圣德而希望有凤鸟至、河出图而应之，当是他老人家借往古之传说以自叹也；孔子心目中的《河图》，与宋以后的"图书"肯定一点也不搭界。在《微子篇》中，孔子曾叹"道之不行，已知之矣！"（18.7）《公羊传》亦载孔子见"西狩获麟"而叹"吾道穷矣！"这应该都是孔子晚年自伤自嗟之语。（当然，这并不是否认远古有类似"河图""洛书"的东西存在，比如距今5000多年前的安徽凌家滩古墓群发现了一块玉版，其上的图形就被人认为与"河图""洛书"甚至八卦有关。）

9.10 子见齐（zī）衰（cuī）者、冕衣裳者与瞽者，见之，虽少，必作；过之，必趋。

【译文】孔子看见着丧服的人、穿戴着礼帽礼服的人以及盲人，见面的时候，他们虽然年轻，孔子一定站起来；走过去的时候，一定会快走几步。

【注释】①《杨注》："齐衰，古代丧服，用熟麻布做的，其下边缝齐。齐衰又有齐衰三年、齐衰期（一年）、齐衰五月、齐衰三月几等；看死了什么人，便服多长日子的孝。"②《皇疏》："言孔子见此三种人，虽复年少，孔子改坐而见之，必为之起也。趋，疾行也。又明孔子若行过此三种人，必为之疾速，不敢自修容也。"③《朱注》："齐衰，丧服。冕，冠也。衣，上服。裳，下服。冕而衣裳，贵者之盛服也。瞽，无目者。"并引范祖禹曰："圣人之心，哀有丧，尊有爵，矜不成人。其作与趋，盖有不期然而然者。"又引尹焞曰："此圣人之诚心，内外一者也。"

【解读】孔子所见的这三种人，一为丧服在身者，一为地位尊贵者，一为盲者。范祖禹的解释最为贴切，圣人见有丧者必生哀悼之情，见位尊者必生敬重之情，见残疾者必生怜悯之情；故不管其是否年少，如果不期然而遇之，孔子必有

"作""趋"之举也。李泽厚说：此"表示敬意也。仍重在感情态度，《朱注》所谓'内外一'，是也。"（《论语今读》）黄式三说："观'师冕见'一章（即15.42）与此章，圣人之一言一动皆诚心之所流行，日用间无非仁义也。"（《黄氏后案》）《周易》需卦上六云："有不速之客三人来，敬之无咎。"恰可与之比对。

9.11 颜渊喟然叹曰："仰之弥高，钻之弥坚。瞻之在前，忽焉在后。夫子循循然善诱人，博我以文，约我以礼，欲罢不能。既竭吾才，如有所立卓尔。虽欲从之，末由也已。"

【译文】颜渊感叹地说："越是仰头看，越觉得高大；越是用力钻研，越觉得艰深。看起来是在前面，忽然又到后面去了。老师善于有步骤地诱导学生，用各种文献来拓展我的知识，又用礼节来约束我的行为，使我想停下来都不可能。我已经用尽了我的才力，但好像立在我面前的东西依然高不可攀。要想再向前迈进一步，却又找不到路了。"

【注释】①《朱注》："仰弥高，不可及。钻弥坚，不可入。在前在后，恍惚不可为象。此颜渊深知夫子之道无穷尽、无方体，而叹之也。循循，有次序貌。诱，引进也。博文、约礼，教之序也。言夫子道虽高妙，而教人有序也。卓，立貌。末，无也。此颜子自言其学之所至也。盖悦之深而力之尽，所见益亲，而又无所用其力也。"并引程子曰："此颜子所以为深知孔子而善学之者也。"②王夫之《读四书大全说》："要此一章，是颜子自言其学圣之功，而非以论道。喟然之叹，知其难而自感也，非有所见而叹美之也。圣人之'无行不与'，只此语默动静，拟议而成变化，便是天理流行。如云'穷理尽性以至于命'，亦止在身心上体认得'精义入神''利用安身'之事，非有一性焉、命焉，如释氏之欲见之也。"

【解读】这是《论语》中的著名段落，正和唐文治所说《子罕篇》主旨"重在施教术"相一致，即朱子所谓"此颜子自言其学之所至也"，王夫之所谓"颜子自言其学圣之功"也。由此既可见孔子"循循善诱"之术，其"高""坚"和"忽前忽后"之不可名状，又可见颜回"从之"之诚心，以及"仰""钻"和"欲罢不能"之情状，妙不可言矣！

最值得注意的是，这里"仰之弥高，钻之弥坚"的"之"到底指的是什么？有人解为"道",王夫之曾借某僧云:"然则可道'仰道弥高'否?"显然不行,如此则意味尽失矣!王夫之又进而说:"颜子既非悬空拟一道之形影而言之,又实为有指。思及此,然后知朱子之言,真授瞽者以目也。朱子云'不是别有个物事',则既足以破悬空拟道形影者之妄;又云'只是做来做去,只管不到圣人处',则现前将圣人立一法则,而非无所指矣。"此正儒家不同于佛家之处:圣人"无行不与",尽在"语默动静"之中,《说卦传》所谓"穷理尽性以至于命"以及《系辞传》所谓"精义入神""利用安身"等等,如王氏所言,亦须"在身心上体认",即与人伦日用不可须臾分离也。"缘夫子义精仁熟,从心所欲不逾矩,故即一止一作、一言一动之间,皆自然合符;而其不可及者即为高,不能达者即为坚,不可执一而求者即为在前而在后。即如鄙夫之问,叩两端而竭;见齐衰者、冕衣裳者与瞽者而必作、必趋;感斯应,应斯善,善必至,至善必不息,不息而化:此所谓'弥高坚,忽焉在后'者矣。"(《读四书大全说》)诚哉斯言!

关于"博我以文,约我以礼",在《雍也篇》已见,那里说的是"君子博学于文,约之以礼"(6.27),意思大略相同,可互参。这里值得深思的还有"循循然善诱人"之语,此夫子之"教术"也,即后人"程序教学法"之雏形也,但又不知超越后者多少倍矣。另关于"如有所立卓尔",有解为颜回"有所立"者,但综合各家之说,仍以解为孔子"有所立"为安。此为颜回仰圣之语也,可以和《子张篇》子贡赞美孔子的著名章节互相发明。又李颙解释"虽欲从之,末由也已"说:"颜子惟其知性,是以藉博约工夫尽性分之当然,进不能自已。用力之久,至于聪明才智俱无可用,不觉恍然有会,跃如在前,实非攀援歆羡之私所可拟议。虽欲从之,果何所从?有从则有二矣,有二便非道。"(《四书反身录》)此将颜回视为得道者,亦可备一说。

9.12 子疾病,子路使门人为臣。病间,曰:"久矣哉,由之行诈也!无臣而为有臣。吾谁欺?欺天乎!且予与其死于臣之手也,无宁死于二三子之手乎!且予纵不得大葬,予死于道路乎?"

【译文】孔子病得很厉害,子路便命孔子的弟子们组织了治丧处。后来孔子的病逐渐好了起来,就说:"仲由干这种欺诈的事情已经很久了吧!我本不该有治丧处,却让人组织治丧处。我欺骗谁呢?难道欺骗上天吗?我与其死在治丧者的手里,宁肯死在诸位学生的手里,不还好些吗?即使我不能得到隆重的葬礼,难道我还会死在道路上吗?"

【注释】①《杨注》:"为臣,和今天的组织治丧处有相似之处。但也有不同之处。相似之处是死者有一定的社会地位才给他组织治丧处。不同之处是治丧处人死以后才组织,才开始工作。'臣'却不然,死前便工作,死者的衣衾手足的安排以及赗赙诸事都由'臣'去处理。所以孔子这里也说'死于臣之手'的话。"②《读训》:"《礼记·王制》云:'大夫废其事,终身不仕,死以士礼葬之。'孔子去鲁不仕,若死,当以士礼葬之。但子路为尊荣孔子,欲仍以大夫之礼饰终,故设有家臣,意欲于孔子殁时主持丧事。"

【解读】值得注意的是"吾谁欺?欺天乎!"一语,而"天将以夫子为木铎"(3.24),绝非仅仅以孔子为"大夫"也。故子路给孔子设置"治丧处",以"大夫"之礼待之,此"非礼"之举固不为孔子所喜,而更深层言之,此举则是表面抬高孔子而实则贬低孔子也,故孔子遂有"予与其死于臣之手也,无宁死于二三子之手乎!"之明确表白。钱穆说:"孔子之可尊,其所以为百世之圣者,在其创师道,不在其曾为大夫。"(《论语新解》)此言得之。

9.13 子贡曰:"有美玉于斯,韫(yùn)椟(dú)而藏诸?求善贾(gǔ)而沽诸?"子曰:"沽之哉!沽之哉!我待贾者也。"

【译文】子贡问:"比如这里有一块美玉,把它放在柜子里藏起来呢?还是找一个识货的人卖掉它呢?"孔子答:"卖掉它!卖掉它!我是在等待识货者啊。"

【注释】①《集解》引马融曰:"韫,藏也。椟,匮也。谓藏诸匮中也。沽,卖也。"②《杨注》:"贾音古gǔ,商人。又同'价',价钱。如果取后一义,'善贾'便是'好价钱','待贾'便是'等好价钱'。不过与其说孔子是等好价钱的人,不如说他是等识货者的人。"③《钱解》:"本章子贡以孔子怀道不仕,故设此问。孔子重言沽之,则无不仕之心可知。盖孔子与子贡之分别,在求字与待字上。用之则行,舍之则藏,若有求无待,则将炫之,与藏之相异。"

【解读】在出仕的问题上，"盖孔子与子贡之分别，在求字与待字上"，钱穆之说甚确。很明显，孔子一方面并不反对出仕，即所谓"沽之哉！沽之哉！"但另一方面，他又主张要学会等待，即所谓"我待贾者也"。那么，"待"是一种什么状态呢？《周易》需卦初九云："需于郊，利用恒，无咎。"需者，待也。郊，旷野之地。潘雨廷曰："需有道，贵郊贵恒。郊则有容，其境可需；恒则有道，其人可需。以可需之人，处可需之境，庶免失势违时之咎，将得乘势适时之几也。"（《繇爻》）此将"待"义阐释明矣！

又《周易》第三十五卦为晋卦。晋卦（䷢）下坤上离，坤为地，离为明，有"日出地上、进而益明"之象，故名。《序卦传》云："晋者，进也。"其初六爻辞云："晋如，摧如，贞吉。罔孚，裕无咎。"其《小象》曰："'晋如，摧如'，独行正也。'裕无咎'，未受命也。"盖此爻居初应四，欲进者也。但所居既不中正，而四互二、三为艮为止，故有在下始进而见摧抑之象。又其与四正应，有贞吉之象；而四与三、五互坎为狐疑，有罔字之象；坤土宽广，初在下，有宽裕无咎之象。陈梦雷说："盖当卑下之位，使以人之未信而戚戚不能自安，则有咎矣。故摧如在彼，吾不可以不贞。罔字在彼，而吾不可以不裕。盖初以阴居阳非正、故戒以唯贞则吉。才柔志刚非裕，故戒之以唯裕则无咎。此君子之受抑而守正，以俟时者也。"（《周易浅述》）王安石曾结合《论语》本章说："常人不见孚，则或急于进以求有为，或急于退以怼上之不知。孔子待贾，罔孚而裕于进也。孟子久于齐，罔孚而裕于退也。"（转引自马振彪《周易学说》）盖"罔孚"即不为人所信任也，不为人所信任固不宜"急于进以求有为"，但亦不宜"急于退以怼上之不知"，圣人如孔孟，则既能"裕于进"又能"裕于退"者也。此一"裕"字，并上述潘雨廷所云"容"字，已将圣人"进退自如"之态描摹尽矣！

9.14 子欲居九夷。或曰："陋，如之何？"子曰："君子居之，何陋之有？"

【译文】孔子想搬到九夷去住。有人说："那地方非常简陋，怎么办？"孔子说："既然有君子居住，又有什么简陋的呢？"

【注释】①《杨注》："九夷就是淮夷。以《说苑·君道篇》、《淮南子·齐俗训》、《战国策·秦策》与《魏策》、李斯《上秦始皇书》诸说九夷者考之，九夷实散居于淮、泗之间，北与齐、鲁接壤(说本孙诒让《墨子闲诂·非攻篇》)。"②《正义》："子欲居九夷，与乘桴浮海，皆谓朝鲜。夫子不见用于中夏，乃欲行道于外域，则以其国有仁贤之化故也。"并引《后汉书·东夷列传》云："昔箕子违衰殷之运，避地朝鲜。始其国俗未有闻也，及施八条之约，使人知禁，遂乃邑无淫盗，门不夜扃，回顽薄之俗，就宽略之法，行数百千年，故东夷通以柔谨为风，异乎三方者也。苟政之所畅，则道义存焉。仲尼怀愤，以为九夷可居。或疑其陋。子曰：'君子居之，何陋之有！'"③李贽《四书评》："'君子居之'四字极活。意若谓：如'君子居之'，亦不顾其陋不陋也。先辈谓'当问其居不居，不当问陋不陋'，最为得之。"

【解读】对于九夷在什么地方，学者有不同意见；如从孔子所讲"道不行，乘桴浮于海"(5.7)的角度看，则以刘宝楠所说"朝鲜"为是。对于"子欲居九夷"，张载《易说》曾云："否之时，天下无邦也。子欲居九夷，未敢必为天下之无邦。或夷狄有道，于今海上之国，尽有仁厚之治者。"这里值得注意的有两点：一，"否之时"即当否卦之时也，盖《周易》否卦《象传》云："否之匪人，不利君子贞。大往小来，则是天地不交，而万物不通也；上下不交，而天下无邦也。""天下无邦"就是天下大乱，邦国不宁之意，正合春秋乱世之情形。二，夷狄或有"仁厚之治"。我们曾经提到，据庞朴先生考证，现在的"从人从二"之仁字实即"从尸从二"之仁字，而此"尸"字原为古代东方的少数民族"夷"，盖这个民族具有某种人性美德而在此被借代使用也，而"二"字只是此字体上的一种装饰而已(见3.3)，所以讲夷狄有"仁厚之治"并非是一种空想。另联想到箕子曾避地朝鲜，而箕子又被孔子许为"殷有三仁"(见18.1)之一，则九夷或经济不发达、居室很简陋，但其国俗民风之醇厚亦可以想见矣！故此处之"君子"未必纯为自许，亦当指九夷固有君子居之也。

9.15 子曰："吾自卫反鲁，然后乐正，《雅》《颂》各得其所。"

【译文】孔子说："我从卫国回到鲁国，才使音乐变得规范，使《雅》《颂》找到了各自的位置。"

【注释】①《皇疏》："孔子去鲁后，而鲁礼乐崩坏。孔子以鲁哀公十一年从卫还鲁，而删《诗》《书》，定《礼》《乐》，故乐音得正。乐音得正，所以《雅》《颂》之诗各得其本所也。《雅》《颂》是《诗》义之美者。美者既正，则余者正亦可知也。"②《朱注》："鲁哀公十一年冬，孔子自卫反鲁。是时周礼在鲁，然《诗》《乐》亦颇残阙失次。孔子周流四方，参互考订，以知其说。晚知道终不行，故归而正之。"③李炳南《论语讲要》："古人注解，有的说是正乐词，有的说是正乐曲。其实音乐不能只要词不要曲，也不能只要曲不要词。因此，解释孔子正乐，应该是将乐曲与诗章配合来讲，才算完全。"

【解读】在8.8中，我们曾谈到儒家的乐教，这里讲"乐正"，应该也是乐教的一部分，但这里既然还提到《诗经》中的《雅》《颂》等篇，可见儒家的乐教和诗教并不是可以截然分开的。

有意思的是，这里还出现了"各得其所"一语，表面看来这和乐词、乐曲之间的配合有关，但推展来看，这应该和儒家重视万事万物各安其分、各尽其职应该也有关系，此即《乾文言》所谓"各从其类"是也；因为万事万物只有"各从其类"、彼此相安，才能"各正性命，保合太和"（《乾卦·彖传》）也。另《周易·系辞下》还曾直接提到过"各得其所"，原文是："日中为市，致天下之民，聚天下之货，交易而退，各得其所。"这说的是神农氏开辟市场，让老百姓学习交易，从而使得人和物均"各得其所"的伟大功绩。由此可见，"各得其所"的意义还真是不小呢！李贽曾点评此章说："《雅》《颂》得其所，仲尼不得其所极矣！"（《四书评》）或许正是从这个角度来看问题的。考虑到上章"子欲居九夷"之内容，如果说《雅》《颂》在孔子的主持下终于可以"各得其所"，此为天大之幸事；那么孔子本人面对春秋衰世却不能施展其远大抱负，的确是"不得其所极矣"，则此岂非又为天大之不幸乎？！

9.16 子曰："出则事公卿，入则事父兄，丧事不敢不勉，不为酒困，何有于我哉？"

【译文】孔子说："出门在外便服事公卿，入门在家便服事父兄，遇到丧事不敢不尽礼，平时不为喝酒而困扰——这我到底做到了哪些呢？"

【注释】①邢昺《论语注疏》云："言出仕朝廷，则尽其忠顺以事公卿也。入居私门,则尽其孝悌以事父兄也。若有丧事,则不敢不勉力以从礼也,未尝为酒乱其性也。"②《杨注》:"孔子父亲早死,说这话时候,或者他哥孟皮还在,'父兄'二字,只'兄'字有义,古人常有这用法。'父兄'或者在此引伸为长者之义。"

【解读】此均人伦日用之事也。李贽说:"常人以为易者,圣人以为难,此其所以为圣人。"(《四书评》)朱子说:"此则其事愈卑,而其意愈切矣。"(《四书集注》)圣人之功夫,无非如此。其中"事公卿"即出仕也;"事父兄"即尊长也;"丧事不敢不勉",扩展来说,即对先人之礼敬也;"不为酒困",讲的则是对待饮食之态度,即不敢乱性也。

关于儒家对丧葬之重视,前已屡言之,此不赘。值得注意的倒是这里的"出""入"二字:"出"即"出门"也,入即"入门"也,一"出"一"入"之间,当有大义存焉。儒家是主张出门做事的,此与《周易》相通,如随卦讲"出门交有功"(初六),节卦讲"不出门庭,凶"(九二);出门在外,当然要讲规矩,此即邢昺所谓"尽其忠顺以事公卿"也。而在门内,也就是家中,家人卦则讲到"闲有家"(初九),按此"闲"字原意即限隔内外之栅栏也,故"闲有家"即依照法度治理家庭之意,其《象传》所谓"父父,子子,兄兄,弟弟,夫夫,妇妇",邢昺所谓"尽其孝悌以事父兄",即指此也。

另《周易》需卦、坎卦、困卦、未济卦都谈到了"酒",特别是困卦九二云:"困于酒食,朱绂方来,利用亨祀,征凶,无咎。"此与本章之义最切。朱绂(fú),古代礼服上的红色蔽膝,借指王者之服。亨通享,亨祀即享祀。朱子解释此爻说:"困于酒食,厌饫苦恼之意。酒食,人之所欲,然醉饱过宜,则是反为所困矣。朱绂方来,上应之也。九二有刚中之德,以处困时,虽无凶害,而反困于得其所欲之多,故其象如此。而其占利以享祀,若征行则非其时,故凶,而于义为无咎也。"(《周易本义》)又潘雨廷说:"有不得酒食而困,困之小者也。有粟而不得食,困之大者也。小人每不知大困,唯酒食是求,奈多不得酒食者。幸而得焉,幸而丰焉,其不为大困所困者寡矣!若君子者,忧道不忧贫。食前方丈,般乐饮酒,虽得志而不为。盖得志者,来朱绂以亨祀,祈阴阳之感通耳。非尚玉帛酒食,安能困之哉?"(《繇爻》)此讲九二有"困于酒食"之忧,但因其为刚中之君子,即便"得志"也能"利用亨祀"而非征行,故不会耽于酒食,终能脱困而"无咎"、而"有庆"也。《论语》此章讲"不为酒困",《乡党篇》讲"惟酒无量,不及乱"

(10.8)，均可结合困卦此爻互参。

9.17 子在川上，曰："逝者如斯夫！不舍昼夜。"

【译文】孔子站在河边，感叹说："这消逝的一切多像河水呀！就这样日夜不停地流走了。"

【注释】①《朱注》："天地之化，往者过，来者续，无一息之停，乃道体之本然也。然其可指而易见者，莫如川流。故于此发以示人，欲学者时时省察，而无毫发之间断也。"并引程子曰："此道体也。天运而不已，日往则月来，寒往则暑来，水流而不息，物生而不穷，皆与道为体，运乎昼夜，未尝已也。是以君子法之，自强不息。及其至也，纯亦不已焉。"②王夫之《读四书大全说》："'逝者'二字是统说，'斯'字方指水。'如斯'者，言天理之运亦如斯也。此圣人见彻内外，备道于身之语。"③《钱解》："或说：本篇多有孔子晚年语，如凤鸟章，美玉章，九夷章，及此章，身不用，道不行，岁月如流，迟暮伤逝，盖伤道也。或说：自本章以下，多勉人进学之辞。此两说皆得之。宋儒以道体之说释此章，亦一解。"

【解读】如结合"凤鸟""美玉""九夷"等章看，说此为孔子"迟暮伤逝"，当然有道理；如结合以下几章内容看，说此为"勉人进学之辞"，也有道理；但程朱等人均以"道体"释之，则尤其不可忽视。我们知道，《论语》极少谈论抽象的哲学本体论问题，但经宋儒之发挥，此章"以水喻道"之意味显得特别突出。李泽厚说："这大概是全书中最重要的一句哲学话语。儒家哲学重实践重行动，以动为体，并及宇宙；'天行健'，'乾，元亨利贞'均是也，从而与一切以'静'为体的哲学和宗教区分开来。"（《论语今读》）既然"以动为体"，那么，川流不息的河水，就成为道体或本体的最佳象征了。后来熊十力喜欢讲"以大海水为体"，并由此阐述其"即体即用"之哲学（《新唯识论》），或许此章亦为其思想来源之一。当然，熊十力也很推重《周易》。《周易》讲"天行健"（乾卦《大象》），又讲"日往则月来，月往则日来，日月相推而明生焉。寒往则暑来，暑往则寒来，寒暑相推而岁成焉"（《系辞下》），特别是还讲到"神无方而《易》无体"（《系辞上》），这当然都是在强调宇宙的变动不已，永无休止，即"以动为体"也。一个人如能体会到这一点,当然难免会有"伤逝"之情,但由此激发出来的更应该是一种"自强不息""于穆不已"的豪情才是。孔子及其弟子之伟大处,或正在此。

9.18 子曰:"吾未见好德如好色者也。"

【译文】孔子说:"我还没有见过喜欢道德胜过喜欢美貌的人呢。"

【注释】①《集解》:"疾时人薄于德而厚于色,故发此言。"②《钱解》:"孔子此章所叹,古固如此,今亦同然,何必专于卫灵公而发。读《论语》,贵亲从人生实事上体会,不贵多于其他书籍牵说。"③李贽《四书评》:"原不望人不好色,只望人'好德'如'好色'耳。"

【解读】虽有将此章与卫灵公宠爱南子之事(见6.28)相勾连者,但窃以为,对于孔子此语似宜做宽泛性理解。男欢女爱乃人之常情,如《礼记》所谓"饮食男女,人之大欲存焉"是也,故"好色"并没有什么不对。我们知道,《庄子·天下篇》云:"《易》以道阴阳。"《周易》的卦画仅由阴(--)阳(—)两种符号构成,阴阳之理,则为"同性相敌,异性相感"(尚秉和《周易尚氏学》自序),这在《周易》的爻位关系上表现得特别明显。比如艮卦《象传》云:"上下敌应,不相与也。"意思是阳应阳、阴应阴为敌也;又如咸卦《象传》云"二气感应以相与",恒卦《象传》云"刚柔皆应",意思是阴阳相与、相应则必相求而为友为朋也。这在《周易》其他卦爻中的例子还有很多,故尚秉和将"同性相敌,异性相感"列为易学的第一原理。又《序卦传》云:"有天地,然后有万物;有万物,然后有男女;有男女,然后有夫妇;有夫妇,然后有父子;有父子,然后有君臣;有君臣,然后有上下;有上下,然后礼义有所错。"《周易》上经首乾、坤,下经首咸、恒,即此义也;而男女交合而成夫妇,故咸、恒二卦均"刚柔皆应",实含二体合为夫妇之义。由此可见,按照《周易》的理论,阴阳(男女)之间的互相吸引、相与相应乃是天经地义的,并将之严格落实于卦爻的实践中,所以晚年曾熟玩《周易》的孔子,在这里绝非单纯讲"疾时人薄于德而厚于色"也;对此还是李贽解得好:他老人家"原不望人不好色,只望人'好德'如'好色'耳"!

9.19 子曰:"譬如为山,未成一篑(kuì),止,吾止也。譬如平地,虽覆一篑，进，吾往也。"

【译文】孔子说："比如造山，只差一筐土就成功了，如果停下来，这是我自己停下来的。又比如这是平地，虽然只倒下一筐土，如果继续下去，这也是我自己坚持的啊。"

【注释】①《朱注》："《书》曰：'为山九仞，功亏一篑。'夫子之言，盖出于此。言山成而但少一篑，其止者，吾自止耳；平地而方覆一篑，其进者，吾自往耳。盖学者自强不息，则积少成多；中道而止，则前功尽弃。其止其往，皆在我而不在人也。"②李贽《四书评》："先说'止'，后说'进'，绝妙鼓舞。"③《正义》引《大戴礼·劝学》云："积土成山，风雨兴焉；积水成渊，蛟龙生焉……故不积跬步，无以至千里；不积小流，无以成江海。骐骥一跃，不能十步；驽马十驾，功在不舍。锲而舍之，朽木不折；锲而不舍，金石可镂。"

【解读】《朱注》解得很好。此章主旨强调的依然是"自强不息"，即一个人在进德修业上的主观能动性，可和"我欲仁，斯仁至矣"（7.30）以及"为仁由己"（12.1）等章互参。又此处以堆土造山为喻，朱子讲其中有"积少成多"之意，此和《周易》升卦《大象》所云"积小以高大"也相通。李泽厚说："此即所谓'愚公移山'，强调韧性，自有成效。荀子劝学与上述大戴礼同，此中华民族之根本精神与儒学有关，而无关乎道、法、阴阳也。儒学之为中华文化主干，固宜。"（《论语今读》）说得不错。

9.20 子曰："语（yù）之而不惰者，其回也与！"

【译文】孔子说："和他讲过了，就毫不懈怠去做的，大概只有颜回一个人吧！"

【注释】①《集解》："颜渊解，故语之而不惰，余人不解，故有惰语之时。"②《朱注》引范祖禹曰："颜子闻夫子之言，而心解力行，造次、颠沛未尝违之。如万物得时雨之润，发荣滋长，何有于惰？此群弟子所不及也。"

【解读】孔子告诉颜回的话，他听了不但能理解，而且能毫不懈怠地去做，这是颜回不同于常人处，此即范氏所谓"心解力行"者也，故而得到孔子盛赞。《乾文言》云"君子以成德为行，日可见之行也"，即德与行本不可分，当日日行之，方为君子；又蒙卦（䷃）《大象》云"山下出泉，蒙；君子以果行育德"，即君子观蒙卦之象，当如出山之泉，果决而行，以养其德（盖蒙卦下坎上艮，坎为水、艮为山，故云"山下出泉"也）。颜回能"语之而不惰"，真知行合一之君子也。

9.21 子谓颜渊，曰："惜乎！吾见其进也，未见其止也。"

【译文】孔子评论颜渊说："真是可惜啊！我只看见他不断地前进，从没看见他停下脚步。"

【注释】①《朱注》："颜子既死而孔子惜之，言其方进而未已也。"②《大义》："学贵乎不止。走者之速也，而过二里止；步者之迟也，而百里不止。必也步者前而走者后矣。况以颜子之猛进而久不止，岂不几于圣哉！"

【解读】此章和上两章的主旨相同，还是强调人的"自强不息"，并再一次以颜回为例。细思之，"吾见其进，未见其止"及"语之而不惰"，其中当有恒道存焉。恒有二义，有"不易之恒"，有"不已之恒"。《周易》恒卦（䷟）《大象》云："雷风，恒；君子以立不易方。"即君子观疾雷骤风而思立"不易方"，那么这个"不易方"究竟是什么？李光地说，此即"君子之历万变而不失其常也"，而此"常"，即德也仁也爱也，即君子"造次必于是，颠沛必于是"者也。林希元曰："惟其不易，所以不已。"（转引自李光地《周易折中》）。换句话说，因为儒者心中有仁德在，故其行事有不能已者。颜回之"猛进而久不止"，不正是这样吗？

9.22 子曰："苗而不秀者有矣夫！秀而不实者有矣夫！"

【译文】孔子说："小苗长高了，却没有抽穗开花，这种情况是有的吧！虽然抽穗开花了，却没有结出果实来，这种情况也有的吧！"

【注释】①《朱注》："谷之始生曰苗，吐华曰秀，成谷曰实。盖学而不至于成，有如此者，是以君子贵自勉也。"②《钱解》："或说本章承上章，惜颜子。或说起下章，励学者。玩本章辞气，慨叹警惕，兼而有之。"③《大义》："苗而不秀，质美而不学也；秀而不实，半途而终止也。此盖为浮而不实者戒尔，浮而不实则妄念胜而学遂废。"

【解读】诸家所解均有道理，当以"励学"为正宗。孔子以稼禾或树木之苗、秀、果三个阶段来比喻人的学习过程，很形象。

我们知道，在《周易》的象征系统中，巽为风，又为木、为人（见《说卦传》）。陈梦雷释之曰："木，干阳而根阴。又物之善人者莫如木也。"（《周易浅述》）有意思的是，《说卦传》还认为，坎、艮、离、乾均和木有关。如坎不仅为水，"其于木也，为坚多心"；陈梦雷释之曰："刚在中，故在木为坚多心也。"艮不仅为山，"其于木也，为坚多节"；陈梦雷释之曰："坚多节，亦刚在外也。"离不仅为火，"其于木也，为科上槁"；陈梦雷释之曰："科，巢之附于木上者。科中虚，有离象。"而乾为天，又为圆、金、冰等，最后还为"木果"。陈梦雷释之曰："圆而在上，以实承实，故为木果。异于艮之果蓏，刚下有柔也。"而从"果"的角度讲，艮还为"果蓏"。盖"果，木实；蓏，草实。乾纯刚为木果，艮一刚二柔，故为果蓏。震为旉，草木之始。艮为果蓏，草木之终。"（以上均引自《周易浅述》）由此可见，《周易》以阳爻为实为果，如剥卦仅有上九一阳在上，故其爻辞即为"硕果不食"也。再结合《论语》此章来说，所谓"苗而不秀""秀而不实"者，皆心中无阳刚之气者也，其肯定"学而不至于成"——此警示之意亦大矣！

9.23 子曰："后生可畏，焉知来者之不如今也？四十、五十而无闻焉，斯亦不足畏也已。"

【译文】孔子说："年轻人是最可敬畏的，谁能断定他们将来赶不上现在的人呢？一个人到了四、五十岁时还没有好的声望，也就值不得敬畏了。"

【注释】①《集释》引《大戴礼·曾子立事篇》："三十、四十之间而无艺，即无艺矣。五十而不以善闻，则不闻矣。"②《朱注》："孔子言后生年富力强，足以积学而有待，其势可畏，安知其将来不如我之今日乎？然或不能自勉，至于老而无闻，则不足畏矣。言此以警人使及时勉学也。"

【解读】此亦"勉学"之语也。人的一生，年轻时必须发愤图强，方有超越先生之可能,如到了"知天命"之年而依然"无闻",则其人还有何"可畏"之处?《周易》一卦中的六爻,其象征之一即一个人的一生,《系辞下》所谓"其初难知,其上易知",与孔子此处之说即完全合榫。所谓"其初难知",可以理解为一个人年轻时还有无限的发展空间,故而难以预知;而"其上易知",则可以理解为一个人到了晚年,大局已定,故而很容易判断其生存之情状。"后生可畏"现已成中国人的俗语,年轻人当以此自勉也!

9.24 子曰:"法语(yù)之言,能无从乎?改之为贵。巽与之言,能无说(悦)乎?绎之为贵。说(悦)而不绎,从而不改,吾末如之何也已矣。"

【译文】孔子说:"别人用义正辞严的话来告诫我,能不接受吗?但能真的改正才可贵。别人用婉转的言辞来称许我,能不喜悦吗?但能寻绎其中之微意才可贵。只知喜悦而不知寻绎,只表示接受而不知改正,那我就对他无可奈何了。"

【注释】①《朱注》:"法语者,正言之也。巽言者,婉而导之也。绎,寻其绪也。法言,人所敬惮,故必从;然不改,则面从而已。巽言,无所乖忤,故必说;然不绎,则又不足以知其微意之所在也。"②《钱解》:"本章见教在人而学在己。人纵善教,己不善学,则教者亦无如之何。"③李颙《四书反身录》:"夫'法语''巽语',所以陈善纳诲、委曲化导之者甚矣。若悦而知绎,从而知改,斯身修而德立,何患不及古人,其如不绎不改何?其实一部《论语》,正言处皆是'法语',婉导处皆是'巽语',即《六经》《学》《庸》《孟子》、先儒语录,千言万说,莫非'法语''巽语'。"

【解读】李颙所言甚是:四书五经以及其他一切经典,其实皆"法语""巽语"也;换句话说,其正言处皆是"法语",其婉言处皆是"巽语"也。如《周易》一书,其言"自强不息""厚德载物",岂非"法语"乎?其言"吉凶悔吝",岂非"巽语"乎?又从象(卦象、爻象)与辞(卦辞、爻辞)的关系来看,其辞岂非"法语"乎?其象岂非"巽语"乎?凡治《易》者,观象而玩辞,能无悦乎?能无从乎?然"说而不绎""从而不改"者亦多矣!钱穆说:"人纵善教,己不善学,则教者亦无如之何。"所谓"善学"者,即闻"法语"则从而改之,闻"巽语"则虽悦又善绎之者也。

9.25 子曰:"主忠信,毋友不如己者。过则勿惮改。"

【译文】孔子说:"要亲近忠信的人,不要跟不如自己的人交朋友。如果有了过错,就要勇于承认和改正。"

【注释】①《皇疏》引范宁云:"圣人应于物作教,一事时或再言。弟子重师之训,故又书而存焉。"②《朱注》:"重出而逸其半。"

【解读】此章重出,有关分析请参见1.8。

9.26 子曰:"三军可夺帅也,匹夫不可夺志也。"

【译文】孔子说:"三军的主帅可能劫杀,一个普通人的志向却未必能剥夺。"

【注释】①《皇疏》:"谓为匹夫者,言其贱,但夫妇相配匹而已也。又云:古人质,衣服短狭,二人衣裳唯共享一匹,故曰匹夫匹妇。"②《集解》引孔安国云:"三军虽众,人心不一,则其将帅可夺而取之。匹夫虽微,苟守其志,不可得而夺也。"③《朱注》引侯仲良曰:"三军之勇在人,匹夫之志在己。故帅可夺而志不可夺,如可夺,则亦不足谓之志矣。"

【解读】此极言守志于人之重要性也。我们知道,《周易》言志,多在《象传》《象传》中。唐文治说:"周公之爻辞,则恒言每爻之志。志者,因交易变易而见者也。变易交易而其志不变,此人之气质所以有终不可变者也。"又说:"《周易》位与志实并重。圣人所以时言位者,勉人之有定位而无越分也;所以时言志者,勉人之有定志而无歧思也。然位不可变,而志则有变而得者,盖天下之位万殊,卑高以陈,各有一定;而生人之志万殊,则宜有改过迁善之路也。此'改命'所以为'信志','有孚'所以亦为'信志'也。然亦有虽变而不离其宗者,此

遁所以有'固志'，在因时而善变耳。圣人之通变宜民，盖有法焉，可轻言哉！"（《十三经提纲·周易》）

据统计，《彖传》言志有11次，《象传》言志55次，不可谓不多也。其中既有"志行正也"（屯卦初爻、临卦初爻《象传》）"志可则也"（蛊卦上爻《象传》）"刚中而志行"（小畜卦《象传》）之说，也有"志未得也"（谦卦上爻《象传》）"志穷凶也"（豫卦初爻《象传》）"志穷灾也"（旅卦初爻《象传》）之说，还有"内难而能正其志"（明夷卦《象传》）"志未变也"（家人卦初爻、中孚卦初爻《象传》）"信以发志"（大有卦五爻、丰卦二爻《象传》）之说，还有"其志乱也"（萃卦初爻《象传》）"志在下也"（困卦四爻《象传》）"志在外也"（涣卦三爻《象传》）之说，诸如此类，不可胜数。所谓"生人之志万殊"，于此可见。然正如唐文治所论，此皆圣人随机点化，示人"改过迁善之路"也。屯卦、临卦所谓"志行正"是如此，革卦、兑卦所谓"信志"是如此，遁卦所谓"固志"亦如此，即便是豫卦所谓"志穷凶"、旅卦所谓"志穷灾"等，又何尝不是借戒辞以行其"不屑之教"乎？

综上观之，虽然凡人之志或因外界之影响而变幻不定，然"勉人之有定志而无歧思"依然是《周易》之主题——此乃《周易》"变易"之中寓"不易"之本义也。《论语》此章所谓"三军可夺帅也，匹夫不可夺志也"，即极言"志不可夺"之重要性，应与《周易》完全相通。

9.27 子曰："衣（yì）敝缊袍，与衣狐貉者立，而不耻者，其由也与？'不忮（zhì）不求，何用不臧？'"子路终身诵之。子曰："是道也，何足以臧？"

【译文】孔子说："穿着破旧的丝绵袍和穿着狐貉裘的人一起站着，而不觉得惭愧的，恐怕只有仲由吧！《诗经》上说：'不嫉妒，不贪求，怎么会不好？'"子路听了，就一直念叨这两句诗。孔子说："这固然是正道哩，但又怎么称得上彻底的好呢？"

【注释】①《杨注》："衣，去声，动词，当'穿'字解。缊，音运，yùn，旧絮。古代没有草棉，所有'絮'字都是指丝绵。一曰，乱麻也。'不忮不求，何用不臧'，两句见于《诗经·邶风·雄雉篇》。"②《钱解》："忮，害义。嫉人之有而欲加以害伤之心也。求,贪义。耻己之无而欲求取于人。臧,善义。若能不忮不求,则何为而不善?"③《后案》:"'是道也'句法与'是礼也'同,言此固道也。道则臧矣,曰'何足以臧',儆其不可以此自足也。"

【解读】"臧"字之义,和《周易》师卦初六"否臧凶"之"臧"同。这里值得注意的是"何用不臧"与"何足以臧"之区别:子路能做到"不忮不求",的确了不起,故孔子称赞他"何用不臧";但子路天天念叨这两句话,又有自我满足之嫌,故孔子又以"何足以臧"以儆之。可见"足"字于道有损,是孔子最担心于子路的。大畜卦《象传》有云"日新其德",益卦《象传》有云"日进无疆",此均强调修德之事不可须臾放松也,可与此章互参。

9.28 子曰:"岁寒,然后知松柏之后雕(凋)也。"

【译文】孔子说:"天气变冷了,才知道松柏是最后落叶子的。"

【注释】①《杨注》:"雕,同凋。凋零,零落。"②《集释》引宦懋庸《论语稽》云:"治平之世,小人禄位或过君子。及国家多事,内忧外患,交乘叠起,小人非畏祸规避,即临事失宜;唯君子能守正不阿,鞠躬尽瘁,其节操乃见。譬之春夏之交,桃秾李郁,较松柏之坚劲者,犹足悦目赏心;及至霜雪交加,百卉枯落,而所谓秾郁者不知何往,惟有此坚心劲节,足以支持残局,重待阳和,然后知其秉性固自不同也。"

【解读】此章以松柏喻君子之人品,已成千古名言矣!李光地说:"此章比喻者广,然当乱世而秉礼行义,守先王之道,以待后之学者,此等人最相似也。诗曰:'风雨如晦,鸡鸣不已。既见君子,云胡不喜。'又曰:'蒹葭苍苍,白露为霜。所谓伊人,在水一方。'参以古今之说,皆言贤人君子独善其身,虽处淫昏之俗,如风雨之晦,生悍戾之邦,如霜露之零,而喈喈者不辍其音,苍苍者不改其色,秉礼义以终始,故诗人愿见而思从之也。不曰'不雕'而'后雕'云者,盖松柏未尝不雕,但其雕也后,旧叶未谢,而新枝已继。《诗》所谓'无不尔或承'者是也。道之将废,圣贤之生,不能回天而易命,但能守道而不与时俗同流,则其绪有传,而其风有继。《易》曰:'枯杨生稊,老夫得其女妻。'盖有传有继之义,而先儒以遯世无闷之君子,处大过之时者当之也。'然后知'三字泛说,盖言遇变乱乃知道之足

恃,勉人之为松柏云尔。不在世之知不知上寄慨。"(《读论语札记》)

李氏所论甚精。这里有两层意思：一方面,君子如松柏,不因时事而变其节操,故有"独善其身""遁世无闷"之德；另一方面,从不言"不雕"而言"后雕"来看,君子虽然不能"回天而易命",但其于道统之传承又有责任在焉。李氏所引大过卦爻辞出自其九二,正用以说明其后者之意。稊音提(tí),植物之嫩芽也；女妻即少妻。意思是,枯杨长出了嫩芽,老夫娶了少妻。潘雨廷云,此喻"生生之道不绝"也(《蘦爻》)。唐文治说："盖松柏之心,故贞下起元者也。后之传道者,其勉之哉！"(《论语大义》)乾卦卦辞"元亨利贞"既喻"仁礼义智"四德,亦喻"春夏秋冬"四时,故"贞下起元"即喻另一循环之开始也。君子有松柏之德,能保道统之"种子"历冬而不死,岂非"贞下起元"乎？此言外之意亦大矣！

9.29 子曰："知(智)者不惑,仁者不忧,勇者不惧。"

【译文】孔子说："明智的人没有困惑,仁德的人没有忧虑,勇敢的人没有畏惧。"

【注释】①《皇疏》引孙绰曰："智能辨物,故不惑也。安于仁,不改其乐,故无忧也。"又引缪协云："见义而为,不畏强御,故不惧也。"②《大义》："知仁勇言其德,不惑不忧不惧言其效。《宪问篇》曰：'君子道者三,我无能焉。'盖以之自责；而此章则以教学者,功有精粗,道无二致也。《中庸》曰：'知仁勇三者,天下之达德也,及其成功一也。'"③《钱解》："本章知仁勇三德,知以明之,仁以守之,勇以行之,皆达德。学者能以此自反而加体验,则此心广大高明,希圣希贤,自能循序日进矣。"

【解读】智、仁、勇在《中庸》中被称作"天下之达德",其效用在本章中则被明确表述为：不惑、不忧、不惧。又《宪问篇》孔子还说："君子道者三,我无能焉：仁者不忧,知者不惑,勇者不惧。"(14.28)与此章内容基本相同。但彼处孔子强调"我无能焉",故唐文治以其为孔子"自责",而子贡则以其为"夫子自道也"。有意思的是,针对此章,李贽却又评论说："使人自考。""自道""自责""自考"之说,角度虽不同,均有其道理。

"自道""自责"较好理解,值得一提的倒是"自考"之说。"自考"一语原出《周易》复卦。其六五云:"敦复,无悔。"《小象》释之曰:"敦复无悔,中以自考也。"《说文解字》:"考,老也。"段玉裁注:"老也。凡言寿考者,此字之本义也。引伸之为成也。"盖复卦(☷)下震上坤,一阳来复,复至于五而成也。马其昶说:"复之初以自知,终以自成;初'无祇悔',终则'无悔'。圣人尽性以尽人物之性,皆所以成己也。"(《周易费氏学》)胡炳文说:"'不远复'者,善心之萌。'敦复'者,善行之固。故初九'无祇悔','敦复'则可'无悔'矣。'不远复',人德之事也。'敦复',其成德之事与?"(转引自李光地《周易折中》)李贽以本章为"使人自考",即将此"三达德"及其"不惑不忧不惧"之效用作为"成人""成己"之准绳也。由复卦六五视之,欲达此境界,"敦复"二字必不可缺,学者察之。

9.30 子曰:"可与共学,未可与适道;可与适道,未可与立;可与立,未可与权。"

【译文】孔子说:"可以和他一起学习的人,未必可以和他一起走上人生大道;可以和他一起走上人生大道的人,未必可以和他一起建功立业;可以和他一起建功立业的人,未必可以和他一起通权达变。"

【注释】①《集释》引高诱《淮南子注》云:"适,之也。道,仁义之善道。立,立德、立功、立言。权,因事制宜。"②《朱注》引程子曰:"可与共学,知所以求之也。可与适道,知所往也。可与立者,笃志固执而不变也。权,称锤也,所以称物而知轻重者也。可与权,谓能权轻重,使合义也。"又引杨时曰:"知为己,则可与共学矣。学足以明善,然后可与适道。信道笃,然后可与立。知时措之宜,然后可与权。"又引洪兴祖曰:"《易》九卦,终于'巽以行权'。权者,圣人之大用。未能立而言权,犹人未能立而欲行,鲜不仆矣。"③李贽《四书评》:"'与适道'者,必'可与共学'之人;'与立'者,必'可与适道'之人;'与权'者,必'可与立'之人。曰'未可与'者,慎重之词,郑重之意,勿误看。"

【解读】共学、适道、与立、与权,此四者,是孔子提出的关于学习的又一个阶段论,也是交友的四个阶段或四个层次。立志学习当然是第一位的,也是交友的前提条件；然后是"适道"，即共同追求"仁义之道"；在此基础上建功立业、安身立命，也就是"入仕"，有个岗位来做事；但最难的是"权"，即在具体事情上能权衡是非，样样都做得恰到好处。能遇到这样的人做朋友，自然难乎其难也！这里讲"未可与"，如李贽所说，乃"慎重之词，郑重之意"，说明这四个阶段是递进的，以"权"为学习的最高阶段或最高层次。

关于"经""权"之关系，学者颇有争议。《朱注》曾引程子说："汉儒以反经合道为权，故有权变、权术之论，皆非也。权只是经也，自汉以下无人识权字。"意谓，如以"反经合道"为权，则经、权为对立物矣；实则经、权固常对举，而两者并不可分，故程子说"权只是经也"。王夫之对程说很是推崇，并谓："经者天下之体也，权者吾心之用也。如以'经纶'之经言之，则非权不足以经，而经外亦无权也。经外无权，而况可反乎？"（《读四书大全说》）此处所引"经纶"即出自《周易》屯卦《大象》，原文为："云雷，屯；君子以经纶。"由此来分析本章，简单来说，"适道"即寻找人生之大经大本也，"与权"即将此大经大本运用于实际生活中也，两者并不矛盾。朱子以"秤锤"喻权，谓"所以称物而知轻重者也。可与权，谓能权轻重，使合义也"，亦此义。

《周易·系辞下》有著名的"三陈九卦章"，章末谓"巽以行权"。朱子说："巽有入之义。巽为风，如风之入物，只为巽便能入；义理之中，无细不入。"又说：'兑见而巽伏'，权是隐然作底事物，若显然地作，却不成行权。"（《朱子语类》）又陆九渊说："巽以行权，巽顺于理，如权之于物，随轻重而应，则动静称宜，不以一定而悖理也。"（转引自李光地《周易折中》）这都说明"权"的灵活性，和"经"的原则性当然不同。但"行权"必须以"守经"为前提，否则将沦为权术矣！故洪兴祖所说"权者，圣人之大用。未能立而言权，犹人未能立而欲行，鲜不仆矣"，学者实应牢记于心。

9.31 "唐棣之华，偏其反而。岂不尔思？室是远而。"子曰："未之思也，夫何远之有？"

【译文】"唐棣树的花啊，翩翩地摇摆。难道我不思念你吗？只是家住得太远啊。"孔子说："他这是并不真的思念哩；如果是真的思念，又有什么遥远呢？"

【注释】①《钱解》:"棣花有赤白两种,树高七八尺,其花初开相反,终乃合并。实大如李,六月中熟,可食。唐棣白色,华即花字。偏亦作翩,反或说当与翻同。翩翩,花摇动貌。"②《朱注》:"此逸诗也,于六义属兴。上两句无意义,但以起下两句之辞耳。"并引程子曰:"圣人未尝言易以骄人之志,亦未尝言难以阻人之进。但曰:'未之思也,夫何远之有?'此言极有涵蓄,意思深远。"③《集释》:"窃谓此章止是发明思之作用,与'反经合权'无关。孟子深得夫子之意,故提出此一字曰:'心之官则思,思则得之,不思则不得也。'自宜别为一章,后儒纷纷曲说无当也。"

【解读】何晏以此章与上章相勾连,以"反经合权"解之,实迂曲。程树德讲"此章止是发明思之作用",真一语破的。孟子说:"心之官则思,思则得之,不思则不得也。"(《孟子·告子上》)李贽亦说:"人之异于禽兽全在思,人之所以可为圣贤全在思。"(《四书评》)唐文治更结合本篇宗旨云:"天下之学者,其大患恒在于不思。能教育者,要在善导学者之思。子曰:'未之思也,夫何远之有?'不思虽圣人无如之何也!能思而后能由浅入深,由近以及远也。故读《子罕篇》,又有倒读之法:能思而后能听'法语',而后不至于'无闻',不至于'秀而不实',不至于功亏一篑;能思而后能得博文约礼之教,而后能多才多艺,而后能保斯文之在兹。万能之事,贯以一思。是故文治谓《论语·子罕》一篇,所以明师范教育之原理。"(《论语大义》)《周易》临卦《象传》有"君子以教思无穷"之语,或斯之谓也。又《周易》咸卦九四有云:"憧憧往来,朋从尔思。"看来思之太过,亦有"自讨苦吃"者。李颙曾专门针对此病说:"思其所当思,思是'惺惺';思其所不当思,思便'憧憧'。'惺惺'与'憧憧',慎与不慎之间而已,故学须慎思。"(《四书反身录》)孔子所谓"君子有九思"(16.10),《周易》艮卦《象传》所谓"君子以思不出其位"等,当均为"惺惺之思"也,读者察之。

乡党第十

10.1 孔子于乡党,恂(xún)恂如也,似不能言者。其在宗庙朝廷,便(pián)便言,唯谨尔。

【译文】孔子在乡里之间,谦逊恭顺,好像不会说话的样子;而在宗庙里、朝廷上,说话明白晓畅,只是很讲究分寸。

【注释】①《钱解》:"孔子生陬邑之昌平乡,后迁曲阜之阙里,亦称阙党。此称乡党,应兼两地言。"②《朱注》:"恂恂,信实之貌。似不能言者,谦卑逊顺,不以贤知先人也。乡党,父兄宗族之所在,故孔子居之,其容貌辞气如此。便便,辩也。宗庙,礼法之所在。朝廷,政事之所出。言不可以不明辩,故必详问而极言之,但谨而不放尔。此一节,记孔子在乡党、宗庙、朝廷言貌之不同。"③李贽《四书评》:"只玩'于'字、'其在'字,便见他是个时中之圣。"

【解读】《论语》二十篇,其十九篇多记孔子之言,惟此篇多记孔子之行。钱穆说:"本篇记孔子居乡党,日常容色言动,以见道之无不在,而圣人之盛德,亦宛然在目矣。"(《论语新解》)而唐文治则以末章孔子赞山梁雌雉"时哉时哉"为本篇主旨,并说:"《乡党篇》记孔子之居乡居朝、为摈出使、衣服饮食以逮辞受取与、居常处变、造次颠沛,无一不合于中道,而不入春秋时之网罗者,圣人之善韬晦也。故不言凤而言雉,不独言雉而言雌雉,且不独言雌雉而先引之曰'色斯举矣,翔而后集',喻圣人之审于机也。"(《论语大义》)孔子处春秋乱世而心怀救世之大志,其视听言动不能不"审于机",而惟有圣人方能做到"无一不合于中道",这在本篇中体现得尤其明显——此不啻于圣人"现身说法"也,读者当细味之。

比如本章作为开篇，即将孔子"于乡党"与"在宗庙朝廷"的言貌方式做了一个鲜明的对比，此中之"几（机）"，正授人之要也。乡里之间乃父兄宗族之所在，当重视亲情，故孔子谦逊恭顺，"似不能言者"；而宗庙朝廷乃议论公事、处理公事的地方，"言不可以不明辩"，故孔子往往侃侃而谈，而又谨守分寸也。康有为曾由此批评某种"骄于乡里而讷于朝廷"者（《论语注》），这种对比，颇能彰显圣人之伟大！又李贽说："只玩'于'字，'其在'字，便见他是个时中之圣。"唐文治所谓"审于机"者，即李贽所谓"时中"也。"时中"原出《周易》蒙卦《彖传》，原文为："蒙亨，以亨行时中也。"此本指蒙之九二以可亨之道，发人之蒙，而又得其时之中之意，后被推演为"中道"之最高形式，即君子于其行住坐卧、视听言动处尽得中道也。孟子称孔子为"圣之时者"，岂虚言哉！

10.2 朝，与下大夫言，侃侃如也；与上大夫言，訚(yín)訚如也。君在，踧(cù)踖(jí)如也，与与如也。

【译文】上朝的时候，君主还没有到，同下大夫说话，滔滔不绝的样子；同上大夫说话，正直而恭敬的样子。国君来了，恭敬而警觉的样子，行步舒缓的样子。

【注释】①《正义》："夫子仕鲁为小司空、小司寇，是下大夫。而《孔子世家》及赵岐《孟子注》皆谓孔子为大司寇。案司寇为司空兼官，孟孙居之，其小司寇则臧孙世为此官。定公时，臧氏不见经传，意其时臧氏式微，司寇职虚，故孔子得为之。传者虚张圣功，以孔子实为大司寇矣。上大夫职尊，孔子所事，下大夫则与孔子同列者也。不及上士以下者，统于下大夫也。"②《钱解》："朝：此言君未视朝之时。侃侃：和乐貌。訚訚：中正有诤貌。君在：君视朝时。踧踖：恭敬貌。与与：犹徐徐也，威仪中适之貌。单言踧踖，若有不宁。单言与与，似近于慢。故合言之。此一节记孔子在朝廷遇上接下之不同。"

【解读】孔子说过："不在其位，不谋其政。"（8.14）那么反过来，就是"在其位，当谋其政"；而且一个人的举止言貌，也要符合本人所处之"位"的要求。春秋之时，天子是最尊位，其次是诸侯（即本章中的"君"），再次是卿大夫。卿和大夫虽同为一位，但卿是上大夫，包括三卿（司徒、司马和司空），而五大夫（小司徒、小司马、小司空、宗伯、司寇）则被称为下大夫。当时在鲁国，三卿例由三桓担任，孔子在鲁定公十年（公元前500年）担任的应该是小司空或小司寇，刘宝楠的考证已经很清楚了。孔子既为下大夫，则与其他下大夫同位，而上大夫则为其上司，君主则又居位更高，故孔子对这三种人的言貌举止均有微妙之不同也。李贽说："此圣人化工付物之妙，莫做势利看。"（《四书评》）在4.14、8.14中，我们曾对《周易》卦爻的"当位""不当位"问题做过介绍，亦可结合来体悟之。

这里必须指出的是，在当代社会语境中，本章及本篇以下各章记录的"孔子在不同人们中间的言语、态度，看来似可笑"（李泽厚《论语今读》），但针对不同地位之人，采取不同的言貌态度，实则至今依然也，只不过古代社会对此要求的标准过高，而当代社会则将此标准大为降低而已，故不宜像"批林批孔"年代那样对孔子指责太过。

又20世纪初，中国学术界曾发生过一场激烈的东西文化问题论战，其中杜亚泉将东方文化的特点归纳为著名的"差等法"，即"以自己为社会之中心，由亲以及于疏，由近以及于远，若算学中等差之级数然"，并谓"此差等法在经训中随在可以发见，如《尧典》曰'克明峻德，以亲九族，九族既睦，平章百姓，百姓昭明，协和万邦'"，又说"《大学》以修身、齐家、治国、平天下为等差，《论语》以修己、安人、安百姓为等差，《孟子》以亲亲、仁民、爱物为等差"（《差等法》）。此诚为了不起之发现，后来当代新儒家曾对此理论多有阐发。关于这个"差等法"的利弊，当然值得深入讨论，此不待言。这里只想指出的是，此处杜亚泉所举例当是仅从大处言之，其实"差等法"在中国人的日常行为举止中也多有表现，如本章孔子对待下大夫、上大夫和君主之态度，或即此表现之一也，读者察之。

10.3 君召使摈，色勃如也，足躩（jué）如也。揖所与立，左右手，衣前后，襜（chān）如也。趋进，翼如也。宾退，必复命曰："宾不顾矣。"

【译文】国君诏令孔子接待外国贵宾时，他脸色严肃，脚步也随之持重起来。他向两旁的人作揖，向左拱拱手，向右拱拱手，衣裳一俯一仰，看起来整齐而利落。他小步前进的时候,就像鸟儿舒展开了翅膀。贵宾辞别后,他一定回报君主说:"客人已经不回头了。"

【注释】①《朱注》:"摈,主国之君所使出接宾者。勃,变色貌。躩,盘辟貌。皆敬君命故也。"②《钱解》:"勃如,变色庄矜貌。躩如,盘辟貌。盘辟,犹言盘旋盘散,谓如临深履危,举足戒惧,必择地始下,不如在平地之常步。或说:躩,速貌,不暇闲步也。此言孔子作摈时,容貌行走,皆竦然见敬意。此统言之,下特言之。"③《大义》:"勃如,颜色之变。躩如,容止之变。圣人本无所不敬,但因君命,则敬心愈至耳。"

【解读】在《公冶长篇》,孔子曾提到公西赤"束带立于朝,可使与宾客言也,不知其仁也"(5.8),此章孔子之举止言貌,或可为之示范。盖孔子言"不知其仁也",当指公西赤仅学得此礼仪之表面形式,而未得其实质或核心精神也。由此章孔子"使摈"事,我们可以知道,这些包括"揖所与立,左右手""趋进"以及"宾退复命"等等在内的行为举止,固然是礼仪之所要求,但其核心精神则为朱熹、钱穆和唐文治所共同承认的一个"敬"字。君子于事,当"无所不敬",于君命,于接见外宾,则当愈加敬慎也。敬的内涵很丰富,表现也很多,按照钱穆的说法,临事"戒惧"当是其重要之一端;如上章所谓"踧踖如也",本章和下章同出的"色勃如也,足躩如也"等等,均是直接讲孔子的戒惧之貌的。《周易》云"惧以终始,其要无咎"(《系辞下》),又云"敬慎不败"(需卦九三《小象》),与此义完全相通。朱子曾解析"敬慎"云:"敬字大,慎字细小。如人行路一直恁地去,便是敬,前面险处防有吃跌,便是慎。慎是唯恐有失之意,如思虑两字,思是恁地思去,虑是怕不恁地底意思。"(《朱子语类》)准此而言,敬慎实兼有戒惧之义在内也。敬慎或戒惧云云,其实即仁也,公西赤或于此独不足乎?

10.4 入公门,鞠躬如也,如不容。立不中门,行不履阈。过位,色勃如也,足躩如也,其言似不足者。摄齐(zī)升堂,鞠躬如也,屏(bǐng)气似不息者。出,降一等,逞颜色,怡怡如也。没阶,趋进,翼如也。复其位,踧踖如也。

【译文】孔子走进朝廷大门时,弯曲着身子,好像没有容身之处。停立时不站在门的中间，走路时不踩在门槛上。经过国君平日的座位时，面色严肃，脚步持重，说话很少。提起下摆向堂上走时，同样弯着身子，屏着气好像不会呼吸一样。退堂时，走下一级台阶，面色才放松，显得自在而愉快。走完台阶，小步前进，好像鸟儿舒展开了翅膀。回到自己的位置时，又表现出恭敬而警觉的样子。

【注释】①《朱注》："鞠躬，曲身也。公门高大而若不容，敬之至也。位，君之虚位。君虽不在，过之必敬，不敢以虚位而慢之也。"②《杨注》："齐音咨，zī，衣裳缝了边的下摆；摄，提起。屏音丙，又音并，bǐng，屏气即屏息，压抑呼吸。"

【解读】此章记孔子在朝之容，依然以敬慎、戒惧为核心。"如不容""其言似不足者""屏气似不息者"等等，孔子之言行举止何其小心翼翼也！据《左传·昭公七年》，孔子的七世祖、宋国大夫正考父，地位愈高行为愈检点，他在家庙的鼎上铸下铭训云："一命而偻（lǚ），再命而伛（yǔ），三命而俯。循墙而走，亦莫余敢侮。饘（zhān）于是，鬻（yù）于是，以糊余口。"此或为孔氏家训也，观孔子之举止，其与正考父何其相似乃尔！而李泽厚则说："读此章，难怪青年人讨厌孔子。这副卑屈身貌，现代人看来很不雅观。"但他同时也分析说："之所以如此，仍由于礼出乎巫，即原始巫术礼仪的制度化理性化后之产物，其中保存和积淀了上述特征。礼者，履也，履巫步也。因此任何姿态、语言、动作均有严重的神圣性。"（《论语今读》）

认为古代礼仪来源于"履巫步"，这是很有见地的。湖南曾出土商代青铜器"虎食人卣"，有论者认为这或许表现的是人与动物的某种和谐关系，并非真的是"虎吃人"，而"履虎尾"（语出《周易》履卦）则是这种文化中的一种风俗。有学者甚至认为，古代的《易》有一个从"巫"到"史"的转变过程，并结合河南濮阳西水坡45号出土的龙虎蚌塑图像说："不仅龙是巫师升天的工具，虎也是。为什么要'履虎尾'，什么人敢'履虎尾'？答案只有一个，巫师为了表明自己的能力。"不过，后来人们从"史"的角度来看《易》，这样履卦的卦义就变成了："内卦是在告诫秉持此种文化的人应该小心畏忌，不可张扬无忌。外卦则是讲如何继承此种文化。"（陶磊《周易新解——萨满主义的视角》）故《周易》履卦以"履虎尾，不咥人"来喻礼，甚至帛《易》履卦的名称干脆就叫"礼"，就是合乎逻辑的了。由此可见，孔子在朝中之戒惧形态，是完全合乎礼仪之原初本质的，其可谓已得履卦之实矣！

这里再对"趋"字多说两句。《释名》云："两脚进曰行。徐行曰步。疾行曰趋。疾趋曰走。"据许嘉璐研究，"在他人面前趋，是恭敬的表示。"虽然儒学经典没有详细开列有关趋的条例，但"从古代文史作品中可以看出，其总的原则是在尊者面前要趋，特别是在君王面前，趋更是不可少的。"如本章和上章中的"趋进，翼如也"，以及《季氏篇》中"鲤趋而过庭"（16.13），应该都是如此。许嘉璐还说："对方即使不是国君，也并非尊贵长者，只要是值得尊重的，也要趋。"（《中国古代衣食住行》）并引《论语·子罕篇》"子见齐衰者、冕衣裳者与瞽者，见之，虽少，必作；过之，必趋"（9.10）为例。仔细分辨古人的此类举止特征，的确可以发现其人际交往之秘密，以及其内心所敬畏者何在也。

10.5 执圭，鞠躬如也，如不胜。上如揖，下如授。勃如战色，足蹜蹜如有循。享礼，有容色。私觌（dí），愉愉如也。

【译文】手拿着圭，弯着腰，好像重得拿不起来。上举，像在作揖；下垂，像要交给别人。面容庄重，战战兢兢的样子。脚步细碎，像是循物而行。献礼物的时候，满脸和气。用私人身份和人会见，显得轻松愉快。

【注释】①《朱注》："圭，诸侯命圭。聘问邻国，则使大夫执以通信。'如不胜'，执主器，执轻如不克，敬谨之至也。'上如揖，下如授'，谓执圭平衡，手与心齐，高不过揖，卑不过授也。"②《钱解》："聘礼所执圭，长八寸，执轻如不胜其重，言敬谨之至。本篇三言鞠躬如也，一则曰如不容，再则曰屏气似不息，三则曰如不胜，皆形容其谨。""蹜蹜，举足促狭，犹云举前曳踵，略举前趾，曳后跟而行，足不高离于地。如有循，如脚下有物，循之而前。"③《集解》引郑玄曰："觌，见也。既享，乃以私礼见。愉愉，颜色和也。"

【解读】此章记孔子为鲁君聘于邻国之礼。从辞气看，此与上章所记孔子容色，当是其弟子从旁模拟，绝非孔子教人之语。此章主旨与前两章无异，值得注意的倒是这里出现了"私觌，愉愉如也"之说，这显然是为了区别于前面举行"享礼"时的庄重严肃而言的。由此可见，在公、私不同之场合，孔子的神态是不一样的。《周易》曾赞兑卦"刚中而柔外,说(悦)以利贞,是以顺乎天,而应乎人(《象传》),孔子于公、私不同场合之作为,可谓暗合兑卦之道。所谓"私觌,愉愉如也"者,不正符合兑卦"刚中而柔外"之本义乎?圣人之容止,原当如此。

10.6　君子不以绀(gàn)緅(zōu)饰,红紫不以为亵服。当暑,袗(zhěn)絺(chī)绤(xì),必表而出之。缁衣,羔裘;素衣,麑(ní)裘;黄衣,狐裘。亵裘长,短右袂。必有寝衣,长一身有半。狐貉之厚以居。去丧,无所不佩。非帷裳,必杀(shài)之。羔裘玄冠不以吊。吉月,必朝服而朝。

【译文】君子不用天青色和铁灰色的布镶边,不用红色和紫色的布来做平常在家穿的衣服。夏天穿粗的或者细的葛布单衣,但一定要套在外面。黑色的羔羊皮袍,配黑色的罩衣;白色的鹿皮袍,配白色的罩衣;黄色的狐皮袍,配黄色的罩衣。平常在家穿的皮袍要做得长些,但右边的袖子要做得短些。睡觉一定有小卧被,长度为一身半的样子。用长毛的狐貉皮做坐垫。丧服满了以后,什么东西都可以佩带。如果不是用整幅布做的礼服,一定要加以裁剪。吊丧不穿羔羊皮袍和黑色礼帽。每月初一,一定穿着礼服去朝拜国君。

【注释】①《杨注》:"'绀'是深青中透红的颜色,相当今天的'天青';'緅'是青多红少,比绀更暗的颜色,这里用'铁灰色'来表明它。'饰'是滚边,镶边,缘边。古代,黑色是正式礼服的颜色,而这两种颜色都近于黑色,所以不用来镶边,为别的颜色作装饰。""古代大红色叫'朱',这是很贵重的颜色。'红'和'紫'都属此类,也连带地被重视,不用为平常家居衣服的颜色。""袗音轸,zhěn,单也。此处用为动词。絺音痴,chī,细葛布;绤音隙,xì,粗葛布。""杀,去声,shài,减少,裁去。'杀之'就是缝制之先裁去多余的布,不用褶迭,省工省料。"②《读训》:"'吉月'一辞不见经典,历代注疏家解此节为告朔之礼。按朔者乃月之初一日。近人黄盛璋《释初吉》一文有谓:'每月一日就是朔日。凡朔日古代都认为是吉日。'据此'吉月'应为'吉日'之误。"

【解读】此章记述孔子做官时的穿着打扮,讲得很细,李贽以"处处停当"赞之。

礼的特点是区别"上下之分",其表现是多种多样的,比如对颜色的应用也是这样。中国以白色来吊丧,黑也是好颜色,而红、紫是君王用的贵重色彩,绝对不能随便使用,故这里讲"红紫不以为亵服"。在《阳货篇》中,孔子曾讲"恶紫之夺朱也"(见17.18),《周易》中也有"朱绂方来""困于赤绂"(困卦九二、九五爻辞)的说法,"朱绂""赤绂"均为有身份的人穿的服装。或许这和"五行"观念有关,火为南方为红色,故朱、赤、紫等相近的颜色就变得高贵了;而金为西方为白色,有杀气,故吊丧穿白顺理成章。坤卦六五还讲到"黄裳元吉",《坤文言》则讲"君子黄中通理""天玄而地黄"等,其中"玄"作为天的颜色、"黄"作为地的颜色,中国人对其也是非常推崇的。李泽厚说:"……连颜色也如此划分,自远古一直延续到本世纪(按指20世纪),巨细无遗地统治了人们的举止行为甚至衣服穿戴,涉及社会生活的各种公私领域,太过于束缚了。"(《论语今读》)这样说固然有一定道理,但《系辞下》云"黄帝、尧、舜垂衣裳而天下治",服装在促进人们的身份认同和种族的团结方面应该有着难以估量的作用,因此,无论是《礼记》还是《论语》对服装才有如此严格的规范。时下西方文化强势侵入中国,在宽容接纳西方服装文化的同时,如何恢复并创造性地设计出具有中华民族特色的服装,包括"官服",应该是一个值得严肃对待的问题——从这个角度看,本章关于穿着打扮的丰富资料或有借鉴意义。

10.7 齐(zhāi),必有明衣,布。齐(zhāi)必变食,居必迁坐。

【译文】斋戒时,一定要有浴衣,布做的。斋戒时,一定要改变饮食,变换卧室。

【注释】①《皇疏》:"(明衣)谓斋浴时所著之衣也。浴竟,身未燥,未堪着好衣,又不可露肉,故用布为衣如衫而长身也,著之以待身燥。"②《读训》:"'变食'一辞各注疏家意见纷纭。似皆同意'变食'为不茹荤,但不茹荤非言不食肉也。古以辛、姜、葱、薤为荤。"③《杨注》:"迁坐,等于说改变卧室。古代的上层人物平常和妻室居于'燕寝';斋戒之时则居于'外寝'(也叫'正寝'),和妻室不同房。唐朝的法律还规定着举行大祭,在斋戒之时官吏不宿于正寝的,每一晚打五十竹板。这或者犹是古代风俗的残余。"

【解读】《述而篇》曾讲"子之所慎：齐，战，疾"（7.13），此章则具体讲斋戒时的注意事项。沐浴更衣也罢，不茹荤和变换卧室也罢，如此这般，目的均为"尽敬交神"也（康有为《论语注》）。当然，此"神"并非西方宗教意义上的人格神。《系辞上》在谈到《易》之"开物成务，冒天下之道"的作用时曾说："是故圣人以通天下之志，以定天下之业，以断天下之疑。是故蓍之德圆而神，卦之德方以知，六爻之义易以贡。圣人以此洗心，退藏于密，吉凶与民同患。神以知来，知以藏往，其孰能与于此哉！古之聪明睿知，神武而不杀者夫！"显然，《周易》的作者强调的是以《易》"洗心"，以《易》"斋戒"，认为一个人如果明晓了《周易》的蓍、卦和六爻之义，则将能"吉凶与民同患"并"神武而不杀"矣！这当然是对"斋戒"的一种更高要求。有关对斋戒和祭祀的其他分析，亦可参见3.10和7.13。

10.8 食不厌精，脍不厌细。食饐（yì）而餲（ài），鱼馁（něi）而肉败，不食。色恶，不食。臭（xiù）恶，不食。失饪，不食。不时，不食。割不正，不食。不得其酱，不食。肉虽多，不使胜食气。唯酒无量，不及乱。沽酒市脯不食。不撤姜食。不多食。

【译文】饭食不嫌精，肉食不嫌切得细。饭菜馊了，鱼肉腐烂了，不吃。变了颜色，不吃。变味了，不吃。烹调不当，不吃。时令不对，不吃。切割不规范的肉，不吃。没有合适的调料，不吃。肉可以多吃，但不能超过饭菜。酒虽然不限量，但不能喝醉。过夜的酒，街上卖的肉，不吃。不能没有姜。不能吃得太多。

【注释】①《朱注》："饐，饭伤热湿也。餲，味变也。鱼烂曰馁。肉腐曰败。色恶、臭恶，未败而色、臭变也。饪，烹调生熟之节也。不时，五谷不成、果实未熟之类。此数者皆足以伤人，故不食。"②《正义》："气犹性也。《周官·疡医》：'以五气养之。'五气即五谷之气。人食肉多，则食气为肉所胜，而或以伤人。"③《杨注》引高亨《周易古经今注》云："乱者神志昏乱也。《左传》宣公十五年传：'疾病则乱'。《论语·乡党篇》：'唯酒无量不及乱'。《易·象传》曰：'乃乱乃萃，其志乱也。'得其恉矣。"④《大义》："《易》颐卦《象传》曰'节饮食'，先儒云'患从口入'，盖多食易致疾也。'不多食'为卫生之要法也。"

【解读】此章记录孔子的饮食状况。"食不厌精,脍不厌细"似和"饭疏食饮水,曲肱而枕之"(7.16)相矛盾,其实不然:后者主要讲的是求道的精神追求,前者主要讲的是日常饮食习惯,两者讨论问题的角度不同。李泽厚说:"这正是儒学重生的具体表现,它们也确乎大体符合现代卫生,有益于健康。"(《论语今读》)《系辞下》云:"天地之大德曰生。"生命当然是世间最可宝贵的,所以"养生"不可或缺。

在此章众多的饮食禁忌中,值得注意的有三点:一是"不时不食",也就是吃的食物要和节令相一致,比如我们现在的很多"反季节"水果,在孔子看来可能就在禁止之列。《周易》有"十二辟卦"之说,《系辞上》也讲"变通莫大乎四时",特别强调人的行为要按照四时的运转来调整,饮食自然也应如此;另《黄帝内经》有《四气调神大论篇》,其大旨亦与此同。二是"唯酒无量,不及乱",此在《子罕篇》"不为酒困"章(9.16)已有阐述,可参考。又高亨引萃卦《象传》云:"乃乱乃萃,其志乱也。"而程子说:"不及乱者,非惟不使乱志,虽血气亦不可使乱,但浃洽而已可也。"(转自《四书集注》)亦可参考。三是"不多食"。有注疏家将此和"不撤姜食"连读者,今不取。我们知道,《周易》的颐卦就是讲饮食之道的。颐卦(☲)下震上艮,震为动、艮为止,上止下动,有以口嚼物之象,故以颐(腮)命名。此卦主要讲的是君子如何自养以及养人之事,所谓"自养"即必然涉及饮食也。颐卦《大象》明确说:"君子以慎言语,节饮食。"这个颐养的基本原则和孔子讲的"不多食"非常一致。对于食材、食品已经极大丰富的当代人来讲,此更具有切实的警示意义。

10.9 祭于公,不宿肉(内)。祭肉不出三日。出三日,不食之矣。

【译文】参与公家祭祀时,不能和妻子同房。祭肉留存不超过三天。如果留存过了三天,就不吃了。

【注释】①《读训》:"《玉藻》云:'将适公所(公所者,庙、朝也),宿斋戒,居外寝。''居外寝'者,'不宿内'也,亦即夫妻不同房也。所斋者、所戒者,此也。故依上下文理,'不宿肉'应为'不宿内'之误。'内'字因下'肉'字而错抄。或'内'字部分涣散,秦汉之际,儒生误认为为'肉'。"②《正义》:"凡杀牲皆于祭日旦明行事。至天子诸侯祭之明日又祭,谓之绎祭。祭毕,乃颁所赐肉,及归宾客之俎。则胙(zuò)

肉（许慎《说文》云'胙，祭福肉也'）之来，或已三日，故不可再宿。"

【解读】据程石泉考证，"不宿肉"为"不宿内"之误，此与上章"居必迁坐"（10.7）之意同。且下文讲的就是"祭肉不出三日"之事，如此句亦为"不宿肉"，则文意重复矣。而为什么"祭肉不出三日"？朱子曰："盖过三日，则肉必败，而人不食之，是亵鬼神之余也。"（《四书集注》）也就是说，用来祭祀鬼神的肉，必须在三天之内吃完，如果留存三天则必然败坏，吃了会不利于身体，故有此诫。

10.10 食不语，寝不言。

【译文】吃饭时不交谈，睡觉时不说话。

【注释】①《朱注》："答述曰语，自言曰言。范氏曰：'圣人存心不他，当食而食，当寝而寝，言语非其时也。'杨氏曰：'肺为气主而声出焉，寝、食则气窒而不通，语、言恐伤之也。'"②《集释》引《四书辨疑》云："此章本无深意，食不语，止是口中有物，故不多语。寝不言，止是心欲安静，故不多言。语即是言，言即是语，不可强有区别也。王濬南曰：'此何可分，但是变文耳。'"

【解读】这一章比较容易理解。吃饭时口里有东西，当然不宜多交谈，那样就可能"咬舌头"了；睡觉是要自己安静下来，如果睡前多说话，肯定就睡不着了。其实，我们的"口"有两种功能，一是吃，一是说，两者当然不能同时进行。而睡觉呢，肯定这两种功能都要停止：睡前不吃东西，这个容易理解，故在此略去；而睡前思维活跃，说个没完，却时有发生，故在此着重提出。有意思的是，我们在前面曾经提到《周易》颐卦《大象》"君子以慎言语，节饮食"，也是将饮食和言语放在一起讨论的，只不过，那里已将"饮食之道"上升到"养正"和"养贤以及万民"的高度了——两者不妨互相发明。

10.11 虽疏食菜羹，瓜（必）祭，必齐（zhāi）如也。

【译文】虽然吃的是粗饭菜汤，也必得祭一祭，而且祭的时候就像斋戒一样虔敬。

【注释】①《杨注》:"瓜祭,有些本子作'必祭','瓜'恐怕是错字。这是食前将席上各种食品拿出少许,放在食器之间,祭最初发明饮食的人,《左传》叫泛祭。"②《朱注》:"古人饮食,每种各出少许,置之豆间之地,以祭先代始为饮食之人,不忘本也。齐,严敬貌。孔子虽薄物必祭,其祭必敬,圣人之诚也。"

【解读】古语云:"一粥一饭当思来之不易。"孔子即便吃的是粗茶淡饭,也必得祭上一祭,"圣人之诚",于此可见。其实不论任何国家、任何民族,在古代,饮食都是大事,在吃饭之前行感恩礼,是普遍的做法。这一方面是为了追念"先代始为饮食之人",另一方面恐怕还有感谢那些种植粮食、制作食物的人的意思在内。特别是古代食物难得,所谓"民以食为天",这种类似"斋戒"的行为,其所培养的就不仅是感恩他人、礼敬先人的态度了,应该还有饮食者表达自己绝不"白吃饭",今后也要为他人造福之决心的意思也。

《周易》渐卦(䷴)六二云:"鸿渐于磐,饮食衎衎,吉。"其《小象》云:"饮食衎衎,不素饱也。"这里的"不素饱",和《诗经》"彼君子兮,不素餐兮"(《魏风·伐檀》)中的"不素餐"同义,正是"不白吃饭"的意思。衎音看,kàn,和适自得之貌。"饮食衎衎",是指鸿雁来到了大石头上,安静和乐地吃东西。至于《小象》说其"不素饱也",当指"二位中正,上有正应,遇合以道。居非徒居,居得其所;食非徒食,食得其宜"(李士鉁语,转自马振彪《周易学说》),所以此爻占辞得吉。由此来看,君子饮食之道亦大矣,餐前之"祭"涵义亦深矣!可惜的是,儒家的这些饮食"礼制"或"规矩",于今败坏殆尽,文化修复之路或将长且远也。

10.12 席不正,不坐。

【译文】坐席摆得不正,不坐。

【注释】①《杨注》:"古代没有椅和櫈,都是在地面上铺席子,坐在席子上。席子一般是用蒲苇、蒯草、竹篾以至禾穰为质料。"②《集释》引《翟氏考异》云:"上虽记饮食之节,而如'寝不言'即以'食不语'连类并及,此句据《史记》《墨子》《韩诗外传》《新序》《说文》五书,俱与'割不正'相俪。今析两处,致此句孤出,于上下文莫得其类,疑错简也。"③《康注》:"君子贵大居正,正本而末应,正内而外应,正一身以正万民。圣人拨乱世而反之正，造次无不归于正。盖习养神明，令其魂魄熟习，然后种性坚定。故坐席与割肉之小，亦必得其正也。"

【解读】此章讲"席不正，不坐"，10.8则讲"割不正，不食"。据大多数专家考证，此两者原本相连，现分作两处，当为错简之故。

《周易》特别强调"正"，如师卦《彖传》云"能以众正，可以王矣"，同人卦《彖传》云"文明以健，中正而应，君子正也"，随卦初九《小象》云"官有渝，从正吉也"，临卦《彖传》云"大亨以正，天之道也"，大畜卦《彖传》云"能止健，大正也"，家人卦《彖传》云"女正位乎内，男正位乎外，男女正，天地之大义也"，渐卦《彖传》云"进以正，可以正邦也"，涣卦九五《小象》云"王居无咎，正位也"等等。至于谈到饮食之道，颐卦《彖传》云"颐，贞吉。养正则吉也。"而在教育方面，蒙卦《彖传》更有著名的"蒙以养正"之说。当然，《论语》也很强调"正"。如孔子曾说"政者，正也"（12.17），又说"必也正名乎""名不正，则言不顺；言不顺，则事不成"（13.3），还说"其身正，不令而行；其身不正，虽令不从"（13.6）等等。由此可见，"正"是《周易》和《论语》都很重视的事，是做人和做事的大原则，小则可正其身，大则可"正邦"，其意义亦大矣！

康有为对此章的评点很到位："君子贵大居正……坐席与割肉之小，亦必得其正也。"又唐文治说："身偏则形偏，必致有妨于生理；身正则心正，所以自养其神明。圣人必正席而后坐者，所谓庄敬日强也，而卫生寓其中矣。"（《论语大义》）可一并参考。

10.13 乡人饮酒，杖者出，斯出矣。

【译文】行乡饮酒礼后，要等老年人离开，自己才离开。

【注释】①《皇疏》："'乡人饮酒'谓乡饮酒之礼也。杖者，老人也。《礼》：'五十杖于家，六十杖于乡。'故呼老人为杖者也。乡人饮酒者贵龄崇年，故出入以老人者为节也。若饮酒礼毕，杖者先出，则同饮之人乃从之而出，故云'杖者出，斯出矣'。"②《读训》引方观旭《论语偶记》云："此经云'杖者出，斯出矣'，是主于敬老。"

【解读】"贵龄崇年"或者"敬老"的礼节，在中国源远流长，这和儒家强调孝道精神是一致的。此从《论语》首篇对孝的极端重视可见。但《周易》仅在萃卦《象传》中出现过孝字一次，即"王假有庙，致孝享也"，且显然不是针对现世父母来说的，而是针对亡灵或者天地神祇来说的。又仅大过卦有"老"字，即"老夫得其女妻""老妇得其士夫"，也与"敬老尊老"无关。由此可见，虽然《周易》并不缺乏上下尊卑和孝敬父母的思想，如我们屡次提到的家人卦和《说卦传》中的著名段落等，但有关"敬老"的思想在《周易》全书中表现得并不突出。这种差异，还是和两书的思维进路有关，相关分析请参见1.2等。

10.14 乡人傩(nuó)，朝服而立于阼(zuò)阶。

【译文】本乡人驱鬼时，穿着朝服站在东边的台阶上。

【注释】①《集解》引孔安国云："傩，驱逐疫鬼。恐惊先祖，故朝服而立于庙之阼阶。"②《朱注》："傩，所以逐疫，《周礼》方相氏掌之。阼阶，东阶也。傩虽古礼而近于戏，亦必朝服而临之者，无所不用其诚敬也。"③《读训》："《礼记·郊特性》云：'乡人裼(xī)，孔子朝服而立于阼。'注云：'强鬼也。谓时傩索驱疫逐强鬼也。'而许慎《说文》云：'裼，道上祭也。'疑裼为鬼名，而傩为祀名。"

【解读】据《太平御览》五百二十九引《世本》云："微作裼五祀。"微即上甲微，为殷之八世孙，系王亥之子。王亥、上甲微的事迹，并见《山海经·大荒东经》《楚辞·天问》等。20世纪初，借助于甲骨文的发现，王国维《殷卜辞中所见先公先王考》、顾颉刚《周易卦爻辞中的故事》等文，都曾讲到此父子的故事。据云，王亥为始服牛者（"服牛"即以牛驾车，《系辞下》中有"服牛乘马"之说），其牧于有易，而为有易之君绵臣所杀；后其子上甲微假河伯以伐有易，克之，遂杀其君绵臣。顾颉刚认为，《周易》大壮卦六五"丧羊于易"和旅卦上九"丧牛于易"，讲的其实都是王亥的故事。比如旅卦上九说："鸟焚其巢，旅人先笑后号啕。丧牛于易，凶。"这里的"旅人"当即"宾于有易"的王亥。有意思的是，《山海经》说王亥"两手操鸟"，而这里也出现了"鸟焚其巢"。这说明"旅卦这条爻辞虽然简短，却包含了王亥故事的不少细节，足见其年代甚早。"（李学勤《周易溯源》）但可惜的是，《象传》作者已经不知此爻辞之本事，故其是从爻象的角度予以抽象化解读的。(其《象》曰:"以旅在上,其义焚也。丧牛于易,终莫之闻也。")

又据《国语·晋语》韦昭注云:"蓐(rù)收,西方白虎金正之官也。传曰少皞氏有子曰该,为蓐收。蓐收,天之刑神。"此"该"为"亥"之别字,即王亥也,或王亥死后被封为天之刑神也。程石泉说:"'微作裼五祀',一所以祀其所自出,一所以驱此'天之刑神'。"盖王亥实不得其死者,故为"强鬼",即无主之鬼也;其后人虽祭之,实亦有驱鬼之意,且时间愈长,傩祭的游戏成分当愈多。对于"刑神"的态度,恐亦有两面性。据程氏推测,《论语》所记此章之事,或"殷微所作之裼,在周犹盛行于民间,而孔子不忘其为殷人之后,故朝服而立于阼阶(非必庙之阼阶),示其尊敬之意邪?"(《论语读训》)这种推测颇有道理,可与朱子所云"傩虽古礼而近于戏,亦必朝服而临之者,无所不用其诚敬也"综合而观。

10.15 问人于他邦,再拜而送之。

【译文】托人给在国外的朋友问好送礼,在送别受托者时要拜两次。

【注释】①《钱解》:"孔子周游列国,皆交其名卿大夫。问者问候。古问人必以物。再拜者,以手据地,首俯而不至手,如是者再,为再拜。使者不答拜。"②《朱注》:"拜送使者,如亲见之,敬也。"

【解读】孔子拜送使者,如拜所问候之人,且对受托者"再拜而送之",此诚敬之意亦深矣!其实如果我们认真回味一下,就很容易发现,无论是在朝中还是在乡里,无论是对待老人还是对待朋友,甚至是对待残疾人,孔子的言行举止都处处透着一个"敬"字。由孔子之示范,我们或许可以深味《周易》中的"敬慎不败"(需卦九三《象传》)"敬之终吉"(需卦上六)"敬之无咎"(离卦初九)"敬义立而德不孤"(《坤文言》)等等的奥妙之所在矣!

10.16 康子馈药,拜而受之。曰:"丘未达,不敢尝。"

【译文】季康子派人给孔子送药来,孔子拜而接受,但对使者说:"我对这药性还不了解,暂时不敢服用啊。"

【注释】①《朱注》引杨时曰:"大夫有赐,拜而受之,礼也。未达不敢尝,谨疾也。必告之,直也。"②《钱解》:"赐食物,遇可尝,当先尝,示郑重其人之赐。今告使者,未达药性,故不尝,亦谨笃之表示。"③章太炎《广论语骈枝》:"孔子多能鄙事,于医术固无不解矣。寻《春秋传》:'攻之不可,达之不能,药不至焉。'达者,针也。凡病有先施针然后可药者。孔子病未施针,故不敢尝,针然后自可尝,故仍拜受不辞。"

【解读】如果说上章主要言"敬",那么此章主要言"直"。季康子是鲁国的实权人物,孔子患病,他派人送来药物,按照古时礼节,孔子应该先尝一下,但或因孔子对此药之性理尚不了解(此一般注家对"达"之理解),或因其病尚未"施针"(此章太炎之奇解),他公然告诉使者"丘未达,不敢尝",此何其"直"也!

其实,"敬"与"直"并不可分。《周易·坤文言》曾针对坤卦六二"直方大,不习无不利"说:"直其正也,方其义也。君子敬以直内,义以方外。"程子进一步解释说:"直,言其正也;方,言其义也。君子主敬以直其内,守义以方其外。"(《程氏易传》)由此可见,敬、直是一致的,义、方是一致的。一个人如果"主敬",即在待人接物时像孔子那样做,则其内心一定是正直的;而反过来呢,一个人如能像本章中的孔子这样,即便面对当政的大人物,也能直截了当地表达自己的真实想法,那肯定也是对人对事心存敬意、毫无私心的一种表现。

10.17 厩焚。子退朝,曰:"伤人乎?"不问马。

【译文】孔子家的马棚失了火。孔子上朝回来,问:"伤了人吗?"没有问马。

【注释】①《集解》引郑玄曰:"重人贱畜也。退朝者,自鲁之朝来归也。"②《朱注》:"非不爱马,然恐伤人之意多,故未暇问。盖重人贱畜,理当如此。"③李颙《四书反身录》:"盖仓促之间,以人为急,偶未遑问马耳,非真贱畜,置马于度外,以为不足恤而不问也。畜固贱物,然亦有性命,圣人仁民爱物,无所不至,见一物之摧伤,犹恻然伤感,况马乎?必不然也。"④《康注》:"盖未至极平之世,只能爱人类,非不爱马,恐伤人之意多也。"

【解读】关于此章，欣赏者以"伤人"之问为孔子"仁者爱人"思想（12.22）的集中体现，反对者则以"不问马"为孔子之污点，此似证明孔子不具"仁民爱物"之博大胸怀也。其实不然。盖面临火灾之时，"重人贱畜"是人之常情；且正像李颙所分析得那样，突然听到火灾的消息，"以人为急"，未暇问马，也并非就表明孔子真的"置马于度外"，事后孔子肯定还会问到马的情况的。故有注家将此章断句为："伤人乎？不。问马。"甚妙。

另康有为在解读"子钓而不纲，弋不射宿"（7.27）时，曾分析过孔子对待动物之态度，认为"方当据乱世时，禽兽逼人，人尚与禽兽争生存……佛氏大悲，早行戒杀，然发之过早，未能行也"，惟孔子告人以"时中"之原则，最为切合实际。针对此章，康有为又说："盖未至极平之世，只能爱人类，非不爱马，恐伤人之意多也。"准此而言，此章孔子问人不问马之举，实圣人于"据乱世"行其"时中"之道的又一体现也，大可不必曲为之解。

10.18 君赐食，必正席先尝之。君赐腥，必熟而荐之。君赐生，必畜之。侍食于君，君祭，先饭。

【译文】国君赐以熟食，一定端正座位，首先尝一尝。国君赐以生肉，一定煮熟了，首先进献给祖先。国君赐以活物，一定把它圈养起来。同国君一起就餐，当他举行饭前祭祀后，自己总是先吃。

【注释】①《朱注》："正席先尝，如对君也。言先尝，则余当以颁赐矣。腥，生肉。熟而荐之祖考，荣君赐也。畜之者，仁君之惠，无故不敢杀也。"②《集解》引郑玄曰："于君祭，则先饭矣，若为君尝食然。"

【解读】此章主要记述孔子如何对待国君赐食之事。程石泉云："此节皆言尊重君长之义：如君惠赐熟食，必正席以少食之，然后再班赐家人或他人以食之，所以示恭敬；如君所惠赐者为生肉生鱼，则烹调之以荐于祖先，所以示恭敬；如君所惠赐为活牛活豕，必畜养之以示恭敬。"（《论语读训》）但程氏对"君祭先饭"有所怀疑，认为"恐有缺简"；不过从诸多注家来看，此亦尊君之礼无疑也。如《集释》曾引李惇《群经识小》云："此非以客礼待之，于礼不必先饭，而夫子先饭，敬之至也，无于礼之礼也。"意思是说，按礼本不当"先饭"而今"先饭",搞得像厨师为国君"尝食"一样,这是不遵守礼的礼,当然是"敬之至"了。

另结合本篇诸章内容来看,孔子当然是吃肉的,如讲"鱼馁而肉败,不食""割不正,不食""肉虽多,不使胜食气"(10.18)等等均可为证,又《述而篇》中的"三月不知肉味"(7.14)亦可为证。《周易》噬嗑卦(䷔)有"噬肤灭鼻"(六二)"噬腊肉"(六三)"噬干胏"(九四)"噬干肉"等语,说的都是吃肉的事,其中"肤"为肉之柔脆者,"腊"为肉之陈久味厚者,"胏"则为肉之带骨者,可见当时肉之类型已经分得很细;归妹卦则有"刲羊无血"(上六),既济卦又有"东邻杀牛"(九五)之语,此又说明杀牛宰羊在殷周之际已是常事。有意思的是,如果说噬嗑卦是通过肉食的不同类型来说明刑狱应该采取的不同策略,而"刲羊""杀牛"主要是讲的祭祀的话,那么孔子之食肉,更多也是和祭祀、礼仪、制度安排等等紧密联系在一起的——此两者均非单纯满足口腹之欲的问题了,当已上升到"饮食文化"的层次。

10.19 疾,君视之,东首,加朝服,拖绅。

【译文】孔子病了,国君来探问,他便脑袋朝东躺着,把上朝的服装穿在身上,拖着大带。

【注释】①《皇疏》:"孔子病而鲁君来视之也。此君是哀公也。东首,病者欲生,东是生阳之气,故眠首东也。故《玉藻》云:'君子之居恒当于户,寝恒东首'者是也。"②《朱注》:"东首,以受生气也。病卧不能著衣束带,又不可以亵服见君,故加朝服于身,又引大带于上也。"

【解读】此章记孔子患病,国君来探视时的礼节,很形象。即孔子虽然有病在身不能起床,仍以朝服覆身,并将绅带拖诸床下,以示君臣之分也。唐文治说:"疾不能兴,犹不敢忘恭也。"(《论语大义》)此言得之。

值得注意的是"东首"二字。此解或有异,如王夫之说:"东首,首东向也。疾不能兴,寝于南牖之西,而东首以延君。君升自阼,立于户东,使首戴君,存臣礼也。"(《四书稗疏》)此或解之过拘,不如皇侃和朱子径直将"东首"解为"眠首东""以受生气"为佳。因为,按照中国古代相传久远的方位之说,"东是生阳之气"，脑袋向东而眠对病人当然是有利的。考之《说卦传》亦云："万物出乎震。震，东方也。"盖在《周易》的八卦象征体系当中，震卦一阳在下、二阴在上为动，为物生之初，故居东，其具"生阳之气"理所当然。朱子云"东首，以受生气"，此真懂《易》者也。

10.20 君命召，不俟驾行矣。

【译文】国君有命召唤的时候，孔子不等车辆驾好，就立即步行出门。

【注释】①《集解》引郑玄云："急趋君命，行出而驾车随之。"②《皇疏》："谓君有命召见孔子时也。君尊命重，故得召不俟驾车而即徒趋而往也。故《玉藻》云'君命召以三节，一节以趋，二节以走。在官不俟屦，在家不俟车'是也。"③王肯堂《论语义府》引《荀子》云："诸侯召其臣，臣不俟驾，颠倒衣裳而走，礼也。《诗》云：'颠之倒之，自公召之。'"并谓"以此看礼字最活"。

【解读】《周易》师卦上六云："大君有命，开国承家，小人勿用。"孔子为鲁大夫，"君命召"，当有大事发生，故"不俟驾行矣"。另孔子此举，又与巽卦之义相合。《周易》以巽为风为号令，其卦辞云"小亨，利攸往，利见大人"，其《彖传》云"重巽以申命，刚巽乎中正而志行。柔皆顺乎刚，是以'小亨，利有攸往，利见大人'"，其《象传》云"随风，巽；君子以申命行事"。盖巽卦（☴）一阴在二阳之下，"柔皆顺乎刚"，"重巽"像风之相继而行，如申命者告诫不已，故行事者行其所命之事持续不懈也。又阴爻为"小"为"臣"，当"大君有命"之时，自当"利攸往，利见大人"，故获"小亨"之赞。孔子闻"君命"之召，不俟驾而行，此之谓也。

10.21 入太庙，每事问。

【译文】孔子走进太庙，每件事都向人询问。

【注释】①《集解》引郑玄曰："为君助祭也。太庙，周公庙也。"②《皇疏》："前是记孔子对或人之时，此是录平生常行之事，故两出也。"

【解读】此章重出，解读请见3.15。

10.22 朋友死，无所归，曰："于我殡。"

【译文】朋友死了，没有负责丧事的人，孔子便说："丧事由我来料理。"

【注释】①《杨注》："停放灵柩叫殡，埋葬也可以叫殡，这里当指一切丧葬事务而言。"②《朱注》："朋友以义合，死无所归，不得不殡。"③《集释》引焦袁熹《此木轩四书说》云："无所归，曰于我殡，不特仁之至，亦见义之至。"

【解读】一般认为，此章与《礼记·檀弓》中的这段文字相通："宾客至，无所馆，夫子曰：'生于我乎馆，死于我乎殡。'"意思是说，宾客或朋友从外地来，如果没有地方住，孔子就接到家中住，如果他不幸死了，孔子就帮忙办理丧事。由此可见孔子的待友之道。

我们知道，古人非常重视丧葬之事，儒家于此尤甚，如曾子曾说"慎终追远，民德归厚矣"（1.9），即为证明。而《周易》以大过卦为"死卦"，《系辞下》有云："古之葬者，厚衣之以薪，葬之中野，不封不树，丧期无数。后世圣人易之以棺椁，盖取诸大过。"大过卦实有儒家丧葬文化在焉，具体分析请参见1.9，此不赘。

这里有必要补充一下有关"棺椁"的问题。盖大过卦（䷛）下巽上兑，巽为木，兑为泽为墓穴，此巽木正棺椁之象也。按古之礼制，棺之内一层曰棺，外层则曰椁。《庄子·天下篇》云："古之丧礼：贵贱有仪，上下有等，天子棺椁七重，诸侯五重，大夫三重，士再重。"而庶人则有棺而无椁。照此看来，如果一个朋友死了，或因贫困、或因没有直属亲戚而"无所归"，单纯就丧事所需要的棺椁而言，就肯定是需要花一大笔费用的。孔子能坦然说出"于我殡"，既出钱又出力，则此待友之道，可谓仁义备至矣！

10.23 朋友之馈，虽车马，非祭肉，不拜。

【译文】朋友的赠品，虽然是车马之类贵重的东西，只要不是祭肉，孔子在接受时绝不行礼。

【注释】①《朱注》："朋友有通财之义，故虽车马之重，不拜。祭肉则拜者，敬其祖考,同于己亲也。"②《康注》:"自父子、夫妇、兄弟以形合,此外以魂合者皆朋友也。其人最多,其行最贤,其助最重,其得最深,其义最切。生则通财以养,死则敛尸以收之,孔子之于朋友,其厚如此。"

【解读】按朱子之说,此章与上章均记"孔子交朋友之义"。那么,"朋友之义"的最高境界是什么呢?"生则通财以养,死则敛尸以收之",固然待友至厚矣,然从孔子"非祭肉,不拜"的举止来看,恐怕其中所体现的"敬其祖考,同于己亲"的境界,才是最重要的。子夏曾说:"四海之内皆兄弟也。"(12.5)这句话也可以理解为:"好朋友亲如兄弟,你的父母就是我的父母,你的祖先就是我的祖先。"故而好朋友送来"车马"(此即"通财之义")可以不拜,但如送来用以祭祀祖先的礼物("祭肉")则不能不拜也。此虽待友之道,扩而充之,或即《周易》以乾坤为"大父母"之义也。

10.24 寝不尸,居不容。

【译文】睡觉时身子不僵直,家居时不讲究容仪。

【注释】①《皇疏》:"云'寝不尸'者,寝,眠也;尸谓死尸也。眠当小敛,不得直脚申布,似于死人者也。云'居不容'者,谓家中常居也。家主和怡,燕居貌温温,故不为容自处者也。"②《朱注》:"尸,谓偃卧似死人也。居,居家。容,容仪。"并引范祖禹曰:"寝不尸,非恶其类于死也,惰慢之气不设于身体,虽舒布其四体,而亦未尝肆耳。居不容,非惰也,但不若奉祭祀、见宾客而已,申申夭夭是也。"③《集释》:"尸当如'坐如尸'之尸,非死尸也。"

【解读】这里的"尸",不能解为"死尸",当指祭祀时代替祖父坐在那里接受祭拜的"尸"。所谓"寝不尸",是说睡觉时不能像"尸"一样挺直僵坐,而是"小敛",也就是《述而篇》讲的"曲肱而枕之"(7.16),类似于佛祖之"吉祥卧"也。而"容",有解为"客"者,今不从。古代不仅女子讲"容",男子也讲"容",这就是朱子讲的"容仪"。所谓"居不容",是说在家闲居时以舒适随意为要,不必过度讲究仪态,《述而篇》曾说"子之燕居,申申如也,夭夭如也"(7.4),其实就是"居不容"。

前面数章讲孔子在朝中、乡里的举止,都是谨慎戒惧、严守礼节的,即便对待吃饭穿衣等事,孔子也毫不含糊,而此章则讲孔子的睡眠和家居,又是那么随意和闲适——这样刻画的孔子形象其实是很立体的。我们在7.4曾引用《周易》需卦(䷄)《大象》"云上于天,需;君子以饮食宴乐"来分析过孔子"燕居"时"申申夭夭"的圣人气象,此分析或亦适用于此章。又孔子在解释解卦(䷧)上六"公用射隼于高墉之上,获之,无不利"时曾说:"君子藏器于身,待时而动,何不利之有?"(《系辞下》)此章虽然主要讲的是起居养生之道,但从孔子处理工作与休闲、公共生活与私人生活的角度看,如果说此中体现了孔子"藏器于身,待时而动"的雍容气度,恐亦不为过。

10.25 见齐(zī)衰(cuī)者,虽狎,必变。见冕者与瞽者,虽亵,必以貌。凶服者式(shì)之,式(shì)负版者。有盛馔,必变色而作。迅雷风烈必变。

【译文】孔子看见穿孝服的人,虽是平时很亲密的,也一定改变态度;看见戴礼帽的和眼睛失明的,虽然常见面,也一定很礼貌;在车中看见穿丧服的,以及背负书籍的,一定身体向前倾,手扶车前的横木,以示心意;做客时见有丰盛的菜肴,一定端正神色,挺起身来;遇见疾雷狂风,一定改变态度。

【注释】①《朱注》:"狎,谓素亲狎。亵,谓燕见。貌,谓礼貌。式,车前横木。有所敬,则俯而凭之。负版,持邦国图籍者。迅,疾也。烈,猛也。必变者,所以敬天之怒。《记》曰:'若有疾风、迅雷、甚雨则必变,虽夜必兴,衣服冠而坐。'此一节,记孔子容貌之变。"②许仁图《子曰论语》:"古以'方策'或'版'来代替书籍……'式负者'应是孔子对背负书籍的人,特别起敬致意。意即尊重读书人。"③《钱解》:"作,起义。主人设盛馔,见其对客礼重,故必于座起身以敬主人,非为馔也。"④《今读》:"都是'礼'。"

【解读】《子罕篇》曾云:"子见齐衰者、冕衣裳者与瞽者,见之,虽少,必作;过之,必趋。"(9.10)本章前两句与此略同。朱子说:"此一节,记孔子容貌之变。"李泽厚说:"都是'礼'。"此章虽然讲的不是庙堂之事,但何以引起孔子"容貌之变",其实依然反映的是孔子谨慎戒惧、恭敬小心的礼仪态度,此和前章"君在，踧踖如也"（10.2）"过位，色勃如也，足躩如也"（10.4）"执圭，鞠躬如也，如不胜"（10.5）等如出一辙。

值得注意的是"迅雷风烈必变"一句。《周易》震卦（☳）初九云："震来虩（xì）虩，后笑言哑哑，吉。""虩"为蝇虎，常游走于壁间，不自安处，故"虩虩"借指恐惧惊顾之貌；"哑哑"，则指言笑自如之意。《小象》曰："震来虩虩，恐致福也。笑言哑哑，后有则也。"潘雨廷释之曰："夫大人帝出之动，勉君子也。其来如迅雷之不及掩耳，故君子必先虩虩，后则哑哑。虩虩者，未知乎大人之心，是以恐惧自惕，宜孔子遇迅雷风烈必变。哑哑者，后则大人之心，是以笑言自若，宜大舜之弗为烈风雷雨所迷。然未经虩虩，何来哑哑？《易》曰'震来虩虩，后笑言哑哑，吉'，言自若之吉也。"（《蠡爻》）此以孔子"遇迅雷风烈必变"和大舜"弗为烈风雷雨所迷"会通此爻，精妙之极，正可互参。

10.26 升车，必正立，执绥（suí）。车中，不内顾，不疾言，不亲指。

【译文】孔子上车时，一定先端正地站好，然后手拉车上的绳索才上去。在车中，从不东张西望，也不高声快语地说话，更不胡乱指挥方向。

【注释】①《皇疏》："绥，牵以上车之绳也。若升车时则正立而执绥以上，所以为安也。"②《朱注》引范祖禹曰："正立执绥，则心体无不正，而诚意肃恭矣。盖君子庄敬无所不在，升车则见于此也。"③《读训》："按'不内顾'与'不疾言''不亲指'乃平行句法。考春秋时乘为立乘，御者亦前立，故乘者与御者皆应视前方，如内顾则立足不稳矣。'不疾言'，即不应高声快语，以乱御者之视听。'不亲指'，即不应亲自指挥御者之方向，使御者失其驾驭之能力。"

【解读】此章记孔子乘车时之举止。毫无疑问，但凡乘车，都有人身安全的问题。孔子上车和坐车，如此小心翼翼，肯定首先考虑的就是人身安全问题。现代人虽然改乘汽车了，但仔细想想，"不内顾，不疾言，不亲指"，其实依然是乘车者必须遵守的规矩。孟子曰："知命者不立乎岩墙之下。"（《尽心上》），《周易》曰："君子安其身而后动。"（《系辞下》）儒家重视现世人生，理当如此。范祖禹由此而言"君子庄敬无所不在"，亦不为错，盖"正立，执绥"及"三不"，虽为安全考虑,实亦礼也。

10.27 色斯举矣,翔而后集。曰:"山梁雌雉,时哉时哉!"子路共(拱)之,三嗅(jù)而作。

【译文】人的脸色稍有变化,山鸡就飞向天空,盘旋一阵,然后又聚在一处。孔子说:"这些山梁上的母山鸡啊,懂得时宜,懂得时宜啊!"子路向它们拱拱手,它们振了几下翅膀,又飞走了。

【注释】①《皇疏》引虞喜曰:"此以人事喻于雉也。雉之为物,精儆难狎,譬人在乱世去危就安,当如雉也。"②《朱注》:"言鸟见人之颜色不善,则飞去,回翔审视而后下止。人之见几而作,审择所处,亦当如此。然此上下,必有阙文矣。"③《杨注》:"共,同'拱'。嗅,当作狊,jù,张两翅之貌。"④李颙《四书反身录》:"子路一共遂三嗅而作,鸟固知几,缘人机动,人为机心,鸟则自若,可见人心一动,斯邪正诚伪终难自掩,鸟微物且然,况人至灵而神乎?"

【解读】此章与本篇其他章节甚为不类,故历来以为难解,朱子等人都认为当有阙文。然从诸位先贤的解读来看,其大旨还是清楚的。

首先《微子篇》楚狂接舆歌而过孔子曰:"凤兮凤兮!何德之衰?"(18.5),此隐者以孔子为凤也;其次《子罕篇》子曰:"凤鸟不至,河不出图,吾已矣夫!"(9.9)此孔子或以凤自谓也。但此章又何以言雉,且言雌雉也?

唐文治引《诗经·卫风》曰:"雄雉于飞,泄泄其羽(泄泄,舒缓貌)。"又引《诗经·王风》曰:"有兔爰爰,雉离于罗(爰爰,缓意;离,罹也;罗,网也)"。并进而解读本章说:"嘻吁!世皆机,机杀多而生少也,物就生以避杀,而人常就杀以避生者,物能见有形之网,而人不能见无形之网也。""雉易入网罗者也,而山梁之雌雉,能不陷于杀机,何也?审于机而善自藏也。孔子赞之曰'时哉时哉',此非孔子自赞,记者更无庸赞辞也,而不得谓非赞辞也。《乡党篇》记孔子之居乡居朝、为摈出使、衣服饮食以逮辞受取与、居常处变、造次颠沛,无一不合于中道,而不入春秋时之网罗者,圣人之善韬晦也。故不言凤而言雉,不独言雉而言雌雉,且不独言雌雉而先引之曰'色斯举矣,翔而后集',喻圣人之审于机也。"

（《论语大义》）意思是说：孔子本为凤，然处春秋乱世，其只能以雌雉自喻，由中所隐藏之沉痛可知也。又李光地说："孟子以'仕止久速'言孔子之时。记者记此篇终，其此意也欤？"（《读论语札记》）按"仕止久速"出自《孟子·公孙丑上》，原文为："可以仕则仕，可以止则止，可以久则久，可以速则速，孔子也。"此与孔子赞雌雉"时哉时哉"之意亦可互参。

另唐文治在《十三经提纲·周易》中还结合颐、大过、中孚、小过四卦，谈到过圣人的"忧世之心"，并以《论语》此章做结，亦妙不可言，现全文摘录如下："读颐与大过、中孚、小过四卦，其忧患又何其至也！'颐之时大矣哉'，圣人不作，无养贤、养民之吉矣。'颠颐拂经''十年勿用''利涉大川'，有行焉而已，然犹未为极也。'大过之时大矣哉'，'本末弱'矣，'栋桡凶'矣，'过涉灭顶'之占及在上矣。然犹未为极也。中孚'信及豚鱼'，至诚可以动物矣，然而'或鼓或罢，或泣或歌'，喜怒既无常，哀乐又复失真，其能常与此终古乎？'翰音登于天'，有飞鸟之象焉，则旁通而为小过矣。初爻曰：'飞鸟以凶，不可如何也。'三爻曰：'从或戕之，凶如何也。'上爻曰：'飞鸟离之''已亢也'。夫子赞山梁雌雉曰：'色斯举矣。'君子不能以身之高尚投世之网罗，于斯时也，惟有取颐之《象》以'慎言语，节饮食'，取大过之《象》以'独立不惧，遁世无闷'而已矣。呜呼！圣人忧世之心深，而处己之道乃愈贞矣！"唐解精粹如此，小子何敢赞一辞！

論語易解

《论语》与《周易》的对话

下

孙福万 —— 著

团结出版社

先进第十一

11.1 子曰:"先进于礼乐,野人也;后进于礼乐,君子也。如用之,则吾从先进。"

【译文】孔子说:"先学习礼乐再去做官的,是淳朴的平民子弟;先做官再去学习礼乐的,是卿大夫子弟。如果要我选用人才的话,我主张选用先学习礼乐再做官的人。"

【注释】①《正义》:"古用人之法皆令先习礼乐,而后出仕,子产所云'学而后入政'者也。夫子以先进于礼乐为野人,野人者,凡民未有爵禄之称也。春秋时,选举之法废,卿大夫皆世爵禄,皆未尝学问。及服官之后,其贤者则思为礼乐之事,故其时后进于礼乐为君子。君子者,卿大夫之称也。"②许仁图《子曰论语》:"《礼运大同篇》反对世袭乱制,主张选贤与能,孔子所用之人,是学而优则仕的先进礼乐者,而较不喜世袭后进礼乐的为官者。"

【解读】此篇主要是讲孔门弟子之言行,首章所谓"先进""后进"者,即指其弟子也。这两种类型的弟子,前者虽然是"野人",也就是没有爵位的平民子弟,但因为是先学习礼乐再去做官的,所以是"先进分子";后者虽然是"君子",也就是有世袭爵位的贵族子弟,他们有特权可以先做官,学习礼乐却可能落后于人,所以就成了"后进分子"。这里衡量一个人是否先进的标准,很显然就是"礼乐"本身。正是基于这个标准,孔子最后才说:"如用之,则吾从先进。"盖儒门强调"学而优则仕"(19.13),孔子希望所用之人,都是先进于礼乐的人,而不管其出身如何——这是孔子思想的进步处。

这里值得思考的一个问题是:孔子为什么对"后进于礼乐"者不喜欢呢?或曰:不管"先进""后进",如果掌握了礼乐,不都是一样做事吗?其关键当在于,一个人如果还没有掌握礼乐就先去做官,是有可能给社会造成危害的。唐文治说:"郑子产之言曰:'学而后入政,未闻以政学者也。'此政治家之名言。民人、社稷,非尝试之具,未能操刀而使割,伤己以伤人,圣门之所大戒也。"(《论语大义》)换句话说,这里可能隐含着一个"德"与"位"是否相配的问题。《周易·系辞下》曾借孔子之口说:"德薄而位尊,知小而谋大,力少而任重,鲜不及矣。《易》曰:'鼎折足,覆公餗(sù),其形渥,凶。'言不胜其任也。"不具备相应的德能,却像鼎卦九四那样身处大臣之高位,焉能不"折足覆餗",搞得自己狼狈不堪呢?孔子用人之深心,或当由此悟入也。

11.2 子曰:"从我于陈、蔡者,皆不及门也。"

【译文】孔子说:"跟着我在陈、蔡之间的弟子,都和这两国的君臣没有什么交往。"

【注释】①《杨注》引《史记·孔子世家》云:"吴伐陈,楚救陈,军于城父。闻孔子在陈、蔡之间,楚使人聘孔子,孔子将往拜礼。陈、蔡大夫谋曰:'孔子贤者,所刺讥皆中诸侯之疾,今者久留陈、蔡之间,诸大夫所设行皆非仲尼之意。今楚,大国也,来聘孔子。孔子用于楚,则陈、蔡用事大夫危矣。'乃相与发徒役,围孔子于野。不得已,绝粮。从者病,莫能兴……于是使子贡至楚。楚昭王兴师迎孔子,然后得免。"②《集解》引郑玄曰:"言弟子从我而厄于陈、蔡者,皆不及仕进之门而失其所也。"③《正义》:"孔门弟子无仕陈、蔡者,故《注》以为不及仕进之门。孟子云:'君子之厄于陈、蔡之间,无上下之交也。'无上小之交,即此所云'不及门'也……《檀弓》'夫子将之荆,先之以子夏,申之以冉有',可知夫子周游,亦赖弟子仕进得以维护之。今未有弟子仕陈、蔡,故致此厄也。"④《朱注》:"孔子尝厄于陈、蔡之间,弟子多从之者,此时皆不在门。故孔子思之,盖不忘其相从于患难之中也。"

【解读】刘宝楠以郑玄注为依据,解"不及门"为"不及仕进之门",并引孟子"君子之厄于陈、蔡之间,无上下之交也"为证,比朱子之说为胜。另从上下文的逻辑来看,上章所言之"用"当即"出仕"之义,此章接着讲"不及门",两者之间不可能没有联系。故孔子此语,应为感叹当时弟子中没有在陈、蔡两个国家中做官之人,因无法"上下交通",遂有"陈蔡绝粮"之厄。

再推而言之,"不及仕进"其实即"不能通达"也。《周易》否卦《彖传》云:"大往小来,则是天地不交而万物不通也,上下不交而天下无邦也。"当"天地不交""上下不交"之时,虽有万物亦不能畅其生机,虽有邦亦同于无邦,虽有圣者如孔子亦无人识之、重之、用之,悲哉! 皇侃由此更将"不及门"推为"失于时",他解释本章说:"孔子言时世乱离,非唯我道不行,只我门徒虽从我在陈蔡者,亦失于时,不复及仕进门也。张凭曰:'道之不行,命也。唯圣人安时而处从,故不期于通塞。然从我于陈蔡者,何能不以穷达为心耶? 故感于天地将闭、君子道消,而恨二三子不及开泰之门也。"(《论语集解义疏》)所引张凭之语也是以泰、否二卦之义来解此章,正可同参。

11.3 德行:颜渊,闵子骞,冉伯牛,仲弓。言语:宰我,子贡。政事:冉有,季路。文学:子游,子夏。

【译文】德行优良者:颜渊,闵子骞,冉伯牛,仲弓。言语优良者:宰我,子贡。政事优良者:冉有,季路。文献优良者:子游,子夏。

【注释】①《杨注》:"这一章和上一章'从我于陈蔡者'不相连。朱熹《四书集注》说这十人即当在陈、蔡之时随行的人,是错误的。根据《左传》,冉有其时在鲁国为季氏之臣,未必随行。根据《史记·仲尼弟子列传》,当时随行的还有子张,何以这里不说及? 又据《史记·仲尼弟子列传》,子游小于孔子四十五岁,子夏小于孔子四十四岁……这么年幼的人即使已经在孔子门下受业,也未必都跟去了。可见这几句话不过是孔子对这十个学生的一时的叙述,由弟子转述下来的记载而已。" ②《皇疏》引范宁曰:"德行,谓百行之美也。言语,谓宾主相对之辞也。政事,谓治国之政也。文学,谓善先王典文。"并谓:"四科次第,立德行为首,乃为可解。而言语为次者,言语君子枢机,为德行之急,故次德行也。而政事是人事之别,比言语为缓,故次言语也。文学指博学古文,故比三事为泰,故最后也。"

【解读】此即著名的"四科十哲"之说。对于为什么只选此十人,包括为何遗漏了对后世影响甚大的曾子,反而选了曾受到孔子严厉批评的宰我和冉有,以及各科为何如此排序,历来争议很大。王弼有个说法:"此四科者,各举其才长也。弟子才不徒十,盖举其美者以表业分名,其余则各以所长从四科之品也。"(皇侃

《论语集解义疏》）这样的理解还是比较客观的。我们与其热衷于分析此十人名单的产生背景与过程，倒不如对此"四科"提出的原因及其排列顺序多些关注，盖此或正好反映出孔门之独特的哲学观、政治观也。以下即结合《周易》对此稍作分析。

孔门重视德行，比较容易理解，范宁认为其为"百行之美"，故"立德行为首"。李颙甚至说："孔门以'德行'为本，'文学'为末。后世则专以'文学'为事，可以观世变矣！"（《四书反身录》）《周易》讲"卦德"较多，但从根本上说，"卦德"亦可归于道德，或曰道德在卦中的反映而已。另《说卦传》明确说"和顺于道德"，《系辞传》亦云"默而成之，不言而信，存乎德行"，此均道德之德也。尤其是《系辞下》"三陈九卦"章，明确讲"履，德之基也；谦，德之柄也；复，德之本也；恒，德之固也；损，德之修也；益，德之裕也；困，德之辨也；井，德之地也；巽，德之制也。"更见出《易传》作者对"德"之重视。《周易》还认为，德有大小，必与位称；无德而据位可谓之窃位，德薄而位尊必有折足之凶（见11.1）。故杭辛斋说："孔子以《易》设教，而示人以立德之方也。"（《杭氏易学七种》）此与《论语》完全相通。

关于何以将"言语"列入"四科"之次，范宁说："言语为次者，言语君子枢机，为德行之急，故次德行也。"这里的"君子枢机"之说，亦源自《系辞传》，原文如下："君子居其室，出其言善，则千里之外应之，况其迩者乎？居其室，出其言不善，则千里之外违之，况其迩者乎？言出乎身，加乎民；行发乎迩，见乎远。言行，君子之枢机。枢机之发，荣辱之主也。言行，君子之所以动天地也，可不慎乎！"可见言语之动人最深，特别是春秋战国推崇游说辩才，孔门立此科，旨在使弟子习演说也。康有为更申言此义云："观董子词辩而《公羊》立，江公口讷而《谷梁》败，即论经学，亦重言语矣。汉、晋、六朝尚有立主客以辩难者，宋人不知此义，乃尽扫之，于是中国言语之科乃没。今宜从四科之义而补之。"（《论语注》）说得很好。

至于孔门之重视政事，亦容易理解。儒家主张"入世"，当然不回避政治，子路甚至代表孔子说过"不仕无义"那样极端的话（见18.7），《论语》全书更将"为政"作为其第二篇的标题，可见其对政事的重视程度。问题是：古代人为什么那么重视政治呢？剑桥大学历史学家麦克法兰曾将广义的社会划分为经济（economics）、宗教和意识形态（religion and ideology）、政治（politics）、社会

(society，狭义上的社会)四个领域，他认为，只有这四者保持彼此独立时的社会才是开放的社会，否则就是封闭的社会(《现代世界的诞生》)。毫无疑问，不仅遥远的殷周时期，即使此后漫长的中国封建社会，还都属于"封闭的社会"，现代意义上的政治并没有分离出来，或者说社会上的一切还都被政治所笼罩，因而古人重视政事乃是非常正常的。我们知道，《周易》一书诞生于殷周之际，历来有学者认为此书是周文王对付殷商的政治学著作，后代从该书汲取政治智慧者更不知凡几，就此而言，《周易》亦和《论语》相通。读者或许会问：政事既然如此重要，这里为什么又将它仅仅排在第三位呢？盖德行与言语，实乃从事政治的最基本的素质和条件也，此从《为政篇》第一章谈"为政以德"，第二章谈"诗三百"即可看出(见2.1&2.2)，故"政事"虽然重要，亦只能屈居在后也。

最后再谈谈文学之于孔门的重要性。孔子晚年"删述六经"，在整理古代文献上贡献很大，尽管如此，他依然强调："行有余力，则以学文。"(1.6)孔子对于"文学"这件事向来看得并不是最重要，故将其放在"四科"之末，实不难理解。《左传·襄公二十四年》云："太上有立德，其次有立功，其次有立言。"这里的"言"，并不是指"语言"，应该就是"文学"之意；这个排列顺序，亦可与"四科"互参。又据《孔子家语》，有一次孔子占筮得贲卦而有"愀然有不平之状"，并回答子张之问说："在《周易》，山下有火谓之贲，非正色之卦也。夫质也黑白宜正焉，今得贲，非吾兆也。吾闻丹漆不文，白玉不雕，何也？质有余，不受饰故也。"盖贲者，饰也文也，而"孔子之意，盖欲行道于天下，乃不遇'见龙'等卦而得贲，则止以《诗》《书》传后，所谓'小利有攸往'，故不快也。"(李塨语)孔子对文、道关系之态度，于此可见。

关于"十哲"之行状，于本书其他章节均有表述，此不赘。

11.4 子曰："回也非助我者也，于吾言无所不说(yuè)。"

【译文】孔子说："颜回不是对我有所增益的人啊，他对我的话居然没有不喜欢的！"

【注释】①《集解》引孔安国曰："助犹益也。言回闻言即解，无发起增益于己也。"②《朱注》："助我，若子夏之'起予'，因疑问而有以相长也。说，音悦。颜子于圣人之言，默识心通，无所疑问。故夫子云然，其辞若有憾焉，其实乃深喜之。"并引胡寅曰:"夫子之于回,岂真以'助我'望之?盖圣人之谦德,又以深赞颜子云尔。"

【解读】颜回的理解力和执行力都很强,故列德行科第一名。子贡曾赞颜回说:"回也闻一以知十,赐也闻一以知二。"(5.9)又孔子说:"吾与回言终日,不违,如愚。退而省其私,亦足以发,回也不愚。"(2.9)又说:"语之而不惰者,其回也与!"(9.20)本章所言"于吾言无所不说",即无不通达、无不倾服也。颜回于孔门弟子中年龄偏幼,视孔子如父亲,学习最刻苦,加之死得早,所以获得孔子和同学们的交口称赞是可以理解的。但颜回也有缺点,那就是不善于发问,不像子夏、子路、子贡等同学那样经常会向孔子提出一些问题来讨论;虽然他们提的有些问题很可能稀奇古怪,但往往却能激发孔子的思考,在回答问题的过程中,孔子也会感到很愉悦——此即所谓"教学相长"是也。《周易·乾文言》云:"君子学以聚之,问以辩之。"兑卦《大象》亦云:"丽泽,兑;君子以朋友讲习。"不仅朋友、同学之间应该这样,师生之间也应该这样才是。我们可以假设一下,颜回真的做到了"闻一知十"且"语之不惰",那他难道就穷尽知识了吗?答案当然是否认的。因此,颜回之不能向老师发问,的确有其"愚"的一面,这是肯定的。或许正是由于这个原因,孔子才说"回也非助我者也",这明显是一种遗憾的口气。但历代《论语》注家,鉴于孔子对颜回的赞扬太多,故大多曲为之解,如上引胡寅之论即如此,甚至朱子的解释也有为其回护的一面。窃以为,细察此章孔子之意,或可将朱子的评点改为"夫子虽深喜之,其辞实有憾焉"为宜。

11.5 子曰:"孝哉闵子骞!人不间(jiàn)于其父母昆弟之言。"

【译文】孔子说:"闵子骞真是孝顺啊!人们对于他的父母兄弟赞美他的话,没有什么可以挑剔的。"

【注释】①《皇疏》:"间,犹非也。昆,兄也。谓兄为昆,昆明也,尊而言之也。言子骞至孝,事父母兄弟尽于美善,故凡人物论,无有非间之言于子骞者也。"②《读训》:"'间'字已见《泰伯第八》云:'禹无间然矣。'所谓'无间然'者,即无'非间'之言也。犹今言'不良之批评'也。"③《正义》引《说苑》云:"闵子骞兄弟二人,母卒,其父更娶,复生二子。子骞为父御,失辔,父持其手,衣甚单。父则归呼其后母儿,持其手,衣甚厚温。即谓妇曰:'吾所以娶汝,乃为吾子,今汝欺我,汝去无留!'子骞前曰:'母在一子单,母去四子寒。'其父默然。"

【解读】在"四科十哲"之中,闵子骞位列德行科,仅排在颜回之后,其孝行故事在《说苑》《韩诗外传》和《太平御览》里都有记载,细节或有出入,但其基本情节是一致的,特别是后来此故事被元人编入著名的《二十四孝》中,遂得以广泛流布。此章孔子称赞闵子骞"孝哉",但并未提及此事,而是从"人不间于其父母昆弟之言"来评说的。"间"或可理解为"说闲话"。本来一个人侍奉父兄,能得到父兄的称赞已经很不容易,而这样的称赞居然还能受到周围人的肯定,那当然就更了不起了!因为在古代那样相对封闭的社会,几乎没有现代人所谓的"隐私权"的概念,每个人好像都生活在别人的眼光底下,如果一个人稍微有什么不当的言行,是很容易被"曝光"的,这样就会产生某些"闲言碎语"。《周易》古经多处出现"有言"之说,如需卦九二讲"需有沙,小有言",讼卦初六讲"不永所事,小有言",明夷卦初九讲"君子于行,三日不食,有攸往,主人有言",震卦上六讲"婚媾有言",渐卦初六讲"鸿渐于干,小子厉,有言"等等,应该都属此类。这些"闲言碎语",虽然无碍大局(如《周易》凡讲到"有言",其结果往往为"终吉"或"无咎"),但总是表明此事处理得不完善,或者当事者的处境有某种危险。故就此而论,闵子骞能做到"人不间于其父母昆弟之言"实属不易,其"善事父兄"之举,定不愧于孔子之赞也。

11.6 南容三复白圭,孔子以其兄之子妻(qì)之。

【译文】南容将"白圭"这首诗读了又读,孔子便把自己的侄女嫁给了他。

【注释】①《集解》引孔安国曰:"《诗》云:'白圭之玷,尚可磨也;斯言之玷,不可为也'。南容读诗至此,三反覆之,是其心慎言也。"②《朱注》:"南容一日三复此言,事见《家语》,盖深有意于谨言也。此'邦有道所以不废,邦无道所以免祸',故孔子以兄子妻之。"并引范祖禹曰:"言者行之表,行者言之实,未有易其言而能谨于行者。南容欲谨其言如此,则必能谨其行矣。"

【解读】南容并不在"四科十哲"之列,但作为孔子的女婿,这里又一次被提及。在《公冶长篇》那里,侧重讲的是"南容:'邦有道,不废;邦无道,免于刑戮。'"（5.2）而这里则着重讲的是南容的"谨言"，故"孔子以其兄之子妻之"。朱子认为，这两者当然是有联系的：正因为南容能够"三复白圭"，即重视不在言论上留下任何污点，他才能做到"邦有道所以不废，邦无道所以免祸"。范祖禹则讲"言者行之表，行者言之实"，所以谨言慎行本来就是一回事，此南容所以为孔子所称赞也。

关于"谨言慎行"，前面屡有言及，不再重复。有意思的是，王夫之在解读《论语》此章时，曾引用《周易》家人卦《大象传》"君子以言有物而行有恒"之语，并有所阐发，胜义迭出，不妨抄录如下："行固在所谨，而言尤要焉。人之为言，或致慎于人情险阻之地，而以门内为便安之所，可以唯吾言而无关于厉害。不知一家之内，言之不谨，则喜怒溢而好恶不平，恩威褒而教戒不严。惟君子知言为吾心之声，非但以隐忍求免于世，实恐一发而成吾身之玷。惟言无玷，则家人之闻见不僻，而从违以壹，此修身齐家一致之理也。"（《四书训义》）诚哉斯言！孔子于择婿时如此看重"谨言"之品质，岂无由乎？！

11.7 季康子问："弟子孰为好学？"孔子对曰："有颜回者好学，不幸短命死矣，今也则亡（wú）。"

【译文】季康子问："你的学生当中，谁最好学？"孔子回答说："有一个叫颜回的人最好学，但他不幸短命死了，现在没有这样的人了。"

【注释】①《读训》："此章已前见《雍也第六》。唯作'哀公问'且语句较详。岂鲁哀公及季康子并有此问，抑原为一人之问而弟子据传说而所记各异邪？"②许仁图《子曰论语》："鲁哀公和季康子都问'弟子孰为好学'，可知彼时的'好学'非喜好读书，而是能学以致用，行道于朝。"③《朱注》引范祖禹曰："哀公、康子问同而对有详略者：臣之告君，不可不尽；若康子者，必待其能问乃告之。此教诲之道也。"

【解读】此章内容已见6.3，不同的是，那里是鲁哀公问，这里是季康子问，而孔子的回答也有详略之不同。究竟是两个人同有此问，还是其中某人所问，而弟子们误记了呢？恐怕只能存疑了。另据范祖禹的说法，或因提问者有君臣之别，孔子的回答才有详略之异，并将此上升到"教诲之道"的高度——此恐有过度阐释之嫌，今不取。值得注意的倒是，不管是鲁哀公问还是季康子问，他们都是当政者，其中或有启用孔门弟子的意思，而孔子以"今也则亡"漫然应之，当是表明此时他已对现实政治心灰意冷，"删述六经"以期将来，恐已成为其晚年的唯一心愿也。

11.8 颜渊死，颜路请子之车以为之椁。子曰："才不才，亦各言其子也。鲤也死，有棺而无椁。吾不徒行以为之椁。以吾从大夫之后，不可徒行也。"

【译文】颜渊死了，颜路请求孔子卖掉他的车子，来替颜渊换取椁的费用。孔子说："不管有才能还是没才能，说起来总是自己的儿子。我的儿子孔鲤死了，也只有内棺，而没用外椁。我不能卖掉车子步行而替他买椁啊。因为我做过士大夫，出门是不能步行的。"

【注释】①《杨注》："颜路，颜回的父亲，据《史记·仲尼弟子列传》，名无繇，字路，也是孔子学生。"②《集解》引孔安国曰："路，渊父也。家贫，欲请孔子之车，卖以做椁。"③《朱注》："椁，外棺也。请为椁，欲卖车以买椁也。鲤，孔子之子伯鱼也，先孔子卒。言鲤之才虽不及颜渊，然己与颜路以父视之，则皆子也。孔子时已致仕，尚从大夫之列。言'后'，谦辞。"

【解读】此章涉及情、礼、才三者之关系，其中重点和核心当然还是礼的问题。颜回之死，孔子伤心之至，此情也；然颜路请以孔子之车以易椁，当为越礼，故孔子未许之。这里的礼，或包括三个层面：一是颜回生前并没有入仕，本不当有"椁"；二是孔子作为"下大夫"（见10.2），虽然此时已经退休在家，出门是不能缺车的，故不能卖车易椁；三是孔鲤死时也没有用椁，虽然孔子与颜回情若夫子，如果连自己的儿子都没用椁而他却卖车为颜回易椁，那肯定也是不合适的（有关古代的棺椁之制，请参见10.22）。至于"才"的问题，孔子认为此事和颜回的"才"、孔鲤的"不才"毫无关系，而仅和每个人的身份有关系。王夫之曾猜度孔子之心曰："父子岂以才言哉！才不才，名之曰子，而亲疏定也。鲤之死无椁，而吾不以车为之，以车去而吾将徒行矣，贫余无车，不可毁也。吾既从大夫之后，不可徒行，分有定，分不可轻也。即使尔有车，而尚不可用（按颜路亦未入仕，故不当用车），而况吾乎！惜才者以道哀之，守礼者以子例之。吾尽吾道，而吾心未尝不尽。尔之请,于吾失,而于回亦未尝得也。"(《四书训义》)此将孔子之内心活动刻画得栩栩如生,读者可细味之。

有意思的是,这里孔子提到了"不可徒行"的问题,或可和《周易》互相发明。《周易》贲卦初九有云:"贲其趾,舍车而徒。"《小象》曰:"舍车而徒,义弗乘也。"这是什么意思呢?盖贲卦(䷕)下离上艮,又下互为坎,上互为震;朱骏声解此爻曰:"坎为车轮,震为车厢。初在下,为趾。舍车而饰趾,是徒步也。古大夫乘车,初为士,故弗乘。"(《六十四卦经解》)意思是说,初九爻在全卦之下,为士,即尚未入仕的读书人,其义不能乘车也,因此只好光着大脚丫子,在车轮、车厢之外,"舍车而徒"矣。上引王夫之曾提到,颜路即使有车,也不能用,就是如此。而相反呢,如果一个人进入了士大夫的行列,则又必须乘车,否则就会失了身份。孔子不肯卖掉车子给自己的儿子和最得意的弟子买椁,就是出于这个原因。站在现在的立场看,孔子的行为或有拘泥之处,但当春秋礼崩乐坏之时,孔子此举,欲图恢复周礼、挽回世风之意甚明也。

11.9 颜渊死。子曰:"噫!天丧予!天丧予!"

【译文】颜渊死了,孔子道:"哎呀!这是老天爷要我的命呀!这是老天爷要我的命呀!"

【注释】①《朱注》:"噫,伤痛声。悼道无传,若天丧己也。"②《大义》引《公羊传·哀公十四年》曰:"颜渊死,子曰:'噫!天丧予!'子路死,子曰:'噫!天祝(何休注:断也)予!西狩获麟。孔子曰:'吾道穷矣!'"并谓:"盖天生圣人,必生贤才以辅佐之。颜子王佐之才而早夭以死,夫子痛助己之无人,而致吾道之终穷,故曰'丧予',《朱注》'悼道无传',义似稍隘。"

【解读】《中庸》云:"天地之大也,人犹有所憾。"《周易·系辞下》云:"夫乾,天下之至健也,德行恒易以知险;夫坤,天下之至顺也,德行恒简以知阻。"乾坤,至健、至顺者也,其行依然有险难、困阻在;人活在现实世界、大化流行之中,像颜回、冉伯牛一样的早夭案例,所在多有,亦属无可奈何之事。然则圣人于此浩叹,并不徒为弟子肉体生命之消失也,乃"悼道无传"及"吾道穷"也。王夫之释本章曰:"圣人之身,以道为兴丧,以人为绝续。人者,道之所自存;道者,圣人之与共存共没者也。故颜渊死,而子曰:'噫!天丧予!天丧予!'顾千世之悠悠,而道将无所托也。圣人无如天何,而又能如万世之人心何哉!"(《四书训义》)此中沉痛之情,读者察之。

11.10　颜渊死,子哭之恸。从者曰:"子恸矣!"曰:"有恸乎?非夫人之为恸而谁为?"

【译文】颜渊死了,孔子哭得很伤心。随从孔子的人说:"您太伤心了啊!"孔子说:"我真的太伤心了吗?我不为这样的人伤心,还为什么人伤心呢!"

【注释】①《集解》引马融曰:"恸,哀过也。"又引孔安国曰:"不自知己之悲哀过也。"②《朱注》:"恸,哀过也。哀伤之至,不自知也。夫人,谓颜渊。言其死可惜,哭之宜恸,非他人之比也。"并引胡寅曰:"痛惜之至,施当其可,皆情性之正也。"③《集释》引宦懋庸《论语稽》曰:"圣人哀乐不过乎中,哭渊而恸,从者犹觉之,而孔子不自觉,所谓'观过知仁'也。孔子云:'五十以学易,可以无大过矣。'此则小过未能免。然有为而为,恸所当恸,则亦不得为过矣。"

【解读】按古之礼制,朋友或晚辈去世,哭之有节焉。颜渊死而孔子"哭之恸",从者疑其过也,子曰:"有恸乎?"实则其已忘情而不知其为过也。王夫之解释说:"以情之必至者而度之,则诚哉其宜恸!"(《四书训义》)我们知道,《周易》喜"性情"并提,盖情者,性之动也;感于物而动,性之欲也——故性与情恒相连属。又《乾文言》曰:"利贞者,性情也。"然性贞于诚或易也,而情则有诚有伪,故《系辞上》又说"设卦以尽情伪",即通过六十四卦来反映真真假假的各种"情"之状也。颜渊死而孔子"哭之恸",或可称之为"小过",然其乃发自至诚无疑也,故宦懋庸说"亦不得为过矣"。又孔子曾说:"礼,与其奢也,宁俭;丧,与其易也,宁戚。"我们曾以《周易》小过卦《大象》"君子以行过乎恭,丧过乎哀,用过乎俭"对读释之,亦可与本章互参(详见3.4)。

此外更值注意者,孔子还说:"非夫人之为恸而谁为?"颜回作为"王佐之才",于孔子晚年死去,"夫子痛助己之无人,而致吾道之终穷"(唐文治语),其"哭之恸"亦必也。《周易》离卦(䷝)六五云:"出涕沱若,戚嗟若,吉。"或与孔子之情境略同。盖离者,明也,本当"大人以继明照于四方"(《大象》),但至于六五之时，已过"日昃"，虽然内心光明，实已日暮途穷矣，故唯有涕泗滂沱、悲戚嗟叹而已。程子释此爻曰："六五居尊位而守中，有文明之德，可谓善矣。然以柔居上，在下无助，独附丽于刚强之间，畏惧之势也。唯其明也，故能畏惧之深，至于出涕；忧虑之深，至于戚嗟。"（《程氏易传》）潘雨廷则云："君子有终身之忧，忧在后明之未能继前明也。夫人道失教，人心不古，尔虞我诈，裂而又裂。外本内末，争民施夺，先天正气，丧失殆尽。其何以复见天地之心，以继前明哉？《易》曰：'出涕沱若，戚嗟若，吉。'明君子忧天下之情，所以感发人之乾元云。"（《繻爻》）孔子，素王也，正与六五之位合，其内心光明而偏值春秋乱世，自己最优秀的弟子纷纷先己而去，其所"恸"者，岂只颜回一人之死邪？乃叹道之不行，忧"后明之未能继前明"也。但有意思的是，六五虽然"出涕沱若，戚嗟若"，其占辞却为"吉"，何以故？程子云："居尊位而文明，知忧惧如此，故得吉。"此与《系辞下》所言"惧以终始，其要无咎"之意完全相同。孔子之道虽不行于当世，却能照耀千古，至今惠及吾人者，亦以此也。

11.11 颜渊死，门人欲厚葬之。子曰："不可。"门人厚葬之。子曰："回也视予犹父也，予不得视犹子也。非我也，夫二三子也。"

【译文】颜渊死了，孔子的弟子们想要厚葬他。孔子说："这样不可以。"但弟子们仍然将他厚葬了。孔子说："颜回呀，你对待我就像对待父亲一样，但我却不能够像对待儿子一样对待你啊。这不是我的主意，是你那班同学们干的啊。"

【注释】①《集解》："礼，贫富有宜。颜渊贫而门人欲厚葬之，故不听。"并引马融曰："言回自有父，父意欲听门人厚葬，我不得制止，非其厚葬，故云尔。"②《朱注》："丧具称家之有无。贫而厚葬，不循理也，故夫子止之，盖颜路听之。叹不得如葬鲤之得宜，以责门人也。"

【解读】厚葬不一定不符合礼制，只是在某些方面可能超出了本家的承受能力，故不被提倡。颜回家里很穷，其父颜路却执意或默许孔门弟子为其厚葬，所以孔子直曰"不可"，但最后他还是没有阻止成功。所谓"回也视予犹父也，予不得视犹子"云云，很像是孔子所做的自我辩白；意思是说：尽管颜回将孔子作为父亲对待，但在葬礼这件事情上，因为毕竟其父颜路还在，孔子没有最后的决定权，所以不能真的像对待儿子孔鲤那样薄葬之。但孔子和颜回的心是相通的，孔门弟子这样厚葬颜回，孔子知道，如果颜回地下有知，那他肯定也会不高兴，故而孔子表示这不是他的主意而是"二三子"为之——此似孔子向颜回倾诉心声也。

钱穆说："墨家后起，以提倡厚葬非儒，观此诸章，见其不然。"（《论语新解》）我们知道，在《八佾篇》中，孔子曾说："礼，与其奢也，宁俭；丧，与其易也，宁戚。"（3.4）讲的就是礼（包括葬礼）无论办得多么奢华、多么周到，反倒不如形式简单一些，却能真诚地表达尊敬和哀思之情为宜。周文尚简，《周易》损卦卦辞有云："二簋可用享。"既济卦九五有云："东邻杀牛，不如西邻之禴祭。"既然周人在祭祀上主张薄祭，那么可以推论在葬礼上他们肯定也是主张薄葬的。依然是在《八佾篇》中，孔子还说过："周监于二代，郁郁乎文哉！吾从周。"（3.14）验之本章及"颜路请子之车以为之椁"章，孔子在丧葬上从周尚简之意甚明也。

11.12 季路问事鬼神。子曰："未能事人，焉能事鬼？"曰："敢问死。"曰："未知生，焉知死？"

【译文】子路问服侍鬼神的方法。孔子说："还没学会服侍活着的人，怎么能去服事死人呢？"子路又说："我还想大胆地问一下死是怎么回事。"孔子说："连生的道理还没有搞明白，何必要知道死的事情呢？"

【注释】①《朱注》："问事鬼神，盖求所以奉祭祀之意。而死者人之所必有，不可不知，皆切问也。然非诚敬足以事人，则必不能事神；非原始而知所以生，则必不能反终而知所以死。盖幽明始终，初无二理，但学之有序，不可躐等，故夫子告之如此。"并引程子曰："昼夜者，死生之道也。知生之道，则知死之道，尽事人之道，则尽事鬼之道。死、生，人、鬼，一而二，二而一者也。或言夫子不告子路，不知此乃所以深告之也。"②李颙《四书反身录》："生死一理，知生则知死矣。气变而有形，形变而有生，生者，造物之所始；死者，造物之所终。故生之必有死，犹昼之必有夜，自古及今，无一获免。昔人谓'少壮不努力，老大徒伤悲'，余则谓'生时不努力，死时徒伤悲'。"③《今读》："此章极有名，解说丰硕。总之，足显中国之实用理性，不做无益无用之思辨和讨论也。重在此人生此人世，即我所谓'一个世界'观是也。联系'不语乱力怪神''祭如在''敬鬼神而远之'等章节，孔子确乎对超乎此世此生的问题、对象，采取颇为一贯的'存而不论'的实用态度，既不肯定，也未否定。"

【解读】前边屡次言及，孔子是现世主义者，孔学是人伦日用之学，其当然更重视活着的人和现世人生问题，而对鬼神和死亡之事则持"存而不论"态度，即"既不肯定，也未否定"（李泽厚语）。如果弟子们非要追问这方面的问题，孔子则回答"祭如在，祭神如神在"（3.12）"敬鬼神而远之"（6.22），还有本章的这个著名说法："未能事人，焉能事鬼？""未知生，焉知死？"也就是说，人与生，才是我们首先需要考虑的问题；而鬼与死，则是我们不必考虑，或者其次才需要考虑的问题。

还可将孔子的回答再做进一步的推展。如程子认为，"死、生、人、鬼，一而二，二而一者也。""知生之道，则知死之道，尽事人之道，则尽事鬼之道。"盖鬼者归也，人死为鬼，看来人与鬼、生与死并没有多大的距离，均处于李泽厚所谓的"一个世界"之中也。对此唐文治说得更清楚："事人，事父母也。事鬼，祭祖先也。《中庸》言：'君子之道，行远自迩，登高自卑。'由顺父母推而至于继志述事，事死如事生，事亡如事存，是必能事人而后能事鬼也。"（《论语大义》）李光地亦推崇程子之说，并谓："《中庸》言'顺父母'，而继以'格鬼神'，又以舜、武、周公之孝实之。《易》言'原始反终，故知死生之说'，其理皆在夫子答季路所言中也。"（《读论语札记》）又许仁图亦说："中国之学奥旨为立人极，督励成大人、修大德，不只可以与天地合德，还可与鬼神合吉凶。所以《易·乾卦·文言》说：'夫大人者，与天地合其德，与日月合其明，与四时合其序，与鬼神合其吉凶。'因此事鬼神之道就是事人之道，只有人成德成大，就能与鬼神合吉凶，这才是真正的事鬼神。"（《子曰论语》）此均为从"一个世界"来谈生与死、人与鬼也。

值得注意的是，朱子、李光地以及唐文治等人，都曾引用《周易·系辞上》的这段话来解读本章内容："《易》与天地准，故能弥纶天地之道。仰以观于天文，俯以察于地理，是故知幽明之故；原始反终，故知死生之说；精气为物，游魂为变，是故知鬼神之情状。"很显然，《周易》此说，与《论语》对鬼神"存而不论"的态度是有差异的，虽然在价值倾向上两者并无二致。只是在这里《周易》对"鬼神""死生"有一套特殊的说法。朱子释之曰："幽明、死生、鬼神，皆阴阳之变、天地之道也。天文则有昼夜上下，地理则有南北高深。原者，推之于前；

反者,要之于后。阴精阳气,聚而成物,神之伸也;魂游魄降,散而为变,鬼之归也。"又苏东坡释之曰:"鬼常与体魄俱,故谓之物。神无适而不可,故谓之变。精气为魄,魄为鬼。志气为魂,魂为神。"又《朱子语类》在回答弟子问"原始反终"时还说:"人未死,如何得知死之说?只是原其始之理,将后面折转来看,便见得。"(以上均引自李光地《周易折中》)盖"《易》以道阴阳"(庄子语),故其作者认为,《周易》能对"幽明、死生、鬼神"等事解说至明——如果抛开某些文字的神秘性,这些说法,应该都是符合我们当下的科学常识的,亦可与《论语》此章互相发明。

11.13 闵子侍侧,誾誾如也;子路,行(hàng)行如也;冉有、子贡,侃侃如也。子乐。"若由也,不得其死然。"

【译文】闵子骞站在孔子身旁,正直而恭敬的样子;子路,刚强亢直的样子;冉有和子贡,侃侃而谈的样子。孔子很高兴,说:"像仲由吧,怕是不得好死呢。"

【注释】①《集释》:"皇本'闵子'下有'骞'字,'若'上有'曰'字。"②《朱注》:"行行,刚强之貌。子乐者,乐得英才而教育之。"并引尹焞曰:"子路刚强,有不得其死之理,故因以戒之。其后子路卒死于卫孔悝之难。"③《杨注》:"得死,当时俗语,谓得善终。《左传》僖公十九年'得死为幸';哀公十六年'得死,乃非我'。"

【解读】"誾誾如也"和"侃侃如也",在《乡党篇》中都出现过:前者是指孔子"与上大夫言"的情形,所以很谨慎恭敬;闵子骞名列德行科,可以想见也是这个样子。后者是指孔子"与下大夫言"的情形,所以说话比较放得开;冉有和子贡,一个是名列政事科的外交高人,一个是言语科高材生和"儒商"始祖,那口才肯定都没的说。这里最独特的就是"行行如也"的子路了。子路仅比孔子小九岁,年轻时就尚勇好武,平时敢于顶撞孔子,曾被孔子批评过"野哉,由也!"(13.3)子路和冉有并列政事科,曾任"季氏宰"和"费宰",后又做卫国孔悝所辖蒲邑的"大夫",于公元前480年,在蒯聩(后来的卫庄公)和其儿子(姬辄,卫出公)争夺卫国统治权的内乱中不幸死去,留下了"君子死,冠不免"的佳话。实际上当时子路是完全可以逃命的,就像他的同学高柴做的那样,但他讲"食焉,不辟(避)其难"(《左传·哀公十五年》),应该是"慷慨赴义而死",正应了孔子"不得其死然"的预言。

毫无疑问,孔子对于子路的勇敢、忠诚和刚强都是欣赏的,同时也有所担心,故在本章以"不得其死然"戒之,但依然不幸而言中。在《公冶长篇》"吾未见刚者"章中,我们曾经介绍过《周易》关于阳刚、阴柔的观点,并特别提出"刚中"是《周易》非常强调的一个处世原则(见5.11),此恐亦适用于对子路"行行如也"的分析。王夫之在评点此章时亦说:"刚柔,皆道之用也。刚之过,或不足以通吉凶之故;而柔之过,则人欲易溺,而天理不能自持。"(《四书训义》)子路律己甚严,当无"柔之过";其"不得其死",显系"刚之过"也。本来,蒯聩和姬辄争夺卫国的统治权,两姓旁人持中间立场可也,而子路偏偏主动介入其中,其死亡又有什么意义呢?《周易·系辞下》云:"君子知微知彰,知柔知刚,万夫之望。"《老子》则云:"强梁者不得其死。"(《四十二章》)此正反之教诲,均发人深省也。

11.14 鲁人为长府。闵子骞曰:"仍旧贯,如之何?何必改作?"子曰:"夫人不言,言必有中。"

【译文】鲁国的当政者准备翻修财库。闵子骞说:"就照老样子,怎么样?为什么一定要翻修啊?"孔子说:"这个人平时不说话,一说话就一语中的!"

【注释】①《朱注》:"长府,藏名。藏货财曰府。为,盖改作之。仍,因也。贯,事也。中,去声。言不妄发,发必当理,惟有德者能之。"并引王安石曰:"王氏曰:'改作劳民伤财。在于得已,则不如仍旧贯之善。'"②《钱解》:"鲁人指三家,昭公居长府以攻季氏,三家共逐公,逊于齐。三家欲改作长府,当在昭公卒后定、哀之际。盖鲁人之见长府,犹如见昭公,故三家欲改作之以毁其迹。闵子当时无谏诤之责,乃以微言讽之,长府之旧贯尚当仍,况君臣之旧贯乎?故孔子深赏其言。"

【解读】这一章讲的还是闵子骞的事。这里的"鲁人"到底是指谁?他(们)为什么要翻修"长府"?这事发生在什么时候?有很多争论。本解读综合诸家之说,认为钱穆之说较为可取,故引述如上。从中可以看出,这件事应该和鲁国三家干政有关，闵子骞主张"仍旧贯"，恐怕不单纯是担心"劳民伤财"的问题，主要还是为了维持鲁国国君和三桓之间的平衡关系。孔子赞扬闵子骞"言必有中"，当是对他的政治立场表示满意。此"中"字，即"一语中的"之"中"也，也是我们屡次谈到过的、《周易》非常强调的"时中"也。如果我们将此章闵子骞的表现和《八佾篇》"哀公问社于宰我"章中宰我的表现对照一下，就可以明白闵子骞的聪明机智和宰我的愚钝了——孔子称赞闵子骞"夫人不言，言必有中"，岂虚言哉？！

11.15 子曰："由之瑟，奚为于丘之门？"门人不敬子路。子曰："由也升堂矣，未入于室也。"

【译文】孔子说："子路这个样子弹瑟，怎么会出于我的门下呢？"其他弟子因此不尊敬子路。孔子说："子路的修为已经'升堂'了，只是还没有'入室'而已。"

【注释】①《杨注》："瑟，音涩，sè，古代的乐器，和琴同类。这里孔子不是不高兴子路弹瑟，而是不高兴他所弹的音调。'堂'是正厅，'室'是内室。先入门，次升堂，最后入室，表示做学问的几个阶段。"②《正义》引《白虎通·礼乐篇》："瑟者，啬也，闲也，所以惩忿窒欲、正人之德也。"③《朱注》："《家语》云：'子路鼓瑟，有北鄙杀伐之声。'盖其气质刚勇，而不足于中和，故其发于声者如此。门人以夫子之言，遂不敬子路，故夫子释之。升堂、入室，喻入道之次第。言子路之学，已造乎正大高明之域，特未深入精微之奥耳，未可以一事之失而遽忽之也。"

【解读】孔子有很高的音乐造诣，亦能弹瑟，此见于《阳货篇》"孺悲欲见孔子"章（17.20）。本章孔子对子路弹瑟的水平表示不屑，或有玩笑成分，故当其他弟子因之不敬子路时，孔子急忙为其分辩。这个"升堂入室"的说法，早已融入中国文化成语之中。

儒家对于音乐，向来以"中和"为最高境界（详见8.8），子路尚勇，长于治军，其所弹之瑟必有杀伐之声，当有违"中和"之美，故孔子讽之。然子路之瑟又并非一无可取，其他弟子"不敬子路"，其实亦未了悟音乐之旨，故孔子又为之辩护。那么，何为"升堂"，又何为"入室"，两者的区别究竟是什么呢？王夫之对此的分析甚好，转录如下："夫道有堂焉，有室焉。拔于私利之卑下，而奋志以大有为者，堂也。非志之刚而能忘乎生死利害之情，心之果而能奋其闻善必为之气，未能升也。而由升也。藏之于幽独而不急为昭著，析之于细微而必尽其条理，室也。必御其气以治其志，养其心以尽其性，而后入于室矣。由也，特未入耳。"并谓："然有升堂而不能入室者矣，未有不升堂而可入室者也。"此求学问道之次第，"不敬子路"之人实未知也。王夫之还说："学者辨志之始，以超然于私利之外，而决志于上达为之基，则自立于君子之途，而由是以造道。乃其志正，其守定，尤必文之以礼乐，而涵养其性情，以洗心而藏于密。故弦歌之教，非迂图也。声音之理入于无形之虚，而平其心气。故律吕察于微妙，元声应乎天地，所以极道之深，而研几于动静之介。圣人之教所以达沉潜而节高明，至矣！"（《四书训义》）

值得注意的是，王夫之所引"洗心藏密"之说出于《周易·系辞上》，原文为："是故蓍之德圆而神，卦之德方以知（智），六爻之义易以贡。圣人以此洗心，退藏于密，吉凶与民同患。神以知来，知以藏往，其孰能与于此哉！古之聪明睿知，神武而不杀者夫！"大意是说，《周易》以其占筮和卦爻而神、而智，智则可以"藏往"即明了历史之真相，神则可以"知来"即推知未来之发展，圣人由此而疏瀹其心，退藏于无为之地，可以禁患于无形矣！刘沅尤其解"密"字云："密，宥密，人身太极之所，所谓'中'也。"（《周易恒解》）由此可见，孔子讲子路"升堂矣"，当是指他已超拔于私利而志于大道也；又讲其"未入于室也"，则是指他尚未"洗心藏密"即其性情尚未达致中和之境也。据此可知，子路一定不懂《易》，而其"不得其死"亦必也。惜哉！

11.16 子贡问："师与商也孰贤？"子曰："师也过，商也不及。"曰："然则师愈与？"子曰："过犹不及。"

【译文】子贡问孔子："子张和子夏两个人，谁更强一些呢？"孔子说："子张啊，常是做过了，而子夏呢，又常做得不足。"子贡说："那么，子张要好一些吧？"孔子说："过了和不足都不好。"

【注释】①《集解》引孔安国曰："言俱不得中。"②《朱注》："子张才高意广，而好为苟难，故常过中。子夏笃信谨守，而规模狭隘，故常不及。愈，犹胜也。道以中庸为至,贤智之过虽若胜于愚不肖之不及,然其失中则一也。"

【解读】"师"即颛孙师,字子张,现《论语》第十九篇即以"子张"命名;"商"即卜商,字子夏,名列"四科十哲"之文学科,于孔子之后传经,影响甚大。而子贡于孔子五十五岁时(即鲁定公十三年,公元前497年)便师事孔子,陪同孔子由鲁适卫、周游列国,是在颜回死后最受孔子器重的弟子。据《子张篇》,子夏的门人曾"问交于子张",可见两人在孔子晚年已分别收徒,且彼此互不服气、时有攻讦。或许当时子贡对此有所耳闻,故向孔子请教子张与子夏究竟哪位较为贤能。但孔子并未直接回答子贡的问题,而是指出:"师也过,商也不及。"子贡可能一下子没有搞懂老师的意思,就进一步追问是否子张的"过"要比子夏的"不及"好些?孔子这才随之说出"过犹不及"这句名言来。按照大部分注家的意见,这和孔子主张中道,强调无过、无不及的境界有关,故其对子张、子夏均不表满意,认为两人半斤八两,谁也不比对方高多少。后来荀子在《非十二子》中曾将子张、子夏之儒斥为"贱儒",这当然是偏激之辞,但两人的学问未臻至善,倒是可以肯定的。程颐有一段话曾说:"大抵儒者潜心正道,不容有差,其始甚微,其终则不可救。如'师也过,商也不及',于圣人中道,师只是过于厚些,商只是不及些。然而厚则渐至于'兼爱',不及则便至于'为我',其过、不及同出于儒者,其末遂至于杨、墨。"(《二程遗书》)过和不及的危害,程子所言,可谓至矣!关于何为"中道",请见《雍也篇》"中庸之为德也"章(6.29),兹不赘。

11.17 季氏富于周公,而求也为之聚敛而附益之。子曰:"非吾徒也。小子鸣鼓而攻之,可也。"

【译文】季氏比周公还要豪富,而冉求却还替他搜括钱财,又增加了更多的财富。孔子说:"冉求不是我的弟子啊,同学们都大张旗鼓地反对他吧!"

【注释】①《钱解》:"此乃周公旦次子世袭为周公而留于周之王朝者。周、召世为周王室之公,犹三桓之世为鲁卿。"②《朱注》:"周公以王室至亲,有大功,位冢宰,其富宜矣。季氏以诸侯之卿,而富过之,非攘夺其君、刻剥其民,何以得此?冉有为季氏宰,又为之急赋税以益其富。"并引范祖禹曰:"冉有以政事之才,施于季氏,故为不善至于如此。由其心术不明,不能反求诸身,而以仕为急故也。"③《杨注》:"事实可参阅《左传》哀公十一年和十二年文。季氏要用田赋制度，增加赋税，使冉求征求孔子的意见，孔子则主张'施取其厚，事举其中，敛从其薄'。结果冉求仍旧听从季氏，实行田赋制度。"

【解读】此章颇能反映孔子的民本思想，且有损益之道在焉。孔子对损、益二卦特别重视，在《为政篇》"十世可知"章（2.23）、《雍也篇》"子华使于齐"章（6.4）等，我们均已有所介绍。但损、益二卦涵义甚深甚广，于此处亦有充分反映。细察损益之道，其要有三：一是损上而益下则为"益"，损下而益上则为"损"。盖益卦（䷩）下震上巽，其由否卦来，即损否之九四而益否之初六也，故曰益；损卦（䷨）下兑上艮，其由泰卦来，即损泰之九三而益泰之上六也，故曰损。孔子反对冉求搜刮民财而"附益"季氏，即此意也。二是损、益本身均无错，关键是要"随时"，即要根据时机而定。如损卦《彖传》云："损刚益柔有时，损益盈虚，与时偕行。"益卦《彖传》亦云："凡益之道，与时偕行。"又损卦初九云"酌损之"，这个"酌"字值得认真思考。比如政府向老百姓征收赋税是没有问题的，但征收的额度一定要斟酌，并且要根据年成的情况、各地各家的具体情况而定。三是无论损还是益，都要讲诚信。损卦卦辞有云："损：有孚，元吉，无咎。"孚，就是诚信。陈梦雷释之曰：所谓"损"者，"以人事言之，损下益上，损内益外，剥民奉君，皆是也。损非人情所欲，故必损所当损，使人皆有孚信之心。唯损所当损而至于有孚，则兼得之。故损，不可不慎也。"（《周易浅述》）季氏已"富于周公"，而冉求又为季氏聚敛财富，此损民之举也，其中哪有诚信可言？又焉能得到老百姓的信任呢？故孔子要求弟子们"鸣鼓而攻之"，那是绝对正确的。

11.18 柴也愚，参也鲁，师也辟（pì），由也喭（yàn）。

【译文】高柴性格愚直，曾参性格迟钝，子张性格偏激，子路性格刚猛。

【注释】①《钱解》："高柴，字子羔，亦孔子弟子。愚，好仁之过。《家语》记其'足不履影，启蛰不杀，方长不折，执亲之丧，泣血三年'，可以见其为人矣。鲁，迟钝义。辟，偏义。子张志高而流于偏。或曰辟同僻，言其过为张大。喭，刚猛义。"②《朱注》引程子曰："参也竟以鲁得之！""曾子之学，诚笃而已。圣门学者，聪明才辩不为不多，而卒传其道，乃质鲁之人尔，故学以诚实为贵也。"又引尹焞曰："曾子之才鲁，故其学也确,所以能深造乎道也。"

【解读】儒家主张入世,故"知人"是孔门的基本功夫,圣者如孔子对其弟子的点评在《论语》中甚多,尤以此章集中对其四个弟子的性格进行"一字性"点评为最有名。

关于高柴,在《孔子家语》和《史记·仲尼弟子列传》中都有记载。据《弟子列传》:"高柴字子羔,少孔子三十岁。子羔长不高五尺,受业孔子,孔子以为愚。"高柴是子路的属下,《弟子列传》还记录了子路让他担任费邑宰、孔子表示不满的故事,此亦见于《论语》本篇(11.25)。但,什么是"愚"?朱子说"愚,好仁之过",《阳货篇》亦说"好仁不好学,其蔽也愚"(17.8)。《孔子家语》记录他"足不履影,启蛰不杀,方长不折,执亲之丧,泣血三年"等,即是也。可见"愚"只是"愚直",并不是"愚笨",卫国内乱时,高柴见机不对,提前逃出险地,而子路却惨烈而死,就是证明。

关于曾参的事迹及成就,我们在《泰伯篇》已有充分讨论,此不赘。所谓"参也鲁",是说他原本性格比较迟钝,但其为人孝顺,处世小心谨慎,注意容貌辞气等日常小节的修炼,故终成大器。程子曰:"参也竟以鲁得之!"与子贡那样的聪明者相比,其或可谓渐修而得道者也。

子张小孔子四十八岁,虽不在"四科十哲"之列,欲学干禄而未成,卒以教授终,但在孔子晚年已是了不起的人物,据《韩非子》,战国时"子张之儒"已列儒家八派之首。《论语》倒数第二章为《子张篇》,亦显出其人其派之重要性。子张虽然出身微贱,此人或仪表堂堂,故《荀子·非十二子》言其"禹行而舜趋",即外表上他学禹、舜甚至学得很像。所谓"师也辟"者,朱子说:"辟,偏义。"又曾子曾说:"堂堂乎张也,难与并为仁矣。"(19.16)可见尽管时人对子张或有非议,但他当时的影响肯定是蛮大的。

关于子路,孔子以"喭"字称之。陆德明《经典释文》以"畔喭"联辞,意即跋扈不恭也。邢昺则云:"畔喭,失容也。言子路性行刚强,常畔喭失于礼容也。"(《论语注疏》)在《论语》中,孔子对子路评点甚多,如讲"野哉由也"(13.3),又讲"由也果"(6.8)、"子路无宿诺"(12.12)等,均与此相合。盖子路尚勇,其行为言辞或失于不逊也。

《周易》咸卦《大象》曰:"山上有泽,咸;君子以虚受人。"此言君子有容人之量。孔门弟子三千，各有所长、所短，乃事理之常，此亦见孔子气度之广也。另颐卦《彖传》讲"圣人养贤"，临卦《大象》则云："泽上有地，临；君子以教思无穷，容保民无疆。"此言圣人有"养贤"之责，君子有无穷之"教思"也。如结合本章来说，朱子曾引杨时曰："四者性之偏，语之使知自励也。"王夫之亦云："教思之无穷也，必知其人德性之长，而利导之；尤必知其人气质之偏，而变化之。"（《四书训义》）由此可见，孔子选取此四人而点评之，其意亦深矣！

11.19 子曰："回也其庶乎，屡空。赐不受命，而货殖焉，亿则屡中。"

【译文】孔子说："颜回的水平已经差不多了，但却常常穷得一无所有。子贡不安本分，去搞买卖，每次预测行情都猜对了。"

【注释】①《集解》："言回庶几圣道，虽数空匮，而乐在其中矣。赐不受教命，唯财货是殖，亿度是非。盖美回，所以励赐也。"②《朱注》："庶，近也，言近道也。屡空，数至空匮也。不以贫穷动心而求富，故屡至于空匮也。言其近道，又能安贫也。命，谓天命。货殖，货财生殖也。亿，意度也。中，去声。言子贡不如颜子之安贫乐道，然其才识文明，亦能料事而多中也。"③《钱解》："'不受命'，一说：不受禄命；一说：古者商贾由公家主之，子贡未受命于公家而自以其私财市贱鬻贵，逐什一之利。今从后说。"

【解读】在孔门弟子当中，颜回、子贡和子路，可谓仁、智、勇"三达德"的代表。本章紧接上章，又将颜回和子贡（端木赐）对照点评，虽为评介人物，其实亦表明孔子对仁与智、贫与富之态度也。孔子于本章说"回也其庶乎"，此和他在《周易·系辞下》所说"颜氏之子，其殆庶几乎"，如出一辙，讲的都是颜回已经接近圣道，故颜回能够不因贫穷而动心。而子贡则不同，他虽非"官商"，却能以其智慧经商致富，"亿则屡中"，曾在孔子周游列国遇到困难时发挥重要作用。从孔子的表述当中，我们可以发现，其褒奖颜回之意是肯定的，但这里好像也没有贬低子贡的意思。或可认为，孔子强调"仁智双运"，亦不拒绝富贵的追求；只是相较而言，仁作为"全德"，似乎更具优先性而已。

《周易·系辞下》有云："何以守位曰仁，何以聚人曰财。理财正辞，禁民为非曰义。"《周易》对"财"以及"理财"的重视，和本章孔子之赞子贡是完全一致的。又程子说："子贡之货殖，非若后人之丰财，但此心未忘耳。然此亦子贡少时事，至闻性与天道，则不为此矣。"（《朱注》）此或以子贡货殖为不完美，故有为其回护之意，大可不必也。

11.20　子张问善人之道。子曰："不践迹，亦不入于室。"

【译文】子张问怎样才是善人。孔子说："不踩着圣贤的脚印走，学问道德也就难以升堂入室了。"

【注释】①《朱注》："善人，质美而未学者也。"并引张载曰："善人，欲仁而未志于学者也。欲仁，故虽不践成法，亦不蹈于恶，有诸己也。由不学，故无自而入圣人之室也。"②《钱解》："善人质美，行事一本天性，故能不践迹，犹谓不照前人脚印走路，即不依成法。此言其未经学问，虽亦能善，而不到深奥处。见美质有限，必学问始无穷。"

【解读】"善人"一词，《论语》共出现五次。从"善人为邦百年，亦可以胜残去杀矣"（13.11）"善人教民七年，亦可以即戎矣"（13.29）等处看，"善人"实即现在所谓"大好人"也，他们质朴善良，但或因智商不高，或不善于、不勇于学习，故做事要慢些，也不可能达到"升堂入室"之境界。上章讲"柴也愚"，本章接着讲"善人"，或高柴即属于善人之典型代表也。孔子说过："好仁不好学，其蔽也愚。"（17.8）张载则说："由不学，故无自而入圣人之室也。"朱子亦说："善人，质美而未学者也。"窃以为，这里的"不践迹"，就是"不学"之意，此正"善人"之过处、之愚处。一个人焉能"行事一本天性"，不向前人圣贤学习而能有所成就呢？由其"不践迹"，其"不入于室"可知也。

《周易·系辞上》有云："一阴一阳之谓道。继之者善也，成之者性也。"许仁图据此说，"善人是承继阴阳和合之道的性直者"，又说其师毓鋆曾云"本人性做事，就叫'善人'"（《子曰论语》）。孔子劝人向学，要求士君子"志于道，据于德，依于仁，游于艺"（7.6），《周易·说卦传》亦讲"和顺于道德而理于义，穷理尽性以至于命"，善人仅依其质朴之善性做事，有时固然也能做对，但其于道德、性命等未能通达，难免行之不远，亦可叹也。

11.21 子曰:"论笃是与,君子者乎?色庄者乎?"

【译文】孔子说:"总是推许说话笃厚的人,这种人是君子吗?还是装腔作势的人呢?"

【注释】①《后案》:"笃,厚也。与,许也。言论之笃厚,人以是为可许也。君子者,言厚而心亦厚也。庄,妆之假借字,饰也。言论之可饰,犹采色之可饰。色庄者,心不厚而言厚也。"②《朱注》:"言但以其言论笃实而与之,则未知其为君子者乎?为色庄者乎?言不可以言貌取人也。"

【解读】"论笃",是指说的话看上去笃厚,但这也许只是表面现象:有的人这样做,是因为他是发自内心的真君子;而有的人这样做,则不过是装模作样的伪君子而已。何晏《论语集解》以"色庄者"为"不恶而严,以远小人者"(此语出自《周易》遁卦《大象》"君子以远小人,不恶而严"),恐与本章语境不合。盖上章孔子强调善人不能光凭借本性行事,而应该向圣贤踏实学习;本章孔子则强调善人不能光在言论和容貌上用功夫,更应该在心性上用功夫——这才是符合逻辑的。此当与孔子对"乡原"的批评(17.13)结合来读。

另,《说文解字》释"笃"为"马行顿迟",段玉裁云:"顿如顿首,以头触地也。马行着实而迟缓也。"又云:"古假借'笃'为'竺'字,以皆竹声也。凡经、传,笃字,固、厚二训足包之。《释诂》笃、竺并列,皆训厚。"有意思的是,《周易·说卦传》以乾为马,又坤卦则讲"利牝马之贞",即以坤为"牝马"。盖马为动物中之健行者,而牝马(母马)尤稳健、笃厚,故坤卦《象传》云"牝马地类,行地无疆;柔顺利贞,君子攸行"也。鉴于乾、坤二卦均以马取象,可以推知,马同时具有"自强不息"和"厚德载物"之精神;本章强调笃厚做人,读者或可由马的这种品质予以联想也。

11.22 子路问:"闻斯行诸?"子曰:"有父兄在,如之何其闻斯行之?"冉有问:"闻斯行诸?"子曰:"闻斯行之。"公西华曰:"由也问闻斯行诸,子曰'有父兄在',求也问闻斯行诸,子曰'闻斯行之'。赤也惑,敢问。"子曰:"求也退,故进之;由也兼人,故退之。"

【译文】子路问:"听到就去做吗?"孔子说:"还有父亲和兄长等长辈在,怎么能听到就去做呢?"冉有问:"听到就去做吗?"孔子说:"听到就去做!"公西华说:"仲由问是否听到就去做,您说'还有父亲和兄长等长辈在';冉求问是否听到就去做,您却说'听到就去做'。我有些糊涂了,大胆地来向您请教。"孔子说:"冉求做事退缩,所以我鼓励他勇往直前;仲由做事冒进,所以我让他谨慎些。"

【注释】①《集解》引郑玄曰:"言冉有性谦退,子路务在胜尚人,各因其人之失而正之。"②《朱注》:"兼人,谓胜人也。"并引张敬夫曰:"闻义固当勇为,然有父兄在,则有不可得而专者。若不禀命而行,则反伤于义矣。'子路有闻,未之能行,唯恐有闻。'则于所当为,不患其不能为矣;特患为之之意或过,而于所当禀命者有阙耳。若冉求之资禀失之弱,不患其不禀命也;患其于所当为者,逡巡畏缩而为之不勇耳。圣人一进之,一退之,所以约之于义理之中,而使之无过不及之患也。"③《杨注》:"孔安国和朱熹都把'兼人'解为'胜人',但子路虽勇,未必'务在胜尚人',反不如张敬夫把'兼人'解为'勇为'为适当。"

【解读】孔子是教育家,不但"知人",而且"教人"。此章孔子讲"求也退,故进之;由也兼人,故退之",是很著名的圣人"因材施教"的例子。而"因材施教"的终极目标,又重在前面屡次所言之"中道"也。故唐文治说:"愚谓此即《中庸》'执两用中'之义。夫子教门弟子如此,则所以教天下之民而化其偏者,其道盖不外是矣!"(《论语大义》)又王夫之说:"盖圣人之教,初无差等,必无同异,能者从之耳。而以人治人之理,深知其得失之所由,以因材而调养之,则在用功之际有张弛焉。斯以为教思之无穷也。"(《四书训义》)此以《周易》临卦《大象》之"教思无穷"来评价孔子对子路和冉有的"调养"之功,大有深意,或可稍作申论。

临卦(䷒)为《周易》第十九卦,其下兑上坤,兑为泽,坤为地,有"泽上有地"之象,故名。其《大象》云:"泽上有地,临;君子以教思无穷,容保民无疆。"朱子说:"地临于泽,上临下也。二者皆临下之事:教之无穷者,兑也;容之无疆者,坤也。"(《周易本义》)赵汝楳则说:"泽之于地,有润而无竭,故君子以教思无穷。地之于泽,有受而无阻,故君子以容保民无疆。"(《周易辑闻》)又刘沅说:"地大容泽,泽满等地,大之义也。君子法之,教化斯民。至诚恻怛之心无穷,与兑泽同其渊深;含容保固斯民,无有疆域,与坤土同其博大。以是相临,临之至大者也。"(《周易恒解》)孔子于其弟子,有教无类,循循善诱,确有坤土容人之量,又有泽水润物之功,而因材施教之术,更含"曲成万物"(《系辞上》)之意,谓其"教思无穷",丝毫不为过也。

11.23 子畏于匡,颜渊后。子曰:"吾以女(汝)为死矣。"曰:"子在,回何敢死?"

【译文】孔子在匡地受到围困,颜渊最后一个赶到。孔子说:"我还以为你已经死了呢。"颜渊说:"您先生还活着,我怎么敢死?"

【注释】①许仁图《子曰论语》:"'畏',兵灾危难。'后',失散落后。"②《正义》:"《曲礼》云:'父母在,不许友以死。'颜子事夫子犹父,故云:'子在,回何敢死?'"

【解读】"子畏于匡"事已见《子罕篇》(9.5)。此章孔子和颜回的对话,师徒之情溢于言表。可以推想,当时颜回随同孔子出行,忽遇匡人之难,相失在后,孔子必翘首以待之;待之而不至,或疑其为匡人所害,故当颜回陡然出现时,遂有"吾以女为死矣"之语。颜回见到老师,也是情不能抑,故接之曰:"子在,回何敢死?"这是感谢老师挂念的真情流露,同时也是颜回事孔子犹父的直接体现。"又加夫子乃弘道传道之人,任重道远,死而后已,作为道业之接力者,弟子岂可先师父而去?"(刘强《论语新识》)故此虽为简单的两句问答,实含师徒间不尽之情谊也。

然细加玩味,其义又不止此也。《周易》豫卦六五有云:"贞疾,恒不死。"盖豫卦(䷏)下坤上震,坤为地,震为雷,雷出地上,万物豫乐,故名;而"六五以柔居尊,当豫之时,易于沉溺,必战兢畏惕,常如疾病在身,乃得恒而不死,所谓生于忧患者也"(何楷语,转引自李光地《周易折中》)。此或解"贞"为"常",而潘雨廷解"贞"为"正",并谓:"三折肱可为良医,何惧乎疾哉?富家多纨绔不肖,人之无疾也。无敌国而国亡,国之疾也。凡人之知,国之兴,莫不生于有疾而能正之。《易》曰'贞疾,恒不死',孤臣孽子之达也。"(《蠲爻》)这种解释,似更通顺。比如孔子师徒,面对疾病丛生之春秋乱世,犹如"孤臣孽子"矣,然传道之心不泯,木铎之声不息,虽不为当世所容,然中华文明之道统终而免于坠落,岂非"恒不死"之象乎?明乎此,则颜回所谓"子在,回何敢死"之答,似不能仅仅视为关乎一己性命之存亡,亦不能仅仅视为关乎师徒间之情谊也。孔子曾说:"朝闻道,夕死可矣。"(4.8)"闻道"和"贞疾",乃孔子师徒之天命,天命未达,其焉能死?!

11.24 季子然问:"仲由、冉求可谓大臣与?"子曰:"吾以子为异之问,曾由与求之问。所谓大臣者,以道事君,不可则止。今由与求也,可谓具臣矣。"曰:"然则从之者与?"子曰:"弑父与君,亦不从也。"

【译文】季子然问:"仲由和冉求可以说是'大臣'了吗?"孔子答:"我以为你是问别的呢,原来是问仲由和冉求啊。所谓'大臣',是以道义来对待君主,如果行不通,就辞职不干。现在仲由和冉求两个人吧,只能算是充当工具的、凑数的臣子而已。"季子然说:"那么,他们是凡事顺从的人吗?"孔子说:"如果是弑父弑君的事,他们也不会顺从的。"

【注释】①《杨注》:"季子然,当为季氏的同族之人,《史记·仲尼弟子列传》作'季孙问曰:子路可谓大臣与',与《论语》稍异。"②《正义》:"《说文》云:'具,共置也。'《广雅·释诂》:'具,备也。'大夫家臣,当有员数,此二子仕季,亦但备数任职事,不能如大臣能匡正人主也。"③《朱注》:"具臣,谓备臣数而已……言二子虽不足于大臣之道,然君臣之义则闻之熟矣,弑逆大故必不从之。盖深许二子以死难不可夺之节,而又以阴折季氏不臣之心也。"

【解读】儒家强调入世,对作为五伦之一的君臣关系极为重视,前已屡言之。此章孔子通过对子路、冉有的评价,又将人臣分为了三类:大臣、具臣和乱臣,实在发人深省。

所谓"具臣",历代注家或有歧解,当以刘宝楠等人的解释为恰切,此即空有虚名而不能负责之臣也,亦即被龚自珍比喻为"立仗马"者之臣也。比如子路、冉有虽有政治才干,且名列"四科十哲"之政事科,但子路无法格君之非而死于非命,冉有为季氏聚敛而附益之(11.17),更无法阻止季氏之伐颛臾(16.1),可见他们都有备位充数之嫌,被称作"具臣"应为不枉。只不过,"具臣"虽然不好,但还是有道德底线的,其毕竟不同于"弑父与君"的"乱臣贼子"也。按照朱子的分析,孔子的后一句答问,一则表明他对子路和冉有的"大节"还是肯定的,二则他又借此敲打了季氏的"不臣之心",妙哉!

在孔子心目中,"大臣"之为"大"者,在其"以道事君,不可则止"。仔细分辨,这里有两层意思:一是"从道不从君""道统高于政统"的思想,后来此思想被孟子大加发挥,成为儒家的一个光荣传统。而《周易》不光讲"人道",而且讲"三极之道",又将一卦中的五爻视为君位,而留出上爻以配天,应该和这种思想是相通的。二是关于"止"的思想。《论语》单设《微子篇》讲隐士,又在本篇之末提出"吾与点也",都可见出儒家"达则兼善天下,穷则独善其身"(《孟子·尽心上》)的独特人生观;而"独善其身"亦非真的只是关心自身,而是以道自励也,即"止于道"也。《周易》艮卦《象传》讲"时止则止,时行则行",蛊卦上九讲"不事王侯,高尚其事",亦此意也。这种思想,亦可参见《泰伯篇》"天下有道则见,无道则隐"(8.13)、《卫灵公篇》"邦有道,则仕;邦无道,则可卷而怀之"(15.7)等等论述。

11.25 子路使子羔为费宰。子曰:"贼夫人之子。"子路曰:"有民人焉,有社稷焉,何必读书,然后为学?"子曰:"是故恶夫佞者。"

【译文】子路让子羔去做费地的长官。孔子说:"你这是害了人家的孩子啊!"子路说:"那地方有老百姓,有土地和庄稼,为什么一定要先读书,然后再做官、做学问呢?"孔子说:"这就是我讨厌巧口强辩者的原因啊。"

【注释】①《朱注》:"贼,害也。言子羔质美而未学,遽使治民,适以害之……治民、事神,皆所以为学;治民、事神,固学者事,然必学之已成,然后可仕以行其学。若初未尝学,而使之即仕以为学,其不至于慢神而虐民者几希(稀)矣。"②《今读》:"因为孔子一贯重视实践,强调力行,书本知识次要。子路用这话塞孔子的口,以子之矛,刺子之盾。孔子似乎没话可说,只好如此回答,神态如见。"③《读训》:"'佞'字数见《论语》,皆言强辞夺理、辩才迅捷者。"

【解读】此章似乎是讲知行关系问题,表面看来子路强调边干边学,并不为错，但这里有两个问题需要特别引起注意：一是"为政"乃非同小可之事。朱子说："治民、事神，固学者事，然必学之已成，然后可仕以行其学。若初未尝学，而使之即仕以为学，其不至于慢神而虐民者几希矣。"唐文治亦说："民人、社稷，非尝试之具，未能操刀而使割，伤己以伤人，圣门之所大戒也。"（《论语大义》）故在本篇首章，孔子劈头便讲"吾从先进"，即他希望为政所用之人，都应该是先进于礼乐的人——此和本章之义完全相同。二是子羔此人的素质问题。子羔即孔子所讲"柴也愚"（11.18）中的高柴，他为人愚直，实即"不践迹"（11.20）即不爱学习之"善人"也，故孔子担心让他过早做官未必适宜。或许因为考虑到这两个问题，所以当子路以"何必读书，然后为学"来指责孔子的时候，孔子以"是故恶夫佞者"而答之，也就可以理解了。学习本章，建议重温11.1。

11.26 子路、曾皙、冉有、公西华侍坐。子曰："以吾一日长乎尔，毋吾以也。居则曰：'不吾知也！'如或知尔，则何以哉？"

子路率尔而对曰："千乘之国，摄乎大国之间，加之以师旅，因之以饥馑；由也为之，比及三年，可使有勇，且知方也。"夫子哂之。"求！尔何如？"对曰："方六七十，如五六十，求也为之，比及三年，可使足民。如其礼乐，以俟君子。""赤！尔何如？"对曰："非曰能之，愿学焉。宗庙之事，如会同，端章甫，愿为小相焉。""点！尔何如？"鼓瑟希，铿尔，舍瑟而作，对曰："异乎三子者之撰。"子曰："何伤乎？亦各言其志也。"曰："莫（暮）春者，春服既成，冠者五六人，童子六七人，浴乎沂，风乎舞雩，咏而归。"夫子喟然叹曰："吾与点也！"

三子者出，曾皙后。曾皙曰："夫三子者之言何如？"子曰："亦各言其志也已矣。"曰："夫子何哂由也？"曰："为国以礼，其言不让，是故哂之。""唯求则非邦也与？""安见方六七十，如五六十而非邦也者？""唯赤则非邦也与？""宗庙、会同，非诸侯而何？赤也为之小，孰能为之大？"

【译文】子路、曾皙、冉有、公西华四个人陪孔子坐着。孔子说："我比你们年纪大些，你们千万不要在意啊。你们平时老说：'人家不了解我呀！'如果有人了解你们，你们又怎么办呢？"

子路不加思索地回答："一千辆兵车的国家，夹在几个大国中间，外面还有军队侵犯，国内又有灾荒，如果让我去治理，只要三年时间，就可以使得人人有勇气，而且懂得大道理。"孔子微微一笑。又问："冉求，你怎么样？"冉求回答："国土纵横各六七十里，或者五六十里的小国家，如果让我去治理，只要三年时间，就可以使得人人富足。至于修明礼乐，那只有等待贤人君子了。"孔子又问："公西赤！你怎么样？"公西赤回答："不敢说我有什么能耐，我只是愿意好好学习。宗庙里的事，以及诸侯彼此会盟时，披着玄端衣，戴着章甫帽，我希望能在那里当一个小小的司仪吧。"孔子又问："曾点！你怎么样？"弹瑟的声音稀落下来，铿的一声将瑟放下，他站起来说："我的志向可不如他们三个人的那样了不起啊。"孔子说："那有何妨呢？正是要各人说出自己的志向啊！"曾晳便说："暮春三月，春天衣服都上了身，我陪同五六位成年人，六七个小孩子，在沂水旁边洗洗澡，在舞雩台上吹吹风，一路唱歌，一路走回来。"孔子长叹一声："我赞同曾点的志向呀！"

子路、冉有、公西华三人都出来了，曾晳走在后边。他问孔子："那三位同学的话怎么样？"孔子说："也不过各人说说自己的志向罢了。"曾晳又问："那您为什么对着仲由微微一笑呢？"孔子说："治理国家应该讲求礼让，可是他的话却一点也不谦虚，所以我就笑笑他。""难道冉求所讲的就不是国家吗？"孔子说："怎见得横纵各六七十里或者五六十里的土地就不算是一个国家呢？""那公西赤所讲的不是国家吗？"孔子说："有宗庙，有会盟，不是国家是什么？如果他只能做一小小的司仪，那又有谁来做大司仪呢？"

【注释】①《集解》引孔安国曰："晳，曾参父，名点。"②《钱解》："率，轻率义。摄，迫蹙义，犹言夹在大国之间。方，义方。哂，微笑。孔子既喜子路之才与志，而犹欲引而进之，故微笑以见意。宗庙之事，指祭祀。诸侯时见曰会，众见曰同。端，玄端，衣名。章甫，冠名。铿，以手推瑟而起，其音铿然。撰，当作僎，读为诠，犹言善。曾点谓所言不能如三人之善。舞雩，祭天祷雨之处，其处有坛有树。风者，迎风当凉也。"③《朱注》："曾点之学，盖有以见夫人欲尽处，天理流行，随处充满，无少欠阙，故其动静之际，从容如此。而其言志，则又不过即其所居之位，乐其日用之常，初无舍己为人之意。而其胸次悠然，直与天地万物上下同流，各得其所之妙，隐然自见于言外。视三子之规规于事为之末者，其气象不侔矣，故夫子叹息而深许之。而门人记其本末独加详焉,盖亦有以识此矣。"并引程子曰:"孔子与点,盖与圣人立志同,便是尧、舜气象也。诚异三子者之撰,特行有不掩焉耳,此所谓狂也。子路等所见者小。子路只为不达为国以礼道理,是以哂之。若达,却便是这气象也。"④《杨注》:"沂,水名,但和大沂河以及流入于大沂河的小沂河都不同。这沂水源出山东邹县东北,西流经曲阜与洙水合,入于泗水。也就是《左传》昭公二十五年'季平子请待于沂上'的'沂'。《水经注》:'沂水北对稷门,一名高门,一名雩门。南隔水有雩坛,坛高三丈。即曾点所欲风处也。'当在今曲阜县南。"

【解读】此章为《论语》全书篇幅最长者,且以《先进篇》末章压轴,足见其重要性。又四子言志,及夫子"吾与点也"之叹,关乎孔门之理想抱负,已成千古绝唱,至今激荡人心,当细加辨析为宜。

欲悟此章之旨,关键是如何理解"吾与点也"这句话。朱子在《四书集注》中曾赞"曾点之学"为"人欲尽处,天理流行""直与天地万物上下同流"等,程子更称曾点有"尧舜气象",或褒之太过。据云朱子晚年对此注颇有悔意,当门人询问"与点"之意时,他曾说:"某平生不喜人说此语,《论语》自《学而》至《尧曰》,皆是工夫。"(《朱子语类》)又据杨慎云:"朱子易箦之前,悔不改此节注,留后学病根。"(《丹铅录》)换句话说,孔门本以仕进为本,仕进本以工夫为本,《朱注》对曾点的评价确有过誉之嫌,且与此章后段孔子对子路等三人的肯定之意不符,故朱子晚年悔之。

窃以为,关于孔子为何生发"吾与点也"之叹,当以宋朝黄振的解读为最中肯。黄氏说:"四子侍坐,而夫子启以'如或知尔则何以哉',盖试言其用于世当如何也。三子言为国之事,皆答问之正也。曾皙,孔门之狂者也,无意于世者也,故自言其潇洒之趣,此非答问之正也。夫子以行道救世为心,而时不我与;方与二三子私相讲明于寂寞之滨,乃忽闻曾皙浴沂归咏之言,若有得其浮海居夷之意,故不觉喟然而叹,盖其所感者深矣。所与虽点,而所以叹者,岂惟与点哉!继答曾皙之问,则力道三子之美,夫子岂以忘世自乐为贤,独与点而不与三子哉?"(《黄氏日抄》)而钱穆亦说:"盖三人皆以仕进为心,而道消世乱,所志未必能遂。曾皙乃孔门之狂士,无意用世,孔子骤闻其言,有契于其平日饮水曲肱之乐,重有感于浮海居夷之思,故不觉慨然兴叹也。然孔子固抱行道救世之志者,岂以忘世自乐,真欲与许巢伍哉?然则孔子之叹,所感深矣,诚学者所当细玩。"(《论语新解》)所以此中实有孔子的心理矛盾在:一方面是汲汲于救世而不得,故产生"浮海居夷"之思,从而和曾点的志向产生了共鸣;但当曾点事后向他进一步请教对子路等三人的看法时,孔子又再三重申子路等人的志向是对的,其素质能力亦堪大任……其用世之心明矣。

关于究竟如何看待孔子对三子以及曾点的志向的评价差异及其关系问题,王夫之曾从"虚"与"实"的角度有个论断,现转引如下:"三子能实而不能虚,则大中至和之精意已失;曾点能虚而未能实,则用行舍藏之道未信诸己。故许曾皙以广三子,而与三子之为邦以正曾皙。"也就是说,像子路那样"率尔而对"以及像冉有、公西华那样致力于邦国工作,都太拘泥于实务了;而像曾点那样将一切都归于一场"春游",则又太虚幻轻飘了——总归均未达"大中至和"之境也,故孔子对两者均暗含批评。王夫之说:"盖圣人之道,静而不挟一能以自恃者,动而不遗一物以自逃于虚;则在天下而为天下,在一国而为一国,凡国之兵农礼乐,皆因其缓而缓之,因其急而急之。质不为粗,文不为精,求而顺应,如其量而不盈,则有邦而治之,亦春风沂水也。于春风沂水而见天地万物之情者,即于兵农礼乐而成童冠咏归之化。"(《四书训义》)此即"中道"也、"中庸"也、"时中"也,亦即王夫之所谓"大中至和"之境也。孔门之理想抱负实归于此,读者察之。

颜渊第十二

12.1 颜渊问仁。子曰:"克己复礼为仁。一日克己复礼,天下归仁焉。为仁由己,而由人乎哉?"颜渊曰:"请问其目。"子曰:"非礼勿视,非礼勿听,非礼勿言,非礼勿动。"颜渊曰:"回虽不敏,请事斯语矣。"

【译文】颜渊问什么是仁。孔子说:"约束自己而返回于礼,这就是仁。一旦这样做了,天下的人都会称许你是仁人。实践仁德,全靠自己,还要靠别人吗?"颜渊说:"请问行仁的具体条目。"孔子说:"不合礼的不看,不合礼的不听,不合礼的不说,不合礼的不做。"颜渊说:"我虽然不聪明,今后就按您的这话去做。"

【注释】①《皇疏》:"克,犹约也。复,犹反也。言若能自约束己身,返反于礼中,则为仁也。"②《朱注》:"仁者,本心之全德。克,胜也。己,谓身之私欲也。复,反也。礼者,天理之节文也。为仁者,所以全其心之德也。盖心之全德,莫非天理,而亦不能不坏于人欲。故为仁者必有以胜私欲而复于礼,则事皆天理,而本心之德复全于我矣。归,犹与也。又言一日克己复礼,则天下之人皆与其仁,极言其效之其速而至大也。"③《康注》:"仁者,天性之元德;礼者,人道之节文。性无善恶,而生有气质,既有毗阴毗阳之偏,即有过中失和之害,甚者纵欲任气,其害仁甚矣。惟胜其气质之偏,节其嗜欲之过,斯保合太和,还其元德。"④《今读》:"'仁'不是自然人欲,也不是克制或消灭这'人欲'的'天理',而是约束自己(克己),使一切视听言动都符合礼制(复礼),从而产生人性情感(仁)。"

【解读】此篇以孔子的高徒颜渊冠名,按照唐文治的说法,其主旨当为"仁义礼智信"五德也。他说:此五德"或曰始自孟子,非也,盖实始于《论语·颜渊》

一篇。"并谓:"凡'仁义礼智信'五德,参互错综于一篇之中,仁为之主,义礼智信为辅。其义理若不相蒙,而实相贯也;其文法若不相联,而实相间也。"(《论语大义》)其中妙处,读者可随文渐次体会之。

这里孔子讲"克己复礼为仁",典型地体现了他的"以礼释仁"思想。"仁"是什么?朱子讲其为"本心之全德",康有为讲其为"天性之元德",李泽厚则讲其为"人性情感",总之是人之为人的根本之所在。而"礼"呢?朱子讲其为"天理之节文",康有为讲其为"人道之节文",即礼是一种行为规范、社会规范。仁不可能自发形成,必得通过外部行为的规约而来,此即孔子讲"克己复礼为仁"之原因。基于建构现代社会的考虑,李泽厚曾主张将礼归为"社会性道德",将仁归为"宗教性道德",进而主张将两者予以区分处理(《论语今读》),这当然有其合理性;但在孔子那里,两者肯定还是贯通一气的。礼以行仁,行仁即行礼,礼仁本不二也。《周易·系辞上》讲"显诸仁","仁"的显现,主要就是通过"礼"来完成的。也正因此,当颜渊问什么是仁时,孔子答以"克己复礼",这是很高明、很务实的说法。

作为一种行为规范、社会规范,礼当然是他律性、限制性的东西,故当颜回进而"请问其目"时,孔子乃以著名的"四勿"之说作答。我们知道,《周易》以履为礼,履卦以"履虎尾"之象喻礼,可谓惟妙惟肖矣,正可与此"四勿"互参;此在《乡党篇》已有讨论,此不多言。又《周易》艮卦(☶)六四云:"艮其身,无咎。"盖艮卦六四位于下体之上、上体之下,乃身之象也;人如能自止其身,令四肢不妄动,故无咎也。此与本章所讲"四勿"亦通,故吴曰慎说:"视听言动,身之用也。非礼勿视听言动,艮其身也。时止而止,故无咎。"(转引自李光地《周易折中》)另《周易》大壮卦(☱)《大象》曰:"雷在天上,大壮;君子以非礼弗履。"显而易见,一个人不仅要在处境艰难时行礼,即使在阳气盛大时也要行礼,这是《周易》反复告诉我们的。颜回于后世被尊为"复圣",正因其恪守孔子"四勿"之教训,有"克己复礼"之功也,吾辈勉之!

12.2 仲弓问仁。子曰:"出门如见大宾,使民如承大祭。己所不欲,勿施于人。在邦无怨,在家无怨。"仲弓曰:"雍虽不敏,请事斯语矣。"

【译文】仲弓问什么是仁。孔子说:"出门就像去接待贵宾,治理百姓就像举行祭祀大典。自己不喜欢的东西，就不要强加于人。在诸侯之家任职没有怨恨，在卿大夫之家任职也没有怨恨。"仲弓说："我虽然不聪明，今后就按您的这话去做。"

【注释】①《正义》："在邦谓仕于诸侯之邦，在家谓仕于卿大夫之家也。"②《朱注》引程子曰："孔子言仁，只说'出门如见大宾，使民如承大祭'。看其气象，便须心广体胖，动容周旋中礼。惟谨独，便是守之之法。"并谓："敬以持己，恕以及物，则私意无所容而心德全矣。内外无怨，亦以其效言之，使以自考也。克己复礼，乾道也；主敬行恕，坤道也。颜、冉之学，其高下浅深，于此可见。"

【解读】仲弓名列"四科十哲"中的德行科。其实仲弓不只在德行上成绩突出，还长于政治，如在《雍也篇》中，孔子就说过："雍也可使南面"（6.1），"犁牛之子骍且角，虽欲勿用，山川其舍诸？"（6.6）所以仲弓问仁，孔子以仁政答之。孔子在这里提出了三个指标：一是"出门如见大宾，使民如承大祭"，二是"己所不欲，勿施于人"，三是"在邦无怨，在家无怨"。第一个指标讲的是"敬"，第二个指标讲的是"恕"（参见15.24等），第三个指标讲的是"无怨"。历代注家认为，此皆"敬恕之道"也，并喜以此将仲弓和颜回加以比较。比如，朱子以"克己复礼"为乾道，以"主敬行恕"为坤道，唐文治更发挥说："颜子天资明健，克复者，自强不息之功也，乾道也；仲弓天资敦厚，敬恕者，厚德载物之功也，坤道也。"（《论语大义》）当然，乾道、坤道并无高下、浅深之别，实则两者亦不可分，学者察之。

12.3 司马牛问仁。子曰："仁者，其言也讱（rèn）。"曰："其言也讱，斯谓之仁已乎？"子曰："为之难，言之得无讱乎？"

【译文】司马牛问什么是仁。孔子说："一个有仁德的人，他说话迟钝。"司马牛说："难道说话迟钝，就可以说是仁了吗？"孔子说："行事很难，说话能不迟钝吗？"

【注释】①《集释》引钱坫《论语后录》曰："讱顿为顿，言顿为讱。其言也讱，言之顿矣。故夫子曰：'君子欲讷于言。'"②《杨注》："《史记·仲尼弟子列传》

云:'司马耕,字子牛。牛多言而躁,问仁于孔子。孔子曰:"仁者其言也讱。"'"③《朱注》:"讱,忍也,难也。仁者心存而不放,故其言若有所忍而不易发,盖其德之一端也。夫子以牛多言而躁,故告之以此,使其于此而谨之,则所以为仁立方,不外是矣。"

【解读】孔子针对不同的人谈仁,灵活多变,皆不一样,此正见仁为"全德"、为"乾元",以及后来宋儒以"生意"释仁之旨也。盖司马牛"多言而躁",故孔子告之以"仁者,其言也讱",其对症下药、见机施教之术亦高矣!但司马牛乍闻此言,不能领悟,故又问:"其言也讱,斯谓之仁已乎?"孔子的回答,乃从"为之难"出发而强调言之讱的必要性及重要性。王夫之解释说:"盖于为见难,于言见易,此人情之必然。以为之难,责言之勿易;以言之不易,责为之之难:则仁者用心之专致也。"(《四书训义》)《里仁篇》讲"君子欲讷于言而敏于行"(4.24),《学而篇》讲"敏于事而慎于言"(1.14),均与此义相通。而《周易》以"言行"为"君子之枢机",并谓"君子居其室,出其言善,则千里之外应之""出其言不善,则千里之外违之","言出乎身,加乎民"(《系辞上》)等等,亦可与此章互参。有意思的是,李泽厚曾对此分析说:"言在儒门即是行动本身,所以《论语》一书多次强调慎言、讷于言等等。而语言之所以即是行动,在于它直接引起严重后果,它之所以具有如此严重性甚至神圣性,其源又仍出于巫术。巫术之咒语(word-magic)即如是也。"(《论语今读》)或先秦时代"言"仍有"咒语"之特性,尤其是当时之政治领袖,同时兼有"大巫师"之身份,"言出乎身,加乎民",于其言更须慎之又慎也。

12.4 司马牛问君子。子曰:"君子不忧不惧。"曰:"不忧不惧,斯谓之君子已乎?"子曰:"内省不疚,夫何忧何惧?"

【译文】司马牛问什么是君子。孔子说:"君子不忧愁,也不恐惧。"司马牛说:"不忧愁,不恐惧,这样就可以说是君子了吗?"孔子说:"问心无愧,又有什么可以忧愁和恐惧的?"

【注释】①《集解》引孔安国曰:"(司马)牛兄桓魋将为乱。牛自宋来学,常忧惧,故孔子解之。"又引包咸曰:"疚,病也。自省无罪恶,无可忧惧。"②《集释》:

"不忧不惧,即孟子所谓'不动心',盖待兄关切是一事,不动心又是一事,各不相蒙。"③《今读》:"如甩开司马牛的具体情境讲,'惧'此处或应做Heidegger的'畏'解。指的并非对某种具体事物的害怕,而是对人生之'畏'。"

【解读】上章司马牛问仁,本章司马牛又问君子。孔子答之以"君子不忧不惧",他依然不明白,故再问:"不忧不惧,斯谓之君子已乎?"孔子遂以"内省不疚"释之。曾子在《学而篇》中曾说:"吾日三省吾身:为人谋而不忠乎?与朋友交而不信乎?传不习乎?"(1.4)所谓"内省不疚"者,当由此入手也。能做到如此自省不已,已达"仁者"之境,则"此心光明",又何忧何惧也?又孔子在《子罕篇》中说:"知(智)者不惑,仁者不忧,勇者不惧。"(9.29)故"不忧不惧"再加上"内省不疚",实已融贯"智仁勇"三达德,当"不动心"矣,不谓之君子而何?

《周易·系辞下》有云:"吉凶悔吝者,生乎动者也。""日月之道,贞明者也;天下之动,贞夫一者也。"贞者,正也。马其昶解释说:"日月积而生明,皆以贞为道也。《说文》云:'一者阳也。'阳即乾元也。德惟一,动罔不吉也。"(《周易费氏学》)马振彪则说:"一象太极。太极不动,而天下万象之所动者皆括于其中。万象繁赜,一则易而不难,简而不繁,故始于元而成于贞,故曰'贞于一'。"(《周易学说》)"吉凶悔吝"皆因"动"而起,但如"贞于一",则日月明矣,所动皆吉。所谓"不忧不惧",所谓"内省不疚",所谓"不动心"云云,实则即"贞于一"者也。

或认为,《论语》曾对曾子的"战战兢兢,如临深渊,如履薄冰"大加称赞,又《乡党篇》孔子临朝的表现也是一副戒惧谨慎的神态,《周易》对"惧以终始,其要无咎"(《系辞下》)更是赞不绝口(见8.3),此或与本章"君子不忧不惧"之义相悖。其实不然。以上所谓"戒惧",是有明确对象和具体情境的,是"临事"之时君子理应采取的一种人生态度;而李泽厚所谓"甩开司马牛的具体情境"而言的"惧",或海德格尔哲学中的"畏",实与《周易》中的"忧患"意识略近,乃君子所应达到的一种至高的精神境界也。程树德谓两者"各不相蒙",已有此意。

12.5 司马牛忧曰:"人皆有兄弟,我独亡(wú)。"子夏曰:"商闻之矣:死生有命,富贵在天。君子敬而无失,与人恭而有礼,四海之内,皆兄弟也。君子何患乎无兄弟也？"

【译文】司马牛忧心忡忡地说："别人都有兄弟，只我没有。"子夏说："我听说：死生听之命运，富贵由天安排。君子只要敬天、法天而不出差错，对待别人恭谨而合乎礼节，四海之内，到处都是兄弟啊。君子何必忧虑自己没有兄弟呢？"

【注释】①《杨注》："自来的注释家都说这个司马牛就是宋国桓魋的兄弟。桓魋为人很坏，结果是谋反失败，他的几个兄弟也都跟着失败了。其中只有司马牛不赞同他这些兄弟的行为，但结果也是逃亡在外，死于道路（事见《左传》哀公十四年）。"②《朱注》："盖闻之夫子。命禀于有生之初，非今所能移；天莫之为而为，非我所能必，但当顺受而已。既安于命，又当修其在己者。故又言苟能持己以敬而不间断，接人以恭而有节文，则天下之人皆爱敬之如兄弟矣。盖子夏欲以宽牛之忧，故为是不得已之辞，读者不以辞害意可也。"

【解读】看来司马牛是个心思太重的人，尽管孔子已经告诉他"君子不忧不惧"，他依然为兄长的事忧心忡忡，甚至说出"人皆有兄弟，我独亡"这样的话来（估计此时桓魋已死）。他的同学子夏听到了，就对他加以劝告，其中出现了两个流传千古的句子："死生有命，富贵在天"和"四海之内，皆兄弟也"，均值得重视。

"死生有命，富贵在天"是否子夏"闻之夫子"，朱子当然也是猜测，很有可能这本是当时的俗语。在《为政篇》"五十而知天命"章（2.4），我们已对"天命"问题有所分析，此不多言。总的来说，儒家既承认命运的偶然性，人要"顺天休命"（《周易》大有卦《大象》），同时又强调人可以"有孚改命"（《周易》革卦九四爻辞），所谓"知天命"恐怕同时具备这两种涵义在内。这里子夏因司马牛遭遇家族变故，不胜其忧，故引此语以慰之。的确，死生、富贵这两件事，是人最难以把握的，故只能将之归于"天命"，对此我们只能"顺受而已"。但朱子说得好："既安于命，又当修其在己者。"故子夏紧接着就强调"君子敬而无失，与人恭而有礼"——这才是儒家强调的"工夫"之所在。俗语所谓"尽人事，听天命"，即此意也。

"四海之内，皆兄弟也"，也可能是当时的俗语。子夏的意思是说，如果一个人能够做到敬天、法天而不出差错，对待别人恭谨而合乎礼节，他尽管没有嫡亲的兄弟，或者嫡亲的兄弟已经死了，那么四海之内都将是自己的兄弟。此虽为子夏安慰司马牛之语，实则反映了儒家"大同社会"之精义。比如《礼记》曾谓圣人"以天下为一家，以中国为一人"，又说"不独亲其亲，不独子其子"等等。又张载《西铭》有云："乾称父，坤称母。予兹藐焉，乃混然中处。故天地之塞，吾其体；天地之帅，吾其性；民吾同胞，物吾与也。"又程颢说"仁者以天地万物为一体"，"仁者浑然与物同体"（《二程遗书》），均此之谓也。《周易》同人卦也讲"同人于野"以及"唯君子为能通天下之志"（《象传》），亦可与此互参。

12.6 子张问明。子曰："浸润之谮（zèn），肤受之愬（sù），不行焉，可谓明也已矣。浸润之谮，肤受之愬，不行焉，可谓远也已矣。"

【译文】子张问什么才叫"明察"。孔子说："像水流那样点滴而来的谗言，以及像切肤之痛那样的诬告之辞，都在你这里行不通，就可以说你看得够明白了。而这样的谗言和诬告，都在你这里行不通，也可以说你看得够远了。"

【注释】①《集释》："《汉书·五行志》引文'愬'作'诉'。《后汉书·儒林传注》引《论语》亦作'诉'。"②《钱解》："浸润之谮：谮者之言，如水渐渍，初若不觉，久自润湿。肤受之诉（愬）：一说：如皮肤受尘垢，当时不觉，久乃睹其不净。一说：如肌肤亲受，急切迫身，骤听之，易于动信。"③《朱注》："浸润，如水之浸灌滋润，渐渍而不骤也。谮，毁人之行也。肤受，谓肌肤所受，利害切身，如《易》所谓'剥床以肤，切近灾'者也。愬，愬己之冤也。毁人者渐渍而不骤，则听者不觉其入而信之深矣。愬冤者急迫而切身，则听者不及致详而发之暴矣。二者难察而能察之，则可见其心之明而不蔽于近矣。"

【解读】"浸润之谮"与"肤受之愬"，均为易入人心者，如能察而止之，则为明矣！如将"肤受之愬"解为"皮肤受尘垢，当时不觉，久乃睹其不净"，则其与"浸润之谮"一样，都和《周易》坤卦初六"履霜坚冰至"表达的意思相通，故《乾文言》说"其所由来渐矣，由其辩之不早辩也"，如能"辩（辨）之"，则明矣！就此而言，许仁图说："一个人能成为明者，必须要有知渐的功夫。"（《子曰但"谮愬之言"变化多端,其术不一,克之甚难。针对此问题,唐文治曾开出药方说:"盖'不行'者,必在我有知人之学,使彼谮、愬者不得行也。以《易》象言之,坎阴象也,当以刚克之,故中爻为阳,则坎水明矣;离阳象也,当以柔克之,故中爻为阴,则离火明矣。离《大象》曰:'大人以继明照于四方',言其明之至远也。"(《论语大义》)具体而言,窃以为,"浸润之谮"说的就是逸言像流水一样缓缓而来,此坎卦之阴象也,当以阳刚之手腕而果断克之;而"肤受之愬"则说的是"愬冤者急迫而切身"(此将"肤受之愬"解为"肌肤亲受,急切迫身,骤听之,易于动信"),此离卦之阳象也,当以阴柔之手段化解而克之。《尚书·洪范》有谓:"沈(沉)潜刚克,高明柔克。"或此之谓也。

12.7 子贡问政。子曰:"足食,足兵,民信之矣。"子贡曰:"必不得已而去,于斯三者何先?"曰:"去兵。"子贡曰:"必不得已而去,于斯二者何先?"曰:"去食。自古皆有死,民无信不立。"

【译文】子贡问如何治国理政。孔子说:"粮食充足,军备完善,老百姓对政府有信心。"子贡说:"如果迫不得已削减一项,在这三者之中,首先削减哪一项呢?"孔子说:"削减军备。"子贡说:"如果迫于不得已再削减一项,在这两者之中,首先削减哪一项呢?"孔子说:"削减粮食。因为自古以来谁都免不了死亡,但如果老百姓对政府失掉了信心,那国家就完了。"

【注释】①《读训》:"此章所谓'去兵''去食'非谓'无兵''无食';'民以食为天',岂可一日无食哉?此之所谓'去'者,乃减省之谓也。"②《朱注》:"民无食必死,然死者人之所必不免,无信则虽生而无以自立,不若死之为安。故宁死而不失信于民,使民亦宁死而不失信于我也。"

【解读】在孔门弟子中,子贡可谓"智慧"第一,这不仅表现在他的经商才干上,还表现在他的善于发问上。此章子贡三问,引出孔子三答,妙矣、绝矣!治国安邦,"足食""足兵",固不可缺,然"立信"尤其重要。所谓"民无信不立"者,即是说:如果失掉了老百姓的信任,那么这个国家不管粮食、军备多么充足,也该完蛋了。在《周易》中孚卦《彖传》中,对此有个类似的说法,叫做"孚乃化邦",正好可以参考。

孚者,信也。我们知道,中孚卦(☲)下兑上巽,兑为泽,巽为风,有"风行泽上,感于水中"之象,故名。其《象传》有云:"中孚,柔在内而刚得中。说(悦)而巽,孚乃化邦也。"程子解释说:"二柔在内,中虚,为诚之象;二刚得上下体之中,中实,为孚之象。'说而巽',以二体言卦之用也。上巽下说,为上至诚以顺巽于下,下有孚以说从其上。如是,其孚乃能化于邦国也。若人不说从,或违拂事理,岂能化天下乎?"(《程氏易传》)又《象传》还有"信及豚鱼"之说,就是说,连豚、鱼这样微小之物亦被感化也。故李颙赞曰:"忠信可孚豚鱼,况人乎?实行苟茂,人自倾服,惟德动天,无远弗届,至诚而不动者,未之有也。"(《四书反身录》)就此而言,"民无信不立"和"孚乃化邦",恰好从正、反两个方面说明了诚信对于治国安邦的基础性作用,完全可以互相发明。

12.8 棘子成曰:"君子质而已矣,何以文为?"子贡曰:"惜乎,夫子之说君子也!驷不及舌。文犹质也,质犹文也。虎豹之鞟(kuò),犹犬羊之鞟。"

【译文】棘子成说:"君子只要有好的本质就够了,还要那些仪文干什么?"子贡说:"先生这样谈论君子,太可惜了!一言既出,驷马难追。仪文如同本质,本质如同仪文。如果把虎豹和犬羊的兽皮都拔去其毛,那么这两者就没有什么区别了。"

【注释】①《杨注》:"棘子成,卫国大夫。古代大夫都可以被尊称为'夫子',所以子贡这样称呼他。"②《集解》引孔安国曰:"皮去毛曰'鞟'。虎豹与犬羊别者,正以毛异耳。"③李光地《读论语札记》:"'虎豹之鞟,犹犬羊之鞟',言质之须文,犹文之须质也。若以其鞟论之,则虎豹、犬羊无异。惟其文之炳蔚,是以超然异于犬羊之群耳。"④《朱注》:"言文质等耳,不可相无。若必尽去其文而独存其质,则君子小人无以辨矣。夫棘子成矫当时之弊,固失之过;而子贡矫子成之弊,又无本末轻重之差,胥失之矣。"

【解读】此章主旨亦属"文质之辨",可同《雍也篇》"质胜文则野,文胜质则史"章(6.18)互参。按朱子之说,棘子成重质轻文固然不对,子贡以文质相等亦难说正确,均失之偏颇也。然有学者站在美学的角度说:"尽管子贡确实存在朱熹所谓'无本末轻重之差'的偏失,但其'文质合一'之说颇类似于现代美学'形式即内容'之理念,对于儒家美学由伦理走向审美,不无开拓之功和理论意义。"(刘强《论语新识》)此点颇值注意。另《周易》革卦九五《小象》云:"大人虎变,其文炳也。"其上六《小象》云:"君子豹变,其文蔚也。"可见虎豹之文,灿然炳蔚,自不同于犬羊也。故焦袁熹由此推论说:"文虽在外,亦是关着里面。衣冠是外物,然无此何以行礼?则知衣冠亦非外物,如毛附于皮,却不是强附之。文质之不可相无,天生如此。"(《此木轩四书说》)此言得之。

12.9 哀公问于有若曰:"年饥,用不足,如之何?"有若对曰:"盍彻乎?"曰:"二,吾犹不足,如之何其彻也?"对曰:"百姓足,君孰与不足?百姓不足,君孰与足?"

【译文】鲁哀公问有若:"年成不好,国家用度不够,应该怎么办?"有若回答:"何不实行十分抽一的税率?"哀公说:"十分抽二,我还不够,怎能十分抽一呢?"有若回答:"如果百姓的用度够,君上怎么会不够?如果百姓的用度不够,君上又怎么会够?"

【注释】①《集解》引郑玄曰:"盍,何不也。周法,什一而税谓之彻。彻,通也,为天下之通法也。"②《朱注》:"周制:一夫受田百亩,而与同沟共井之人通力合作,计亩均收。大率民得其九,公取其一,故谓之彻。鲁自宣公税亩,又逐亩什取其一,则为什而取二矣。故有若请但专行彻法,欲公节用以厚民也。"

【解读】鲁哀公以年饥而鲁室用度不足,欲增加赋税,特向有若请教,有若答以"盍彻乎"云云,转而教导了他一番。"百姓足,君孰与不足?百姓不足,君孰与足?"此话说得何等大义凛然、掷地有声哉!据刘向《说苑·政理篇》:"鲁哀公问政于孔子,对曰:'政在使民富且寿。'哀公曰:'何谓也?'孔子曰:'薄赋敛则民富,无事则远罪,远罪则民寿。'公曰:'若是则寡人贫矣。'孔子曰:'诗云"恺悌君子,民之父母",未见其子富而父母贫者也。'"传闻有若形如孔子,其言行与孔子亦颇相同。显然,这里反映的同样是儒家的民本思想,更有损益之道在焉。有关《周易》所讲损益之道,请参考《先进篇》"季氏富于周公"章(11.17)

等的解读，此不赘。

另《周易》剥卦《大象》云："山附地上，剥；上以厚下安宅。"盖剥卦（☷）下坤上艮，坤为地，艮为山，山高于地而附着于地，有倾颓之象，故名。程子释其《大象》曰："上，谓人君与居人上者，观剥之象，而厚固其下，以安其居也。下者，上之本，未有其本固而能剥者也。故上之剥必自下，下剥则上危矣。为人上者，知理之如是，则安养人民，以厚其本，乃所以安其居也。《书》曰：'民唯邦本，本固邦宁。'"（《程氏易传》）结合本章来说，鲁哀公在年饥之时居然还想增加赋税，是下剥其基也；有若建议其恢复周之"彻"法，是欲厚其本也——鲁哀公蠢笨如此，其谥号"哀公"，不亦宜乎！

12.10 子张问崇德辨惑。子曰："主忠信，徙义，崇德也。爱之欲其生，恶（wù）之欲其死。既欲其生，又欲其死，是惑也。'诚不以富，亦只以异。'"

【译文】子张问如何提高品德、辨别迷惑。孔子说："能以忠诚、信实为主，唯义是从，这就是提高品德了。爱一个人，就希望他长生不老；厌恶起人家来，就巴不得他马上死去。既想让他活，又想让他死，这就是迷惑。'诚然对人对己都无好处，也就是追求新异罢了。'"

【注释】①焦袁熹《此木轩四书说》："崇德则但告以崇之方，而德在其中，犹答诸门人问仁之旨也；辨惑则但告以惑之情状，而辨即在此：知得此种是惑，便是辨也。"②《皇疏》："中人之情，不能忘于爱恶。若有人从己，己则爱之，当爱此人时，必愿其生活于世也。犹是前所爱者，而彼忽违己，己便憎恶，憎恶之既深，便愿其死也。犹是一人，而爱憎生死，起于我心，我心不定，故为惑矣。"③杨朝明《论语诠解》："'诚不以富，亦只以异'：出于《诗·小雅·我行其野》。该诗是描写弃妇之怨，其本意是说，你之所以抛弃我，其实并不是她家比我家富，而只是因为你变了心……但古时人们喜欢赋诗言志，引诗往往断章取义……则联系本章似可释为：'不以事理明辨是非，而只靠感情用事明其好恶，这样做对自己没有好处，只会让别人觉得奇怪。'"

【解读】按照唐文治的说法，此章之大旨是讲"智"，盖能"崇德辨惑"，即是"智"也。他说:"此章盖言智也。《易传》曰:'夫《易》,圣人所以崇德而广业也。知崇礼卑。'其义可见。知其为忠信而主之,知其为义而徙之,此穷理之学,智者之事也。"反之呢?"爱之欲其生,恶之欲其死"云云,则讲的就是"不智者之惑"了。唐氏由此叹曰:"好而知其恶,恶而知其美者,天下鲜矣!能穷理则知人,能知人则不惑。"(《论语大义》)此外,《周易·系辞下》尚有"爱恶相攻而吉凶生"之说,看来不能正确对待爱和恶,岂止陷入迷惑而已,其结局不是也很可怕吗?

12.11 齐景公问政于孔子。孔子对曰:"君君,臣臣,父父,子子。"公曰:"善哉!信如君不君,臣不臣,父不父,子不子,虽有粟,吾得而食诸?"

【译文】齐景公问孔子如何治国理政。孔子回答:"国君要像国君的样子,臣子要像臣子的样子,父亲要像父亲的样子,儿子要像儿子的样子。"齐景公说:"说得好啊!如果国君不像国君,臣子不像臣子,父亲不像父亲,儿子不像儿子,就算粮食很多,我还能吃得到吗?"

【注释】①《读训》:"齐景公名杵臼,庄公异母弟。见《史记·齐太公世家》、《周书·谥法解》:'布义行刚曰景。'"②《大义》:"信如,诚如也。不得食粟,不能有其身也。"③《朱注》:"此人道之大经,政事之根本也。是时景公失政,而大夫陈氏厚施于国;景公又多内嬖,而不立太子。其君臣父子之间,皆失其道,故夫子告之以此。景公善孔子之言而不能用,其后果以继嗣不定,启陈氏弑君篡国之祸。"

【解读】查孔子莅齐当齐景公三十一年(公元前517年),逾年返鲁。其时陈氏篡齐之兆已显,故齐景公方有此问,孔子方有此答。然齐景公虽善孔子之言而不能用之,致使三十余年后陈成子(恒)竟弑齐简公,卒专齐政矣!(参见14.21)

本篇季康子问政,孔子答曰:"政者,正也。"(12.17)下篇子路则问:"卫君待子而为政,子将奚先?"孔子答曰:"必也正名乎!"(13.3)此章所谓"君君,臣臣,父父,子子",实即"正名"之举也,乃"政事之根本也"。盖无论任何社会,任何组织,一定的秩序和名分都是需要维持的,儒家对此十分重视,当然有其积极意义。然而何以会出现"君不君,臣不臣,父不父,子不子"之局面呢?《管子·形势篇》说得好:"君不君则臣不臣,父不父则子不子。"上面的责任显然是主要的。故陈氏弑君篡国,齐景公实难辞其咎也。

关于"君君,臣臣,父父,子子",《周易·序卦传》有一段相似的话:"有天地,然后有万物;有万物,然后有男女;有男女,然后有夫妇;有夫妇,然后有父子;有父子,然后有君臣;有君臣,然后有上下;有上下,然后礼义有所错(措)。"但值得注意的是,《序卦传》是从天地的角度来说的,而《论语》则直接从"君臣"说起,此又见两者思维进路之不同也。而关于"信如君不君,臣不臣,父不父,子不子,虽有粟,吾得而食诸?"此"信如"之忧,按照朱子所言,其实已呈"陈氏弑君篡国"之兆矣。《周易》坤卦初六云:"履霜坚冰至。"《坤文言》释之曰:"积善之家必有余庆,积不善之家必有余殃。臣弑其君,子弑其父,非一朝一夕之故,其所由来者渐矣,由辩之不早辩也。"齐国之乱,不正是这样吗?

12.12 子曰:"片言可以折狱者,其由也与?"子路无宿诺。

【译文】孔子说:"三言两语就可以断案的,大概只有仲由吧!"子路许诺的事,总是立即兑现。

【注释】①《朱注》:"片言,半言。折,断也。子路忠信明决,故言出而人信服之,不待其辞之毕也。宿,留也,犹宿怨之宿。急于践言,不留其诺也。记者因夫子之言而记此,以见子路之所以取信于人者,由其养之有素也。"②《钱解》:"惟其平日不轻然诺,语出必信,积久人皆信服,故可听其一语即以折狱。"

【解读】有解"片言"为两造一方之言者,今不从。又有解"宿"为"犹豫"者,亦不从。仔细想来,本章之意,还是以朱子所解为的当。盖子路心胸磊落、处事果决,"片言折狱"是说其言之果,"无宿诺"是说其行之果;短短两句话,子路之形象呼之欲出矣!王夫之曾解释说:"盖为政之理,有可从容顾虑而曲全者,而惟狱不然。早息一日之纷争,则奸民穷而良民安。"但此"非听狱者以诚求其情,以信守其言"而不可,"夫子之许子路,以其无宿诺信之也。可为可焉,否为否焉;信于理即信于心,信于心即信于行。则使之治狱,民知其据理之无疑也,守法之不迁也,知其终不可移而妄心自息也。片言之下,情尽法立,可以折者,不信然乎!"(《四书训义》)《左传·哀公十四年》曾记载邾国一个叫"射"的大夫宁愿求子路一言之诺而不待盟即可降鲁的事，由此可见当时子路重然诺的威望是很著名的；又据《孔子家语·辩政》记载，子路晚年治理蒲地颇有政绩，孔子过之，三称其善，赞其"恭敬以信""忠信以宽""明察以断"，亦可与此章互参。

《周易》有两处提到"折狱"：一是贲卦《大象》："山下有火，贲；君子以明庶政，无敢折狱。"一是丰卦《大象》："雷电皆至，丰；君子以折狱致刑。"为什么一个是"无敢折狱"，一个是"折狱致刑"呢？盖贲卦（䷕）下离上艮，离为火为明，艮为山为止，此"文明"之象也，君子观此当使各种政令昌明通达，但却不能以此断案；因为光讲文明道德对罪犯是没有用的，罪犯如果懂得文明道德就不会犯罪了。而丰卦（䷶）下离上震，离为火为电，震为雷，"雷电皆至"，声威何其壮哉！君子有鉴于巨雷的震慑之威，闪电的通天彻地之明，正好可以断案执刑。由此两卦之对照，可知断案是不能完全靠文明手段的，断案者除了内心光明磊落之外，刚断明决、雷电之威是不能缺少的——孔子之许子路"片言可以折狱"者，当以此无疑也。

12.13 子曰："听讼，吾犹人也。必也使无讼乎！"

【译文】孔子说："处理诉讼的事，我和别人差不多。必定使得社会没有诉讼才好。"

【注释】①《杨注》："据《史记·孔子世家》，孔子在鲁定公时，曾为大司寇，司寇为治理刑事的官，孔子这话或许是刚作司寇时所说。"②《朱注》引杨时曰："子路片言可以折狱，而不知以礼逊为国，则未能使民无讼者也。故又记孔子之言，以见圣人不以听讼为难，而以使民无讼为贵。"

【解读】此章紧承上章，说的也是诉讼的事，但角度显然不同。上章强调"折狱"要果断，此章强调"无讼"才是最高理想。我们知道，儒家强调德治，始终主张对老百姓"道之以德，齐之以礼"（2.3），这和法家强调"严刑酷法"有着根本区别，故其推崇"无讼"是必然的。据《孔子家语·始诛》记载，孔子为鲁大司寇时，曾有父子相讼者，孔子将他们关在同一间牢房里，但三个月也没有判决，后来其父请止，孔子就将他们释放了。季孙氏对此不理解，孔子就说了这样一番话："呜呼！上失其道，而杀其下，非理也。不教以孝，而听其狱，是杀不辜。

三军大败,不可斩也。狱犴不治,不可刑也。何者?上教之不行,罪不在民故也。夫慢令谨诛,贼也;征敛无时,暴也;不试责成,虐也。政无此三者,然后刑可即也。"正可与此章互参。

《周易》第六卦为讼卦(䷅),紧接需卦之后。《序卦传》云:"饮食必有讼,故受之以讼。"朱子说:"讼,争辩也。上乾下坎,乾刚坎险,上刚以制其下,下险以伺其上,又为内险而外健,又为己险而彼健,皆讼之道也。"(《周易本义》)其卦辞有云"中吉,终凶",其《大象》有云"君子以作事谋始",均暗含在讼端初起之时即予以制止之意。又该卦除九五居尊为听讼之主而获"元吉"外,其他五爻作为兴讼者,均于讼事不利,或因见机撤讼而得吉,或虽似胜讼而实受辱也。此诚如丘富国所说:"九五居尊,为听讼之主,故'讼,元吉'。余五爻则皆讼者也。天下唯刚者讼,柔者不讼。初与三柔也,故初'不永所事'而'终吉',三'食旧德'而'终吉'。二、四、上刚也,二与五对,揆势不敌而不讼;四与初对,顾理不可而不讼,亦以其居柔,故二'无眚'而四'安贞'也。独上九处卦之穷,下与三对,柔不能抗,故有锡鞶带之辞焉。然一日'三褫',辱亦甚矣。讼之胜者,何足敬乎?"(转引自李光地《周易折中》)由此观之,讼卦"无讼"之意甚明也。

12.14 子张问政。子曰:"居之无倦,行之以忠。"

【译文】子张问如何治国理政。孔子说:"在岗位上不能懈怠,执行任务态度忠诚。"

【注释】①《朱注》引程子曰:"子张少仁,无诚心爱民,则必倦而不尽心,故告之以此。"②《钱解》:"居之,一说居位,一说居心。居位不倦,其居心不倦可知。行之,一谓行之于民,一谓行事。为政者所行事,亦必行之于民可知。"③《大义》:"无倦者,心之贞也,恒固之精神也。以忠,行之实也,有实心而后行实政也。盖在上者必使政治与心理息息相依,久之则至诚而无息矣。"

【解读】这里子张问政,孔子告之"无倦";后来子路问政,孔子也告之"无倦"(13.1)。盖"二人性格豪放,志大才疏,工夫容有不到不实处,故夫子有以教之也。"(刘强《论语新识》)此说有理。

值得注意的是,唐文治还以"心之贞"释"无倦",并谓之体现了"恒固之精神"。我们知道,"贞"字在《周易》古经中最早或有占卜之义,但其后转为正、固之义,在卦爻辞中出现甚多。如恒卦卦辞即有云"利贞,利有攸往",其《象传》则强调"天地之道,恒久而不已",其《大象》又强调"君子以立不易方"等等,的确可以和本章孔子所言"无倦"之说相勾连。

12.15 子曰:"博学于文,约之以礼,亦可以弗畔矣夫!"

【译文】孔子说:"君子广泛地学习各种文献,再用礼节来加以约束,也就不会离经叛道了。"

【注释】①《康注》:"此章重出。盖弟子各记所闻,分见各篇不及删者。"②《后案》:"夫子累言之者,谆复之意也。"③刘强《论语新识》:"'弗畔'盖与'无讼'相呼应。博文约礼,则民无畔,无畔则可以无讼矣。"

【解读】此章已见《雍也篇》,相关分析请参6.27。

12.16 子曰:"君子成人之美,不成人之恶。小人反是。"

【译文】孔子说:"君子帮助人成其好事,不帮助人成其坏事。小人却和这相反。"

【注释】①《朱注》:"成者,诱掖奖劝以成其事也。君子、小人,所存既有厚薄之殊,而其所好又有善恶之异,故其用心不同如此。"②《大义》:"盖君子之心,以为美乃天下之美,非一人之美也;有以成之,天下皆进于美矣。恶非一人之恶,天下之恶也;无以成之,天下皆改其恶矣。而人心风俗,遂因以转移焉。"

【解读】美和善,有时通用。如《老子》云:"天下皆知美之为美,斯恶矣。"(《第二章》)此美即善也,用法和本章相同。《谷梁传·隐公元年》:"《春秋》成人之美,不成人之恶。"《说苑·君道篇》:"哀公曰:'君子成人之美,不成人之恶。'微孔子,吾焉得闻斯言哉?"可见此或为时人成语而孔子常用之。

这里出现了三种层次的人:一是君子,善的代表;二是小人,恶的代表;三是"人",即芸芸众生,他们有善有恶,既做好事也做坏事。孔子指出,我们应该学习君子,因为君子总是帮助人成其好事(即其善的一面),而制止其坏事(即其恶的一面);而不要学习小人,因为小人做的和君子完全相反。话虽如此,大部分小人应该也是善恶参半的,纯恶的小人应该很少,所以《周易》解卦六五有云:"君子维有解,吉。有孚于小人。"世界上的人既然各式各样,道德境界确有差异,我们到底怎么办?《周易》告诉我们,这个问题只有君子才能解决,而具体的解决之道就是用诚信去感化别人,成其美而弃其恶,其最终结果将是连小人都会感其德而自新矣!

关于"有孚于小人",王弼解曰:"小人虽暗,犹知服之而无怨。"(《周易注》)潘雨廷则说:"以使小人之化为君子也。"(《繇爻》)这里的"孚"字,一般解为"信",我们前面已经多次讲到;而从其本义来看,段玉裁曾云:"卵化曰孚。孚,生也,谓子出于卵也"(《说文解字注》),可见"孚"还有"化"的意思,俗语所谓"孵化"是也。《周易》中孚卦《象传》讲"孚乃化邦","化邦"的过程就像是小鸡孵化的过程,是不能用强力的,是必须用诚信之心慢慢感化才行的。此章讲"君子成人之美,不成人之恶",其实讲的就是这样一个"化"的过程,对普通人是这样,对小人也要这样;久而久之,"人心风俗,遂因以转移焉"——这正是儒家的社会政治理想之所在。

12.17 季康子问政于孔子。孔子对曰:"政者,正也。子帅以正,孰敢不正?"

【译文】季康子向孔子问如何治国理政。孔子回答:"'政'就是'正'。您自己带头走正道,谁敢不走正道呢?"

【注释】①《康注》:"《公羊》隐(公)元年:'王正月,《春秋》之义大居正。'何君注:'正一身以正朝廷,正朝廷以正淳也。'孟子所谓:'一正君而国定。'上行下效,风从草偃,孔子之大义也。"②《集释》引陆德明《经典释文》曰:"'帅'与'率'同。"③《今读》:"字源学显示'政'源于'正','正'源于'征',其意是加刑罚于人,这与荀子讲的'礼乐刑政'倒相接近,而不同于此处。"

【解读】"政者,正也。"这句话已成名言。不管从字源学上讲"政"的本义到底是什么,但以"正"释"政"绝对是"政治正确"的一件事。《周易》也经常讲"正"，大部分和治国理政都有一定关系。如师卦《彖》曰："师，众也。贞，正也。能以众正，可以王矣。"这是讲带兵打仗，将帅必须要"正"，并且还要使众人都"正"，这样就能取得胜利，甚至做最高领导。又如离卦《彖》曰："百谷草木丽乎土，重明以丽乎正，乃化成天下。"离为火、为丽、为明，这是讲人能得文明之正，乃可教化天下、万民归顺。渐卦《彖》曰："进以正，可以正邦也。"这是讲人必须以正道求进，如此方能正家、正邦、正国，乃至正天下也。这些都可和《论语》此章互参。

本章的"帅"字，也值得重视。《经典释文》曰："'帅'与'率'同。"《周易》师卦六五有"长子帅师"之说，此"帅"字与本章同义；其《小象》则曰："长子帅师，以中行也。"长子指九二，九二处下卦之中，故言其"中行"。"中行"就是"中道"，就是"正"，其义亦可与本章互参。

过去人们有个误解，认为儒家是为统治者说话的，其实从孔子的诸多言论看，儒家对统治者的要求更高，比如这里讲"子帅以正，孰敢不正？"其实就是要求统治者首先要"正己"，然后才能"正人"。鲁国"三桓"以季氏为首，其中季康子还算是有作为、有头脑的一位，就是他主持将孔子迎回鲁国的，故孔子告之以此，其中当含有期许之意也。

12.18 季康子患盗，问于孔子。孔子对曰："苟子之不欲，虽赏之不窃。"

【译文】季康子苦于盗寇太多，向孔子求教。孔子回答："如果不是您贪求太多，就是有奖赏，他们也不会去干偷抢的事啊。"

【注释】①《朱注》："言子不贪欲，则虽赏民使之为盗，民亦知耻而不窃。"②《康注》："《说苑》：'周天子使毛伯求金于诸侯，《春秋》讥之。故天子好利，则诸侯贪；诸侯贪，则大夫鄙；大夫鄙，则庶人盗。'然则，民之窃盗，正由上之多欲。"

【解读】此章和上章同义，也是强调"上梁不正下梁歪"的意思。季康子以盗为患，而不反省统治者的多欲和贪婪，是欲"治标"而不欲"治本"也，故孔子讽之。

《周易·说卦传》云："坎为盗。"盖坎卦（☵）一阳陷于二阴之中，极像盗者隐伏而生险也。《周易》古经虽无"盗"字,但屡提"寇"字,如屯卦六二、贲卦六四、睽卦上九均讲"匪寇婚媾",蒙卦上九讲"不利为寇,利御寇",解卦六三讲"负且乘,致寇至",渐卦九三讲"利御寇"等等。《荀子·修身》云"窃货曰盗,强取为寇",故盗、寇基本同义。

这里特别值得一提的是需卦九三:"需于泥,致寇至。"其《小象》曰:"需于泥,灾在外也。自我致寇,敬慎不败也。"盖需卦(䷄)下乾上坎,而坎为水、为险、为盗,故陈梦雷释此爻曰:"水涯有泥,三将陷于险,有'需于泥'之象。坎为盗贼,有寇之象。三过刚不中,有'自我致寇'之象。"(《周易浅述》)那怎么办呢?虽然此盗寇为"自我"所致,但因坎卦尚在九三之外,也不是没有解决问题的办法,此办法即《小象》所言"敬慎"二字也。程颐说:"寇自己致,若能敬慎,量宜而进,则无丧败也。需之时,须而后进也。其义在相时而动,非戒其不得进也,直使敬慎毋失其宜耳。"(《程氏易传》)季康子患盗,孔子告以"子之不欲"才是"治本"之策。季康子如听夫子之言,真的首先做到自己"不欲",而非立即动用力量去捕捉盗贼,即"敬慎"也,即"须而后进"也。果能如此,则何患乎盗?

12.19 季康子问政于孔子曰:"如杀无道,以就有道何如?"孔子对曰:"子为政,焉用杀?子欲善而民善矣。君子之德风,小人之德草。草上之风,必偃。"

【译文】季康子向孔子请教治国理政,说:"如果杀掉坏人,亲近好人,怎么样?"孔子回答:"您治国理政,怎么用得到杀人的办法呢?您如果想做善事,老百姓自然就会做善事。君子的品德好比风,老百姓的品德好比草,草随风倒啊。"

【注释】①《皇疏》引孔安国曰:"偃,仆也。加草以风,无不仆者,犹民之化于上也。"②《朱注》:"为政者,民所视效,何以杀为?欲善则民善矣。'上',一作'尚',加也。"并引尹焞曰:"杀之为言,岂为人上之语哉?以身教者从,以言教者讼,而况于杀乎?"③李炳南《论语讲要》:"无道,指的是恶人。有道,指的是善人。"

【解读】儒家主张施"仁政",当然反对严刑酷法,更反对杀人。《周易·系辞上》亦云："古之聪明睿知，神武而不杀者夫！"意思是说，古代那些聪明睿智的人，虽然有神威和武力，但却从来不杀人。他们为什么能这样？因为他们掌握了《易》道，且能"以此洗心，退藏于密，吉凶与民同患"。按照陈梦雷的解释，这也就是说，因其"神足以开物，知（智）足以成务"，故有"聪明睿知"；因其掌握了"吉凶之断"，故有"神武之决"；因其能"与民同患"，故有"不杀之仁"（《周易浅述》）。这样的人，也不就是《论语》中描写的尧舜禹等圣人吗？所以，在主张"不杀"而施"仁政"上，《周易》和《论语》是完全一致的。

将"君子之德"比喻为"风"，在《周易》中更是所在多有。我们知道，《周易·说卦传》云："巽为风。"盖巽卦（☴）一阴居于二阳之下，"阴凝于下，阳发于外，周旋不舍则为风。又气之善入者莫如风也。"（陈梦雷《周易浅述》）以风喻德，在《象传》中体现得最明显，如小畜卦（䷈下乾上巽）云："风行天上，小畜；君子以懿文德。"蛊卦（䷑下巽上艮）云："山下有风，蛊；君子以振民育德。"观卦（䷓下坤上巽）云："风行地上，观；先王以省方，观民设教。"姤卦（䷫下巽上乾）云："天下有风，姤；后以施命诰四方。"巽卦（䷸上下皆巽）云："随风，巽；君子以申命行事。"因为风具有无形、"善入"等特点，而将其和道德联系起来，是很容易理解的。实际上，在中国文化中，风还经常和声、音、乐以及性等等相勾连，故"国风""民风""风化""采风""作风"等等概念深入人心。仔细研究《周易》中以风喻德的例子，并和本章"君子之德，风；小人之德，草"的说法加以对照，无疑很有意义，也很有意思。

12.20 子张问："士，何如斯可谓之达矣？"子曰："何哉，尔所谓达者？"子张对曰："在邦必闻，在家必闻。"子曰："是闻也，非达也。夫达也者，质直而好义，察言而观色，虑以下人。在邦必达，在家必达。夫闻也者，色取仁而行违，居之不疑。在邦必闻，在家必闻。"

【译文】子张请教："读书人要怎样做，才可以成为达人？"孔子说："你所说的达人是什么意思呢？"子张回答："就是在诸侯国工作必定闻名，在大夫家工作必定闻名。"孔子说："这叫闻人啊，不叫达人。所谓达人，指的是那些品德正直而好行正义，善于体察别人的语言、观察别人的情态，其所思所想总是谦卑待人的人啊。这样的人，在诸侯国工作必定通达，在大夫家工作必定通达。至于那些闻人，表面上颇似爱好仁德，实际上却并非如此，而他们又偏偏喜欢以仁者自居而毫不怀疑。这样的人，在诸侯国工作必定闻名，在大夫家工作也必定闻名啊。"

【注释】①《朱注》："达者，德孚于人而行无不得之谓。'闻'与'达'相似而不同，乃诚伪之所以分，学者不可不审也。"又引程子曰："学者须是务实，不要近名。有意近名，大本已失，更学何事？为名而学，则是伪也。今之学者，大抵为名。"②《集解》引马融曰："常有谦退之知，察言语，观颜色，知其所欲，其志虑常欲以下人也。'必达'，'谦尊而光，卑而不可逾'也。"③李光地《读论语札记》："质直则存忠信，好义则能徙义。此是有实德、实行者，而又不敢径情直行。察乎人情，思其所以处之者，而退让以下之。此所以诚孚行著，谦厚之风闻，而邦家必达也。"④许仁图《子曰论语》："'达人'要能以德达事，有智者、仁者之行；'达人'大体非公众知名人物。现代政治人物、企业家、表演明星都是闻人，而非达人。"

【解读】关于"闻"和"达"之区别，朱子、程子、李光地等学者说得已经非常清楚。盖"子张务外"（朱子语），故孔子言此以警之也。而唐文治在引述了李光地的上述评论后，更结合《周易》言道：所谓达人即"诚而务实者也。以《易》言之，履卦初爻曰：'素履，往无咎。'素者，质也。二爻曰：'履道坦坦。'言行乎义之正路也。谦卦初爻《传》曰：'谦谦君子，卑以自牧。'即所谓'虑以下人'也。'履，德之基也；谦，德之柄也。'君子处忧患之世，能'和而至'、'尊而光'，则无所不达矣。"（《论语大义》）此处唐氏用履、谦二卦来解释达人，甚妙；其中"履，德之基"之后的引语，均出自《周易·系辞下》的"三陈九卦"章。又关于马融所引谦卦《象传》之"谦尊而光，卑而不可逾"语，王引之《经义述闻》有个解释："尊读撙节退让之撙。尊之言损也、小也；光之言广也、大也。尊而光者，小而大。卑而不可逾者，卑而高也。"此颇体现《易》道并儒者精神，正可与唐氏的评点相发明。

12.21 樊迟从游于舞雩之下，曰："敢问崇德、修慝（tè）、辨惑。"子曰："善哉问！先事后得，非崇德与？攻其恶，无攻人之恶，非修慝与？一朝之忿，忘其身，以及其亲，非惑与？"

【译文】樊迟陪孔子在舞雩台下游览，说："请问如何提高品德、消除邪念、辨别迷惑呢？"孔子说："问得好啊！先干事后获得，这不就提高品德了吗？先纠正自己的缺点而不是着急纠正别人的，这不就消除邪念了吗？由于一时的气愤就忘记了自身的安危，甚至殃及亲人，这不就是迷惑吗？"

【注释】①《读训》："薛综注《文选·东京赋》'崇，犹兴也。'杜预注《左传》僖公十五年'于是展氏有阴慝焉'云：'隐恶非法所得。'《周官·环人》'察军慝'注云：'慝者，阴奸也。'"②《正义》："'崇德、修慝、辨惑'者，此当是雩祷之辞，以德、慝、惑为韵。《论衡·明雩篇》：'樊迟从游，感雩而问，刺鲁不能崇德而徒雩也。'"③《朱注》引胡寅曰："慝之字从心、从匿，盖恶之匿于心者。修者，治而去之。"并谓："先事后得，犹言先难后获也。为所当为而不计其功，则德日积而不自知矣。专于治己而不责人，则己之恶无所匿矣。知一朝之忿为甚微，而祸及其亲为甚大，则有以辨惑而惩其忿矣。樊迟粗鄙近利，故告之以此三者，皆所以救其失也。"

【解读】王充、刘宝楠等皆以樊迟之问是有感于昭公出亡、三桓专权而发，或有穿凿之嫌。盖"崇德辨惑"已见子张之问（12.10），可见此问亦常事也，而孔子之答当亦因材施教而已。樊迟是《论语》中唯一被孔子斥为"小人"者（见13.4），又宦懋庸《论语稽》云："樊迟勇而志于学，质朴而狭隘，意其为人，必预事而计得，恕己而严人，忿而不思难者也。"再结合朱子之说，当知此章孔子所答，"皆以救其失也"。

这里最值注意的是"修慝"一事。胡寅曰："慝之字从心、从匿，盖恶之匿于心者。"故本人主张将其翻译为"邪念"。我们知道，《周易》以阳为君子，以阴为小人，又有"阳淑阴慝"之说，故特别强调"扶阳抑阴"。李光地在解释坤卦初六"履霜，坚冰至"时曾说："阴阳之义，以在人身者言之，则心之神明，阳也；五官百体，阴也。以人之伦类言之，则君也父也夫也，阳也；臣也子也妻也，阴也……诚使在人身者，心官为主，而百体从令；在人伦者，君父与夫之道行，而臣子妻妾听命焉——则阴乃与阳合德者，而何恶于阴哉？故孔子《文言》，以善恶之积，君父臣子之渐言之，意深切矣。然则所谓阳淑阴慝者，岂阴诚慝哉？顺于阳则无慝矣。所谓扶阳抑阴者，岂阴必抑哉？有以化之，斯不必抑之矣。"他还在解释巽卦《大象》言"申命"、姤卦《大象》言"施命"时说："盖在三画之卦为巽者，在六画之卦即为姤也,'施命''申命',所以消隐慝、除积弊,法风之吹散伏阴也。"(《周易折中》)此章孔子教樊迟以"攻其恶,无攻人之恶"语,实即小人自顺于阳以消其隐慝之法,读者察之。

12.22 樊迟问仁。子曰:"爱人。"问知(智)。子曰:"知人。"樊迟未达。子曰:"举直错诸枉,能使枉者直。"樊迟退,见子夏曰:"乡(向)也吾见于夫子而问知(智),子曰,'举直错诸枉,能使枉者直',何谓也?"子夏曰:"富哉言乎!舜有天下,选于众,举皋陶,不仁者远矣。汤有天下,选于众,举伊尹,不仁者远矣。"

【译文】樊迟问什么是仁,孔子说:"爱人。"又问什么是智,孔子说:"知人。"樊迟还是不明白。孔子说:"把正直的人提拔起来,让他们位于歪邪的人上面,就能使歪邪的人正直了。"樊迟退了出来,找到子夏,问道:"刚才我见了老师,向他问什么是智,他说,'把正直的人提拔起来,让他们位于歪邪的人上面',这到底是什么意思呢?"子夏说:"这话的涵义真是丰富啊!舜有了天下,在众人中挑选了皋陶加以重用,那些不仁的人就远去了。汤有了天下,在众人中挑选了伊尹加以重用,那些不仁的人就远去了。"

【注释】①《杨注》:"乡,去声,同'向'。皋陶,音高摇,gāo yáo,舜的臣子。汤,卜辞作"唐",商朝开国之君,名履(卜辞作"大乙",而无"履"字),伐夏桀而得天下。伊尹,汤的辅相。""'举直'而'使枉者直',属于'仁';知道谁是直人而举他,属于'智'。所以'举直错诸枉'是仁智之事,而孔子屡言之(参2.19)。"②《钱解》:"未达,犹言未明。本文未言樊迟所未达者何在。一说:樊迟盖疑爱人务求其周,知人必有所择,两者似有相悖。一说:已晓爱人之言,而未晓知人之方。盖樊迟之疑,亦疑于人之不可周知。按下文孔子、子夏所言,皆未为仁知合一之说作阐发,樊迟之问子夏,亦曰'乡也吾见于夫子而问知',专偏知人言。当从第二说。"

【解读】"仁"是儒家哲学的重要概念,但如细加分辨,可以发现,它既是"全德",又是"元德",两者所指似不同。此处樊迟问仁,孔子答以"爱人",这讲的就是作为"全德"的仁,即它是包括仁义礼智信等等人的一切美好品德在内的。而《乾文言》释"乾元"为仁,并说:"元者,善之长也。"朱熹进而解释说:

"元者,生物之始,天地之德,莫先于此,故于时为春,于人则为仁,而众善之长也。"这里讲的则是作为"元德"的仁,即它像春天一样是有着生发之功能的,可以归纳为人的一种具有超越性的善性、善情,宋儒甚至还将它推广到人之外的万物身上。比如程颢喜欢讲"观万物皆有春意",还讲"观鸡雏,此可观仁"等,就是从这个角度出发的。两者的区别与联系,值得注意。似乎《论语》更侧重从"全德"的角度来理解仁,而《周易》则更侧重从"元德"的解读来理解仁。

儒家当然是"爱智"主义者,这是没有问题的,但《论语》和《周易》对"智"的理解颇不同。如本章樊迟问智,孔子答以"知人",这就将智仅仅限于知人论世的范围了,对自然世界的认知似乎被排斥在了视野之外。何况,诚如钱穆所言,子夏以"举直错诸枉"来解读"知人",则其义似更狭矣!"知人枉直是知(智)……然知人不专在辨枉直,如皋陶伊尹,岂一'直'字可尽?"(《论语新解》)《周易》的思维进路却与此不同,它讲"立天之道,曰阴与阳;立地之道,曰柔与刚;立人之道,曰仁与义"(《说卦传》);也就是说,"人道"(即"仁义之道")只是其关注对象的一部分,它同时还强调关注"天地之道"。又讲"夫《易》,彰往而察来,而微显阐幽;开而当名辨物,正言断辞则备矣。其称名也小,其取类也大;其旨远,其辞文;其言曲而中,其事肆而隐"(《系辞下》);的确,《周易》古经的知识包罗万象,并不限于人事。后来《四库全书》馆臣谓之:"易道广大,无所不包,旁及天文、地理、乐律、兵法、韵学、算术,以逮方外之炉火,皆可援《易》以为说。"这不是没有原因的。《论语》和《周易》于此之区别与联系,亦当注意。

12.23 子贡问友。子曰:"忠告而善道(dǎo)之,不可则止,毋自辱焉。"

【译文】子贡问如何对待朋友。孔子说:"忠诚地劝告他,善意地引导他。如果他不听,也就算了。不要自取其辱。"

【注释】①《朱注》:"友所以辅仁,故尽其心以告之,善其说以道之。然以义合者也,故不可则止。若以数而见疏,则自辱矣。"②《钱解》:"本章必是子贡之问有专指,而记者略之,否则孔子当不专以此为说。"③刘强《论语新识》:"朋友与君臣有相似处,二者皆当以道义合。前面谈大臣,当'以道事君,不可则止';此处说良友,亦当'忠告善道,不可则止'。"

【解读】《季氏篇》有"益者三友""损者三友"之分判（16.4），此章或针对"损友"而言。又《宪问篇》载有"子贡方人"一章，"方人"者，诋毁人也；盖子贡聪明，或有责善之心太切而致伤人者，故孔子诫之。又唐文治说："忠告善道，仁也；不可则止，智也。仁智流行于交际之间，故《里仁篇》首言仁智，亦以'朋友数，斯疏'终也。"（《论语大义》）

古代称"父子、君臣、夫妇、兄弟、朋友"为"五伦"，其中"父子、夫妇、兄弟"三伦有血缘或姻亲关系，故以亲情为重，如孔子曾说"事父母几谏，见志不从，又敬不违，劳而不怨"（4.18）；而"君臣、朋友"两伦并无血缘或姻亲关系，当以道义相合为重，故不论事君还是待友，孔子都强调"不可则止"——这既是对君上和朋友的尊重，其实也为自己的人格独立预留了空间。《周易》贲卦《彖传》有云："文明以止，人文也。"可以说，能"知止"乃是文明社会的基本特征，如种种礼仪制度的建立即是，这里的交友准则当然亦是。

12.24 曾子曰："君子以文会友，以友辅仁。"

【译文】曾子说："君子用诗文道德来会聚朋友，用朋友来帮助自己培养仁德。"

【注释】①《集释》引《说苑·说丛篇》："贤师良友在其侧，诗书礼乐陈于前，弃而不为善者鲜矣。"②《集解》引孔安国曰："友以文德合也。友有相切磋之道，所以辅成己之仁。"③《朱注》："讲学以会友，则道益明；取善以辅仁，则德日进。"④李颙《四书反身录》："文乃斯文之文、在兹之文、布帛菽粟之文，非古文之文、时文之文、雕虫藻丽之文……学人不为身心性命则已，如为身心性命，则不可不会友，会则不可无会约。"

【解读】上章或主要针对"损友"而言，本章则强调"益友"的重要性。曾子于本篇并未出现，此时突然出来为本篇做结，当是曾门弟子增补的章节。如再考虑到其他章节中曾子言论的具体内容及其所编排的突出地位，曾门弟子欲图证明其师为"孔门弟子中最能传道者"（杨义《论语还原》）之意甚明也。

关于"以文会友"中的"文"，有两种理解：一是单指"诗书礼乐"之文，即典籍之文；一是指"天之未丧斯文也"（9.5）之文，此即"道统"也，即李颙所谓"身心性命"者也。而两者实不可分，故孔安国称之为"文德"，这里的翻译亦兼及此两种涵义。《乾文言》云："君子学以聚之，问以辩之。"兑卦《大象》云："丽泽，兑；君子以朋友讲习。"正可与"以文会友"互参。又《乾文言》在解释"元亨利贞"之"亨"时说："亨者，嘉之会也。"朱子解释说："亨者，生物之通，物至于此，莫不嘉美，故于时为夏，于人则为礼，而众美之会也。"（《周易本义》）故欲使"以文会友"成为"嘉之会"，礼不可缺，此即李颙所讲"学人……不可不会友，会则不可无会约"之意。唐文治则说："以文会友，则义与礼兼赅焉。"（《论语大义》）说的也是这个意思。此又不可不察焉。

至于"以友辅仁"，则讲的是朋友在帮助自己培养仁德上的重要性。孔子说过："仁远乎哉？我欲仁，斯仁至矣。"（7.30）这强调的是人在培养仁德上的主观能动性，但在具体的实践过程中，大部分人还是需要朋友的帮助和激励的，因为人都有缺点，都有惰性，必得在"嘉之会"中彼此砥砺、互相切磋，方能成其大功。所谓"益者三友"即"友直，友谅，友多闻"（16.4），正此之谓也。许慎《说文解字》曰："辅，人颊车也。"陈奂《诗经·正月》疏曰："人之两颊曰车，口辅亦曰牙车，其命名即取车辅之义也。"《乾文言》在解释乾卦上九"亢龙有悔"时有云"贵而无位，高而无民，贤人在下而无辅，是以动而有悔也"，《象传》在解释大过卦九三"栋桡，凶"时则说"栋桡之凶，不可以有辅也"，此均见"无辅"之害。又泰卦《大象》云："天地交泰，后以财（裁）成天地之道，辅相天地之宜，以左右民。"此又见"良辅"之重大作用也。"以友辅仁"，岂虚言哉！

子路第十三

13.1 子路问政。子曰:"先之,劳之。"请益。曰:"无倦。"

【译文】子路问如何治国理政。孔子说:"自己给百姓带好头,使百姓勤劳努力。"子路请求多讲一点。孔子说:"不要懈怠。"

【注释】①《集解》引孔安国曰:"先导之以德,使民信之,然后劳之。《易》曰:'说以先民,民忘其劳。'"②李炳南《论语讲要》:"先之,为政者自己先行,以身作则。劳之,教民勤劳。"③《朱注》引苏轼曰:"凡民之行,以身先之,则不令而行。凡民之事,以身劳之,则虽勤不怨。"④《集释》引胡炳文《四书通》曰:"子张堂堂,子路行行,皆易锐于始而怠于终,故答其问政,皆以无倦答之。"

【解读】《子路篇》的主题也是治国理政,但和《为政篇》的言说角度不同。唐文治说:"盖《为政篇》重在推原德化,本学术以为治术,而《子路篇》则多敷陈时政,意在补救当时之失。故《为政篇》辞多缓和,而《子路篇》辞多迫切。"(《论语大义》)此中微妙,读者察之。

关于"先之,劳之",前一个"之"是指百姓,意见比较统一;但后一个"之",究竟是指百姓还是指为官者自身,有不同理解。窃以为还是统一理解为百姓为宜。所谓"先之",就是为官者要以身作则,率先垂范,最重要的就是取信于民;所谓"劳之",就是教民勤劳,当然这包括为官者自身也要勤劳。《周易》井卦《大象》云:"木上有水,井;君子以劳民劝相。"盖井卦(䷯)下巽上坎,巽为木、坎为水,古者罋罍以木为之,故木入于水,汲而上之,有井之象。而井者,古代百姓辛劳之地,亦养民之所也,故井卦《大象》方有此言。其中"君子"即古代为官者,"劳民"即使民勤劳,"劝相"即使民彼此相劝而勤劳。此与本章之意完全相通。

又很多注家已经注意到，此和《周易》兑卦《彖传》亦有关联。兑卦《彖传》有云："说（悦）以先民，民忘其劳；说以犯难，民忘其死；说之大，民劝矣哉！"程颐解释说："兑之义，说也。阳刚居中，中心诚实之象。柔爻在外，接物和柔之象，故为说而能贞也。君子之道，其说于民，如天地之施，感于其心而说服无斁（yì，意为懈怠），故以之先民，则民心说随而忘其劳。率之以犯难，则民心说服于义而不恤其死。说道之大，民莫不知劝。劝，谓信之而勉力顺从。人君之道，以人心说服为本，故圣人赞其大。"（《程氏易传》）由此可见，君子之"先民"，其中有诚信在焉，故能使民悦从之，虽日日勤劳而能忘其劳，甚至必要时还能忘其死。换句话说，取信于民或取悦于民乃是"先之"的题中应有之义，惟其如此，"劳之"即劳动老百姓才能实现；而反过来呢，如无以"信之"做基础的"先之""劳之"，则必无可能也。

另《颜渊篇》子张问政，孔子亦说"无倦"（12.14），与此章夫子答子路同。对此胡炳文所解其好，盖"子张堂堂，子路行行，皆易锐于始而怠于终"者，故孔子以此答。唐文治说："勤苦之事，易生倦心，惟持之以恒而已。盖先、劳乃迈往之精神，无倦乃贞固之精神，皆从忧勤惕厉中来，故《子路篇》言政治以是为首。"此言得之。

13.2 仲弓为季氏宰，问政。子曰："先有司，赦小过，举贤才。"曰："焉知贤才而举之？"子曰："举尔所知；尔所不知，人其舍诸？"

【译文】仲弓做了季氏的管家，向孔子请教如何治国理政。孔子说："先给下属人员带好头，不要计较别人小的过错，善于提拔贤良之才。"仲弓又问："怎样识别谁是贤才而把他们选拔出来呢？"孔子说："选拔你所知道的就是了。至于那些你所不知道的，难道别人会埋没他们吗？"

【注释】①《朱注》："有司，众职也。宰兼众职，然事必先之于彼，而后考其成功，则己不劳而事毕举矣。过，失误也。大者于事或有所害，不得不惩；小者赦之，则刑不滥而人心悦矣。"②《读训》："'有司'并见《泰伯第八》及《尧曰第二十》，乃言下级官吏也。《尔雅·释诂》：'赦，舍也。''诸'乃语尾助词，或为'之乎'之合声。"

【解读】仲弓名列孔门德行科之列，且是德行科四人中唯一做过官的；孔子曾屡赞仲弓,如谓"雍也可使南面"(6.1),又谓其"犁牛之子骍且角,虽欲勿用,山川其舍诸?"(6.6)本章仲弓问政,孔子告以三事,皆治国理政之箴言也。其中"先有司"即上章"先之劳之"之义,讲的是"勤政";"赦小过"就是律己严而待人宽,讲的是政策要宽松;"举贤才"就是知人善任、选贤与能,讲的则是"贤人政治"。"先有司"请参见上章对"先之劳之"的分析,此处仅就后两事重点做些讨论。

"小过"即"小的过错"。"赦小过",实即待人以恕也。人非圣贤,孰能无过?甚至连孔子也仅以"无大过"(7.17)自许,况凡人乎?《周易》有小过卦,其《象》谓其"小者过而亨也",即含有小的过失的意思,然其中有亨之道;如其《大象》所谓"君子以行过乎恭,丧过乎哀,用过乎俭",以及《论语》所谓"礼,与其奢也,宁俭"(3.4)等等均是。又《周易》解卦《大象》云:"雷雨作,解;君子以赦过宥罪。"盖解卦(☷)下坎上震,坎为水为雨,震为雷;故其《彖》曰:"天地解,而雷雨作,雷雨作,而百果草木皆甲坼"。当解之时,大罪尚可宽宥,况小过乎?但本章之"赦小过",当然并非仅指"解之时",而是指为政者于日常行政中,要对属下之小过宽以待之。在《八佾篇》中,孔子曾批评过"居上不宽"现象,另《阳货篇》和《尧曰篇》又都提到"宽则得众"(17.6&20.1),其内涵皆与本章"赦小过"有关,正可互相发明。

至于"举贤才",当然是治国理政之大事,尤不可轻忽。《周易》乾卦九五云:"飞龙在天,利见大人。"此处之"大人",即贤人也。程颐说:"圣人既得天位,则利见在下大德之人,与共成天下之事。"(《程氏易传》)其实凡得位者,均应求贤若渴,以共成大事也。大畜卦《彖传》讲"不家食吉,养贤也",颐卦《彖传》讲"天地养万物,圣人养贤,以及万民"等,更直接提到"养贤"之事。又唐文治曾结合泰、否二卦评点此事说:"《易》泰、否二卦初爻,皆言'拔茅茹以其汇'。君子以同类为朋,小人亦以同类而进。选举之法,国家治乱、民生休戚系焉,可不慎哉!仲弓居德行之科,所举者必善士,故夫子告之以此。"(《论语大义》)亦可参考。

13.3 子路曰:"卫君待子而为政,子将奚先?"子曰:"必也正名乎!"子路曰:"有是哉,子之迂也!奚其正?"子曰:"野哉,由也!君子于其所不知,盖阙如也。名不正,则言不顺;言不顺,则事不成;事不成,则礼乐不兴;礼乐不兴,则刑罚不中;刑罚不中,则民无所措手足。故君子名之必可言也,言之必可行也。君子于其言,无所苟而已矣。"

【译文】子路对孔子说:"卫君准备让您治国理政的话,您准备首先干什么?"孔子说:"那一定是纠正名分的事啊!"子路说:"您的迂腐,竟然到了这样的地步吗?名分有什么要纠正的?"孔子说:"你真是个野人啊!君子对于他所不懂的,采取存疑的态度就是了。要知道,名分不对,说话就不顺畅;说话不顺畅,工作就搞不好;工作搞不好,礼乐制度就举办不起来;礼乐制度举办不起来,刑罚也就不会恰当;刑罚不恰当,老百姓就不知道如何行动了。因此,君子纠正了名分就一定能说得出来;说得出来就一定能行得通。君子对于自己说的话,但求不苟且就是了。"

【注释】①《钱解》:"卫君:出公辄,父蒯聩亡在外,卫人立辄而拒之。必也正名乎:君君臣臣,父父子子,必先正其名。"②《杨注》:"《左传》成公二年曾经载有孔子的话,说:'唯器(礼器)与名(名义、名分)不可以假人。'《论语》这一'名'字应该和《左传》的这一'名'字相同。《论语》中有孔子'觚不觚'之叹。'觚'而不像'觚',有其名,无其实,就是名不正。孔子对齐景公之问,说'君君,臣臣,父父,子子',也就是正名。"③《朱注》:"是时出公不父其父而称其祖,名实紊矣,故孔子以正名为先。"并引谢良佐曰:"正名虽为卫君而言,然为政之道,皆当以此为先。"

【解读】关于孔子提出"正名"问题的具体政治背景,以及孔子的具体政治态度,历代注家多有争执,可谓异见纷纭。其实我们不必纠结于此,似应更关注该命题的普遍意义。谢良佐说:"正名虽为卫君而言,然为政之道,皆当以此为先。"讲的或许就是这个意思。

李泽厚说:"这大概就是儒家的语言学,极为重视语言的实用意义和实用价值,指出它在支配人的行动上的重要作用。其所以如此,'名'(能指,书面语言)来自符号(指事),表示的是一种秩序、规范、法则,这也就是'实'(所指)。"故此,儒家讲的"名"应该和强调"逻辑分析的思辨方式"的公孙龙、惠施、墨子等不同。李泽厚进而指出:"儒、道、法均讲'无为而治',均讲'名'。此'名'非语言、逻辑,乃实用政治。"并说:"Chad Hanson认为'名'(name)关乎'礼',即辨等差,make distinction,有理。""孔子要求'正名','君君臣臣父父子子',

即在于这样才能指导人们去正确行动（实践），此即儒家之认识论。"（《论语今读》）说得非常深刻。《左传》云："唯器与名不可以假人。"盖名如"假人"，即失去其统治的合法性矣。又《周易·系辞下》云"理财正辞""当名辨物，正言断辞"等，这里的"正辞""当名"等等，也都与"正名"同义。而履卦《大象》云："上天下泽，履；君子以辨上下，定民志。"这里又以"名"为"礼"，且明确提出"辨上下"，均和"正名"相关。

毫无疑问，在实际生活中，孔子提出的"正名"问题绝非口头上说说而已，而总是伴随着激烈的政治斗争和军事斗争才能得以实现的。赵汀阳在分析中国历史上何以多次发生"逐鹿中原"的权力斗争游戏的时候，曾经提出一个假说："中原最具特殊性而无可替代的优势资源就是以汉字为载体的精神世界或知识生产系统，这个无形资产比地理中心或物质资源都更为显著也更重要……毫无疑问，逐鹿中原的旋涡模式当由多种合力形成，但其中最具决定性的动力非常可能就在于争夺中原率先创造的精神世界及其知识系统的分享权，特别是优先使用权，也就是争夺知识生产终端和历史的权威解释权。"那么，争夺以汉字为载体的精神世界或知识生产系统的重要性到底是什么？赵汀阳分析说，人们"一旦有了精神世界的主持权，就拥有了对一切事物的命名权、定义权和解释权，同时也就拥有了建立和解释一切规则、法律、制度和程序的权力，即制度性的立法权，进而还拥有定义是非标准、知识标准、美学标准的权力，即精神的立法权……或者说，一旦主持了万民共用的精神世界，也就拥有了权力的合法性和社会动员能力，所谓'鼓天下之动者存乎辞'（《周易·系辞上》）。"（《惠此中国》）这种解释颇有道理。如果依此来理解孔子的"正名"问题，那么其重大意义就更加清楚了：看来这绝非仅仅在于纠正一件事情的名分问题，而是涉及自己能否拥有"精神立法权"和"制度立法权"的问题，甚至是否拥有权力合法性的问题。就像李泽厚所说的那样，这的确是儒家特殊的语言学，同时当然也是儒家特殊的认识论和特殊的政治学也。又据云甲骨文"正（ ）"字表示"举趾往邑，会征行之义，为征之本字"（徐中舒《甲骨文字典》），以此来理解"正名"之意，再结合上述分析，或将别有心得。

13.4 樊迟请学稼。子曰："吾不如老农。"请学为圃。曰："吾不如老圃。"樊迟出。子曰："小人哉，樊须也！上好礼，则民莫敢不敬；上好义,则民莫敢不服;上好信,则民莫敢不用情。夫如是,则四方之民襁(qiǎng)负其子而至矣,焉用稼?"

【译文】樊迟要求学习种庄稼。孔子说:"我不如老农民。"又要求学习种菜蔬。孔子说:"我不如老菜农。"樊迟退了出来。孔子说:"樊迟真是小人啊!在上者讲究礼节,老百姓就没有敢不尊敬的;在上者讲究正义,老百姓就没有敢不服从的;在上者讲究诚信,老百姓就没有敢不说实情的。如果这样,四方的老百姓都会背负着小孩子来投奔了,干吗要去种庄稼?"

【注释】①《朱注》:"种五谷曰稼,种菜蔬曰圃。小人,谓细民,孟子所谓小人之实者也。礼义信,大人之事也。好义,则事合宜。情,诚实也。襁,织缕为之,以约小儿于背者。"②《集解》引孔安国曰:"情,情实也。言民化其上,各以情实应也。"又引包咸曰:"礼义与信,足以成德,何用学稼以教民乎?"

【解读】此章因樊迟请学稼、学圃,而被孔子指为小人,向来为后人所诟病。此处之"小人"或无道德贬义,只是平头百姓的意思,朱子等人所言甚详。比如《周易·系辞上》在解释解卦六三"负且乘,致寇至"时曾说:"负也者,小人之事也。乘也者,君子之器也。"也是从社会地位而非道德层面来划分君子、小人的,当与此同义。尽管如此,樊迟被孔子指为小人,其中隐含的贬斥之意还是很清楚的,这是不容回避的。

另樊迟请学稼、学圃,孔子答以礼义信三者,总觉不合榫。对此程树德有个解释,与包咸谓之"学稼以教民"的思路接近,思之颇觉合理:"迟问稼圃,夫子即以上好礼等词为教,何其针锋之不相对,所答非所问。窃疑《汉书·艺文志》所载农家之书,有《神农》二十篇,《野老》十七篇,《宰氏》十七篇,《尹都尉》十四篇,《赵氏》五篇,《王氏》六篇……当孔子时,此等书籍必尚现存,学稼之请,即欲学其书也。孔子告以止须用礼治则民自服,不必采用农家之说。如此一问一答,方可衔接。"(《论语集释》)照此思路,樊迟亦并非直接要去当农夫或菜农,只是要当个农业专家,以便指导农业生产,但儒家以从事行政管理为志业,故此孔子指斥其为"小人",意思就是"那你干脆去当小民得啦"。

此章"民莫敢不用情"中的"情"字,亦值注意。此"情"非情感之情。孔安国解其为"情实",朱子解其为"诚实",甚确。《周易》有"是故知鬼神之情状"(《系辞上》)"以通神明之德,以类万物之情"(《系辞下》)之说,彼处之"情",亦是此义。李泽厚曾指出,前汉时期的"情"多指"事实、真实、情况",而非情感,并进而说:"但由'实体''本质''真理''情况'之'情'转而为情感、感受、感情之'情',意义更大。此二者有某种重要联接。《荀子·正名》:'性之好恶喜怒哀乐谓之情。'《礼记·礼运》:'何谓人情,喜怒哀惧爱恶欲。'此'情'即此二者(实质与情感)之某种交会与转换:情感乃人的本质、实体、真实,所谓人性,即在此。所以儒家重视陶情养性,以成人生。"(《论语今读》)验之《周易》,其既讲"万物之情"(咸、恒、萃三卦之《象传》),又讲"圣人之情"(《系辞下》)以及"六爻发挥,旁通情也"(《乾文言》),此两种涵义之交会与转换似亦隐然可见也。

13.5 子曰:"诵《诗》三百,授之以政,不达;使于四方,不能专对;虽多,亦奚以为?"

【译文】孔子说:"熟读《诗经》三百篇,交给他政务,却办不成;叫他出使国外,不能独自应对;即使读诗再多,又有什么用呢?"

【注释】①《读训》引胡炳文《四书通》曰:"古者遣使,有正有介,正使不能达,则介使助之;如正使自能致辞,不假介使之助,是谓能专对。"②《朱注》:"专,独也。《诗》本人情,该物理,可以验风俗之盛衰,见政治之得失。其言温厚和平,长于风(讽)谕。故诵之者,必达于政而能言也。"并引程子曰:"穷经将以致用也。世之诵《诗》者,果能从政而专对乎?然则其所学者,章句之末耳。此学者之大患也。"③《康注》:"盖诗出輶轩之采,如今日之报。孔子选十五国之报精者,加以改制口说,以为功课书。故通其学者皆为政治家、言语家之才。"

【解读】在2.2中,我们已经指出,儒家之诗教其实也是政治学。学诗,并不单纯为了抒发情感(即所谓"兴观群怨",见17.9),而是有着非常实际的政治上的用途的。特别是《诗经》中的作品,"本人情,该(赅)物理",康有为甚至认为它们就像今天的报纸一样,有各地之生活习俗、世故人情在焉,如果运用得当,"必达于政"也。我们知道,春秋时代,在政治活动乃至日常生活中引经据典之风甚盛,这在《左传》中有很多例子,以至于孔子讲过这样的话:"不学诗,无以言。"(16.3)在本章中,孔子则是从反面强调,如果学诗只是学了皮毛,也就是程颐说的仅仅学些"章句之末",其实学了也是没用的。在8.8中,我们已经讨论过《周易》卦爻辞的诗歌特征,并说《周易》亦有诗教之作用,读者不妨结合此章再对《周易》的诗教作用做些思考。

13.6 子曰:"其身正,不令而行;其身不正,虽令不从。"

【译文】孔子说:"他自己品行端正,就是不发命令,老百姓也会去干;他自己行为不端,即使发出命令,老百姓也不服从。"

【注释】①《集释》:"《后汉书·第五伦传》引作'虽令不行'。"②《钱解》:"或说:此义盖孔子屡言之,故门弟子亦不惮烦而屡记之。"

【解读】《颜渊篇》季康子问政,孔子曾说:"子帅以正,孰敢不正?"(12.17)本篇下章孔子还说:"苟正其身矣,于从政乎何有?不能正其身,如正人何?"(13.13)此章主旨,与此两章略同。这里的"身"就是自身,就是自己,强调的还是领导者要以身作则、率先垂范的意思。后来《大学》对此道理大加发挥,说要齐家、治国、平天下,前提"皆以修身为本","修身"就是这里的"正身"。又《礼记·缁衣》云:"下之事上也,不从其所令,从其所行。"而《易纬·通卦验》则云:"正其本而万物理,失之毫厘,差以千里。"也是同样道理。又《周易·系辞下》曾讲"黄帝、尧、舜垂衣裳而天下治",这几位圣王为什么能够如此轻松地治理天下呢?就是因为他们能法天象地,先正自身,再正别人,故能行其无言、无为之教也。

13.7 子曰:"鲁、卫之政,兄弟也。"

【译文】孔子说:"鲁国的政治和卫国的政治,就像兄弟一样啊。"

【注释】①《集解》引包咸曰:"鲁,周公之封。卫,康叔之封。周公、康叔既为兄弟,康叔睦于周公,其国之政亦如兄弟。"②《朱注》:"鲁,周公之后。卫,康叔之后。本兄弟之国,而是时衰乱,政亦相似,故孔子叹之。"③《集释》引张甄陶曰:"《左传》言太姒之子九人,周公、康叔为相睦也。夫子此语,大有来历。伯禽之政,亲亲尊尊;康叔之政,明德慎罚。政之兄弟,须从此说,再引到衰乱时,则面面俱到矣。"

【解读】本章孔子到底是称赞鲁、卫之政一样好呢,还是感叹鲁、卫之政一样不好呢?由以上所引注释,即可看出人们的看法很不一致。本人基本同意张甄陶的看法。建国之初,周公、康叔兄弟为相睦,两国又为近邻,故亲如一家。如果考虑到孔子说过"齐一变,至于鲁;鲁一变,至于道"(6.24)的话,那么孔子对鲁国(以及卫国)的期望当然是很大的。但当孔子之世,鲁国由三桓把持朝政,君不君、臣不臣;卫国正值卫灵公、卫出公时,父不父、子不子,可以说两国已经成了"难兄难弟";其他国家的情况也是一团糟,彼此之间征伐不已,哪里还有什么兄弟之情?尽管如此,此时鲁国还有宓子贱、南宫适等被孔子称赞的君子,卫国还有蘧伯玉、公子荆等贤人,所以两国均得以不亡,这点两者也极其相似。《周易》家人卦《象传》有云:"父父,子子,兄兄,弟弟,夫夫,妇妇,而家道正;正家而天下定矣。"故仔细想来,孔子此语,既有追思鲁、卫建国之初周公、康叔兄弟相睦的意思,也有感叹时下鲁国君臣猜忌、卫国父子反目甚至当时各国之间互相征伐、手足相残的意思,此外考虑到鲁、卫两国历来多君子,孔子或对两国的未来不免又暗含期盼,其言外之意亦深矣!

13.8 子谓卫公子荆:"善居室,始有,曰:'苟合矣。'少有,曰:'苟完矣。'富有,曰:'苟美矣。'"

【译文】孔子谈到卫国的公子荆,说:"他善于治理家业,刚有一点财产,就说:'基本上凑合了。'稍微增加一点,就说:'差不多齐备了。'真正富裕起来,又说:'几乎完美了。'"

【注释】①《杨注》:"卫公子荆,卫国的公子,吴季札曾把他列为卫国的君子,见《左传》襄公二十九年。有人说:'此取荆之善居室以风(讽)有位者也。'因为当时的卿大夫,不但贪污,而且奢侈成风,所以孔子'以廉风贪,以俭风侈',似可备一说。"②《钱解》:"善居室:居室犹云治理家室。治家指人事,居室指财务器物之经营。苟合矣:苟,将就、苟且义。合,足义。家之百物必相配,故曰合。"③《朱注》:

"苟,聊且粗略之意。合,聚也。完,备也。言其循序而有节,不以欲速、尽美累其心。"并引杨时曰:"务为全美,则累物而骄吝之心生。公子荆皆曰'苟'而已,则不以外物为心,其欲易足故也。"

【解读】此章紧接上章,正是赞美卫国的君子公子荆的,此或卫国虽有继位之乱而卒不亡之一端也。公子荆在《论语》中仅此一见,但其形象颇不俗。随着家庭经济状况的逐步改善,公子荆毫无"骄吝之心",三句话"苟合矣""苟完矣""苟美矣",表现得何等光明磊落!《礼记·曲礼》云:"傲不可长,欲不可纵,志不可满,乐不可极。"孔子在《学而篇》说:"君子食无求饱,居无求安。"(1.14)在《卫灵公篇》中又说:"君子谋道不谋食。"(15.32)《周易》颐卦(䷚)初九则云:"舍尔灵龟,观我朵颐,凶。"灵龟之灵,就在于其能伏气不食、无求于世,无求则无欲,故能灵也。颐卦初阳本当自养,因系震体而妄动,上仰上九以求养于人,则失其灵矣,故凶。具体到人来说,实则人人皆有"灵龟"在身。此"灵龟"即"尽性安命,穷理达情"也,即复归人之善心、善性也,反是则曰"饕餮",狂食而已矣,不仅不能养生,抑将害己害人也。由公子荆"三苟"之言可知,其或已得其"灵龟"乎?

13.9 子适卫,冉有仆。子曰:"庶矣哉!"冉有曰:"既庶矣,又何加焉?"曰:"富之。"曰:"既富矣,又何加焉?"曰:"教之。"

【译文】孔子到卫国去,冉有为他驾车。孔子说:"这里人口真多呀!"冉有问:"人口多了,再干些什么呢?"孔子说:"让他们富起来。"冉有又问:"富裕之后,再干些什么呢?"孔子说:"那就教育他们。"

【注释】①《杨注》:"仆,动词,驾御车马。其人则谓之仆夫,《诗·小雅·出车》'仆夫况(悦)瘁'可证。"②《朱注》:"庶,众也。庶而不富,则民生不遂,故制田里、薄赋敛以富之。富而不教,则近于禽兽,故必立学校、明礼义以教之。"③《康注》:"孔子虽重教化,而以富民为先。管子所谓治国之道,必先富民,此与宋儒徒陈高义,但言'饿死事小,失节事大'者,亦异矣。宋后之治法,薄为俸禄,而责吏之廉;未尝养民,而期俗之善……盖未富而言教,悖乎公理,紊乎行序也。"

【解读】此章紧接上章,上言公子荆"善居室",此言"富之""教之",似有逻辑上的递进关系。盖对统治者而言,当然要强调生活简朴,而对于下层百姓来说,改善他们的物质生活条件却是首先要做的事。孔子主张"先富后教",这和管仲讲"凡治国之道,必先富民"以及"仓廪实而知礼节,衣食足而知荣辱"(《管子》),以及孟子讲"乐岁终身苦,凶年不免于死亡。此惟救死而恐不赡,奚暇治礼义哉?"(《梁惠王上》)等等,都是一个道理。这足以说明,孔子既是一个理想主义者,更是一个现实主义者。但后来宋儒似乎对此理解不够,确有空谈心性、徒陈高义之倾向,故康有为责之"未富而言教,悖乎公理,紊乎行序",当为不枉。

《周易》对"富民"问题同样是重视的,它从来不将财富和品德对立起来。最典型的如《系辞下》明确说:"何以聚人?曰财。"就特别强调"财"在汇聚民心上的重要性,又节卦《彖传》讲"节以制度,不伤财,不害民",讲的也是财富的重要性,而且这里还专门强调了要建立制度来保护老百姓的财产不受侵害的问题。《系辞下》还说:"理财正辞,禁民为非曰义。"此或即《论语》本章"教之"之义也。刘沅曾对此解释说:"财以养民,民争趋之。圣人有仁民之心,又虑其反以养人者害人也,故理其财使有品节,正其辞使明是非。义者,仁之裁制,所以全仁,故能承天地之德而适归于中也。"(《周易恒解》)照此看来,"理财正辞"及"禁民为非"均可视为教化百姓之手段也,亦可与本章互参。

13.10 子曰:"苟有用我者,期月而已可也,三年有成。"

【译文】孔子说:"如果有用我的人,一年就差不多了,三年就会很有成就。"

【注释】①《杨注》:"期同'朞',有些本子即作'朞',音姬,jī。期月,一年。"②《钱解》:"《史记》此章为卫灵公不能用而发。或云:本章孔子为门人释疑。当时有佛肸及公山不狃之召,孔子皆欲往,门人疑之,故孔子言此。"

【解读】孔子在卫国虽被卫灵公礼遇,但只是做做花瓶或摆设而已,故孔子深感没有"用我者",或有此言,以壮其志。又孔子曾想应公山弗扰(17.5)和佛肸(17.7)之召,但弟子们不理解,或有此言,以抒其怀。李泽厚说:"看来孔老夫子并非谦谦君子，假作逊让者。有时仍做广告，自绍介，岂不同于今日之竞选政治？"（《论语今读》）此虽一半为戏谑之言，但也有部分道理。孔子急于用世，又确有治国理政之才干（此由孔子做"中都宰"及"大司寇"的经历可知），可惜他周游列国寻找机会，最终还是无人用之。即便孔子这样宣传自己，或者为自己打气，结果还是一样。《周易》困卦有云："有言不信。"盖困卦（䷮）下坎上兑，兑口为言，在上无应，故不信；处困之时，欲以言语而得免，怎么可能呢？又《老子》曰："多言数穷，不如守中。"亦是此义。或当此之时，实不必考虑别人是否"用我"的问题，应该考虑的倒是"无道则隐"（8.13）的问题了。但孔子一贯坚持"知其不可而为之"（14.38），不到万不得已，孔子岂能放弃自己的理想呢？圣人之苦心，读者察之。

13.11 子曰："'善人为邦百年，亦可以胜残去杀矣。'诚哉是言也！"

【译文】孔子说："'如果大好人连续一百年治理国家，也可以消除残暴、没有死刑了。'这话说得不错。"

【注释】①《杨注》："胜，旧读平声。去，旧读上声。"②《朱注》："为邦百年，言相继而久也。胜残，化残暴之人，使不为恶也。去杀，谓民化于善，可以不用刑杀也。盖古有是言，而夫子称之。"并引尹焞曰："胜残去杀，不为恶而已，善人之功如是。若夫圣人，则不待百年，其化亦不止此。"③《钱解》："本章当与上章合参。三年即可有成，何其为效之速？待之百年之久，而后可以胜残去杀，又何其为期之遥？"

【解读】在《颜渊篇》中，子张曾问善人之道，孔子说："不践迹，亦不入于室。"（11.20）在本篇倒数第二章，孔子又说："善人教民七年，亦可以即戎矣。"（13.29）结合《论语》各章对"善人"的论述，笔者曾经指出，此"善人"当即现在所谓的"大好人"也，其本性良善，但或智商不高，或不善于向圣贤学习，故很难达到"升堂入室"之境界，做事自然也要慢些。具体到本章来说，这里讲善人要用一百年的时间才能消除残暴、免掉死刑，而上章孔子则讲自己可以做到"期月而可，三年有成"，两相对比，其迟速之别何其鲜明也！

但仔细玩味孔子此语，其中并没有否定或瞧不起善人的意思，肯定的成分还是主要的。正如朱子所说，"胜残"是指"化残暴之人"，"去杀"是指"民化于善"，这当然需要时间。皇侃《论语义疏》亦曾引袁氏曰：此"言化当有渐也，任善用贤则可止刑，任恶则杀愈生也。"这样看来，"一百年"或为虚词，强调的当是教化不能太着急的意思。

我们知道，《周易》第五十三卦为渐卦，就特别强调"渐之进"（《象传》），其《大象》还明确说："山上有木，渐；君子以居贤德善俗。"盖渐卦（䷴）下艮上巽，艮为山为止、巽为木为入，木之生乃由小而大，不可遽成，尤其山上之木，往往长得更慢，故曰渐也。刘沅说："居贤德，象艮止，日新有序；善俗，象巽入，无欲速之心。"（《周易恒解》）此正可与善人为邦之事互参。

13.12 子曰："如有王者，必世而后仁。"

【译文】孔子说："如果有圣王出现，也一定需要三十年才能成其仁政。"

【注释】①《集解》引孔安国曰："三十年曰世。如有受王命者，必三十年仁政乃成。"②《皇疏》引颜延之曰："革命之王，必渐化物以善道。染乱之民，未能从道为化，不得无威刑之用，则仁施未全。改物之道，必须易世，使正化德教不行暴乱，则刑罚可措，仁功可成。"③《朱注》："王者，谓圣人受命而兴也。三十年为一世。仁，谓教化浃也。"并引程子曰："周自文、武至于成王，而后礼乐兴，即其效也。"

【解读】此章讲的还是教化不能太过着急的问题。善人为邦，需要一百年，也仅止于"胜残去杀"而已；而王者呢，其受命而兴，有德有位，依然不能立即奏效，亦须三十年才能行其仁政。为什么会这样？因为王道和霸道不同，王道以德化民，霸道以力刑民，故而要行王道，必得经过一定的过渡时期才能达到"教化浃洽，民用和睦"（《汉书·礼乐志》）之境界。

程子说："周自文、武至于成王，而后礼乐兴，即其效也。"《周易》第四十九卦为革卦，其《象》曰"汤武革命，顺乎天而应乎人"，与此正相合。盖革卦（䷰）下离上兑，离为火、兑为泽，泽中有火，革命之象也。其初爻至三爻，强调的是不要轻言革命或革命要慎之又慎，因其与本章内容无关，暂且不论。其四爻至上爻，则分别讲的是：革命要有孚信，即九四所谓"有孚改命"也；革命能够有孚信,即九五所谓"大人虎变,未占有孚"也;革命成功后当以"居贞"为吉,即上六所谓"君子豹变,小人革面"也。马振彪曾结合周王朝的创立过程说:"武王一怒安民,革腥闻之世为文明之天下;周公制礼作乐,文章炳蔚,耳目一新;及乎成王,则得居贞之吉,天下相安于无事。"此与革卦四爻至上爻之情境何其相似乃尔!

其中特别值得注意的是,这里除了将"大人虎变"比喻为周公制礼作乐以外,实则还将"君子豹变,小人革面"比喻为周成王时社会风气丕变之征,此颇耐人寻味。所谓"君子豹变,小人革面"者,说的是当革道已成之时,君子如豹之变,小人亦革面而顺从也。此过程其实就是上六爻辞所谓"征凶,居贞吉"也:"征凶"就是不能对前朝恶人逼之过甚,"居贞吉"就是要以德服人、以德化民,则结果获吉。这当然是一个从疾风骤雨到春风化雨的过程,不经过三十年的教化,是不能奏其效的。

另学习此章,建议要和以上两章联系起来。李光地曾说:"自'苟有用我者'至此三章,皆就当日时势言之,而约略其得效之久近耳。假今王者继治而兴,或流风善政犹有存者,何待于必世哉?然夫子自言其有成之速,则十倍于王者。"(《读论语札记》)《论语》编者将此三章如此排列,或有抬高孔子之寓意,亦未可知。

13.13 子曰:"苟正其身矣,于从政乎何有?不能正其身,如正人何?"

【译文】孔子说:"假如能端正自身,那么治国理政又有什么困难呢?假如不能端正自身,又怎么能正人呢?"

【注释】①《皇疏》引江熙曰:"从政者以正人为事也,身不正那能正人乎?"②《钱解》:"从政,犹为政。苟能正其身,则为政一切不难。"

【解读】本篇前章云:"其身正,不令而行;其身不正,虽令不从。"(13.6)《颜渊篇》亦云:"子帅以正,孰敢不正?"(12.17)皆与本章主旨相通。孔子于此重提这个话题,可见其受重视的程度;盖儒家强调"内圣外王",修己、正己乃为人、为政之第一要务也。和《周易》相关的分析请参见上述两章,此不赘。

值得补充的倒是王应麟《困学纪闻》中曾举例解说此章之旨:"申屠嘉不受私谒,则可以折幸臣;董仲舒正身率下,则可以事骄王。魏相以廉正,霍氏不能诬;袁安、任隗以素行,窦氏无以害。故曰:'其身正,不令而行。''苟正其身矣,于从政乎何有?'"这些栩栩如生的历史故事,读者不妨细味之。

13.14 冉子退朝。子曰:"何晏也?"对曰:"有政。"子曰:"其事也。如有政,虽不吾以,吾其与闻之。"

【译文】冉有上朝回来。孔子问:"为什么回来得这样晚呢?"冉有回答:"有政务。"孔子说:"那只是事务吧?如果真是政务,虽然不用我了,我也会知道的。"

【注释】①《朱注》:"朝,季氏之私朝也。晏,晚也。政,国政。事,家事。以,用也。礼:大夫虽不治事,犹得与闻国政。是时季氏专鲁,其于国政,盖有不与同列议于公朝,而独与家臣谋于私室者。故夫子为不知者而言:此必季氏之家事耳。若是国政,我尝为大夫,虽不见用,犹当与闻。今既不闻,则是非国政也。"②《杨注》:"《左传》哀公十一年曾有记载,季氏以用田赋的事征求孔子意见,并且说:'子为国老,待子而行。'可见孔子'如有政,吾其与闻之'这话是有根据的。只是冉有不明白'政'和'事'的分别,一时用词不当罢了。"③蔡节《论语集说》:"大者为政,小者为事。"④许仁图《子曰论语》:"季康子虽召孔子,但未重用孔子,仍然重用冉求,孔子反而与失势无权的鲁哀公相善,鲁哀公不时向孔子请教,两人关系不错……孔子在这章对冉有有训诲之意,大概与冉有为季氏聚敛而附益之有关。"

【解读】此事应该发生在孔子被季康子迎回鲁国之后,当时冉有为季氏家宰,而孔子并未被季康子重用,只是被待以国老之礼。关于"政"与"事"之区别,细思孔子之语,正如朱子所说的那样,"政"指鲁君之"国政","事"指季氏之"家事",而"是时季氏专鲁,其于国政,盖有不与同列议于公朝,而独与家臣谋于私室者",孔子分此两者,当有谴责季氏僭越之意。当然,如果脱出此具体语境,"政"与"事"之区别,或如蔡节所说,"大者为政,小者为事。"换句话说,有关大政方针的才是"政务",而有关具体的日常工作则为"事务"也。

我们知道,《周易》始终强调阳为大、阴为小,如大壮卦有四个阳爻、两个阴爻，故其《象》曰："大壮，大者壮也。"小过卦有四个阴爻、两个阳爻，故其《象》曰："小过，小者过而亨也。"与此紧密相关，《周易》还特别强调阳为主、阴为辅，如《系辞上》云"乾知大始，坤作成物"，乾卦《象》曰"大哉乾元，万物资始，乃统天"，坤卦《象》曰"至哉坤元，万物资生，乃顺承天"等等。这反映在君臣关系上，自然主张，君为阳、为大、为主，臣为阴、为小、为辅，而鲁国当时哀公黯弱、季氏擅权，君不君、臣不臣，小大、主辅关系已然混淆矣，故冉有才有将季氏"家事"等同于鲁君"国政"之事出现，孔子因以责之。我们在前边已经屡次谈及春秋礼崩乐坏之史实，此当亦其一端之表现也。王夫之曾说："上下之乱也，先窃其实，而犹存其名；窃之已久，则并其名而窃之。至于并窃其名而不忌，而大乱遂不可解。君子欲正其所窃之非，必先急夺其名。"（《四书训义》）孔子别"政""事"之深意，正在此也。故学习本章，建议和13.3相结合。

13.15 定公问："一言而可以兴邦，有诸？"孔子对曰："言不可以若是其几也。人之言曰：'为君难，为臣不易。'如知为君之难也，不几乎一言而兴邦乎？"曰："一言而丧邦，有诸？"孔子对曰："言不可以若是其几也。人之言曰：'予无乐乎为君，唯其言而莫予违也。'如其善而莫之违也，不亦善乎？如不善而莫之违也，不几乎一言而丧邦乎？"

【译文】鲁定公问孔子："听说一句话就可以使国家兴盛，有这事吗？"孔子回答："话不能说得这样不留余地啊。只不过，有人说过：'做国君很难，做臣子也不容易。'如果能知道做国君很难，不就差不多是一句话就可以使国家兴盛吗？"鲁定公又问："还听说一句话就可以使国家灭亡，有这事吗？"孔子回答："话不能说得这样不留余地啊。只不过，有人说过：'我做国君没有什么快乐，除了我说什么话没有人敢违背我。'如果说的话正确而没有人敢违背，那不很好吗？但如果说的话不正确而没有人敢违背，那就差不多是一句话就可以使国家灭亡了吗？"

【注释】①《皇疏》："几，近也。然一言虽不可即使兴，而有可近于兴邦者，故云其几也。"②杨逢彬《论语新译新注》："若是其，如此，像这样地。几，近；这里指不留余地。"③《集释》引《韩非子·难篇》曰："晋平公与群臣饮，饮酣，乃喟然叹曰：'莫乐为人君！惟其言而莫之违。'师旷侍坐于前，援琴撞之。师旷曰：'哑！是非君人者之言也。'"④《后案》:"言'莫予违',敢自是也。自是则谗谄所蔽,祸患所伏,而人莫之告。自古丧国之祸,多由自是。陆敬舆所谓天下大虑,在于下情不通。"

【解读】"一言兴邦"和"一言丧邦",应该是当时的俗语,鲁定公不理解,故来相问,孔子乘机教之。此事当发生在孔子为鲁司寇(前500年)时。关于这里的"几"字,有皇侃"近也"和朱子"期也"两种解释;朱子之解似迂曲,今不取,当以"近"为是。另据杨逢彬考证,"若是其"是先秦习语,不能像有些《论语》版本那样在"若是"后断句,此说极有见地,本解读采之。这样一来,"言不可以若是其几也"的意思就是"话不能说得那样绝对啊"。值得注意的是,这里孔子的回答非常机智,他并未轻言"一言兴邦""一言丧邦"之是非,其谈话的重点是举例而善导之,其仁道思想自然寓乎其中矣——此说大人或君上之术何其精也!《周易·系辞上》有云:"言行,君子之枢机。枢机之发,荣辱之主也。言行,君子之所以动天地也,可不慎乎!"由孔子论断"一言兴邦""一言丧邦"之事,吾辈对这段话之理解或将更上一层楼矣。

具体说来,关于"一言兴邦",孔子以"为君难,为臣不易"例之。正如朱子所说,这里强调的是,无论为君、为臣,均必"战战兢兢,临深履薄,而无一事之敢忽"(《四书集注》),此即《易》道所谓"惧以终始,其要无咎"(《系辞下》)之谓也;倘能如此,则"不几乎一言而兴邦乎"?关于"一言丧邦",孔子则以"予无乐乎为君,唯其言而莫予违也"例之。此本出于晋平公言,事见《韩非子·难篇》。孔子先说君之言"如其善",那当然没有什么问题;次说君之言"如不善",则"不几乎一言而丧邦乎"?这种说话方式,显然比直斥其非更有说服力。按照黄式三的分析,"言'莫予违'",其毛病主要在于"自以为是"、听不得别人意见,此必导致"下情不通",终必丧邦。《周易》否卦《象传》曾谓否卦为"天地不交,而万物不通也;上下不交,而天下无邦也","无邦"即"丧邦",与此情况完全相符。那些以"莫予违"为乐事的国君,难道不应该以此为戒吗?

13.16 叶公问政。子曰:"近者说(悦),远者来。"

【译文】叶公向孔子问治国理政之道。孔子说:"境内的人心悦诚服,境外的人就会前来投奔。"

【注释】①《皇疏》:"言为政之道,若能使近民欢悦,则远人来至也。"②《朱注》:"被其泽则说,闻其风则来。然必近者说,而后远者来也。"③《大义》:"来者,归向之也。此盖周武王'不泄不忘'之德,其本在行仁政而顺民情,惜乎叶公不能问也。"

【解读】孔子周游列国,入楚至叶(旧音shè,今河南叶县),叶公十分礼遇,故有此问,事在鲁哀公五年(前490年)。《韩非子·非难》云:"叶公子高问政于仲尼。仲尼曰:'政在悦近而来远。'"《史记·孔子世家》云:"孔子自蔡来叶。叶公问政,孔子曰:'政在来远附迩。'"盖古时地广人稀,尤其春秋之世,战乱频仍,为政者对于治下人口之多寡非常关注,此亦孔子赞扬卫国"庶矣哉"(13.9)之原因也。然则,何以能使治下"庶矣哉"?此处孔子所讲"近悦远来",即其道、其法也。而此道、此法无他,即修仁德、施仁政也。

在《颜渊篇》中,我们曾经讨论过作为"元德"的仁(12.22),此仁即《周易》乾卦"元亨利贞"中的"元",即《乾文言》所谓"善之长"者也。在此基础上,宋儒以"生意"解仁,可谓得其精髓。又程颢更举例说:"医学言手足痿痹为不仁,此言最善名状。仁者以天地万物为一体,莫非己也。认得为己,何所不至?若不有诸己,自与己不相干。如手足不仁,气已不贯,皆不属己。故'博施济众',乃圣人之功用。"(《二程集》)由此可见,如能"以天地万物为一体",则仁德周遍矣,何来人我之别,何来远近之别?作为统治者,作为圣人,有此仁心发用,"博施济众"即为本能之事也。孟子曾谓"文王视民如伤""武王不泄(慢待)迩,不忘远"(《孟子·离娄上》),正此之谓也。以此施之于政,则自然近者悦之,然后远者来之——此非仁政而何?孔子在《季氏篇》中曾说"远人不服,则修文德以来之"(16.1),亦此意也。

13.17 子夏为莒父宰,问政。子曰:"无欲速,无见小利。欲速则不达,见小利则大事不成。"

【译文】子夏做了莒父的县长,向孔子请教治国理政之道。孔子说:"不能图快,不能只看到小利。图快,反而难以达到目的;只看到小利,就办不成大事。"

【注释】①《杨注》:"莒父,鲁国之一邑,现在已经不能确知其所在。《山东通志》认为在今山东高密县东南。"②《朱注》:"欲事之速成,则急遽无序,而反不达。见小者之为利,则所就者小,而所失者大矣。"并引程颐曰:"子张问政,子曰:'居之无倦,行之以忠。'子夏问政,子曰:'无欲速,无见小利。'子张常过高而未仁,子夏之病常在近小,故各以切己之事告之。"③《大义》:"或曰:欲速者,心之躁,阳刚之弊;见小利者,心之私,阴柔之弊。或曰:欲速、见小,皆霸者之为。此尊王黜霸之旨。"

【解读】按照程子的观点,此章孔子之言或针对子夏之病而发,但其实此亦具有普遍性,当为所有从政者甚至吾人平日处世之诫也。

比如"欲速则不达",现已成为名言,蕴藏其中之精神可谓千古如新。《周易》同样反对行事冒进,如它强调"时止则止,时行则行"(艮卦《象传》),又讲"不疾而速,不行而至"(《系辞上》)等。其中之关键就是要人们"极深研几",也就是掌握事物的发展规律,这样表面上看也许走得不快,但实际上却会很快;表面上看没有走路,但目的地却眨眼就到了——这和"欲速则不达"的精神是完全一致的。

又如"见小利则大事不成",也是颠扑不破之真理。《周易》并不反对"小利",如贲卦就讲过"小利有攸往",意谓贲饰乃小利之事,但不妨去做。只不过,梁寅说,如果"世之不知本者,或忘其当务之急,而屑屑焉于文饰"(转引自李光地《周易折中》),那样"小利"就有变为"不利"之危险。又如蒙卦六三还讲到"见金夫,不有躬,无攸利",当然也是"见小利"之过。实际上,《周易》更强调"乾始能以美利利天下,不言所利"(《乾文言》),此"不言所利"者即"大利"也,即"美利"也。又《周易》常讲"君子进德修业"(《乾文言》)"崇德而广业"(《系辞上》)乃至"盛德大业"(《系辞上》),此均以德业为君子之鹄的,而德业当即《论语》本章所谓"大事"也——显然,如耽于小利,则大事或德业将不能成矣。

13.18 叶公语孔子曰:"吾党有直躬者,其父攘羊,而子证之。"孔子曰:"吾党之直者异于是。父为子隐,子为父隐,直在其中矣。"

【译文】叶公告诉孔子:"我们那里有个叫躬的很直率的人,他父亲偷了羊，他就去告发。"孔子说："我们那里直率的人与此不同。父亲替儿子隐瞒，儿子替父亲隐瞒，直就在其中了。"

【注释】①《朱注》："语，去声。直躬，直身而行者。有因而盗曰攘。为，去声。父子相隐，天理人情之至也。故不求为直，而直在其中。"并引谢良佐曰："顺理为直。父不为子隐，子不为父隐，于理顺邪？瞽瞍杀人，舜窃负而逃，遵海滨而处。当是时，爱亲之心胜，其于直不直何暇计哉？"②《集释》引陆德明《经典释文》曰："'躬'，郑本作'弓'，云直人名弓。"③《杨注》引许慎《说文》云："证，告也。"④《皇疏》引樊光云："父为子隐者，欲求子孝也。父必先为慈，家风由父，故先称父。"

【解读】关于"其父攘羊，而子证之"事，《吕氏春秋·当务》和《韩非子·五蠹》均有提到，只是前者谓直躬未见诛，后者谓直躬受戮刑，原因就在于其"直于君而曲于父"，乃"君之直臣，父之暴子也"。从文中可知，叶公所谓"其父攘羊，而子证之"的"直"，当是法律上的是非曲直，可谓之"法直"；而孔子所谓"父为子隐，子为父隐"的"直"，则是天理人性之直，可谓之"性直"。许仁图说："'性直'和'法直'之别，正是德治和法治的分野。"（《子曰论语》）皇侃《论语义疏》引范宁云："夫所谓直者以不失其道也。若父子不相隐讳，则伤教破义，长不孝之风焉，以为直哉？故相隐乃可为直耳。今王法则许期(jī)亲以上得相为隐，不问其罪，盖合先王之典章。"现代人多有对此非议者，实则两者并不矛盾，比如即便当下欧美国家法律对于直系亲属亦允许有"沉默权"的存在，其或即"亲亲相隐"之西方版也。《论语》讲"直"，多和人的真诚性有关，如《雍也篇》讲"人之生也直"(6.19)，《公冶长篇》讲"孰谓微生高直"(5.24)等，均可与此章互参。又在讨论"三年无改于父之道"时，我们曾赞扬过《周易》蛊卦六五"干父之蛊，用誉"的做法(1.11)，其实此章所谓"子为父隐"者或亦"用誉"之法也，读者察之。

13.19 樊迟问仁(行)。子曰："居处恭，执事敬，与人忠。虽之夷狄，不可弃也。"

【译文】樊迟问什么是仁(行)。孔子说："平时居处要自守端正，做事时要庄重严肃，对待别人要诚心诚意。这几项，即使到落后的地方去，也是不能放弃的。"

【注释】①《朱注》引胡寅曰:"樊迟问仁者三:此最先,'先难'次之,'爱人'其最后乎?"②李炳南《论语讲要》:"恭、敬二字,依《说文》,都当'肃'字讲,此处应该稍有区别。竹氏《会笺》说,《尚书·无逸篇》,《疏》引郑注,恭在貌,敬在心。刘氏《正义》引《汉书·五行志》,内曰恭,外曰敬。《论语》此章从《五行志》解释比较好。"③《读训》:"《论语》中弟子之问殊少重复……此章樊迟所问及孔子所答皆言'行'事。'行'者旅行也,或奉使远行域外也。故此章应作樊迟问行。'仁'与'行'盖形近而误。"

【解读】在《论语》中,樊迟三次问仁,孔子答得都不一样。前两次,一是答曰"先难而后获"(6.22),一是答曰"爱人"(12.22)。本章孔子则以"恭、敬、忠"三字答之。究竟这三次问答,具体发生在什么时候,前后顺序如何,恐怕胡寅的话也是一种猜测。又程石泉认为,此处之"仁"应为"行"之误,甚有道理。在《卫灵公篇》,孔子曾答子张问行曰:"言忠信,行笃敬,虽蛮貊之邦行矣。"(15.6)与此章之义基本相同。程石泉说:"'虽之夷狄,不可弃也',即言虽居夷狄之中,不可弃其操守也。'居处恭,执事敬,与人忠',即其操守也。"此中的"恭"主要强调的是对内要"恭己"为上,"敬"则强调的是对外要"严肃"为上,"忠"则强调的是待人要"尽己"为上。此三者,皆为旅行在外必要之操守也。

《周易》第五十六卦为旅卦。旅卦(䷷)下艮上离,艮为山为止、离为火为明,其卦辞曰:"小亨,旅贞吉。"朱子释之曰:"旅,羁旅也。山止于下,火炎于上,为去其所、止而不处之象,故为旅。以六五得中于外,而顺乎上下之二阳,艮止而离丽于明,故其占可以'小亨'。而能守其旅之贞,则'吉'。旅非常居,若可苟者,然道无不在,故自有其正,不可须臾离也。"孔子周游列国,樊迟为其驾车,两人谈起旅行之苦,当是常事。旅卦六爻,初爻讲"旅琐琐",三爻讲"旅焚其次",四爻讲"我心不快",上爻讲"鸟焚其巢",可见旅途之艰难;惟有二爻讲"旅即次,怀其资,得童仆",五爻讲"射雉,一矢亡,终以誉命",两者为吉,皆因其得中道也。马振彪曾说:"孔、孟悾惶一世,常为东西南北之人。孟子客卿传食,是旅行而得中于内者,有二爻之象焉。孔子历聘闻政,进以礼,退以义,得之不得曰有命,是旅行而得于外者,有五爻之象焉。"(《周易学说》)陆希声曾分析六五爻辞说:"言虽不得正位之实,而终有名誉之美也。尼父之旅近之。"(转自马振彪《周易学说》)又程颐说:"六五有文明柔顺之德,处得中道而上下与之,处旅之至善者也。人之处旅,能合文明之道,可谓善矣。羁旅之人,动而或失,则困辱随之。动而无失,然后为善。离为雉,文明之物,'射雉'谓取则于文明之道而必合。如'射雉一矢'而'亡'之,发无不中,则终能致'誉命'也。'誉',令闻也。'命',福禄也。五居文明之位,有文明之德,故动必中文明之道也。"(《程氏易传》)孔子处困旅之中,而能"发无不中"、"动必中文明之道",何也?"恭、敬、忠"三字,或即其秘诀所在也。

13.20 子贡问曰:"何如斯可谓之士矣?"子曰:"行己有耻,使于四方,不辱君命,可谓士矣。"曰:"敢问其次。"曰:"宗族称孝焉,乡党称弟(悌)焉。"曰:"敢问其次。"曰:"言必信,行必果,硁(kēng)硁然小人哉!抑亦可以为次矣。"曰:"今之从政者何如?"子曰:"噫!斗筲(shāo)之人,何足算也?"

【译文】子贡问:"怎样做才可以成为一个士人呢?"孔子说:"自己行事有羞耻之心,出使外国,能完成君主的使命,就可以叫做士人了。"子贡问:"请问次一等的。"孔子说:"家族都称赞他孝顺父母,乡里都称赞他尊敬长者。"子贡又问:"请问再次一等的。"孔子说:"说话必守信不移,做事必坚持到底,这是不知变通的小人呀,但也可以说是再次一等的'士'吧。"子贡又问:"现在执政的人怎么样呢?"孔子说:"嗨!这些心胸狭小的家伙又算得了什么?"

【注释】①《大义》:"行己有耻,志有所不为,体也;不辱君命,材足以有为,用也。体用全,乃可谓之士。"②《朱注》:"果,必行也。硁,小石之坚确者。小人,言其识量之浅狭也。此其本末皆无足观,然亦不害其为自守也,故圣人犹有取焉,下此则市井之人,不复可为士矣。今之从政者,盖如鲁三家之属。斗,量名,容十升。筲,竹器,容斗二升。斗筲之人,言鄙细也。"③刘强《论语新识》:"夫子答子贡,似乎隐含着对于'士'的次第高下之认知,即安邦定国者为'上士',孝悌忠信者为'中士',言信行果者为'下士'。"

【解读】本章子贡问士,犹如其他各章子贡之问,总能激发孔子的谈兴,致使妙语不断,屡生波澜。首先映入眼帘的就是"行己有耻"四字,此将士之品格一下子凸显出来了!《中庸》曰:"知耻近乎勇。"《礼记·哀公问》曰:"物耻足以振之,国耻足以兴之。"都讲的是知耻的重要性。而《周易·系辞下》则云"小人不耻不仁",就是说小人不以不仁为耻,故其为小人也。其次则是"言必信,行必果,硁硁然小人哉"之说,此或有人疑之。然孟子亦云:"大人者,言不必信,行不必果,惟义所在。"(《孟子·离娄下》)又《周易》恒卦六五云:"恒其德,贞。妇人吉,夫子凶。"其中"妇人"即小人也,"夫子"即君子即士也。潘雨廷曾释之曰:"恒以一德而贞之,悟用六之永焉,庶无二三其德之羞。然于用九之无首,犹有一间。夫大人者,明其义,言不必信;得其义,行不必果。或恒其信而未明义,如尾生之守而死;或恒其果而未得义,如白公之让而绝:岂夫子之所为?"(《繇爻》)此将小人与君子之别阐述甚明。最后则是孔子以"斗筲之人"评价当时的执政者,此圣者之豪气,又岂后世腐儒所能比哉?

13.21 子曰:"不得中行而与之,必也狂狷乎!狂者进取,狷者有所不为也。"

【译文】孔子说:"没有合乎中道的人和他们在一起,那就和狂放的人、狷介的人在一起吧,狂放的人积极进取,狷介的人有所不为。"

【注释】①《正义》:"《说文》无'狷'字。'獧'下云:'疾跳也。一曰急也。'段氏玉裁《注》云:'獧(juàn)、狷古今字。今《论语》作狷,《孟子》作獧。'"②《集释》引凌鸣喈《论语解义》云:"中行者,依中庸而行者。在《易》复四益三、四称中行,谓孚中以行,可与之自治治人也。孚化万邦,中庸鲜能,故不得。隐怪乡原又不可与,故必也狂狷乎。"③《朱注》:"行,道也。狂者,志极高而行不掩。狷者,知未及而守有余。盖圣人本欲得中道之人而教之,然既不可得,而徒得谨厚之人,则未必能自振拔而有为也。故不若得此狂狷之人,犹可因其志节而激厉裁抑之,以进于道,非与其终于此而已也。"④李光地《读论语札记》:"盖狂狷与中行不相似,而进取之志可以裁,不为之行可以进也。惟孟子知孔子之心,故引此章之语,既释其意,而遂继之以'乡原德之贼也'。后又明其为'似是之非,而足以乱德',乃此章之义疏也。"

【解读】"中行"即"中庸"也,即"中道"也。盖孔子感叹能行中道的人太少，故退而求其次，愿意选择和狂狷之人在一起，或者选择狂狷之人以教之。关于什么是狂者、什么是狷者，以上所引朱子和李光地的解释均可参考。又李光地说，"惟孟子知孔子之心"，因为《孟子·尽心下》曾对此章内容有直接阐发，现转述如下："万章问：'孔子在陈，何思鲁之狂士？'孟子曰：'孔子不得中道而与之，必也狂獧乎！狂者进取，獧者有所不为也。孔子岂不欲中道哉？不可必得，故思其次也。''敢问何如斯可谓狂矣？'曰：'如琴张、曾皙、牧皮者，孔子之所谓狂矣。''何以谓之狂也？'曰：'其志嘐（jiāo）嘐然，曰：古之人！古之人！夷考其行而不掩焉者也。狂者又不可得，欲得不屑不洁之士而与之，是獧也，是又其次也。'孔子曰过我门而不入我室，我不憾焉者，其惟乡原乎？乡原，德之贼也。"程石泉由此认为，孔子将人之品德分为四等：其上者即中道、中行之人，如孔子、颜回等；其次者为狂肆之徒，他们志大言大，举止行为不同流俗，如琴张、曾皙是也；再次者为狷介者流，虽居于污世而不降其志，但辱其身矣，如柳下惠、少连是也（请见18.8）；最下者则为"言不顾行，行不顾言"之乡原（愿）也。（《论语读训》）从这个角度看，因为能行中道的人太少，如有狂狷之人为伴，的确已经不错了。何况，我们知道孔子是了不起的教育家，对狂者的"进取之志"加以裁剪，对狷者的"不为之行"加以鼓励，或许就可以使他们接近中道了也。

"中行"一词，在《周易》古经中凡五见，涉及四卦五爻，包括：泰卦九二爻"得尚于中行"，复卦六四爻"中行独复"，益卦六三爻"有孚中行，告公用圭"和六四爻"中行告公从，利用为依迁国"，夬卦九五爻"苋陆夬夬，中行无咎"。"行"，本义为道路，衍义为行走。《尔雅》云："行，道也。"《说文解字》云："行，人之步趋也。"正好分指其二义。朱震《汉上易传》引郑玄注复卦六四爻"中行独复"曰："爻处五阴之中，度中而行，四独应初。"（《郑氏周易注》）意思是说，六四爻处于复卦六二至上六这五个阴爻的正中，又惟有它和初九相应，可谓"度中而行"者。据此，刘大钧先生认为，我们可以解"中行"为"在道路中间行走"（《周易概论》）。再推论一下，也可以说"中行"即行动之不偏不倚也。这样，"中行独复"，意思就是六四独自一人坚持不偏不倚之路，以回归初九之正道。这和其《小象》所云"中行独复，以从道也"正相一致。

如从"度中而行"的角度来理解"中行"，那么我们也可以说，"中行"就是对"中道"的坚守和执行。从其他三卦的情况来看，"中行"的涵义均未脱离这个范畴。限于篇幅，我们仅举一例以说明之。泰卦（䷊）下乾上坤，乾为天、坤为地,故《彖传》曰:"天地交而万物通也。"九二以阳刚居下体之中,又上与六五相应,乃泰卦之主,故爻辞谓之"包荒,用冯河,不遐遗,朋亡"。据陈梦雷《周易浅述》,所谓"包荒"强调的是君子能包容小人之荒秽,"用冯(音凭)河"强调的是君子有赤身涉河之勇,"不遐遗"强调的是君子能够不舍弃遐远之人,而"朋亡"则强调的是君子不结朋党、一心为公。有此四条,可谓"中行"矣!故爻辞最后有个总结,谓之"得尚于中行"。也就是说,九二因为坚持了这四条"中行"美德,最后得到了奖赏。由此可见,"中行"作为"中道"的近似语,和儒家之"中庸"思想实有相通之处。然而,"度中而行"自非易事,惟结合所处之具体情景反复揣量方行,或此正郑玄特别拈出"度"之一字用心所在耶?亦孔子于《论语》此章感叹"不得中行而与之,必也狂狷乎"之深意耶?

13.22 子曰:"南人有言曰:'人而无恒,不可以作巫医。'善夫!""不恒其德,或承之羞。"子曰:"不占而已矣。"

【译文】孔子说:"南方人有句话说:'人如果没有恒心,是不能做巫和医的。'说得真好!""干事三心二意、不能坚持,总会招致羞辱。"孔子又说:"其实不用占卦就是了。"

【注释】①《朱注》:"南人,南国之人。恒,常久也。巫,所以交鬼神。医,所以寄死生。故虽贱役,而犹不可以无常。孔子称其言而善之。"并引杨时曰:"君子于《易》苟玩其占,则知无常之取羞矣。其为无常也,盖亦不占而已矣。"②《集解》引孔安国曰:"此《易》恒卦之辞,言德无常则羞辱承之。"又引郑玄曰:"《易》所以占吉凶也。无恒之人,《易》所不占也。"③《集释》陈天祥《四书辨疑》:"'不占而已矣',古今解者皆不能通。《注》(指《朱注》)言'其义未详',可谓本分。"④《康注》:"巫所以交鬼神,医所以治疾病,非久于其道,则不能精,故《记》(指《礼记》)曰'医不三世,不服其药',欲其久也。盖巫言魂而通灵,医言体则近于人,其关系最重,故孔子重之,欲其有恒而致精也。二三其德,则无可成之事,故执德者亦在有恒而已。"

【解读】此为《论语》唯一直接引用《周易》古经爻辞的一章,但疑点甚多,历来注家纷纭,莫衷一是。兹以潘雨廷先生《论孔子与"六经"》一文中的观点为主要参照,将此章分为三段略作疏解如下。

第一段:子曰:"南人有言曰:'人而无恒,不可以作巫医。'善夫!"而《礼记·缁衣》亦引孔子说:"南人有言曰:'人而无恒,不可以为卜筮。'古之遗言与?龟筮犹不能知也,而况于人乎?"与本章之言相似而稍异,可见巫与医虽有区别,但彼时或又直接等同也。故潘氏说:"此明言'南人有言',极可能闻诸楚,巫医并论,可喻当时的认识,且巫医皆须恒以学之,足证其间已有极丰富之内容。以《易》论,即属于巫。或讳言孔子时《易》尚归诸巫者,不足以言《易》。"潘氏以《易》为巫之说,颇值注意,此或可由《礼记》直接讲"人而无恒,不可以为卜筮"亦可见其端绪也。

第二段:"不恒其德,或承之羞。"此为恒卦九三爻辞,紧跟"人而无恒,不可以作巫医"之后,当为阐释上句而言。《周易·系辞下》"三陈九卦"章对恒卦非常重视,云:"恒,德之固也。"盖恒卦(䷟)下巽上震,巽为风为长女,震为雷为长男,风雷相须而养物,犹长女承长男,夫妇同心而成家,故名恒。而其九三情况不同,其位于巽卦之上,"在巽之极,为进退不果。当内外相际之间,非躁即不果。进不能为震之动,退不能按巽之顺,无所容其身。凡无恒者,皆不能保其德也。"(刘沅《周易恒解》)《象》曰:"不恒其德,无所容也。"九三进退失据,为机变之巧者,为天地所不容,何羞如之!潘氏又说:"虚诞浮夸者不能恒,放心未收者不能恒,疑虑寡心者不能恒,志穷无守者不能恒。恒之为德,其入德之门乎?"(《蠡爻》)孔子在《述而篇》曾对"有恒者"表示欣赏(7.26),亦可与本章互参。

第三段:"不占而已矣。"朱子直接说"其义未详"。杨时曰:"君子……其为无常也,盖亦不占而已矣。"郑玄曰:"无恒之人,《易》所不占也。"两说虽然稍有不同,但都是讲的"不恒其德"的人,占卦是帮不了忙的。但根据潘氏的观点,"《易》当孔子之时,既无'初九''九二'等十二爻名,卦名亦未必全同……《系辞上》所谓'圣人设卦观象,系辞焉以明吉凶',正是以卦爻之象代替五行、数字卦之象而系以卦爻辞。孔子对此并不感兴趣,宜《论语》中极少论《易》,因《易》须占以得数得象,然后玩其所系之辞而明其吉凶,所以去人之疑。若《左传·襄公九年》(前564)记鲁穆姜玩随卦之'元亨利贞',仍须先占。而在穆姜前,如郑王子伯廖(宣公六年,前603)与晋知庄子(宣公十二年年,前597)之用《易》,已可不占而玩其辞。此种用《易》法始为孔子所好,故子曰'不占而已矣'。"也就是说，潘氏认为，此语是讲孔子只喜欢"玩其辞"，而不喜欢用象数来占卦，如上边的"不恒其德，或承之羞"就是例子；或许我们根本不用研究象数，直接从卦爻辞来领悟其中的道理就可以了。联想到在帛书《要》篇中，孔子更明确说过："吾求其德而已，吾与史巫同途而殊归者也。君子德行焉求福，故祭祀而寡也；仁义焉求吉，故卜筮而希（稀）也。"潘氏此说甚有道理，故此处采之。

13.23 子曰："君子和而不同，小人同而不和。"

【译文】孔子说："君子能与人和谐相处，但未必事事相同。小人与人也许看上去相同，但无法和谐相处。"

【注释】①《集解》："君子心和，然其所见各异，故曰不同。小人所嗜好者则同，然各争利，故曰不和。"②《朱注》："和者，无乖戾之心。同者，有阿比之意。"并引尹焞曰："君子尚义，故有不同。小人尚利，安得而和？"③李光地《读论语札记》："同德故和，以义相济，故不同。同恶故同，各怀其私，故不和。"

【解读】李泽厚说：此"与'君子群而不党'、'周而不比'等章同义，即保持个体的特殊性和独立性才有社会和人际的和谐。虽政治，亦然。'同'、'比'、'党'就容易失去或要求消灭这种独立性和差异性。"（《论语今读》）从人际关系上讲，正如上引注释所言，小人之同是"尚利"之同，是"嗜好"之同，甚至是"阿比"之同，说到底就是"恶"之同，即人性中的不好的一面的同，这样的同，肯定只是表面上的同，所以他们不可能真的能够与人和谐相处。而君子之不同，则是"所见"之不同，"处事"之不同，而其"德"却是相同的、其"心"是相合的，其背后包含着对个体独立性和差异性的肯定，所以君子当然可以与人和谐相处。再推论到政治上，据《左传·昭公二十年》所载，晏子曾直接面对齐景公批评作为臣子的梁丘据说："君所谓可，据亦曰可；君所谓否，据亦曰否；若以水济水，谁能食之？若琴瑟之专一，谁能听之？'同'之不可也如是。"看来梁丘据的同，就是上述"小人之同"了，亦"阿比"之同也。而晏子却认为：君臣关系的理想状态应该是："君所谓可，而有否焉，臣献其否以成其可；君所谓否，而有可焉，臣献其可以去其否。"那样才是"和"，才是"和而不同"。

关于"和而不同"背后更深刻的道理，《国语·郑语》所载史伯的话和《左传·昭公二十年》所载晏子的话说得都非常详细。比如史伯说"和实生物，同则不继"，晏子则讲"若琴瑟之专一，谁能听之？"也就是说，"和"如五味的调和，八音的和谐，一定要有水、火、酱、醋各种不同的材料才能调和出美味，一定要有高下、长短、疾徐各种不同的声调才能奏出美妙的乐曲。故史伯又说："以他平他谓之和，故能丰长而尽归之，若以同裨同则尽乃弃矣。"其实这里所体现出的，也就是《周易》最重视的阴阳关系：阴阳固然不同，但两者又是相互依存的，如果将其中任何一方消灭掉，则另一方也就不存在了。比如睽卦《彖传》曾谈到"睽"的重要作用说："天地睽，而其事同也；男女睽，而其志通也；万物睽，而其事类也。"意思是说，天地因其睽而化生万物，此化育之事同；男女因其睽而生育子女，其相求之志同；万事万物因其睽而种类繁盛，其得天地之正气、和气之事同。所以鉴于此，睽卦《大象》有句话叫"君子以同而异"，也就是说，君子在志向、品德上是相同的，但百官殊职，四民异业，故而君子的言行或所做的事业却是不同的，且正因其不同，才能成其大同。又《系辞下》亦云："天下同归而殊途，一致而百虑。"其中强调的也是"和而不同"的境界。此均可与《论语》此章互参。

13.24 子贡问曰："乡人皆好之，何如？"子曰："未可也。""乡人皆恶之，何如？"子曰："未可也。不如乡人之善者好之，其不善者恶之。"

【译文】子贡问："一乡之人都喜欢他，怎么样？"孔子答："很难说。"子贡又问："一乡之人都厌恶他，怎么样？"孔子答："也难说。不如乡里的好人都喜欢他，乡里的坏人都厌恶他。"

【注释】①《朱注》："一乡之人，宜有公论矣，然其间亦各以类自为好恶也。故善者好之而恶者不恶，则必其有苟合之行；恶者恶之而善者不好，则必其无可好之实。"②《康注》："圣人之论人，不采诸众誉，而并察诸众毁，盖不为恶人之所毁，亦必无可信者也。后世仅知采众好，则所得皆媚世合污之人，所由不入于尧舜之道也。"③王夫之《四书训义》："或主观人说，《集注》（指《朱注》）无此意。若论观人之道，则何不直观其人之善不善，而观乡人乎？乡人之善恶琐屑难知，一人之志行分明可见。故不从此说，以自考得失立论。"

【解读】此章比较容易理解：一乡之人都喜欢的人，很可能是"乡愿"，孔子所谓"德之贼"者，所以未必可取；一乡之人都厌恶的人，也可能是"虽千万人吾往矣"的特立独行之士，所以未必不可取。孔子以"乡人之善者好之，其不善者恶之"论人，虽然看似有"同义反复"之嫌，但其用意或指向性倒是很清楚的。《周易·系辞上》云："方以类聚，物以群分。"《乾文言》云："同声相应，同气相求。"由其同类、敌类之态度而判断其品行，当不会出现偏差。又《卫灵公篇》云："众好之，必察焉；众恶之，必察焉。"（15.28）《里仁篇》云："唯仁者能好人，能恶人。"（4.3）亦可同参。

又王夫之认为，此章主旨或非"观人"而为"自考"，也有道理。如果说这是以"善者好之""不善者恶之"来"观人"的话，那么乡里孰为"善者"，孰为"不善者"，就成了一个首先需要加以判断的问题，而这个问题并没有那么容易判断，即王夫之所谓"乡人之善恶琐屑难知"。相反呢，如从"自考"的角度看，则孔子此处之意，就是强调"君子之自处也，道亦存焉"（《四书训义》），这表明的其实是君子行事的一种态度——反而更容易理解。值得注意的是，"自考"一词原出于《周易》复卦六五爻《小象》，原文为："敦复无悔，中以自考也。"意思就是说，"能不断地作内心里的反思，从而走上正道，应当没有忧悔。"（马恒君《周易全文注释本》）的确，毫不顾及是否"乡人皆好之"或者"乡人皆恶之"，而向往"乡人之善者好之，其不善者恶之"之境界的人，肯定是这种善于"自考"的人。

13.25 子曰："君子易事而难说（悦，下同）也。说之不以道，不说也；及其使人也，器之。小人难事而易说也。说之虽不以道，说也；及其使人也，求备焉。"

【译文】孔子说："为君子干事很容易，但让他高兴很难。不用正当的方式让他高兴，他不会高兴；等他用人时，他却会量才而用。为小人干事很难，但让他高兴很容易。用不正当的方式让他高兴，他会很高兴；等他用人时，他却会求全责备。"

【注释】①《杨注》引刘向《说苑·雅言篇》云："曾子曰：'夫子见人之一善而忘

其百非,是夫子之易事也。'"并谓:"这话可以作'君子易事'的一个说明。"②《朱注》:"器之,谓随其材器而使之也。君子之心公而恕,小人之心私而刻。天理人欲之间,每相反而已矣。"

【解读】理解此章之关键乃在一"说(悦)"字上。君子和小人之区别,就在于君子必得"悦之以道",而小人却可以"悦之非道"。由此才导致君子尽管"难悦",却能量才使用;而小人尽管"易悦",却对人求全责备。《周易》以兑为悦,盖三画卦之兑(☱),乃以二阳在内,一阴在外,刚中柔外,其德为悦也。李光地说:"在天地则阳气在内而敷散,阴润于外以滋悦,万物泽之象也。在人则为实心在内,而以和悦之道亲人,其情悦物而物亦悦之,兑之义也。"(《周易观象》)这也就是说,凡悦之道,虽外示和顺,但皆以刚正、实心为本——这和本章所讲君子"悦之以道"的说法是完全一致的。

《周易》第五十八卦为兑卦(☱),其卦辞曰:"亨,利贞。"程子解释说:"能悦于物,物莫不悦而与之,足以致亨。然为悦之道,利于贞正,非道求悦,则为邪谄而有悔咎,故戒'利贞'也。"(《程氏易传》)此"利贞"之戒,可谓一语中的,其意深矣。综合兑卦六爻来看,其四阳爻皆善而二阴爻皆恶,亦其义也。比如九四,其为刚爻,但承五近三,位置特殊,故其爻辞为"商兑未宁,介疾有喜"。李光地曾分析此爻说:"案《易》中'疾'字皆与'喜'对,故曰'无妄之疾。勿药有喜',又曰'损其疾,使遄有喜'。以此爻例之,则疾者谓疾病也,喜者谓病去也。四比于三,故曰'介疾',言介于邪害之间也。若安而溺焉,则其为鸩毒大矣,惟能商度所悦而不以可悦者为安,则虽'介疾'而'有喜'矣。《论语》曰:君子易事而难说也。说之不以道不说也,其'商兑'之谓乎?"(《周易折中》)的确,面对"说之不以道"之情况,犹如下有六三来媚惑之,君子一方面心中顿感"不悦",一方面或也难免反复掂量而"未宁",然因其心怀刚正,故终能战胜诱惑,坚决拒之——此即"介疾有喜"也。

13.26 子曰:"君子泰而不骄,小人骄而不泰。"

【译文】孔子说:"君子通泰而不傲慢,小人傲慢而不通泰。"

【注释】①《皇疏》云:"君子坦荡荡,心貌怡平,是泰而不为骄慢也;小人性好轻凌,而心恒戚戚,是骄而不泰也。"②《集释》引李塨《论语传注》云:"君子无众寡,无小大,无敢慢,何其舒泰!小人矜己傲物,惟恐失尊,何其骄侈,而安得泰?"③李光地《读论语札记》:"无愧于己故泰,检身若不及故不骄。有恃于己故骄,与物常相形故不泰。"

【解读】"泰而不骄"亦见于《尧曰篇》,李塨所引"君子无众寡,无小大,无敢慢"即为彼处对此之解释(见20.2);意思是说,君子面对的人无论是多是少,势力是小是大,都不敢怠慢他们——这样不就是"泰而不骄"吗?我们知道,《周易》第十一卦为泰卦(䷊),其体为下乾上坤,《彖传》谓之"天地交而万物通也",故其义为通。盖"坤气上升,所以成天道;乾气下降,所以成地道。二气相交,则阴阳通,万物生也。"(李士鉁《周易注》)有意思的是,不仅天地有泰之象,人体实为一小天地,故亦有泰之象也。明清之际著名思想家、医学家傅山《霜红龛集》卷三十七《杂记》云:"鼻之下曰人中。自此而上:耳、目、鼻,皆偶;自此而下,口与二阴,皆奇。合成一泰卦也。"据钱钟书《管锥编·周易正义》考证,此说或源自元赵孟頫。所谓君子者,即能通乎阴阳者也,即能体会到自身及天地之通泰者也,则其自然能够"无众寡,无小大,无敢慢"矣,甚而至于"以天地万物为一体"(《二程集》)矣,如此一来,又哪里还有什么"骄"的问题呢?而小人则反是,其岂止不通情理,甚至连自身生理亦不通,故难免于"与物相形"或为物所转矣,其"骄而不泰"必也。另我们在学习《泰伯篇》子曰"如有周公之才之美,使骄且吝,其余不足观也已"(8.11)时,曾从《周易》谦卦的角度对"骄"的问题予以解读,亦可参考。

13.27 子曰:"刚毅、木讷近仁。"

【译文】孔子说:"为人刚强果敢、质朴口拙,就接近于仁德了。"

【注释】①《皇疏》引王肃曰:"刚,无欲也。毅,果敢也。木,质朴也。讷,迟钝也。有此四者,近于仁也。"②《钱解》:"刚谓强志不屈挠。毅是果敢。木是质朴。讷是钝于言。此四者,其天资近仁。孔子又曰:'巧言令色鲜矣仁。'刚毅者决不有令色,木讷者决不有巧言。两章相发。"③东条弘《论语知言》:"讷者,其口讷讷然也。刚毅是一连,木讷是一连,不可分为四。"

【解读】本人同意日本学者东条弘的观点，似不宜将"刚毅木讷"分为四者。或者说，将其分为四者虽然也有道理，但不如将其分为两者，其解释的空间更大些。

从王肃、钱穆等人的观点看，"刚"为坚强、"毅"为果敢，两者之德亦相一致。《中庸》云"力行近乎仁"，凡刚毅者，必"敏于行"——实则"刚毅"即力行之德也，即乾德也。《泰伯篇》曾子曰"士不可以不弘毅"（8.7），《公冶长篇》子曰"吾未见刚者"（5.11）；曾子和申枨，正可以作为刚毅之德的正反之例。

又按注家所言，"木"为质朴、"讷"为口拙，两者之德亦相一致。子曰"巧言令色，鲜矣仁！"（1.3&17.17）木讷之德当即其相反者也。另孔子也说过"君子欲讷于言而敏于行"（4.24）"仁者，其言也讱"（12.3）等等，可见孔子对讷者之赞赏程度。《周易》以巽为木，如升卦（䷭下巽上坤）《大象》曰"地中生木，升"；又离卦《象传》曰"日月丽乎天，百谷草木丽乎土"，可见木和土地之关系——如果再考虑到巽为阴卦为长女、坤卦六四爻辞"括囊"之说，由此或可判定木讷当属柔顺、坚韧之坤德也。

综上，"刚毅"和"木讷"实将乾坤二德囊括全矣，故夫子谓之"近仁"。另在现代汉语中，无论"刚毅"还是"木讷"的连读，均已成为习惯，此亦值得注意。

13.28 子路问曰："何如斯可谓之士矣？"子曰："切切偲（sī）偲，怡怡如也，可谓士矣。朋友切切偲偲，兄弟怡怡。"

【译文】子路问："怎样做才可以叫做'士'呢？"孔子回答："互相切磋督促，彼此和睦相处，就可以叫做'士'了。朋友之间，互相切磋督促；兄弟之间，彼此和睦相处。"

【注释】①《读训》："皇侃《论语义疏》本及高丽、足利本于'兄弟怡怡'下有'如也'二字。"②《集解》引马融曰："切切偲偲，相切责之貌。怡怡，和顺之貌。"③《朱注》引胡寅曰："切切，恳到也。偲偲，详勉也。怡怡，和悦也。皆子路所不足，故告之。又恐其混于所施，则兄弟有贼恩之祸，朋友有善柔之损，故又别而言之。"④《大义》："《论语》凡言'如'者，皆为气象，如'申申夭夭'之例。夫子盖矫子路‘行行’之弊，因以三者进之，渖之涵泳于诗书，磨礲其德行，自能有此气象……六字皆和厚之意，不但怡怡为和厚也。"

【解读】此章亦为孔子因材施教之一例。子路"好勇"（5.7），子路"行行如也"（11.13），子路"兼人"（11.22"）等等，故孔子勉之以"切切偲偲，怡怡如也"，以"磨礲其德行"，培养其"和厚"之气。但孔子或担心子路"混于所施"，又谆谆教导说："朋友切切偲偲，兄弟怡怡。"为什么会有如此区别呢？胡寅说，这是因为"兄弟有贼恩之祸，朋友有善柔之损"，李泽厚进而解释说："朋友之所以更重批评督促，因为朋友经常是由于气味相投而成交，便容易或言不及义，或阿私偏袒，或纯酒肉交；兄弟之所以更重和睦，因为自然血缘，关系亲密，言行直率，反易因细小事故而吵架成仇。"（《论语今读》）这比胡寅的阐释就更清楚明白了。

值得注意的是，依唐文治所言，此"切切偲偲，怡怡"六字，皆"和厚之意"。钱穆亦说："温良和厚之气，此士之正。至于发强刚毅，亦随事而见。子路行行，斯切切偲偲之意少矣，故孔子以此箴之。"（《论语新解》）又唐文治谓此涉及"气象"，亦值注意。实则此六字，不止为"温良和厚之气"，其实亦儒者或士子气象之所在也。

我们知道，《周易》喜讲"厚"，如"厚德载物"（坤卦《大象》）、"上以厚下安宅"（剥卦《大象》）、"以厚终也"（艮卦上九《小象》）等；又喜讲"和"，如"保合太和"（《乾文言》）、"决而和"（夬卦《彖传》）、"和兑，吉"（兑卦初九）等；还喜讲"敦"，如"敦临"（临卦上六）、"敦复"（复卦六五）、"敦艮"（艮卦上九）等。关于"和"，前文多有涉及，此不赘。敦、厚基本同义，比如牛钮等《日讲易经解义》就明确说："敦，厚也。"段玉裁《说文解字注》亦云："按心部惇，厚也。然则凡云敦厚者，皆假敦为惇。"值得指出的是，《周易》凡言敦、言和、言厚处，均为正面肯定之辞——此亦见敦厚、和厚不仅为处事之金针，亦为做人之最高境界也，正可与此章互参。

13.29 子曰："善人教民七年，亦可以即戎矣。"

【译文】孔子说："大好人用七年的时间教化百姓，也可以让他们保家卫国了。"

【注释】①《朱注》："教民者，教之以孝弟忠信之行、务农讲武之法。即，就也。戎，兵也。民知亲其上，死其长，故可以即戎。"②《大义》："古人以数为约，皆取诸奇，故三载考绩，五年则再考，七年则三考。三年为初，七年为终也。"③林觥顺《论语我读》："七年非七年之数。七者，《易经》阳之正数，《易经》阳刚之数为正于七而变于九。所以七年喻正道流年。"

【解读】唐文治说，《子路篇》"多敷陈时政，意在补救当时之失"，故"辞多迫切"（《论语大义》）。春秋之世，战乱频仍，统治者和老百姓最关心的时政问题，肯定是战争，故《子路篇》最后两章谈的就是这个问题。当然，孔子一贯反对"霸道"，而提倡"王道"，所以本章以"善人教民"为大旨，其儒者的价值倾向是非常明显的。

这里讲"善人教民"，后边紧跟着就是"即戎"，或认为善人所教之内容光是打仗之事，但其实并非如此。朱子已明确讲，其内容包括两类："孝弟忠信之行"和"务农讲武之法"；王夫之更阐发此义说："圣人以仁义立道法，而无敌于天下，不待言已。即在善人者，一意以修养斯民为心，而因心制法，于兵制不求备也；而教之七年，人感其惠，而遂其生计，则各思自卫其生。教之之术虽简，而兵之运用本存乎一心，则惟其简而易遵，胜败存亡之大计，上下相与，亦可以即戎矣。"（《四书训义》）大意是说，善人治国重在"因心制法"，故兵备并不是最重要的，如果"人感其惠"，老百姓为了保护自己的生计，也会保家卫国去打仗的。

《周易》夬卦（䷪下乾上兑）有"告自邑，不利即戎"之说。程子解释说："君子之治小人，以其不善也，必以己之善道胜革之，故圣人诛乱，必先修己。舜之敷文德是也。邑，私邑。告自邑，先自治也。以众阳之盛，决于一阴，力固有余，然不可极其刚至于太过……戎兵者，强武之事。不利即戎，谓不宜尚壮武也……不尚刚武，而其道益进，乃夬之善也。"（《程氏易传》）本章"善人教民"，其主旨亦"自治"也；所谓"可以即戎矣"，是说百姓此时已有"即戎"之能力，并非真的就去打仗。此中深意，读者察之。

另关于"七年"的问题，可能和古时官吏的考核制度有关，此见上引唐文治的注释。至于林觥顺从卜筮的角度提出"《易经》阳刚之数为正于七而变于九"，"所以七年喻正道流年"，恐难以确定其真；即便"七"真有此义，因为孔子尚辞不尚占（见13.22），这里也未必使用此义。但《周易》对"七"字极为重视是肯定的，如复卦讲"七日来复"，震卦六二、既济卦六二都讲"勿逐，七日得"等；盖一卦六爻，循环一周回到本爻正七之数，故七字当有终义——此或略备一说可也。

13.30 子曰："以不教民战，是谓弃之。"

【译文】孔子说："用未受教化、不经训练的百姓去作战，这是抛弃他们啊。"

【注释】①《杨注》："'不教民'三字构成一个名词语，意思就是'不教之民'。"②《钱解》："以，用义。必教民以礼义，习之于战阵，所谓明耻教战，始可用。否则必有破败之祸，是犹弃其民。此两章见孔子论政不讳言兵，惟须有善人教导始可。"③《大义》："弃，如'弃市'之'弃'。古人常以弃、宥对言，弃之谓杀之也。自杀其民，抑可忍乎？"

【解读】此章紧接上章，是从反面强调"教民"的重要性。此处"教"之内容，同样有争论，钱穆以"礼义"和"战阵"称之，比较全面，和上章之义也相通。这样一来，所谓"不教民"，就是"未受教化、不经训练的百姓"也。让这样的百姓去打仗，他们或者不情愿，或者不懂战法，那不就是让他们去送死吗？

据《谷梁传·僖公二十三年》："宋公兹父卒。兹父之不葬，何也？失民也。其失民何也？以其不教民战，则是弃其师也。为人君而弃其师，其民孰以为君哉？""宋公兹父"即著名的宋襄公，"不葬"是指《春秋》没有写他安葬之事。为什么没写呢？"以其不教民战"，而致"弃其师"，故民不以其为君也。泓水之战，宋、楚对决，双方很难说谁是正义的一方，所谓"春秋无义战"也。而当时宋襄公又不接受子鱼趁楚军渡河之机以及后来楚军渡河列阵未成之时予以攻击的建议，而以"仁义"自许，贻误战机，终致大败。归根结底，宋襄公以"假仁假义"来"教民"或"教兵"，又对新的战争形式不能接受，的确可以称之为"以不教民战"也。

个中道理，在《周易》中也有体现。如师卦初六云："师出以律，否臧凶。"《小象》曰："师出以律，失律凶也。"律，法也；臧（zāng），善也；否臧，不善也。程子还特别解释"律"字曰："律有二义，有出师不以义者，有行师而无号令节制者,皆失律也。"(《程氏易传》)意思是说,一旦发生战争,首先出师要合乎大义,同时要遵循作战规律——这两者都是需要教导老百姓或者士兵的,缺一不可。细思之,这和上引钱穆所言"礼义"和"战阵"等内容是完全一致的。所谓"否臧凶"者,就是如果不这样教导老百姓或者士兵而让他们作战的话,结果肯定就是凶了。王夫之评价此章云:"弃民者,民亦弃之,不亡何待焉?"(《四书训义》)宋襄公于泓水之战第二年即伤重加郁闷而死,此其例也。

宪问第十四

14.1 宪问耻。子曰:"邦有道,谷;邦无道,谷,耻也。""克、伐、怨、欲不行焉,可以为仁矣?"子曰:"可以为难矣,仁则吾不知也。"

【译文】原宪问什么是耻辱。孔子回答:"国家政治清明,当官领俸禄没问题;国家政治黑暗,依然当官领俸禄,那就是耻辱了。"又问:"好胜、自夸、怨恨和贪欲这四种毛病都改掉了,可以说是仁了吗?"孔子回答:"算得上难能可贵了,但是否是仁,我就不知道了。"

【注释】①《集释》:"朱子谓此篇疑宪所自记是也。《论语》记诸弟子皆称字,宪字子思,此不记'子思问'而记'宪问',故朱子云然。"②《集解》引孔安国曰:"谷,禄也。邦有道,当食其禄也。君无道,而在朝食其禄,是耻辱也。"③《朱注》:"克,好胜。伐,自矜。怨,忿恨。欲,贪欲。有是四者而能制之,使不得行,可谓难矣。仁则天理浑然,自无四者之累,'不行'不足以言之也。"

【解读】《宪问》篇共计44章,其内容非常繁杂而丰富。唐文治有个说法:"《论语》文法,至《宪问》而一变,其迹似错杂,而其义实浑沦。"(《论语大义》)他还说:"自'宪问'以下三章(其将本章分为两章——引者注),皆原思所记也。首章称名,次章不言问,可证也。原思狷者也,夫子因其质而教之,故此三章皆激励心学也。"此从"心学"的角度看本篇,或可参考。

本章有两个清晰的段落,有人将其分为两章,但两者实有联系。关于"邦有道,谷;邦无道,谷,耻也",朱子认为,"邦有道不能有为,邦无道不能独善,而但知食禄,皆可耻也。"此"调门"未免太高,当以孔安国的解释为是。在《泰伯篇》中,孔子曾说:"邦有道,贫且贱焉,耻也。邦无道,富且贵焉,耻也。"(8.13)与本章之义实同,不必另做他解。

据《雍也篇》记载，原宪曾在孔子做鲁司寇时为其家宰，孔子"与之粟九百"而请辞；又据《史记·仲尼弟子列传》记载："孔子卒，原宪遂亡在草泽中。子贡相卫，而结驷连骑，排藜藿入穷阎，过谢原宪。宪摄敝衣冠见子贡。子贡耻之，曰：'夫子岂病乎？'原宪曰：'吾闻之，无财者谓之贫，学道而不能行者谓之病。若宪，贫也，非病也。'子贡惭，不怿而去，终身耻其言之过也。"由此可见，原宪的确是按照老师"邦有道，谷；邦无道，谷，耻也"的教导去做的。

但从以上原宪的作为来看，原宪又属于"狷者"，即"有所不为"者也，故当原宪向孔子表白自己可以戒除"克、伐、怨、欲"四个缺点的时候，孔子并未许其为仁。这是为什么呢？阮元《论仁篇》云："此但能无损于人，不能有益于人，未能立人达人，所以孔子不许为仁。"又焦循云："董子论仁曰'其事易'，此孔子之恉也。'我欲仁，斯仁至矣'，'有能一日用其力于仁矣乎？我未见力不足者'，皆以仁为易也。故《易传》云：'易则易知，简则易从。'"他同时比较《吕览·察微》中所引子贡"赎鲁人于诸侯，来而不取其金"的故事和子路"拯溺者，其人拜之以牛，子路受之"的故事，并引孔子评价说："赐失之矣！自今已往，鲁人不赎人矣。取其金则无损于行。"而"鲁人必拯溺者矣。"并由此得出结论说："故克、伐、怨、欲不行，苦心洁身之士，孔子所不取，不如因之以欲，推以知人之欲，因己之不欲，推以知人之不欲，絜矩取譬事不难，而仁已至矣。绝己之欲，而不能通天下之志，非所以为仁也。"(《论语补疏》)由此可见，孔子之不许原宪为仁，其深层原因当和孔子坚持现世主义的儒家立场有关。

14.2 子曰："士而怀居，不足以为士矣。"

【译文】 孔子说："如果是读书人但一味地留恋安逸的生活，那他就不配做读书人了。"

【注释】 ①《朱注》："居，谓意所便安处也。"②《钱解》："居谓居室居乡。士当励志修行以为世用，专怀居室居乡之安，斯不足以为士矣。"③许仁图《子曰论语》："怀居，恋其位、名、势、欲。不怀居则无私，怀居则有私。"

【解读】 在《里仁篇》中，孔子曾说："君子怀德，小人怀土；君子怀刑，小人怀惠。"(4.11)本章的"士而怀居"，和"小人怀土"意思差不多，都是安土重迁、贪恋华屋广厦之意，再延伸一下，应该还有贪恋"位、名、势、欲"之意，所以孔子讲，这种人已经"不足以为士矣"。据《左传·僖公二十三年》载，当晋文公流亡到了齐国并安居下来，接着有了妻妾和家财，就不想走了，其妻姜氏则对他说："行也！怀与安，实败名。"这个姜氏实在了不起！如果没有她，也许晋文公的功绩和令名就无法成就了——这个故事正好可以作为本章的注脚。

《周易》大畜卦有云："不家食吉，利涉大川。"盖大畜卦（䷙）下乾上艮，乾为天为健，艮为山为止，"以止厉键，以健作止"（苏轼《东坡易传》），"是以能日新其德，而为畜之大也"（朱子《周易本义》）。又程子进一步释之曰："既道德充积于内，宜在上位，以享天禄，施为于天下，则不独于一身之吉，天下之吉也。若穷处而自食于家，道之否也，故'不家食'则'吉'。所畜既大，宜施之于时，济天下之艰险，乃大畜之用也，故'利涉大川'。"（《程氏易传》）这里的"不家食吉"和"利涉大川"之劝诫，与《论语》本章所反对的"士而怀居"，意思完全一致，读者不妨互参。

14.3 子曰："邦有道，危言危行；邦无道，危行言孙（xùn）。"

【译文】孔子说："国家政治清明，就说话正直，行为也正直；国家政治黑暗，就行为正直，但说话委婉谦逊。"

【注释】①《集释》引《广雅》云："危，正也。"并谓："危字有厉、高、正三训，当以《广雅》训正义较长。"②《杨注》："孙，同逊。"③戴望《论语注》："正行以善经，言孙以行权。"④汪绂《四书诠义》："言孙非畏祸也，贾祸而无益，则君子不为矣。知进退存亡而不失正，亦时中之道也。"

【解读】唐文治说："自'邦有道'以下四章，论言行与德与仁。"（《论语大义》）我们知道，《论语》有七处对举"邦有道"和"邦无道"，多指在这两种极端对立的情况下，人如何自处的问题。如在《公冶长篇》，孔子评价南容"邦有道，不废；邦无道，免于刑戮"（5.2），评价宁武子"邦有道，则知；邦无道，则愚"（5.21），在《卫灵公篇》评价蘧伯玉"邦有道，则仕；邦无道，则可卷而怀之"（15.7）等等。本章所讲内容，和上引三章主旨相通。意思是说，在国家政治清明的时候，因为有明君在上，自然可以言其所当之言，行其所当之行，也就是"正言正行"；而在国家政治黑暗的时候，如果一时不能"卷而怀之"，就要像宁武子那样表现得"愚"一点：当然在行为上绝对不能有什么亏欠和污点，但在言语上却不妨委婉谦逊一些。按照上引戴望《论语注》中的说法，"正行"为经，当然是不能违背的；"言孙"为权，却是可以有一定的弹性的。

《周易·系辞下》有云"巽以行权"，与"危行言孙"大约同理。意思是说，在面对昏君的情况下，我们可以学习巽卦（巽为风，以"善入"为德），完全可以说一些"顺风话"或者违心的话。这样做，既可以避免言语惹祸，其实也是行儒家的"时中"之道。皇侃《论语义疏》曾引江熙曰："仁者岂以岁寒亏贞松之高志？于其言语可以免害，知志愈深。孔子曰：'诺，吾将仕矣。'此皆逊辞以远害也。"面对阳货之淫威，连孔子也不得不以"吾将仕矣"（17.1）与之虚与委蛇，况凡夫处无道之世耶？当然，实际上孔子并没有到阳货那里去干事，故孔子此语，岂非"言孙"之典范乎？

14.4 子曰："有德者必有言，有言者不必有德。仁者必有勇，勇者不必有仁。"

【译文】孔子说："有道德的人，一定有好言语；但有好言语的人，未必有道德。有仁德的人一定勇敢，但勇敢的人不一定有仁德。"

【注释】①东条弘《论语知言》："言者指善言也，如'不以言举人''不以人废言'之言。盖虽未有德者，亦能出善言也。"②《朱注》："有德者和顺积中，英华发外，能言者或便佞口给而已。仁者心无私累，见义必为，勇者或血气之强而已。"③《今读》："这仍是内（仁、德）外（勇、言）的关系。有得于内，无待乎外，而必有外。"

【解读】李泽厚从内外关系的角度来看德和言、仁和勇的关系，很有道理，其实这也是本和末、内容和形式的关系。德、仁是本，是内容，是内；言、勇是末，是形式，是外。"有得于内，无待乎外，而必有外。"同样，"有得于本，无待乎末，而必有末。""有得于内容，无待乎形式，而必有形式。"比如，凡有德者之言，肯定是"言之有物"之言，故有德者可能寡言，但一旦言说，就肯定是具有真实内容之善言；而无德者之言，则有可能脱离所指，成为西方语言学家拉康所说的"漂浮的能指",意即表面上看也许是善言,但实际上并没有任何实质性的内容。"有德者必有言,有言者不必有德。"此之谓也。

在《子路篇》"君子易事而难说"章(13.25),我们曾经讨论过《周易》中的兑卦。其实,《周易》中的"兑",既有"悦"义,也有"说"义;盖兑卦(☱)上为阴爻,有口之象,故《说卦传》谓其"为巫""为口舌"。我们但凡遇到一件事情,如能说通自能令人心悦诚服,故"说"与"悦"本相通。值得注意的是,对于言说之事,兑卦卦辞明确说"亨,利贞",其《象传》则说"刚中而柔外,说以利贞,是以顺乎天而应乎人"。其中所谓"刚中而柔外",是指兑卦虽然上(外)为阴爻,但其中(内)则为刚爻也——这正是吾人言说的根本原则:外表可以柔顺,但内心必须刚正。只有这样的言说,才是有德者之言说,才能做到"顺乎天而应乎人",否则即为便佞口给之言说无疑也。这当然与《论语》本章之义完全相通。

14.5 南宫适(kuò)问于孔子曰:"羿(yì)善射,奡(aò)荡舟,俱不得其死然。禹、稷躬稼而有天下。"夫子不答。南宫适出,子曰:"君子哉若人!尚德哉若人!"

【译文】南宫适向孔子问道:"羿善于射箭,奡能旱地行舟,但都死于非命。大禹和后稷,都亲自下地种庄稼,却得到了天下。"孔子没有回答。南宫适退出后,孔子说:"这个人是君子啊!这个人多么崇尚道德啊!"

【注释】①《朱注》:"南宫适,即南容也。"②《皇疏》引孔安国曰:"羿,有穷之君也。篡夏后相之位,其臣寒浞杀之,因其室而生奡。奡多力,能陆地行舟,为夏后少康所杀也。"③蔡节《论语集说》:"羿、奡以力而亡,禹、稷以德而兴。适之云然,其去取已审矣。夫子虽不答可也,及其出也,则以为君子,以为尚德,所以深许之也。"

【解读】此章与上章或有联系。唐文治说:"自'邦有道'以下四章,论言行与德与仁,而南宫适之问为尤重。'君子哉若人!尚德哉若人!'嘉其不问天下有道无道,而尚德之心不少懈也。"(《论语大义》)羿和奡都力大无比,无论"善射"还是"荡舟",均富传奇色彩,两人却死于非命。大禹治水耕种,看似平淡无奇,却建立了夏朝;后稷教民稼穑,也是百姓日用之事,其后代子孙及至周武王建立了周朝。南宫适讲这四个人的故事，话里有话，强调的当然是"尚德不尚力"的王道，而对周末权奸自矜武力暗含批评之意，故孔子赞之。

中国文化"尚德不尚力"的传统源远流长，比如在《尚书》今传58篇文本中共计出现"德"字203次，《周易》古经虽然谈"德"仅5次，但在《周易·系辞下》中设有著名的"三陈九卦"章（又名"三陈九德"章，其纯从德的角度对履、谦、复、恒、损、益、困、井、巽等九卦加以申说，凡三次），并对阳气太盛的大过、大壮两卦多有诫辞——这和"尚德不尚力"的思想当然是一致的。

14.6 子曰："君子而不仁者有矣夫，未有小人而仁者也。"

【译文】孔子说："君子也有没仁德的时候，没有小人而有仁德的。"

【注释】①邢昺《论语注疏》："此章言仁道难备也。虽曰君子，犹未能备，而有时不仁也。若管仲九合诸侯，不以兵车，可谓仁矣，而镂簋朱纮，山节藻棁，是不仁也。小人性不及仁道，故未有仁者。"②许谦《读四书丛说》："君子固志于仁，然仁以全体言，存于心无一毫之私，应于事无不当于理，方得其全。君子之心，有一毫不在，则非全体之仁。所谓不仁者，指一事而言也。"③《杨注》："这个'君子''小人'的含义不大清楚。'君子''小人'若指有德者无德者而言，则第二句可以不说；看来，这里似乎是指在位者和老百姓而言。"

【解读】君子、小人之说，原指在位、不在位者，后转指有德、无德者。此章的君子、小人，究竟是哪种涵义？如果分别是指"在位者"和"老百姓"，这对于"君子而不仁"好像还能解释得通，但对于"未有小人而仁者"则未必——难道普通老百姓中就不会产生仁者吗？孔子的思想恐怕没有那么狭隘，否则他为何主张"有教无类"（15.39），"我欲仁，斯仁至矣"（7.30）呢？窃以为本章还是从有德、无德的角度来释读为宜。依上引邢昺和许谦的解释，一曰"仁道难备"，一曰"仁以全体言"，故君子难免有时"不仁"；而"小人性不及仁道，故未有仁者"，说得在理。又刘宝楠说："仁道难成，故以令尹子文之忠、陈文子之清，犹不得为仁，即'克伐怨欲不行'，亦言'不知其仁'，故虽君子有不仁也。"由此可见，仁为"全德"，君子虽有行仁之心及行仁之实，但此心或"有一毫不在"，或于此事堪称仁而于彼事则未可，故"君子而不仁"的情况是肯定存在的，不是连颜回也仅能做到"三月不违仁"吗?吾人知此,更当朝乾夕惕、自强不息以求上进也。又刘宝楠还引《周易·系辞传》云:"小人以小善为无益而弗为也,以小恶为无伤而弗去也,故恶积而不可掩,罪大而不可解。"并称:"是小人必无有仁也。"(《论语正义》)亦很恰切。

14.7 子曰:"爱之,能勿劳乎?忠焉,能勿诲乎?"

【译文】孔子说:"爱他,能不让他勤劳上进吗?忠于他,能不尽心教导他吗?"

【注释】①《朱注》引苏轼曰:"爱而勿劳,禽犊之爱也。忠而勿诲,妇寺(按寺指阉人)之忠也。爱而知劳之,则其为爱也深矣。忠而知诲之,则其为忠也大矣。"②许仁图《子曰论语》:"'爱之,能勿劳乎'应是父母对子女之爱……'忠焉,能勿诲乎'是师道之教。"③李贽《四书评》:"爱子,故曰'爱之'。自忠,故曰'忠焉'。一字之异,便有无限变化。"

【解读】唐文治说:"自'爱之能勿劳乎'以下,至'子路问事君'十六章,综论事君之大义与春秋时之人才。"只不过,窃以为,本章"爱之"的"之",既可以指子女,也可以指百姓;而"忠焉"之对象,既可以指国君,也可以指学生或朋友。如将前者仅视为子女,将后者仅视为国君,其义则狭矣。

《国语·鲁语》云:"夫民劳则思,思则善心生;逸则淫,淫则忘善,忘善则恶心生。"又《周易》井卦《大象》云:"木上有水,井;君子以劳民劝相。"盖井卦(䷯)下巽上坎,巽为木、坎为水,故曰"木上有水"。马其昶释之曰:"木上有水,即桔槔之象,井之用也。桔槔运转不已,亦有劳相之义。"(《周易费氏学》)意思是说,君子观此卦象,当安排百姓浇田力穑并劝其相助而不敢惰也。此均可为"爱之,能勿劳乎"之注脚。

在《述而篇》中,孔子曾讲"学之不讲"是其所忧(7.3),由此推之,对学生尽己施教("尽己曰忠"),就不能不责之、诲之。"忠焉,能勿诲乎?"此之谓也。在《周易》蒙卦(䷃)中,有"利用刑(型)人"以"发蒙"(初六),以及"包蒙"(九二)甚至"击蒙"(上九)之说,讲的都是老师对学生的教诲之道,或可类比之。如其九二,位于下卦之中而对六五进行"发蒙",吴曰慎释之曰:"伊尹、周公辅幼主，施政教以致太平，如此爻也。"（《周易本义爻征》）此指伊尹放太甲于桐宫，待其改过而又迎之（《尚书·太甲》）；周公"一沐三握发，一饭三吐哺"治理天下，又为成王做《毋（无）逸》以诫之（《史记·周公世家》）。此皆对人忠心而教诲不止之典范，正可与本章互参。

14.8 子曰："为命，裨谌草创之，世叔讨论之，行（héng）人子羽修饰之，东里子产润色之。"

【译文】孔子说："制订外交辞令时，裨谌拟稿，世叔提意见，外交官子羽修改，东里子产加工完善。"

【注释】①《杨注》："裨谌，音庇臣，bì chén，郑国大夫，见《左传》。世叔，即《左传》的子太叔（古代，'太'和'世'两字通用），名游吉。行人，官名，即古代的外交官。子羽，公孙挥的字。东里，地名，今在郑州市，子产所居。"②《朱注》："草，略也。创，造也。谓造为草稿也。讨，寻究也。论，讲议也。修饰，谓增损之。润色，谓加以文采也。郑国之为辞命，必更此四贤之手而成，详审精密，各尽所长，是以应对诸侯，鲜有败事。"③李贽《四书评》："'草创'、'讨论'、'修饰'、'润色'八字，遂为千古行文次第秘诀。"

【解读】诚如李贽所言，此真"千古行文次第秘诀"！然而，此又何止于行文次第之秘诀耶？此亦用人之秘诀也，甚至治国理政之秘诀也。子产相郑，多有善绩，子谓子产"有君子之道四焉"（5.16），清朝的王源甚至推许其为"春秋第一人"。据《左传·襄公三十一年》："子产之从政也，择能而使之。冯简之能断大事，子大叔美秀而文，公孙挥能知四国之为……而又善为辞令。裨谌能谋，谋于野则获，谋于邑则否。郑国将有诸侯之事，子产乃问四国之为于子羽，且使多为辞令；与裨谌乘以适野，使谋可否；而告冯简子使断之。事成，乃授子太叔使行之，以应对宾客，是以鲜有败事。"其中内容与《论语》本章或有出入，但其强调任贤使能、各司其责之意同也。

《周易》乾卦（☰）用九曰："见群龙无首，吉。"《象》曰："用九，天德不可为首也。"盖乾卦六爻皆体乾，群龙之象也；而"群龙并见，而无为之首者，所谓圣人不自用，而用群贤，故吉也。"（李士鉁《周易注》）由本章子产"为命"和

《左传》所谓"择能而使"来看,其所遵循的不正是"天德不可为首"的精神吗?小子不由叹曰:贤哉,子产!

14.9 或问子产。子曰:"惠人也。"问子西。曰:"彼哉!彼哉!"问管仲。曰:"人也。夺伯氏骈邑三百,饭疏食,没(mò)齿无怨言。"

【译文】有人问孔子,子产是一个什么样的人。孔子说:"他是惠及百姓的人啊。"又问到子西。孔子说:"那个人呀,那个人呀!"又问到管仲。孔子说:"他是个仁人啊!伯氏在骈邑的三百户采地被剥夺了,人家只能吃粗茶淡饭,但至死对管仲都没有任何怨言。"

【注释】①《后案》引陆稼书曰:"圣人为政宽处常多,严特偶用耳。雷霆霜雪,岂天常用乎?子产谓之'惠人',亦以其宽处多耳,非谓政多严而心宽也。"②《集解》引马融曰:"彼哉彼哉,言无足称。"③《朱注》:"子西,楚公子申。能逊楚国,立昭王,而改纪其政,亦贤大夫也。然不能革其僭王之号,昭王欲用孔子,又沮止之,其后卒召白公以致祸乱,则其为人可知矣。""伯氏,齐大夫。骈邑,地名。齿,年也。盖桓公夺伯氏之邑以与管仲,伯氏自知己罪,而心服管仲之功,故穷约以终身而无怨言。"④《集释》引朱彬《经传考证》曰:"人即仁之谓。孔子于子产称其惠,于管仲称其仁。观伯氏没齿无怨,则仲之仁可知。"

【解读】本章紧接上章,是对子产、子西、管仲三个重要政治人物的点评。孔子很欣赏子产,多次以"惠"赞之。如在《公冶长篇》中谓之"其养民也惠"(5.16),又在《孔子家语·辩政》中谓之"于民为惠主,于学为博物"。楚国的令尹子西,虽有逊位之贤,但既不能革楚王之僭号,又阻止昭王用孔子,还不慎引致白公之乱,故孔子连称"彼哉彼哉",其中当有轻视兼惋惜之意。管仲之仁,下面还会集中谈到(14.16&14.17),而这里首先以伯氏之事引之,其行文之法亦妙矣!伯氏此人已不可考。朱子云:"盖桓公夺伯氏之邑以与管仲,伯氏自知己罪,而心服管仲之功,故穷约以终身而无怨言。"此言得之。

有意思的是,《周易》讼卦(䷅)九二亦曾提到"邑人三百户"字眼,原文为:"不克讼,归而逋其邑人三百户,无眚。"有一种观点认为,"此处应是因渎职而被褫夺了原本享有的三百户之税,而非三百户自己逃亡",而"无眚",意思则是

"这并不是灾难性事件"。(陶磊《周易新解》)联想到《论语》本章的"夺伯氏骈邑三百",或伯氏亦因渎职而被褫夺其三百户之税也,伯氏自知其罪,故对管仲终生不敢有怨言,由此亦见管仲办事之公道或管仲功劳之大、影响之大,而此当然皆管仲"人(仁)也"之体现也。

14.10 子曰:"贫而无怨难,富而无骄易。"

【译文】孔子说:"贫穷而无怨恨,很难;富贵而不骄傲,较易。"

【注释】①《朱注》:"处贫难,处富易,人之常情。然人当勉其难,而不可忽其易也。"②《皇疏》引江熙曰:"颜渊无怨,不可及也。若子贡不骄,犹可能也。"③《钱解》:"能安于贫,斯无怨。不恃其富,斯无骄。颜渊处贫,子贡居富。使颜渊处子贡之富则易,使子贡居颜渊之贫则难。此处见学养高下,非孔门之奖贫贱富。"

【解读】诚如朱子所说,此为"人之常情":盖穷困交加、饥寒交迫,难免生出怨恨之意;而丰衣足食、车马轻裘,又难免增加骄娇二气。但相比较而言,做到像颜回那样"一箪食,一瓢饮,在陋巷,人不堪其忧,回也不改其乐"(6.11),是很难的;而像子贡那样"家累千金"而争取避免骄傲的毛病,还是容易的。在《学而篇》中,子贡曾问孔子:"贫而无谄,富而无骄,何如?"孔子回答:"可也。未若贫而乐,富而好礼者也。"(1.15)"贫而乐"即"贫而无怨"也,"富而好礼"即"富而无骄"也,两章可互参。

《周易·系辞下》"三陈九卦"章,则讲到"困以寡怨"。困卦(䷮)下坎上兑,坎为水、兑为泽,有泽中无水之象,故为困也。贫和困当然不完全一样,但两者相通,故汉语中常以"贫困"并举。困卦之旨,其核心在于"困而通",即"身虽处困,而道不与之俱困,无入不自得者,此其穷而能通也";如此一来,"用困之道以自处,则能尽其在我,而随遇皆安,自无容其怨尤之意:非所以寡怨乎?"(牛钮等《日讲易经解义》)颜回能做到"贫而乐",正以此也。

又《周易》家人卦(䷤)六四《小象》云:"富家大吉,顺在位也。"用"顺在位"来解释"富家大吉"之原因,显然与"富而好礼""富而无骄"的精神相通(详见1.15)。另《乾文言》在解释乾卦(䷀)九三"君子终日乾乾"时,也强调"居上位而不骄";富人当然是"居上位"者,其如能做到"不骄",则为君子矣。

反之，就会像孔子说得那样："如有周公之才之美，使骄且吝，其余不足观也已。"（详见8.11）

14.11 子曰："孟公绰为赵魏老则优，不可以为滕、薛大夫。"

【译文】孔子说："孟公绰这个人，如果让他做晋国赵、魏二氏的家臣总长，那肯定绰绰有余；但如果让他做滕、薛这等小国的大夫，就不行了。"

【注释】①《朱注》："公绰，鲁大夫。赵、魏，晋卿之家。老，家臣之长。大家势重，而无诸侯之事；家老望尊，而无官守之责。优，有余也。滕、薛，二国名。大夫，任国政者。滕、薛，国小政繁；大夫，位高责重。然则公绰盖廉静寡欲而短于才者也。"②《集释》引宦懋庸《论语稽》曰："孔子言此，盖以人各有能、有不能，国家用人，宜量其所长而用之也。如公绰之贤，尚有能、有不能，其他可知。此孔子为用人者言，言不可用人而违其才，非于公绰有贬辞也。"

【解读】本篇下章孔子就有赞扬"公绰之不欲"之说（14.12），可见这里主要是从人的性格、才能和岗位的适配性的角度来评价孟公绰的，并无贬低他的意思。《史记·仲尼弟子列转》有云："孔子所严事，于鲁孟公绰。"可见其与孔子之亲密关系。此人既有"不欲"之名，像朱子说的"短于才"或未必，但"廉静寡欲"是肯定的，其工作宜于简而不宜于繁。赵、魏二氏的家臣总长正是这样，其"惟在端谨以率领群僚而已，公绰之廉静寡欲，固自优于此也。"（张居正《论语别裁》）而在春秋那样的时代，像滕、薛这样小国的大夫，其任务就特别繁琐沉重了，对孟公绰来说显然是不合适的。

我们知道，《周易》关于六爻有当位、不当位之说，此已见《八佾篇》之介绍（详见3.2）。举例来说，仅《象传》针对六三爻就有10次"位不当也"的批评。这是为什么呢？因为在一卦之中，三为阳位，而六居之，六为阴爻而质柔，故谓之"位不当也"。《周易》"推天道以明人事"，这种"当位、不当位"的学说，完全适用于对人的选拔和任用。如果让孟公绰担任滕、薛二国之大夫，即属于"位不当也"；而让其担任赵魏二卿之家老，即属于"当位也"。孔子对孟公绰的评价，足以说明其知人之明，而其理实与《周易》相通也。

14.12 子路问成人。子曰:"若臧武仲之知(智),公绰之不欲,卞庄子之勇,冉求之艺,文之以礼乐,亦可以为成人矣。"曰:"今之成人者何必然?见利思义,见危授命,久要(yāo)不忘平生之言,亦可以为成人矣。"

【译文】子路问怎样才算是成人。孔子说:"如果有臧武仲那样的智慧,孟公绰那样的清心寡欲,卞庄子那样的勇敢,冉求那样的多才多艺,再拿礼乐加以文饰,也就可以算是成人了。"过了一会,又说:"至于现在的成人,又何必这样?看见利益能够想一想是否该得,遇到危难可以献出自己的生命,过了长久的苦日子还能不忘平日的诺言,也就可以说是成人了。"

【注释】①《杨注》:"臧武仲,鲁大夫臧孙纥(hé)。他很聪明,逃到齐国之后,能预见齐庄公的被杀而设法辞去庄公给他的田。事见《左传》襄公二十三年。卞庄子,鲁国的勇士。《荀子·大略篇》和《韩诗外传》卷十都载有他的勇敢故事。""'要'为'约'的借字;'约',穷困之意。说见杨遇夫先生的《积微居小学述林》。"②《朱注》:"成人,犹言全人。言兼此四子之长,则知足以穷理,廉足以养心,勇足以力行,艺足以泛应。而又节之以礼,和之以乐,使德成于内而文见乎外,则材全德备,浑然不见一善成名之迹,中正和乐,粹然无复偏倚驳杂之蔽,而其为人也亦成矣。"③《后案》:"知、廉、勇、艺,四人分得之,则为偏材,一人合得之,几于全德。"④《集释》引张扬园《备忘录》云:"论人不可不严,取人不可不恕。如夫子于臧武仲、孟公绰、冉求诸人,平日谓其'要君','不可为滕、薛大夫',甚至欲为'鸣鼓'之攻;至论成人,则曰'知',曰'不欲',曰'艺',未尝不各有所取也。"

【解读】在以上各章论人的基础上,本章总论"成人"。成人即全人也,即立人也。本章所举四人,或有缺点,但均有各自之长,其智、廉、勇、艺,皆人之美材也;四者合之,再"文之以礼乐",则"材全德备"、文质合一矣,惟此夫子方许之为"成人"。然此或陈义过高,孔子又恐子路不得其门而入,故以"见利思义,见危授命,久要不忘平生之言"三事入手,提出"今之成人"之标准,其对子路循循善诱之心可谓昭然也。刘强说:"前言盖以高标诱其上达,后者则以义、勇、信为始基,勉其精进也。"(《论语新识》)此言得之。

此章主旨与《周易》完全相通。比如此处讲"见利思义",固然即"临财毋苟得"(《礼记·曲礼》),然亦与"利者,义之和也"(《乾文言》)相通;又如"见危授命",固然即"临难毋苟免"(《礼记·曲礼》),然亦与"君子以致命遂志"(困卦《大象》)相通;而"久要不忘平生之言",则与"孚乃化邦"(中孚卦《象传》)、"困而通"(《系辞下》)等相通。特别值得注意者,在谈到"见利思义"时,日本学者东条弘曾引《说卦传》的首段话:"和顺于道德而理于义,穷理尽性以至于命。"并谓:"《说卦》所谓'穷理'者,即穷理于'义之理'也,非宋儒所谓穷理也。古今驳宋儒者,亦未之知也,故甲倒乙起,不知所底止。"(《论语知言》)此说或可补宋儒之偏,故特录之,以待智者。

14.13 子问公叔文子于公明贾曰:"信乎!夫子不言、不笑、不取乎?"公明贾对曰:"以告者过也。夫子时然后言,人不厌其言;乐然后笑,人不厌其笑;义然后取,人不厌其取。"子曰:"其然?岂其然乎?"

【译文】孔子向公明贾问到公叔文子,说:"真的吗?他老人家平时不言不笑,丝毫不向别人索取什么吗?"公明贾回答:"这是告诉您的人说得过分了。他老人家在该说话时才说话,所以别人不讨厌他的话;到真正高兴时才笑,所以别人不讨厌他的笑;当合乎道义时才索取,所以别人不讨厌他的索取。"孔子说:"真的这样吗?难道真的是这样吗?"

【注释】①《集解》引孔安国曰:"公叔文子,卫大夫公孙拔也。文,谥也。"②《正义》:"公孙贾,疑亦卫人。公孙氏,贾名也。"③《朱注》:"厌者,苦其多而恶之之辞。事适其可,则人不厌,而不觉其有是矣,是以称之。或过而以为不言、不笑、不取也。然此言也,非礼义充溢于中,得时措之宜者不能。文子虽贤,疑未及此。"④《集释》引宦懋庸《论语稽》曰:"不言、不笑、不取,矫激好名者类能强而制之。至时言、乐笑、义取,则时中之圣矣。告者固过,而贾言尤过。孔子论人,誉必有试,故以疑词姑置之,以待后之核实耳,非存一刻薄之念以待人也。"⑤《杨注》:"以,代词,此也。例证可参考杨遇夫先生的《词诠》。"

【解读】"时然后言""乐然后笑""义然后取",此三者确已近乎"时中之圣",故孔子疑之。我们知道,"时中"一词,原出《周易》蒙卦《象传》,与"中道""中庸""中行"基本同义，是儒家修养的至高境界，前已屡言之。据《礼记·檀弓》记载，公孙文子曾有"为粥与国之饿者"以及"修其班制，以与四邻交"等事，则公孙文子确为卫之君子也。然其行为是否已达"时中之圣"之境界，公孙贾之言或亦过也，故孔子于赞许之中实寓有保留之意。

另《周易·系辞上》云："君子之道，或出或处，或默或语。"此可与"时然后言"相发明。又《周易》古经"笑"字出现凡5次，且多与"号"字并出，如同人卦九五曰"同人，先号啕而后笑"，萃卦初六曰"若号，一握为笑"，旅卦上九曰"鸟焚其巢，旅人先笑后号啕"等。李光地曾解"一握为笑"云："握者，手所执持以转移之机也。言能至诚迫切，则一转移之间，必有和合之喜，故曰'若号，一握为笑'。"（《周易折中》）故所谓"笑"者，必待内心"至诚迫切"方能发也，此与本章"乐然后笑"亦可互参。

14.14 子曰："臧武仲以防求为后于鲁，虽曰不要（yāo）君，吾不信也。"

【译文】孔子说："臧武仲凭借他的采邑防城，请求立其后代子孙为鲁国卿大夫，即使有人说他不是要挟国君，我也是不相信的。"

【注释】①《朱注》："防，地名，武仲所封邑也。要，有挟而求也。武仲得罪奔邾，自邾如防，使立后而避邑。以示若不得请，则将据邑以叛，是要君也。"并引杨时曰："武仲卑辞请后，其迹非要君者，而意实要之。夫子之言，亦《春秋》诛意之法也。"②《集释》引《左传·襄公二十三年》云："臧孙如防，使来告曰：'纥非能害也，知不足也。非敢私请，苟守先祀，无废二勋，敢不辟（避）邑。'乃立臧为。臧纥致防而奔齐。'"

【解读】孔子于前章曾许臧武仲为知（智），而此章则责其"要君"，此事详见注释所引《左传·襄公二十三年》，兹不复述。

窃以为，作为政治上的失败者，臧武仲以自己的封地"要君"，这在当时礼崩乐坏的情况下很常见，实际上也是合理要求，但孔子出于维护大一统的礼法制度的立场，对此予以谴责也有其合理性。我们如果超出当时的具体历史情境，站在更加长时段的历史角度来看这件事，或将发现，中国古代君臣之间、帝王与贵族之间实在缺乏一种"要约"或"契约"精神,这可能是中国长期以来王朝更迭不断而缺乏实质性政治进步的原因之一。而对比西方,则《圣经》中有作为"摩西十诫"的上帝与人立约,英国又有国王和贵族通过《大宪章》立约,启蒙思想家卢梭还写了《社会契约论》,从而催生了西方的宪政制度,其契约精神是值得我们学习的。当然我们有礼法制度,东周时期诸侯国之间也常会盟而又盟约,我们也有法家思想,这和契约也有相似之处,但两者又有实质性的差异。比如,单从《周易》遁卦九三讲"畜臣妾吉"即将臣、妾并列来看,已可见君臣关系之不平等在古代是被普遍承认的。基于此,我们或许可以将"要君"解读为"将权力关在制度的笼子里"并加以肯定,这是不是反而更符合对传统文化进行"创造性转化"的精神呢?此或已越出文本而解经,聊备一格而已。

14.15 子曰:"晋文公谲(jué)而不正,齐桓公正而不谲。"

【译文】孔子说:"晋文公诡诈,不正派;齐桓公正派,不诡诈。"

【注释】①《朱注》:"晋文公,名重耳。谲,诡也。齐桓公,名小白。二公皆诸侯盟主,攘夷狄以尊周室者也。虽其以力假仁,心皆不正,然桓公伐楚,仗义执言,不由诡道,犹为彼善于此。文公则伐卫以致楚,而阴谋以取胜,其谲甚矣。二君他事亦多类此,故夫子言此以发其隐。"②《大义》:"桓、文皆霸主,以心术而言,实皆不正。以事迹而言:桓公召陵之役,责楚包茅之贡不入,问昭王南征不复,仗义执言,是'正而不谲'也;文公反国之后,多亲小人,城濮之役,伐卫以诱楚,阴谋以取胜,且招天子狩于河阳,而使诸侯朝之,以臣召君,不可以训是,是'谲而不正'也。"③东条弘《论语知言》引杨慎曰:"五霸莫大于桓、文。桓、文之事,莫大于会盟。会盟之事,莫大于葵丘、践土。然葵丘之会,定太子以安王室,公义也,故曰'齐桓公正而不谲'。践土之会,挟天子以令诸侯,私情也,故曰'晋文公谲而不正'。"

【解读】此章孔子评点晋文公和齐桓公。此二人乃春秋时代最厉害的霸主,其事迹见于《左传》等书,班班可考,不必赘述。诚如朱子所言,此二人表面上均为"攘夷狄以尊周室者",但实际上却"以力假仁,心皆不正"。只不过此处孔子非以心术言,乃以事迹言,倒也并没有那么苛刻地批评他们,且对齐桓公还有褒扬之意。那么,此处孔子评判二人的标准到底是什么?何为"正"?何为

"谲"？历来争论很大。窃以为，按照当时"政治正确"之理念，唯一的评判标准恐怕还是他们对待周王室的态度。上引唐文治和杨慎之语，对此言之甚详，齐桓公和晋文公对待周王室之态度确有不同，故孔子遂有"正而不谲"和"谲而不正"之评价。

今按：《周易》以四爻为大臣之位，以五爻为君上之位。《周易·系辞下》有云："四多惧。"许衡释之曰："四之位近君，多惧之地也。"尤其是"以刚居之，则有僭逼之嫌。"其中更严重者，则为"以阳承阴"，此必"得于君而势逆"。而春秋乱世，周王衰微，诸侯争霸，即此种情况也。许衡继之曰："势逆则尤忌上行。"具体来说，其中又包括两种情况，一是上卦为离者："上行则凶咎必至，离之诸四皆是也"。盖"阳处近君而能保其吉者，以其有才而敬慎故也。火性上炎，动成躁急，非惟不顺君之所用，且反为君之所忌也。"一是上卦为震者："震则四为成卦之主，才干之臣也，是动而知戒，是以有补过之道。""盖震而近君，有戒慎恐惧之义；以阳处阴，有体刚用柔之义。持其术以往，其多功而寡过也宜乎！"（以上均引自《读易私言》）窃以为，晋文公即离之九四也，齐桓公即震之九四也，两者均为霸主之才，均对周王室形成了"僭逼"之势，但前者尤甚，后者则有所忌惮也，故孔子所称者亦有异也。

14.16 子路曰："桓公杀公子纠，召(shào)忽死之，管仲不死。"曰："未仁乎？"子曰："桓公九合诸侯，不以兵车，管仲之力也。如其仁！如其仁！"

【译文】子路说："齐桓公杀了公子纠，召忽为此自杀，管仲却活着。"又说："管仲应该未达到仁的境界吧？"孔子说："齐桓公九次主持诸侯间的盟会，不用兵车就停止了战争，这都是管仲的作为。这就是他的仁德啊！这就是他的仁德啊！"

【注释】①《杨注》："齐桓公和公子纠都是齐襄公的弟弟。齐襄公无道，两人都怕牵累，桓公便由鲍叔牙侍奉逃往莒国，公子纠也由管仲和召忽侍奉逃往鲁国。襄公被杀以后，桓公先入齐国，立为君，便兴兵伐鲁，逼迫鲁国杀了公子纠，召忽自杀以殉，管仲却做了桓公的宰相。这段历史可看《左传》庄公八年和九年。"②李贽《四书评》："'不以兵车'，所全者大矣，非仁而何？子路以一身之死为'仁'，孔子以万民之生为'仁',孰大孰小?"③《读训》引吴昌莹《经词衍释》云:"如,犹此也。如与若同义。若训为此,如亦可训为此。《论语》'如其仁,如其仁',言'此即其仁'也。"

【解读】《周易·系辞下》云:"天地之大德曰生。"此涵义极其丰富,但对万事万物当中所蕴藏的生命力的礼赞应该是主格调。《系辞上》还说:"生生之谓《易》。"意思是说,《周易》这部书就是研究那生生不息的巨大力量的。比如大过卦九二甚至说:"枯杨生稊,老夫得其女妻,无不利。"翻译为白话就是:"快要枯死的杨树长出了新芽,就像老男人又娶了年轻的妻子(生命由此得以延续),那将是无所不利的事"。这种对生命的礼赞,何其生动而活泼!

结合《论语》本章而言,当我们以此思想来对历史人物进行评价的时候,显然就不能以其个人之死生、甚至个人之小节来做评价标准了,而应以其在当时的历史条件下所发挥的历史作用来做评价标准,才更公平、更合理。比如春秋乱世,诸侯征战,小民死伤如草芥,此时管仲协助桓公,"九合诸侯,不以兵车",避免了多少次的杀伐征战,保护了多少条生命免于死亡!这难道不是最大的仁德吗?当其时也,公子纠虽然是管仲原来的"主公",但已被其弟齐桓公(公子小白)假手鲁国所杀,齐国的夺权斗争已经结束,管仲不死,反来效忠其原来的政治对手,看似个人小节有亏,但这和他的远大抱负相比,和他后来的巨大贡献相比,又算得了什么呢?

在本章中,子路不懂其中的道理,故来问孔子,孔子遂温言为之解。对此李贽说得好:"子路以一身之死为'仁',孔子以万民之生为'仁',孰大孰小?"此真懂孔子者也。我们此前已屡言之,所谓"仁"者,即宋儒所谓"生意"者也,即《乾文言》所谓"善之长也"之"元德"也。就此而论,人之生命,不就是天地间的最大的"生意"吗?故管仲能保"万民之生",当然可以称其为"仁"也。

14.17 子贡曰:"管仲非仁者与?桓公杀公子纠,不能死,又相之。"子曰:"管仲相桓公,霸诸侯,一匡天下,民到于今受其赐。微管仲,吾其被发左衽矣。岂若匹夫匹妇之为谅也,自经于沟渎而莫之知也?"

【译文】子贡说:"管仲不是有仁德的人吧?桓公杀公子纠,他不殉难倒也罢了,还做了桓公的宰相。"孔子说:"管仲辅佐桓公,称霸诸侯,使天下归正,人民到今天还受到他的恩赐。如果没有管仲的话,我们恐怕现在都还披散着头发,衣襟向左开着呢。难道要他像小老百姓一样,一味恪守小信,在沟壑中自杀,还没有人知道吗?"

【注释】①《朱注》:"子贡意不死犹可,相之则已甚矣。霸,与伯同,长也。匡,正也。尊周室,攘夷狄,皆所以正天下也。被发左衽,夷狄之俗也。谅,小信也。"②《杨注》:"微,假若没有的意思,只用于和既成事实相反的假设句之首。被,同'披'。自经,自缢。沟渎,犹《孟子·梁惠王》的'沟壑'。"③《集释》引顾炎武《日知录》曰:"君臣之分,所关者在一身。华夷之防,所系者天下。故夫子之于管仲,略其不死子纠之罪,而取其一匡九合之功,盖权衡于大小之间,而以天下为心也。"④《钱解》:"本章舍小节,论大功,孔子之意至显。言仁道之易,孔子有'我欲仁斯仁至'之说。论仁道之大,则此章见其一例。要之孔门言仁,决不拒外功业而专指一心言,斯可知也。"

【解读】子路以勇擅长,不懂管仲为"仁",还可以理解;子贡则智者也,依然不懂管仲为"仁",亦来相问,故孔子又从别一角度答之。子贡或以为,管仲"不死犹可,相之则已甚矣",而孔子则承上章,依然从管仲所建立的功绩来回答:即如果没有管仲协助齐桓公匡扶天下,那我们就有可能变成夷狄之人了;因为当时夷狄的确非常猖獗,试想平王东迁不就是因为犬戎之乱而致西周灭亡之故吗?孔子还指出,像管仲这样的人物,难道让他学习那些"言必信,行必果"(13.20)的小老百姓,悄无声息地死于沟壑吗?答案当然是否定的——其主旨和上章对管仲的评价完全一致。

在"子张学干禄"章(2.18)等处,我们曾经说过,孔学和宋儒有一个极大的不同,那就是其对"外王"和"内圣"实际上是一样重视的,本章应该是又一例证。钱穆说:"孔门言仁,决不拒外功业而专指一心言。"亦此意也。与此相似,《周易》虽然常讲"贤人之德""修德"以及"洗心,退藏于密"等等,但同样讲"贤人之业""通天下之志"以及"举而错之天下之民谓之事业"等等(《系辞传》),此正可与本章互参。

14.18 公叔文子之臣大夫僎与文子同升诸公。子闻之,曰:"可以为'文'矣。"

【译文】公叔文子的家臣大夫僎(zūn),和他一起升任了朝中大臣。孔子知道后,说:"这就可以谥为'文'了。"

【注释】①《朱注》:"臣,家臣。公,公朝。谓荐之与己同进为公朝之臣也。文者,顺理成章之谓。"并引洪兴祖曰:"家臣之贱而引之使与己并,有三善焉:知人,一也;忘己,二也;事君,三也。"②《集释》引毛奇龄《经问》曰:"盖仕于家曰'家大夫',仕于邑曰'邑大夫',而统为'臣大夫'。"并谓:"大夫二字非必同升后方有此称。"③王闿运《论语训》:"僎,古遵字,贡士升大夫谓之僎者。"④李贽《四书评》:"因他谥'文子',故曰'可以为文'。'文'字不必太泥,总之极其许可之词。"

【解读】王夫之说:"春秋之世,锢其家臣而为己用,而忌为同尊者,众矣,而文子不然。"(《四书训义》)因此之故,孔子对公叔文子大加赞赏,认为其谥号可以为"文"。

我们知道,《周易》第四十六卦为升卦(䷭下巽上坤),其卦辞云:"元亨。用见大人,勿恤,南征吉。"此卦内巽外顺,九二刚中而六五虚中而应,有君子进用之象,故可以见大人而利于前进也。又其初六云:"允升,大吉。"初六,卦之卑贱者也,何以能得"允升"呢?陈梦雷释之曰:"以柔居下,无应于上,本不能升。而二、三当上升,初巽于二阳,二阳允之,故大吉也。"(《周易浅述》)其九二则曰:"孚乃利用禴,无咎。"《象》曰:"九二之孚,有喜也。"孚者,信也。盖九二为刚中之臣,应柔之主,又能提携初六以升,故祭祀虽薄而"有喜"也。对比《论语》此章,则公叔文子即九二也,大夫僎即初六也,二人"同升",不亦宜乎!

14.19 子言卫灵公之无道也,康子曰:"夫如是,奚而不丧?"孔子曰:"仲叔圉治宾客,祝鮀治宗庙,王孙贾治军旅。夫如是,奚其丧?"

【译文】孔子谈到卫灵公的昏庸,康子问:"既然这样,那卫国为什么还没有败亡?"孔子说:"他有仲叔圉接待宾客,祝鮀管理宗庙,王孙贾统率军队。能够这样,卫国哪会立即败亡?"

【注释】①《杨注》引俞樾《群经平议》曰:"奚而,犹奚为也。"②《读训》:

"卫灵公乃卫侯之谥号,据《周书·谥法》云:'乱而不损,好祭鬼神,皆曰灵。'康子或为季康子……乃季桓子之子,名肥。仲叔圉即孔文子。祝鮀即卫大夫子鱼也。王孙贾已见《八佾第三》。"

【解读】治理国家,端赖人才。此章孔子直言卫灵公无道,但卫国多君子,如蘧伯玉、公叔文子、公子荆等,孔子已屡赞之矣;此章又提及仲叔圉、祝鮀和王孙贾等人之作用——此或正卫国得于"不丧"之原因也。此三人在《论语》中均已出现:在《公冶长篇》,孔子曾赞孔文子(即仲叔圉)"敏而好学,不耻下问"(5.15);在《雍也篇》,孔子则曾批评"祝鮀之佞"(6.16);在《八佾篇》,当王孙贾讲"与其媚于奥,宁媚于灶"时,孔子声称"获罪于天,无所祷也"(3.13)。此三人或各有所长,亦各有所短,卫灵公善用之,则说明卫灵公尚未昏庸至极,其亦有"知人善任"之德也。

《周易》以上卦之中为君位,并有"五多功"(《系辞下》)之说。但"五"有两种,一为"九五",一为"六五",且其下亦有别焉,故"多功"之说亦不可一概而论。比如许衡曾分析坤六五曰:"以六居五,中而不正,得九二刚中济之,事乃可立。故师、泰、临、升或无咎,而他爻率皆戒辞。盖阴柔之才,不克大事,又鲜能永贞故也。"(《读易私言》)卫灵公或即此六五也,而仲叔圉等人则此九二也,故暂时可保其国不亡也。

14.20 子曰:"其言之不怍(zuò),则为之也难。"

【译文】孔子说:"说话如果大言不惭,想要身体力行就困难了。"

【注释】①《钱解》:"怍,惭义。凡人于事有志必为,当内度才德学力,外审时势事机。今言之不怍,非轻言苟且,即大言欺人。其为之之难,即在其言之不怍时而可见。"②张鼎《春晖楼四书说略》:"言不怍所以为难,其故有三:一是欺人,一是躁妄,一是不自知能否。欺人者无志,不自知能否者无识,躁妄者无养,皆非能为之人。兼三义似较备。"

【解读】儒家向来强调"力行",凡大言不惭者,自不能"力行",故孔子于此处挞伐之。上引张鼎对"言之不怍"三种情况的分析,甚有道理,可与钱穆之说合参。首先是"不自知能否"者，此即钱穆所谓无法"内度才德学力"者也，一如《周易》丰卦"日中见斗""日中见沫"之象，其昏聩可知也；其次是"躁妄"者，此即钱穆所谓无法"外审时势事机"者也，亦即《系辞下》所谓"德薄而位尊，知小而谋大，力小而任重"者，一如《周易》恒卦初六"浚恒"之象，其愚蠢可知也；再次则是"欺人"者，即明知事非如此而故作大言者，一如兑卦六三"来兑"之象，其诚信已失，必有私欲藏于中可知也。凡此三者，岂可行之以远？故曰"为之也难"也。

14.21 陈成子弑简公。孔子沐浴而朝，告于哀公曰："陈恒弑其君，请讨之。"公曰："告夫三子！"孔子曰："以吾从大夫之后，不敢不告也。君曰'告夫三子'者！"之三子告，不可。孔子曰："以吾从大夫之后，不敢不告也。"

【译文】陈恒杀了齐简公。孔子斋戒沐浴后去见鲁哀公，告诉他说："陈恒悖逆，杀了他的国君，请出兵讨伐他。"鲁哀公说："你去告诉季孙、仲孙、孟孙三个人吧！"孔子出来后，说："因为我曾忝列大夫之后，不敢不来报告啊，但君上却说'去告诉季孙、仲孙、孟孙三个人吧'！"孔子只得去告诉了这三位权臣，但他们都说不能出兵。孔子又说："因为我曾忝列大夫之后，不敢不来报告啊。"

【注释】①许仁图《子曰论语》："陈成子，姓田，名恒，《史记》因避讳'恒'字，作'田常'，齐国大夫。'田''陈'古音同。陈成子弑齐简公，在哀公十四年。"②《朱注》："是时孔子致仕居鲁，沐浴斋戒以告君，重其事而不敢忽也。臣弑其君，人伦之大变，天理所不容，人人得而诛之，况邻国乎？故夫子虽已告老，而犹请哀公讨之。三子，三家也。时政在三家，哀公不得自专，故使孔子告。而三子，鲁之强臣，素有无君之心，实与陈氏声势相倚，故沮其谋。而夫子复以此应之，其所以警之者深矣。"

【解读】陈恒弑君，在古代当然是大逆不道的事，故当时孔子虽然赋闲在家，依然"沐浴而朝"，郑重其事去报告鲁哀公，希望鲁国出兵讨伐。《周易》师卦有云："师，贞。"《象传》释之曰："师，众也。贞，正也。"也就是说，像兴师动众这样的大事，目的是正天下之不正，故必须出师有名，出师以正。弑君是大罪，齐鲁又为邻国，鲁国此时如果出兵讨伐，当然是"正义之师"。但不幸的是，此时鲁哀公无兵无权，政在三家，而三家"实与陈氏声势相倚"，故对孔子的建议置若罔闻，一口回绝了。

其实陈恒弑君，早有征兆。《颜渊篇》有"齐景公问政于孔子"章，当时齐景公就曾担心地说："信如君不君，臣不臣，父不父，子不子，虽有粟，吾得而食诸？"（见12.11）盖当时陈氏的势力已经很大，"君不君，臣不臣"的现象或已出现。又据《左传·昭公二十六年》记载，晏婴曾对齐景公说："陈氏虽无大德，而有施于民。豆、区（ōu）、釜、钟之数，其取之公也簿，其施之民也厚。公厚敛焉，陈氏厚施焉，民归之矣。"可见当时陈氏在争取"民心"方面是很有手段的，也是有效果的，而相比而言齐简公对待老百姓就大有问题了。这样发展下来，到了齐景公的孙子齐简公的时候，虽然不过三十多年的时间，就发生了本章讲的陈恒弑君的事。《周易·坤文言》有云："积善之家，必有余庆；积不善之家，必有余殃。臣弑其君，子弑其父，非一朝一夕之故，其所由来者渐矣，由辩之不早辩也。"信夫！

最后值得一提的是，假如鲁哀公和三家听从了孔子的建议，齐鲁真的开战，鲁国的胜算如何？对此后世学者争论很多。比如《左传·哀公十四年》就曾引孔子之言曰："陈恒弑其君，民之不予者半。以鲁之众，加齐之半，可克也。"而程子却明确讲："此非孔子之言。诚若此言，是以力不以义也。若孔子之志，必将正名其罪，上告天子，下告方伯，而率与国以讨之。至于所以胜齐者，孔子之余事也，岂计鲁人之众寡哉？"（转引自朱子《四书集注》）这话讲得大义凛然，应契合孔子之心态。另当时鲁哀公和三家的实际处境看，孔子肯定知道"沐浴而朝"的后果，故其两次说"以吾从大夫之后，不敢不告也"，足见其悲凉之感以及"知其不可而为之"之心态也。王夫之说："知不可为，而不容不正者，大义也。虽不必行，而存其义，则名正法立，而可伸于天下后世者，大权也。圣人立人道之大防，亦惟尽之于己，而大义明、大权昭矣。"（《四书训义》）此处之"义"，约等于"经"，同时亦"权"也。关于经、权之关系，请参见9.30的讨论。

14.22 子路问事君。子曰："勿欺也，而犯之。"

【译文】子路问如何对待君主。孔子说："不要欺骗他，但可以冒犯他。"

【注释】①《集解》引孔安国曰:"事君之道,义不可欺,当能犯颜谏争。"②《朱注》引范祖禹曰:"犯非子路之所难也,而以不欺为难,故夫子教以先勿欺而后犯也。"③《集释》引《朱子语类》曰:"子路性勇,凡言于人君要其听,或至于说得太过,则近乎欺。"④李贽《四书评》:"知之不到都是'欺'。不然,子路安得有'欺'乎!"

【解读】孔学既强调入世,故对君臣关系极为重视。如在《八佾篇》子曰"事君尽礼,人以为谄也"(3.18),又曰"君使臣以礼,臣事君以忠"(3.19),在《里仁篇》子游曰"事君数,斯辱矣"(4.26),在《先进篇》子曰"以道事君,不可则止"(11.24),在《卫灵公篇》子曰"事君,敬其事而后其食"(15.38)等等,均是。此章讲"勿欺也,而犯之",所取者亦"忠君"之义,可以上章孔子针对"陈成子弑简公"所采取的行动对照思之,而不必将视野仅仅局限于专门针对子路而言。

"欺"有多种情况,"媚上"是有意为之,当然可恶;而"说得太过"也是,"知之不到"而强不知以为知、强不能以为能,其实也是。《周易·乾文言》有云"闲邪存其诚",或惟有心存一个"诚"字,才能达致"勿欺"之境界。而"犯"也有多种情况,绝不是简单的"冒犯"的意思,其核心是当君上失德失政时要敢于犯颜谏争。故唐文治说:"曰'勿欺也,而犯之',可见'犯'即出于'勿欺'之中,惟'勿欺'而后能'犯'也。虽然,此特指君有过而言耳。《孝经》曰:'将顺其美,匡救其恶。'故上下能相亲也。"(《论语大义》)此言得之。

鉴于中国存在悠久的专制传统,孔子于此提倡的"犯上"精神实在难能可贵,对此李泽厚曾有一个阐发,兹全文转引如下:"如今刚好相反。报喜不报忧,阿谀逢迎,无所不至。'大跃进'的欺骗导致数千万人的死亡。中国自汉御史有谏官制度,即可谓将此语体制化,实开世界先河。此儒学外王之优良传统可承继而与现代政治相接轨者。"(《论语今读》)李氏之说,值得深思。

14.23 子曰:"君子上达,小人下达。"

【译文】孔子说:"君子向上追求,小人向下追求。"

【注释】①《集解》:"本为上,末为下。"②《皇疏》:"上达者达于仁义也,下达谓达于财利,所以与君子反也。"③《朱注》:"君子循天理,故日进乎高明。小人循人欲,故日究乎污下。"④《集释》引焦竑《焦氏笔乘》曰:"问:上达下达。曰:形而上者谓之道,形而下者谓之器,非二物也。君子见性,故不得有,但见其道,而不见其器。小人执相,故不得无,但见其器,而不见其道。"

【解读】《论语》将君子、小人对举之处有很多,此又为一例,且极为重要。皇侃以"上达"为"达于仁义",以"下达"为"达于财利",朱子则以"上达"为"君子循天理,故日进乎高明",以"下达"为"小人循人欲,故日究乎污下",固然说得不错;但不如何晏以"本末"释"上下",焦竑以"形而上者谓之道,形而下者谓之器"(语出《周易·系辞上》)释"上下",更加根本,更加深刻。盖上、下之概念,的确有非常深邃、非常广大之涵义,不能仅仅以仁义和财利、天理和人欲释之。据《周易》之解,此"上"即"形而上"之"道"也,应该指的是包括天、地、人"三极之道"在内的本体界的东西,并不仅仅是指"仁义""天理"等;而此"下"即"形而下"之"器"也,应该指的是所有现象界的事物,也不单单是指"财利""人欲"等。

在《论语·为政篇》中,孔子曾说"君子不器"(2.12),意思就是说,君子可以"上达"于道而不为具体器物所拘也。又《说文解字》释"乾"为"上出"(其字形像日之出),段玉裁注曰:"此乾字之本义也。自有文字以后,乃用为卦名。而孔子释之曰'健也'。健之义生于上出。""上出"与本章"上达"之义相通,说的正是君子"自强不息"的一种精神、一种力量。而与此相反,小人却缺乏这样一种精神和力量,故而"下达",仅仅落在现象界的层面也。在《论语·子张篇》中,子夏曾说:"百工居肆以成其事,君子学以致其道。"(19.7)这里的"百工"即小人,亦可与本章的"君子上达,小人下达"之说互参。

14.24 子曰:"古之学者为(wèi)己,今之学者为(wèi)人。"

【译文】孔子说:"古代求学的人是为了成就自己的德业,今天求学的人是为了得到别人的肯定。"

【注释】①《集解》引孔安国曰:"为己履而行之,为人徒能言之。"②《皇疏》:

"明今古有异也。古人所学，己未善，故学先王之道，欲以自己行之，成己而已也。今之世学，非复为补己之行阙，正是图能胜人，欲为人言己之美，非为己行不足也。"③《朱注》引程子曰："为己，欲得之于己也。为人，欲见知于人也。"

【解读】孔子一直强调"托古改制"（详见7.1），此章亦然，所谓"古之学者""今之学者"云云，乃借古以讽今也。如果抛开古、今的问题，这里的关键其实就是："为己"和"为人"的区别到底在哪里？前人对此的注疏有很多，归纳起来无非以下几点：

一是"为己之学"的出发点首先是完善自己，而"为人之学"则反之。皇侃所谓"古人所学，己未善，故学先王之道"，而"今之世学，非复为补己之行阙，正是图能胜人"，即此义也。《周易》乾卦《大象》言"自强不息"，也是首先将自身修养的提升放在第一位的。

二是这种"为己之学"是入心入脑的，是强调知行合一的，而"为人之学"则反之。对此《荀子·劝学篇》说得好："君子之学也，入乎耳，著乎心，布乎四体，形乎动静，端而言，蠕而动，一可以为法则。小人之学也，入乎耳，出乎口。口耳之间则四寸耳，曷足以美七尺之躯哉？"孔安国则谓："为己履而行之，为人徒能言之。"此与荀子所言完全相通。《周易·乾文言》有云："君子学以聚之，问以辩之，宽以居之，仁以行之。"亦是此义。

三是"为己之学"首重"悦己"，而"为人之学"则重在"悦人"。唐文治说："《大学》言诚意必慎其独，即所谓'为己'也……此《易传》于乾之初爻、大过之《大象》，所以特标'遁世无闷'之旨也。"（《论语大义》）《乾文言》曾赞乾初九曰："不易乎世，不成乎名。遁世而无闷，不见是而无闷。乐则行之，忧则违之。确乎其不可拔，乾龙也。"此以道自足者，体现的正是"为己之学"的目标追求。而"为人之学"呢？如皇侃所说，则"图能胜人，欲为人言己之美，非为己行不足也。"又《北堂书钞》曾引刘向《新序》云："齐王问墨子曰：古之学者为己，今之学者为人，何故？对曰：'古之学者得一善言，以附其身；今之学者得一善言，务以悦人。'"此将两者为学目标之不同，说得很是清楚。

最后需要指出的是，或将此语误为"古之学者只是为了一己之欲，而今之学者则强调为他人服务"，那样意思就全然相反了。但另一方面，亦不可因为上边强调"古之学者为己"，就认为他们对别人不管不顾。盖"为己"是说"内圣"，而

"内圣"当然要为"外王"服务,两者在孔学那里是完全一致的。钱穆说:"孔子非不主张学以为人,惟必有为己之本,乃可以达于为人之效。孔子曰:'己欲立而立人,己欲达而达人。'己立、己达是为己,立人、达人是为人。孔门不薄为人之学,惟必以为己之学树其本,未有不能为己而能为人者。"(《论语新解》)此言得之。

14.25 蘧伯玉使人于孔子。孔子与之坐而问焉,曰:"夫子何为?"对曰:"夫子欲寡其过而未能也。"使者出。子曰:"使乎!使乎!"

【译文】蘧伯玉派了一个使者,前来问候孔子。孔子让他坐下,询问道:"他老人家在干什么呢?"使者回答:"他老人家想减少自己的错误,可是总觉得没能做到。"使者告辞出来。孔子说:"好一个使者啊!好一个使者啊!"

【注释】①《杨注》:"蘧伯玉,卫国的大夫,名瑗。孔子在卫国之时,曾经住过他家。"②《朱注》:"与之坐,敬其主以及其使也。夫子,指伯玉也。言其但欲寡过而犹未能,则其省身克己、常若不及之意可见矣。使者之言愈自卑约,而其主之贤益彰,亦可谓深知君子之心而善于辞令者矣,故夫子再言'使乎'以重美之。"

【解读】在《论语》中,有四个人被孔子赞为"君子",蘧伯玉是其中之一(见15.7)。据《史记·仲尼弟子列传》记载,孔子于卫国所严事者,就是蘧伯玉;孔子到卫国,也是住在蘧伯玉家。据说蘧伯玉善于"保生",活得年龄很大,甚至有人认为孔子住在他家时,蘧伯玉已有百岁高龄。这样一位年高德劭的大夫,除了善于"保生",还善于自我反省,善于"寡过"。除了本章提到的这个故事外,《庄子·则阳篇》也说:"蘧伯玉行年六十而六十化,未尝不始于是之,而卒诎(qū)之以非也;或未知今之所谓是之,非五十九非也(即六十之是者,或为五十九之非)。"而《淮南子·原道篇》则说:"蘧伯玉年五十而知四十九年非。"我们知道,在《述而篇》中,孔子本人也说过:"加我数年,五十以学《易》,可以无大过矣。"(7.17)可见"改过"或"寡过",是孔子和蘧伯玉都喜欢做的事,故孔子对使者带来的这个消息兴奋异常,连声称赞。

《论语》对"过"的问题,论述有很多,如孔子说"观过,斯知仁矣"(4.7),又特别强调"改过",如说"过则勿惮改"(1.8&9.25)以及"过而不改,是谓过矣"(15.30),孔子还曾赞扬颜回"不贰过"(6.3),等等。但值得注意的是,本章以蘧伯玉为例,直接讲"寡过",并指出即便是蘧伯玉这样的君子,且已高寿,依然"欲寡其过而未能也",由此可见"过"之难改,又见"改过"之极端重要性也。

《周易》常被视为"寡过"之书,我们在前边的相关章节已有讨论,这里不妨再强调一下:《周易》凡言凶、悔、吝者,均可视为劝人改过之辞,贵在占者自省也。特别是"无咎",《系辞下》明言其为"善补过者",读者尤当注意。比如临卦(䷒)六三云:"甘临,无攸利。既忧之,无咎。"《小象》曰:"甘临,位不当也。既忧之,咎不长也。"此"忧之"即善于反省也,即有改过之心也,既如此,故获无咎也。又如节卦(䷻)六三云:"不节若,则嗟若,无咎。"《小象》曰:"不节之嗟,又谁咎也?"丰寅初释之曰:"处兑之极,水溢泽上,说(悦)于骄侈,不知谨节,以致穷困。然其心痛悔,形于悲欢,能悔则有改过之几,是犹可以无咎也。"(转引自李光地《周易折中》)此均为善于"寡过"之效,读者察之。

14.26 子曰:"不在其位,不谋其政。"曾子曰:"君子思不出其位。"

【译文】孔子说:"不处在那个职位上,就不要考虑那个职位上的事情。"曾子说:"君子考虑问题,不应超出自己的本分。"

【注释】①《皇疏》引孔安国曰:"不越其职也。"②《集释》引江声《论语竢质》曰:"曾子云云,申夫子之言也。夫子之言已见《泰伯》,曾子之言则彼文未有,盖记彼文者未之闻尔。此则兼闻曾子之言,正相印合,遂并记之也。"③《朱注》:"此艮卦之象辞也。曾子盖尝称之,记者因上章之语而类记之也。"并引范祖禹曰:"物各止其所,而天下之理得矣。故君子所思不出其位,而君臣、上下、大小皆得其职也。"④张栻《南轩论语解》:"位,非独禄位之称,大而君臣父子,微而一事一物之间,当其时与其地,所思有所止而无所越,皆为不出其位也。非有主乎其中者,其能然乎?"

【解读】本章"子曰"部分,与《泰伯篇》重出,有关讨论请参见8.14。本章主旨可归纳为"不出位"的问题,孔子讲的是"行不出位",曾子讲的是"思不出位"。这两者当然有密切联系，故当孔子说到"不在其位，不谋其政"时，曾子就补充说"君子思不出其位"——《论语》编者将此联结为一章，是完全合乎情理的。

这里的关键，是如何理解"位"。张栻说得好，此"位"字决非仅指"禄位"而言，其涵义应该更为广泛。唐文治则说："位者，兼职分、性分而言。性分之位，喜怒哀乐、视听言动是也；职分之位，君臣父子五伦以及富贵贫贱、夷狄、患难之境是也。性分有涵养于未发者，有省察于临时者；职分有预定于事前者，有审处于临事者。有当然之位，即有当然之思。"（《论语大义》）这里"职分之位"比较好理解，而关于"性分之位"，或可联系"非礼勿视，非礼勿听，非礼勿言，非礼勿动"（12.1）加以理解，但亦不能完全将之归结为"执礼"。按照唐文治的观点，无论是在性分上还是在职分上，都必须持守"当然之思"和"当然之位"，才能在思想上和行动上做到"不出位"。如此，则"物各止其所"，天下天平矣！

而照此看来，此"位"就不能被予以僵化理解，它应该是活的东西。我们知道，《周易》最讲"时位"，"位"和"时"其实是分不开的。比如在一卦之中，我们知道最下一爻曰"初"，最上一爻曰"上"，就典型地体现了这一思想。潘雨廷说："取'初'字者，字义相对曰'终'，初、终以时间言。取'上'字者，字义相对曰'下'，上、下以空间言。""以位之上应于时之初，义与位之下以应于时之终亦同，所以结合时位，贯宇宙为一。"（《论<周易>爻名作者的思想结构》）而在具体的卦爻辞和《易传》言论中，更是时时处处体现了这一思想。如潘雨廷在分析乾卦《大象》"自强不息"一语时曾说："如知自强不息而不知据于时位，难免有着虚之感。如能核实以观其象，其不息者明时代之思潮决不或息，其自强者自思所处之位决不失正，因位明时，其力量源源不绝。此即《大象》作者所以取《论语·宪问》'曾子曰：君子思不出位'之义用于'兼山艮'。观艮山所止之象以玩曾子之辞，庶知言有所指，易象之用岂不大矣哉！"（同上）由此可见，讲"位"必须结合"时"，此"位"才是活的，而所谓"不出位"者，才不至于走偏也。

值得注意的是，张栻在讨论"不出位"时，特别强调："非有主乎其中者，其能然乎？"那么，这个"主乎其中者"，究竟是什么呢？实际上，此即仁也、义也、礼也、智也，亦道也、德也，或文明社会的一切道德规范也。众所周知，"君子思不出其位"，与《周易》艮卦《大象》"兼山，艮；君子以思不出其位"文辞接近，内涵相通。毛奇龄说："世疑象词多'以'字，或古原有此语，而夫子引以作象词，曾子又引以证'不在其位'之语，故不署'象曰''子曰'二字。"（《论语稽求篇》）此说与上引潘雨廷先生所言或不同。窃以为，此语究竟原出《论语》还是《周易》，抑或均出于某古语，恐怕已难考证，但此语为什么会和艮卦相勾连？却值得讨论。盖艮者（☶）山也、止也，止德实即文明之核心也。贲卦《象传》云："文明以止，人文也。"艮卦《象传》云："艮，止也。时止则止，时行则行，动静不失其时，其道光明。"《大学》云："知止而后有定，定而后能静，静而后能安，安而后能虑，虑而后能得。"诸如此类，都是强调人和动物之不同，即人类社会是有规则规范和道德底线的，人惟有"知止"，才能"有得"，才能"其道光明"，才能趋于"文明"。又王夫之说："只思义理便是思，便是心之官。思食、思色等，直非心之官，则亦不可谓之思也。一个人所思不为耳目等官能所欲，以从乎欲……且能复其性分上物我一体流通无碍之本然，此即'思不出其位'。"（《读四书大全说》）亦与上述观点相通。故"君子思不出其位"一语，其义大矣哉！

14.27 子曰："君子耻其言而过其行。"

【译文】孔子说："君子认为，如果说得多而做得少，那是耻辱的。"

【注释】①《杨注》："而，用法同'之'，说详《词诠》。皇侃所据本，日本足利本，这一'而'字都作'之'。"②《钱解》："本章或作'耻其言之过其行'，义解则同。不当分'耻其言'与'过其行'作两项解。"

【解读】《论语》对言行关系论述很多，如《为政篇》孔子讲"先行，其言而后从之"（2.13），《里仁篇》孔子讲"古者言之不出，耻躬之不逮也"（4.22），又讲"君子欲讷于言而敏于行"（4.24），等等。本章讲"君子耻其言而过其行"，与以上诸说完全一致。这个问题，后来又演化为中国哲学史上著名的知行关系，长期聚讼纷纭，但其基本观点一直延续了孔子的立场，那就是"行胜于言""行重于知"，则是大体可以肯定的。这种对行动、对实践的重视固然有其道理（因为孔子所谓的"言行"基本上限定于人的社会行为方面），但不可否认的是，由此也导致了中国文化在理论思维、理论建构上的不足，中国为什么向来技术发达而并没有自发产生科学（此即著名的"李约瑟之谜"），恐怕此一立场难辞其咎。

在2.13，我们曾经分析过《周易》和《论语》对待言行关系上的差异，因为

《周易》首先建构了一个包括图画和文辞相结合的庞大的象征体系,所以它主张"拟之而后言,议之而后动,拟议以成其变化"(《系辞上》),这和《论语》过于强调行动的作用是有很大不同的。实际上,《周易》建立的这个天地宇宙象征模型,的确和西方文化的"两个世界"(李泽厚语)有接近之处,而和中国文化主流的"一个世界"颇有不合,由此我们也就不难理解,后来为什么偏偏是易学在西方文化的冲击下诞生出一个"科学易"的流派了。我们知道,西方近代哲学有所谓"唯理主义"一派,它的基本原则,就是认为不依靠经验、单凭理性自身就可以自足地产生真理——这种哲学派别固然也有其缺点,但它在彰显理论的自足性、演绎的重要性以及构建逻辑自洽的理论体系方面无疑具有了不起的启示。其中值得注意的是,像笛卡尔、莱布尼茨等著名的唯理论哲学家,同时都是科学家,而经验论的哲学家如培根和洛克等,在科学方面却均无建树,已经说明了部分问题。而更加有意思的是,莱布尼茨创立"二进制"还和《周易》有着千丝万缕的关系,据胡阳、李长铎的研究(《莱布尼茨二进制与伏羲八卦图考》),他很可能是受到《周易》的启发才创立了这一影响深远的计数制模型的。就此而言,如何发掘《周易》当中的科学思想,以及从新的角度如何深入反思言行关系、知行关系,可能依然是一个值得讨论的话题。

14.28 子曰:"君子道者三,我无能焉:仁者不忧,知(智)者不惑,勇者不惧。"子贡曰:"夫子自道也。"

【译文】孔子说:"君子的品德有三项,我都没有做到!懂得仁爱的人不忧愁,拥有智慧的人不迷惑,临事勇敢的人不畏惧。"子贡说:"这是他老人家的自谦之辞啊。"

【注释】①《朱注》:"自责以勉人也。自道,犹云谦辞。"并引尹焞曰:"成德以仁为先,进学以知为先。故夫子之言,其序有不同者以此。"②王夫之《四书训义》:"'道者三',非君子之道三也,仁、知、勇是德不是道。此'道'字解作'由'也。'自道也',只是自言如此意。"

【解读】此即《中庸》所谓"三达德"者。在《子罕篇》中,孔子说:"知者不惑,仁者不忧,勇者不惧。"(9.29)此章所称顺序与彼不同,个中缘由,尹焞谓

"成德以仁为先,进学以知为先",可参考。仁、智、勇何以成为"三达德"?我们曾从"自考"的角度做过分析,其实在西方近现代哲学和心理学中有著名的"知、情、意"之说,亦与此暗合,盖此三者乃人性之本也,值得由此角度稍作申论。

比如关于"仁",我们已经指出,它首先是孔学对"德"的一种新的解读(既为"全德",亦为"元德"),但仁同时还是一种高贵而深沉的情感。举例来说,孔子以"心安"来解释"三年之丧"并据此批评宰我为"不仁"(见17.21),本章以"不忧"来指称"仁者",孟子更以"恻隐之心"为"仁之端"(见《孟子·告子上》)等等,就都说明了仁的这种情感特征。而在郭店竹简中,仁字写为上"身"下"心",并强调"道始于情,情生于性"(《性自命出》),对"情"的评价就更高了。我们知道,《周易》也屡次讲"天地之情"或"天地万物之情",比如咸卦《象传》云:"天地感而万物化生,圣人感人心而天下和平;观其所感,而天地万物之情可见矣!"这里的"感"和"情",即可理解为"天地之仁"(当然《老子》讲"天地不仁")。也许正是因此,李泽厚提出了著名的儒家"情本体"理论,而主张"生活儒学"的黄玉顺也说:"生活首先显示为生活情感。在儒家,这种生活情感首先就是仁爱。"(《面向生活本身的儒学》)的确,从"情"的角度来看"仁",其往往和"仁者爱人"(12.22)相勾连,故儒家常以"仁""爱"并提,叫做"仁爱"。一个有"仁爱"之心的人,自然不可能有什么忧愁也。

而关于"知(智)",按照现代心理学的说法,应该包括信息、知识和智慧三个层面。和道家相比,儒家是"爱智主义者",我们在《雍也篇》中已有讨论(见6.20);而和西方哲学相比,儒家主要讨论的还是其生活智慧的层面,特别是《论语》,更是如此。这里值得注意的倒是,儒家经典大概只有《周易》一书包括不少自然科学方面的知识和信息,比如上章提到的"二进制"就和阴阳二爻及其神秘的六十四卦排列顺序有着契合关系。马一浮有"六艺该摄一切学术"之说,曾谓"《易》为自然科学之源"(见《竺可桢日记》),此说或有理。此外已有不少学者的研究表明,《周易》古经中包含着丰富的天文地理知识(比如刘子华的《八卦宇宙论与现代天文》以及陆思贤的《周易天文考古》等)——而这些知识都是《论语》所缺乏的。两相对比,《论语》可以说主要关注的是日常生活的智慧,而《周易》关注的则是以天地人为一体的整体性智慧。孔子晚年喜《易》,除了对其"推天道以明人事"感兴趣外,或许还有探究天地自然之道的意图,亦未可知也。本章讲"知者不惑",对"知(智)"之目的所言甚明,千载之下恐亦无人敢提异议也。

最后是"勇"。这应该属于人的意志(will)的范畴，也就是《周易》讲的自强不息的力量，即乾之"上出"的力量，并非单纯是指"体力""武力""蛮力"等等。孔子批评子路"好勇过我，无所取材"(5,7)，当即出于此意。但孔子也曾赞扬"卞庄子之勇"(14.12)，特别是他强调"见义不为，无勇也"(2.24)，此章又讲"勇者不惧"，可见"勇"虽被后人排除于"五常"之外，但其为儒家之美德无疑也。只不过"勇"毕竟属于意志的范畴，如不加以规范，则易流于泛滥而害人害己，故孔子又讲"好勇不好学，其蔽也乱"(17.8)，"勇而无礼则乱"(8.2)，"好勇疾贫，乱也"(8.10)，又说"仁者必有勇，勇者不必有仁"(14.4)，"君子有勇而无义为乱，小人有勇而无义为盗"(17.23)，等等——此均警戒之语并试图规范之也。

此外，孔子自谦"无能"，和上章蘧伯玉自谦"欲寡其过而未能也"好有一比。在《论语》中，孔子类似的自谦之辞还有很多，如《述而篇》说"若圣与仁，则吾岂敢"(7.34)以及"文莫(质)吾犹人也。躬行君子，则吾未之有得"(7.33)等，此正为孔子之为圣人处。值得一提的还有，据许仁图记载，其老师毓鋆先生解"夫子自道"为"夫子自家之道"、"夫子看家本领"(《子曰论语》)，甚妙，亦可录以备考。

14.29 子贡方人。子曰："赐也贤乎哉？夫我则不暇。"

【译文】子贡批评别人。孔子说："赐就那么杰出了吗？要是我，可没那闲工夫去批评别人。"

【注释】①《正义》引陆德明《经典释文》云："方人，郑本(郑玄本)作'谤'，谓'言人之过恶'。"②《朱注》："方，比也。比方人物而较其短长，虽亦穷理之事，然专务为此，则心驰于外，而所以自治者疏矣。"③《读训》："按方、谤同音，但谤乃后起字。'方'作动词，言'指正他人之过错，恐难免声色俱厉'。"

【解读】唐文治说："自'子贡方人'以下六章，皆观人处事之法也。"(《论语大义》)我们知道，在孔门弟子中，子贡应该属于"智慧第一"的人物。这样的人，因为太过聪明，可能有时难免议论别人、批评别人。这里的"方"，虽有不同理解，但按照程石泉先生的分析，无论是指"谤"还是指"比"，意思应该都差不多，肯定都是声色俱厉地指正别人的错误的意思。孔子主张"为己之学"，强调"攻其恶，无攻人之恶"（12.21），当然对子贡的这种做法表示不满。在本篇第一章中，我们曾提到过孔子去世后子贡见原宪的故事，当时他对原宪张口就说"夫子岂病乎？"后来受到原宪的回击，以至于子贡"终身耻其言之过也"（《史记·仲尼弟子列传》）。由此可见，子贡的这个毛病还是很难改的。

《周易》爻辞有两处提到"小有言"，一在需卦九二，一在讼卦初六，结果都是"终吉"。当然，两者的情况有不同，按照陈梦雷的解释，前者是"群小从而訾议之"，而后者则是"我有争辩之语也"（《周易浅说》）。因为前者为九二，自身处中，虽"小有言"，仍获"终吉"；而后者为初六，质柔在下，虽"小有言"，亦无大碍，但"不永所事"，也就嘀咕两句就算了，故为不能与人讼者，因而"终吉"。值得注意的是，这里都将"有言"即议论别人、批评别人，当做"小人"之事。这和《论语》此章孔子对子贡表示不满，是一个道理。而且，孔子以"夫我则不暇"言之，又何其高妙而幽默也。

14.30 子曰："不患人之不己知，患其不能也。"

【译文】孔子说："不怕别人不了解自己，怕的是自己没有能力。"

【注释】①《朱注》："此章凡四见，而文皆有异，则圣人于此一事，盖屡言之，其丁宁（叮咛）之意亦可见矣。"②《集释》引王肯堂《论语义府》曰："学之而成谓之能，既已能之而人莫之知，在其能亦无自而展矣。然能不能在己，知不知在人。在人者非吾所能预，而在己者当自勉也。"

【解读】类似本章内容者，在《论语》中共计出现四次，只是文字稍有差异而已。除本章外，其他三章分别是：《学而篇》1.16，子曰"不患人之不己知，患不知人也"；《里仁篇》4.14，子曰"不患无位，患所以立。不患莫己知，求为可知也"；《卫灵公篇》15.19，子曰"君子病无能焉，不病人之不己知也"。诚如朱子所说，于此可见圣人对此何其重视，其反复叮咛之意至明也。此无他，盖君子之学即"为己之学"，这是本，而他人知不知以及用不用则为末也。相关分析请参见1.16和14.24等。

14.31 子曰:"不逆诈,不亿不信,抑亦先觉者,是贤乎?"

【译文】孔子说:"不预先怀疑别人的欺诈,也不妄自猜测别人不诚实,但又能及早发觉别人的欺诈和不诚实,这样的人应该是贤人了吧?"

【注释】①《朱注》:"逆,未至而迎之也。诈,谓人欺己。亿,未见而意(臆)之也。不信,谓人疑己。言虽不逆、不亿,而于人之情伪,自然先觉,乃为贤也。"②李贽《四书评》:"'逆''亿'而觉者,'不贤'可知。"③辛全《四书说》引邹元标曰:"逆诈、臆(亿)不信,固不是,徒自家先觉其诈与不信,亦不济诈与不信,皆属'迷复',失其心也。吾能不待其诈、不信而先警觉之,使其诈与不信之心,皆不敢逞,此方是贤。"

【解读】此章主旨,或涉仁智关系。"不逆诈"和"不亿不信"是仁,"先觉"是智。很明显,孔子主张,既仁且智,方为贤者。但细味本章文字,并根据前人注解和分析,窃以为,本章关于贤与不贤的界定,似乎有三种情况,或者包括三个层次,实有辨析之必要。

第一种情况,是对人始终保持戒心,一开始就将别人视为狡诈之辈,怀疑别人的诚信,如此为人处世的层次当然是最低的。李光地说:"逆诈、亿不信,不得谓之先觉者,偶或得之,而所失者多也。万一以诚为诈,以信为不信,则其害也大矣。"(《读论语札记》)或许这样做,偶尔也会看人看得很对,但肯定会冤枉好人,其危害自然是很大的。在某种意义上,这就是"以小人之心"来度人了,其境界之低可知也。

第二种情况,就如本章字面上所讲,不预先怀疑别人的欺诈,也不妄自猜测别人不诚实,但又能及早发觉别人的欺诈和不诚实——这当然是很高的境界了,所以孔子感叹说:"这该是贤人了吧?"对于这种情况,唐文治曾引谢良佐曰:"贤者于事,能见之于微,谓之'先觉',如履霜可以知坚冰也,此亦谓事有朕兆而见之也。'几者,动之微。'知几则先觉也。"又引李光地曰:"《易》言:'恒易以知险,恒简以知阻。'易者,险之反;简者,阻之反。以险阻遇险阻,则必不能知险阻,而亦无以处险阻者;惟易简则知险阻,而有以处之矣。若无易简之德,而徒曰'无贰无虞'云者,使其果能息机忘物,犹未足为贤也。"(《论语大义》)两者均对《周易》多有征引,尤其对"先觉"所解甚明,故唐文治云"二说均精",值得读者反复思之。

第三种情况则如邹元标所言：假设一个人"先觉其诈与不信，亦不济诈与不信，皆属'迷复'，失其心也。""迷复"出自《周易》复卦（䷗）上六爻辞，盖复之上六位高而无下从之美，质柔而无改过之勇，故终于昏冥而不复也。邹氏引用此语，意思大概是说，如果一个人只是觉察到了对方的欺诈和不诚信，而又坐视不管，则同样是"失其心也"。理想的状态应该是："吾能不待其诈、不信而先警觉之，使其诈与不信之心，皆不敢逞，此方是贤。"这虽有陈义过高之嫌，但的确比第二种情况要高一个境界。从孔子以"是贤乎"设问来看，孔子或期待此一境界亦未可知也。

14.32 微生亩谓孔子曰："丘何为是栖栖者与？无乃为佞乎？"孔子曰："非敢为佞也，疾固也。"

【译文】微生亩对孔子说："你为什么这样四处奔波、忙忙碌碌呢？是不是为了显摆你的口才啊？"孔子说："我哪里是为了显摆自己的口才！我只是对这个固陋不通的世道看不惯罢了。"

【注释】①《朱注》："微生，姓；亩，名也。亩名呼夫子而辞甚倨，盖有齿德而隐者。为佞，言其务为口给以悦人也。疾，恶也。固，执一而不通也。"②《读训》："'栖栖'亦作'棲棲'。如《文选·班固答宾戏》曰：'棲棲遑遑，孔席不暖。'李善注：'棲棲，不安居之意也。'"③《后案》："疾，痛也。固、锢通。痛怜斯世之锢弊，不能不言，而非佞也。以疾锢为佞，世之浅视圣人如此。"

【解读】微生亩是《论语》中出现的第一个隐士，后边还会有大量的隐士出现，对孔子进行各式各样的批评。根据本篇第一章所引《史记·仲尼弟子列传》"子贡见原宪"的故事，原宪本人就具有隐士之特征，故在本篇出现隐士的形象是完全可以理解的。而微生亩一上场，就指责孔子为"佞者"，显得特别地惊心动魄。为什么呢？因为孔子本人对"佞"一直是持批评态度的，比如他说过："焉用佞？御人以口给，屡憎于人。"（5.5）又曾批评"祝鲏之佞"（6.16），还针对子路讲过"是故恶夫佞者"等等。现在居然有人指责孔子"无乃为佞乎"，而其弟子居然将此事记录了下来，由此亦见孔门气象之阔大也！

究其原因，或微生亩作为"不事王侯，高尚其事"（语出蛊卦上九爻辞）之隐者，对孔子周游列国、游说诸侯以推销其仁政无法理解，认为他是多此一举，故对其以"佞"视之，而孔子以"疾固"答之，亦妙矣！这里的"固"，或按朱子解为世人"执一而不通"，或按黄式三解为"斯世之锢弊"，均通。孔子所不同于隐士者，正在于其"用世"之苦心。在《雍也篇》中，孔子曾说："夫仁者，己欲立而立人，己欲达而达人。"（6.30）像微生亩等隐士一样仅仅满足于"己立""己达"，而不去"立人""达人"，儒者当然是不会同意的。按照孔子的说法，斯世之人既然不能达于仁道而固陋不通，儒者就要席不暇暖地去四处游说之——此岂为徒逞一己之口才耶？《周易·系辞下》有云："作《易》者，其有忧患乎？"孔子之"疾固"，实乃圣人之忧患意识所致。微生亩不解孔子，或亦"锢弊"之一种，悲哉！

14.33 子曰："骥不称其力，称其德也。"

【译文】孔子说："我们叫千里马为骥，并不是赞美它的气力，而是赞美它的品德。"

【注释】①《读训》："许慎《说文》云：'骥，千里马也。'陆德明《经典释文》：'骥，千里善马也。'"②《正义》引《周官·保氏职》郑司农注曰："五驭：鸣和鸾，逐水曲，过君表，舞交衢，逐禽左。"并云："此谓御者之容。骥马调良，能有其德，故为善马。人之称之当以此。"

【解读】此是以马为喻，再次说明"尚德不尚力"的重要性。和前章孔子和南宫适师徒批评"羿善射，奡荡舟，俱不得其死然"，而赞美"禹、稷躬稼而有天下"（14.5），应该是一个意思。

马是人类较早驯化成功的动物，故《周易》古经中多次出现马的形象。《说卦传》以乾为马，并谓其"为良马，为老马，为瘠马，为驳马。"但同时也讲到震、坎亦可为马。如说震卦："其于马也，为善鸣，为馵（zhù）足（左足白曰馵），为的颡（白额为的颡）。"又说坎卦："其于马也，为美脊，为亟心，为下首，为薄蹄，为曳。"但《周易》乾卦却以龙为象，并未提及马，反而是在坤卦中出现了马，其卦辞有云："利牝马之贞。"乾为马，雄马也；坤曰牝马（即雌马），显为配乾也。"利牝马之贞"，即其以柔顺（坤为顺）得正为利，则其他无不利矣。又其《象》

曰："牝马地类，行地无疆。"盖牝马乃柔顺而健行者，其有贞德，故能行地无疆也。此可见《周易》讲马，亦是主要侧重其品德言。又《周易》屯卦六二、六四、上六都提到"乘马班如"，贲卦六四则提到"白马翰如"。班如，欲进又止之貌。翰如，飞翰（天鸡）疾行之貌。这里当然也不单纯讲的是马，而主要讲的是良马配合主人或进或退之容仪，均可和"五驭"对照而观。的确，良马之德，岂以气力乎？此由《周易》亦可佐证也。

14.34 或曰："以德报怨，何如？"子曰："何以报德？以直报怨，以德报德。"

【译文】有人对孔子说："拿恩德来回报怨恨，怎么样？"孔子说："那拿什么来回报恩德呢？拿正直来回报怨恨，拿恩德来回报恩德就是了。"

【注释】①《朱注》："或人所称，今见《老子》书。德，谓恩惠也。言于其所怨，既以德报之矣，则人之有德于我者，又将何以报之乎？于其所怨者，爱憎取舍，一以至公而无私，所谓直也。于其所德者，则必以德报之，不可忘也。或人之言，可谓厚矣。然以圣人之言观之，则见其出于有意之私，而怨、德之报皆不得其平也。"②《康注》："孔子之道不远人，因人情之至，顺人理之公，令人人可行而已……孔子非不能为高言也，藉有高深，亦不过一二人能行之，而非人能共行，亦必不能为大道，孔子即不言之矣。耶氏过仁，亦以德报怨，或以此尊之，然实不能行。"③《杨注》："《老子》也说：'大小多少，报怨以德。'可能当日流行此语。"

【解读】此章讨论如何对待他人的恩德与怨恨。"以德报德"（以及"以怨报怨"），应该不难理解，盖此常人之所为。问题是这个"以德报怨"，为老庄之徒以及佛教、基督教所鼓吹（如佛经有"舍身饲虎"、《圣经》有"右脸被打，送上左脸"之说），表面看来"可谓厚矣"，然"不过一二人能行之，而非人能共行"，故孔子非之。孔子这里讲"以直报怨"，意思是对待怨恨，固然不能"以眼还眼，以牙还牙"，但也要坚持中正之立场，该指斥其非即指斥其非，该诉诸公堂即诉诸公堂，绝不可混淆视听，更不可姑息养奸，甚或以恩德报之也——否则公道何在？大义何在？在《公冶长篇》，孔子曾说："匿怨而友其人，左丘明耻之，丘亦耻之。"（5.25）或可与此同参。按照康有为的说法，"以直报怨"乃"因人情之至,顺人理之公",故人人可行,实则此即孔子屡言之"中庸之道"也。

在《公冶长篇》"微生高"章,我们曾经分析过"直"字(5.24)。其实"直"是儒家德目表中的一项重要内容,在《周易》中也多次出现,如解卦(䷧)九二以"得黄矢"为吉,即因"黄矢谓中直也"(《程氏易传》)。在《周易》作者看来,直首先是乾德,如《系辞上》云:"夫乾,其静也专,其动也直,是以大生焉。"但与此同时,直亦为坤德,如坤卦(䷁)六二云"直方大,不习无不利",其《小象》云"六二之动,直以方也"。为什么呢?李光地对此分析得很好:"乾为圆则坤为方,方者坤之德,与圆为对者也,故曰'至静而德方'。若直则乾德也,故曰'夫乾其动也直';大亦乾德也,故曰'大哉乾元'。今六二得坤德之纯,'方'固其质也,而始曰'直'终曰'大'者,盖凡方之物,其始必以'直'为根,其终乃以'大'为极。故数学有所谓线而体者,非线之直,不能成面之方。因面之方而积之,则能成体之大矣。坤唯以乾之德为德,故因'直'以成'方',围'方'以成'大',顺天理之自然,而无所增加造设于其间,故曰'不习无不利'。"(《周易折中》)故"直"实涵乾坤二德于一身,以此为根基而行事,则方圆得益,无往而不利矣!读者察之。

14.35 子曰:"莫我知也夫!"子贡曰:"何为其莫知子也?"子曰:"不怨天,不尤人,下学而上达。知我者其天乎!"

【译文】孔子说:"没有人知道我呀!"子贡说:"为什么说没有人知道您呢?"孔子说:"我不埋怨天,也不责备人;从最低处学起,却能上达天道——知道我的,大概只有老天了吧!"

【注释】①《集释》引《史记·孔子世家》曰:"西狩获麟,曰:'吾道穷矣!'喟然叹曰:'莫知我夫!'子贡曰:'何为莫知?'子曰'不怨天'云云。"②《集解》引马融曰:"孔子不用于世,而不怨天;人不知己,亦不尤人。"并谓:"圣人与天地合其德,故曰惟天知己。"③《皇疏》:"下学,学人事;上达,达天命。我既学人事,人事有否有泰,故不尤人。上达天命,天命有穷有通,故我不怨天也。"④《朱注》:"不得于天而不怨天,不合于人而不尤人,但知下学而自然上达。此但言其反己自修,循序渐进耳,无以甚异于人而致其知也。然深味其语意,则见其中自有人不及知而天独知之之妙。"

【解读】唐文治说：自本章至"子击磬于卫"章，"皆伤不见用也"（《论语大义》）。按《史记·孔子世家》，此对话发生于"西狩获麟"之时（鲁哀公十四年，即公元前481年），孔子遂绝笔《春秋》，并发此叹。

或有人说，孔子常讲"不患人之不己知，患其不能也"（见14.30），为什么这里却也感叹起"莫我知也夫"来了？实则他人所患者，只是为人所知而获其名利；而夫子所患者，则见用于世而行其道也。郑汝谐说："大道为公，天人一致。尧舜禹汤文武周公，天知之，人亦知之。大道既隐，天人相违。求合于人者，必违于天；求合于天者，必违于人。'不怨天，不尤人'，知天人之相违也；下学人事，上达天理，与天为一也。夫既与天为一矣，是宜人之不我知也。"（《论语意原》）意思是说，当春秋乱世即"天人相违"之时，孔子既已获天知，人莫知之则必也。

值得注意的还有"下学上达"一语，此为孔门功夫所在，当高度重视之。钱穆说："本章重在下学两字。一部《论语》，皆言下学。能下学，自能上达。无怨无尤，亦下学，然即已是上达之征。孔子反己自修，循序渐进，以致其知。知愈深而怨尤自去，循至于无人能知、惟天独知之一境。"（《论语新解》）《周易·乾文言》有云："夫大人者，与天地合其德，与日月合其明，与四时合其序，与鬼神合其吉凶。"人如能"与天为一"，则虽"人不及知"，又何惧哉？故细味孔子之语，其中既有"道之不行"之哀叹，复有"道之在我"之自得也！另《论语》全书所讲，看似皆人伦日用之道即所谓"下学"也者，然惟经此"下学"，方能达于天道——此为《论语》独有之言说方式或修道方式，固与《周易》"下贯式"的言说方式、修道方式大不相同（见1.2）；然夫子又有"五十以学《易》"之说，即世人非经此长时段的俗世历练莫能得《易》之妙者，则亦说明"下学"之重要性也。故虽"下学"者未必果能"上达"，但"上达"绝对离不开"下学"，此理至明也。

14.36 公伯寮愬（sù）子路于季孙。子服景伯以告，曰："夫子固有惑志于公伯寮，吾力犹能肆诸市朝。"子曰："道之将行也与，命也；道之将废也与，命也。公伯寮其如命何！"

【译文】公伯寮向季孙诋毁子路。子服景伯前来告诉孔子说："季孙他老人家已经被公伯寮迷惑了，但我的力量还能让他的尸体在街头示众。"孔子说：

"如果大道将行的话,那是命运使然;如果大道将废的话,那也是命运使然。公伯寮对于我的命运又能怎样呢!"

【注释】①《集解》引马融曰:"愬,谮也。"引孔安国曰:"惑志,季孙信谗,惑子路也。"引郑玄曰:"吾势力犹能辨子路之无罪于季孙,使之诛寮而肆之。有罪既刑,陈其尸曰肆。"②《杨注》:"公伯寮,《史记·仲尼弟子列传》作'公伯僚'云'字子周'。愬同'诉'。子服景伯,鲁大夫,名何。"③《集释》引崔述《洙泗考信录》曰:"孔子为鲁司寇,子路为季氏宰,实相表里,观隳都之事可见。子路见疑,即孔子不用之由,故孔子以道之行废言之,似不仅为子路发也。"

【解读】关于本章之本事,崔述的分析或有道理,但亦难以复原矣!历史就是这样,很多事都成了一种猜测,差别恐怕只在于猜测的合理成分多与少而已。但理解本章的重点,当然不在考察此事的具体发生过程,而在于孔子所讲的话,或者说,只有孔子的话才具有永久性的价值。孔子将"道之将行"和"道之将废"一概付之于命运,这是一种什么样的心态呢?这的确值得研究。

我们在《为政篇》曾经结合孔子所讲"五十而知天命"(2.4),讨论过"命"的问题。那么,命是什么?"命不过是偶然性罢了,要重视、尊重甚至崇敬这偶然,但不必去膜拜、屈从于它。相反,要努力从种种偶然中去'建立'其必然,这就是'立命',即主宰命运。"(李泽厚《论语今读》)什么是儒家的"立命"(或《周易》革卦上讲的"改命")?可能有两大关键:一是顺天应人,即考虑事情本身的客观性或偶然性;二是坚持道义,即对自身所采取的行动有内在的标准。比如孔子从季孙接受公伯寮对子路的谗言当中,已对当时的政治形势有了清晰的判断,故对子服景伯表示诛杀公伯寮并不表示赞同,这里边恐怕既包括其认为此举无济于事的预判,同时应该也包括其宣示坚持道义立场并对因之而来的厄运坦然接受的心态在也。

关于"义"和"命"之关系,张尔岐曾说:"人道之当然而不可违者,义也。天道之本然而不可争者,命也。贫富、贵贱、得失、死生之有所制而不可强也,君子与小人一也。命不可知,君子当以义知命矣。凡义所不可,即以为命所不有也。故进而不得于命者,退而犹不失吾义也。君子以义安命,故其心常泰。小人以智力争命,故其心多怨。圣人之于命,安之矣,实不以命为准也,而以义为准,故虽力有可争,势有可图,而退然处之,曰义之所不可也。义所不可,斯曰命矣。"(《蒿庵闲话》)"虽力有可争"而不为,"以义为准",实即"立命"也、"改命"也,故孔子能对道之将行、将废均持一种达观的态度。在马王堆帛书《要》篇中,孔子本人还从另外的角度说过类似的话:"吾求其德而已,吾与史巫同途而殊归者也。君子德行焉求福,故祭祀而寡也;仁义焉求吉,故卜筮而希(稀)也。"亦可与此互参。

14.37 子曰:"贤者辟(避,下同)世,其次辟地,其次辟色,其次辟言。"子曰:"作者七人矣。"

【译文】孔子说:"贤能的人逃避乱世而隐居,其次择地而处,再次避开不好的脸色,最后避开不好的言语。"孔子又说:"像这样做的人已经有七位了。"

【注释】①《皇疏》:"圣人无可无不可,故不以治乱为隔。若贤者去就顺时,若天地闭塞,则贤人便隐,天子不得而臣,诸侯不得而友,此避世之士也。其次避地,谓中贤也,未能高栖绝世,但择地处,去乱就治。其次避色,此次中之贤也,不能预择治乱,但临时观君之颜色,颜色恶则去。其次避言,此又次避色之贤者,不能观色斯举矣,唯闻恶言则去也。"②《朱注》引李郁曰:"作,起也。言起而隐去者,今七人矣,不可知其谁何。必求其人以实之,则凿矣。"并引程子曰:"四者虽以大小次第言之,然非有优劣也,所遇不同耳。"

【解读】唐文治点评此章说:"《易》遁卦五爻之《象传》曰:'嘉遁贞吉,以正志也。'遁即避也。然有避,即有所就。《易》节卦初爻之《象传》曰:'不出户庭,知通塞也。'二爻之《象传》曰:'不出门庭,失时极也。'避与就者,皆当合乎时。故孟子言'所就三,所去三',而言孔子之仕道亦有三。盖道不行而不去固不可也,然士君子若以不仕为宗旨,则天下事谁与任之乎?"故此处孔子虽提出贤人有"四辟"之行,并非表示他就要去做隐士,此可参考孔子在《微子篇》所说"鸟兽不可与同群"等语(见18.6)。唐氏由此分析说:"圣人时时怀避世之志,而卒不忍舍此世也。"(《论语大义》)窃以为,唐氏以《周易》遁、节二卦解此章,并由此探讨士君子的去就之道,进而认为孔子虽"时时怀避世之志",而"卒不忍舍此世"，真所谓知孔子者也。

唐氏所引孟子语，前段出自《孟子·告子下》。当陈子问孟子"古之君子何如则仕"时，孟子说："所就三，所去三。迎之致敬以有礼，言将行其言也，则就之；礼貌未衰，言弗行也，则去之。其次，虽未行其言也，迎之致敬以有礼，则就之；礼貌衰，则去之。其下，朝不食，夕不食，饥饿不能出门户，君闻之，曰：'吾大者不能行其道，又不能从其言也，使饥饿于我土地，吾耻之。'周之。亦可受也，免死而已矣。"后段则出自《孟子·万章下》："孔子有见行可之仕，有际可之仕，有公养之仕。于季桓子，见行可之仕也。于卫灵公，际可之仕也。于卫孝公，公养之仕也。"并称孔子为"圣之时者"。此均可与本章互参。

14.38 子路宿于石门。晨门曰："奚自？"子路曰："自孔氏。"曰："是知其不可而为之者与？"

【译文】子路在石门住了一夜。到了早晨，守门人问他："你从哪里来？"子路答："从孔家来。"守门人就说："你指的是那位明知做不到却偏要去做的人吗？"

【注释】①《朱注》："石门，地名。晨门，掌晨启门，盖贤人隐于抱关者也。自，从也，问其何所从来也。"并引胡寅曰："晨门知世之不可而不为，故以是讥孔子。然不知圣人之视天下，无不可为之时也。"②《读训》："'晨门'一辞殊不文。按'晨'乃指时刻言，'门'上缺文应为'司'或'伺'。"③辛全《四书说》："不知其不可，是愚人。知其不可而不为，是隐者。知其不可而为之，是圣人。晨门虽与圣人趋向略异，却能道出夫子意中事。"

【解读】关于"子路宿于石门"之本事，当以阎若璩的分析为合理，转引如下："石门，郑（玄）注云：'鲁城外门。'盖郭门也。因悟孔子辙环四方久，使子路归鲁视其家，甫抵城而门已阖，只得宿于外之郭门。次日晨兴伺门人。掌启门者讶其太早，曰：'汝何从来乎？'若城门既大启后，往来如织，焉得尽执人而问之？此可想见者一。'自孔氏'，言'自孔氏处来也'。夫不曰孔某，而曰孔氏，以孔子为鲁城中人，举其氏辄可识，不必如答长沮之问为孔某（按见18.6），此可想见者二。'是知其不可而为之者与'，分明是孔子正栖栖皇皇历聘于外，若已息驾乎洙泗

之上，不必作是语，此可想见者三。"（《四书释地》）

此章紧承上章，《论语》编者或担心上章孔子言"四辟"，读者会误解孔子认同于隐者的人生观，故借看门人之口，点出孔子乃"知其不可而为之者"。什么是"知其不可"？就是子路在《微子篇》中代孔子所说的"道之不行，已知之矣"；什么是"为之"？就是"道之不行"前面的那句话："君子之仕也，行其义也。"（18.7）此语可与《庄子·人间世》中的"知其不可奈何而安之若命"对观，此正见儒、道两家人生观之不同也。时人或以为"知其不可而为之"，亦"愚人"之行，而不知此语实包含儒家"智仁勇"三达德在内：即能对现实始终保持清醒的认知，此为智（孔子是"时中之圣"，在具体问题上绝对不糊涂，如对待子服景伯欲诛公伯寮等即是证明）；心怀救世之心，绝不放过任何一个可以尝试的机会，此为仁；虽然身处乱世，经常碰得头破血流但依然不放弃道义立场，此为勇。故由"知其不可而为之"以观圣人之心，则何其壮哉！

至于守门人讲出这话，到底是赞扬孔子，还是讥讽孔子，一直有不同看法。如李贽就说，守门人"是圣人大知己。"（《四书评》）而胡寅则认为，其乃"以是讥孔子"。但无论如何，很可能这是鲁国的大多数有识之士对孔子的看法，当可肯定，且目前此语已成为孔子及其弟子形象的重要标志，不管守门人出于何种心理讲了这话，他的贡献都是毋庸置疑的。

14.39 子击磬于卫，有荷蒉（kuì）而过孔氏之门者，曰："有心哉，击磬乎！"既而曰："鄙哉，硁硁乎！莫己知也，斯己而已矣。深则厉，浅则揭（qì）。"子曰："果哉！末之难矣。"

【译文】有一次孔子在卫国正在敲磬，有个挑着草筐的人在门前路过，说："这个样子敲磬，其中大有深意啊！"过了一会，又说："磬声如此坚确，可是不太好呢！如果没有人知道你，就独善其身好了。水深，就穿着衣裳走过去；水浅，就撩起衣裳走过去。"孔子听后说："这个人好坚决！没办法说服他了。"

【注释】①《正义》："'斯己'者，言但当为己，不必为人，即孟子所云'独善其身'者也。"②《杨注》："'深厉浅揭'两句见于《诗经·邶风·匏有苦叶》。这是比喻。水深比喻社会非常黑暗，只得听之任之；水浅比喻黑暗的程度不深，还可以使自己不受沾染，便无妨撩起衣裳，免得濡湿。"③《皇疏》："果者，敢也。末，无也。言彼未解我意，而便讥我，此则为果敢之甚也，故曰'果哉'。但我道之深远，彼是中人，岂能知我？若就彼中人求无讥者，则为难矣。"

【解读】和上章的"晨门"不同，荷蒉者的形象就比较明确了，这肯定是一个隐士。他的立场很坚定，面对乱世，明确表示要独善其身（"斯己而已"）或者和光同尘（"深则厉，浅则揭"），连孔子都表示，不可能有办法说服他了。但他对孔子的评价，同样值得注意，特别是"有心"二字，的确道出了圣人的苦衷。唐文治说："'有心哉'，有心于当世也。《礼记·乐记》：'凡乐（音）者，生于人心者也。'音以传心，圣人不忘天下之心，随时流露，'荷蒉'闻磬声而知之，亦可谓非常人矣。"（《论语大义》）又朱子说："圣人心同天地，视天下犹一家，中国犹一人，不能一日忘也。"（《四书集注》）于此可见，孔子之心，或即《周易》复卦《彖传》"其见天地之心乎"之心也，亦即《周易》益卦九五"有孚惠心"之心也，亦即张载所谓"为天地立心"之心也，当然亦即上章所言"知其不可而为之"之儒者救世之苦心也。荷蒉者不懂孔子，以孔子为"鄙哉，硁硁乎"，反而更见其偏狭鄙陋也。

14.40 子张曰："《书》云：'高宗谅阴，三年不言。'何谓也？"子曰："何必高宗，古之人皆然。君薨（hōng），百官总己以听于冢宰三年。"

【译文】子张问："《尚书》上说：'殷高宗住在凶庐中，三年没有说话。'这是什么意思呢？"孔子说："并非高宗如此，古人都一样：父君死了，由宰相统管各部门的官员，新君三年不问政务。"

【注释】①《集解》："高宗，殷之中兴王武丁也。"②《读训》："伏生《尚书大传·说命》'谅阴'作'梁闇'，盖同声通假。郑玄注《尚书·无逸》云：'谅闇，谓凶庐也。'冢宰，天官卿，佐王治者。"③《朱注》："言君薨，则诸侯亦然。总己，谓总摄己职。冢宰，太宰也。百官听于冢宰，故君得以三年不言也。"并引胡寅曰："位有贵贱，而生于父母无以异者。故三年之丧，自天子达于庶人。子张非疑此也，殆以为人君三年不言，则臣下无所禀令，祸乱或由以起也。孔子告以听于冢宰，则祸乱非所忧矣。"

【解读】唐文治说:"圣人用世,礼教为先。自'高宗谅阴'以下五章,皆言礼也。"(《论语大义》)此章讲"高宗谅阴,三年不言",实指"三年之丧"也,有关讨论请见1.11、4.20、17.21。然子张在此并非像宰我一样怀疑"三年之丧"的合法性,而是对"人君三年不言"、国家如何运行表示不解,故孔子告之一切听于冢宰云云。

这里的"高宗",是指殷王武丁。据《史记·殷本纪》云:"帝小乙崩,子帝武丁立。武丁修政行德,天下咸欢,殷道复兴。"据董作宾《甲骨文五十年》云:"武丁是迁殷之后,殷代最煊赫的一位中兴名王。他曾享国五十九年,享寿到一百岁。他的时代介于西历纪元前十三四世纪之间(前1339壬寅至前1281庚子)。"又据丁山《新殷纪本》云:"武丁复得师般、咎丹为佐,用能密靖殷邦,至于小大无怨。乃入于河,自河徂亳。时吕方、土方、鬼方诸侯雄踞西北,数侵殷边侯田,武丁乃登人三千征吕方,登人五千征土方,又征鬼方。三年克之,殷道大兴。"所有这些得贤及征伐的事迹,均可见于甲骨文中。

值得注意的是,《周易》古经也提到了高宗此人,其既济卦(䷾)九三云:"高宗伐鬼方,三年克之,小人勿用。"另未济卦(䷿)九四亦云:"贞吉,悔亡。震用伐鬼方,三年有赏于大国。"这里虽然没有提及高宗的名字,但从文辞来看,应该和既济卦指的同一件事。此均见高宗肯定是殷代一位了不起的帝王,他在征服周边夷狄方面肯定是有武功的。李光地曾结合既济、未济二卦之义评论说:"既济、未济皆以'高宗'言者,高宗,商中兴之君,振衰拨乱,自未济而既济者也。既济于三言之者,卦为既济,至于内卦之终,则已济矣,故曰'克之'者,已然之辞也。未济于四言之者,卦为未济,则至外卦之初,方图济也,故曰'震用'者,方然之辞也。既济之后,则当思患而豫防之,故'小人勿用',与师之戒同。"结合卦义分析得极好。

此外,正像子张所疑虑者,假如"高宗谅阴,三年不言",那么国家政务由谁来负责呢?孔子讲"百官总己以听于冢宰",此颇值注意。据《尚书·说命》,高宗服丧三年后,有"梦得说(按即傅说),使百工营求诸野,得诸傅岩"并"作《说命》三篇"事,可见高宗有"尚贤"之德,高宗和傅说之间君臣相得的故事也流传至今。由此反观"百官总己以听于冢宰",这种制度安排,恐怕对后来王权和相权的分割也有影响,当然其中提倡君臣之间互相信任、上下一体的意味更是明显的。

更有意思的是，在分析《周易》姤卦（☰）九五"以杞包瓜，含章，有陨自天"时，程子也曾谈到过高宗，原文如下："九五尊居君位，而下求贤才，以至高而求至下，犹以杞叶而包瓜，能自降屈如此。又其内蕴中正之德，充实章美。人君如是，则无有不遇所求者也。虽屈己求贤，若其德不正，贤者不屑也。故必含蓄章美，内积至诚，则'有陨自天'矣。犹言自天而降，言必得之也。自古人君至诚降屈，以中正之道，求天下之贤，未有不遇者也。高宗感于梦寐，文王遇于渔钓，皆由是道也。"（《程氏易传》）由此体会"百官总己以听于冢宰三年"一语，其意盖深矣！

14.41 子曰："上好礼，则民易使也。"

【译文】孔子说："如果在上位的人能够依礼而行，那么老百姓就容易服从指挥了。"

【注释】①《朱注》引谢良佐曰："礼达而分定，故民易使。"②《大义》："礼生于天叙、天秩，秩序明而上下之分定，是以'易使'。《易》履卦之《大象传》曰'君子以辨上下，定民志'，言履乎礼也。"

【解读】本章主旨，和孔子讲"君子之德风，小人之德草"（12.19）"其身正，不令而行；其身不正，虽令不从"（13.6）等观点同，都是强调统治者在教化百姓方面"以身作则"的重要性。唐文治以履卦解释本章，指出"秩序明而上下之分定"则"民易使"，谢良佐曰也讲"礼达而分定，故民易使"，这固然不错，但本章主旨恐非此。细味其文意，这里重点强调的应该是：只有"上好礼"，才能"民易使"；而反之呢，不能做到"上好礼"，则自然"民难使"也。其对统治者的告诫意味是很明显的。

关于这层意思，我们依然可以拿《周易》履卦（☰下兑上乾）来说明。程子说："履，礼也。礼，人之所履也。为卦天上泽下，天而在上，泽而处下，上下之分，尊卑之义，理之当也，礼之本也。"（《程氏易传》）这是履卦的基本涵义。而关于"上好礼"的重要性，其实在履卦中也有充分体现。履卦九五云："夬履，贞厉。"王申子释之曰："履之卦义，履刚也。履刚之道，尚柔不尚刚也。五虽中正以履帝位，然以刚居刚，是一于尚刚者也。夬履，谓决于行也。一于任刚，决行而不顾，则于中正之道，岂能无咎乎？"（《大易辑说》）朱子也说过类似的话："九五以刚中正履帝位，而下以兑说应之，凡事必行，无所疑碍，故其象为夬决其履，虽使得正，亦危道也，故其占为虽正而危，为戒深矣。"（《周易本义》）历史上当权者专横跋扈者多，能自守规矩者少，此诚可悲也。故李泽厚评价此章说："孔学道穷而法家代兴，乃时代趋势。法家兴后又消融归儒，成为儒法互用，所谓礼法是也。自汉代以来，礼法切入民俗，始终重诱导、规劝而轻强制、服从，均'风行草偃''则民易使'的遗迹。"（《论语今读》）析理至为透彻，值得深思。

14.42 子路问君子。子曰："修己以敬。"曰："如斯而已乎？"曰："修己以安人。"曰："如斯而已乎？"曰："修己以安百姓。修己以安百姓，尧舜其犹病诸？"

【译文】子路问什么是君子。孔子说："提高自己的修养，做任何事始终保持严肃认真的态度。"子路问："难道这样就够了吗？"孔子答："进一步提高自己的修养，照顾并安顿周围的人。"子路问："难道这样就够了吗？"孔子答："进一步提高自己的修养，照顾并安顿天下的百姓。但说到提高自己的修养，照顾并安顿天下的百姓，恐怕连尧舜都没有完全做到呢。"

【注释】①《正义》："君子，谓在位者也。修己者，修身也。以敬者，礼无不敬也。安人者，齐家也。安百姓，则治国平天下也。《易》家人《象传》云：'家人，女正位乎内，男正位乎外。'此安人之义也。凡安人、安百姓，皆本于修己以敬。"②《后案》："君子，上位之君子也。人，犹臣也。《尚书·皋陶谟》'在知人'，《洪范》'人无有比德，惟皇作极。'人皆对民言……正身正臣正其民，敬心充积之盛也。上章言礼，此章言敬，下二章言不敬者之坏于礼。修己以敬，循此礼以践之而已，安人安百姓者，礼教所达，朝野胥安于敬而已，礼之不可以已也如是。"③《杨注》："《雍也篇》说：'博施于民……尧舜其犹病诸。'（6.30）这里说：'修己以安百姓，尧舜其犹病诸。'可见这里的'修己以安百姓'就是'博施于民'。"

【解读】上章言礼，本章言敬，盖敬与礼实不可分，如孔子在《八佾篇》就曾经批评过"为礼不敬"的问题（3.26）。李光地甚至说："修己、安人、安百姓内，自有功夫，然皆必以敬为主。敬者，德之本，而礼之实也。"（《读论语札记》）

"敬"为什么这么重要呢?《坤文言》讲"敬以直内",可见内心的正直是敬的前提,故敬中实含直也。又《周易》离卦初九有"敬之无咎"之说,赵彦肃释之曰:"能敬,则动与物交,皆天理也。不能敬,则役于物而生咎矣。"(《复斋易说》)我们知道,《中庸》则讲"不诚无物",按赵彦肃之说,敬中当亦含诚也,故不敬即不诚,故亦无物或役于物矣。孔子曾赞扬"晏平仲善与人交,久而敬之"(5.17),又在回答子游问孝时,讲到"今之孝者,是谓能养。至于犬马,皆能有养;不敬,何以别乎?"(2.7)由此均见敬在修己以及为人处世中的重要性。(其他有关"敬"的分析,请见1.5、1.13、2.7等。)

此外值得注意的是,本章讲"修己",其实强调的就是儒家的"内圣"功夫,也就是前面屡次讲到的"为己之学",只是这里突出了一个"敬"字。而所谓"安人""安百姓",强调的则是儒家的"外王"功夫,这里突出的是一个"安"字。此"安"字可和"老者安之"(5.26)"不患贫而患不安""既来之,则安之"(16.1)等可互参。刘宝楠以《周易》家人卦解"安人",并谓"凡安人、安百姓,皆本于修己以敬,"颇合孔门之理。另外有意思的是,孔子最后讲:"修己以安百姓,尧舜其犹病诸?"按照朱子的解释,此话的意思是,这已是君子的最高境界,而尧舜还有做不到的地方,孔子乃借此"以抑子路,使反求诸近也"(《四书集注》)。然由此亦见"修己以敬"诚君子修养之下手处,亦结穴处,吾辈不可须臾忘也,否则即为舍近求远、缘木求鱼矣!

14.43 原壤夷俟。子曰:"幼而不孙(逊)弟(悌),长而无述焉,老而不死,是为贼。"以杖叩其胫。

【译文】原壤两条腿像八字一样张开坐着,接待孔子。孔子说:"小时候不谦逊,长大了不守规矩,而且老了还不死,真是造化之贼啊。"然后拿起拐杖敲他的小腿。

【注释】①《朱注》:"原壤,孔子之故人。母死而歌,盖老氏之流,自放于礼法之外者。夷,蹲踞也。俟,待也。言见孔子来而蹲踞以待之也。述,犹称也。贼者,害人之名。以其自幼至长,无一善状,而久生于世,徒足以败常乱俗,贼而已矣。孔子既责之,而因以所曳之杖,微击其胫,若使勿蹲踞然。"②《读训》:"蹲踞古人统称居,恐无大不敬之意。'夷俟'必有甚于此者。凡籀文'夷'皆作箕踞之形,即臀着席而伸其腿于前,是乃大不敬也。"③黄怀信《论语新校释》:"'述',《说文》:'循也。'谓遵循。'无述焉',无循于逊悌之道,无长进也。旧释为称述,非;此就原壤自身作为言,不谓他人。"④《钱解》:"膝上曰股,膝下曰胫。"

【解读】《礼记·檀弓》记有原壤母死,其登木(手敲棺木)而歌,孔子"为弗闻也者而过之"的故事。或原壤为孔子的童年玩伴,其有隐士之风,甚至有养生妙术,故能"老而不死"。《周易》豫卦(䷏)六五云:"贞疾,恒不死。"《小象》曰:"六五贞疾,乘刚也。恒不死,中未亡也。"郑汝谐释之曰:"二、五不言豫。二静晦,不为豫也;五乘刚,不敢豫也。人得一固疾,虽不快于己,亦足以久其生者,有戒心也。"(《易翼传》)刘沅则云:"六五居尊易豫,而受制于四,心有病焉⋯⋯然因疾则戒损其骄淫,而益其畏惧,生于忧患,故恒不死。"(《周易恒解》)或原壤生于乱世,心有疾焉,但能与世浮沉,不拘形迹,并常怀畏惧之心,故能"恒不死"也。但按照儒家的标准,即便事实真的如此,这也只能算是"苟全性命于乱世",丝毫无益于世道人心之改善,此人绝无"知其不可而为之"之救世情怀必也,孔子当然是不满意的,故斥其为"贼",并"以杖叩其胫",意在批评也。

14.44 阙党童子将命。或问之曰:"益者与?"子曰:"吾见其居于位也,见其与先生并行也。非求益者也,欲速成者也。"

【译文】阙党的一个童子前来传达信息。有人问孔子:"这少年是个求上进的人吧?"孔子答:"我看见他坐在大人的座位上,又看见他和长辈并肩走路。看来他不是求上进的人,而是急于求成的人啊。"

【注释】①《杨注》引顾炎武《日知录》曰:"《史记·鲁世家》'炀公筑茅阙门',盖阙门之下,其里即名阙里,夫子之宅在焉。亦谓之阙党。"②《正义》:"此章戒人当行少长之礼也。童子,未冠者也。将命,谓传宾主之语,出入时阙党之童子能传宾主之命也。盖孔子见此童子违谦越礼,深以为非,然则阙党之人使童子将命,亦大非孔子之意也。"③《皇疏》:"礼,童子隅坐,无有列位,而此童子不让,乃与成人并居位也。先生者成人,谓先己之生也,非谓师也。礼,父之齿随行,兄之齿雁行,此童子行不让于长,故云与先生并行也。"

【解读】古人对聚会时的座次和一起走路的礼节，都是有明确规定的。比如《礼记·檀弓》曾经提到："曾子寝疾，病，童子隅坐而执烛。"隅坐，就是坐在角落里，或坐在一边的意思，表示不敢和大人一起坐也。而关于和长辈一起走路，《礼记》则有"随行""雁行""肩随"等等说法，总之晚辈是不能和长辈并行的，并行就是越礼，就是大不敬。故当孔子看到阙党童子"居于位""与先生并行"，肯定会大摇其头，认为这孩子有问题。其实，一个有秩序的社会，晚辈尊重长辈是理所当然的，《礼记》中的规定或许太过严格，但其核心精神至今仍不过时。《周易》最喜讲爻之当位与否，我们在前边曾有提及（见3.2），读者不妨与本章合参。

另关于孔子讲的"非求益者也，欲速成者也"一语，其中"益""速"二字，颇值参详。何为"益"？《周易》益卦《彖传》云："益，损上益下，民说（悦）无疆；自上下下，其道大光。"意思就是说，无论是国君还是常人，皆以损上益下、谦抑下人为吉，为有益；阙里童子作为晚辈，安然坐于大人之位，又"与先生并行"，此岂有益之举乎？不但无益于人，亦无益于己也。又何为"速"？《周易》艮卦《彖传》有"时止则止，时行则行"之语，《系辞上》还提到"不疾而速，不行而至"，这都是强调人们做事一定要遵守规则，循道而行，惟其如此才能立得住、行得远；这样或许表面看来走得不快、甚至没有走，但其实走得反而是最快的，达到目的地也是最早的。相反呢，像阙里童子那样，想走捷径，"欲速成"，结果却可能是南辕北辙，难以达到目的的。本章和上章作为《宪问篇》的结尾，以一老一少两个"无礼之人"设喻化人，其意盖深矣！

卫灵公第十五

15.1 卫灵公问陈(阵)于孔子。孔子对曰："俎豆之事，则尝闻之矣；军旅之事，未之学也。"明日遂行。

【译文】卫灵公向孔子询问军队排列之法。孔子回答："礼仪的事情，我还听到过一些；军队的事情，我从来没有学过啊。"第二天就离开了卫国。

【注释】①《杨注》："陈，就是今天的'阵'字。俎和豆都是古代盛肉食的器皿，行礼时用它，因之借以表示礼仪之事。这种用法和《泰伯篇第八》的'笾豆之事'相同。"②《朱注》引尹焞曰："卫灵公，无道之君也，复有志于战伐之事，故答以未学而去之。"③刘逢禄《论语述何》："夫子于卫灵公'际可之仕'，故言不称臣，见几而作，不俟终日。"

【解读】从《卫灵公篇》《季氏篇》至《阳货篇》，可以明显地看到当时政治发展之情状，所谓"君不君、臣不臣"的现实已经形成。卫灵公为卫国国君，昏庸无道，是为"君不君"；季氏为鲁国上卿，专权僭越，是为"臣不臣"；就连季氏之家臣阳货，也产生了非分之想，出现了"陪臣执国命"的现象，则世道之乱可知矣。生于乱世而其志不移，方为君子，故唐文治认为，此篇乃孔子为后人立"万世之标准"也。那么，什么"标准"呢？"言有道，行有道，为学有道，治心有道，处世有道，以及观人接物，洪纤巨细，莫不有道。道者，标准也。"（《论语大义》）此可为读《卫灵公篇》之指南。比如本篇前两章，"不对军阵之问，在陈绝粮，君子立气节之标准也。"尤其重要。

据钱穆《孔子传》，"卫灵公问陈"之事，当发生在鲁哀公元年或二年（公元前494—493年）。彼时卫灵公未满五十，野心勃勃，连年在外参与诸侯征战，而国内则由南子专权，导致太子（蒯聩）出奔，故当其问兵阵于孔子时，孔子以"俎豆之事"云云答之,"是欲灵公息其向外扬武之念,反就家庭邦国讲求礼乐"也。然"孔子于卫灵公,际可之仕也"(《孟子·万章下》);"际可之仕"当无具体官职,或相当于顾问而已,卫灵公对其并无重用之意。由卫灵公之"问陈",孔子对其"无道"已知之矣;而卫灵公当然也不会满意孔子的回答,其礼貌骤减也是必然的,故孔子"明日遂行",很快离开了卫国。

《周易·系辞下》云:"几者,动之微,吉之先见者也。君子见几而作,不俟终日。"我们知道,孔子素来主张"以道事君,不可则止"(11.24),由"明日遂行"四字,更可见其坚守道义立场之豪迈气概,亦可见其"见几而作"之智也。

15.2 在陈绝粮,从者病,莫能兴。子路愠见曰:"君子亦有穷乎?"子曰:"君子固穷,小人穷斯滥矣。"

【译文】孔子等人在陈国断绝了粮食,跟随的人都病了,饿得不能走路。子路很生气地来见孔子,说:"难道君子也有走投无路的时候吗?"孔子说:"君子虽然走投无路,但还是坚持着;小人一旦走投无路,就要胡作非为了。"

【注释】①钱穆《孔子传》:"鲁哀公六年,孔子年六十三。吴伐陈,孔子去陈。绝粮于陈、蔡之间,遂适蔡,见楚叶公。又自叶反陈,自陈反卫。"②《皇疏》:"弟子皆病无能起者,唯子路刚强独能起也,心恨君子行道乃至如此困乏,故便愠色而见孔子也。"③《朱注》引何晏曰:"滥,溢也。言君子固有穷时,不若小人穷则放溢为非。"又引程子曰:"固穷者,固守其穷。"并谓:"圣人当行而行,无所顾虑,处困而亨,无所怨悔,于此可见。学者宜深味之。"

【解读】"在陈绝粮"或者"厄于陈蔡之间",是孔子一生中的一个重大事件,在《史记·孔子世家》《荀子·宥坐篇》《韩诗外传》《庄子·让王篇》等中都有记载。君子愈在走投无路的时候,愈能彰显其高贵气节,"君子固穷,小人穷斯滥矣",此语将君子、小人于极端情况下的不同表现揭示无遗矣!

在《荀子·宥坐篇》里,孔子还对子路说:"君子之学,非为通也,为穷而不困,忧而意不衰也,知祸福终始而心不惑也。夫贤不肖者,材也;为不为者,人也;遇不遇者,时也;死生者,命也。今有其人,不遇其时,虽贤,其能行乎?苟遇其时,何难之有!故君子博学深谋,修身端行,以俟其时。"在《庄子·让王篇》中，孔子则说："君子通于道之谓通，穷于道之谓穷。今丘抱仁义之道以遭乱世之患，其何穷之为？故内省而不穷于道，临难而不失其德。天寒既至，霜雪既降，吾是以知松柏之茂也。陈蔡之隘，于丘其幸乎！"此均可与"君子固穷"一语互相发明。

那么总的来说，孔子为什么讲君子"穷而不困，忧而意不衰"呢？究其源，就是因为君子以是否"通于道"为最高之人生标准，故其绝不会为外在的"穷通"（物质上的贫富或境遇上的穷达）所影响。《周易》困卦《象传》有云："困而不失其所亨，其唯君子乎？"说的就是这个意思。而小人则反是，如《周易》否卦六三所云"包羞"者，为小人画像至为清晰也。程子曾释之曰："三以阴柔不中不正而居否，又切近于上，非能守道安命，穷斯滥矣，极小人之情状者也。其所包畜谋虑，邪滥无所不至，可羞耻也。"（《程氏易传》）吾辈戒之！

15.3 子曰："赐也，女（汝）以予为多学而识（zhì）之者与？"对曰："然，非与？"曰："非也，予一以贯之。"

【译文】孔子问子贡："赐啊，你以为我是博学广记的人吗？"子贡回答："对呀，难道不是这样吗？"孔子说："不是的，其实我的思想是有一个根本的东西贯穿其中的。"

【注释】①《朱注》："说见第四篇。然彼以行言，而此以知言也。"并引尹焞曰："孔子之于曾子，不待其问而直告之以此，曾子复深谕之曰'唯'。若子贡，则先发其疑而后告之，而子贡终亦不能如曾子之'唯'也。二子所学之浅深，于此可见。"②李光地《读论语札记》："此章'一贯'与告曾子者，同异宜致思焉。论其同，则夫子一贯之道无两也，两则非一矣。论其异，则彼以忠恕释其意，而此以多学而识其端。《集注》言'彼以行言，此以知言'者是也。盖所谓一理浑然者，一而已矣。就其泛应曲当处，则是以行言；就其融汇贯通处，则是以知言。皆因二子平日所事者而启之也。"③《杨注》："这和《里仁篇》的'夫子之道，忠恕而已矣'（4.15）的'一贯'相同。从这里可以看出，子贡他们所重视的，是孔子的博学多才，因之认为他是'多学而识之'；而孔子自己所重视的，则在于他的以忠恕之道贯穿于其整个学行之中。"

【解读】本章再次出现"一以贯之"，与《里仁篇》的"一以贯之"相比，其异同何在,向来多有争议。朱子讲"彼以行言,此以知言",李光地等从之,唐文治亦说:"此'一贯'指致知而言,由博求约之标准也。"(《论语大义》)然司马迁将此事系于陈蔡绝粮时,如仅以"由博求约"释之,恐其义狭矣。且孔学言之,"知""行"实难分开,或当于更高的层面综合视之。这里姑且引两家说法作为参考。

一个是顾炎武,其曾于《日知录》说:"'予一以贯之','好古敏求,多见而识',夫子之所自道也。然有进乎是者,六爻之义至赜也,而曰'知者观其彖辞,则思过半矣'(按此语出自《周易·系辞下》);三百之《诗》,至泛也,而曰'一言以蔽之,曰思无邪';三千三百之仪,至多也,而曰'礼与其奢也,宁俭';十世之事至远也,而曰'殷因于夏礼,周因于殷礼,虽百世可知';百王之治至殊也,而曰'道二,仁与不仁而已矣'——此所谓'予一以贯之'者也。其教门人也,必先叩其两端,而使之以三隅反,故颜子则闻一以知十,而子贡切磋之言,子夏礼后之问,则皆善其可与言《诗》,岂非天下之理殊途而同归,大人之学举本以该末乎?彼章句之士,既不足以观其会通;而高明之君子,又或语德性而遗问学,均失圣人之指矣。"顾氏此处所言"一以贯之",强调的是"举本该(赅)末",但这个"本",当然并不仅仅指的是知识,而是包括道或仁等等在内的。

一个是焦循,其于《论语补疏》说:"《系辞传》云:'天下何思何虑?天下同归而殊途,一致而百虑。'韩康伯注云:'少则得,多则惑。途虽殊,其归则同;虑虽百,其致不二。苟识其要,不在博求;一以贯之,不虑而尽矣。'与何晏说同。《易传》言'同归而殊途,一致而百虑',何氏倒其文,为'殊途而同归,百虑而一致',则失乎圣人之恉。《庄子》引《记》曰:'通于一而万事毕。'此何、韩之说也。夫通于一而万事毕,是'执一'之谓也,非'一以贯之'也。孔子以一贯语曾子,曾子即发明之云:'忠恕而已矣。'忠恕者何?成己以成物也。《孟子》曰:'大舜有大焉,善与人同,舍己从人,乐取于人以为善。'舜于天下之善,无不从之,是真'一以贯之';以一心而同万善,所以大也……天与人一贯,人与己一贯,故一贯者,忠恕也。孔子焉不学?无常师,无可无不可。异端反是……惟事事欲出乎己,则嫉忌之心生。嫉忌之心生,则不与人同而与人异……孔子以忠恕之道通天下之志,故无所不知,无所不能,非徒恃乎一己之多学而识也。忠恕者,絜矩也。絜矩者,格物也。物格而后知至,故无不知。由身以达乎家国天下,是一以贯之也。"此以"同归而殊途,一致而百虑"释"一以贯之",反对以"殊途而同归,百虑而一致"释之，颇合儒家"和而不同"之思想，且将孔子两次所谈"一以贯之"之旨融汇贯通，可谓对朱子"彼以行言，此以知言"之说的某种"纠偏"，或者在更高层面上的发挥，予人启迪亦多矣。

15.4　子曰："由！知德者鲜矣。"

【译文】孔子对子路说："仲由啊！懂得'德'的人是很少的。"

【注释】①《集解》引王肃曰："君子固穷，而子路愠见，故谓之少于知德。"②《大义》："'德'谓'天德'，君子固穷，当求乐天知命之学。此章为'愠见'而发，犹因'不忮不求'而进以'何足与臧'。盖圣门之进德无穷也。"③《钱解》："言知德之人难得。德必修于己而得于心，非己之实有之，则不能知其意味之深长，故知者鲜也。"

【解读】此章是否承"君子固穷"而发，历来有争议。如果是承"君子固穷"而发，作为对子路的批评，此"德"从"天德"讲或有道理，其中所强调者当有乐天知命、奋发向上之思想。《周易》有两处讲到"天德"，一在乾卦《象传》："用九，天德不可为首也"；一在《乾文言》："飞龙在天，乃位乎天德"。德者得也，"天德"无他，即"天道"之自然呈现也。然而天下人大多像子路一样，很少能够知晓"天德"、领悟"天德"，故孔子叹之。如果不是承"君子固穷"而发，那就是从广义上来谈德，此当为"人德"或"仁德"也，即如钱穆所言，此或因"德必修于己而得于心，非己之实有之，则不能知其意味之深长，故知者鲜也"。陈澧《东塾读书记》云："夫子告子路，言知德之人鲜，犹言'中庸之为德，其至矣乎，民鲜能久矣'。彼言能者鲜，此言知者鲜，其意一也。《皇疏》解知德者为'知德之人'，文义最明。若如王肃说，则'者'字何所指乎？"程树德对此大为赞赏，认为"陈氏读书得间"，"'者'字既有着落，且可塞喜贬抑圣门之口"（《论语集释》）；然细思之，孔子言"知德者"固然是泛指，但因为此是对子路说，其中暗含对子路的批评也不是没有可能的。故以上两说，实不妨并存也。

15.5　子曰："无为而治者其舜也与？夫何为哉？恭己正南面而已矣。"

【译文】孔子说:"看上去什么也不干,而使天下太平的人,大概只有舜吧?他做了什么呢?只是自己恭恭敬敬地面南而坐就是了。"

【注释】①《杨注》:"舜何以能如此?一般儒者都以为他能'所任得其人,故优游而自逸也。'(《三国志·吴志·楼玄传》)如《大戴礼·主言篇》云:'昔者舜左禹而右皋陶,不下席而天下治。'《新序·杂事三》云:'故王者劳于求人,佚于得贤。舜举众贤在位,垂衣裳恭己无为而天下治。'"②《皇疏》引蔡谟曰:"谟昔闻过庭之训于先君曰:尧不得无为者,所承非圣也。禹不得无为者,所授非圣也。今三圣相系,舜居其中,承尧授禹,又何为乎?夫道同而治异者,时也。自古以来承至治之世,接二圣之闲,唯舜而已,故特称之焉。"③《今读》:"'无为而治',似道家言……此乃治术,儒法同用,源起于道,由道生法。儒法互用正来源于儒道互补。但其最初源起仍巫术:依天象南坐('譬如北辰'),静默以施法术。"

【解读】《雍也篇》首章曾提到"雍也可使南面"(6.1),《泰伯篇》也提到"舜禹之有天下也,而不与焉"(8.18),此内容均可与本章互参。理解本章,除了以上所引注释外,焦循在《论语补疏》中的分析也很好,转引如下:"孔子赞《易》,言'黄帝、尧、舜垂衣裳而天下治',正与此经相发明。盖伏羲、神农以前,民苦于不知,伏羲定人道,而民知男女之有别;神农教耒耜,而民知饮食之有道。颛蒙之知识已开,诈伪之心渐起,往往窥朝廷之好尚以行其慧,假军国之禁令以济其诡。无为者,无一定之好尚,无偏执之禁令,以一心运天下而不息,故能'通其变使民不倦,神而化之使民益之'(按语出《系辞传》)也。黄帝、尧、舜承伏羲、神农之后,以通变神化为治,所谓'民可使由之,不可使知之'(请参见8.9)。伏羲、神农之治,在使民有所知;黄帝、尧、舜之治,在不使民知。不使民知,所以无为。何以无为?由于恭己。恭己则无为而治,即所谓'笃恭而天下平'(按语出《中庸》)。"此从历史的发展来看"无为而治",和《大戴礼》所谓"舜左禹而右皋陶,不下席而天下治"的说法又不同。照此看来,后来民心愈诈矣,故不得不有法治之起,可为一叹。

15.6 子张问行。子曰:"言忠信,行笃敬,虽蛮貊之邦,行矣。言不忠信,行不笃敬,虽州里,行乎哉?立则见其参于前也,在舆则见其倚于衡也，夫然后行。"子张书诸绅。

【译文】子张问什么才叫行得通。孔子说："讲话忠诚信实，行为谨厚恭敬，即使到了野蛮之地，也会行得通。讲话不忠诚不信实，行为不谨厚不恭敬，就是在本乡本土，又怎能行得通呢？站立的时候，就好像看见'忠诚信实''谨厚恭敬'几个字就在我们面前；乘车的时候，也好像看见它们刻在车前的横木上，这样当然就处处行得通啦。"子张将这些话记在了自己的腰带上。

【注释】①《朱注》："犹问达之意也。"②张居正《论语直解》："行是所行通利。"③李光地《读论语札记》："忠信者，由中而有实也；笃敬者，淳厚而谨饬也。此只是一诚字，见于言行者如此。分之，则忠与笃者，发于诚之存；信与敬者，形于诚之著。君子以诚存心，所谓德也。凡事之有得于己者，必根其心。而常顾諟于动静之间，所以参前倚衡，无非是物。至诚而不动者，未之有也。"

【解读】按照朱子所说，此章子张所问之"行"，即《颜渊篇》子张所问之"达"。于彼处子张问道："士何如斯可谓之达矣？"孔子答曰："夫达也者，质直而好义，察言而观色，虑以下人。"（12.20）按照李光地的解释："质直则存忠信，好义则能徙义。"（《读论语札记》）而于此章，李光地则说："忠信者，由中而有实也；笃敬者，淳厚而谨饬也。此只是一诚字，见于言行者如此。"故"质直""忠信""笃敬"以及"诚"等，均相通也。而《孟子》有云："至诚而不动者，未之有也。"则以至诚之心行事，即"质直"也，即"忠信""笃敬"也，必能感人，则"行"即在其中矣。

又《子路篇》有"樊迟问仁"章，程石泉认为，此"仁"为"行"之误，亦可与本章互参。孔子于彼处答樊迟曰："居处恭，执事敬，与人忠。虽之夷狄，不可弃也。"（13.19）其语言、语气及内涵，与本章"言忠信，行笃敬，虽蛮貊之邦，行矣"的确十分相似。我们在那里曾对两章内容做过对比，并结合《周易》旅卦对"行"进行过分析，读者可参考，此不赘。

15.7 子曰："直哉史鱼！邦有道，如矢；邦无道，如矢。君子哉蘧伯玉！邦有道，则仕；邦无道，则可卷而怀之。"

【译文】孔子说:"多么正真啊,史鱼!政治清明时,他的正直像箭一样;政治黑暗时,他的正直还像箭一样。好一个君子啊,蘧伯玉!政治清明时,他就出来做官;政治黑暗时,他就将自己隐藏起来。"

【注释】①《杨注》:"史鱼,卫国的大夫史䲡,字子鱼。他临死时嘱咐他的儿子,不要'治丧正室',以此劝告卫灵公进用蘧伯玉,斥退弥子瑕,古人叫为'尸谏',事见《韩诗外传》卷七。"②《朱注》:"伯玉出处,合于圣人之道,故曰君子。卷,收也。怀,藏也。如于孙林父、宁殖放弑之谋,不对而出,亦其事也。"③《今读》:"据史载,史鱼曾以尸谏,并见效。大概是孔子发此赞叹的原因之一。但孔子并非教条主义者,两种态度都赞赏。还可能更欣赏后者。这也再次表明'儒(进取)道(退隐)互补'在孔子那里就开了头。"

【解读】孔子在本章中点评了两个人:一个是史鱼,孔子赞其"直";一个是蘧伯玉,孔子赞其为"君子"。而史鱼之"直",有一件事就是他死的时候,还安排自己的儿子来"尸谏",其内容就是向卫灵公推荐蘧伯玉,后来卫灵公真的免掉了弥子瑕而起用了蘧伯玉,可见蘧伯玉应该是本章的主角。

我们知道,蘧伯玉是孔子很尊敬的一位长者,据说孔子到卫国时就曾经住在他家;在《宪问篇》中,还有"蘧伯玉使人于孔子"的内容,孔子对蘧伯玉的"善寡过"也是赞不绝口(14.25)。又据朱子之说,当卫国权臣孙林父联合宁殖等人驱逐献公的时候,蘧伯玉曾经"不对而出",则其"出处"之道亦与孔圣暗合也。孔子作为"圣之时者",曾明确说过"无可无不可"(18.8)。《周易·系辞上》亦云:"君子之道,或出或处,或默或语。"故史鱼之"直",固然值得称赞,而蘧伯玉之出处有道,或许更了不起。此正如李泽厚所说,如将史鱼和蘧伯玉做个比较,孔子"可能更欣赏后者",这是完全可能的。只不过,康有为也说过:"圣人之道,阖辟甚多,德备阴阳。"(《论语注》)对于史鱼和蘧伯玉的选择,我们最好不要强分高下,因为每个人行事时所处的环境不同,故其采取的策略势必亦不同也,强行施加道德判断或不可取。另关于"邦有道""邦无道"的论述,《论语》中还有很多,请参见5.2、5.21、8.13、14.1、14.3等。

15.8 子曰:"可与言而不与之言,失人;不可与言而与之言,失言。知(智)者不失人,亦不失言。"

【译文】孔子说:"可以和他交谈而不和他交谈,这是错过了人才;不可以和他交谈而和他交谈,这是浪费语言。智者既不错过人才,也不浪费语言。"

【注释】①《皇疏》:"谓此人可与共言,而己不可与之言,则此人不复见顾,故是失于可言之人也。""言与不可言之人共言,是失我之言者也。""唯有智之士,则备照二途,则人及言并无所失也。"②《康注》:"言与不言皆无所失,此必穷理甚深,阅世甚熟,知人甚哲,而后能也。然此为事机关系,言之失人,则失机,失言,则偾事,故不可不择人而言。若为明道传教,则强聒不舍,虽不得宜,亦无害也。"③李炳南《论语讲要》:"可与言,就是可以与他谈论学问道德。遇到可以与言学问道德的人,而不与他谈论,便不能在德学上与他互相切磋,当面错过一个可以交谈的人,这叫做失人。反过来说,遇到不可与言的人,而与他交谈,无论言学问,言道德,都是浪费言语,这叫做失言。"

【解读】孔子"失人""失言"之说,乃人之常情,千古同慨。盖儒家之功业乃在尘世之中,特别强调与人共事,以及人情练达,而此非于事上磨炼,则不能达至"不失人,亦不失言"之境也,故康有为才说"此必穷理甚深,阅世甚熟,知人甚哲,而后能也"。上引《周易·系辞上》曾说:"君子之道,或出或处,或默或语。"这个"或默或语",说的就是要把握说话的时机的问题,如果说话时机不对,就难免有"失人""失言"之叹矣。另《系辞上》在解释节卦(☱)初九爻辞"不出户庭,无咎"时还说:"乱之所生也,则言语以为阶。君不密则失臣,臣不密则失身,几(机)事不密则害成。"程子释之曰:"在人所节,唯言与行,节于言则行可知,言当在先也。"(《程氏易传》)这里着重讲的,就是说话要注意节制、保密等问题,其中"失臣""失身""害成"云云,明显将后果说得比这里严重得多了。《周易》的这些论述,均可与本章互参。

15.9 子曰:"志士仁人,无求生以害仁,有杀身以成仁。"

【译文】孔子说:"志士仁人,不会贪生怕死而损害仁德,倒是勇于牺牲来成全仁德。"

【注释】①《朱注》:"志士,有志之士。仁人,则成德之人也。理当死而求生,则于其心有不安矣,是害其心之德也。当死而死,则心安而德全矣。"②《集释》引张栻《南轩论语解》曰:"人莫不重于其生也,君子亦何以异于人哉?然以害仁,则不敢以求生,以成仁,则杀身而不避。盖其死有重于生故也。夫仁者,人之所以生者也。苟亏其所以生者,则其生也亦何为哉?"

【解读】俞樾《群经平议》以"志士即知士",并谓"盖志可为知,故亦可为智。《论语》每以仁、知并言,此云'志士仁人',犹云'知士仁人'也"。此说实迂曲,当以朱子之解为平实的当。

我们前边多次说过,儒家以仁为"元德",又为"全德"。即在孔子看来,一个人如果离开了"仁",则将不成其为人矣!故当面临生死考验时,志士仁人当舍身取义、杀身成仁,此即孟子所谓"志士不忘在沟壑,勇士不忘丧其元"(《孟子·滕文公下》)是也。这样一来,其肉体虽不复存在,但其"仁"却保留了下来:这样的死,其实是一种更伟大的生!

《周易》剥卦(䷖)上九有"硕果不食"之说,乔中和释之曰:"'硕果不食',核也,仁也,生生之根也。自古无不朽之株,有相传之果,此剥之所以复也。"胡炳文也说:"果中有仁,天地生生之心存焉。"(转引自李光地《周易折中》)盖剥卦正当众阴剥阳之时,惟上九一阳如"硕果"孤悬于树,此"硕果"如"不食"而传,那么即便此树于冬天死去,则其或将随其"核仁"遇春而复生也。所谓"剥极而复",指的正是这种情况,因其中间有"仁"存也。方以智晚年定居青原山,曾设"仁树""核室"命名其殿堂,对剥卦之义阐发甚多,比如他还这样说过:"天地托孤于冬,雪霜以忍之,剥落以空之,然后风雷以劈之,其果乃硕,其仁乃复。"(《象环寤记》)此和乔中和等人的论述均可互参。另据余英时《方以智晚节考》考证,方以智乃是自沉惶恐滩而死,可见他是实践了杀身成仁之宗旨的,真儒门义士也。

15.10 子贡问为仁。子曰:"工欲善其事,必先利其器。居是邦也,事其大夫之贤者,友其士之仁者。"

【译文】子贡问怎样才能行仁。孔子说:"工匠要想干好他的工作,一定先要打磨好他的工具。我们住在一个国家,就要懂得敬奉那些贤能的官员,结交那些仁德的读书人。"

【注释】①《大义》:"不曰'问仁'而曰'为仁',盖非言仁之体,而求所以为仁之方也。贤以事功言,仁以德行言。大夫尊,故曰事;士卑,故曰友。"②《集解》引孔安国曰:"言工以利器为用,人以贤友为助。"③《朱注》:"夫子尝谓子贡悦不若己者,故以是告之,欲其有所严惮,切磋以成其德也。"④王夫之《四书训义》:"器非事也,而非器无以成事;欲善之,必先利之,资于彼以成于此,道固然乎!则为仁者亦有所资矣。""事其大夫之贤者,勿恃吾才也;观其治事之得宜,而可以知物理之随方而皆有其至正。友其士之仁者,勿恃吾学也;与之游心于不妄,而可以知养心之相习而愈向于纯……为仁者如此,仁不远矣!"

【解读】在本章中,孔子以"工欲善其事,必先利其器"设喻,意在说明要想"为仁",就要善于敬奉贤者并结交仁者。据《孔子家语·六本》:"商好与贤己者处,赐好悦不若己者。"意思就是说,子夏喜欢和比自己贤明的人在一起,而子贡却喜欢和比不上他的人在一起。这是子贡不如子夏处,故孔子告之以此,"欲其有所严惮,切磋以成其德也。"据《荀子·哀公篇》云:"所谓庸人者,不知选贤人善士托其身以为己忧。"而《周易》对于"利见大人"以及"朋友讲习"等的重视,更是所在多有——此均可与本章互参。

此处所谓"工欲善其事,必先利其器",已成为名言俗语。但值得注意的是,这里的"器",明显指的是某种工具的意思,它是为了做事而设,欲善其事,必先利之——这是本章的主旨。但其中隐含的另一层意思还有,"利其器"并非工匠之目的,"善其事"才是工匠之目的。将此引申到做人上,也就是说,我们平常固然要"事其大夫之贤者,友其士之仁者",但这并非为了结交权贵和呼朋引类,而是为了提高自己的修养,进而报效自己的国家——这同样值得注意。

15.11 颜渊问为邦。子曰:"行夏之时,乘殷之辂(lù),服周之冕,乐则《韶》舞。放郑声,远佞人。郑声淫,佞人殆。"

【译文】颜渊问怎样来治理国家。孔子说:"推行夏朝的历法,乘坐殷朝的车子,佩戴周朝的礼帽,音乐则用舜时的《韶武》。放弃郑声,远离奸佞小人。郑国的乐曲太淫乱,而小人是危险的。"

【注释】①李光地《读论语札记》:"颜子问仁,而夫子以'克己复礼'告之。至其问为邦也,亦即此意推而大之耳。四代礼乐,乃礼之大者。放郑声,远佞人,则非礼勿视、听、言、动之见于用者也。有天德,然后可以语王道,故其言之相为表里如此。"②《钱解》:"古历法,有夏正、殷正、周正之分。夏正即今之阴历。殷正以阴历十二月为正月,较夏历差一月。周正以阴历十一月为正月,较夏正差二月。今仿欧美用阳历,略在冬至后十日改岁,犹周正。阴历合于农时,今亦谓之农历。孔子重民事,故主行夏时。"③《朱注》:"辂者,大车之名。古者以木为车而已,至商而有辂之名,盖始异其制也。周人饰以金玉,则过侈而易败,不若商辂之朴素浑坚而等威已辨,为质而得其中也。""周冕有五,祭服之冠也。冠上有覆,前后有旒。黄帝以来,盖已有之,而制度仪等,至周始备。然其为物小,而加于众体之上,故虽华而不为靡,虽费而不及奢。夫子取之,盖亦以为文而得其中也。"并引程子曰:"问政多矣,惟颜渊告之以此。盖三代之制,皆因时损益,及其久也,不能无弊。周衰,圣人不作,故孔子斟酌先王之礼,立万世常行之道,发此以为之兆尔。"④《集释》引俞樾《群经评议》曰:"舞当读武。乐则韶武者,则之言法也,言当取法韶武也。子于四代之乐独于韶武有尽美之论。"又引《皇疏》曰:"韶舞,舜乐也。"又引陈启源《毛诗稽古篇》曰:"淫者,过也,非专指男女之欲也……言过其常度耳。乐之五音十二律长短高下皆有节焉,郑声靡曼幻渺,无中正和平之致,使闻之者导欲增悲,沉溺而忘返,故曰淫也。"

【解读】关于本章,有三个关键问题需要回答。第一,此处孔子所谈的时、辂、冕、乐以及郑声、佞人等等,似乎均为日常之事,和"为邦"有什么关系?要知道,儒学即日常之学也,用什么样的历法、驾什么样的车子、穿什么样的衣帽、演奏什么样的音乐,以及交接什么样的人,正是孔门关注的重点。这些事情处理好了,即"为邦"也。第二,为什么单单是颜渊来问"为邦"?而孔子又答之以此?因为颜渊不但有"内圣"之修养,而且有"王佐之才",李光地的分析在理,即惟有颜渊可以"语王道"也。由此也就可以明白,对于颜渊之死,孔子何以那样悲痛了!第三,孔子于四代(虞及夏、商、周)礼乐制度的取舍说明了什么问题?首先,孔子绝非教条主义者,他一直是主张对不同时代的礼乐制度进行"损益"的(见2.23),故在这里对不同时代的好东西均有所采纳;其次孔子对于礼乐又一直持"尚俭"和"中道"的态度(见3.4和6.29、11.16等),此由孔子重视"殷辂""周冕""韶舞"亦可看出。上引朱子等人论述甚详,此不赘。

另外需要指出的是,这里的"行夏之时"颇有深意。我们知道,古时改朝换代,新王朝都要重新厘定"正朔",即确立一年中的第一个月由何开始。《周易》革卦《大象》明确说:"泽中有火,革;君子以治历明时。"即指此也。钱穆说:"夏正即今之阴历……阴历合于农时,今亦谓之农历。孔子重民事,故主行夏时。"其说平实,可采。朱子等人多有结合天干、地支对夏商周三代的历法进行分析者,认为三者有建寅、建丑、建子之区别;简朝亮在《论语集注补正述疏》中更结合《周易·说卦传》对此有详细辨析,因内容繁杂,今不转述,有兴趣的朋友不妨找来阅读。

15.12 子曰:"人无远虑,必有近忧。"

【译文】孔子说:"一个人如果没有长远的谋划,那一定就有眼前的忧患。"

【注释】①邢昺《论语注疏》云:"此《周易·既济》象辞也。王弼云:'存不忘亡,既济不忘未济也。'"②李贽《四书评》:"余尝谓此八字,分明一部《易经》。"③《大义》:"圣人之虑,常在十百世之远,千万里之遥,故其施为及于后世;庸人之虑,在旦夕之间,跬步之顷,故其祸患发于须臾。"

【解读】邢昺以《周易》注解本章,甚为的当。《周易》既济卦《大象》云:"水在火上,既济;君子以思患而豫(预)防之。"意思就是说,人在平安的时候要考虑到患难,并有所预防;换言之,即身处既济而不能忘却未济也。另《系辞下》在解释否卦九五爻辞"其亡其亡,系于苞桑"时还说:"危者,安其位者也;亡者,保其存者也;乱者,有其治者也。是故君子安而不忘危,存而不忘亡,治而不忘乱,是以身安而国家可保也。"此将君子对于现实的戒惧之感,摹画得极为清晰。王弼云:"存不忘亡,既济不忘未济也。"则将以上两层意思合并在了一处,甚妙。

我们知道,《周易》是一部"忧患"之书,《系辞下》明确说:"作《易》者,其有忧患乎?"在某种意义上,其卦爻辞中"吉凶悔吝"等占辞,皆为避免"近忧"而作之"远虑"也。如夬卦(䷪)初九爻辞为:"壮于前趾,往不胜为咎。"《小象》

曰:"不胜而往,咎也。"咎者,灾也。初九在下而任壮,故往必有灾也。马振彪释之曰:"曹刿谓肉食者鄙,未能远谋,以致齐先鼓而败,此前趾壮往之咎也!孔子言,人无远虑,必有近忧,即此爻义。"(《周易学说》)此又结合夬卦来解释本章,或者说以本章来解释夬卦,亦妙。

另按唐文治之说,此处之"远""近",当含时间、空间两种涵义,亦值注意。

15.13 子曰:"已矣乎!吾未见好德如好色者也。"

【译文】孔子说:"算了吧!我还从来没有见过喜欢道德胜过喜欢美色的人呢。"

【注释】①《朱注》:"已矣乎,叹其终不得而见之也。"②《康注》:"色之惑目,有(犹)电相吸摄,故好之最甚……故人情之好,未有好色之甚者,虽有好德者,终不如之也。"③李贽《四书评》:"加'已矣乎',望之愈切矣,不作绝望看。"

【解读】本章内容和9.18相同,而文字稍异。我们在那里曾经讲过,孔子并不是反对人们"好色",因为"好色"乃人的本性,无可厚非,但他同时更主张人们"好德",最好人们像"好色"一样"好德"。但可惜的是,这样的人,他自始至终没有见过。本章多出来的"已矣乎"三字,最是耐人寻味。李贽认为,此三字"不作绝望看",乃"望之愈切"之意,甚有道理。或亦可视为孔子的"不屑之教"也,与《阳货篇》中孔子不见孺悲但又"取瑟而歌,使之闻之"(17.20),有异曲同工之妙。另"吾未见"三字,孔子说过多次,均可做此解。

15.14 子曰:"臧文仲其窃位者与!知柳下惠之贤而不与立(位)也。"

【译文】孔子说:"臧文仲大概是个做官不管事的人吧!他明知柳下惠的贤能,却不给他相应的官位。"

【注释】①《正义》:"'窃'如'盗窃'之窃。言窃居其位,不让进贤能也。"并引李惇《群经识小》曰:"案臧氏世为司寇,文仲当已为之,或为司空兼司寇也。柳下惠为士师，正其属官，无容不知。此与文子同升正作一反照。"②《杨注》："柳下惠，鲁国贤者，本名展获，字禽，又叫展季。'柳下'可能是其所居，因以为号；据《列女传》，'惠'是由他的妻子的倡议给他的私谥（不由国家授予的谥号叫私谥）。"③俞樾《群经平议》："但曰'不与立'，文义未足，立当读为位。古者立、位同字，《古文春秋经》'公即位'为'公即立'，然则'不与立'即'不与位'，言知柳下惠之贤而不与之禄位也。"

【解读】臧文仲此人在《公冶长篇》中曾出现过，在那里孔子批评过他"居蔡"的事。在本章，孔子则又批评他为"窃位者"。盖柳下惠，贤人也，"言中伦，行中虑"（18.8），孟子曾称其为"圣之和者"，而臧文仲不能用之，且使之为士师而至于"三黜"（18.2），乃臧文仲未尽荐贤之责也，故获"窃位"之评理所当然。又《宪问篇》记有"公叔文子之臣大夫僎与文子同升诸公"事（14.18），受到过孔子的赞扬，刘宝楠认为两者适可做一对照，此真读书得间者也。

而更值得一提者，黄式三曾以泰卦（☰）解读本章，尤妙。他说："《易》泰卦以三阴为小人，而曰'小人道消'者，谓三阴自知退避，得阳升阴降之义，是小人之能用君子者也。若忌君子而不荐举之，恐其立功而位必在己上，故曰'窃位'。"（《论语后案》）泰卦《彖》曰："泰，小往大来，吉亨。则是天地交，而万物通也；上下交，而其志同也。内阳而外阴，内健而外顺，内君子而外小人，君子道长，小人道消也。"当泰之时，三阴虽居上卦，但其"得阳升阴降之义"，能"自知退避"，故《彖》称"君子道长，小人道消也"。若臧文仲者，并非不知柳下惠之贤，而不能荐举之，不谓之"窃位者"可乎？然古往今来类似臧文仲之流的窃位者，可谓滔滔者天下皆是也，诚可悲也！

15.15 子曰："躬自厚而薄责于人，则远怨矣。"

【译文】孔子说："对自己责备得多些，对别人责备得少些，就不会招致怨恨了。"

【注释】①《集解》引孔安国曰："责己厚，责人薄，所以远怨咎。"②《朱注》："责己厚，故身益修；责人薄，故人易从，所以人不得而怨之。"③《集释》引王引之《经义述闻》云："躬自厚者，躬自责也。因下'薄责于人'而省责字。"

【解读】我们多次说过，孔学是为己之学，故一贯强调律己以严、待人以宽。此章讲与人交接之道，应该是指一个人凡是遇到问题或者犯了错误的时候，均应首先从自身找原因，可以重重地责备自己，而对于别人，则尽量予以宽容，不要轻言责备。此与《颜渊篇》子曰"攻其恶，无攻人之恶"（12.21）以及本篇子曰"君子求诸己，小人求诸人"（15.21）等，基本同义。

"躬自厚而薄责于人"，实谦德也。我们知道，《周易》第十五卦为谦卦，其《象传》明确说："谦，亨，天道下济而光明，地道卑而上行。天道亏盈而益谦，地道变盈而流谦，鬼神害盈而福谦，人道恶盈而好谦。谦尊而光，卑而不可逾，君子之终也。"陈梦雷释之曰："亏盈益谦以气言，日中则昃、月满则缺是也。变盈流谦以形言，高岸为谷、深谷为陵是也。害盈福谦以理言，满则招损、谦则受益是也。恶盈好谦以情言，满盈取忌、退巽见推是也。四者皆出于自然而非有心，故曰道也。盖太极之中，本无一物；事业功劳，于我何有。天地生万物而不言所利，此天地人鬼所以皆有取于谦也。"（《周易浅说》）正因为谦为天道，君子法之，乃得"尊而光，卑而不可逾"之谦德也，遂得善终焉。《论语》本章讲"躬自厚而薄责于人，则远怨矣"，亦此义也。

据云宋朝的著名理学家吕祖谦（字伯恭），少时性褊急，每暴怒，读《论语》至此章，憬然而悟，遂自克也。朱子称之曰："学如伯恭，方是能变化气质。"吾辈勉之！

15.16 子曰："不曰'如之何，如之何'者，吾末如之何也已矣。"

【译文】孔子说："一个连'怎么办，怎么办'都不会说的人，我也不知道拿他怎么办了。"

【注释】①《朱注》："'如之何，如之何'者，熟思而审处之辞也。不如是而妄行，虽圣人亦无如之何矣。"②《康注》："所谓'临事而惧，好谋而成'也。盖人之生也，与忧俱来，处世之艰，动生祸变。故作为者多忧患，出入以度，外内知惧，生于忧患，而后死于安乐。"③《今读》："对什么都说'没问题，没问题'的人，经常是大有问题而大不可靠的人。今日犹然。对这种人，圣人也没办法了。"

【解读】此无他，能时常念叨"如之何，如之何"的人，肯定是具有忧患意识，且善于动脑筋的人。这样的人，当然容易成功；反之，则必然失败。儒家都是爱智主义者，绝不像道家一样讲什么"绝圣弃智"的话，孔子当然对那些浑浑噩噩的人看不入眼，本章即其表示此种不满之语也。康有为所引"临事而惧，好谋而成"，语出《述而篇》，与《周易·系辞下》所讲"惧以终始，其要无咎"等精神完全一致，相关分析请参见7.11。

另据杨逢彬说："《论语》中的'如之何'，多为向人请教之语。"（《论语新注新译》）如季康子问："使民敬、忠以劝，如之何？"（2.11）定公问："君使臣，臣事君，如之何？"（3.19）闵子骞曰："仍旧贯，如之何？何必改作？"（11.14）哀公问于有若曰："年饥，用不足，如之何？"（12.9）很明显，在这些地方，不管提问者是谁，出于什么样的目的而提问，提问者肯定对该问题已有一定思考，这比连"如之何，如之何"都不知道说的人，当然要强多了。我们迄今做事还经常强调"问题意识"，应该也是这个意思。

15.17 子曰："群居终日，言不及义，好行小慧，难矣哉！"

【译文】孔子说："大家整天混在一起，不谈什么正经事，只喜欢卖弄小聪明，这就很难办了！"

【注释】①张栻《南轩论语解》："盖义者，天理之公。"②《正义》："夫子言人群居当以善道相切磋，不可以非义小慧相诱引也。"③邢昺《论语注疏》："小慧，谓小小才知（智）。言人群朋共居，终竟一日，所言不及义事，但好行小小才知（智），以陵夸于人，难有所成矣哉！言终难于成也。"④《朱注》："小慧，私智也。言不及义，则放辟邪侈之心滋。好行小慧，则行险侥幸之机熟。"

【解读】《论语》有两次提到"难矣哉"，除本章外，另一次是在《阳货篇》中，在那里孔子说："饱食终日，无所用心，难矣哉！"（17.22）顾炎武《日知录》云："言不及义，好行小慧，南方之学者也；饱食终日，无所用心，北方之学者也。"此以南方学者、北方学者对指此二病，甚有趣。如就内涵言之，窃以为，则"好行小慧"当即油滑之病，"无所用心"当即怠惰之病，而其背离孔学之道则一也。《周易·乾文言》有云："君子学以聚之，问以辩之，宽以居之，仁以行之。"

正可与此二病对照思之。

在本章中,"小慧"与"义"是相对而言的。邢昺等人解"小慧"为"小小才智",其对应的"义"就是大义、善道;朱子解"小慧"为"私智",其对应的"义"就是公义或"天理之公"。当然这两种解释又是一致的,只是角度不同而已。无论"小小才智"也罢,"私智"也罢,都是违背"义"的。这让人很容易想起《礼记·经解》"《易》之失,贼"这句著名的话来。《易》教本来"洁静精微",何以导致"贼"之失误?而"贼"又指的是什么?张履祥《杨园先生全集》云:"盖《易》之为道,微显阐幽,知来藏往,大无不包,细无不入,故《系辞》曰:'以言乎远则不御,以言乎迩则静而正,以言乎天地之间则备矣。'后之作者举其一废其百,得于此失于彼。凡夫用智,自私穿凿,傅会而不轨于大中至正者,皆贼道害义,而得罪于圣人者也,故《记》曰《易》之失贼。"马一浮《论六艺该摄一切学术》在论及道家之失时亦云:"道家体大,观变最深。故老子得于《易》为多,而流为阴谋,其失亦多。《易》之失,贼也。有得于精微,流于阴谋,贼也。"由此可见,贼者,害也,徒逞才智而流于阴谋、贼道害义也。盖《易》本为大道,但后之学者多得其一偏而自炫,即流于贼矣。以此反观《论语》本章,所谓"言不及义,好行小慧"者,或尚未至于阴谋之途,然此"不轨于大中至正"则必也,而"放辟邪侈之心"既滋,"行险侥幸之机"将熟,实亦贼也,故夫子以"难矣哉"戒之。

15.18 子曰:"君子义以为质,礼以行之,孙(逊)以出之,信以成之。君子哉!"

【译文】孔子说:"君子做事,一切以正义为根本,要用合适的礼节来实行正义,要用谦逊的语言来表达正义,要用信实的态度来完成正义。这样才是君子啊!"

【注释】①《大义》:"此章言处事之方,非论心术,故言义而不言仁。三'之'字,均指义而言。"②《朱注》引程子曰:"义以为质,如质干然;礼行此,孙出此,信成此。此四句只是一事,以义为本。""'敬以直内'则'义以方外'。'义以为质',则'礼以行之,孙以出之,信以成之'。"③《集解》引郑玄曰:"'孙以出之',谓言语。"

【解读】一般认为，孔子谈仁较多，而谈义较少，这和孟子正相反。据统计，"义"字在《论语》中共计出现24次，且内容均极重要。《中庸》曰："义者，宜也。"《孟子》曰："义，人之正路也。"按照唐文治的解读，"此章言处事之方，非论心术，故言义而不言仁。"盖相比于作为内在道德的仁，义主要强调的处事时的正当性，故后来才有"正义""大义""公义"之说（相关分析请见1.13）。《周易·系辞下》曾提到"禁民为非曰义"，就是在这层内涵上讲"义"的；又曾提到"井以辨义"，盖"迁徙于义，非辨安能迁？而井静而生明，故于义能辨之"（陈梦雷《周易浅述》），这个"辨义"之说颇值注意。当然，《周易》还多次提到"时义"，这说明究竟如何做到"义"，那是要根据实际情况随时进行调整的。

但不管怎样，这个"义"毕竟还是抽象的行事原则，说君子"义以为质"固然不错，但还得将之落实到更加具体的行为准则上才行，这里提出的礼、孙、信三者，或即指此也。换句话说，如无礼、孙、信三者，则"义"必将蹈空矣。另程子解读本章，曾提到《周易·坤文言》中的"敬以直内，义以方外"，并云"'敬以直内'则'义以方外'"。盖此处"敬""直"者，仁也；"义""方"者，义也。所谓"'敬以直内'则'义以方外'"者，即仁乃义之本也。后边程子又讲"'义以为质'，则'礼以行之，孙以出之，信以成之'"者，即礼、孙、信三者，又以义为本也。故细读本章，或将对仁和义的关系，义和礼、孙、信的关系，获得某些新的认识。

15.19 子曰："君子病无能焉，不病人之不己知也。"

【译文】孔子说："君子只担心自己无能，不担心别人不知道自己。"

【注释】①《读训》："此章已见《宪问第十四》，作：'不患人之不己知，患其不能也。'"②《大义》："病，内疚也。君子但病无能无才，不病人之不己知。惟病无能，而后本心可以无病。"

【解读】除了14.30，1.16、4.14两章，亦与此章近似，均可互参。

15.20 子曰："君子疾没（mò）世而名不称焉。"

【译文】孔子说："君子最痛心的是，死后名声不为人称赞。"

【注释】①《读训》:"'没世'犹'没身',言生后也。"②《集释》引顾炎武《日知录》云:"古人求没世之名,今人求当世之名。"③《朱注》引范祖禹云:"君子学以为己,不求人知,然没世而名不称,则无为善之实可知矣。"④王阳明《传习录》:"称字当去声,亦声闻过情,君子耻之之意。"

【解读】此章说的是,如果一个人至死都没留下个好名声,君子会痛心疾首的。为什么这样说呢?《论语》不是经常讲"人不知而不愠"(1.1),"不患人之不己知,患不知人也"(1.16)吗?上章还讲"君子病无能焉,不病人之不己知也"(15.19)。而且,达巷党人还曾赞扬孔子"博学而无所成名"(9.2),《乾文言》也讲"不易乎世,不成乎名"等等,"名"似乎并不为孔子所强调。

但实际上,儒家并不简单地反对"名",如《孝经》就明确说过"立身行道,扬名于后世",《孟子》也说过"令闻广誉施于身"(《告子上》),这个"令闻广誉"就是好名声的意思。只不过,如果我们仔细思之,正如范祖禹所说,此处之君子,与其说是在担心"名"的问题,还不如说是在担心"善"的问题;即君子当其晚年回顾自己的一生时,他最怕的应该是其生前"无为善之实",故而死后没有人会记得他。这也就是孔子所说的:"君子去仁,恶乎成名?"(4.5),即人只能通过"行仁"来成名。

而《周易·系辞上》亦说:"善不积不足以成名",即人要通过积累"善行"来成名。另《史记·孔子世家》认为,孔子发此感叹是在其晚年作《春秋》时,原话是这样:"弗乎!弗乎!君子疾没世而名不称焉。吾道不行矣,吾何以自见于后世哉!"如果从以上分析来看,这个说法还是有一定道理的。孔子老矣,知"道之不行",故将精力集中于"删述六经"以求造福于后世,这是符合其情其景的。顾炎武进而认为,古之君子所求的是"没世之名"即不朽之名或者行善积德之"实名",而当今之人所求的却是"当世之名"即沽名钓誉之"虚名",这就将问题说得更加明确了。

当然,按照王阳明的解释,则将"称"读如趁(chèn)",倒也是从"名实相称"取义,只是角度有所不同而已,亦可备一说。

15.21 子曰:"君子求诸己,小人求诸人。"

【译文】孔子说:"君子责求自己,小人责求别人。"

【注释】①《集解》:"君子责己,小人责人。"②《朱注》引杨时曰:"君子虽不病人之不己知,然亦疾没世而名不称也。虽疾没世而名不称,然所以求者,亦反诸己而已。小人求诸人,故违道干誉,无所不至。"③宦懋庸《论语稽》曰:"求字当兼何氏、杨氏二义。行者不得而反求诸己,则其责己也必严;违道干誉而望人之知己,则其责人也必甚。其始不过求己求人一念之别,其终遂至君子小人品汇之殊,人不慎之于所求哉!"

【解读】本章"求"字,以宦懋庸的解释为的当,即包括我们通常所说的要求以及责备两种涵义,而这两者当然又是相互关联的。我们知道,儒家是"为己"之学,特别强调"外王"应以"内圣"为基础。比如《大学》有著名的"三纲领、八条目"之说,"八条目"是指"格物、致知、诚意、正心、修身、齐家、治国、平天下",其中前五条可以说都讲的是"求诸己"的功夫,亦即"内圣"的功夫。又《大学》云:"君子有诸己,而后求诸人。"《中庸》云:"子曰:'射有似乎君子,失诸正鹄,反求诸其身。'"而小人唯"违道干誉"是求,做得就相反了。

在这一点上,《周易》和《论语》也是一致的。比如乾卦《大象》明确讲"君子以自强不息",蹇卦《大象》则强调"君子以反身修德",就和本章"求"的两种涵义正好对应。另谦卦上六有云"鸣谦,利用行师,征邑国",杨时释之曰:"君子行有不得,则反求诸己,故曰'利用行师,征邑国'也。'邑国',私于己者也。'征邑国',自治也。不用刚克而能胜己之私者,未之有也。"(转引自《周易折中》)李光地则云:"上言鸣谦者,德之纯也,顺之极也。谦德之盛如此,可以行师矣。然道先自治而后治人,故用师唯征其邑国。盖始终自修,不务于远之意。"(《周易观彖》)此均可与本章互参。

15.22 子曰:"君子矜而不争,群而不党。"

【译文】孔子说:"君子威严但不与人争执,合群但不结党营私。"

【注释】①《后案》:"矜者,持己方正也。争者,与人竞辨也。群者,虚己取善也。党者,助人匿非也。"②《大义》:"争与党,皆足以致祸。惟穷理之精,故处之合乎中庸之道，所谓'不戾乎世俗，不杂乎世俗'，阳刚、阴柔皆得其善者也。"③刘强《论语新识》："矜而不争，即泰而不骄也；群而不党，即周而不比也。"

【解读】本章紧接上章，是对君子标准的进一步申说：即其持己方正，看上去很威严，但又非固执己见，因而不会与人争执；能够和别人打成一片，大家一起切磋德业，但又非出于私意，所以不会结党营私。故而唐文治认为，由此可见君子处世"合乎中庸之道"，于"阳刚、阴柔"皆得其善也。在《子路篇》，孔子说："君子泰而不骄，小人骄而不泰。"（13.26）此即君子"矜而不争"也。在《为政篇》，孔子说："君子周而不比，小人比而不周。"（2.14）此即君子"群而不党也。"关于以上两章，我们曾分别以《周易》泰卦、比卦予以分析，读者不妨参考。

15.23 子曰："君子不以言举人，不以人废言。"

【译文】孔子说："君子不能因为别人的一句好话就提拔他，也不能因为这人不好就废弃他说的好话。"

【注释】①《集解》引包咸曰："有言者不必有德，故不可以言举人。"又引王肃曰："不可以无德而废善言。"②《集释》引李颙《四书反身录》曰："不以言举人，则徒言者不得幸进；不以人废言，庶言路不至壅塞，此致治之机也。"③《大义》："人与言本合而为一，自世衰道微，表里相违，而人与言遂分为二。'不以言举人，不以人废言'者，阅历之深，因公生明，惟明乃愈公也。"

【解读】此章讨论人和言的关系，主要是从荐举人才的政治角度，和《论语》他处讨论言行关系、知行关系均有关联。如这里讲"不以言举人"，实际上强调的就是"行胜于言"，这在子曰"敏于事而慎于言"（1.14）"先行其言而后从之"（2.13）"古者言之不出，耻躬之不逮也"（4.22）等话中都可以看到其精神，这也是孔学的一贯精神。但这里又讲"不以人废言"，却很少见；这里暗含着一个前提，那就是品德不好的人，也可能说出一些正确的话来，所以不能因其品德不好而废弃不用。

这种人与言的分离，按照儒家的观点，当然主要是"世衰道微"的结果。但是,从另外的角度看,这也说明了语言世界的独立性或自足性。英国科学哲学家波普尔有个著名的"世界3"理论,即认为除了物质世界、精神世界之外,还有一个客观知识的世界即被物质化了的思想内容的世界,如语言、艺术品、图书、房屋建筑等等均是。他特别强调,这个"世界3"和"世界1""世界2"一样,也具有独立性,并对两者产生重要影响。孔子讲"不以人废言",虽然主要是从荐举人才的角度出发的,其对语言世界独立性的重视倒也和"世界3"理论相一致。我们在2.13、14.27曾分析过《论语》和《周易》在对待言行关系上的差异,由《论语》本章来看,两者也不是没有相通的地方。当然,此为笔者对本章之"别解",或有"过度阐释"之嫌,读者姑妄听之可也。

15.24 子贡问曰:"有一言而可以终身行之者乎?"子曰:"其恕乎!己所不欲,勿施于人。"

【译文】子贡问:"有没有简单的一个字,可以终身奉行的呢?"孔子说:"那应该是'恕'吧!自己不喜欢要的东西,就不要强加于人。"

【注释】①《正义》:"'一言',谓一字。古人称所著书若数万言、数十万言,及诗体四言、五言、七言,并以一字为一言也。"②张居正《论语直解》:"所谓恕者,以己度人,而知人之心不异于我,即不以己所不欲者加之于人。"③《钱解》:"求能终身行之,则必当下可行者始是。若仁字固当终身行之,但不能当下即是。己所不欲,勿施于人,骤看若消极,但当下便是,推此心而仁道在其中,故可终身行之。"④《杨注》:"'忠'(己欲立而立人,己欲达而达人)是有积极意义的道德,未必每个人都有条件来实行。'恕'只是'己所不欲,勿施于人',则谁都可以这样做,因之孔子在这里言'恕'不言'忠'。"

【解读】在《里仁篇》,孔子说:"参乎!吾道一以贯之。"曾子总结说:"夫子之道,忠恕而已矣。"(4.15)在《颜渊篇》,仲弓问仁,孔子说:"己所不欲,勿施于人。"(12.2)在《雍也篇》,子贡问仁,孔子说:"夫仁者,己欲立而立人,己欲达而达人。能近取譬,可谓仁之方也已。"(6.30)均可与本章互参。至于"仁""恕"之别,钱穆说得很好,可采。质言之,"己所不欲,勿施于人"和"己欲立而立人,己欲达而达人"(两者为正反题)作为"仁之方",其实也是"恕之方"，只是"恕道"比"仁道"更加落地、更加强调"当下"而已。

我们知道，"如心"为"恕"，本义是将心比心的意思。而将心比心，就是去除"人心"中的私心杂念，而回归"道心"（或"本心"）也。《尚书·大禹谟》曰："人心惟危，道心惟微，惟精惟一，允执厥中。"其实任何宗教或哲学学派，都是相信天地间存有公理或者道德准则的，否则人与人之间就没有和谐相处的可能了。这种道德准则，在《尚书》中就是"道心"，在《论语》中就是"仁"或"恕"，而德国哲学家康德则谓之"绝对命令"，并将其规定为："这样行动：你意志的准则始终能够同时用作普遍立法的原则。"（《实践理性批判》）很清楚，那些"能够同时用作普遍立法的原则"的行动，就是符合"己所不欲，勿施于人""己欲立而立人，己欲达而达人"的行动。而能够这样做的人，显然就是在行"恕道"了。

《周易》复卦《象传》曰："复，其见天地之心乎？"李光地说："'天地之心'，在人则为道心也。道心甚微，故曰'复，小而辨于物'（按语出《系辞下》）。于是而惟精以察之，惟一以守之，则道心流行，而微者著矣。"（《周易折中》）结合《论语》本章来说，"己所不欲，勿施于人"八字，当即圣人深察"惟危"之人心，而从中所析出"惟微"之"道心"也——如果我们将此"道心"加以推广，加以光大，则"微者著矣"，天下平矣。又《系辞上》还讲"化而裁之谓之变，推而行之谓之通"，在某种意义上，这里的"变"和"通"，当即"己所不欲，勿施于人"之推行也，亦即"恕道"也。"恕"之为用，大矣哉！

15.25 子曰："吾之于人也，谁毁谁誉？如有所誉者，其有所试矣。斯民也，三代之所以直道而行也。"

【译文】孔子说："我对于别人，诋毁了吗？称赞了吗？如果说我有所称赞的话，那也是对他考验过的。这都是和夏、商、周三代一样的老百姓啊，而夏、商、周三代是强调直道而行的。"

【注释】①《集解》引包咸曰："所誉者辄试以事，不虚誉而已。"②《朱注》："斯民者，今此之人也。三代，夏、商、周也。直道，无私曲也。言吾之所以无所毁誉者，盖以此民即三代之时所以善其善、恶其恶而无所私曲之民，故我今亦不得而枉其是非之实也。"

【解读】孔子非常重视"直"。钱穆说:"孔子论'仁',首贵直心由中,故孔子又屡言直道。"(《论语要略》)在《雍也篇》,孔子曾说:"人之生也直,罔之生也幸而免。"(6.19)在《为政篇》和《颜渊篇》两次谈到"举直错诸枉"(2.19、12.22),还在《公冶长篇》批评过微生高的"不直"(5.24)。这些内容都可以和本章互参。《周易》以直为乾德(《系辞上》所谓"夫乾,其静也专,其动也直"),又以直为坤德(坤卦六二所谓"直、方、大",朱子谓之"柔顺正固,坤之直也"),直道之可贵,于此亦可见也。

在本章中,孔子则强调,不但每一个人的行为要"直",对他人的评价,也要以"直"为标准。他还讲到夏、商、周三代的人都是"直道而行"的,言下之意,我们当准此而行也(由此亦可见孔子"好古"之一斑)。钱穆曾针对本章评价说:"三代可以行直道,乌见今之不可以行直道? 苟有所试,确有善效,则从而誉之,则见誉者既知奋励,而旁人亦藉资激劝。自直道不明,于是毁誉无准。当面则誉之,背身则毁之。不足以奋励,亦不足以激劝……好恶不分,毁誉不真,而后是非坏,风俗隳矣。"(《论语要略》)此诚可悲也。

15.26 子曰:"吾犹及史之阙文也。有马者借人乘之,今亡(wú)矣夫!"

【译文】孔子说:"我还看到过史书上存疑的文字。有马的人就借给别人骑用,这在今天已经没有了吧!"

【注释】①《朱注》引胡寅曰:"此章义疑,不可强解。"②《杨注》:"'史之阙文'和'有马借人乘之',其间有什么关连,很难理解。包咸的《论语章句》和皇侃的《义疏》都把它们看成两件不相关的事。宋叶梦得《石林燕语》却根据《汉书·艺文志》的引文无"有马"等七个字,因疑这七个字是衍文。其他穿凿的解释很多。"

【解读】此章疑有错漏或衍文,故歧解很多,特别是"有马者借人乘之"七字,有各种解释,但都难以服人。如将此七字略过,则本章的主旨还是清楚的,那就是孔子主张对自己不懂的东西应勇于存疑,千万不要"强不知以为知"。此处"阙文"之阙,即当子张问干禄时孔子答以"多闻阙疑""多见阙殆"之阙也(2.18),亦即孔子批评子路时所言"君子于其所不知,盖阙如也"之阙也(13.3)。孔子还对子路说过:"由!诲女知之乎!知之为知之,不知为不知,是知也。"(2.17)亦是此意。《左传·昭公二十年》服虔注云:"阙,空也。""史之阙文"即于史事之可疑者,史家宁空缺之而不强作解人也。熊十力说:"此是不自欺、不欺人,大正之道也。曰'犹及'者,自是早年见有此事;'今亡'者,乃晚年不见有阙文之事,而伤叹也。据此可见孔子实事求是之精神,一毫不苟且。"(《乾坤衍》)。此章紧接上章,与上章所言"直道"亦通。另在2.17,本解读曾结合《周易》乾卦上九之"亢龙"以及恒卦初六之"浚恒",指出过"强不知以为知"的严重后果,读者学习本章时亦可参考。

15.27 子曰:"巧言乱德。小不忍,则乱大谋。"

【译文】孔子说:"花言巧语,败坏道德。在小事上不忍耐,就会坏了大事。"

【注释】①《集解》引孔安国曰:"巧言利口则乱德义,小不忍则乱大谋。"②《朱注》:"巧言,变乱是非,听之使人丧其所守。小不忍,如妇人之仁、匹夫之勇皆是。"③《杨注》:"'小不忍'不仅是不忍小忿怒,也包括不忍小仁小恩,没有'蝮蛇螫手,壮士断腕'的勇气,也包括吝财不忍舍,以及见小利而贪。"

【解读】李贽说:"二病都在自家。一失之浮,一失之躁。"(《四书评》)在《学而篇》,孔子曾批评过"巧言令色,鲜矣仁"(1.3),另孟子也说:"孔子恶似而非者……恶佞,恐其乱德;恶利口,恐其乱信。"(《孟子·尽心下》)在《论语》中,孔子对"佞(能言善说)"的批评更是所在多有(见5.5、11.25、14.32、15.11、16.4等)。此不赘言。

而关于"忍",《说文解字》云:"能也。"段玉裁《说文解字注》云:"凡敢于行曰能,今俗所谓能干也;敢于止亦曰能,今俗所谓能耐也。"今所谓"忍"者,当主要是指后者,即"敢于止"也;本章"小不忍"云云,也是着眼于"忍耐"之义。我们知道,《周易》对"止德"非常重视,不仅在艮卦重点强调,而且在大壮(《杂卦传》曰"大壮止也")、大畜卦中也反复强调,甚至贲卦《彖传》还明确说"文明以止,人文也",意思是"止德"乃人文精神之核心也——这和孔子于本章强调

"忍耐"精神,实质上是完全一致的。《尚书·君陈》亦云:"必有忍,其乃有济。"也就是说,只有具备了忍耐的精神,事情才能成功。

但问题是,既然如此,人们又为什么常犯"妇人之仁、匹夫之勇"等由"小不忍"而导致的错误呢?《周易·系辞下》在解读鼎卦九四爻辞"鼎折足,覆公𫗧"时,曾提出过"知小而谋大"之论,颇能迪人之思。李鼎祚《周易集解》引虞翻曰:"兑为小知,乾为大谋,四在乾体,故'谋大'矣。"按鼎卦(䷱)上互为兑,下互为乾,正应此象。鼎卦九四"知小而谋大",正所谓"小不忍"者也,故有"折足""覆𫗧"之祸,"大谋"自成泡影矣!故为避"小不忍"之祸,惟有涵养道德、积累智慧方为可也。

15.28 子曰:"众恶之,必察焉;众好之,必察焉。"

【译文】孔子说:"大家都厌恶他,一定要考察;大家都喜爱他,也一定要考察。"

【注释】①《集解》引王肃曰:"或众阿党比周,或其人特立不群,故好恶不可不察也。"②《朱注》引杨时曰:"惟仁者能好恶人。众好恶之而不察,则或蔽于私矣。"

【解读】此章和《子路篇》13.24的主旨完全相同,只是文辞稍异。在那里,"子贡问曰:'乡人皆好之,何如?'子曰:'未可也。''乡人皆恶之,何如?'子曰:'未可也。不如乡人之善者好之,其不善者恶之。'"因为不管众人(乡人)皆好之或皆恶之,由于众人(乡人)之善恶未明,故皆无法说明此人之善恶也。故本章孔子强调"察"的重要性,彼章孔子则明确讲"不如乡人之善者好之,其不善者恶之"。又孔子曾说"唯仁者能好人,能恶人"(4.3),亦可与本章互参。

值得注意的是,所谓"众恶之""众好之"的说法,还暗含挟"众"以压人之意。但个人之善恶,岂因从者之多寡为衡量标准乎?如君子处大过之时,或举世皆毁之,然其"独立不惧,遁世无闷"(《周易》大过卦《大象》),又何损于其德耶?反之则如剥卦(䷖)之六五,其下四阴虽如"贯鱼"尊之且其以"宫人宠",然其"宫人"之身份终究可疑也——故"众恶之""众好之"皆不足据,惟"仁"乃"善恶"之本,亦应为"好恶"之本也。

15.29 子曰:"人能弘道,非道弘人。"

【译文】孔子说:"人能弘扬道,道不能弘扬人。"

【注释】①《朱注》:"弘,廓而大之也。人外无道,道外无人。然人心有觉,而道体无为,故人能大其道,道不能大其人也。"②《皇疏》:"道者通物之妙也。通物之法,本通于可通,不通于不可通。若人才大则道随之而大,是人能弘道也;若人才小则道小,不能使大,是非道弘人也。故蔡谟曰:'道者寂然不动,行之由人,人可适道,故曰人能弘道;道不适人,故曰非道弘人也。'"

【解读】儒家所讲的"道",在《周易》中有"天道、地道、人道"三个层面,而在《论语》中,则主要指的是"人道",即现实社会中一切礼乐制度和人的活动的最后依据。《说卦传》云:"立人之道,曰仁与义。"是故,人道即仁义之道也。《中庸》云:"道也者,不可须臾离也,可离非道也。"孔子说:"为仁由己,而由人乎哉?"(12.1)又说:"我欲仁,斯仁至矣。"(7.30)而《周易·系辞下》则说:"苟非其人,道不虚行。"由此可见,不仅此道的内容主要是关乎人的,而且也只有人才能弘扬、光大此道——本章所谓"人能弘道",盖由此也。《汉书·董仲舒传》云:"周道衰于幽、厉,非道亡也,幽、厉不繇(由)也。至于宣王,思昔先王之德,兴滞补弊,明文、武之功业,周道粲然复兴。孔子曰:'人能弘道,非道弘人'也。"此其例也。

本章讲"人能弘道",还比较容易理解;但又讲"非道弘人",很多注家以为费解。如杨伯峻就认为朱子以"道不能大其人"解"非道弘人"是"强为解释",并引郑皓《论语集注述要》说"此章最不烦解而最可疑"(《论语译注》)。什么叫"最不烦解而最可疑"?即句子简单,而其义难明也。窃以为,其实讲"非道弘人",更清楚地表明了儒家的人本思想,即"道不能自说,道必须由人去领悟"是也(李炳南《论语讲要》)。而神本主义则不然,如耶稣就曾直接说:"我就是道路、真理、生命,若不藉着我,没有人能到父那里去。"(《约翰福音》)这样的人格神,以及这样的言说方式,在儒家经典中是绝对没有的。《周易》虽然也讲天道、地道,孔子也曾多次呼天并讲"天命",但这里的天和地,主要还是自然规律意义上的,即便带有原始巫术的痕迹,也从来没有化身为人格神,更没有像耶稣那样直接对人讲过话。因而所谓"人能弘道,非道弘人",其潜台词或许就是:道并非任何神灵，它是不能帮助人的，而只有人才能弘扬此道，光大此道也。所以李泽厚说："这从形上角度说明了儒学'自力更生''自强不息'的非人格神的人文精神。"（《论语今读》）此言得之。

15.30 子曰："过而不改，是谓过矣。"

【译文】孔子说："有了错误而不改正，那就是真的错误了。"

【注释】①《集释》引《韩诗外传》卷三云："孔子曰：'过而改之，是不过也。'"②《朱注》："过而能改，则复于无过。惟不改，则其过遂成，而将不及改矣。"

【解读】《论语》中孔子讲"过"之处甚多，其中"过"字有过错之意者凡20次。如在1.8中，孔子讲"过则勿惮改"；在4.7中，又讲"观过，斯知仁矣"；在7.17中，又讲"加我数年，五十以学《易》，可以无大过矣"，等等。此处则讲"过而不改，是谓过矣"，强调的则是"改过"的重要性，和夫子对颜回"不贰过"（6.3）的赞美，以及子贡讲"君子之过也，如日月之食焉；过也，人皆见之；更也，人皆仰之"（19.21）等，其精神是完全一致的。

《周易》作为"寡过"之书，对"改过"当然很重视，如益卦《大象》就明确说："风雷，益；君子以见善则迁，有过则改。"盖益卦（☲）下震上巽，震为雷、巽为风，"雷发动其阳气，故有迁善之义；风消散其阴气，故有改过之义"（李光地《周易观象》）；而"迁善"和"改过"，有时实一事也。但《周易》中的"过"并非仅仅指"错误"，往往又指"过乎中"之意（犹如"过犹不及"之"过"）。比如小过卦《彖》曰"小过，小者过而亨也；过以利贞，与时行也"，盖小过卦（☷）下艮上震，有四阴二阳，阴为小、阳为大，故为"小者过"也；然"当过则过，因时制宜，故'与时行也'"，如其《大象》所谓"君子以行过乎恭，丧过乎哀，用过乎俭"，以及《论语》所谓"礼，与其奢也，宁俭"（3.4）等等，即此也。另《周易》还有大过卦（☰下巽上兑），因其有四阳二阴、阳爻过于阴爻而得名，当此之时，又"非有大过人之材，不能济也"（朱子《周易本义》），即此时恰须立大过人之志，行大过人之事也。《周易》关于"过"的这些见解，或可与《论语》互相补充。

15.31 子曰:"吾尝终日不食,终夜不寝,以思,无益,不如学也。"

【译文】孔子说:"我曾经整天不吃、整夜不睡地思考,但对解决问题没有任何用处,还不如去学习呢。"

【注释】①《朱注》:"此为思而不学者言之。盖劳心以必求,不如逊志而自得也。"②《后案》:"思凭于虚,不如前人之已阅历者据其实也。思者殚一己之谋虑,不如集古圣贤之谋虑周而精也。天下可疑、可惧之事,经传中已析之,已明著之,故夫子教以学也。"③《读训》:"'思'乃求知方面的事,'学'乃力行方面的事。不食不寝以思,则淫思必困矣。故不如学以行之也。"

【解读】此章讲学思并重,和《为政篇》子曰"学而不思则罔,思而不学则殆"(2.15)之旨同。为什么光是一味地思,对解决问题没有用处?在2.15,我们曾说,那容易流入"狂慧",其实"狂慧"即程石泉所谓"淫思"也,即"蹈空"之思也,能不困乎?至此境地,我们就应该先将"思"悬置出来,将主要精力用于"学"上。这里的"学",应该主要包括两个方面,一是书本上的知识,黄式三所谓"经传"是也;二是具体的实践活动,即程石泉所谓"力行方面的事"是也。盖前者作为先贤之"迹",后者作为我们直接面对的现实,正好可以为解决问题提供线索或依据。如果从这两者当中找到了解决问题的线索或依据,再来重新思索一番,则"虽不中,不远矣"!

另本章反对"终日不食,终夜不寝,以思",也值得注意。《述而篇》曾讲"子之燕居,申申如也,夭夭如也"(7.4),《乡党篇》则有孔子"食不语,寝不言"(10.10)的描述,可见孔子是个知道休息的人。《周易》随卦《大象》讲"君子向晦入宴息"、需卦《大象》讲"君子以饮食宴乐"等等,同样强调的是按时休息、等待机会的重要性。另乾卦九三爻云"君子终日乾乾,夕惕若,厉无咎",其中"夕惕若"帛书本作"夕沂若"。据廖名春研究,这里"沂即析(惢),由解除引申为安闲休息"。这样一来,"乾卦九三爻辞并非是说'君子日则黾勉,夕则惕惧',而是说君子日则黾勉,夕则安闲休息,虽处危境,亦可无咎。"(《<周易>经传与易学史新论》)又《淮南子·人间训》云:"终日乾乾,以阳动也;夕惕若厉,以阴息也。因日而动,因夜以息,唯有道者能行之。"所谓"终日不食,终夜不寝,以思",显然违背了天地之道,故于"思"无益必也。

15.32 子曰:"君子谋道不谋食。耕也,馁(něi)在其中矣;学也,禄在其中矣。君子忧道不忧贫。"

【译文】孔子说:"君子谋求的是道,而不是谋求衣食。如果去耕田,说不定还会挨饿;如果去求学,倒可以拿到俸禄。因此君子只担忧道之不行,不担忧贫不得食。"

【注释】①李炳南《论语讲要》:"古代士农工商,各有其业。君子,指士人而言。君子应当专心求道,不要顾虑自己的生活问题。"②《朱注》:"耕所以谋食,而未必得食。学所以谋道,而禄在其中。然其学也,忧不得乎道而已,非为忧贫之故而欲为是以得禄也。"③《正义》:"春秋时,士之为学者,多不得禄,故趋于异业,而习耕者众。观于樊迟以学稼、学圃为请,而长沮、桀溺、荷蓧丈人之类,虽隐于耕,而皆不免谋食之意,则知当时学者以谋食为亟,而谋道之心或不专矣。夫子示人以君子当谋之道,学当得禄之理,而耕或不免馁,学则可以得禄,所以也诱掖人于学。"

【解读】此处之君子,当专指士人。据刘宝楠分析,春秋乱世,士人星散民间,或许得禄很难,故"习耕者众",渐渐忘记了自己的责任和使命,故孔子在此"诱掖人于学"也。孔子指出,耕田未必就能保证不挨饿,求学倒有可能获得俸禄——这讲的是当时之实情;而就道与食(禄、贫)之关系看,孔子更认为,君子本来就应该是以"谋道不谋食""忧道不忧贫"为职志的——这讲的是君子的责任和使命。钱穆说:"谋道自可兼得食,谋食亦不害兼谋道。"(《论语新解》)但谋道和谋食毕竟有高下之分,其位置不能颠倒,故孔子特发此叹也。此章可与"贤哉,回也"章(6.11)以及"樊迟请学稼"章(13.4)等互参。

15.33 子曰:"知(智)及之,仁不能守之,虽得之,必失之。知及之,仁能守之,不庄以莅之,则民不敬。知及之,仁能守之,庄以莅之,动之不以礼,未善也。"

【译文】孔子说:"如果有智慧得到某个官位,而无仁德来守护这个官位,虽然一时得到了它，也一定会失去它。如果有智慧得到某个官位，又有仁德来守护它，但不能用庄重的态度来对待百姓，百姓也不会心怀恭敬。如果有智慧得到某个官位，又有仁德来守护它，还能用庄重的态度来对待百姓，但却不能按照礼节来调动百姓，那也算不上完美。"

【注释】①《集解》引包咸曰："知能及治其官，而仁不能守，虽得之，必失之，不严以临之，则民不敬从其上。"引王肃曰："动必以礼而后善。"②毛奇龄《论语稽求篇》引卢东元云："此为天下国家者言。《易》曰：'何以守位？曰仁。'孟子曰：'天子不仁，不保四海。诸侯不仁，不保社稷。'皆此意也。下文莅之不庄、动之不以礼，皆有位者之事，文理接贯，不可移易。"并谓："其言甚辨。夫'显诸仁，藏诸用'，夫子之原文也。"③《钱解》："本章十一'之'字当分指民与治民之道言。'莅之''动之'三'之'字指民，此外八'之'字指道。如此始见文从字顺。或谓十一'之'字皆指民，则知及于民、仁守其民为不辞。或说之指君位，则更不可解。"

【解读】理解本章，搞懂十一个"之"字很关键。有注家以为此十一个"之"字皆指民，钱穆已指其非，可采。但钱穆又承朱子之说，认为除"莅之""动之"三"之"字外，其余八"之"字皆指道，则恐非。窃以为，本章承上章，其主旨应该讲的还是君子出仕之事，故"知及之"等八"之"字应指官位（小到一乡一县大至邦国天下皆是），此即包咸所谓"治其官"者是也。至于知（智）、仁、庄、礼之关系，当以仁为主，故这里强调"仁以守之"（此即《周易·系辞下》所谓"何以守位"之意）；而知（智）、庄、礼均应为仁之发用，如舍仁而言知（智），则"虽得之，必失之"也，其他亦然。同样，如果离开了知（智）、庄、礼等，则仁也是虚的，不能落到实处。又《周易·系辞上》在谈到"一阴一阳之谓道"时，曾有"显诸仁，藏诸用"之说，诚如毛奇龄所言，亦与本章之义若合符节。

15.34 子曰："君子不可小知而可大受也，小人不可大受而可小知也。"

【译文】孔子说："君子不能让他掌管小事，可以授以重任；小人不能授以重任，可以让他掌管小事。"

【注释】①钱逊《论语浅解》:"小知有两种解释:一,知是被人所知,君子在小事上未必可观,小人未必无一长可取。二,用小事考验,君子不可用小事考验,小人可以用小事考验。"②方骥龄《论语新诠》:"知,主也。《左》襄二十六年公孙挥曰:'子产其将知政矣。'注:'知国政。'《吕氏春秋·长见》'三年而知郑国之政也'注:'知,犹为也。'《吕氏春秋·赞能》'舜得皋陶而舜受之'注:'受,用也。'孔子以为君子在位,当用尽其才,不可小用,当大用之。小人则相反,只可使之小有作为,不可大用,恐偾事也。"③高尚榘《论语歧解辑录》:"'知'有主持、掌管义。《易·系辞上》:'乾知大始,坤作成物。'按此义可理解为:'小知'也就是'知小',掌管小事;'大受',也就是受(授)以大任。孔子的本意是,重用才德君子。"

【解读】本章关于"小知"二字费解,窃以为,将"知"解作"被人所知"或"用小事考验",均不辞而迂曲,当以方氏、高氏所解为的当。知,主也,此为知之古义。如《周易·系辞上》云:"乾知大始,坤作成物。"俞琰注曰:"知,犹主也。"(《周易集说》)又《乾凿度》云:"乾坤者,阴阳之根本,万物之祖宗也。"就生养万物来说,乾主施,坤主受,乾主始物,坤主生物;乾卦《象》曰"大哉乾元,万物资始",坤卦《象》曰"至哉坤元,万物资生",即此义也。故此章之"知",与《系辞上》同,当为主持、掌管之义;而"小知"就是"知小",意谓主持、掌管小事也。君子当然不能光是掌管小事,而可以接受重任;小人则不能接受重任,却不妨可以掌管小事。《周易》泰卦有"内君子而外小人"之说,这"象征着品德高尚的君子在内廷主事居于统治地位,卑贱的小人在外庭服役被支配处于从属的地位,尊卑上下各守其分,从而秩序稳定事事亨通"(徐志锐《周易大传新注》),与本章主旨完全相通。当然,这句话是孔子对用人者说的,君子如果自己也这么想,眼高而手低,那就有问题了,也就不成其为君子了。

15.35 子曰:"民之于仁也,甚于水火。水火,吾见蹈而死者矣,未见蹈仁而死者也。"

【译文】孔子说:"仁德对于百姓来说,比水火还重要。我看见过掉进水火而死了的,却没有看见过践行仁德而死了的。"

【注释】①《朱注》:"民之于水火,所赖以生,不可一日无,其于仁也亦然。但水火外物，而仁在己。无水火，不过言人之身，而不仁则失其心。是仁有甚于水火，而尤不可以一日无者也。况水火或有时而杀人，仁则未尝杀人，亦何惮而不为哉？"②《大义》："《礼记·表记篇》曰：'水亲而不尊，火尊而不亲。'水足溺人，火足焚身。故曰'吾见蹈而死'。若仁则乾元生生之德，正所以自生而生人，岂有蹈而死者乎？"

【解读】此章勉人为仁也。孟子曰："民非水火不生活。"（《孟子·尽心上》）然于人生，其需求有甚于水火者，即仁也。所谓蹈水火或可致死，而"蹈仁而死"则从所未见，此极言仁德于人之重要性也。惠栋有云："子曰：'水火，吾见蹈而死者矣，未见蹈仁而死者也。'此语合于《易》道。仁乃乾之初，生之道也，故未见蹈仁而死。极其变，如求仁得仁，杀身成仁，乃全而归之之义，不可言死。《礼记》：'君子曰终，小人曰死。'"（《周易述·易微言》）盖依《周易》，仁为乾元之德，乃"自生而生人"者，即便那些"杀身成仁"的志士，也并非叫"死"，当以"终"称之，而终则有始，故可得复生。而"死"则不能复生，此君子、小人之别也。此可与《述而篇》"求仁而得仁"章（7.15）、本篇"杀身成仁"章（15.9）等互参。

15.36 子曰："当仁，不让于师。"

【译文】孔子说："当行仁的时候，就是老师，也不必和他谦让。"

【注释】①《集解》引孔安国曰："当行仁之事，不复让于师，行仁急也。"②东条弘《论语知言》："按师者教己者，每事不可不让焉。然师之所教，不外于仁，故当仁不复让于师者，乃所以守其教也。"③《后案》："或曰师，众也。或曰师当作死。屈原《怀沙赋》'知死不可让兮'本此，与上章未见蹈仁而死互相发明。"

【解读】对"师"的解释，除了"老师"之外，黄式三还提供了另外两种："众"和"死"。我们知道，《周易》有师卦（☷），主要讲的是兴兵打仗之事，其《彖》曰："师，众也。"盖师，必汇聚兵众也，故为"众"。又，凡兴兵打仗，必然有死亡，故师卦六三爻辞云"师或舆尸"，六五爻辞云"长子帅师，弟子舆尸"，故为"死"。这两种解释，自有其妙处，可做本章之别解：如云"当仁，不让于众"，则有"虽千万人，吾往矣"（《孟子·公孙丑上》）之精神也；如云"当仁，不让于死",则有"杀身以成仁"(15.9)之精神也。当然,从《论语》本章传播的实际情况来看,此"师"字还是解释为"老师"为宜。这就是说,当行仁之时,即便是面对最尊贵的老师,也不必谦让——这一方面说明了行仁的重要性、迫切性,也说明了师生之间在精神气质上"惟道是从"的高度一致性。这种解释,比前两种解释更通俗,更容易被世人接受,故为最佳。

15.37 子曰:"君子贞而不谅。"

【译文】孔子说:"君子讲中正大道,而不讲小言小信。"

【注释】①《集解》引孔安国曰:"贞,正也。谅,信也。君子之人正其道耳,言不必小信也。"②《正义》:"《易·彖传》:'贞,正也。'此常训。君子以义制事,咸合正道,而不必为小信之行。"并引何异孙《十一经问对》曰:"《孟子》曰:'君子不亮,恶乎执?''亮'与'谅'同。孔子曰:'岂若匹夫匹妇之为谅也?'谅者,信而不通之谓。君子所以不亮者,非恶乎信,恶乎执也。"③东条弘《论语知言》:"谅者,恐人不信而明亮之也,故又作亮。《季氏篇》:'友谅,益矣。'谅非恶德,然君子不谅者,唯能不失其正,故虽复在猜疑际,不敢自明亮之也。"

【解读】我们知道,《周易》多处讲"贞""利贞""利艰贞"等,此皆坚守正道之意,但它同时更讲"变通",所谓"变而通之以尽利"(《系辞上》)也。《论语》本章讲"君子贞而不谅",当即兼顾此两者之意。特别是这里的"谅"字,虽有褒贬两种涵义,但此处显然是指其贬义,和"匹夫匹妇之为谅"者(14.17)同义,故本解读径直将其翻译为"小言小信"。

"贞"与"节"相通,故后世有"贞节"之说。《周易》第六十卦为节卦(䷻),其初九爻辞云:"不出户庭,无咎。"《象》曰:"不出户庭,知通塞也。"程子释之曰:"爻辞于节之初,戒之谨守,故云'不出户庭'则'无咎'也,《象》恐人之泥于言也,故复明之云,虽当谨守'不出户庭',又必知时之通塞也。通则行,塞则止。义当出则出矣,尾生之信,水至不去,不知通塞也,故'君子贞而不谅'。"(《程氏易传》)由此可见,所谓"贞而不谅",就是君子行事当坚守正道,但同时又不能拘泥于小言小信,此义在"知通塞"三字中亦有充分体现也。

15.38 子曰:"事君,敬其事而后其食。"

【译文】孔子说:"事奉君上,先要认真工作,而把获得俸禄放在后面。"

【注释】①《杨注》:"据宋晁公武《郡斋读书志》的记载,蜀石经作'而后食其禄'。"②《皇疏》引江熙曰:"恪居官次,以达其道,事君之意也,盖伤时利禄以事君也。"③《朱注》:"后,与'后获'之'后'同。食,禄也。君子之仕也,有官守者修其职,有言责者尽其忠。皆以敬吾之事而已,不可先有求禄之心也。"

【解读】《雍也篇》樊迟问仁,孔子说:"仁者先难而后获,可谓仁矣。"(6.22)又《大学》云:"物有本末,事有终始,知所先后,则近道矣。"此均可与本章互参。在事奉君上这件事上,诚如江熙和朱子所说,当以"达其道"和"修职""尽忠"为第一要务,如能做到这些,自然会获得俸禄;反之,如以获得俸禄为第一要务,则将不知伊于胡底矣!又《周易·系辞下》"三陈九卦"章在谈到损卦时说:"损,德之修也。"还说:"损,先难而后易。"盖损卦《大象》云"君子以惩忿窒欲",此修德之本也,而亦最难者,如能达此,则其后一切皆易也。本章"敬其事"与"后其食"之辨,理亦在此。

15.39 子曰:"有教无类。"

【译文】孔子说:"人人都可以接受教育,没有尊卑上下、贤与不肖之区别。"

【注释】①《集解》引马融曰:"言人所在见教,无有种类。"②《朱注》:"人性皆善,而其类有善恶之殊者,气习之染也。故君子有教,则人皆可以复于善,而不当复论其类之恶矣。"③《杨注》:"'自行束修以上,吾未尝无诲焉'(7.7),便是'有教无类'。"

【解读】此已成为孔子教育思想之标志性话语,影响深且远矣。但"类"字究系何指?历来多有争议。笔者同意李泽厚的说法,此"指部族、等级、身份抑天资禀赋,均可。"(《论语今读》)《周易》蒙卦(䷃)九二有云"包蒙吉",此"包蒙"二字,正与"有教无类"之义同。朱子释之曰:"九二以阳刚为内卦之主,统治群阴,当发蒙之任者。然所治既广,物性不齐,不可一概取必。而爻之德刚而不过,为能有所包容之象……故占者有其德而当其事,则如是而'吉'也。"(《周易本义》)又程子曰:"包,含容也。二居蒙之世,有刚明之才,而与六五之君相应,中德又同,当时之任者也。必广其含容,哀矜昏愚,则能发天下之蒙,成治蒙之功。其道广,其施博,如是则'吉'也。"(《程氏易传》)另临卦(䷒)《大象》云"君子以教思无穷,容保民无疆",此"无穷""无疆"之语,亦可与本章"无类"二字互参。

15.40 子曰:"道不同,不相为谋。"

【译文】孔子说:"如果追求的道不一样,那就不可能共商行动了。"

【注释】①邢昺《论语注疏》:"此章言人之为事,必须先谋。若道同者共谋,则精审不误;若道不同而相为谋,则事不成也。"②《朱注》:"不同,如善恶、邪正之异。"③《钱解》:"孟子言禹、稷、颜子同道,又云曾子、子思同道。君子亦有意见行迹之不同,然同于道则可相与谋。惟与小人贼道者,有善恶邪正之分,斯难于相谋矣。"

【解读】此处之"道",当指大道,而非道术或具体的行事策略;而此处之"谋",则指的就是道术,即在确立了大道之后而采取的具体行事策略也。为什么"道不同,不相为谋"呢? 钱穆的解释已经很清楚,那就是"道"是"谋"的前提,只有建立在合乎道义基础上的"谋",才有可能进行,而君子和小人是绝对不可能"相谋"的。《周易·系辞上》曾云:"二人同心,其利断金。同心之言,其臭(xiù)如兰。"正"道同而相谋"之写照也——"同心"即"道同",而"同心之言"即"二人相谋之言"也。据此,相反的情况可想见矣。

此外需要指出的是,《周易》是很重视"谋"的,有人甚至把《周易》当做"谋略大全"来读。举例来说,《系辞下》曾云:"天地设位,圣人成能;人谋鬼谋,百姓与能。"这个"鬼谋",或有"卜筮于鬼神,以考其吉凶"(孔颖达语)之神秘成分,但实际上,亦不过是为了"借卜筮以言"而已(潘雨廷语);《周易》最重视的,当然还是"人谋"。特别是后边还讲到"百姓与能",强调的就是老百姓也可以借助《周易》而参与其"谋",这更是对"鬼谋"的一种自我批判了。但不管是圣人还是老百姓，其"谋"都要在"道"的前提下进行，才是吉利的，也就是被鼓励的，这是《周易》的基本观点。这和《论语》本章背后隐含的"道先谋后"的思想无疑也是一致的。

15.41 子曰："辞达而已矣。"

【译文】孔子说："言辞，足以达意就行了。"

【注释】①《朱注》："辞，取达意而止，不以富丽为工。"②《大义》："辞以立诚为基，以有序为主。达者，如水之穷源竟委，此圣门修辞学也。"

【解读】这里的"辞"，或本指出使外国时的外交辞令，但亦可推至一切言辞。《周易·系辞上》云："书不尽言，言不尽意。"意思是说，文章不能完整表达所要讲的言辞，言辞也不能完整表达内心之意。但尽管如此，人还是要说话、要写文章的，这就要讲究"修辞"。其原则，在《系辞上》中提到的是"立象以尽意""系辞以尽其言"，这是《周易》的修辞策略；在本章中孔子则提到了"达"之一字，这是《论语》的修辞策略。

那么，到底什么才算是"达"呢？窃以为可能包括两层意思：第一，就是这里讲的"达意"，这是根本目标。但这当然很难，甚至完全做不到，因而我们起码首先应该做到朱子说的"诚"，这是说话、作文的第一准则；如能达此，则离"达意"不远矣。《周易·乾文言》有云："修辞立其诚。"即此意也。第二，不追求文辞的华丽，但要讲究文法。《雍也篇》说"文胜质则史"（6.18），就是批评的文辞华丽，俗谓"言过其实"是也。《周易》艮卦（☶）六五则云："艮其辅，言有序。"艮者，止也；辅者，颊两侧骨也。意思就是说，言当慎出，且要言之有序。严复在《天演论》"译例言"中说："译事三难：信、达、雅。求其信已大难矣，顾信矣不达，虽译犹不译也，则达尚焉。"此与本章之意略同。

15.42 师冕见，及阶，子曰："阶也。"及席，子曰："席也。"皆坐，子告之曰："某在斯，某在斯。"师冕出。子张问曰："与师言之道与？"子曰："然，固相师之道也。"

【译文】师冕来见孔子,走到台阶,孔子说:"这是台阶。"走到坐席旁,孔子说:"这是坐席。"大家都坐定了,孔子告诉他说:"某人在这里,某人在这里。"师冕告辞走了。子张请教说:"这是和盲人讲话的礼节吗?"孔子说:"是啊,这本来就是帮助盲人的礼节啊。"

【注释】①《集解》引孔安国曰:"师,乐人盲者,名冕。某在斯,某在斯,历告以坐中人姓字及所处也。"又引马融曰:"相,导也。"②《朱注》:"古者瞽必有相,其道如此。盖圣人于此,非作意而为之,但尽其道而已。"并引尹焞曰:"圣人处己为人,其心一致,无不尽其诚故也。有志于学者,求圣人之心,于斯亦可见矣。"又引范祖禹曰:"圣人不侮鳏寡,不虐无告,可见于此。推之天下,无一物不得其所矣。"③陈汉章《论语征知录》:"此章为子教子张相师之礼。郑注《礼记》并谓'道即礼',是相师之道即相师之礼也。"

【解读】本篇以"师冕"章结尾,奇哉!

表面看来,此系夫子为子张亲授待盲人乐师之礼,然其深意恐非止此。辛全有云:"读《论语》一书,须悟'师冕'一章。师冕之瞽,人皆知也,亿兆人群,不知道理,任意妄为,人人皆瞽,人不及知也。从游诸贤,虽未尽瞽,颜、曾诸人外,目亦未得十分光明,沮、溺丈人诸隐士,见得一边,不见一边,亦似眇一目者。夫子皇皇周流,诲人不倦,无非示以'阶''席''某在斯'耳。即删述六经,亦是恐后世之瞽,不知'阶''席''某在斯'耳。"并谓,"师冕无目,能以圣人之目为目,则无目而有目矣。"(《四书说》)又唐文治曾说,《卫灵公篇》乃孔子为后人立"万世之标准",而《论语》编者将此章置于本篇最后,则夫子导盲者入于光明之境,以及以身作则、言传身教之意,甚明也。世间"眇能视,跛能履"(语出《周易》履卦六三爻辞)者多矣,由夫子待师冕之礼,可知夫子救世之苦心何其动人也!

另《周易》曾云"黄帝、尧、舜垂衣裳而天下治"(《系辞下》),然此绝非无所作为,乃朱子所谓"非意以为之"而已;夫子于本章之言行,何其自然而亲切,不正"垂衣裳而天下治"之典范乎?

季氏第十六

16.1 季氏将伐颛臾。冉有、季路见于孔子曰:"季氏将有事于颛臾。"孔子曰:"求!无乃尔是过与?夫颛臾,昔者先王以为东蒙主,且在邦域之中矣,是社稷之臣也。何以伐为?"冉有曰:"夫子欲之,吾二臣者皆不欲也。"孔子曰:"求!周任有言曰:'陈力就列,不能者止。'危而不持,颠而不扶,则将焉用彼相矣?且尔言过矣,虎兕出于柙,龟玉毁于椟中,是谁之过与?"冉有曰:"今夫颛臾,固而近于费(bì)。今不取,后世必为子孙忧。"孔子曰:"求!君子疾夫舍曰欲之而必为之辞。丘也闻有国有家者,不患寡而患不均,不患贫而患不安。盖均无贫,和无寡,安无倾。夫如是,故远人不服,则修文德以来之。既来之,则安之。今由与求也,相夫子,远人不服,而不能来也;邦分崩离析,而不能守也;而谋动干戈于邦内。吾恐季孙之忧,不在颛臾,而在萧墙之内也。"

【译文】季氏准备讨伐颛臾。冉有、子路两人来拜见孔子,说:"季氏将对颛臾动手了。"孔子说:"求啊!这难道不是你的过错吗?那颛臾,上代的君王曾授权他为东蒙山的主祭;而且它就在我们鲁国的疆域之中,这是鲁国的臣属啊。为什么要去讨伐它呢?"冉有说:"主人非要这么干,我们两个臣子是不想这么干的。"孔子说:"求啊!周任有句话说:'先考量一下自己的能力,再来就职;如果不能胜任,那就应该辞职。'遇到危险而不护持,将要跌倒而不搀扶,那又何必要用助手呢?而且你的话就是不对——比如老虎、犀牛从笼子中跑了出来,龟甲、美玉在匣子里毁坏了,这是谁的责任呢?"冉有说:"颛臾的城墙很牢固,而且离季孙的采邑费地很近。现在如果不去占领,将来一定会给子孙留下祸害的。"孔子说:"求啊!君子最疾恨那些不肯实说自己要那样做,而偏要另找借口的人。我听说,无论是诸侯国还是大夫之家,不怕百姓少,就怕财富分配不公。不怕人们贫穷,就怕彼此不能相安。因为财富分配公平了,就无所谓贫穷的问题了;大家彼此和睦了,就不会觉得百姓少了;大家彼此相安了,就没有倾覆之祸了。如果能做到这样,而远方的人还不归服,那就再修文德来吸引他们。他们来了,就得使他们安心。现在你们辅助季孙,远方之人不来归服,却不能吸引他们;国家快要崩溃,却不能守住它;反而想在国境之内大动干戈——我恐怕季孙忧心的并非是颛臾,而是鲁君吧。"

【注释】①《集解》引孔安国曰:"颛臾,宓牺之后,风姓之国。本鲁之附庸,当时臣属鲁。季氏贪其地,欲灭而有之。"又引马融曰:"周任,古之良史。"②《朱注》:"夫子,指季孙。冉有实与谋,以孔子非之,故归咎于季氏。""固,谓城郭完固。费,季氏之私邑。此则冉求之饰辞,然亦可见其实与季氏之谋矣。""寡,谓民少。贫,谓财乏。均,谓各得其分。安,谓上下相安。"③《杨注》:"'萧墙'是鲁君所用的屏风。人臣至此屏风,便会肃然起敬,所以叫做萧墙(萧字从肃得声)。'萧墙之内'指鲁君。"

【解读】按照有的学者的分析,相对于后来秦政高度集权容易导致"土崩"的情况,周朝的分封制度则易于导致"瓦解",即政权逐渐下移,周王室、国君、大夫等渐次失去权威,国家将越来越无序(见吴稼祥《公天下》)。《论语》从《卫灵公篇》开始,经《季氏篇》,再到《阳货篇》,揭示的正是这种发展态势。《季氏篇》首章即讲"季氏将伐颛臾"事,其后两章孔子更直言对于"天下无道"的担心,则此主旨明矣。唐文治说:"《季氏》一篇,痛鲁之所以弱也。记者之意,盖深远矣。"(《论语大义》)指的也是这个意思。

另本篇文法,也有特点。钱穆说:"本篇或以为乃《齐论》,因每章皆称孔子曰,而三友三乐三愆三戒三畏九思等,行文不与他篇相类。或以本章为可疑。《论语》记孔子言皆简而直,此章独繁而曲,亦不类。"又说:"《论语》杂出多手,而上下论之编集亦非一时。记者既不同,而论而集之之意亦有精粗,下十篇之论定,似稍逊于上十篇,而本篇尤然。然谓本篇乃《齐论》,亦无确据。或曰:季氏以下诸篇文体皆与前十五篇不类。"(《论语新解》)这些说法,均可参考。

至于本章"季氏欲伐颛臾"事，究竟发生在何年，有不同说法。此时孔子或已自卫反鲁，季氏待孔子如国老，冉有、季路来告孔子，或出自季氏之授意。当时鲁国公室四分，季氏三桓已专鲁政，惟颛臾等附属国归公室，鲁君无时不想去季氏也，然已无此可能；而季氏又树敌太多：臧孙氏长期与之为敌，阳货曾囚季桓子于费地，季氏不能不时存戒心，故其欲借伐颛臾以弱鲁室之可能外援，进而吞并颛臾以益其势，此可谓一举两得的打算。孔子谓"季孙之忧，不在颛臾，而在萧墙之内也"，此语直揭其肺肝，季氏听后定会坐卧不宁、三思而后行。今讨伐颛臾之事并不见于《左传》《史记》等书，按照有的学者猜测，季氏或因孔子之批评而止；倘如此，则季氏亦聪明人也。

当然，本章孔子的思想，尤值注意。比如，孔子借周任之口讲"陈力就列，不能者止"，此和孔子在《先进篇》中讲"以道事君，不可则止"（11.24）意思一致，即孔子一方面主张做下属的必须要尽职尽责，另方面也同意在领导不听你的建议时不妨辞职不干——言下之意，冉有、子路这两点均没有做到也。又如孔子讲"君子疾夫舍曰欲之而必为之辞"，这和孔子一贯反对"巧言令色"之意同，亦和《周易·乾文言》强调"修辞立其诚"的宗旨相通——而冉有显然也没有做到这一点。再如孔子讲"不患寡而患不均，不患贫而患不安"，此已成流行语矣，并在资源短缺的年代曾被广为误解，然朱子明确讲"均，谓各得其分"，可见此"均"并非"绝对平均"之义，倒和"公平"基本同义。又《说卦传》云"坤为均"，陈梦雷释之曰：坤"其势均平而无偏陂，其德则生万物而无私均也。"（《周易浅述》）虽然当代中国社会已无衣食之忧，然两极分化日益加重，故此公平精神亦未过时也。最后，"远人不服，则修文德以来之"也已成为名言矣！窃以为，此即"君子居其室，出其言善，则千里之外应之""行发乎迩，见乎远"者也（《周易·系辞上》），儒家之重内在道德修养的价值倾向于此可见。

16.2 孔子曰："天下有道，则礼乐征伐自天子出；天下无道，则礼乐征伐自诸侯出。自诸侯出，盖十世希不失矣；自大夫出，五世希不失矣；陪臣执国命，三世希不失矣。天下有道，则政不在大夫。天下有道，则庶人不议。"

【译文】孔子说："天下政治清明，制礼作乐以及出兵讨伐都由天子决定；

天下政治败坏，制礼作乐以及出兵讨伐都由诸侯决定。由诸侯决定的话，大概传到十代就很少有延续的了；由大夫决定的话，传到五代就很少有延续的了；大夫的家臣把持国政的话，传到三代就很少有延续的了。天下政治清明，国家政权不会落到大夫手中。天下政治清明，老百姓不会议论纷纷。"

【注释】①《朱注》："先王之制，诸侯不得变礼乐，专征伐。""陪臣，家臣也。逆理愈甚，则其失之愈速。""上无失政，则下无私议，非箝其口使不敢言也。"②《康注》："《洪范》称'谋及庶人'，'庶人从，谓之大同'。若今本'庶人不议'，则专制防民口之厉王为有道耶？"③《杨注》："孔子这一段话可能是从考察历史，尤其是当日时事所得出的结论。'自天子出'，孔子认为尧、舜、禹、汤以及西周都如此的；'天下无道'则自齐桓公以后，周天子已无发号施令的力量了。齐自桓公称霸，历孝公、昭公、懿公、惠公、顷公、灵公、庄公、景公、悼公、简公十公，至简公而为陈恒所杀，孔子亲身见之；晋自文公称霸，历襄公、灵公、成公、景公、厉公、平公、昭公、顷公九公，六卿专权，也是孔子所亲见的。所以说：'十世希不失'。鲁自季友专政，历文子、武子、平子、桓子而为阳虎所执，更是孔子所亲见的。所以说'五世希不失'。至于鲁季氏家臣南蒯、公山弗扰、阳虎之流都当身而败，不曾到过三世。当时各国家臣有专政的，孔子言'三世希不失'，盖宽言之。这也是历史演变的必然，愈近变动时代，权力再分配的斗争，一定愈加激烈。"

【解读】本章紧承上章，纵论"天下大势"，揭露彼时"天下无道"之原因。周朝以分封制立国，国家权力的逐级衰减是历史必然，此章所描述的这个过程，正周政权逐步"瓦解"之生动写照也。

我们知道，孔子一生的政治理想就是恢复西周的"大一统"（即"礼乐征伐自天子出"），但后来的历史并没有按照他的预想来发展，而是在周政权"瓦解"后，最终建立了中央集权的秦政权，而这个秦政权却旋即"土崩"。按照吴稼祥的分析，如果说"大一统"分为较好的西周体制（王道政治）和不那么好的秦朝体制（霸道政治）的话，那么无论是"土崩"后还是"瓦解"后的"大乱"，将都是最差的"无道"政治。但此后中国历史的实际发展却表明，"中央不集权，未必能实现大道，倒可能滑向大乱；中央一集权，虽然可能防止国家瓦解，但也可能导致帝国土崩。这种两难处境，是一个梦魇，缠绕中国四千年。"（《公天下》）对于中国这样一个"巨型大国"的治理来说，如何处理这个"两难"，最高统治者可谓伤透了脑筋。孔子坚持西周"大一统"，主张"公天下"，指出"天下有道，则政不在大夫。天下有道，则庶人不议"，已被历史证明没有丝毫实现的可能性，但这当然并不妨碍其作为一个美好理想而存在。

有意思的是，康有为假借孔子"托古改制"，认为此章最后两语中的"不"字为衍文，原文应为"天下有道，则政在大夫。天下有道，则庶人议"，并谓"政在大夫，盖君主立宪。有道，谓升平也。君主不负责任，故大夫任其政"；"大同，天下为公，则政由国民公议。盖太平制，有道之至也。此章明三世之义，与《春秋》合"（《论语注》）。李泽厚说，"康解当然以现代西方民主为张本"，虽被张之洞等人批为"以夷变夏"，然"康以个体自由为'大同世界'之根本基础"，的确"高瞻远瞩而眼光远大也"（《论语今读》）。此说值得深思。

16.3 孔子曰："禄之去公室五世矣，政逮于大夫四世矣，故夫三桓之子孙微矣。"

【译文】孔子说："现在爵禄赏罚之权离开鲁君，已经有五代了；政权落到大夫手中，已经有四代了。因此，三桓的子孙也开始衰微了。"

【注释】①《钱解》："禄之去公室，谓爵禄赏罚之权不从君出。"②《杨注》："自鲁君丧失政治权力到孔子说这段话的时候，经历了宣公、成公、襄公、昭公、定公五代；自季氏最初把持鲁国政治到孔子说这段话时，经历了文子、武子、平子、桓子四代。说本毛奇龄《论语稽求篇》。"③《朱注》引苏轼曰："礼乐征伐自诸侯出，宜诸侯之强也，而鲁以失政。政逮于大夫，宜大夫之强也，而三桓以微。何也？强生于安，安生于上下之分定。今诸侯、大夫皆陵其上，则无以令其下矣，故皆不久而失之也。"

【解读】这已是直接对当时的政治形势的严厉警告了，可和前两章互参。至于为什么"礼乐征伐自诸侯出，宜诸侯之强也，而鲁以失政。政逮于大夫，宜大夫之强也，而三桓以微"？苏轼的分析很好。按照儒家的政治观念，因为这样一来就失去了"上下之分"，你不尊重上，下自然也不尊重你了，俗话所谓"上梁不正下梁歪"是也，故其"皆不久而失之"。

《周易·序卦传》云:"有天地,然后有万物;有万物,然后有男女;有男女,然后有夫妇;有夫妇,然后有父子;有父子,然后有君臣;有君臣,然后有上下;有上下,然后礼义有所错(措)。"这是中国古代王道政治之理论依据,本解读屡引之。但需要指出的是,现代社会与古代社会已大不相同,现代民主政治与古代儒家政治也大不相同了,这种过分强调"君臣上下"的礼义制度显然有需要转化调整的地方。然尽管如此,既维护社会成员间的基本礼义秩序,同时又最大限度地激发社会成员的个人主体性,这应该是一个理想社会制度追求的目标之一,读者察之。

16.4 孔子曰:"益者三友,损者三友。友直,友谅,友多闻,益矣。友便辟(pián pì),友善柔,友便佞,损矣。"

【译文】孔子说:"有益的朋友三种,有害的朋友三种。和正直的人交友,和守信的人交友,和见闻广博的人交友,就有益了。和惯于装腔作势的人交友,和工于柔媚之术的人交友,和夸夸其谈的人交友,就有害了。"

【注释】①《朱注》:"友直,则闻其过。友谅,则进于诚。友多闻,则进于明。便辟,谓习于威仪而不直。善柔,谓工于媚悦而不谅。便佞,谓习于口语,而无闻见之实。三者损益,正相反也。"②李贽《四书评》:"今又有'便辟'而托于'直'者,'善柔'而托于'谅'者,'便佞'而托于'多闻'者,奈何!"

【解读】交友之道素来为儒家所重视,盖"交友之道是从对方来说的为人之道"(李泽厚《论语今读》),故从一个人交什么的朋友,大致可以看出他是一个什么样的人。据杨伯峻统计,《论语》共出现"友"字19次;而《周易》也极重交友之道,如兑卦《大象》就明确说过"君子以朋友讲习"。那么,我们到底应该交什么样的朋友呢?本章孔子提出了"益友"和"损友"之别:前者的特点是"直""谅""多闻",后者的特点是"便辟""善柔""便佞"。按照朱子的解释,它们的涵义正好相反。

关于"益友"的三种品行,前边已多有分析,此不赘言;惟"损友"的三种品行,相似的内容虽所在多有,但这些名词却是第一次出现,值得稍作阐述。其中"便辟"就是指惯于装腔作势,甚至伪装成"直",但掏心窝子的话其实是不说的;"善柔"则是指善于伏低做小,取悦于人,但内心毫无诚信可言;而"便佞"则是指善于利口巧辨,但说的都不是真话,即"无闻见之实"。很明显,这些都是小人之作为,《周易·系辞下》曾有"诬善之人其辞游"之说,正可与此相对照。

16.5 孔子曰:"益者三乐,损者三乐。乐节礼乐,乐道人之善,乐多贤友,益矣。乐骄乐,乐佚游,乐晏乐,损矣。"

【译文】孔子说:"三种快乐有益,三种快乐有害。以礼乐制度节制自己为快乐,以称道别人的长处为快乐,以多交接良友为快乐,这就有益了。以骄纵自满为快乐,以纵情游荡为快乐,以饮食宴乐为快乐,这就有害了。"

【注释】①《康注》:"节礼乐,谓以礼乐之中和自节其身也。道人善,则奖励诱劝,而为善者多,则己亦熏陶进德而不自知。多贤友,则夹辅染化而日进。果能乐三益,则自为君子人矣。若乐骄乐、佚游、晏乐,则身心日放侈,不见其损而日损矣。"②《大义》:"益者三友三乐,损者三友三乐,用意浅而垂戒深,为鲁之世家子弟发也。"

【解读】儒家强调"忧乐圆融"(见6.11),其实并不反对正常的生理上的娱乐(见《乡党篇》诸章),但其大旨当然还是推崇"孔颜乐处"之乐,亦即德性之乐,或精神之乐。这里讲的"乐节礼乐,乐道人之善,乐多贤友",均指此也;而相反,如骄乐、佚游、晏乐等个人中心主义的或纯粹生理上的快乐,则是儒家所反对的。又这里谈"益者三乐",首先将"节"字放在了突出位置上,这和我们此前多次引用的《周易》所言"文明以止,人文也"(贲卦《象传》)的精神是完全一致的。此外我们知道,《周易》有著名的损、益二卦,孔子对此二卦极为重视,并认为其为"吉凶之门"(见2.23),本章和上章两次谈及损益之事,事虽具体而微,然正损益之道之生动体现也。唐文治甚至认为,此两章紧接上章,乃为鲁之世家子弟而发,良有以也。

16.6 孔子曰:"侍于君子有三愆:言未及之而言谓之躁,言及之而不言谓之隐,未见颜色而言谓之瞽。"

【译文】孔子说:"陪着君子说话会有三种毛病:不该他说话就说了,叫做急躁；该他说话了却不说，叫做隐瞒；不先看脸色就说话，叫做不长眼睛。"

【注释】①《集释》引《荀子·劝学篇》曰："未可与言而言谓之傲，可与言而不言谓之隐，不观气色而言谓之瞽。君子不傲不隐不瞽。"②《朱注》："君子，有德位之通称。愆，过也。瞽，无目，不能察言观色。"并引尹焞曰："时然后言，则无三者之过矣。"③《钱解》："本章三愆，皆因侍于君子而始见。侍于君子必知敬，三愆皆由无敬意生。若尽日与不如己者为伍，敬意不生，有愆亦不自知。故人能常侍君子，则己之德慧日长矣。"

【解读】本章主要是讲，一个人说话要注意时机和场合。"躁"，就是辞不达义而乱说。《周易·系辞下》有云"吉人之辞寡，躁人之辞多"，说得过多而未达义，或不符合自己的身份，肯定是"躁"的表现。"隐"，不是君子见机不对而"遁世"，而是出于个人私利而故意隐瞒事实真相。"瞽"，则是说话不看对象。孔子曾说："可与言而不与之言，失人；不可与言而与之言，失言。"（15.8）此章可谓彼章之延伸，读者不妨互参。又《宪问篇》曾提到公叔文子有"时然后言"之能（14.13），亦可与本章互参。李泽厚说："整个孔学不离具体情境，其形上意义在此。"（《论语今读》）

16.7 孔子曰："君子有三戒：少之时，血气未定，戒之在色；及其壮也，血气方刚，戒之在斗；及其老也，血气既衰，戒之在得。"

【译文】孔子说："君子有三件事需要提防：年轻的时候，血气尚未稳定，要提防女色；等到了壮年，血气正当旺盛，要提防好勇斗狠；而到了年老的时候，血气已经衰弱，要提防贪得无厌。"

【注释】①《朱注》："血气，形之所待以生者，血阴而气阳也。"并引范祖禹曰："圣人同于人者血气也，异于人者志气也。血气有时而衰，志气则无时而衰也。少未定、壮而刚、老而衰者，血气也。戒于色、戒于斗、戒于得者，志气也。君子养其志气，故不为血气所动，是以年弥高而德弥劭也。"②《杨注》："孔安国注云：'得，贪得。'所贪者可能包括名誉、地位、财货在内。《淮南子·诠言训》：'凡人之性，少则猖狂，壮则强暴，老则好利。'意本于此章，而以'好利'释得，可能涵义太狭。"

【解读】本章孔子结合人的身体（"血气"）的发展阶段（"少""壮""老"）来谈君子应当注意的问题（"色""斗""得"），具体而形象，发人深省，已成千古名言。此中最可注意者，是朱子以阴阳之说来分析"血气"问题，而范祖禹则引入"志气"以阐发孔子之旨，此均合乎《周易》之道。

我们知道，阴阳理论是《周易》一书的基础。《系辞上》云："一阴一阳之谓道。"又云："《易》有太极，是生两仪，两仪生四象，四象生八卦，八卦定吉凶，吉凶生大业。"朱子释之曰："太极者，道也；两仪者，阴阳也。阴阳一道也，太极无极也。万物之生，负阴而抱阳，莫不有太极，莫不有两仪。絪缊交感，变化不穷，《易》所以定吉凶而生大业。故《易》者，阴阳之道也；卦者，阴阳之物也；爻者，阴阳之动也……"（《周易本义》序）故君子欲从事"大业"，即志于进德修业，不能不晓阴阳之道也。

而何谓阴阳？阴阳无他，即事物发展之能动者、受动者两方而已。比如人乃身、心之复合体，其中身即阴、心即阳也，人无身体固无法生存，然主导此身体者，乃心也。《论语》本章，孔子从"血气"的角度来观察身体，将之归纳为"血气未定""血气方刚""血气既衰"三个阶段，并指出，如以人之身体的自然发展而言，则在此三阶段，"色""斗""得"将不可避免，故必须以"三戒"节之，方能成其为君子。此"三戒"，即心之所主者也，即范祖禹注中所谓"志气"所在者也，亦即人之异于禽兽者也。孟子曰："人之所以异于禽兽者几希；庶民去之，君子存之。"（《孟子·离娄下》）故"三戒"实属不易，"君子"实属难得。

有意思的是，即就"血气"而言，其中也有阴阳之分，朱子所谓"血阴而气阳也"。对此王夫之阐发更详，摘引如下："大要气能为善，而亦能为不善。如血，则能制其不为恶而已足，不能望其为善也。""盖气阳而血阴，气清而血浊，气动而血静，气无形而血有形。有形而静，则滞累而不能听命于志；浊，则乐与外物相为攻取，且能拘系夫气但随己以趋其所欲。故好色、好斗、好得者，血役气也。而君子之戒此三者，则志帅气而气役血也。"（《读四书大全说》）我们知道，孟子曾说："夫志，气之帅也；气，体之充也。夫志至焉，气次焉。故曰：'持其志，无暴其气。'""我善养吾浩然之气。"（《公孙丑上》）故从血和气的关系来说，固然"血阴而气阳"；但就志和气的关系来说，则"气阴而志阳"矣——阴阳之妙，即在此处。故不仅《论语》《孟子》喜讲"志"，《周易》之《彖传》《象传》也多谈"志",我们在解读"三军可夺帅也,匹夫不可夺志也"章时曾对此有详细分析(见9.26)。但无论是讲"养志"也好,还是讲"养气"也好,实则此均为"养心"也,而"养心"无疑要从"知戒"开始,本章之重要性由此可见。

16.8 孔子曰:"君子有三畏:畏天命,畏大人,畏圣人之言。小人不知天命而不畏也,狎大人,侮圣人之言。"

【译文】孔子说:"君子有三件敬畏的事:他敬畏天命,敬畏大人,敬畏圣人的话。小人不知道天命,因此不敬畏天命;小人还戏弄大人,轻侮圣人的话。"

【注释】①《集释》引董仲舒《春秋繁露》云:"以此见天之不可不畏敬,犹主上之不可不谨事。不谨事主,其祸来至显。不畏敬天,其殃来至暗。暗者不见其端,若自然也。"并谓:"董氏言天命专主祸福,必《论语》家旧说。《易·文言传》:'积善之家必有余庆,积不善之家必有余殃。'《尸子》曰:'从道必吉,反道必凶。如影如响。'即此注义。"②《杨注》:"古代对于在高位的人叫'大人',如《易·乾卦》'利见大人',《礼记·礼运》'大人世及以为礼',《孟子·尽心下》'说大人,则藐之'。对于有道德的人也可以叫'大人',如《孟子·告子上》'从其大体为大人'。这里的'大人'是指在高位的人,而'圣人'则是指有道德的人。"

【解读】此章"畏"字最重要。李光地说:"朱子常说敬字之义,谓惟畏字最相近。以夫子此章观之,便是学者持敬工夫有着落处。终日之间常知天有正命,帝有明威,凛然常在心目,而不敢肆,而又致恭德位之人,尊尚圣贤之书,如是而有不敬焉者寡矣。明道程子喜诵《易》语'圣人以此斋戒,以神明其德',夫此三者,君子所以斋戒而神明其德者也。"(《读论语札记》)"斋戒"等语出自《周易·系辞下》,原指"用《易》之事"。朱子曾解释说:"斋戒敬也,圣人无一时一事而不敬,此特因卜筮而尤见其精诚之至,如孔子所慎斋战疾之意也。"(《朱子语类》)李光地引用此语,正见此"三畏"犹如"斋戒",君子用之,可使之昭昭若神明也。

其次,"天命""大人""圣人之言",又为什么要敬畏?"天命"本义当依董仲舒、程树德说,另钱穆亦云:"天命在人事之外,非人事所能支配,而又不可知，故当心存敬畏。"（《论语新解》）当然，诚如杜维明所说，儒家的"命"，"不仅意味着必须满足某种不可召回的指令，而且也意味着必须充分实现人的本性。"（《中庸：论儒学的宗教性》）故黄式三说："天有扬善遏恶之道，立命者不敢懈；天有穷通得失之数，安命者不可违；天有仁礼义信智之性，承命者不可弃。此明乎天命之原而尽性至命者也。"（《论语后案》）而"大人"与"圣人"，如单独言之，两者内涵多有重叠处；但如同时出现，则"大人"或仅指有位之人，而"圣人"则仅指德之盛者。比如《周易》革卦九五爻辞有"大人虎变"之语，马融注谓"舜与周公"；另《周易》多言"利见大人"，亦多从职位而言。对于有位之大人，孔子一直强调敬畏之，此从《乡党篇》孔子之言行可见。而"圣人之言皆先哲甘苦经验之谈。孔子引周任之言（《季氏第十六》），举南人之言（《子路第十三》），称"法语"之言（《子罕第九》）……皆以其言行有足法者。"（同上）

至于"君子有三畏"，何以小人而不知"畏"耶？"因为小人'不知'。《易·系辞传》说：'一阴一阳之谓道。继之者善也，成之者性也。仁者见之谓之仁，知者见之谓之知，百姓日用而不知，故君子之道鲜矣。'君子之所畏，百姓、小人不学不知，故而狎侮大人及圣人之言。"（许仁图《子曰论语》）此诚可悲也。

16.9 孔子曰："生而知之者上也，学而知之者次也；困而学之，又其次也；困而不学，民斯为下矣。"

【译文】孔子说："生下来就知道事理的是上等人，学习后才知道的是次等人；遇到困难而去学习的，是更次一等的人；遇到困难还不知道学习的，那就是最下等的百姓了。"

【注释】①《朱注》引杨时曰："生知、学知以至困学，虽其质不同，然及其知之，一也。故君子惟学之为贵。困而不学，然后为下。"②李炳南《论语讲要》："孔安国注：'困，有所不通。'不通就是心智不开，但能发愤求学，人家学一遍就会，他学一百遍才会。能够这样苦学，也能成功。"

【解读】此亦孔子劝学之语也。当然并没有什么"生而知之"，孔子本人就说过："我非生而知之者，好古，敏以求之者也。"（7.20）此当类乎康德所"悬设"之先天理念，乃孔子为劝学而假托者也。而"困而不学，民斯为下矣"云云，则可理解为孔子又一次所施之"不屑之教诲"也。这里最值注意的当然是"学而知之"和"困而学之"两种情况：前者是不劝而学，后者是遇到困难而学；在某种意义上，后者或更难能可贵。

另仔细思考孔安国对"困"的解读，可知此"困"并不单纯来自于外部世界，倒可能主要来自于学习者自身，故自己的发愤努力是最应该强调的。《中庸》云："人一能之，己百之，人十能之，己千之。果能此道矣，虽愚必明，虽柔必强。"又云："或生而知之，或学而知之，或困而知之，及其知之一也。"亦此意也。又《周易》困卦《象》曰："困而不失其所亨，其唯君子乎？"君子困而致亨之道实无他途，皆学之功也。吾辈勉之！

16.10 孔子曰："君子有九思：视思明，听思聪，色思温，貌思恭，言思忠，事思敬，疑思问，忿思难（nàn），见得思义。"

【译文】孔子说："君子有九种要考虑的事：看，要考虑看明白了没有；听，要考虑听清楚了没有；脸色，要考虑是否温和；态度，要考虑是否庄重；说话，要考虑是否忠诚；办事，要考虑是否敬业；遇到有疑问，要考虑怎样向人家请教；临到发怒时，要考虑这样做的后患；看见想得到的东西，要考虑是否该得。"

【注释】①《钱解》："本章次第，就其与外相接言。先以视听，次以色貌，次接之以言与事。有事斯有疑，有忿，有得，皆于事举其要。容之静谓之色，容之动谓之貌。九思各专其一，日用间迭起循生，无动静，无内外，乃无所不用其省察之功。"②《朱注》："视无所蔽，则明无不见。听无所壅，则聪无不闻。色，见于面者。貌，举身而言。思问，则疑不蓄。思难，则忿心惩。思义，则得不苟。"③孙钦善《论语本解》："'难'指患难，参见12.21 '一朝之忿，忘其身，以及其亲，非惑与'。发火动怒当心祸患。"

【解读】此章所言皆礼也，可和《颜渊篇》"非礼勿视，非礼勿听，非礼勿言，非礼勿动"章（12.1）互参，然贯穿其中者则"思"之一字，即尊礼并非纯然机械地执行就完事了，其重点在于"思"而后行。关于此"九思"之"次第"或顺序，钱穆的解释颇有道理。换言之孔子这样说，当然是经过深思熟虑的。

首先是"视"和"听"，这是人从外界摄取信息量最大的入口，孔子强调了

"思明""思聪"。《周易》履卦六三和归妹卦九二都有"眇能视"之说，眇者一眼盲也，其能视物必不明也。又噬嗑卦上九云"何校灭耳，凶"，其《象》曰："何校灭耳，聪不明也。"意思是被戴上了枷锁，将耳朵都遮盖了，这样耳朵自然就听不到东西了。又鼎卦《彖传》有"巽而耳目聪明"之说，巽者顺也，凡人巽顺于理，自然耳目聪明也。故"耳目聪明"并非仅只生理而言，当有伦理道德之义在。

其次是"色"和"貌"，孔子强调了"思温""思恭"。关于"色""貌"之区别，朱子讲"色，见于面者。貌，举身而言"，钱穆讲"容之静谓之色，容之动谓之貌"，角度不同，可互参。《学而篇》讲"夫子温、良、恭、俭、让"（1.10），《述而篇》讲"子温而厉，威而不猛，恭而安"（7.38），可见"温"和"恭"也是君子很重要的人格特质。康有为说："色见于面者，忌冷而贵温。貌举身而言，忌慢而贵恭。"（《论语注》）

再次是"言"和"事"，孔子强调了"思忠""思敬"。无论是"言"和"事"，还是"忠"和"敬"，前边已多有论述，此不必赘。综合以上"六思"，李光地说："此六者，皆所以闲邪存诚、涵养之事也。"（《读论语札记》）"闲邪存诚"出自《乾文言》对乾卦九二爻"见龙在田，利见大人"之解释，原文为："龙德而正中者也。庸言之信，庸行之谨，闲邪存其诚，善世而不伐，德博而化。"故能做到此六者，实属不易。

最后是"疑""忿""得"，此乃"事"之最难处置而又日常必遇者，孔子强调的是"思问""思难""思义"。遇到疑难问题要主动求问，此为孔子之固有主张并身体力行者，《乡党篇》"入太庙，每事问"章（10.21）已昭示矣。又《颜渊篇》云："一朝之忿，忘其身，以及其亲，非惑与？"（12.21）即"忿思难"之意。《周易》损卦《大象》曰："君子以惩忿窒欲。"亦此意。至于"见得思义"，此"得"即本篇"戒之在得"之"得"也，《乾文言》云"利者，义之和"，与此意亦相通。

而关于此"思"字的重要性，李光地说："案《洪范》以思列于五事之中，夫子则以思贯于九者之内，盖视听言貌虽与心相对，而莫非心之所为也，故孟子初以小体、大体并举，后乃以思为主，而曰'思则得之'，其深得《洪范》《论语》之意者与？"（《读论语札记》）又在9.31，我们曾引孟子说："心之官则思，思则得之，不思则不得也。"（《孟子·告子上》）另《周易》亦极重视"思"，如艮卦《大象》曰："君子以思不出其位。"既济卦《大象》曰："君子以思患而预防之。"故"思"字之义，大矣哉！

综上，本章所言均为"非常具体的生活规范，这也就是'礼'……今人不必谨守传统仪文、规矩、观念（包括孔子教义在内），但由孔子和儒学强调'礼'作为社会群体生存规范这一基本观念，毕竟不可废弃，'虽百世可知也'。"（《论语今读》）特别是就本章来说，所谓"九思"者虽相对抽象但又为日常所见，其可继承性就更多些，此又不可不察也。

16.11 孔子曰："'见善如不及，见不善如探汤。'吾见其人矣，吾闻其语矣。'隐居以求其志，行义以达其道。'吾闻其语矣，未见其人也。"

【译文】孔子说："'看到善良的行为，就努力追求，好像追不到似的；看到邪恶的行为，就使劲避开，好像伸手碰到滚烫的水似的。'我见过这样的人，也听过这样的话。'避世隐居来追求他的志向，践行道义来贯彻他的理想。'我听过这样的话，但没有见过这样的人。"

【注释】①《朱注》："语，盖古语也。真知善恶而诚好恶之，颜、曾、闵、冉之徒，盖能之矣。求其志，守其所达之道也。达其道，行其所求之志也。盖惟伊尹、太公之流，可以当之，当时若颜子，亦庶乎此，然隐而未见，又不幸而蚤（早）死，故夫子云然。"②《集释》引李颙《四书反身录》云："隐居求志，斯隐居不徒隐。行义达道，斯出不徒出。若隐居志不在道，则出必无道可达。纵有建树，不过诡遇，君子不贵也。"

【解读】本章孔子引用了两句古语，描写了两种人，并分别予以评价。这两种人，当然都是仁人志士，但后者似比前者境界为高，且更为难得，故孔子有此感叹也。钱穆说："盖圣人之学，以经世为本，而不以独善为极。不惟成己，亦当成物。孔子门下，颜闵之徒，亦其庶几。然仅见其隐，未见其用，故曰'未见其人矣'。"（《论语新解》）

而李光地亦对"求志""达道"进行了深度分析，并多有引用《周易》之语者，兹全文转引如下，仅对其所引之语添加出处。他这样说："隐居以求其志，行义以达其道，'以'字与'则'字不同，不可说似'穷则独善其身，达则兼善天下'（《孟子·尽心上》）。盖求志是进德修业事，必隐居以求之。'遁世无闷，不见是而无闷'(《乾文言》)。苟有易世成名之心,则志为之夺矣。达道是济人利事,必行义以达之。道之将行,必自重而不自失者,固义也;道之将废,不忍坐视而不救者,亦义也。苟不能进以礼,退以义,又或愤时绝俗而群鸟兽,则道又为之失矣。圣门惟颜子庶几,故陋巷箪瓢,所以求志也。如由也、求也、赤也,皆欲以材具自见。夫子虽许以从政,而未概于心。独于曾点、漆雕开有取焉者,此也。至行义达道,即夫子一身可见。虽汲汲于济时,然而'见几而作,不俟终日'(《系辞下》)也。虽栖栖以终老,然而所在求君,志不舍命也。盖进退之义,固当如此,故必行义而后可以达道。他日又曰:'君子之仕也,行其义也。道之不行,已知之矣。'(18.7)盖极至之论也。"(《读论语札记》)李氏之说甚精,望读者细味之。

16.12 齐景公有马千驷,死之日,民无德而称焉。伯夷、叔齐饿于首阳之下,民到于今称之。其斯之谓与?

【译文】齐景公有马四千匹,死了以后,谁都不觉得他有什么仁德可以称述。伯夷、叔齐两人饿死在首阳山下,大家到现在还在称颂他们。这就是不能不重视仁德的原因吧?

【注释】①《朱注》:"驷,四马也。首阳,山名。"②《皇疏》:"斯,此也。言多马而无德,亦死即消;虽饿而有德,称义无息。言有德不可不重,其此之谓也。"③《杨注》:"这一章既然没有'子曰'字样,而且'其斯之谓与'的上面无所承受,程颐以为《颜渊篇第十二》的'诚不以富,亦只以异'两句引文应该放在此处'其斯之谓与'之上,但无证据。朱熹《答江德功书》云:'此章文势或有断续,或有阙文,或非一章,皆不可考。'"

【解读】关于伯夷、叔齐的故事,请见7.15所引《朱注》。这里首句既然讲,对于齐景公"民无德而称焉",那么自然后句所讲"民到于今"所"称之"者,就是伯夷、叔齐之"德"了。对于这两个"不食周粟"而饿死的人,老百姓为什么称赞他们呢?当然是因为其为仁者而重德,故不苟食也。

《周易》明夷卦初九有云:"明夷于飞,垂其翼。君子于行,三日不食。"其《象》曰:"君子于行,义不食也。"盖夷通痍,痍者伤也;明夷卦(䷣)下离上坤,离为火、坤为地,日入地中,故明伤而暗也。以人事言,则昏君在上,明者见伤之时也。又离为雉、为鸟,故曰"飞";初、三像两翼,初在下,有垂象,故曰"垂其翼"。李士鉁说:"初居无位之地,有见几之明,害始著而去之,故君子于行,避恶若浼,以义自守。渴不饮盗泉水,热不憩恶树荫。既避其人,则不可食其食。伯夷避纣而采薇,四皓避秦而茹芝,不食不义之食也。"(《周易注》)的确,当年伯夷、叔齐先为避纣乱、后又避武王伐纣而归隐,采集野菜而食之,最后饥饿而死,今人或以为愚,然在传统观念中,此真仁人、义人也,故旧时世代称之。

16.13 陈亢(gāng)问于伯鱼曰:"子亦有异闻乎?"对曰:"未也。尝独立,鲤趋而过庭。曰:'学诗乎?'对曰:'未也。''不学诗,无以言。'鲤退而学诗。他日,又独立,鲤趋而过庭。曰:'学礼乎?'对曰:'未也。''不学礼,无以立。'鲤退而学礼。闻斯二者。"陈亢退而喜曰:"问一得三,闻诗,闻礼,又闻君子之远其子也。"

【译文】陈亢问孔子的儿子伯鱼:"您在老师那里听过不同的教诲吗?"伯鱼回答:"没有啊。他曾经一个人站在庭中,我小步快速地走过。他叫住我问:'学诗了吗?'我说:'没有。'他就说:'不学诗,就不会说话。'我退回去就学诗。过了几天,他又一个人站在庭中,我又小步快速地走过。他叫住我问:'学礼了吗?'我说:'没有。'他就说:'不学礼,就不会立足社会。'我退回去就学礼。我听到的就这两件事。"陈亢回去后,非常高兴地说:"我问了一件事,却知道了三件事:知道要学诗,知道要学礼,还知道了君子对待自己的儿子要保持一定的距离。"

【注释】①《皇疏》:"陈亢即子禽也,伯鱼即鲤也。"②《朱注》:"亢以私意窥圣人,疑必阴厚其子。事理通达而心气和平,故能言。品节详明而德性坚定,故能立。当独立之时,所闻不过如此,其无异闻可知。"③东条弘《论语知言》:"或曰:君子不教子。殊不知'无以言''无以立',乃是教。皆泥于'远'字也。远,远别之远,不相亲狎也。不相亲狎也者,乃相亲之道也。"

【解读】此章文字读来并不复杂,但很有画面感。如孔子之"独立",孔鲤之"趋而过庭"(唐代有个书法家叫孙过庭,名字大概由此而来);还有陈亢之询问"异闻"及"退而喜",也颇耐人寻味。然圣人"极高明而道中庸",哪里会有什么"异闻"!"学诗""学礼",皆孔子平时授于弟子者,伯鱼所闻无异也。王应麟云:"孔庭之教曰诗、礼,子思曰:'夫子之教,必始于诗、书而终于礼、乐,杂说不与焉。'"(《困学纪闻》)孙奇逢云:"他人以为道有异,圣人原无所容其异也。他人见为子可私,圣人原无所容其私也。"(《四书近指》)

另关于"君子远其子",以东条弘的解释为是。《周易》家人卦(䷤)九三云:"家人嗃嗃,悔厉吉。妇子嘻嘻,终吝。"其《象》曰:"家人嗃嗃,未失也;妇子嘻嘻,失家节也。"杨万里释之曰:"正家之道,严胜则厉,和胜则溺。'嗃嗃'而严,严胜也;'嘻嘻'而笑,和胜也。然严胜者,虽'悔厉'而终'吉',故圣人劝之以'未失'。和胜者,虽悦怿而终'吝',故圣人戒之以'失节'。"(《诚斋易传》)又《朱子语类》云:"问:《易传》云:治家之道,在于正伦理,笃恩义。今欲正伦理,则有伤恩义。欲笃恩义,又有乖于伦理,如何?曰:须是于正伦理处笃恩义,笃恩义而不失伦理方可。"(转引自李光地《周易折中》)观此章圣人父子的交接之道,严则严也,然未尝没有亲情在,则远超"嗃嗃""嘻嘻"之上而达乎"中庸之道"矣!

16.14 邦君之妻,君称之曰夫人,夫人自称曰小童;邦人称之曰君夫人,称诸异邦曰寡小君;异邦人称之,亦曰君夫人。

【译文】国君的妻子,国君称她为夫人,她自称为小童;国内的人称她为君夫人,但对外国人则称她为寡小君;外国人称她也为君夫人。

【注释】①《皇疏》:"当时礼乱,称谓不明,故此正之也。邦君自呼其妻曰夫人也。此夫人向夫自称,则曰小童。小童幼小之目也,谦不敢自以比于成人也。若其国之民呼君妻,则曰君夫人也。自我国臣民,向他邦人称我君妻,则曰寡小君。君自称曰寡人,臣民称君为寡君,称君妻为寡小君也。若异邦臣来,即称主国君之妻,亦同曰君夫人也。"②《集释》引《礼记·曲礼》曰:"公侯有夫人,有世妇,有妻,有妾。夫人自称于诸侯曰寡小君,自称于其君曰小童。"

【解读】和16.12一样,本章亦无"子曰"或"孔子曰"冠于前。康有为说:"《论语》记义不记《曲礼》,似记文错简在此,而写者误附焉。"(《论语注》)钱穆则说:"本章记入《论语》,其义不可知。或说当时诸侯嫡妾不正,称号不审,故孔子正言之。或疑学者于简末别记所闻,后遂厕入《论语》。惟《论语》有齐、鲁、古三本……而本章三论皆有,乌见其为后人之随意附记而厕入?遇古书难解处,当以阙疑为是。"(《论语新解》)钱穆所持态度或可取。

如单从文本的意义来看,本篇末尾列此章,并不是不可理解。此正如皇侃所言:"当时礼乱,称谓不明,故此正之也。"李光地则说:"夫子作《春秋》,于夫妇之伦极重,故其名称必谨。此章必夫子尝言及之,故门人记焉。"(《读论语札记》)另辛全更说:"'邦君之妻'章,是《礼记》题材,《春秋》笔法。所以阳倡阴随、造端夫妇者在此,所以正名定分、庶不陵嫡者在此,所以由近及远、培根化源者在此。《易》系'家人'、《书》谨'釐降'、《诗》首'二南',皆是此意,关系岂小?"(《四书说》)唐文治亦说:"《易传》有言:'女正位乎内,男正位乎外。'君夫人者,内政之主也。春秋之世,彝伦渎乱,不独晋骊姬、卫南子之属,为国之玷;即如鲁之文姜、穆姜,实为败家弱国之基。曰夫人,曰君夫人,尊之之辞也。曰小童,曰寡小君,自谦之辞也。阳为大而阴为小,正其名所以定其分也。孔子赞《易》曰:'圣人之情见乎辞。'文治赞《论语》则曰:'圣人之意,常在乎辞之外也。'"(《论语大义》)这些论述,均有道理,读者察之。

阳货第十七

17.1 阳货欲见孔子,孔子不见,归(馈,kuì)孔子豚。孔子时其亡也,而往拜之。遇诸涂(途)。谓孔子曰:"来!予与尔言。"曰:"怀其宝而迷其邦,可谓仁乎?"曰:"不可。""好从事而亟(qì)失时,可谓知乎?"曰:"不可。""日月逝矣,岁不我与。"孔子曰:"诺,吾将仕矣。"

【译文】阳货想让孔子来拜见他,孔子不去,他就送了孔子一头蒸熟的小猪。孔子趁他不在家时,特去拜谢,不成想在路上碰到了。阳货对孔子说:"过来,我和你说几句话。"阳货说:"一个人有很好的本领,却听任本国的事情越来越糟糕,可以叫做仁义吗?"停了一会儿,他自言自语地说:"那不可以啊。"阳货又说:"一个人喜欢做官,却屡次错过机会,可以叫做聪明吗?"停了一会儿,他又自言自语地说:"那不可以啊。"阳货最后说:"时光正在流逝,年岁不饶人呢。"孔子终于回答:"好的,那我就出来做官吧。"

【注释】①《集解》引孔安国曰:"阳货,阳虎也。季氏家臣而专鲁国之政,欲见孔子使仕也。欲使往谢,故遗孔子豚也。涂,道也。于道路与相逢也。"②《杨注》:"'归'同'馈',赠送也。《孟子·滕文公下》对这事有一段说明,他说,当时,'大夫有赐于士,不得受于其家,则往拜其门。'阳货便利用这一礼俗,趁孔子不在家,送一个蒸熟了的小猪去。孔子也就趁阳货不在家才去登门拜谢。"③高尚榘《论语歧解辑录》:"两曰'不可',或以为孔子答对之语(皇侃、朱熹),或以为阳货自问自答(李塨、阎若璩、王引之),后者较为合乎情境和文义。"

【解读】阳货即季氏家臣阳虎。季氏数代把持鲁国朝政,此时阳货又把持季氏权柄,他野心勃勃,居然图谋铲除三桓(此表面看来与孔子出仕后"堕三都"等举有相似之处,然阳货为以下犯上,而孔子则为维护鲁君权威也),失败后逃往晋国。本篇以"阳货"冠名，表明"陪臣执国命"（16.2）的时代已经到来。唐文治说："《阳货》一篇，痛人心风俗之迁流也。世路艰难，人心日险，君子欲无忤于小人，而又不失为君子，惟有以浑然漠然、不知不识者处之，而后能免于祸。孔子之待阳货，可为万世法也。"（《论语大义》）盖阳货之为人固不可取，然其却能识孔子之才，故有意笼络，这才发生了本章描述的有趣情节。

关于此章内容，先贤多有以《周易》睽卦（☲）初九和遁卦（☶）《大象》释之者，甚有道理。睽卦初九云："悔亡。丧马勿逐，自复。见恶人无咎。"郑汝谐说："居睽之初，在卦之下，必安静以俟之，宽裕以容之，睽斯合矣。'丧马勿逐'，久则'自复'，安静以俟之也。睽而无应，无非戾于己者，拒绝之则愈戾，故宽裕以容之。合睽之道，莫善于斯。"（《易翼传》）朱子则说："上无正应，有'悔'也。而居睽之时，同德相应，其'悔亡'矣，故有'丧马勿逐'而'自复'之象。然亦必见'恶人'，然后可以辟（避）咎，如孔子之于阳货也。"又唐文治曾引遁卦《大象》曰："'君子以远小人，不恶而严'，此孔子待阳货之法也。"（《论语大义》）虽必得见"恶人""小人"，但尽量与之虚与委蛇，又能保持自己的尊严，故孔子终能避免咎害也。

据考证，此章之事当发生在鲁定公七年（公元前503年）左右，时孔子四十九岁，当时他并未出仕，而是在两年后才出任中都宰（其时阳货已逃往国外）。王夫之说："圣人之待小人也以正，而未尝不可用权也；乃其行权，终不易于正也。"（《四书训义》）正此之谓也。

17.2 子曰："性相近也，习相远也。"

【译文】孔子说："人性本相接近，习染使之相远。"

【注释】①《集解》引孔安国曰："君子慎所习。"②《朱注》："此所谓性，兼气质而言者也。气质之性，固有美恶之不同矣。然以其初而言，则皆不甚相远也。但习于善则善，习于恶则恶，于是始相远耳。"并引程子曰："此言气质之性，非言性之本也，若言其本，则性即是理，理无不善，孟子之言'性善'是也。何相近之有哉？"③《集释》引顾炎武《日知录》曰："性之一字，始见于《商书》，曰：'惟皇上帝，降衷于下民，若有恒性。'恒即相近之义。相近，近于善也。相远，远于善也。故夫子说：'人之生也直，罔之生也幸而免。'"

【解读】《中庸》有云："天命之谓性。"又《周易·系辞上》云："一阴一阳之谓道。继之者善也，成之者性也。仁者见之谓之仁，知者见之谓之知，百姓日用而不知，故君子之道鲜矣。"李光地释之曰："圣人用'继'字极精确，不可忽过。此'继'字，犹人子所谓继体，所谓继志。盖人者，天地之子也……天付于人而人受之，其理既无不善，则人之所以为性者，亦岂有不善哉？故孟子之道性善者本此也。然是理既具于人之身，则其根原虽无不善，而其末流区以别矣，如下文所云仁、知、百姓者，皆局于所受之偏而不能完其所付之全，故程朱之言'气质'者，亦本此也。"（《周易折中》）由此可见，本章所谓"相近"者，即人之善性也，或"天命之性""义理之性"也；所谓"相远"者，即人之基于"气质"之别，并经后天熏染而渐行渐远之性也。只不过孔子于此只言"性相近"，并未点明性之来源，亦未点明性之善恶，致有宋儒所谓"天命之性""气质之性"之分别，以及孟子、荀子"性善""性恶"之争论；如考之《系辞上》，则孔子此处所谓"相近"者，必为人之善性无疑也。另需指出者，孔子讲这句话的目的，当是为了劝学，即孔安国所谓"君子慎所习"也。唐文治云："性相近、习相远，上智下愚不移（见下），此为治人心风俗者善审其几之根本。"亦是此意。

17.3 子曰："唯上知（智）与下愚不移。"

【译文】孔子说："只有最聪明的人和最愚笨的人才是不能改变的。"

【注释】①《集释》引王充《论衡》曰："孔子曰：'性相近也，习相远也。'夫中人之性，在所习焉。习善而为善，习恶而为恶也。至于极善极恶，非复在习。故孔子曰：'唯上知与下愚不移。'性有善不善，圣化贤教不能复移易也。"②《杨注》："关于'上知''下愚'的解释，古今颇有异说。《汉书·古今人表》说：'可与为善，不可与为恶，是谓上智。可与为恶，不可与为善，是谓下愚。'则是以其品质言。孙星衍《问字堂集》说：'上知谓生而知之，下愚谓困而不学。'则是兼以其知识与品质而言。"

【解读】这里的"智"和"愚"，肯定不能仅从智力的角度来理解，盖儒家所谓"智"者，当指对道德之领悟能力也，此处亦然。然孔子既曰"我非生而知之者"（7.20），则所谓"上智"者，当为假托无疑也；而所谓"下愚"，窃以为亦不存在，试想"阿留"故事，此理自明——此或亦夫子"不屑之教诲"也。下章孔子有云"前言戏之耳"，按翁中和《人天书》中的分析，《论语》编者或暗指本章之说为"戏言"耳。窃以为，此章之关键在一"唯"字，由此字可知，孔子此话之重点显然是在处于"上知"与"下愚"之间的吾辈凡人（即"中人"）。有人以为，此章当和上章连为一章，如此两章连读，则其意更明矣。夫子劝学之苦心，何其令人感动！

《周易》以六爻象征世间万事万物，特别重视"中爻"，与此有相似处。《系辞下》云："《易》之为书也，原始要终以为质也。六爻相杂，唯其时物也。其初难知，其上易知，本末也。初辞拟之，卒成之终。若夫杂物撰德，辨是与非，则非其中爻不备。"尤其是三、四二爻，处上、下之际，情境最是难堪，故古经中多言"或"字，而此无一而非君子砥砺奋发之处也。如乾卦九四言"或跃在渊"，坤卦六三言"或从王事"，师卦六三言"师或舆尸"，恒卦九三言"或承之羞"等等，皆是。吾辈皆具中人之资，处中爻之位，能不勉乎？！

17.4 子之武城，闻弦歌之声。夫子莞尔而笑，曰："割鸡焉用牛刀？"子游对曰："昔者偃也闻诸夫子曰：'君子学道则爱人，小人学道则易使也。'"子曰："二三子！偃之言是也。前言戏之耳。"

【译文】孔子到了武城，听到阵阵弹琴唱歌的声音。孔子微微一笑，说："杀鸡难道还用得着宰牛的刀吗？"子游回答："以前我听老师说过，君子学了礼乐就会爱人，老百姓学了礼乐就容易听指挥。"孔子说："同学们，子游的话说得对啊！我刚才所讲不过是和他开玩笑罢了。"

【注释】①《朱注》："时子游为武城宰，以礼乐为教，故邑人皆弦歌也。"②惠栋《论语古义》："《释文》'莞'作'莌'，云：'今本作莞。'《周易》夬之九五曰'莌陆夬夬'，虞翻注云'莌，悦也，读如"夫子莞尔而笑"之莌'，是汉以来皆作莌。唐石经作莞，非也。"③《集解》引孔安国曰："道，谓礼乐也。乐以和人，人和而易使也。"

【解读】子游担任武城宰事，已见《雍也篇》（6.14）。唐文治说："子游文学,教化彬彬,夫子莞尔,喜其移风易俗者深也。"(《论语大义》)然武城不过一县之地,子游欲兴先王礼乐之教,此对子游来说未免大材小用,故孔子云"割鸡焉用牛刀",其中实暗含对于子游的赞许之意;但子游不解此意,却郑重答以"闻诸夫子"云云,此皆孔门真传,孔子闻之,也只能将错就错,点头称是,并说"前言戏之耳"。或曰:圣人亦有"戏言"乎?窃以为,观乎此处孔子和弟子之问答,此"戏言"实即孔子向子游承认错误之语也。在《述而篇》,陈司败曾责孔子党于鲁昭公,孔子坦然答曰:"丘也幸,苟有过,人必知之"(7.31)。此处孔子又委婉承认自己之"言过",由此可见孔门师徒之情实,又见孔子之喜改己过如此,良可慨也。

以上是就此章文本之内言之,如就本篇诸章安排而言,翁中和云:"由于孔子让善而托古,不得不假设尧舜为生知之圣,于是《论语》有'生而知之者'之语。因有'生而知之者'之语,遂不得不于'性相近也,习相远也'一章,补一'唯上智与下愚不移'一语(按此以两语为一章)……惟此句因'有生而知之者'一语而补入,原为'戏言',故以'子曰'一赘语作为记。于是更以'子之武城'一章,紧接于后,说明孔子亦有'戏言',而明著'子曰……前言戏之耳'一语,亦至不得已之事也。夫'戏言'者,绝异乎苟且之言也。"(《人天书》)此种分析,或有求之过深之嫌,但亦言之凿凿,姑且录以备考可也。

17.5 公山弗扰以费(bì)畔,召,子欲往。子路不说(yuè),曰:"末之也已,何必公山氏之之也?"子曰:"夫召我者,而岂徒哉?如有用我者,吾其为东周乎?"

【译文】公山弗扰盘踞在费县,背叛了季孙氏,特来邀请孔子,孔子准备前去。子路很不高兴,说:"没有地方去也就算了,为什么一定要去公山氏那里呢?"孔子说:"那个邀请我去的人,难道是白白邀请我吗?如果他真要用我的话,我或许会使周道在东方复兴呢。"

【注释】①《朱注》:"弗扰,季氏宰。与阳货共执桓子,据邑以叛变。为东周,言兴周道于东方。"并引程子曰:"圣人以天下无不可有为之人,亦无不可改过之人,故欲往。然而终不往者,知其必不能改故也。"②《钱解》:"末之也已:末,无义。之,往义。末之,犹云无处去。已,叹辞。或说:已,止义,当一字自作一读,犹云无去处即止也。"③《杨注》:"'何必公山氏之之也','何必之公山氏也'的倒装。'之之'的第一个'之'字只是帮助倒装用的结构助词,第二个'之'字是动词。""而岂徒哉",'徒'下省略动宾结构,说完全是'而岂徒召我哉'。"

【解读】公山弗扰即公山不狃,季氏家臣,其以费叛,《左传》记于鲁定公十二年(公元前498年),然此时孔子方为鲁司寇听政,断无召孔子之可能。或曰:弗扰之召当在鲁定公八年(公元前502年),其时阳货已叛,而弗扰为费宰,虽叛形未露,然据费而为阳货之声援,故《论语》记为叛也。"时孔子尚未仕,不狃为人与阳货有不同,即见于《左传》者可证,其召孔子,当有一番说辞,或孔子认为事有可为,故有欲往之意。"(钱穆《论语新解》)此说言之有理。

有意思的是,在《阳货篇》中,三位家臣(阳货、公山弗扰、佛肸)叛乱,均有笼络孔子之举,而孔子也均有前往之意,然均未成行,这是为什么呢?盖这些家臣叛乱,打的都是"张公室"的旗号,此与孔子之心或有戚戚焉,且孔子以圣者之情怀,当认为天下"无不可改过之人",故孔子"欲往"也。然旗号毕竟是旗号,随着事件的发展,这些叛臣的真面目必将逐渐显现,故孔子又"终不往","知其必不能改故也"。另刘强说:"夫子欲往,出乎仁;终不往,本乎智。"(《论语新识》)说得也很好。

这里最值得回味的是"如有用我者,吾其为东周乎"一语,孔子用世之殷心、理想之阔大于此可见。然前加一"如"字,其语气又何其沉痛也!关于"用"字,许慎《说文解字》曰:"可施行也。从卜从中。"段玉裁《说文解字注》引卫宏曰:"卜中则可施行。"众所周知,孔子晚年喜《易》,然其知《易》必自早年。在公山弗扰等人相召,孔子从"欲往"到"终不往"的过程中,孔子是否也会像常人一样偶尔占卜一下呢?从《孔子家语·好生》记载的"孔子自筮"等故事看,这是完全有可能的。何谓得"用"、不得"用"?在某种意义上,或即"卜中则行,卜不中则不行"也。后人或以此为"迷信",然在前途未卜之际,古人通过《周易》来做决策参考是完全可以理解的,孔子当时或亦未能免俗也。

17.6 子张问仁于孔子。孔子曰:"能行五者于天下为仁矣。"请问之。曰:"恭、宽、信、敏、惠。恭则不侮,宽则得众,信则人任焉,敏则有功,惠则足以使人。"

【译文】子张向孔子问仁。孔子说:"能够将五种品德行于天下就是仁了。"子张请问是哪五种。孔子说:"恭敬、宽厚、信实、勤敏、恩惠。恭敬就不致遭受侮辱,宽厚就会得到大家拥护,信实就会受人任用,勤敏就会建功立业,恩惠就能指挥别人。"

【注释】①《朱注》:"于天下,言无适而不然,犹所谓虽之夷狄不可弃者。五者之目.盖因子张所不足而言耳。"②《大义》:"此章子张盖问政治中之行仁,非欲于心体中求仁。是以夫子告之以行,言用而不言体也。然用本于体,故子张请问其目,夫子即以恭、宽、信、敏、惠告之。"

【解读】我们前边多次讲过,儒学既是"内圣之学",也是"外王之学",在很长的时间内,此两者其实并无孰重孰轻的问题,只是到了宋代,"内圣之学"才压倒了"外王之学",儒学日益走向内心化,走向封闭。比如子张此人,曾明确表示要"学干禄"(2.18),是个政治人才,孔子就常侧重事功的角度对他加以教导,此章亦然。这里子张问的虽然是"仁",但孔子知道他关注的当然不是自我的仁德修养,而是如何在政治中行仁,故其回答也是主要从"行"的角度来讲仁的;虽然此"恭、宽、信、敏、惠"五者貌似也是人的一般道德规范,但这里着重讲的却是这样做的行为效果:即不受侮辱、得到众人拥护、受人重用、建功立业、能指挥人等——这的确属于政治学的范畴了。此诚如李泽厚所说:"从《论语》全书看,子张是最热衷于政治的门徒之一,于是孔子答复他以'仁'的外王方面,与回答颜回、曾参者颇不相同,因材施教也。"(《论语今读》)我们知道,《周易》常将"进德"和"修业"并列(《乾文言》所谓"君子进德修业,欲及时也"),还常将"贤人之德"和"贤人之业"并列(《系辞上》所谓"可久则贤人之德,可大则贤人之业"),或可和本章互参。另《系辞下》云:"何以聚人?曰财。"此和"惠则足以使人"亦若合符节。

17.7 佛肸(bì xī)召,子欲往。子路曰:"昔者由也闻诸夫子曰:'亲于其身为不善者,君子不入也。'佛肸以中牟畔,子之往也,如之何?"子曰:"然,有是言也。不曰坚乎,磨而不磷(lìn);不曰白乎,涅而不缁（zī）。吾岂匏（páo）瓜也哉？焉能系而不食？"

【译文】佛肸来邀请孔子，孔子准备去。子路说："从前我听老师说过：'亲自干坏事的人那里，君子是不去的。'现在佛肸盘踞中牟叛乱，您却准备前去，这又怎么讲？"孔子说："对，我是说过这样的话。但，不是说最坚固的东西，磨也磨不薄吗？不是说最洁白的东西，染也染不黑吗？我难道是匏瓜吗？怎能老挂在那里不吃？"

【注释】①《杨注》："晋国赵简子攻打范中行，佛肸是范中行的家臣，为中牟的县长，因此依据中牟来抗拒赵简子。"②《朱注》："磷，薄也。涅，染皂物。言人之不善，不能浼己。"并引杨时曰："磨不磷，涅不缁，而后无可无不可。坚白不足，而欲自试于磨涅，其不磷缁也者几希。"③王夫之《论语稗疏》："瓠之与匏，一物而异名。当其生嫩可食谓之瓠，及其畜之为笙、瓢、勺、壶之用，皮坚瓤腐而不可食矣，则谓之匏。系者，谓其畜而系之于蔓也。不食者，人不食之也。故引以喻其徒老而不适于用也。"

【解读】据《史记·孔子世家》："佛肸为中牟宰，赵简子（晋大夫赵鞅也）攻范中行，伐中牟，佛肸畔，使人召孔子。"又据钱穆考证，此事发生在鲁定公十四年（公元前496年），其时"孔子年五十六岁。去卫过匡。晋佛肸来召，孔子欲往，不果，重反卫。"

此章大旨，与17.5略同。值得注意的是，这里同样是子路对孔子"欲往"的行动表示不解，遂有师徒间的一番对话。在17.5，孔子明确表示，其"欲往"之目的是"为东周"；在此章，孔子则说："吾岂匏瓜也哉？焉能系而不食？"这个比喻，表达的同样是孔子的用世之心。

《周易》姤卦九五有"以杞包瓜"之语，程子说："杞，高木而叶大。处高体大，而可以包物者，杞也。美实之在下者，瓜也。美而居下者，侧微（按指卑下意）之贤之象也。九五尊居君位，而下求贤才，以至高而求下，犹以杞叶而包瓜。"（《程氏易传》）可见以"瓜"喻贤臣，古已有之。然佛肸之辈终非"杞"，而孔子终以"匏瓜"悬于树矣，诚可悲也！

17.8 子曰："由也！女（rǔ）闻六言六蔽矣乎？"对曰："未

也。""居！吾语女（rǔ）。好仁不好学，其蔽也愚；好知（zhì）不好学，其蔽也荡；好信不好学，其蔽也贼；好直不好学，共蔽也绞（jiǎo）；好勇不好学，其蔽也乱；好刚不好学，其蔽也狂。"

【译文】孔子说："仲由啊，你听过六种美德和六种毛病吗？"子路回答："没有。"孔子说："那么你坐下，我来告诉你。喜欢仁德却不喜欢学习，其毛病就是愚蠢；喜欢智慧却不喜欢学习，其毛病就是放荡；喜欢信实却不喜欢学习，其毛病就是害人害己；喜欢耿直却不喜欢学习，其毛病就是尖酸刻薄；喜欢勇敢却不喜欢学习，其毛病就是捣乱生事；喜欢刚强却不喜欢学习，其毛病就是胆大妄为。"

【注释】①《杨注》："这个'言'字和'有一言而可以终身行之'（15.24）的'言'相同，名曰'言'，实是指'德'。'一言'，孔子拈出'恕'字；'六言'，孔子拈出'仁'、'知'、'信'、'直'、'勇'、'刚'六字。"②《朱注》："六言皆美德，然徒好之而不学以明其理，则各有所蔽。愚，若可陷可罔之类。荡，谓穷高极广而无所止。贼，谓伤害于物。勇者，刚之发。刚者，勇之体。狂，躁率也。"③《皇疏》："绞，犹刺也，好讥刺人之非，以成己之直也。"

【解读】仁、知（智）、信、直、勇、刚，此六者皆美德也，然如仅仅拘泥于其表面内涵，而不以"好学"来调节之，则亦会走向其反面也。盖这些美德之运用，均需和具体的生活情境相结合，绝对不能僵化理解。比如，不管什么条件而一味好仁，那当然是愚蠢的，如宋襄公之流即是；又如，光是好智而不能将其运用于实际生活当中，那当然就会使自己流荡失守，如中国先秦的诡辩家和古希腊的智者派即是。而关于"好信不好学"的毛病，程颐曾结合中孚卦（䷼）上九"翰音登于天，贞凶"说："九居中孚之时，处于最上，孚于上进而不知止者也，其极至于羽翰之音，登闻于天，贞固于此而不知变，凶可知矣。夫子曰'好信不好学，其蔽也贼'，固守而不通之谓也。"（《程氏易传》）翰者，鸡也；翰音，鸡叫之声。"翰音登于天"，是指鸡叫之声上闻于天而其身不从，所谓"声闻过情"是也。追求小信小义之"硁硁小人"（见13.20）以及伪君子之流，皆患此病。至于"好直不好学，共蔽也绞"，我们可由"吾党有直躬者"章（13.18）中得其例。另在《泰伯篇》，孔子曾明言"勇而无礼则乱，直而无礼则绞"（8.2），亦可和本章互参,只不过彼处强调的是"礼",此处强调的是"学",其义虽通,然讲"学"似涵义更广、意味更深也。李泽厚说:"此'学'即在如何掌握合适的'度'。苟非其度,一切好品德也将是大毛病。亦见此'学'非思辨乃实践。"(《论语今读》)此言得之。

17.9 子曰:"小子何莫学夫诗?诗,可以兴,可以观,可以群,可以怨。迩之事父,远之事君;多识于鸟兽草木之名。"

【译文】孔子说:"同学们,你们为什么不学诗啊?学诗,可以激发想象力,可以提高观察力,可以与人合群共处,可以表达自己的哀怨。近处讲,可以用来事奉父母;远处讲,可以用来事奉君上。另外,还可以认识不少鸟兽草木的名称。"

【注释】①《集解》引包咸曰:"小子,门人也。"引孔安国曰:"兴,引譬连类。"引郑玄曰:"观风俗之盛衰。"又引孔安国曰:"群居相切磋。怨,刺上政。"②《朱注》:"感发志意,考见得失,和而不流,怨而不怒。人伦之道,《诗》无不备。二者举重而言,其绪余又足以资多识。"③《钱解》:"诗尚比兴,即就眼前事物指点陈述,而引譬连类,可以激发人之志趣,感动人之情意,故曰可以观,可以兴。""诗之教,温柔敦厚,乐而不淫,哀而不伤。故学于诗,通可以群,穷可以怨。"

【解读】孔门之教,首重诗教。如在《泰伯篇》,孔子曾说:"兴于诗,立于礼,成于乐。"(8.8)"诗"为首。而在《季氏篇》,孔子问伯鱼的问题,首先也是"学诗乎?"(16.13)故上章孔子讲"六言六弊",结穴于"学",本章紧接着讲"何莫学夫诗",可谓顺理成章。从内容上看,本章分为两部分,第一部分讲"兴、观、群、怨",此可谓诗的直接效能;第二部分讲"迩之事父,远之事君;多识于鸟兽草木之名",此可谓诗的间接效能。

"兴、观、群、怨"之说,对后世影响甚大。李泽厚说,其"一直成为中国传统文艺批评的大原则"(《论语今读》)。《诗》讲"赋比兴",具体内容先贤论述或有异,而刘宝楠说:"赋比之义皆包于兴,故夫子止言兴。《毛诗传》言兴百十有六而不及赋比,亦此意也。"(《论语正义》)盖"诗言志"并"发乎情",必托于物而"引譬连类"也。关于《周易》中的"象"和《诗经》中的"兴"的相似性,我们曾引用过美国汉学家夏含夷的观点，读者可参考（见8.8）。至于"观"，恐怕不仅是郑玄所谓"观风俗之盛衰"，以及朱子所谓"考见得失"那么简单。我们知道，圣人作《易》，就讲"观"，即《系辞下》所谓"古者包牺氏之王天下也，仰则观象于天，俯则观法于地，观鸟兽之文与地之宜，近取诸身，远取诸物，于是始作八卦，以通神明之德，以类万物之情"也；而作《易》之后，君子也讲"观"，即《系辞上》所谓"君子居则观其象而玩其辞，动则观其变而玩其占，是以自天佑之，吉无不利"也。另《周易》还有观卦，既讲"大观在上"也讲"下观而化"，既讲"观我生"也讲"观其生"——此均可以和"诗可以观"互参。至于"群"，即曾子所谓"君子以文会友"（12.24）之意，亦《周易》所谓"君子学以聚之，问以辩之"（《乾文言》）以及"君子以朋友讲习"（兑卦《象传》）之意也。最后是"怨"，此亦恐非仅为孔安国所谓"刺上政"而已，钱穆所谓"通可以群，穷可以怨"或近。钱钟书曾有长文《诗可以怨》论述"中国文艺传统里一个流行的意见：苦痛比快乐更能产生诗歌，好诗主要是不愉快、苦恼或'穷愁'的表现和发泄"（《七缀集》），读者不妨参考。而《周易》古经中关于"怨"的描绘也有不少，如离卦（☲）九三曾讲"大耋之嗟"，六五曾讲"出涕沱若，戚嗟若"，李光地说："三之'嗟'，乐过而悲也。五之'嗟'，自怨自艾也。"（《周易折中》）有意思的是，离卦六五在"出涕沱若，戚嗟若"之后还有一"吉"字，可见《周易》也认为有时嗟叹和怨艾是有其积极意义的。盖世间不得志者所在多有，幸亏有诗在，以抒其愤懑，不亦宜乎！只不过儒家讲"温柔敦厚""发乎情止乎礼义"，"严重约束了'怨'的真正发展……中国文艺少狂欢、少浪漫、少激情，一以平和中正为指归，是优点也是缺点"（《论语今读》），此亦值得注意之事也。

另关于"迩之事父，远之事君"，此"人伦之道"，在《诗经》中多有涉及；又春秋时期官员出使外国，多以《诗经》中的语言为外交辞令，故孔子曾批评过"颂《诗》三百……使于四方，不能专对"（13.5）的现象，由此亦见诗在政治活动中的重要性也。而关于"多识于鸟兽草木之名"，钱穆说："诗尚比兴，多就眼前事物，比类而相通，感发而兴起。故学于诗，对天地间鸟兽草木之名能多熟识，此小言之。若大言之，则俯仰之间，万物一体，鸢飞鱼跃，道无不在，可以渐跻于化境，岂止多识其名而已。"（《论语新解》）我们知道，《周易》古经中谈及"鸟兽草木"者所在多有，《说卦传》谈八卦之象时以动物、植物取象者亦甚多——学《易》者均知，此乃《周易》话语体系一大特点也。所谓"万物一体，道无不在"，何止《诗经》如此，《周易》亦如此也。钱穆还说："孔子教人多识于鸟兽草木之名者，乃所以广大其心，导达其仁。诗教本于性情，不徒务于多识。"诗教、易教相通之处，望读者察之。

17.10 子谓伯鱼曰："女（汝）为《周南》《召（shào）南》矣乎？人而不为《周南》、《召南》，其犹正墙面而立也与？"

【译文】孔子对伯鱼说："你学过《周南》《召南》了吗？人如果不学习《周南》《召南》，那就像人正对着墙壁站着，寸步难行吧！"

【注释】①《康注》："为，犹学也。《周南》《召南》，《诗》首篇名，所言皆男女之事最多。盖人道相处，道至切近莫如男女也。修身齐家，起化夫妇，终化天下。"②《朱注》："正墙面而立，言即其至近之地，而一物无所见，一步不可行。"

【解读】此章紧承上章，更具体地讲到，学诗应该学《诗经》中的"二南"。为什么必须要学习"二南"呢？盖"二南"为《诗经》之首，"皆称道周朝王畿内婚姻、礼俗、政教之美善。其中《关雎》《葛覃》《雀巢》《采蘩》《采苹》，且收为合乐，为天子、诸侯、大夫与士所公用之乐章（说见王国维《释乐次》，在《观堂集林》卷二），实无疑周朝国乐之一……凡志在士者不可不知。"（程石泉《论语读训》）又诚如康有为所说，《诗经》中的这些篇章以"男女之事"为最多，《中庸》云"君子之道，造端乎夫妇"，《大学》讲必得先"齐家"然后才能"治国""平天下"，《周易》下经以咸卦、恒卦开头讲的也是夫妇之道并在家人卦反复强调"女正位乎内，男正位乎外，男女正，天地之大义也……正家而天下定矣"（《彖传》），故不学"二南"，实不知王道教化之基也。还有一种说法：此孔子为伯鱼行婚礼时所言，意在勉之也，亦可参考。

17.11 子曰："礼云礼云，玉帛云乎哉？乐云乐云，钟鼓云乎哉？"

【译文】孔子说："总是说礼呀礼呀，就是指供玉献帛吗？总是说乐呀乐呀，就是指敲钟打鼓吗？"

【注释】①《朱注》:"敬而将之以玉帛,则为礼;和而发之以钟鼓,则为乐。遗其本而专事其末,则岂礼乐之谓哉?"②《读训》:"此章言升降酬酢所以饰文,而玉帛乃礼之末也。羽龠钟鼓所以节音,而钟鼓乃乐之末也。凡能实行践履,是为真知礼。凡能怡情理性,舒神达思,是为真知乐。"

【解读】以上两章讲学诗,此章接着讲学礼,显然符合孔门之教的学习次第。孔子曾说:"人而不仁,如礼何?人而不仁,如乐何?"(3.3)此章与其主旨略同。李泽厚说:"这章当然特别重要,指出'礼乐'不在外表,非外在仪文、容色、声音,而在整套制度,特别是在内心情感。即归'礼'于'仁'。这是《论语》一书反复强调的。"(《论语今读》)换句话说,礼乐之本即仁,玉帛、钟鼓等等都是末。惜乎春秋乱世,触目所见皆礼乐之末也,故孔子叹之。关于仁礼关系,请参见《八佾篇》中相关章节的分析。

17.12 子曰:"色厉而内荏,譬诸小人,其犹穿窬之盗也与?"

【译文】孔子说:"外表严厉,内心怯懦,如果拿小人来比喻,那就像是穿壁或翻墙盗物的小偷吧!"

【注释】①《朱注》:"厉,威严也。荏,柔弱也。小人,细民也。穿,穿壁。窬,逾墙。言其无实盗名,而常畏人知也。"②《皇疏》:"言其譬如小人为偷盗之时也。小人为盗,或穿人屋壁,或逾人垣墙,当此之时,外形恒欲进为取物,而心恒畏人,常怀退走之路,是形进心退,内外相乖,如色外矜正而心内柔佞者也。"③许仁图《子曰论语》:"'穿窬之盗'不是形容一般小民,而是形容'色厉而内荏'的从政者。"

【解读】上章孔子所讲,实际上是在暗示,春秋乱世,礼乐已然衰微,舍本逐末之势渐成;而在本章中,孔子更指出,其时当政者尽皆"色厉内荏"之徒,形如"穿窬之盗"般的小人也!刘劭《人物志》云:"处虚义则色厉,顾利欲则内荏,厉而不刚者,私欲夺之也。"又《礼记·表记》云:"君子不以色亲人。情疏而貌亲,在小人则穿窬之盗也与?"换言之,此类当政者,因为"恒欲进为取物",所以外表上反而很严厉,一副道貌岸然的样子;但因其内心中尽是私欲,"心恒畏人",所以实际上又是怯弱的——这个形象的确和"穿窬之盗"很相似!

在《周易》中,这种人还有另外一种形象:鼫(shí)鼠。晋卦九四云:"晋如鼫鼠,贞厉。"什么是鼫鼠呢?从字面上看,当然指的是某种老鼠。据说,这种老鼠身怀五种特殊技能,但均不精,蔡邕《劝学篇》谓之"五能不成一技"。具体而言,其"能飞不能过屋,能缘不能穷木,能游不能渡谷,能穴不能掩身,能走不能先人"云云。按《说卦传》,"艮为鼠,为黔喙之属"。老鼠及"黔喙"之类的动物,均牙齿突出在前,且刚而尖利也,此正与艮卦一阳在上之特征契合。盖晋卦(䷢)下坤上离,下互为艮,九四为艮之上,所以有鼠象。我们知道,在《周易》的解释系统中,四为三公或大臣之位,因其离五之君位太近,故《系辞传》有"四多惧"的说法;而当晋之时,此正如马其昶所说:"艮鼠居离、坎(上互坎)之中,艮为止,离为日,止于昼也;坎为月,为隐伏,潜行于夜也。小人贪进窃禄,鼫鼠之象斯为切矣!"(《周易费氏学》)李光地更说,其"居高位而失静正之道,乖退让之节,贪而畏人,则非鼫鼠而何?"(李光地《周易折中》)那些"色厉内荏"的当政者,不正是这样吗?故"鼫鼠"和"穿窬之盗"两种形象实相通,读者察之。

17.13 子曰:"乡愿,德之贼也。"

【译文】孔子说:"不讲是非的好好先生,正是败坏道德的小人。"

【注释】①《杨注》:"乡愿,愿音yuàn,孟子作'原'。"②东条弘《论语知言》:"按原,原悫之原。本非恶名,唯乡人称之为原,非真原,故曰乡原。"③《朱注》:"乡原,乡人之愿者也。盖其同流合污以媚于世,故在乡人之中独以愿称。夫子以其似德非德,而反乱乎德,故以为德之贼而深恶之。"

【解读】此章紧接上章,可谓孔子对世风日下的进一步批评。愿(原),本义为谨厚;乡愿,即被乡人所称谨厚之人也,但其并非真的如此。关于这种人,《孟子·尽心下》有更进一步的解释:"言不顾行,行不顾言。则曰:'古之人,古之人,行何为踽踽凉凉?生斯世也,为斯世也,善斯可矣。'阉然媚于世也者,是乡原也。"又说;"非之无举也,刺之无刺也。同乎流俗,合乎污世。居之似忠信,行之似廉洁。众皆悦之,自以为是,而不可与入尧舜之道。故曰'德之贼'也。"也就是说,这种人言行不相顾,却经常讥讽古之贤人,认为他们不合时代,自己专以取悦于人为务,做事无不圆滑周到,你好像找不到他们有什么毛病,但他们又绝对不入于尧舜之道——此之谓"乡愿"也。《子路篇》子贡问曰:"乡人皆好之,何如？"子曰："未可也。""乡人皆恶之，何如？"子曰："未可也。不如乡人之善者好之，其不善者恶之。"（13.24）那种"乡人皆好之"的人，很可能就是"乡愿"之辈。

《周易》兑卦（☱）六三云："来兑，凶。"兑者说（悦）也，"来兑"即"来悦"也。"来悦"何以为凶？王宗传释之曰："六三居两兑之间，一兑既尽，一兑复来，故曰'来兑'。夫以不正之才，居两兑之间，左右逢迎，惟以容说为事，此小人之失正者，故于兑为'凶'。"（《童溪易传》）李光地说："三居内体，故曰'来'。然非来说于下二阳之谓也。为说之主，志在于说，凡外物之可说者，皆感之而来也。"（《周易折中》）此正"乡愿"之形象。盖持节守道之君子必有所为、有所不为，如人"惟以容说为事"，则无是非矣，故夫子谓之"德之贼"。

17.14 子曰："道听而涂（途）说，德之弃也。"

【译文】孔子说："在道路上听到什么，就在道路上说什么，这是有德者绝对不干的。"

【注释】①《皇疏》："道，道路也。涂，亦道路也。记问之学不足以为人师。人师必当温故而知新，研精久习，然后乃可为人传说耳。若听之于道路，道路仍即为人传说，必多谬妄，所以为有德者所弃也，亦自弃其德也。"②《朱注》："虽闻善言，不为己有，是自弃其德也。"又引王安石曰："君子多识前言往行以畜其德，道听涂说则弃之矣。"③《大义》："君子之道，入乎耳，蕴乎心。小人之道，入乎耳，出乎口，虽闻善言，不为己有，无所得于本心，自欺孰甚！"

【解读】"道听途说"，现已成为俗语，谓不可信之言也。"德之弃"有两解：一是"有德的人不这么干"，二是"这么干就是自弃其德"，均通。《荀子·劝学篇》云："小人之学，入乎耳，出乎口。"也就是说，这些人实际上对听闻到的善道并不上心，仅允其在口耳四寸之间流转而已。本章所谓"道听而涂说"者，即此辈也。我们知道，儒学是"为己之学""切己之学"，始终强调要拿听闻到的善道来"洗心"（《周易·系辞上》），要"多识前言往行，以畜其德"（大畜卦《大象》），并最终付诸日常生活之实践——故孔子对"道听而涂说"当然嗤之以鼻。

17.15 子曰:"鄙夫可与事君也与哉?其未得之也,患得之;既得之,患失之。苟患失之,无所不至矣。"

【译文】孔子说:"粗鄙的人,我们能同他共同事奉国君吗?当他没有得到某种东西时,生怕得不到它;当他得到以后,又生怕失去它。如果生怕失去什么东西,那做事就没有底线了。"

【注释】①《杨注》:"王符《潜夫论·爱日篇》云:'孔子疾夫未之得也,患不得之;既得之,患失之者。'可见东汉人所据的本子有'不'字。"②《大义》:"无所不至,言谗佞邪媚,驯至于篡弑,无所不为也。《易传》曰:'臣弑其君,子弑其父,非一朝一夕之故。'用人者可不惧哉!"

【解读】孔子曾讲过"事君以忠"(3.19)、"事君,敬其事而后其食"(15.38)、"以道事君,不可则止"(11.24)等等,其中强调的都是下级对上级要恪尽职守,同时亦要坚持道义立场、仁者情怀。而"患得患失"之"鄙夫"则反是,其心理和行为均以功名利禄为转移,自然做事没有底线,极端者是连"篡弑"之事都敢干的,至于所谓"乡愿"之流,就更不在话下了。

《周易》晋卦(䷢)六五云:"悔亡,失得勿恤。往吉,无不利。"此"失得勿恤"者,即不以得失为虑之意也,恰为"患得患失"之反。李光地云:"'晋如鼫鼠'者(按指九四,见17.12),患得患失,鄙夫之行也。'失得勿恤'者,竭诚尽忠,君子之志也。"(《周易折中》)朱子更释之曰:"以阴居阳,宜有悔矣。以大明在上,而下皆顺从,故占者得之,则其'悔亡'。又一切去其计功谋利之心,则'往吉'而'无不利'也。"(《周易本义》)盖晋之六五身居尊位,又处离日之中,杨万里谓之"朝日"(《诚斋易传》),乃"以天地万物为一体"之君子也,当有"人遗弓,人得之"(《孔子家语·好生》)之量,故"往吉,无不利"也。"患得患失"之辈闻此,或知悔改耶?

17.16 子曰:"古者民有三疾,今也或是之亡(wú)也。古之狂也肆,今之狂也荡;古之矜也廉,今之矜也忿戾;古之愚也直,今之愚也诈而已矣。"

【译文】孔子说:"古人有三种毛病,现在恐怕连这些都看不到了。古时的狂只是率性而为,现在的狂却是放荡无止;古时的矜持是有棱角,现在的矜持却是怨恨乖戾;古时的愚笨是伴着耿直的,现在的愚笨却伴着欺诈哩。"

【注释】①《皇疏》引江熙曰:"今之民无古者之疾,而疾过之也。"②《朱注》:"狂者,志愿太高。肆,谓不拘小节。荡,则逾大闲矣。矜者,持守太严。廉,谓棱角峭厉。忿戾,则至于争矣。愚者,暗昧不明。直,谓径行自遂。诈,则挟私妄作矣。"③《大义》:"古所谓疾,今并无之者,古人仅气禀之疾,而今人则有心性中之疾也。""

【解读】在《子路篇》,孔子曾说:"不得中行而与之,必也狂狷乎?狂者进取,狷者有所不为也。"(13.21)本章所谓"三疾"中的前两者,当即指此也。刘梦溪说:"'狂'和'狷'的特点,都是不追求四平八稳,只不过一个表现为积极进取,一个表现为洁身自好和有所不为。'狂者'和'狷者'都有'恒一'的品性。求之'六经','狂'之一词无例外都作为负面涵义来使用,唯孔子给予正面解读,这在中国文化的观念的思想史上,显然有重大的观念革新的意义。"(《中国文化的狂者精神》)

盖依孔子之说,古之狂者,因其道不合于世,而时有非常之举,如《周易》明夷卦六五爻辞提到的箕子,就曾装疯卖傻,佯狂避世,但其实为"守死善道"之君子也;然后世之狂者,却失去了道义上的内核,只在外表形式上一味地放荡不羁罢了,当非真狂,故为孔子所批评。而这里的"矜",据日本学者物双松考证:"盖矜即狷,狷或作獧,或作矜,古字通用耳。"(《论语征》)古代的狷介之士,窃以为,或与《周易》蛊卦上九所云"不事王侯,高尚其事"者相似,又遁卦提到的那些隐遁之士,亦有狷者风范。如遁卦九四云:"好遁。君子吉,小人否。"李光地释之曰:"好者,恶之反也。好遁,言其不恶也。从容以遁,而不为忿戾之行。孟子曰:'予岂若是小丈夫然哉?怒,悻悻然见于其面。''小人否'者,即孟子所谓小丈夫者也。"(《周易折中》)此处所言"好遁"之君子和"悻悻然见于其面"之小人,正古今狷者之不同处也。

而关于古时之愚,当即孔子曾经批评过的"柴也愚"(11.18)以及"好仁不好学,其蔽也愚"(17.8)之"愚"也,显然此仅指智力上的愚笨,人之本性还是好的或直的;而后世之愚,如孔子所说,则一变而为"诈"矣。此或可譬之于姤卦初六之"羸豕",其虽为羸弱或愚笨之猪,然始终蠢蠢欲动也(所谓"羸豕孚蹢躅")。世道浇漓,人心不古,一至于斯,诚可悲也!

17.17 子曰:"巧言令色,鲜矣仁。"

【译文】孔子说:"花言巧语,虚颜假色,这样的人是很少有什么仁德的!"

【注释】①《杨注》:"见《学而篇》(1.3)。"②《集解》引王肃曰:"巧言无实,令色无质。"

【解读】此章重出。《集释》引《七经考文》:"古本、足利本无此章。"又引《读书丛录》:"《唐石经》此章先无,而后添注。"此章虽为重出,然《论语》编者将其列在以上数章孔子感叹世风日下的内容之后,或有深意,亦未可知也。

17.18 子曰:"恶紫之夺朱也,恶郑声之乱雅乐也,恶利口之覆邦家者。"

【译文】孔子说:"我厌恶紫色夺了红色的地位,我厌恶郑国的乐曲扰乱了典雅的乐曲,我厌恶以伶牙俐齿导致国家覆亡的人。"

【注释】①《集释》引江慎修《乡党图考》曰:"《管子》言'齐桓公好服紫,齐人尚之,五素而易一紫',其贵紫有由来矣。哀十七年,卫浑良夫紫衣狐裘,太子数其三罪杀之,紫衣居一。杜注:'紫衣,僭君服。'"②戴望《戴氏注论语》:"朱,南方正色。紫,北方间色。北主幽,南主明,圣人背幽而向明。"

【解读】按17.16孔子之说,古之狂、矜、愚已为过,而今之荡、忿戾、诈则更过矣!在本章中,孔子又提到三件事:"紫之夺朱""郑声之乱雅乐""利口之覆邦家",且此均与政治直接有关,其罪过显然就更大了。孟子曾将此章之旨扩而充之云:"孔子曰:'恶似而非者:恶莠,恐其乱苗也;恶佞,恐其乱义也;恶利口,恐其乱信也;恶郑声,恐其乱乐也;恶紫,恐其乱朱也;恶乡原,恐其乱德也。'"(《孟子·尽心下》)为什么孔子如此厌恶"似而非者"？唐文治一言以蔽之曰："天下之亡，先亡于无是非。以紫为朱，以郑声为雅乐，以利口为有益于邦家，则是非亡矣，故夫子曰'恶似而非者'，将有以严正之也。"(《论语大义》)

具体到此三者来说，颜渊问为邦，孔子曾说："放郑声，远佞人。郑声淫，佞人殆。"(15.11)当然孔子对"巧言""便佞"的批评更所在多有，此不赘。

另关于"服紫"的问题，戴望的分析或有理。《乡党篇》曾提到过"红紫不以为亵服"(10.6)，关于什么场合穿什么颜色的服装、什么地位穿什么颜色的服装的问题，是古代礼制的重要组成部分，这是肯定的，但随着礼崩乐坏局面的出现，这些规矩肯定就被破坏了，故孔子深恶痛绝之。至于如此穿着之原因，比如后来流行的国君何以喜欢"服紫"的问题，或许和"五方配五色""北极星（又名紫微星）崇拜"以及"圣人背幽而向明"等观念有关。在"为政以德，譬如北辰"章和"雍也可使南面"章(6.1)，我们曾经讨论过类似问题，或可与此处合参。

17.19 子曰："予欲无言。"子贡曰："子如不言，则小子何述焉？"子曰："天何言哉？四时行焉，百物生焉，天何言哉？"

【译文】孔子说："我不想说话了。"子贡说："您如果不说话，那我们这些学生传述什么呢？"孔子说："天说了什么话呢？四季依序运行，百物茁壮生长，天说了什么话呢？"

【注释】①《正义》："案夫子本以身教，恐弟子徒以言求之，故欲'无言'，以发弟子之悟也。"②《朱注》："四时行，百物生，莫非天理发见流行之实，不待言而可见。圣人一动一静，莫非妙道精义之发，亦天而已，岂待言而显哉？此亦开示子贡之切，惜乎其终不喻也。此与前篇'无隐'之意相发，学者详之。"③戴望《戴氏注论语》："天不言，以行事示人。《易》具四时，震春、兑秋、坎冬、离夏，于十二辟卦见阴阳消息。"

【解读】从本章被置于此处看，盖以上诸章所描述者，尽皆"世道浇漓，人心不古"之象，故《论语》编者或借孔子"予欲无言"之语，暗示夫子已对此"无话可说"矣。当然，如果脱开此语境，则"予欲无言"主要是夫子强调身教重于言教，即欲行"无言之教"之意也——这也是大多数学者的看法。盖"或讲论，或著述，俱是圣贤不得已方便法子，其实道不尽在讲论、著述上，要看定讲论、著述，便呆，故夫子说'予欲无言'，将讲论、著述伎俩一笔抹杀，令从此外别作生活。学人悟得此旨，即无六经可也。悟得此旨，方可读六经也。"（辛全《四书说》）孔子曾讲"君子欲讷于言而敏于行"（4.24），又讲"其身正，不令而行；其身不正，虽令不从"（13.6），或可与此互参。

值得注意的是，在子贡提出"子如不言，则小子何述焉"的质疑后，孔子以"天何言哉"答之，此是夫子将自己同乎天矣！在《子张篇》中，子贡亦曾以天赞夫子（见19.24、19.25），其或本此乎？案《诗经·文王之什》云："上天之载，无声无臭。"《礼记·哀公问》引孔子云："无为而物成，是天道也。"盖此天当然是自然造化之天，而非西方宗教神明之天，故"无言"而"物成"也。而儒家历来认为，天人同体，天人合德，"'天行健'与'人性善'乃同一渊源而相承续"（李泽厚《论语今读》），故人以法天为务，孔子以天作喻，其依据亦在此。又《乾文言》曰："夫大人者，与天地合其德，与日月合其明，与四时合其序，与鬼神合其吉凶。"亦是此意。孔子向来以中华文明道统的继承者自命，曾公开讲"文王既没，文不在兹乎"（9.5），故其于此处以天喻己，也是顺理成章之事。

另，四库馆臣曾以"推天道以明人事"阐述《周易》之旨，此不刊之论也。孔子之"无言之教"固然是由学习天道而来，按照《周易》的理论，我们的哪一种品德，又不可以通过学习天道而得来呢？比如八卦作为一个庞大的象征系统，其位居第一序列的象征物就是天（乾）、地（坤）、雷（震）、风（巽）、水（坎）、火（离）、山（艮）、泽（兑），而这八种自然物又各有其德，此谓之卦德，如乾健、坤顺、艮止、兑悦之类，而此均吾人应该学习之品德也。从八卦到六十四卦，从《经》到《传》，《周易》在在说明者，无非如此。《系辞上》云："子曰：夫《易》何为者也？夫《易》开物成务，冒天下之道，如斯而已者也。"故我们向孔子学习也罢，向《周易》学习也罢，但归根结底还是向天道自然学习，此实成功之捷径也，吾辈察之。

17.20 孺悲欲见孔子，孔子辞以疾。将命者出户，取瑟而歌，使之闻之。

【译文】孺悲要来拜会孔子，孔子托言有病，拒绝见他。等传话的人刚走出房门，孔子就取瑟而弹，并且唱起歌来，故意使孺悲听到。

【注释】①《朱注》："孺悲，鲁人，尝学《士丧礼》于孔子。当是时，必有以得罪者，故'辞以疾'，而又使知其非疾，以警教之也。"并引程子曰："此孟子所谓'不屑之教诲'，所以深教之也。"②邢昺《论语注疏》："将，犹奉也。奉命者，主人传辞出入人也。"

【解读】孟子曰："教亦多术矣。予不屑之教诲也者，是亦教诲之而已矣。"（《孟子·告子下》）朱子注曰："屑，洁也。不以其人为洁而拒绝之，所谓不屑之教诲也。其人若能感此，退自修省，则是亦我教诲之也。"并引尹焞曰："言或抑或扬，或与或不与，各因其材而笃之，无非教也。"（《四书集注》）以"屑"为"洁"，见于《说文解字》；然其亦有"碎屑"义，故"不屑"即"轻视"也，"不屑之教诲"即通过表示轻视而教诲之也——此说亦通。孔子之待孺悲者，实即此法也。

关于孺悲此人之生平，以及孔子何以不愿意直接见他，真相现在已经很难搞清楚了。据《礼记·杂记》云："恤由之丧，哀公使孺悲之孔子学士丧礼，《士丧礼》于是乎书。"程树德《论语集释》引吕伯恭曰："'使之闻之'，是孺悲犹在可教之列。孺悲归自克责，后日进德，夫子以士丧礼传之。士丧礼之传，孺悲预有功，亦当时不屑教诲之力。"实际上，《论语》一书，多有"吾未见""已矣乎""吾不知"等语，此均可视为孔子"不屑之教诲"也；另，凡《周易》中之言凶、悔、吝、厉者，亦可视为"不屑之教诲"也（见8.16）。善读书者，如能有会于心，自可得其教诲、受益无穷也。

17.21 宰我问："三年之丧，期已久矣。君子三年不为礼，礼必坏；三年不为乐，乐必崩。旧谷既没，新谷既升，钻燧改火，期（jī）可已矣。"子曰："食夫稻，衣夫锦，于女（汝，下同）安乎？"曰："安。""女安，则为之！夫君子之居丧，食旨不甘，闻乐不乐，居处不安，故不为也。今女安，则为之！"宰我出，子曰："予之不仁也！子生三年，然后免于父母之怀。夫三年之丧，天下之通丧也，予也有三年之爱于其父母乎！"

【译文】宰我问："父母去世，守孝三年，这也太久了吧？君子三年不习礼仪，礼仪一定坏掉；三年不演奏音乐，音乐一定失传。陈粮吃完了，新粮上场了，钻火的燧木也轮了一圈，守孝一年应该就可以了。"孔子说："吃着白米饭，穿上缎子衣，你难道心安吗？"宰我说："心安。"孔子说："你心安，就这么做好了！君子守孝时，吃美食不觉得甜美，听音乐不觉得快乐，住在家里不觉得舒适，所以才不做。现在你既然觉得心安，那就去做好了。"宰我退了出来。孔子说："宰予真是不仁啊！儿女生下来，得三年才能完全离开父母的怀抱。为父母守孝三年，这是天下都遵守的规矩啊。宰予也有三年之爱给予他的父母吗？"

【注释】①《正义》："三年丧期，郑君（郑玄）以为二十七月，王肃以为二十五月。"②杨逢彬《论语新注新译》："第1个'期'应为'其'，语气助词；第2个'期'读作jī，一周年。"③《集解》引马融曰："《周书·月令》有更火之文：春取榆柳之火，夏取枣杏之火，季夏取桑柘之火，秋取柞楢之火，冬取槐檀之火。一年之中，钻火各异木，故曰改火也。"④《朱注》："初言'女安则为之'，绝之之辞。又发其不忍之端，以警其不察，而再言'女安则为之'以深责之。宰我既出，夫子惧其真以为可安而遂行之，故深探其本而斥之。言由其不仁，故爱亲之薄如此也。"

【解读】关于"三年之丧"，我们在《学而篇》"三年无改于父之道"章（1.11）和《宪问篇》"高宗谅阴，三年不言"章（14.40），均有讨论。实际上，"三年之丧"的三年，并不是完整的三十六个月，一般认为是二十五个月或二十七个月。但这样做毕竟还是时间太长了，至春秋时，此已渐难实行。《左传》闵公二年夏五月云："吉禘于庄公，速也。"也就是说庄公丧后三年（二十五个月或二十七个月）内而禘之。又《公羊传》文公二年云："公子（襄仲也）如齐纳币，讥丧娶也。"所谓"丧娶"，就是在三年丧内娶亲也。《孟子·滕文公上》也记有滕文公问孟子定丧期三年事，称父兄百官皆不欲，并云："吾宗国鲁先君莫之行。"所以此章宰我目睹三年之丧不便于民，提出"期年"即可的建议其实是符合当时的现实情况的。但孔子出于恢复西周礼制的政治理想，对宰我的建议予以了否决，并声称"予之不仁也"云云而挞伐之，现在看来未免太严厉了。

但我们学习本章的关键，恐怕不在于辨析三年之丧的合理性问题，而在于孔子论证三年之丧的内在逻辑理路上。对此李泽厚说得好："儒学第一原则乃人性情感。'三年'或'一年'并不重要。'三年'大概是沿袭远古氏族传统'礼制',却无理性的依据、解释。正是孔子给了它一个解释,即以心理情感作为最终依据。""孔子的贡献在于将外在礼制(规范)变为内在心理(情感),此核心情感却非宗教性的'畏''敬''庄'等等,而是以亲子关系为核心的'孝—慈'。汉代将此思想制度化甚至法律化,便逐渐积淀为成深层文化心理机构……它得到了农业家庭小生产的社会根基的长久支持。"(《论语今读》)的确如此。仔细阅读本文,我们不难发现,正是从心理情感的角度,孔子将"三年之丧"和"三年之爱"紧密联系起来了(按杨伯峻等以为"三年之爱"是指宰予"从他父母那里"得到的关爱,今以王淄尘《四书读本》改为"他对于父母"的关爱)。具体来说,从孔子问宰我"于女安乎"到他大谈"君子之居丧,食旨不甘,闻乐不乐,居处不安",再到他以"子生三年,然后免于父母之怀"来指责"予之不仁",以及到最后他批评宰我缺乏"三年之爱于其父母"等,在在都是以父母和子女之间的心理情感作为其论证基础的。

这里特别值得注意的是,其中"安""仁""爱"三字,都不是在单纯的道德伦理的涵义上被使用的,而主要是从心理情感的涵义上被使用的。我们知道,《周易》家人卦九五爻《象传》明确将"交相爱"作为评价家庭行为的最高原则,这和本章孔子将"三年之丧"和"三年之爱"划等号的思想无疑是一致的。当然,按照这种逻辑,当着外在的礼制如果过于严苛或者成为虚文,以至于损害了人的真实情感的时候,像魏晋名士那样以貌似怪诞的行为来表达自己的情思,就并不应该受到谴责,反而是应该得到揄扬的——儒家的生命力或许就在这里。

17.22 子曰:"饱食终日,无所用心,难矣哉!不有博弈者乎?为之,犹贤乎已。"

【译文】孔子说:"整天吃饱了饭,啥事也不操心,这就难办了!不是有博彩和下棋的游戏吗?干干这些,总比什么都不干好啊。"

【注释】①《朱注》:"博,局戏也。弈,围棋也。已,止也。"并引李郁曰:"圣人非教人博弈也,所以甚言无所用心之不可尔。"②《杨注》:"犹贤乎已,句法与意义和《墨子·法仪篇》的'犹逾(同愈)已',《孟子·尽心上》的'犹愈于已'全同。'已'是不动作的意思。"

【解读】儒家是主张上进的，比如在古代三《易》之中，最终被改造为儒家经典的《周易》，其首卦为一派阳刚之气的乾卦，就彰显了儒家的这种道德品格；而乾卦《大象》所谓"天行健，君子以自强不息"的说法，何以历来为人所重视，也正因为其体现了这种道德品格。相反，此处所谓"饱食终日，无所用心"者，乃怠惰之病也，故孔子当然深恶之并进而深责之。《论语》中孔子两言"难矣哉"，一则已见15.17，此处再次出现，均沉痛之语也。又《周易》尚有颐卦，其既讲"天地养万物，圣人养贤以及万民"的问题，同时也讲"自求口实"，也就是"自养"的问题（见颐卦《彖传》）。对此，陈梦雷曾分析说："自养者小，养人者大。故《彖传》极其义于天地圣人，则养人之义不可无。又自养有道，则不以口腹累其心志。虽言养身，而养德之意已在其中。"（《周易浅述》）换句话说，即就"自养"来说，也有"养身"和"养德（养心）"两个方面，而"饱食终日，无所用心"则纯粹"养身"之举也，自不可取，故孔子在此强调哪怕是做做博弈之类的智力游戏，也总比什么都不干要好些。此诚如李郁所说："圣人非教人博弈也，所以甚言无所用心之不可尔。"当然，现代社会的物质生活已经足够发达，闲暇社会或已到来，博弈之类的游戏在我们生活中的比例无疑加大了，这倒是应该引起注意和研究的。

17.23　子路曰："君子尚勇乎？"子曰："君子义以为上。君子有勇而无义为乱，小人有勇而无义为盗。"

【译文】子路问："君子应该推崇勇敢吗？"孔子说："君子认为礼义才是最应该推崇的。君子如果只是勇敢而没有礼义，那就会作乱了；小人如果只是勇敢而没有礼义，那就会去做强盗了。"

【注释】①《杨注》："'尚勇'的'尚'和'上'相同。不过用作动词。"②《钱解》："下文君子小人并说，乃以位言。惟前两句君子字，似不即指在上位者。可见古人用君子小人字，义本混通，初非必加以明晰之分别。"

【解读】本章主要讨论"勇"和"义"的关系，强调"勇"要以"义"为指针，否则或为"乱"，或为"盗"，此或孔子主要针对子路的"尚勇"性格而言。

《中庸》云："义者,宜也。"关于"义"之本义,我们在1.13、2.14等中已有探讨。《论语》中谈"义"者甚多,大致分为三类:一类和"利"相关,如"君子喻于义,小人喻于利"(4.16),"见利思义"(14.12),"义然后取"(14.13),"见得思义"(16.10)等;一类和"仕"有关,如"不义而富且贵,于我如浮云"(7.16),"君子之仕也,行其义也"(18.7)等;一类和"勇"有关,如"见义不为,无勇也"(2.14)以及本章。如果将"义"和"仁"做个对比,那么起码在孔子这里,"仁"主要是指道德的内在要求,而"义"则是指道德的外在要求,这也是符合"义"之古义的(见2.14)。

综观《论语》中"义"的特征,可以说它更强调人的道德践履的层面,和"利"、和"仕"的关系如此,和"勇"的关系亦如此。我们知道,《说文》释"勇"为"气也,从力甬声",而血气之勇是有很大危险的,必须以礼义节之,故在《泰伯篇》中孔子曾谓"勇而无礼则乱"(8.2),在本章则谓"君子有勇而无义为乱,小人有勇而无义为盗",其强调礼义之旨同也。另《周易》大壮卦四阳在下,气盛者也,"大者壮也"(《彖传》),故戒之"君子以非礼弗履"(《大象》),并云"大壮则止"(《杂卦传》),与此义亦同。又《礼记·聘义》云:"有行之谓有义,有义之谓勇敢。故所贵于勇敢者,贵其能以立义也;所贵于立义者,贵其有行也;所贵于有行者,贵其行礼也。"亦可与本章互参。

17.24 子贡曰:"君子亦有恶(wù)乎?"子曰:"有恶:恶称人之恶者,恶居下流而讪上者,恶勇而无礼者,恶果敢而窒者。"曰:"赐也亦有恶乎?""恶徼(jiāo)以为知(智)者,恶不孙(逊)以为勇者,恶讦以为直者。"

【译文】子贡问:"君子也有憎恶的事吗?"孔子说:"有憎恶的事啊。他憎恶总是说别人缺点的人,他憎恶作为下级而毁谤上级的人,他憎恶勇敢而不懂礼义的人,他憎恶做事专断而执拗不通的人。"孔子又问:"赐啊,你也有憎恶的事吗?"子贡回答:"我憎恶抄袭别人却冒充聪明的人,我憎恶不谦逊却冒充勇敢的人,我憎恶揭发别人的阴私却冒充耿直的人。"

【注释】①惠栋《九经古义》:"蔡邕石经无'流'字,当因《子张篇》'恶居下流'涉彼而误。"②《朱注》:"讪,谤毁也。窒,不通也。称人恶,则无仁厚之意。下讪上,则无忠敬之心。勇无礼,则为乱。果而窒,则妄作。故夫子恶之。"并引侯仲良曰:"圣贤之所恶如此,所谓'唯仁者能恶人'也。"③《集解》引孔安国曰:"徼,抄也。抄人之意以为己有。"引包咸曰:"讦,谓攻发人之阴私。"

【解读】此章谈"君子之恶",共有七种情况,其中孔子所恶者四,子贡所恶者三。孔子曾说:"唯仁者能好人,能恶人。"(4.3)此章乃此语之注脚也。

我们先看孔子之所恶:一是"称人之恶",此为不恕也,失敦厚之道矣。盖孔学是"为己之学",更强调自身修养,对别人则主张隐恶扬善。比如戴望就曾提到,即便是圣人著《春秋》,其中可讥者甚多,孔子也只是"讥其重者而已"(《戴氏注论语》)。《周易》艮卦上九《小象》曰"敦艮之吉,以厚终也",或此之谓也?二是"居下而讪上",此为不孝不忠,失上下尊卑之序矣。《周易》和《论语》都对上下尊卑之序极重视,此礼制之重要特征,即便是在现代社会,依然有其意义;当然,孔子于此所批判的主要对象,肯定也是阳货、季氏和诸侯国国君等掌权者,而并非针对普通百姓而言,此点亦需注意。三是"勇而无礼",此必将为乱者,解读请见8.2、17.23。四是"果敢而窒",此即愚而好自用者,故必"妄作"也。我们知道,《周易》特别强调"会通"(《系辞上》),朱子释之曰:"会,谓理之所聚而不可遗处;通,谓理之可行而无所碍处,如庖丁解牛,会则其族,而通则其虚也。"(《周易本义》)"果敢而窒"者则与此相反,行事焉能不败?

我们再看子贡之所恶:一是"徼以为知",此即"人云亦云"者,怎能称作"智"?我们知道,乾卦四德"元亨利贞",一般认为"贞"即"智";又《乾文言》曰:"贞者,事之干也。"一个人如无正固之德,则不能为智,事亦必不成也。二是"不孙以为勇",此和"勇而无礼"基本同义,亦不可取。《周易》对谦卦、谦逊的重视前面多有讨论,或可参考。三是"讦以为直",此以攻击别人之阴私而自示其直者,和"称人之恶"略同,固不直矣,亦失敦厚之道也。又《坤文言》曰"君子敬以直内",程子释之曰:"君子主敬以直其内"(《程氏易传》),"讦"者于己于人岂有敬乎?

17.25 子曰:"唯女子与小人为难养也,近之则不逊,远之则怨。"

【译文】孔子说:"只有女子和小人难于对付。与他们太亲近,他们就无礼;与他们太疏远,他们就抱怨。"

【注释】①《皇疏》:"女子、小人并禀阴气多,故其意浅促,所以难可养立也。君子之人,人愈近愈敬;而女子、小人,近之则其承狎而为不逊从也。君子之交如水,亦相忘江湖;而女子、小人,若远之则生怨恨,言人不接己也。"②《朱注》:"此小人,亦谓仆隶下人也。君子之于臣妾,庄以莅之,慈以畜之,则无二者之患矣。"③戴望《戴氏注论语》:"女子以形事人,小人以力事人,皆志不在义,故为难养。"

【解读】孔子此语最为当代人所诟病,并多有从不同角度予以辩解者。其实,在古代男权社会,女子为男人之附庸,一切生活来源几乎均要依赖男人,起码在20世纪上半叶,中国社会上还流行着"嫁汉嫁汉,穿衣吃饭"的说法,这就必然导致女子生活不能自立、眼光难免狭窄,因而孔子将"女子"和"小人"并列,并讲出"唯女子与小人为难养也"的话来,当是完全可以理解的。又《泰伯篇》曾云:"武王曰:'予有乱臣十人。'孔子曰:'有妇人焉,九人而已。'"(8.20)由此亦见,孔子对女性的轻视并不是孤立的,这是古代社会之实情,试图为其局限性进行辩解实无必要。

按照朱子等人的解释,此处之"女子""小人"并非泛指,而是仅指君子身旁的侍妾和仆隶,并谓"君子之于臣妾,庄以莅之,慈以畜之,则无二者之患矣"。朱子此解当来自对《周易》遁卦爻辞的阐发。遁卦九三有云:"系遁,有疾厉。畜臣妾,吉。"朱子释之曰:"下比二阴,当遁而有所系之象,有疾而危之道也。然以畜臣妾则吉。盖君子之于小人,唯臣妾则不必其贤而可畜耳,故其占如此。"(《周易本义》)李光地更说:"孔子曰:'唯女子与小人为难养也,近之则不逊,远之则怨。'然则不远不近之间,岂非'不恶而严'之义乎?故当遁之时,有所系而未得去者,待小人以畜臣妾之道则可矣。"(《周易折中》)此虽结合遁卦而言,然君子处世,身旁"臣妾"之辈所在多有,其"皆志不在义"然又不可须臾离之,故此"畜"字诀是不能不念的,此正可对治"近之则不逊,远之则怨"之病。

另《周易》以阴爻为女子,亦为小人,故将两者并列之处甚多,最典型者如姤卦爻辞云:"女壮,勿用取(娶)女。"程子释之曰:"一阴始生,自是而长,渐以盛大,是女之将长壮也。阴长则阳消,女壮则男弱,故戒勿用取如是之女。取女者,欲其柔和顺从,以成家道。姤乃方进之阴,渐壮而敌阳者,是以不可取也。"又解《象传》"勿用取女，不可与长也"说："取女者，欲长久而成家也，此渐盛之阴，将消胜于阳，不可与之长久也。凡女子、小人、夷狄，势苟渐盛，何可与久也？"（《程氏易传》）当然，如果放在现代社会的背景下，或认为这种说法对于女性有歧视之意，但如果我们明白中国古代社会女子之地位以及《周易》关于阴阳之道的象征理论，那么我们就得承认，这种先将女子比做小人然后强调"女壮，勿用取女"的论调，其实是有其内在逻辑的。而不理解这种逻辑，窃以为，恐怕我们就不能对《周易》中的类似说法，以及对《论语》此章有客观而透彻的理解。

17.26 子曰："年四十而见恶(wù)焉，其终也已。"

【译文】孔子说："到了四十岁还被别人厌恶，这人也就不会有什么出息了。"

【注释】①《集解》引郑玄曰："年在不惑，而为人所恶，终无善行也。"②《朱注》："四十，成德之时，见恶于人，则止于此而已。勉人及时迁善改过也。"

【解读】此为《阳货篇》之末章，唐文治曾评论此章说："世道衰微，人皆失学，至'年四十而见恶焉'，举国之民皆如此，国可知矣！"（《论语大义》）盖孔子虽曾自述"四十而不惑"（2.4），然时人未必能如此也，故孔子又说"四十、五十而无闻焉，斯亦不足畏也已"（9.23），此章则讲"年四十而见恶焉，其终也已"——这些慨叹之语当是孔子对学生们的忠告，也许具体有所指，但现在已经不知为谁了。按古人以四十岁为"成德之时"，如果这个年龄还被别人厌恶，要想再有出息的确是非常困难的。但另一方面，我们知道，孔子又曾描述自己"发愤忘食，乐以忘忧，不知老之将至"（7.19），他自己既能如此发愤，这里他的意思恐怕也绝不是说"年四十而见恶"就一定不能进步了。窃以为，此虽为孔子对于当时社会之"失学"现状的痛心之辞，然其中或亦有通过如此决绝之方式要人悔过自新之意存也——故将此视为夫子"不屑之教诲"亦未尝不可。

微子第十八

18.1 微子去之,箕子为之奴,比干谏而死。孔子曰:"殷有三仁焉。"

【译文】微子离开了纣,箕子做了他的奴隶,比干因向纣劝谏而被杀。孔子说:"殷商有这样三位仁人。"

【注释】①《集解》引马融曰:"微、箕,二国名。子,爵也。微子,纣之庶兄。箕子、比干,纣之诸父也。微子见纣无道,早去之。箕子佯狂为奴。比干以谏而见杀也。"何晏则谓:"仁者爱人。三人行异而同称仁,以其俱在安乱宁民。"②《朱注》:"微子见纣无道,去之以存宗祀。箕子、比干皆谏,纣杀比干,囚箕子以为奴,箕子因佯狂而受辱。三人之行不同,而同出于至诚恻怛之意,故不咈乎爱之理,而有以全其心之德也。"并引杨时曰:"此三人者,各得其本心,故同谓之仁。"③韩愈《论语笔解》:"箕子明夷,与文王同乎《易》象。《尚书·洪范》,见武王伸其师礼,然则箕子非止商之仁也,盖万世之仁乎?"

【解读】本篇以"微子"为名,并紧接《卫灵公》《季氏》《阳货》三篇之后,关注的无疑是君子身居乱世何以自处的问题。唐文治说:"孔子生周季,皇皇栖栖,辙环天下,卒老于行,后人考《史记》,读其《世家》而悲之。吾谓《论语·微子》一篇,即吾夫子生平不遇之列传也,司马子长之赞,更不若吾夫子之自赞也。《微子篇》何以首'三仁'与柳下季? 天下之亡,先亡于无人心;人心之亡,先亡于无是非。是非丧矣,直道不行矣,不为三仁之忠即为柳下之和。是两端者,孰吉孰凶? 何去何从? 不有孔子,孰折厥中!"(《论语大义》)换句话说,时当无是非、无人心之乱世,道之不行已明矣,君子何以自处? 这应该是孔子周游列国时最为关注的问题,而其答案可以说就隐藏在本篇各章之中。本篇首先选取"三仁"和柳下惠（又名柳下季）作为标杆，继而以孔子本人为现身说法，接着再以隐者、逸民作为衬托，最后以周公之言和周之"八士"为收束，细致入微地刻画出了一座可以称作"乱世贤者群像"的雕塑，其中之意深矣！故欲理解《论语》一书，或欲理解孔子之志，《微子篇》不可不细读、深读、精读也。

特别是首章，编者特意选取"三仁"出场，可谓惊心动魄！此三子何许人也？皆商纣之近亲也。商纣荒淫无道，人神共愤，此三子因而一"去"，一"奴"，一"死"。关于他们的事迹以及何以为仁，先贤之论甚多，似不必赘矣，其要在"同出于至诚恻怛之意"或"不忍人之心"而有不得不为者，故而不能见容于商纣也。然窃以为，《论语》编者将此章置于本篇之首，重点或不仅在表彰三子之仁，而在明示何以对待乱世之三种极端途径也。细思之，如微子，面对日益败坏之现实，乃不得已"不事王侯，高尚其事"（《周易》蛊卦上九）者也，其避世"以存宗祀"，固无可非议；如箕子，处明夷之世，乃《周易》所谓"内难而能正其志"者也（明夷卦《象传》云："明入地中，明夷。内文明而外柔顺，以蒙大难，文王以之。利艰贞，晦其明也。内难而能正其志，箕子以之"），其被发佯狂，苟全性命于乱世，殊为不易；如比干，处"泽无水"之困境，乃"致命遂志"（困卦《大象》）者也，其以死殉道，何其悲壮也！孔子在《卫灵公篇》中曾说："志士仁人，无求生以害仁，有杀身以成仁。"（15.9）此三子均为悲剧性人物，已完全置生死安危于度外矣，正是"无求生以害仁，有杀身以成仁"的最好诠释。可以说，《微子篇》以"三仁"开场，使得君子身处乱世如何抉择的问题，陡然变得急迫起来。

18.2 柳下惠为士师，三黜。人曰："子未可以去乎？"曰："直道而事人，焉往而不三黜？枉道而事人，何必去父母之邦？"

【译文】柳下惠做法官时，多次被免职。有人对他说："您不能离开鲁国吗？"他说："如果是正直地工作，到哪里不是多次被免职？如果是违心地工作，为什么一定要离开自己的祖国？"

【注释】①《朱注》："士师，狱官。柳下惠三黜不去，而其辞气雍容如此，可谓和矣。然其不能枉道之意，则有确乎其不可拔者。是则所谓必以其道，而不自失焉者也。"②《康注》："直道则必黜，枉道不可行，悠悠千古，竟不出是。但君子终不肯枉道求容耳。"

【解读】生当乱世，除了上章提及的三位仁者选择的道路外，还有没有其他道路可供选择呢？答案是有的，这就是柳下惠的道路。孟子称柳下惠为"圣之和者"，并谓"柳下惠不羞污君，不辞小官；进不隐贤，必以其道。遗佚而不怨，阨穷而不悯。与乡人处，由由然不忍去也：'尔为尔，我为我，虽袒裼裸裎于我侧，尔焉能浼我哉？'"（《孟子·万章下》）换句话说，由于柳下惠强调"直道而事人"，故其做官时，在任则能兢兢业业做事，被免职却也毫无怨言，周围的人无论多么污浊也无法影响于他，"其辞气雍容如此"，的确当得起"和"之一字也。

有意思的是，这里朱子用了"确乎其不可拔"来形容柳下惠的品格。此语出自《周易·乾文言》，原文是对乾卦初九爻辞"潜龙勿用"的评论："龙德而隐者也。不易乎世，不成乎名；遯世而无闷，不见是而无闷；乐则行之，忧则违之；确乎其不可拔，潜龙也。"显然，在朱子看来，当柳下惠被罢黜的时候，他一定是达到了"遯世无闷"的境界了的。当然，和殷末"三仁"相比，柳下惠之所以能够做到如此从容，除了他的个人品格之外，或许还和他遇到的君上没有像商纣那样荒淫无度有关。这也是一般人会遭遇的情况，故柳下惠之选择或许比"三仁"为更经常也。

另外，钱穆虽同意孟子对柳下惠"不以三公易其介"的称许，但紧接着他就评点此章说："惟玩其辞气，终若视一世皆枉道，无可与为直，其惓惓救世之心则淡矣。故孟子又谓'柳下惠不恭'，此所以异于孔子。本篇所记古之仁贤隐逸之士，皆当与孔子对看，乃见孔子可去而去，不苟合，然亦不遯世，所以与本篇诸贤异。"（《论语新解》）此中隐情，读者察之。

18.3 齐景公待孔子曰："若季氏，则吾不能；以季孟之间待之。"曰："吾老矣，不能用也。"孔子行。

【译文】齐景公在谈到如何对待孔子时说："像鲁君对待季氏那样的礼数，我做不到；让我用低于季氏但高于孟氏的礼数来对待他吧。"不久，又说："我老了，没有办法任用他了。"孔子于是离开了齐国。

【注释】①《朱注》："鲁三卿，季氏最贵，孟氏为下卿。然此言必非面语孔子，盖自以告其臣，而孔子闻之尔。"②《康注》："盖古圣贤之被用，多厄于左右亲贵之间愚，人主非有独断之聪，排谗之勇，罕有能终者。"

【解读】孔子因鲁乱适齐，时间上有不同说法。或谓在齐景公三十三年（阎若璩《四书释地》），或谓在齐景公三十一年（黄式三《论语后案》引狄惺庵说），或谓当孔子三十五岁时（《史记·孔子世家》），或谓当孔子三十六岁时（江永《乡党图考》）。期间齐景公曾问政于孔子，事见12.11。当时齐景公欲用孔子，但上大夫晏婴对孔子重视礼制的做法不满，加以阻止；另据《左传·昭公二十六年》云，齐大夫中也有担心孔子居齐而欲加害于孔子者。"此欲加害于孔子之齐大夫，乃武子开也。武子开为陈氏长，而陈氏有施于民，志在取齐侯而代之。"（程石泉《论语读训》）后来果然于鲁哀公十四年（公元前481年），陈恒弑齐简公而专齐政也（见14.21）

如何评价孔子遭遇的这种情况呢？盖齐景公乃假托其老而实则暗弱之君也，其无"独断之聪，排谗之勇"，完全受制于手下之大臣，其情境有若《周易》上卦为震之六五矣。许衡云："震六五：九四阳刚不正之臣，为动之主，而六五以柔中乘之，其势可嫌也。"当此之时，六五如"得九二刚中应之，其势颇振动，故恒、大壮、解、归妹比他卦为优，而丰之二五以明动相资，故其辞亦异焉，胜于豫、震、小过之无应也。"（《读易私言》）然孔子本九二之资，齐景公不能用之，则成豫（☷☳）六五"贞疾，恒不死"、震（☳☳）六五"震往来厉"或小过卦（☳☶）六五"密云不雨，自我西郊"之象矣，后遂至于齐简公之失国也。又孟子谈及"君子之仕"曾说："虽未行其言也，迎之致敬以有礼，则就之；礼貌衰，则去之。"（《孟子·告子下》）齐景公之待孔子，显然"礼貌衰"矣，故孔子遂行。唐文治说：此"盖非以其禄位之卑，而以其慢言之甚，《易传》所谓'见几而作'也。"（《论语大义》）此言得之。

18.4 齐人归（kuì）女乐，季桓子受之，三日不朝。孔子行。

【译文】齐国送了许多歌姬舞女给鲁国，季桓子代鲁君接受了，三天不上朝理事。孔子于是离开了鲁国。

【注释】①《集解》引孔安国曰："桓子，季孙斯也。使定公受之女乐，君臣相与观之，废朝礼三日。"②《朱注》："案《史记》：'定公十四年，孔子为鲁司寇，摄行相事。齐人惧，归女乐以沮之。'"并引尹焞曰："受女乐而怠于政事如此，其简贤弃礼、不足与有为可知矣。夫子所以行也，所谓'见几而作，不俟终日'者与？"

【解读】这次的"孔子行"，发生在鲁定公十四年（公元前496年），时年孔子已经五十六岁矣——由此开始了其长达十四年的周游列国之路。按照《史记·孔子世家》的记载，齐国之所以馈送鲁国女乐，是因为害怕孔子为政必霸，威胁到齐国，故以此离间孔子和鲁定公之关系也。但这恐怕只是表面现象，背后当然是孔子担任大司寇后，曾有"隳三都"之举，这肯定危及了三桓的利益，而鲁定公并不想彻底得罪三桓，故孔子此时差不多已经被冷落了；而后来恰好又发生了"齐人归女乐"的事，季桓子受之，君臣废朝礼三日，随后举行的郊礼仪式又不致膰于孔子，故孔子不得不行矣。我们可想而知，这是孔子的一次政治上的失败，又是离开自己的"父母之邦"，其伤感之情是难以言表的，故后来孟子曾比较他的"去鲁""去齐"之行说："孔子之去鲁，曰：'迟迟吾行也。'去父母国之道也。去齐，接淅而行，去他国之道也。"（《孟子·尽心下》）然孔子向来主张"以道事君，不可则止"（11.24），故孔子之行又实不得已也。孟子称孔子为"圣之时者"，并谓"可以仕则仕，可以止则止，可以久则久，可以速则速：孔子也。"（《孟子·公孙丑上》）孟子此语，和《周易》艮卦《象传》所谓"时止则止，时行则行"者完全相通，正是这两次"孔子行"的真实写照。另尹焞亦以《系辞下》"见几而作，不俟终日"来描述孔子之"去鲁"，虽然大体不错，但仔细想来，好像不如唐文治以此语描述孔子之"去齐"来得更为精确或恰切，读者察之。

18.5 楚狂接舆歌而过孔子曰："凤兮凤兮！何德之衰？往者不可谏，来者犹可追。已而，已而！今之从政者殆而！"孔子下，欲与之言。趋而辟（bì）之，不得与之言。

【译文】楚国的狂人接舆唱着歌从孔子的车旁经过，他说："凤凰啊，凤凰啊！你为什么出现在这样道德败坏的时代呢？过去的已经无法挽回，未来的还可以设法补救。算了吧，算了吧！现在的从政者岌岌可危了！"孔子走下车来，想同他交谈。他却快步避开了，孔子根本来不及和他说话。

【注释】①《杨注》引曹之升《四书摭余说》云："《论语》所记隐士皆以其事

名之。门者谓之'晨门',杖者谓之'丈人',津者谓之'沮'、'溺',接孔子之舆者谓之'接舆',非名亦非字也。"②《朱注》:"接舆,楚人,佯狂避世。夫子时将适楚,故接舆歌而过其车前也。接舆盖知尊孔子而趣不同者也。凤有道则见,无道则隐。接舆以比孔子,而讥其不能隐为'德衰'也。孔子下车,盖欲告之以出处之意。接舆自以为是,故不欲闻而避之也。"③东条弘《论语知言》:"'何德之衰'者,言凤当出于德盛文明之世,何其当德衰文坏之世而出也。盖惜夫子之不遇时也。"

【解读】面对乱世,隐居不出当然也是一种选择,故紧接以上两章"孔子行",以下三章描写的都是隐者形象。这些隐者的人生态度迥异于殷末"三仁"和柳下惠等人,通过他们和孔子以及孔门弟子的对话,孔子本人的形象及其处世态度也愈加鲜明起来。

本章出现的"接舆",直接称孔子为"凤",并连称"已而,已而",希望孔子不要对当时的统治者抱什么希望,还是赶快归隐为好。焦袁熹说:"接舆一歌极是爱惜圣人,一片热肠可念。"(《此木轩四书说》)李贽甚至说:"读此,如到异境遇异人,数日后犹飘飘欲仙,乐哉!"(《四书评》)对于接舆这样的世外高人,孔子的态度是什么呢?窃以为,孔子和他们肯定是惺惺相惜的,或许对他们还有些羡慕的意思,但两者的处世态度又是截然不同的。

比如,本章谓"孔子下,欲与之言",那么孔子到底想和接舆说什么呢?历来学者多有猜测。首先,对于接舆讲"今之从政者殆而",孔子当然是赞同的,其对此体察之深绝不会逊于这些隐者,这从后边所谓"道之不行,已知之矣"(18.7)可见。但尽管如此,孔子却坚信"鸟兽不可与同群"(18.6),因而不忍废"君臣之义"(18.7),更相信自己有"磨而不磷,涅而不缁"(17.7)之功夫,故于出处上他始终主张"无可无不可"(18.8)——孔子想和接舆说的话,应该大致如此。只是接舆避世之心甚坚,竟然还没听听孔子怎么说就离开了,惜哉!

18.6 长沮、桀溺耦(ǒu)而耕,孔子过之,使子路问津焉。长沮曰:"夫执舆者为谁?"子路曰:"为孔丘。"曰:"是鲁孔丘与?"曰:"是也。"曰:"是知津矣。"问于桀溺。桀溺曰:"子为谁?"曰:"为仲由。"曰:"是鲁孔丘之徒与?"对曰:"然。"曰:"滔滔者天下皆是也,而谁以易之?且而与其从辟(bì)人之士也,岂若从辟(bì)世之士哉?"耰

（yōu）而不辍。子路行以告。夫子怃（wǔ）然曰："鸟兽不可与同群，吾非斯人之徒与而谁与？天下有道，丘不与易也。"

【译文】长沮、桀溺两人正一起耕田，孔子从那里经过，叫子路去问渡口的位置。长沮问子路："那位驾车子的是谁？"子路说："是孔丘。"他又问："是鲁国的孔丘吗？"子路说："是的。"他就说："那他应该知道渡口在哪里啊。"子路又去问桀溺。桀溺问："你是谁？"子路说："我是仲由。"桀溺又问："你是鲁国孔丘的门徒吗？"子路回答："是的。"他就说："现在正像洪水泛滥一样，到处情况都一样，你们和谁去改变它呢？你与其追随躲避坏人的人，何不追随躲避社会的人呢？"说完，继续覆平田土。子路回来将这些报告了孔子。孔子怅然若失地说："我们既然没有办法和飞禽走兽共同生活，如果不和世人相处，又和谁一起生活呢？如果天下太平的话，我就不会和你们一起试图改变什么了。"

【注释】①《朱注》："耦，并耕也。执舆，执辔在车也。盖本子路御而执辔，今下问津，故夫子代之也。知津，言数周流，自知津处。滔滔，流而不反之意。以，犹与也。言天下皆乱，将谁与变易之？辟人，谓孔子。辟世，桀溺自谓。怃然，犹怅然，惜其不喻己意也。与，如字。言所当与同群者，斯人而已，岂可绝人逃世以为洁哉？天下若已平治，则我无用变易之。正为天下无道，故欲以道易之耳。"并引程子曰："圣人不敢有忘天下之心，故其言如此也。"②《杨注》："耰音忧，播种之后，再以土覆之，摩而平之，使种入土，鸟不能啄，这便叫耰。"③《康注》："怃然，犹怅然，惜其不喻己救世之意也。既生人身，则与人为群，当安而怀之。坐视其饥溺，则心有不忍……盖圣人之来斯世，明知乱世昏浊而来救之，非以福乐而来享之也。故治世去之，乱世就之，特入地狱以救众生，斯所以为大圣大仁欤！恻隐之心，悲悯之怀，周流之苦，不厌不舍，至今如见之也。"

【解读】本章这两个隐者，他们说的话可比接舆直接和尖刻多了，其核心思想是要做"辟世之士"，反对做"辟人之士"；而孔子也直接亮出了自己的观点："鸟兽不可与同群，吾非斯人之徒与而谁与？"李泽厚说："此乃儒、道（隐者）之分，避政（避开坏的政治）与避世（干脆不问世事）之别。后世大夫即使'身在江湖，心存魏阙'，总难忘情于国家大事，总与政治相关连，这是儒学传统，也是中国士大夫知识分子的文化心理特征之一……孔子所建本体为'仁'，即此情（'吾非斯人之徒与而谁与'），如其说是某种理论论证，不如说是融理入情的深沉感喟。"（《论语今读》）说得很好。

实际上，孔子和隐者之最大区别，可能就在这里。在《宪问篇》，孔子就说过："贤者辟世，其次辟地，其次辟色，其次辟言。"（14.37）在《公冶长篇》，孔子又说："道不行，乘桴浮于海。"（5.7）在《先进篇》，孔子更有著名的"吾与点也"（11.26）之叹。此均见孔子对于归隐生活之向往，以及对隐者之同情。然孔子终于还是席不暇暖地奔波于列国之间，虽然不得不"去齐"（18.3）"去卫"（15.1）"去鲁"（18.4），但他同时甚至又想应公山弗扰（17.5）和佛肸（17.7）之召而往，一生"累累若丧家之狗"（《史记·孔子世家》），可谓备受侮辱而仍乐此不疲者，究竟何也？唐文治曾一针见血地指出："圣人时时怀避世之志，而卒不忍舍此世也。"（《论语大义》）此"不忍人之心"，实即"仁"也，即"爱"也，即"作《易》者"之"忧患"也（《系辞下》），即李泽厚所谓"情本体"也。康有为说："盖圣人之来斯世，明知乱世昏浊而来救之，非以福乐而来享之也。故治世去之，乱世就之，特入地狱以救众生，斯所以为大圣大仁欤！"此或有将孔子比作耶稣、佛陀之嫌，然庶乎近于"圣人之情"矣。

18.7 子路从而后，遇丈人，以杖荷蓧（diào）。子路问曰："子见夫子乎？"丈人曰："四体不勤，五谷不分。孰为夫子？"植其杖而芸。子路拱而立。止子路宿，杀鸡为黍而食之，见其二子焉。明日，子路行以告。子曰："隐者也。"使子路反见之。至，则行矣。子路曰："不仕无义。长幼之节，不可废也；君臣之义，如之何其废之？欲洁其身，而乱大伦。君子之仕也，行其义也。道之不行，已知之矣。"

【译文】子路跟随孔子的队伍，却落在后面了，正好碰到一个用拐杖挑着除草用工具的老人。子路就问他："您看见我的老师吗？"老人说："你这个人，四肢不劳动，五谷分不清，谁知道你的老师是什么人？"说完，就放下拐杖去锄草。子路拱着手恭敬地站着。那老人就留子路到他家住宿，杀鸡做饭给子路吃，又叫来他的两个儿子出来相见。第二天，子路赶上了孔子，汇报了这件事。

孔子说："这是隐士啊。"孔子叫子路回去再看看他。子路到了那里,他却离开了。子路(对他的儿子)说："不做官是不合乎道义的。长幼间的礼节,是不能废弃的;君臣间的大义,又怎能不管不顾呢?原本想的是洁身自爱,却不知道这样做是破坏了人伦关系。君子出来做官,只是尽其道义而已。至于我们的政治主张难以实现,这早就知道了。"

【注释】①《杨注》:"蓧音掉,diào,古代除田中草所用的工具。《说文》作'莜'。"②《读训》:"按本章子路曰'不仕无义'云云,乃孔子言也。结语云'道之不行,已知之矣',绝不类出于子路之口者。"③《正义》:"《易·师》'丈人吉',郑注:'丈人之言长,能以法度长于人。'彼称丈人为位尊者,与此荷蓧长人为齿尊异也。"④《朱注》:"人之大伦有五:父子有亲,君臣有义,夫妇有别,长幼有序,朋友有信是也。仕所以行君臣之义,故虽知道之不行而不可废。然谓之义,则事之可否,身之去就,亦自有不可苟者。"

【解读】隐士们隐居的理由当然各有不同,如楚狂接舆是因为政治黑暗("今之从政者殆而")而隐,长沮桀溺是因为人心败坏("滔滔者天下皆是也")而隐,而本章的荷蓧丈人,或与《孟子》中的许行一样属于农家之类,他张口就批评子路为"四体不勤,五谷不分",显然是对为政者不能自食其力深表不满,其中隐含着对社会分工的不理解。孔子曾言:"君子谋道不谋食。"(15.32)孟子更说:"劳心者治人,劳力者治于人。治于人者食人,治人者食于人。"(《孟子·滕文公上》)也就是说,由于儒家强调社会分工的必要性,所以主张士人不必躬耕以食;在此基础上,儒家更主张不同阶层、不同年龄、不同级别间的人,均应遵循"人伦大义",各司其职,各守其义,以此构建一个井然有序的和谐社会。荷蓧丈人虽然反对这些,但却让他的两个儿子来见子路,显然对"长幼之节"还是明白的,故孔子让子路传话给他,首先从"长幼之节,不可废也"谈起,然后指出"君臣之义"亦不可废,并批评隐者乃"欲洁其身,而乱大伦"。对此李泽厚曾申论说:"朱注五伦,中国历数千年而不坠……君臣即今上下级职务关系,其原则是'义',即公平,正直,奉公守法,不偏袒营私,不欺上压下……凡此五伦,经新解后,当仍有益于当世。"(《论语今读》)说得很好。

以上三章,诸隐者的隐居原因虽各有不同,但其皆欲"避世"而洁身自好的本质却是相同的。那么，照孔子看来，这些隐者到底为什么不可取呢？原因就在于吾辈既生而为人，则"鸟兽不可与同群"，而隐居则"乱大伦"矣。《周易》第三十八卦为睽卦，睽卦（☲）下兑上离，兑为泽，离为火，火炎上而泽润下，二体相违故称睽焉。睽卦九四曰："睽孤。遇元夫，交孚，厉无咎。"盖九四"以阳刚之德，当睽离之时，孤立无与"（《程氏易传》），故称"睽孤"；然如其"遇元夫（按指初九，善士也），交孚"，则虽"厉"而"无咎"矣。本篇中的隐士，岂非"睽孤"者乎？其如能因遇孔子而真诚相交，则或将有益于社会也，然终于不能，亦悲夫！

18.8　逸民：伯夷、叔齐、虞仲、夷逸、朱张、柳下惠、少连。子曰："不降其志，不辱其身，伯夷、叔齐与！"谓柳下惠、少连："降志辱身矣，言中（zhòng，下同）伦，行中虑，其斯而已矣。"谓虞仲、夷逸："隐居放言，身中清，废中权。""我则异于是，无可无不可。"

【译文】古今被冷落的人有：伯夷、叔齐、虞仲、夷逸、朱张、柳下惠、少连。孔子说："不降低自己的志向，不折辱自己的身心，这是伯夷、叔齐吧。"说柳下惠、少连："降低自己的志向，折辱自己的身心，但说话合乎伦理，行为经过考虑，也就是这样了。"说虞仲、夷逸："隐居起来不随便说话，能够保持自身的纯洁，不担任任何职务以合乎权宜。""而我和这些人都不同，我既可以这样做，也可以不这样做。"

【注释】①《杨注》："逸同'佚'，《论语》两用'逸民'，义都如此。《孟子·公孙丑上》云：'柳下惠……遗佚而不怨，阸穷而不悯。'这一'逸'正是《孟子》'遗佚'之义。说本黄式三《论语后案》。""虞仲、夷逸、朱张、少连，四人言行多已不可考。"②《集解》引包咸曰："此七人皆逸民之贤者。放，置也，不复言世务。清，纯洁也。遭世乱，自废弃以免患，合于权也。"③《朱注》："孟子曰：'孔子可以仕则仕，可以止则止，可以久则久，可以速则速。'所谓'无可无不可'也。"并引尹焞曰："七人各守其一节，而孔子则无可无不可，此所以常适其可，而异于逸民之徒也。"

【解读】《论语》两次提到"逸民"：一在本章，一在《尧曰篇》首章，即"兴灭国，继绝世，举逸民"云云（20.1）。"逸民"和"隐者"，应该属于同一类人，但所指似又明显不同。依黄式三和杨伯峻的观点，"逸"字即"遗佚"之义，故逸民从内涵上讲主要侧重是指被社会遗弃或冷落的那些人；而相比较而言，隐者则更多强调的是本人主动选择隐居的那些人。如果由此角度看，那么问题似乎就清楚了，孔子对隐者的批评要多一些，而对逸民则多持褒扬的态度。本章提到的七位逸民，四位已不可考，伯夷、叔齐是被孔子赞为仁的人，柳下惠则被孟子称为"圣之和者"（《孟子·万章下》）；文中所谓"言中伦，行中虑""身中清，废中权"云云，也是褒扬大于批评。此诚如尹焞所言"七人各守其一节"，即使被社会所冷落，但总是在气节上有值得肯定的地方。

本章最重要的内容当然还是孔子的表态："我则异于是，无可无不可。"这就将自己和逸民、隐者区别开来了，此已成为孔子的千古名言。康有为评价说："盖孔子兼备万法，其运无乎不在，与时变通而得其中。声色之以化其民，皆末；无声无臭，乃为天载。如五色之珠，说青道黄，人各有见，而皆不得其真相者也。所谓圣而不测之为神，孔子哉！"（《论语注》）值得注意的是，此以"变通""不测"等来赞孔子，应该主要来自《周易》的思想。《周易·系辞上》云："形而上者谓之道，形而下者谓之器。化而裁之谓之变，推而行之谓之通，举而错之天下之民谓之事业。"并云："通变之谓事，阴阳不测之谓神。"另"上天之载，无声无臭"出自《诗经》，我们在"予欲无言"章（17.9）中亦曾以此赞孔子，此实天德也。故"无可无不可"作为一种人生化境，已臻于天德，非圣人谁能当之！

18.9 大(tài)师挚适齐，亚饭干适楚，三饭缭(liáo)适蔡，四饭缺适秦，鼓方叔入于河，播鼗(táo)武入于汉，少师阳、击磬襄入于海。

【译文】叫挚的太师逃到了齐国，叫干的二饭乐师逃到了楚国，叫缭的三饭乐师逃到了蔡国，叫缺的四饭乐师逃到了秦国，叫方叔的击鼓手移居到了黄河之滨，叫武的摇小鼓者移居到了汉水之涯，叫阳的少师和叫襄的击磬手移居到了海边。

【注释】①《杨注》："古代天子诸侯用饭都得奏乐，所以乐官有'亚饭'、'三饭'、'四饭'之名。这些人究竟是何时人，已经无法肯定。"②《朱注》："此记贤人之隐遁以附前章，然未必夫子之言也。"③《钱解》："此章记鲁衰，乐官四散，逾河蹈海以去，云天苍凉，斯人寥落。记者附诸此篇，盖不胜其今昔之悲感。或谓此八人乃在殷纣时，或谓周厉王时，又谓周平王时，今皆不取。"

【解读】关于此事发生之年代，有不同说法，当以鲁哀公时为可取。《泰伯篇》子曰："师挚之始，《关雎》之乱，洋洋乎盈耳哉！"（8.15）彼"师挚"或即本章之"大师挚"。

本章别无余字，仅仅通过八位乐师四散逃亡的简单描述，就形象地展示了春秋时代礼崩乐坏的政治现实，李贽谓之"平平叙去，而有无限感慨"（《四书评》），智旭谓之"凄怆之景，万古堕泪"（《四书蕅益解》）。《周易》明夷卦（☷☲）初九云："明夷于飞，垂其翼。君子于行，三日不食。"或即此情此景也。又遁卦（☰☶）上九云："肥（通飞）遁，无不利。"当天下大乱、一无可为之时，君子"肥遁"固为无可奈何之事，然由此"食旧德"而幸存，故"贞厉，终吉"（讼卦六三）而"无不利"也——此又岂非不幸中之万幸乎？

18.10 周公谓鲁公曰："君子不施（驰）其亲，不使大臣怨乎不以。故旧无大故，则不弃也。无求备于一人！"

【译文】周公告诫鲁公说："君子不能怠慢他的亲族，不能让大臣抱怨没被重用。老臣旧友没有发生重大过失，就不要抛弃人家。更不要对人求全责备！"

【注释】①《朱注》："鲁公，周公子伯禽也。施，陆氏本（按指陆德明《经典释文》）作弛。弛，遗弃也。以，用也。大臣非其人则去之，在其位则不可不用。大故，谓恶逆。"并引李郁曰："四者皆君子之事，忠厚之至也。"②《大义》："此篇备载贤人隐遁，皆由执政者用人之失，此章记周公之言，示万世用人之标准。"

【解读】以上各章讲"隐者""逸民"包括八位乐师四散而去，其实反映的都是当时政治的黑暗以及执政者在人才政策上的失误。本章紧承上章，话锋一转，乃介绍周公的人才政策，其所讲四个方面，或正对治此病也。钱穆说："人才之兴起，亦贵乎在上者有以作育之，必能通其情而合乎义，庶乎人思自竭，而无离散违叛之心。《论语》编者续附此章于本篇之末，亦所以深致慨于鲁之衰微。"（《论语新解》）

此章通常被认为是周公于其子伯禽赴鲁国上任时的告诫之辞，其中"君子不施其亲"即"亲亲"也，如《泰伯篇》所谓"君子笃于亲"者(8.2)；"不使大臣怨乎不以"即"贤贤"也，即强调大臣若有贤才则用之，不能弃而不用；"故旧无大故，则不弃也"，是强调对待老臣、旧友要宽厚些，此即《泰伯篇》所谓"故旧不遗，则民不偷"(同上)也；而"无求备于一人"，则强调执政者应有知人之才且善用其才，不能对人才求全责备，此如《卫灵公篇》所谓"君子不可小知而可大受也，小人不可大受而可小知也"(15.34)。智旭云："此言居上要宽，宽则得众。无求备于一人，是教凡有国者，造就人才之准则。求备于一人，可使天下无一人；不求备于一人，而人才不可胜用矣。"(《四书蕅益解》)此言得之。

18.11 周有八士：伯达、伯适(kuò)、仲突、仲忽、叔夜、叔夏、季随、季騧((wō)。

【译文】周朝有八个著名的士人：伯达、伯适、仲突、仲忽、叔夜、叔夏、季随、季騧。

【注释】①《朱注》："或曰成王时人，或曰宣王时人。盖一母四乳而生八子也，然不可考矣。"②《大义》："《论语》记此见周时善人之多，犹《周南》之诗终《麟趾》之意也。由晚近而溯全盛之时，岂仅人才寥落之感哉！"

【解读】关于本章出现的"八士"，过去有很多神话般的猜测，但拜当代考古发掘之赐，其中的一些谜团现在或有破解之可能了。

比如2013年出土于随州的曾侯璵编钟，其上有180字的铭文，其中就提到了曾国的始封国君为南宫适(此南宫括非《宪问篇》中出现的孔子弟子南宫适，而是辅佐周文王与周武王的重臣，有人甚至认为他就是《周易》古经的作者)，而据研究，《论语》此处出现的"伯适"当即此南宫适也。又周初青铜器"听簋"上有35字铭文，其中出现了"惟王八士，听用祀肜"八字，据李学勤先生研究："'惟王八士'的'王'应系当时的周王，最可能是周武王。'听用祀肜'，'听'的意思是同意、许可，这是说对'八士'的祭祀，允许施行隆重的肜祭。"并由此结合曾侯璵编钟的铭文说："由于'周有八士'之说见于《论语》，为大家习知，但'八士'的性质有种种异说，莫衷一是，以致研究商周之际历史的著作较少论及。近期曾侯瑛编钟在湖北随州发现，学者论其铭文，多指出'八士'中的'伯适'确系南宫适，从而引起对'八士'之说的重视。现在《铭续》（按指吴镇烽的《商周青铜器铭文暨图像集成续编》）这件簋明举'八士'，确切印证当时有'八士'存在，是很有助于那一时期古史的研究的。"（以上引文均见《新见Ⅱ簋与"周有八士"》，原载《中原文化研究》2017年第一期）由此可见，"八士"并非传说也。

当然，《论语》编者将"周有八士"列为《微子篇》的最后一章，肯定是有很深的用意的。唐文治说，此"由晚近而溯全盛之时"，以"见周时善人之多"，"岂仅人才寥落之感哉"！那么，周初的人才何以如此之盛？这难道是偶然的吗？或者真的是上天护佑的结果吗？王夫之曾对此分析说："而天不虚佑，则先王先公亲亲尊贤，汲故抡才之德，实有燕皇天而昌其后。乃当其盛，天不可期而期，其生也不爽；及其衰，则聚数姓之子讲治法于一堂，而且散而之四方，何怪乎田野之多贤，而圣人之道终不行于齐、鲁哉！"（《四书训义》）说得很好。盖追根究底，此皆因上章所言周公制定的人才政策之伟大也。《周易》乾卦（☰）九五曰："飞龙在天，利见大人。"意思是说，当圣君处在高位的时候，应降尊纡贵、下以求贤。而如果一个领导者具备了"无求备于一人"之心胸，则何处而不能"见大人"，何处而不得遇贤才呢？此所以《论语》编者在《微子篇》后附此两章也，亦所以历代注家为此而生浩叹也。

子张第十九

19.1 子张曰:"士见危致命,见得思义,祭思敬,丧思哀,其可已矣。"

【译文】子张说:"士人看见危险能献出自己的生命,看见想得到的东西能考虑是否该得,祭祀的时候能考虑庄敬,居丧的时候能知道哀戚,那也就算可以了。"

【注释】①《朱注》:"四者立身之大节,一有不至,则余无足观。故言士能如此,则庶乎其可矣。"②辛全《四书说》:"'士见危致命',生死之关不能动。'见得思义',利欲之关不能动。如此,则明无人非。'祭思敬,丧思哀',如此,则幽无鬼责。"③《后案》:"吕伯恭曰:可者,仅足之辞,言能尽行此数事,庶可为士,非曰可以止也。"

【解读】本篇皆记孔门弟子之言。盖孔子死后,诸弟子相与切磋,进德修业,传道不倦,故编者集为一篇焉。其中没有颜回、子路诸人语,或因其死在前也。本篇主要涉及孔门的五大著名弟子:子张(小孔子四十八岁)、子夏(小孔子四十四岁)、子游(小孔子四十五岁)、曾子(小孔子四十六岁)和子贡(小孔子三十一岁);这五个人,除了子贡稍为年长外,可以说都属于孔门弟子中岁数较小的一辈。朱子说:"此篇皆记弟子之言,而子夏为多,子贡次之。盖孔门自颜子以下,颖悟莫若子贡;自曾子以下,笃实无若子夏。故特记之详焉。"(《四书集注》)又据何晏《论语集解序》,古文《论语》有两《子张》,即除此篇外,《尧曰》下章"子张问"另为一篇,则子张在孔子死后的重要性可知也;而按照翁中和的观点(见《人天书》),子张甚至可能是协助子贡完成《论语》编撰任务的有大功者,故此篇径以"子张"命名,或其为"子张氏之儒"纪念其师亦未可知也。又今人杨义说:"在有若主事的二三年间,对于仲弓、子游、子夏编纂的《论语》初稿,进行再修订,此时子张发挥了很大的作用,才大体形成日后《论语》的篇章学面貌。"(《论语还原》)当然,这也不能否定,《子张篇》肯定也掺杂了其他门派孔门弟子甚至其再传弟子的思想。

至于本章子张所讲的这些内容,皆转述孔子之言,并无新意。《宪问篇》孔子曾讲"见利思义,见危授命"(14.12),《季氏篇》"九思章"甚至还直接讲过"见得思义"(16.10)。"致命"就是"授命",就是献出生命;"见危致命"就是"见危授命",即于国难当头之时,士人能以身许国,《周易》困卦《大象》所谓"君子以致命遂志"亦指此也。而"见得思义"就是"见利思义",即为人不苟得也,此和《乾文言》讲"利者,义之和"显然相通。至于"祭思敬,丧思哀",孔子在《八佾篇》中也讲过:"为礼不敬,临丧不哀,吾何以观之哉?"(3.26)这和《周易》小过卦《大象》所谓"君子以行过乎恭,丧过乎哀,用过乎俭",亦遥遥相通。但值得注意的是,孔子死后,儒分为八,诸学派的分歧其实在《子张篇》中已经隐然显现。比如杨义就曾分析本章说:"子张倡言'士见危致命,见得思义',强调'义'而不及于'仁',强调'见危致命'而未及以道制勇,在过犹不及的极端,就可能导向'侠'。这里蕴含了子张氏之儒的某种特质。"(同上)这倒是应该引起注意的。

19.2 子张曰:"执德不弘,信道不笃,焉能为有?焉能为亡(wú)?"

【译文】子张说:"如果执守道德不弘大,信仰道义不笃实,那怎能说他是有行之人?又怎能避免说他是无行之人?"

【注释】①《朱注》:"有所得而守之太狭,则德孤;有所闻而信之不笃,则道废。焉能为有亡,犹言不足为轻重。"②《大义》:"执德弘,百家入我范围也;信道笃,师法不容逾越也。二者相因,博约乃各得其益。不弘则隘而陋,不笃则杂而浮,焉能为有亡?言在何有何无之数,不足轻重。盖以当时学者或安于小就,或惑于异端,故戒之。"

【解读】此章紧承上章。一个人如何才能做到"见危致命,见得思义"?那就要"执德弘,信道笃",反之就靠不住了。执,守也;弘,大也;笃,实也,厚也。意思是说,一个人有了德行,就要执守它,弘扬它,此即《周易》坤卦《象传》所谓"含弘光大"也;一个人信道,也不能仅仅是口头上说说就行了,还应该做到"笃实辉光"(语出《周易》大畜卦《象传》)。如果做不到这两点,此人不足论矣。故许仁图先生曾将此章翻译为:"一个人执德不能含弘光大,信道不能笃实辉光,安能成为有行之人,又安能避免成为无行之人呢?"(《子曰论语》)形神兼备矣!

我们知道,子张复姓颛孙,名师,字子张。据《吕氏春秋·尊师篇》:"子张,鲁之鄙家也。"又据战国《尸子》:"颛孙师,驵也。"陶宗仪《辍耕录》云:"今人谓'驵侩(zǎng kuài)'曰'牙郎',其实乃互郎,主互市者也。"由此可见,子张出身微贱,未入孔门时,或跟随父辈当过牛马市场的经纪人。故今人杨义分析说,本章"也未及于'仁',而是力主弘扬德义,敬信守道,敢于担当","对'士见危致命,见得思义'加以引申发挥,可以说散发出某种江湖豪侠气息,这刻有子张'驵者'身世的标记。"(《论语还原》)韩非子批评"子张氏之儒"为"贱儒"或嫌过分,但其和底层社会多有联系,并努力于"干禄"(详见2.18),恐怕也是事实。唐文治曾结合此章评价"子张氏之儒"说:"宽而博,弘而笃,容众以为'天下谷',斯子张氏之学派也。后世闻其风而学之,其得之者,怀含弘之雅度,致明远之极功;而其弊也,或流于务外。"(《论语大义》)此为不刊之论。

19.3 子夏之门人问交于子张。子张曰:"子夏云何?"对曰:"子夏曰:'可者与之,其不可者拒之。'"子张曰:"异乎吾所闻:君子尊贤而容众,嘉善而矜不能。我之大贤与,于人何所不容?我之不贤与,人将拒我,如之何其拒人也?"

【译文】子夏的学生向子张问怎样和人交往。子张问:"子夏怎么说?"回答:"子夏说:'人品好的就和他交往,人品不好的就不和他交往。'"子张说:"这和我所听到的有所不同:君子应该尊重贤人,但也接纳广大的普通人;应该欣赏好人,但也怜悯无能的人。我自己如果足够贤明的话,对于别人有什么不能容纳的?我自己如果不够贤明的话,别人就会拒绝和我交往,我哪里还有机会去拒绝别人呢?"

【注释】①《朱注》:"子夏之言迫狭,子张讥之是也。但其所言亦有过高之弊。盖大贤虽无所不容,然大故亦所当绝,不贤固不可以拒人,然损友亦所当远。学者不可不察。"②《集释》引蔡邕《正交论》曰:"子夏之问交于子张,而二子各有所闻乎夫子。然则其以交诲也,商也宽,故告之以拒人;师也褊,故告之以容众。"③《今读》:"子夏更近曾子,更重个体修养,见恶如探汤,唯恐避之不及,所以拒交'不可交'者;子张搞政治,当然必需交结各种不同的人,包括'不可交'的坏人在内。"

【解读】这一章记录的是子夏和子张关于如何与人交往的不同理解。关于此问题,孔子在不同的场合,针对不同的学生,当然有不同的说法。孔子死后,其弟子均按照自己的理解来传授孔子的主张,难免会有冲突。我们知道,孔子曾说"无友不如己者"(1.8)和"毋友不如己者"(9.25),还说过"益者三友,损者三友"(16.4),故这里子夏讲"可者与之,其不可者拒之",并不为错。但孔子也说过"泛爱众,而亲仁"(1.6)以及"宽则得众"(17.6&20.1)等等,故这里子张讲"尊贤而容众,嘉善而矜不能",当然也是正确的。朱子对子夏、子张之说均有肯定,但亦有批评,试图综合二者,颇有道理。唐文治则从学习的次第出发,解析得似更妙。他说:"士人交友进德,当有次第。初学之士,当'毋友不如己者',所谓'其不可者拒之'也。待德日进而识益定,在外者不足以移之,则当'容众'而'矜不能'。故学者当如子夏之慎,勿遽学子张之高。"(《论语大义》)如将此论和李泽厚的分析结合来看,或得之。

19.4 子夏曰:"虽小道,必有可观者焉;致远恐泥,是以君子不为也。"

【译文】子夏说:"虽然是小的技艺,肯定也有可取的地方;但要从事远大的事业,唯恐沉溺其中,所以君子是不干的。"

【注释】①《朱注》:"小道,如农圃医卜之属。泥,不通也。"②李炳南《论语讲要》:"凡守持一艺一能而不通大道者,皆是小道。"

【解读】孔子曾讲"君子不器"(2.12),又自陈"吾少也贱,故多能鄙事"

(9.6),还讲过:"饱食终日,无所用心,难矣哉!不有博弈者乎?为之,犹贤乎已。"(17.22)另,子牢曾引孔子曰:"吾不试,故艺。"(9.7)所谓"器""鄙事""博弈"和"艺"等等,包括朱子讲的"农圃医卜",在儒家看来,相对于六经,大概它们都应该属于"小道"之类。

有意思的是,这里朱子专门提到了卜筮为"小道",盖《易》虽为"五经之源""三玄之冠""群经之首",但起初本为卜筮之书,只是经过了孔子之改造才进入了"经"的行列;而那些仍拘泥于卜筮而未明了《易》之大义者,则入于小道矣。反之,如果我们明白卜筮仅仅是圣人"神道设教"的一种手段,即便古人亦不过是"借卜筮以言"(潘雨廷《论〈左传〉与易学》),并将追求义理作为学《易》之本,那我们就是走在"大道"上了。故窃以为,世界上本无"小道""大道"之说,"凡守持一艺一能而不通者"即为"小道",不管从任何一门技艺出发而能提嘶起来,所谓"入乎其中,出乎其外"者,则任何"小道"均可为"大道"矣。能不慎乎!

19.5 子夏曰:"日知其所亡(wú),月无忘其所能,可谓好学也已矣。"

【译文】子夏说:"每天知道自己以前所不知道的,月底不要忘了本月学会了的,这就可以说是好学了。"

【注释】①《皇疏》:"此劝人学也。亡,无也。无,谓从来未经所识者也。令人日新其德,日日知所未识者,令识录之也。所能,谓已识在心者也。既自日日识所未知,又月月无忘其所能,故言识之也。能如上事,故可谓好学者也。然此即是温故而知新也。日知其所亡,是知新也;月无忘所能,是温故也。"②《朱注》引尹焞曰:"好学者,日新而不失。"

【解读】子夏在孔门弟子中以文学科著称,遍读经典,知识广博,是当时著名的经师(详见6.13),因此他对学习一定有自己独特的体验。学习当然不能一蹴而就,的确需要日积月累、锲而不舍的功夫,故子夏以"温故('月无忘所能')知新('日知其所亡')"为好学,总的来说不错。而按照皇侃的解读,此乃"令人日新其德"也。"日新其德"语出《周易》大畜卦《象传》,与《大学》所谓"苟日新,日日新,又日新"之意同;意思是说,君子蓄养品德和知识,不可一日停也。然子夏此处所讲,似主要侧重于知识的层面,故许仁图说:"子夏把'读书'当作好学,孔子却以'不迁怒,不贰过'(《雍也篇》)为好学,师徒气象相差甚大。"(《子曰论语》)也有一定道理,读者察之。

19.6 子曰:"博学而笃志,切问而近思,仁在其中矣。"

【译文】子夏说:"广泛地学习并笃守自己的志向,能提出切身需要的问题,并贴近实际地思考它们,仁德自然就在这中间了。"

【注释】①《皇疏》:"博,广也。笃,厚也。志,识也。言人当广学经典而深厚识录之不忘也。切,犹急也。"②《钱解》:"或疑志在学先,故释此志字为记识。然孔子曰:'可与共学,未可与适道,未可与立。'故博学必继之以笃志,乃可以适道与立。""博文必归于约礼。学虽博,贵能反就己身,笃实践履。切问近思,心知其意,然后适道与立之后,可以达于不惑而能权。"

【解读】子夏此语,现在已是名言。但对"志"字的解读,却向来有争议:或认为此同"识(zhì)",即记忆的意思,如皇侃和李炳南就持这种观点;或认为此如字,即指志向,钱穆和杨伯峻就持这钟观点——其实这也是现在大多数人的观点。窃以为此字之原意当为"识",由"学(阅读)"而"识(记忆)"而"问(发问)"而"思(思考)",如此循序渐进,正好符合子夏的治学特点。但钱穆以"博文必归于约礼"解"博学而笃志",并谓"学虽博,贵能反就己身,笃实践履",亦有道理,此当属于后人的创造性发挥或"合理误读"也,故此处译文从之。

辛全说:"此子夏生平着力处,亦子夏生平得力处。"又说:"博学,笃志,切问,近思,俱有次第,俱是实功。"(《四书说》)且不管辛全对"志"字如何解读,这种说法总是不错的。儒学作为"切己之学",当然强调士人要"博学"(古代曾有"一事之不知,儒者之耻"之说),要"笃志"(或"博闻强记",或"笃实践履"),要"切问"(即提出自己切身需要的问题),还要"近思"(即贴近当下实际思考问题)。《中庸》有云:"好学近乎知,力行近乎仁。"所谓"近乎"者,言尚差一间尔;而子夏谓行此四者,则"仁在其中矣",正见此为"实功"也。

19.7 子夏曰:"百工居肆以成其事,君子学以致其道。"

【译文】子夏说:"能工巧匠常居市肆之中能成其事业,君子通过学习能达致其道。"

【注释】①《皇疏》:"百工者,巧师也。言百,举全数也。居肆者,其居常所作物器之处也。言百工由日日居其常业之处,则其业乃成也。致,至也。君子由学以至于道,如工居肆以成事也。"②《朱注》:"工不居肆,则迁于异物而业不精。君子不学,则夺于外诱而志不笃。"③俞曲园《群经平议》:"此肆字即市肆之肆。市中百物聚集,工居于此,则物之良苦、民之好恶无不知之,故能成其事,以譬君子学于古训,则言之是非、事之得失无不知之,故能成其道也。"

【解读】子夏的目的当然不是贬低工匠,而是欲以工匠所具备的"择善固执"精神以及市场化精神为喻,来说明学习之事对于君子"致其道"的极端重要性。或以为:"学以地言,即学校之学。对肆而言,省一'居'字。"(唐文治《论语大义》)此则将"学"过于具体化也,虽有一定道理,但不如以原义解之为佳,故不取。

《周易·说卦传》曰:"巽(☴)为工。"为什么说"巽为工"?陈梦雷曾结合"巽为绳直"分析说:"绳,纠木之曲而取直者。工,引绳之直而制木者。巽,'德之制',故为绳直、为工也。"其中"巽,德之制"出自《系辞传》"三陈九卦"章,对此陈梦雷亦有分析:"巽为资斧,有断制之象。盖巽不止于顺,以一阴入二阳之下,顺而能入,故曰'德之制'也。"(《周易浅述》)而李鼎祚则引虞翻说:"为近利市三倍,故为工。子夏曰:'工居肆。'"(《周易集解》)盖能"近利市三倍"者,能工巧匠也,因为能工巧匠经常居市肆之中,能适应市场需求而制作产品,故有"近利市三倍"之效也。由此可见,"巽为近利市三倍"和"巽为工"直接相通。子夏之设此喻,正如俞曲园所说,乃以"古训"为君子之"市肆"也,君子涵泳其中,自可通达其道矣。《卫灵公篇》子曰:"工欲善其事,必先利其器。居是邦也,事其大夫之贤者,友其士之仁者。"(15.10)或可与此说相发明。

19.8 子夏曰:"小人之过也必文。"

【译文】子夏说:"小人犯了错误,一定会加以掩饰。"

【注释】①《朱注》:"文,饰之也。小人惮于改过,而不惮于自欺,故必文以重其过。"②《皇疏》:"君子有过是己误行,非故为也,故知之则改。而小人有过,是知而故为,故愈文饰之,不肯言己非也。"

【解读】此亦子夏转述先师之教也。孔子两次讲"过则勿惮改"(1.8&9.25),表扬颜回"不贰过"(6.3),并自陈"加我数年,五十以学《易》,可以无大过"(7.17)等等,可见孔子对"改过"之重视。窃以为,君子之所以为君子,在某种意义上,就是善于"悔过"并"改过";反之,小人之所以为小人,则岂止不善于"悔过""改过",他们还经常"文过"呢!在"吾未见能见其过而内自讼者"章(5.27),我们曾引用过黄宗炎对《周易》占辞"悔"和"吝"的分析,正可见"悔过"和"文过"之别。黄宗炎说:"悔,从心从每。每者,历思其既往之非,每每而生于心,有不言而自讼之意……求于内者,必克己,故自凶而吉。"而"吝从口从文。口饰非而文过,自为甘言善语以欺外人,过者惮改矣,故自吉而向凶。君子小人之分,惟系于此。"(《周易寻门余论》)此论极精,故于此再次转引之。可见"文过"之过亦大矣,吾辈当引以为戒也。

19.9 子夏曰:"君子有三变:望之俨然,即之也温,听其言也厉。"

【译文】子夏说:"君子有三种变化:远处看时,庄严可畏;与他接近时,温和可亲;听他的话,又都是勉人之语。"

【注释】①《皇疏》引李充曰:"'君子敬以直内,义以方外',辞正体直,而德容自然发。人谓之变耳,君子无变也。"②《朱注》:"俨然者,貌之庄。温者,色之和。厉者,辞之确。"并引程子曰:"他人俨然则不温,温则不厉,惟孔子全之。"③许仁图《子曰论语》:"'厉'不是严厉,厉通'励'。听君子的话,都是勉励人的话,也就是循循善诱。《易经》乾卦九三爻辞是'君子终日乾乾,夕惕若,厉无咎',两个'厉'都是自惕自励,而非严厉。"

【解读】这里的君子,当然是指孔子。而关于"三变",历来注家多有不同解释。如上所引，朱子以"貌""色""辞"释之，这难免让人想起曾子的话："君子所贵乎道者三：动容貌，斯远暴慢矣；正颜色，斯近信矣；出辞气，斯远鄙倍矣。"(8.4)以及《述而篇》中的话："子温而厉，威而不猛，恭而安。"此正如程子所说："他人俨然则不温，温则不厉，惟孔子全之。"又钱穆说："望之俨然，礼之存。即之也温，仁之著。听其言厉，义之发。"(《论语新解》)这又以"礼""仁""义"释之，亦妙。而唐文治则说："俨若思者，敬之至，元德也；温，亨德也；厉，则利于正矣。此指乾德也。"(《论语大义》)此又以《周易》乾德释之，更妙。另李冲所引"君子敬以直内，义以方外"，语出《周易·坤文言》，也值得注意。

在《学而篇》，孔子曾讲"君子不重则不威"(1.8)，也就是说，君子必得自重、恭己才能有威仪，"望之俨然"即此也；又《学而篇》子贡曾描述孔子的容止为"温、良、恭、俭、让"(1.10)，此即"即之也温"也；又颜回曾描述孔子"循循然善诱人"(9.11)，此即"听其言也厉"也。总之，由此"三变"，可知君子(孔子)果然具备"中和之德"(唐文治语)且"仁德混然"(钱穆语)矣！

19.10 子夏曰："君子信而后劳其民；未信，则以为厉己也。信而后谏；未信，则以为谤己也。"

【译文】子夏说："君子必须得到信任才能动员百姓；否则，百姓会以为你在折磨他们。同样地，君子必须得到信任才能进谏；否则，君上会以为你在毁谤他。"

【注释】①《朱注》："信，谓诚意恻怛而人信之也。厉，犹病也。事上使下，皆必诚意交孚，而后可以有为。"②《大义》："君子，谓在位者，信，谓信用也。信用既著，而后能交孚于上下，故君子以积诚为本。厉己、谤己，则'莫之与而伤之者至矣'。《易》曰：'莫益之，或击之。立心勿恒，凶。'勿恒者，无信也。"

【解读】此章主旨是讲，无论居上临民，还是居下事君，彼此信任都是非常重要的。孔子曾说"人而无信，不知其可也"(2.22)，又说"民无信不立"(12.7)和"上好信，则民莫敢不用情"(13.4)等等，均是此义。

《周易》屡言"孚"，孚之涵义即信也(详见2.22)。朱子和唐文治在解读本章时都提到的"交孚"二字，即出于《周易》。《周易》睽卦（䷥）九四云："睽孤。遇元夫，交孚，厉无咎。"其《象》曰："交孚无咎，志行也。"盖当睽之时，四与初以阳处一卦之下，各无应援，自然同德相亲，至诚相与也。尤其九四处二阴之间，是睽离孤处者也，故以初九为其"元夫"即"善士"而竭诚相交也。程子释之曰："交孚，各有孚诚也。上下二阳以至诚相合，则何事之不能行？何危之不能济？故虽处危厉而无咎也。"（《程氏易传》）朱轼更直接点评说："不孚则疑，疑斯睽矣。故合睽之道，莫如交孚。"（《周易传义合订》）本章所谓"未信"即"不孚"也，上下互疑，何事能成？而"信"即"交孚"也，上下互信则无论"劳其民"还是"谏上"均可通行无阻也。

另唐文治还举了《周易》益卦（䷩）上九爻辞来解读本章，亦值注意。其实在《周易·系辞下》中，就有对这段爻辞的分析："君子安其身而后动，易其心而后语，定其交而后求。君子修此三者，故全也。危以动，则民不与也；惧以语，则民不应也；无交而求，则民不与也。莫之与，则伤之者至矣。《易》曰：'莫益之，或击之，立心勿恒，凶。'"其中"易其心""定其交"云云，均和上下之间的互信有关，故唐文治说"勿恒者，无信也"。换句话说，人无信则不能有恒，不能有恒则"民不与"或"民不应"，其获"凶"者必也。能不慎乎！

19.11 子夏曰："大德不逾闲，小德出入可也。"

【译文】子夏说："大节不逾越界限，小节有些出入是可以的。"

【注释】①《朱注》："大德、小德，犹言大节、小节。闲，阑也，所以止物之出入。言人能先立于其大者，则小节虽或未尽合理，亦无害也。"并引吴棫曰："此章之言，不能无弊。"②《集释》引李颙《四书反身录》曰："论人与自处不同。观人当观其大节，大节苟可取，小差在所略；自处则大德固不可逾闲，小德亦岂可出入？一有出入，便是心放，细行不谨，终累大德，为山九仞，功亏一篑，是自弃也。"

【解读】据《韩诗外传》，此语为孔子所说，或亦子夏转述者也。此"闲"字，古通"阑"。许慎《说文解字》："闲，阑也。从门中有木。"段玉裁注："阑也，引申为防闲。"《周易·乾文言》有云"闲邪存其诚"，家人卦初九有云"闲有家"，其中的"闲"，均通"阑"。

但到底什么是"大德""小德",或者"大节""小节"?笼统地讲,前者当然是指原则性的大问题,后者则是指具体性的小问题,我们现在还有"生活小节"的说法,但这个界限其实很难区分。故吴棫说:"此章之言,不能无弊。"因为如果严格按照儒家的立场看,"小德"或者"小节"当然是一点也不能轻忽的,比如《中庸》所谓"慎独"也者,在现代人看来基本上都应该属于"小节"之类。李颙出于对儒家立场的维护,以区分"论人"和"自处"来解读本章,的确很好地避免了对本章的批评。按照他的说法,"论人""用人"当然标准要宽,可以"无求备于一人"(18.10),即此处所谓"小德出入可也";但当一人"自处"时,任何"细行"或"小节"却都是要严格认真对待,不能丝毫马虎的。关于此点,今人李泽厚则主张严格区分"两种道德",他说:"社会性公德才算大德,宗教性私德纯属私人事务,可以有不同选择。因之个人信仰、生活方式、兴趣爱好……等等均应属'小节'。""这种现代观念当然与传统体系包括孔孟之道均大不合。孔孟之道今日也只能作为一种宗教性私德来提倡劝导,而不能作为社会的普遍公共法规。"(《论语今读》)很明显,这种思想已是现代观念下的产物了,和传统的儒家立场颇不同,但或许是另一个"乌托邦"?读者察之。

19.12 子游曰:"子夏之门人小子,当洒扫、应对、进退,则可矣。抑末也,本之则无。如之何?"子夏闻之,曰:"噫!言游过矣!君子之道,孰先传焉?孰后倦焉?譬诸草木,区以别矣。君子之道,焉可诬也?有始有卒者,其惟圣人乎!"

【译文】子游说:"子夏的学生,让他们做做打扫房间、应对客人、进退礼仪的事,那是可以的。但这些都是细枝末节而已,并没有建立大根大本。这怎么行?"子夏听到这话,就说:"嗨!言游说错了!君子的学问,哪一项先传授?哪一项后讲述?这就像草木一样,是要根据其种类加以区别的。君子的学问,怎能随便歪曲呢?能将其有始有终地融会贯通的,大概只有圣人吧!"

【注释】①《朱注》引程子曰:"君子教人有序,先传以小者、近者,而后教以大者、远者。非先传以近、小,而后不教以远、大也。"②《大义》:"《朱注》:'倦,如诲人不倦之倦。言君子之道,非以其末为先而传之,非以其本为后而倦教。'说似迂曲。案倦与传音相近,倦当读为传。言君子之道,孰者先传,孰者后传,视学者程度之浅深,如培植草木之法,各以其类区别也。若不问其浅深,而概以高且远者教之,则是诬之而已。"

【解读】在孔门十哲中,子游、子夏同列"文学"科,但两人的教学方法显然不同,故有本章之争论。在子夏看来,一是教学本身自有次第,二是每个学生的素质不同,因而"洒扫、应对、进退"等等看似日常之事其实是非常重要的——这当然是正确的。而子游素喜礼乐(见17.4),欲致广大,更强调本末一贯——这也未尝没有道理。我们知道,按照孔子的教导,一般人的学习次第均为"下学而上达",也就是必须从低处做起,逐渐抵达大根大本,此正子夏之法也(由子曰"五十以学《易》"可知,即便圣如夫子亦遵此法也);而只有极少数人,有可能像佛家讲的"顿悟"那样,能直接抵达"性与天道",如孔子曾谓"可以语上"者(6.21)即是,此则子游之法也(不过佛家尚有"悟后再修"之说,那么一个人即便彻悟了"性与天道",肯定还是要在"洒扫、应对、进退"上下功夫的)。但这两种教学方法当然不是截然对立的。唐文治说:"子游盖言小学、大学一贯之道,子夏盖言小学、大学渐进之功。故教高明之士当师子游之意,教沉潜之士当遵子夏之法。"此言得之。

《朱注》在引用了程子"君子教人有序"一段话后,还引用了程子的另外四段话:"洒扫、应对,便是形而上者,理无大小故也。故君子只在慎独。""圣人之道,更无精粗。从洒扫、应对,与精义入神贯通只一理。虽洒扫、应对,只看所以然如何。""凡物有本末,不可分本末为两段事。洒扫、应对是其然,必有所以然。""自洒扫、应对上,便可到圣人事。"这表达的都是儒家所谓"道在人伦日用间"之意,应为程子推论之说,似和本章主旨不搭。故王夫之说,此"又别一理,非子夏之意,且不须看,未能了彻,徒增惑乱。"(《四书笺解》)说得很好。

19.13 子夏曰:"仕而优则学,学而优则仕。"

【译文】子夏说:"做官而有余力,就要进一步学习;学习而有余力,就要出来做官。"

【注释】①《朱注》:"优,有余力也。仕与学,理同而事异。故当其事者,必先有以尽其事,而后可及其余。然仕而学,则所以资其仕者益深;学而仕,则所以验其学者益广。"②《大义》："仕优则学者，政治之学日新，五方之俗各异，不可不随时研究也。学优则仕者，学必大成而后可以出仕，学问未充，轻试恐致偾事。"

【解读】《周易·系辞下》说："圣人之大宝曰位。"那么，什么是"位"？位字现在做位置、地位、官位讲，但《说文解字》谓其"从人从立"，其内涵本为"立人"也。子曰："己欲立而立人，己欲达而达人。"（6.30）"己立己达"即内圣也，"立人达人"即外王也——此可谓儒家的人生目标。但对于已经通达天地人"三极之道"的圣人来说，其"最可宝的不是'己立己达'，而是'立人达人'。"（许仁图《子曰论语》）这也是实情。然在现实社会之中，一个人如无一定的位置，则何以"立人达人"？故许慎《说文解字》又云："列中庭之左右谓之位。"也就是说，对于士人来说，他必须到朝中做官，有了一定的官位，才能去照顾百姓，即"立人达人"也。因此"圣人之大宝曰位"这句话，其实包含两层意思在内：一是讲位置的重要性，二是讲有位的目的是为了"立人"。儒家向来主张士人要出仕，甚至孔子曾借子路之口说过"不仕无义"的话（18.7），还讲"人道政为大"（《礼记·哀公问》），原因就在这里。当然，到了现代社会，职业日趋多元，知识分子未必一定出仕，但如其不满足于"自我完善"，要去做"立人达人"的事，那也得做些管理工作，因此"位"同样是重要的。

按本章子夏所言，或为当时成语。程石泉说："周制，凡大夫、士幼受教于官学，成人而学优者，则仕于公门。其未曾受教于官学，但仕而优者，亦得入于塾、庠、序、学也。"但"孔子时官学已废，仕进之途可由私学。弟子们屡问'为政''学干禄'，皆'学优则仕'之义也。"（《论语读训》）盖春秋时代，礼崩乐坏，肯定有很多世家子弟虽未学而做官，同时又有很多平民子弟虽已学而未做官，故人们回首周初之制，而发此感叹也。我们知道，孔子是反对世袭做官的，所谓"世卿，非礼也"（《公羊传·隐公三年》），并明确讲过："先进于礼乐，野人也；后进于礼乐，君子也。如用之，则吾从先进。"（11.1）也就是说，对那些所谓"先进于礼乐"的"野人"，即首先学习了礼乐再去做官的贫民子弟，孔子主张可以予以重用；而对那些"后进于礼乐"的"君子"，即先做了官才去学习礼乐的贵族子弟，孔子就很有点看不起的意思了，他们当然要加强学习才行——此与本章内容正可合参。另李光地在解释《周易》损卦（䷨）初九爻辞"已事遄往"时说："已事者，谓毕我之事，而后急彼之事。如'学而优则仕'之类是也。"（《周易观象》）

亦可与本章互参。又定州本《论语》本章作"学而优则仕,仕而优则学",似更符合孔子重视"吾从先进"之意,亦希读者察之。

19.14 子游曰:"丧致乎哀而止。"

【译文】子游说:"居丧时,只要充分表达自己的悲哀之情就行了。"

【注释】①《集解》引孔安国曰:"毁不灭性也。"②戴望《戴氏注论语》:"尽哀而止,不以死伤生。孔子曰:'毁而死,君子谓之无子。'"

【解读】子游认为,父母之丧,孝子当以尽哀为止,哀伤过度是不对的。孔安国所谓"毁不灭性",语出《孝经·丧亲章》,原文为:"孝子之丧亲也,哭不偯(yǐ),礼无容,言不文,服美不安,闻乐不乐,食旨不甘,此哀戚之情也。三日而食,教民无以死伤生。毁不灭性,此圣人之政也。"大意是说,父母去世,三日之内可以充分表达自己的"哀戚之情",但三日后就要按时吃饭,绝对不能因为哀毁过度而灭绝了人的本性,这是圣贤君子的为政之道。戴望所引"毁而死,君子谓之无子",则出自《礼记·杂记下》,其对"毁而死"的批评就更严厉了。毓鋆先生在解读本章时则更明确指出:"父母没有愿意子女随其殉葬的,所以尽哀就够了,要哀不伤生。"(《毓老师说论语》)由此可见儒家对待生死的态度是多么地理性和务实!

19.15 子游曰:"吾友张也,为难能也,然而未仁。"

【译文】子游说:"我和子张为友,是因为他的难能可贵,但我到不了他那种仁德的境界。"

【注释】①《皇疏》:"张,子张也。子游言吾同志之友子张,容貌堂伟,难为人所能及,故云为难能也。"②《朱注》:"子张行过高,而少诚实恻怛之意。"③《集释》引王闿运《论语训》曰:"友张,与子张友也。难能,才能难及。此篇多记子张之言,非贬子张未仁也,言己徒希其难,未及于仁。"并谓:"王说是也。此友字系动词,言我所以交子张之故,因其才难能可贵,己虽有其才,然未及其仁也。考《大戴礼·卫将军文子篇》：'孔子言子张不弊百姓，以其仁为大。'是子张之仁固有确据。王氏之说，有功圣经不小。"

【解读】和朱子一样，大部分注家以为，本章是子游对子张之批评。到底什么是"难能"？一般认为就是指下章曾子所谓"堂堂乎张也"，或朱子所谓"子张行过高"，这里肯定有子游对子张的褒扬之意。误解主要出在"然而未仁"究竟是指谁上。或认为子张固然行止堂伟，但实际上难以做到言行一致，纯属"形貌之学"，故子游责其"未仁"也。然子游和子张年龄相若（前者比后者大三岁），不仅同门，而且据阎若璩考证还是儿女亲家，子游当无直接指责对方为"未仁"之可能。而从《大戴礼·卫将军文子篇》的记载来看，"孔子许子张，几比于颜子，可为定论。"（康有为《论语注》）何况《子张篇》以"子张"冠名，子张本人或其弟子在《论语》的后期编纂中肯定是发挥了重要作用的（见19.1&19.16），也不太可能收入如此指责子张的文字。相反，倒是孔子曾讲过"若圣与仁，则吾岂敢"（7.34）那样的话，故弟子们谦称自己"未仁"反而更有可能。因此，这里子游称子张为"难能"，说自己为"未仁"，方符合孔门礼仪，亦表明其有"外比于贤"（《周易》比卦六四《小象》）之德也——这样理解本章之旨，或更符合逻辑。但不可否认的是，也许是子张陈义过高当时就有同门对之不满，也许是《荀子·非十二子》对"子张氏之儒"的批评过于严厉、影响太大（见下），后人遂误以为本章是对子张之批评，此诚可悲也！

19.16 曾子曰："堂堂乎张也，难与并为仁矣。"

【译文】曾子说："子张行事堂堂正正，他的仁德，我们是比不上的。"

【注释】①《朱注》："堂堂，容貌之盛。言其务外自高，不可辅而为仁，亦不能有以辅人之仁也。"并引范祖禹曰："子张外有余而内不足，故门人皆不与其为仁。"②《集释》引王闿运《论语训》曰："亦言子张仁不可及也。难与并，不能比也。曾、张友善如兄弟，非贬其堂堂也。"

【解读】关于本章曾子对子张之评价，也有褒、贬两种看法。我们知道，子张小孔子四十八岁，在同门诸贤中年龄最小，但其学派之影响力却并不小。《韩非子·显学篇》讲"孔子死后，儒分为八"，首先提到的就是"子张之儒"；《荀子·非十二子》指责子张氏、子夏氏、子游氏之儒为"贱儒"，首先批评的也是"子张氏之儒"（所谓"弟佗其冠，神禫其辞，禹行而舜趋，是子张氏之贱儒也"云云）。子张及其弟子或有"流于务外"之弊（见19.2），但此处曾子却未必就有贬低子张之意。程树德曾反驳朱子对子张的评价说："《集注》喜贬抑圣门，其言固不可信。如旧注之说，子游、曾子皆以子张为'未仁'，摈不与友，《鲁论》又何必记之？吾人断不应以后世讲朱、陆异同之心理推测古人。况曾子一生最为谨慎，有口不谈人过之风，故知从前解释皆误也。"（《论语集释》）所以他赞同王闿运的观点，认为"王氏此论虽创解，实确解也"。

子张在孔子死后的地位何以如此之高？除了其为人有"侠"气（见19.1）外，也许还和他有可能协助子贡参与了编撰《论语》有关。按照翁中和《人天书》中的推论，《子张篇》本为《论语》一书之终篇，此由本篇最后三章子贡对孔子的盖棺之论可知，然子贡作为《论语》的编纂者，一意"让善"，遂颠倒了《微子》《尧曰》《子张》之顺序，并安排本章以"子张"冠名，其中当有"酬子张之劳"之意。在谈到子张的作用时，翁中和说："吾敢断定子贡编著此书，盖约子张为之助。子张于子贡为后进，于孔门弟子中，年事为最少，而其人好学深思，气象伟大，必为夫子晚年爱弟，或竟为子贡遵遗命而约为校勘，亦属可能。"翁中和还分析说，《论语》共有六篇用了孔门弟子之名（即《公冶长》《雍也》《颜渊》《子路》《宪问》《子张》），其他五位弟子入选的理由不容置疑，而子张何以入选呢？"子张于圣门为后进，苟非助子贡编著《论语》，而勤于校勘之役者，奚得而立为篇名？盖所以酬子张之劳，亦正所以纪念此一大书编著之功。以'子张'名篇者，犹之以'子贡'名篇也。观于《论语》编次弟子言语之先后（按翁氏认为，《论语》各篇中凡某人言论殿后者其即为本篇之主角），而为子张立篇名，苟非出于子贡之手，孰能为之？"此种猜测或有理，而由此更见子张在孔子死后之重要地位也。

综上，作为仅仅比子张大两岁、同为孔门中的"小字辈"，且一向谨言慎行的曾子，断无可能去向当时处于如此高地位的子张"叫板"，说出"子张的为人高得不可攀了，难以携带别人一同进入仁德"（杨伯峻《论语译注》译文）那样的话来。当然，子张或陈义过高，必有言不顾行之处，时人对其表示不满也不是不可能，比如孔子就明确说过"师也过"（11.16），显然对子张那种过于张扬的性格并不完全认同，但那是另一回事了。窃以为，起码曾子是不可能随意批评子张的，读者察之。

19.17 曾子曰："吾闻诸夫子：人未有自致者也，必也亲丧乎！"

【译文】曾子说："我听老师说：平时人不可能充分地表达情感，如果有，那一定是在父母过世的时候吧！"

【注释】①《朱注》："致，尽其极也，盖人之真情所不能自已者。"并引尹焞曰："亲丧固所自尽也，于此不用其诚，恶乎用其诚？"②《读训》："'自致'者谓出于'自发'或'自动'，非出于他力强致之者。《孟子》云'亲丧固所自尽也'（《万章下》），即言人遇父母之丧，其哀戚自发自致，亦即出于人性之自然者也。"

【解读】和"三年之丧"章（17.21）的主旨相同，这里强调的依然是人的真情实感在丧葬制度中乃至儒家的一切伦理制度中的基础性作用问题。关于这一点，我们再引一段李泽厚的相关论述："儒家的'情'是以有生理血缘关系的亲子情为基础的。它以'亲子'为中心，由近及远，由亲至疏地辐射开来，一直到'民吾同胞，物吾与也'的'仁民爱物'，即亲子情可以扩展成为对芸芸众生以及宇宙万物的广大博爱。儒家认为有男女、夫妇才有父子，有父子之后才有君臣以及兄弟和朋友，但儒家既不以男女、夫妇，也不以天地、神灵（为核心或根本），而始终抓住'亲子'这一环为核心和根本。这即是'孝-仁'。"（《人类学历史本体论·伦理学纲要·关于情本体》）本章之所以高度认同孝子在父母之丧时可以"自致"，其原因即在于此。这是儒家伦理大厦的一个逻辑起点，所以显得异常重要。

但值得注意的是，同样作为儒家的重要经典，《论语》和《周易》对待人情的致思方式显然不同：前者正如李泽厚所说，其致思方式可谓由"人情"推而至于"天地之情"；后者因为预先设置了一个包含天地人在内的庞大的象征体系，故而其致思方式可谓由"天地之情"推而至于"人情"（比如家人卦必自"风自火出"而论及"交相爱"，蛊卦必自"山下有风"而论及"干父之蛊"等等）。这也就是我们前边屡次提到的"由人道上达天道"和"从天道下贯人道"之不同也（见1.2）。李泽厚似乎对《周易》向少关注，故对此致思方式之不同并无提及，读者察之。

19.18 曾子曰:"吾闻诸夫子:孟庄子之孝也,其他可能也;其不改父之臣与父之政,是难能也。"

【译文】曾子说:"我听老师说:孟庄子的孝,别的都还容易做到;但他不更换父亲任用的家臣和父亲制定的政策,那就很难做到了。"

【注释】①《集解》引马融曰:"孟庄子,鲁大夫仲孙速也。谓在谅阴之中,父臣及父政虽不善者,不忍改之也。"②《朱注》:"孟庄子,鲁大夫,名速。其父献子,名蔑。献子有贤德,而庄子能用其臣,守其政。故其他孝行虽有可称,而皆不若此事之为难。"

【解读】《学而篇》子曰:"父在,观其志;父没,观其行。三年无改于父之道,可谓孝矣。"(1.11)孟庄子之所为,可谓"三年无改于父之道"之样板也,故被孔子和曾子赞为"难能"。当代人对这个问题的最大疑问是:古人为什么要这样做?假如父亲制定的政策有问题,留下的家臣是坏蛋,难道在三年之内就真的不能更换了吗?其实古人并没有那么傻,孔子这样讲,目的当然还是为了维护以亲子情感为基础的社会道德秩序,同时也是为了避免在政权交接时引发大的社会动荡,但具体到这个"规定"的执行,肯定不是那么机械和严格的(此由嘉庆帝在父皇乾隆帝仅仅去世几天后就逮捕了其旧臣和珅之事可知)。我们在1.11曾经结合《周易》蛊卦对此做过详细分析,可以参考。

19.19 孟氏使阳肤为士师,问于曾子。曾子曰:"上失其道,民散久矣。如得其情,则哀矜而勿喜!"

【译文】孟氏任命阳肤做法官,阳肤来向曾子求教。曾子说:"现在统治者失去了道义,老百姓早就离心离德了。如果你查证了犯罪的真实情况,应该懂得怜悯他们,千万不要自鸣得意啊!"

【注释】①《皇疏》:"孟氏,鲁下卿也。阳肤,曾子弟子也。士师,狱官也。"②《读训》:"士师乃法官,次大司寇、小司寇,汉儒说为典狱官,非也。"③《集释》引李颙《四书反身录》曰:"盖上平日失养民之道,以致民多饥寒切身;上平日失教民之道，以致民无理义维心，则犯法罹罪，势所必至。谳狱而诚得其情，正当闭阁思咎，恻然兴悲，若自幸明察善断，物无遁情，乃后世法家俗吏所为，岂是仁人君子用心？"

【解读】曾子答阳肤之问，盖鉴于鲁国失政已久，民心离散，作奸犯科者必大有人在，这一切皆因统治者失德在前之故，而绝非百姓之过，因而一个法官即便能够破案，也不要沾沾自喜，而当深自反省也。李炳南说："曾子的话，出于一片仁心，最为可贵。"（《论语讲要》）盖"仁者，以天地万物为一体"（《二程集》），孟子谓"文王视民如伤"（《孟子·离娄上》），曾子的这番话，确是一片仁者情怀。

当然，这也反映出儒家独特的"法治观"。儒家强调德治，反对法家的"刻薄寡恩"，向来以"无讼"为最高理想，我们曾通过《周易》讼卦对此做过详细分析（请见12.13）。此章讲"如得其情，则哀矜而勿喜"，与这种思想当然一脉相承。《周易》第二十一卦为噬嗑卦，噬嗑卦（☲）下震上离，如有物在口，而噬者啮也，嗑者合也，又"下动上明，下雷上电"，故其卦辞曰"利用狱"，即此乃断案治狱之卦也。其《象传》谓此卦主爻六五曰："柔得中而上行，虽不当位，利用狱也。"其六五爻辞则云："噬干肉，得黄金。贞厉，无咎。"这是什么意思呢？朱震释之曰："六五柔中，'不当位'也。施于用狱，无若柔中之为利。盖人君止于仁，不以明断称。以皋陶'宁失不经'（语出《尚书·大禹谟》），曾子'哀矜而勿喜'之言观之，则不在明断审矣。"（《汉上易传》）赵汝楳则曰："噬以刚动而能嗑，《象》言'利用狱'，疑当以刚能断制。而圣人归之六五之柔，其哀矜惟良之义乎！德虽柔，于狱则利。"（《周易辑闻》）由此可见，即便在噬嗑卦这样专讲断案治狱的卦中，《周易》作者也是主张仁德在先而并非以"明断"作为主要目标来看待的。朱、赵二人均举曾子之言来解此卦，真读书得间者也。

19.20 子贡曰："纣之不善，不如是之甚也。是以君子恶居下流，天下之恶皆归焉。"

【译文】子贡说："商纣的恶行，恐怕不像传说的那样严重吧。因此，君子不能居于下游之处，否则天下的坏事都会算到他身上了。"

【注释】①邢昺《论语注疏》："此章戒人为恶也。纣名辛，字受德，商末世之王也。为恶不道，周武王所杀。《谥法》：'残义损善曰纣。'"②李贽《四书评》："非为纣分疏，实不欲人为纣耳。"

【解读】这是《论语》中唯一一次直接点出纣的名字。《微子篇》讲"殷有三仁"（18.1），虽然没有直接说纣的名字，但"三仁"之事当然都和纣有关。在《周易·系辞下》中，纣也出现过一次："《易》之兴也，其当殷之末世，周之盛德耶？当文王与纣之事耶？"而《周易》明夷卦《象传》所谓"明入地中，明夷。内文明而外柔顺，以蒙大难，文王以之。利艰贞，晦其明也，内难而能正其志，箕子以之"，显然也是讲的纣的事。我们知道，司马迁说过"文王拘而演周易"（《报任安书》），盖文王正是被纣"拘"于羑里而"蒙大难"，才将三爻画的八经卦重叠而成六爻画的六十四别卦，并系以卦爻辞，进而"演"成《周易》的。故而或可说，纣还为《周易》的诞生做出过间接的"贡献"呢。

关于周灭商，肯定有纣本身的原因，但纣是否像传说中讲得那样建"酒池肉林"等等，子贡独具只眼，认为"不如是之甚也"。关于纣的真实形象及其历史地位，一代伟人毛泽东曾有评点说："把纣王、秦始皇、曹操看做坏人是错误的，其实纣王是个很有本事、能文能武的人。他经营东南，把东夷和中原的统一巩固起来，在历史上是有功的。纣王伐徐州之夷，打了胜仗，但损失很大，俘虏太多，消化不了，周武王乘虚进攻，大批俘虏倒戈，结果使商朝亡了国。史书说：周武王伐纣，'血流漂杵'，这是虚张的说法。孟子不相信这个说法，他说：'尽信书，不如无书。'"（陈晋主编《毛泽东读书笔记解析》）孔子说："众恶之，必察焉；众好之，必察焉。"（15.28）看来子贡是践行了孔子的这个讲话精神的。

当然，子贡的话，主要还不在于对历史上纣的形象的大胆质疑上，而在于"君子恶居下流"这个忠告上。此正如朱子所言："子贡言此，欲人常自警省，不可一置其身于不善之地。"（《四书集注》）或李贽所言："非为纣分疏，实不欲人为纣耳。"如细加玩味，"君子恶居下流"之说，的确既有警人效尤之意，更有勉人奋进、自强不息之意也。

19.21 子贡曰："君子之过也，如日月之食焉：过也，人皆见之；更也，人皆仰之。"

【译文】子贡说:"君子的过错,就好像日食和月食:犯错误的时候,每个人都看得见;更改的时候,每个人都敬佩仰望。"

【注释】①《大义》:"更,改也。仰之,仰望也。日月为明,君子之过,其本心之光明,偶有弊耳。人皆见之、仰之者,君子至诚,事无不可对人言也。若稍有文饰,则为小人之过而不能改矣。"②潘维城《论语古注集笺》:"《孟子·公孙丑篇》:'古之君子,其过也,如日月之食,民皆见之,及其更也,民皆仰之。'似即本之。盖以有过则改,故如日月之食,无伤于明也。"

【解读】孔子关于"过"与"改过"有诸多论述,前面屡次谈到,兹不赘。此章子贡以"日月之食"喻"君子之过",锦心绣口,妙不可言,非孔门智慧第一者,孰能为之!又本篇上章子夏曾云:"小人之过也必文。"(19.8)此章讲"君子之过",正可与彼章"小人之过"做一对比,则君子、小人之高下,立判矣!另由本篇下章子贡尚以日月喻孔子(所谓"仲尼,日月也",见19.24)来看,则本章之君子,恐亦指孔子。故本章或亦子贡对孔子的赞叹之语也。

又可注意者,中国古人对日食、月食现象观察甚早,此在《尚书》《诗经》《左传》中均有相关记载,而《周易》丰卦《彖传》更明确讲过:"日中则昃,月盈则食;天地盈虚,与时消息。而况于人乎?况于鬼神乎?"此处"月盈则食"即月食也。特别是后半句随之提到"人"与"鬼神",则将天道和人事结合起来了,《周易》所谓"推天道以明人事"之旨甚明也,亦可与本章互参。另中科院紫金山天文台研究员徐振韬先生还认为丰卦六二、九四爻辞"日中见斗"和九三爻辞"日中见沫"是关于太阳黑子的记录(见1979年12月《天文报》第20卷第4期),亦甚有趣,故录以备考。

19.22 卫公孙朝问于子贡曰:"仲尼焉学?"子贡曰:"文武之道,未坠于地,在人。贤者识(zhì)其大者,不贤者识(zhì)其小者,莫不有文武之道焉。夫子焉不学?而亦何常师之有?"

【译文】卫国的公孙朝向子贡问:"孔子的学问是从哪里学来的?"子贡说:"周文王、周武王的礼乐教化并没有失传,而是散落在人间了。贤能的人记住了大的部分,平凡的人记住了小的部分,可以说任何地方都有先王的礼乐教化啊。所以我的老师哪里没有学习过？又何必要有固定的老师呢？"

【注释】①《集释》引翟灏《四书考异》曰："春秋时鲁有成大夫公孙朝，见昭二十六年《传》；楚有武城尹公孙朝，见哀十七年《传》；郑子产有弟曰公孙朝，见《列子》。记者故系'卫'以别之。"②《皇疏》："文武之道，谓先王之道也。"③《正义》："大道之传，由尧舜递至我周，制礼作乐，于是大备。故言'文王既殁，其文在兹'。及此，子贡言道，亦称文武也。书传言，夫子问礼老聃，访乐苌弘，问官郯子，学琴师襄。其人苟有善行足取，皆为我师。"

【解读】从本章开始至本篇末章，均为子贡盛赞美孔子之语。就本章言，盖公孙朝不知孔子，或疑其学，故子贡因以答之也。

按照子贡的说法，首先就道统而言，孔子所学为"文武之道"。这个"文武之道"，狭义讲当然是指周文王、周武王之道，但广义讲当指一切"先王之道"也。所谓"未坠于地"，即有人继承也，"贤者"甚至"不贤者"均有所继承也。其次是孔子所学的范围广大无比，此从"莫不有""焉不学"六字可知。所谓"莫不有"者，即在"贤者""不贤者"所继承的大小精粗的知识中，均有先王之道存焉；所谓"焉不学"者，即对上述大小精粗之知识，孔子无所不窥、无所不学也。最后，子贡总结说，孔子"学无常师"，故能致其大。我们知道，孔子从小就"多能鄙事"（9.6），长大后又"入太庙，每事问"（10.21）"学而不厌，诲人不倦"（7.2），晚年返鲁，删述六经，好《易》而至于"居则在席，行则在橐"（帛书《要》篇），司马迁谓之"韦编三绝"（《史记·孔子世家》）云云。正是因为孔子首先是这样一个伟大的学习者，所以才能成为当时最有学问的人，并被后人尊为"万世师表"。

毫无疑问，"学"乃孔门入手处，《论语》首章即言"学"，此章作为子贡首赞孔子之语，亦围绕"学"字而起，子贡真懂孔子者也。

19.23 叔孙武叔语大夫于朝曰："子贡贤于仲尼。"子服景伯以告子贡。子贡曰："譬之宫墙，赐之墙也及肩，窥见室家之好。夫子之墙数仞，不得其门而入，不见宗庙之美，百官之富。得其门者或寡矣。夫子之云，不亦宜乎！"

【译文】叔孙武叔在朝廷上对官员们说:"子贡可比他的老师仲尼强多了。"子服景伯把这话告诉了子贡。子贡说:"就拿房子的围墙做个比喻吧:我家的围墙只有肩膀那么高,谁都可以看到房子里的好东西。但我老师家的围墙却有好几丈高,如果找不到大门进去,那肯定看不到里边的宗庙何其雄伟,房舍何其多彩的!只是能找到我们老师家大门的人或许是很少的吧。既然如此,武叔他老人家说出这样的话来,不也是很自然的吗?"

【注释】①《读训》:"叔孙武叔乃鲁大夫叔孙州仇也,武乃谥号。按州仇乃公子牙六世孙,叔孙不敢之子也。盖不忘定、哀之间孔子欲彰王室隳三都之事,故诋毁孔子。"②《杨注》:"'宫'有围障的意义,如《礼记·丧大记》:'君为庐宫之'。'宫墙'当系一词,犹如今天的'围墙'。七尺曰仞,此从程瑶田《通艺录·释仞》之说。'官'字的本义是房舍,其后才引申为官职之义,说见俞樾《群经平议》卷三及遇夫先生《积微居小学金石论丛》卷一。这里也是指房舍而言。"

【解读】刘宝楠说:"夫子殁后,诸子切劘砥砺以成其学,叔孙武叔、陈子禽皆以子贡贤于仲尼,可见子贡晚年进德修业之功,几几乎超贤入圣。"(《论语正义》)另子贡不仅善辞令,当年齐将伐鲁时,曾游说于齐、吴之间而使鲁得救(见司马迁《仲尼弟子列传》),且子贡以经商致富,能排难解纷,济人之危,故于朝野之间甚常得美誉。然子贡当然知道自己远远不如孔子,此章子贡即以宫墙为喻,表示自家之墙仅仅"及肩",故人人能得见其"室家之好";而老师家的宫墙却高达"数仞",故行人无由见其内涵之美也。孔门讲"让善"之德及自知之明,子贡两者兼备矣。

但这里值得注意的是,因为"夫子之墙数仞",子贡指出"得其门者或寡矣",这固然是其对叔孙武叔的绝妙反驳,然细思之,凡墙皆有门,子贡既能知道老师家有"宗庙之美,百官之富",则分明暗示自己已经"得其门"矣。又孔子曾说:"谁能出不由户?何莫由斯道也?"(6.17)此"门"当即此"道"也。

那么,我们不妨追问一下:此"门"或此"道"究竟是什么,又在哪里呢?看问题的角度不同,可能会有不同的答案。如礼、仁、智等,均可为其门也。而《周易·系辞下》有云:"子曰:'乾坤,其《易》之门邪?'乾,阳物也;坤,阴物也。阴阳合德,而刚柔有体。以体天地之撰,以通神明之德。"依此,窃以为,当一个人具备了自强不息之乾德和厚德载物之坤德时,或已接近夫子之门矣!另李炳南曾说:"孔子的道,是中国文化的宫墙。凡是未得其门而入的人,不可像叔孙武叔那样妄出言语。"历朝历代像叔孙武叔那样不懂孔子而妄出言语者甚多,今日亦然,吾辈戒之!

19.24 叔孙武叔毁仲尼。子贡曰:"无以为也!仲尼不可毁也。他人之贤者,丘陵也,犹可逾也;仲尼,日月也,无得而逾焉。人虽欲自绝,其何伤于日月乎?多见其不知量也。"

【译文】叔孙武叔毁谤仲尼。子贡说:"千万不要这样做!仲尼是没有办法毁谤的。别人的贤德,就好像丘陵,还能够超越;而仲尼呢,那简直就是日月,是不可能超越的。如果一个人想自绝于日月,那对于日月又有什么损害呢?只是表明他不自量力罢了。"

【注释】①《朱注》:"无以为,犹言无用为此。土高曰丘,大阜曰陵。日月,喻其至高。自绝,谓以谤毁自绝于孔子。多与只同,适也。量,去声。不知量,谓不自知其分量。"②《皇疏》:"言他人贤者,虽有才智,才智之高止如丘陵。丘陵虽高,而人犹得逾越其上。既犹可逾,故可毁也。言仲尼圣智高如日月,日月丽天,岂有人得逾践者乎?既不可逾,故亦不可毁也。"

【解读】本章紧承上章,记述的还是叔孙武叔诋毁孔子的事,但其口气显然更严重了:上章他不过是讲"子贡贤于仲尼",本章则变成了"叔孙武叔毁仲尼"。故上章子贡只不过赞孔子为"数仞宫墙",本章子贡则直接赞孔子为"日月",其盛赞孔子的"调门"也随之越来越高了。我们知道,日月自然比任何丘陵为高,而且日月乃一切光明之源,常人焉能企及乎?故子贡紧接着说:凡诋毁孔子者,犹如狂犬吠日,是自绝于光明,固不量力也。子贡此喻,一方面表明了其对孔子的绝对崇仰之情和强烈的卫道意识,另一方面也表明了其在语言修辞上的超凡功夫——后世所谓"天不生仲尼,万古如长夜"之说,或即"仲尼,日月也"之通俗版乎?

《周易》对日月的赞美之词亦甚多,且"日月为易"一直是对"易"字的一种权威性解释。比如离卦《象传》就明确说:"日月丽乎天,百谷草木丽乎土。"意思是，日月附丽于苍天而使苍天变得明亮，百谷草木附丽于大地而使大地变得美丽。而恒卦《象传》更说："日月得天，而能久照；四时变化，而能久成。"意思是，日月运行于天空，而能常照大地；四季轮回变化，而能长久不衰。又《系辞上》亦说："悬象莫大乎日月。"意思是，天地之间所悬挂的大象以日月为之最。《系辞下》还说："日月之道，贞明者也。"意思是，日月运行，其道就在于以光明为其追求之目标。另《说卦传》则讲"离为日""坎为月"，《周易》又有明夷卦（☷下离上坤）：盖夷者伤也，日入地中，明而见伤之谓也。

据此，或许我们可以说，在中华文明史上，孔子即为中华民族所悬之"大象"也，虽然其在某些特殊的年代也有"明而见伤"之时（孔子不仅在活着时曾经四处碰壁，而且在后世也曾多次受到猛烈批判），但其智慧之光足以照耀千古，如叔孙武叔之辈妄诋孔子者，又何损于其日月般的光辉呢？

19.25 陈子禽谓子贡曰："子为恭也，仲尼岂贤于子乎？"子贡曰："君子一言以为知（智），一言以为不知（智），言不可不慎也。夫子之不可及也，犹天之不可阶而升也。夫子之得邦家者，所谓立之斯立，道(dǎo)之斯行，绥之斯来，动之斯和。其生也荣，其死也哀，如之何其可及也？"

【译文】陈子禽对子贡说："您是故作谦虚吧，仲尼怎么会比您还强呢？"子贡说："君子说这句话时还是聪明的，但说另一句话时就可能愚蠢了，所以说话不能不谨慎啊。我的老师没有人能赶得上，这就像天不可能攀着梯子爬上去一样。他老人家如果能得到诸侯或卿大夫之位，想以礼教立人，大家就能立于礼；想以德政指导人，大家就能以德行事；想以仁政安人，远方之人就能前来归附；想以乐教感动人，大家就能和谐相处。他老人家，生时为人尊重，死时为人哀悼，别人怎么能赶得上呢？"

【注释】①《朱注》："为恭，谓为恭敬推逊其师也。阶，梯也。立之，谓植其生也。道，引也，谓教之也。行，从也。绥，安也。来，归附也。动，谓鼓舞之也。和，所谓'于变时雍'，言其感应之妙，神速如此。荣，谓莫不尊亲。哀，则如丧考妣。"②《集解》："得邦家，谓为诸侯及卿大夫。言孔子为政，其立教则无不立，道之则莫不兴行，安之则远者来至，动之则莫不和睦，故能生则荣显，死则哀痛。"③李炳南《论语讲要》："竹氏《会笺》（按指竹添光鸿《论语会笺》）说：'所谓下六句，盖古赞圣人之成语，称其德广大，化行如神之妙也。今子贡引而证之，故曰所谓。'这六句，依古注大意说：以礼立人，人民自然能立；以德导人，人民便能奉行；以仁政安人，则远方之人来归；以乐教感动人，则人民和睦。生时，人民荣之；死时，人民哀之。"

【解读】此章紧承上两章，面对子禽之问，子贡再次为孔子辩解，这次他更直接以"天"来喻孔子；这种比喻，相对于"数仞宫墙"和"日月"来说，又不知高出多少倍矣！据《孝经·圣治章》："人之行，莫大于孝。孝莫大于严父。严父莫大于配天，则周公其人也。昔者，周公郊祀后稷以配天，宗祀文王于明堂，以配上帝。"子贡将孔子比作"天"，恐怕主要还不在于将孔子视为父亲一样来祭祀，而是主要在于他认为孔子之盛德当可配天也。《周易·乾文言》有云："夫大人者，与天地合其德，与日月合其明，与四时合其序，与鬼神合其吉凶。先天而天弗违，后天而奉天时。天且弗违，而况于人乎？况于鬼神乎？"孔子为"圣之时者"，完全具备此"大人"之德，故能"先天而天弗违，后天而奉天时"，此岂非"天德"之象乎？对于这样的"大人"，既然连"鬼神"皆不可违，吾辈凡人又孰能及耶？故子贡谓之"夫子之不可及也，犹天之不可阶而升也"。此对圣人气象之赞美，可谓无以复加矣！

紧接上文，于"夫子之得邦家者"以下，子贡又极力盛赞孔子"立之斯立，道之斯行，绥之斯来，动之斯和"之功德；照此而言，则圣人几几乎可将天下运于股掌之上矣。按李炳南所引古注之解释，此四者大致对应礼教、德政、仁政和乐教之效能，正孔门教化之要害处也。唐文治曾引《乾文言》"乾道变化，各正性命，保合太和，乃利贞"与《孟子》"所过者化，所存者神"为之解，并谓："盖至诚尽性之学如此，此以圣功推王道也。"（《论语大义》）也就是说，孔子既有此圣功，则于王道自当如此也。然从现实来看，此亦子贡之假设语也，孔子在其生时并没有做到如此，甚至其门弟子也没有做到如此，故唐文治又说："吾夫子之功绩，既不获稍见于世，则用行之志，不能无望于门弟子，然而诸贤者，亦相与沉沦下位，负才以终，何哉？孟子曰：'未闻以道殉乎人者也。'孔子惟不屑自贬其道，是以卒老于洙泗；诸贤不忍违背师法，亦不肯以师道殉人。故宁云散风流，没世牖下，而不自悔。呜呼，悲矣！不百年后，如仪、秦，如悝、武，如鞅、斯，皆用揣摩苟合，取将相之尊，而以其学乱天下；而如诸贤者，方且于阒寂无闻之中，出其学派,传嬗四方,淑世淑人,功德不可以胜纪。然则圣贤之徒,亦何负于世哉?!"(同上)孔门之正气,恰在于此。孔子及其门弟子虽然"未得邦家",此固为一大遗憾,然均能各守其道,"淑世淑人",亦不枉子贡之赞也。

  其中最值注意者,最后子贡以"其生也荣,其死也哀"为自己的一番慷慨陈词做结——由此可见,以上四章内容,乃子贡对孔子的盖棺定论也,亦《论语》对孔子的盖棺定论也。那么,子贡为什么敢于并能够说出这样的话呢?此或和子贡在孔子去世时的特殊际遇有关。据《礼记·檀弓篇》:"孔子蚤(早)作,负手曳杖,消摇(逍遥)于门,歌曰:'泰山其颓乎?梁木其坏乎?哲人其萎乎?'既歌而入,当户而坐。子贡闻之,曰:'泰山其颓,则吾将安仰?梁木其坏、哲人其萎,则吾将安放(仿)?夫子殆将病也。'遂趋而入,夫子曰:'赐,尔来何迟也?……予殆将死也。'盖寝疾七日而没。"《史记·孔子世家》和《孔子家语·终记解》中,也有大致相似的记录。据翁中和推测:"因夫子'蚤作',子贡或尚未起,乃夫子传唤子贡速来。所谓'子贡闻之',乃将命者告以夫子之歌词,故匆匆而入。以夫子传唤之急,不觉嫌其来迟,且当户而坐,告以将死。是夫子有遗命,嘱子贡,亦至明矣!《论语》之编著,必居其一。"(《人天书》)盖彼时颜回、子路已死,惟子贡德才兼备,能受此遗命也。故孔子死后,才有众弟子行"三年之丧"后乃归,惟"子贡反(返),筑室于场",又"独居三年"之举(见《孟子·滕文公上》),盖子贡有遗命在身也。鉴于此,由子贡在《子张篇》的结尾(实乃《论语》全书之结尾),对孔子做出盖棺定论式的评价,就是完全合乎情理的了。而由此四章子贡对孔子的评价内容来看,子贡实亦未辜负孔子之嘱托也!

尧曰第二十

20.1 尧曰:"咨!尔舜!天之历数在尔躬,允执其中。四海困穷,天禄永终。"舜亦以命禹。

曰:"予小子履,敢用玄牡,敢昭告于皇皇后帝:有罪不敢赦。帝臣不蔽,简在帝心。朕躬有罪,无以万方;万方有罪,罪在朕躬。"

周有大赉(lài),善人是富。"虽有周亲,不如仁人。百姓有过,在予一人。"

谨权量,审法度,修废官,四方之政行焉。兴灭国,继绝世,举逸民,天下之民归心焉。所重:民食、丧、祭。宽则得众,信则民任焉,敏则有功,公则说(悦)。

【译文】尧说:"听着啊!你这个舜!上天的使命已经降临到你的身上了,你要忠实地把握那个中道啊。如果天下的百姓陷入了困苦贫穷,那你的禄位就永远地完结了。"舜后来也用这番话告诫禹。

(商汤)说:"在下履,谨用黑色公牛作牺牲,明明白白地上告光明而伟大的天帝:有罪之人,我不敢擅自赦免。您的臣下的所作所为,我也不敢隐瞒,因为这些都清清楚楚地陈列在您的心里。我自己如果有罪过,请不要责怪各方百姓;百姓如果有罪过,请让我一个人来承担。"

周人受到上天恩赐并广施天下,使善人都富裕起来。(武王)说:"我虽有至亲之人,但不如有仁德之人。百姓如果犯了过错,责任都在我一人身上。"

谨慎地制定度量衡,检查各种法规制度,恢复被废弃的官职,全国的政令就可以通行无阻了。重建被无缘无故消灭的国家,延续已经断绝的宗族,推举那些遗落在民间的人,天下的百姓就会打心眼里归顺了。最重要的三件事是:老百姓的衣食、丧葬和祭祀。宽厚就会得到众人拥护,诚信就会得到百姓信赖,勤敏干事就会建立功绩，行事公平就会让大家满意喜悦。

【注释】①《正义》："历数是岁、月、日、星辰运行之法……王者，天之子，当法天而行，故尧以天之历数责之于舜。"②《朱注》："允，信也。中者，无过不及之名。四海之人困穷，则君禄亦永绝矣。戒之也。""'曰'上当有汤字。履，盖汤名。'用玄牡'，夏尚黑，未变其礼也。简，阅也。此引《商书·汤诰》之辞，盖汤既放桀而告诸侯也。与《书》文大同小异。言桀有罪，己不敢赦，而天下贤人，皆上帝之臣，己不敢蔽。又言君有罪非民所致，民有罪实君所为，见其厚于责己、薄于责人之意。"③董子竹《论语正裁》："'帝心'此处便是'道心'，'简在帝心'就是'道心惟微'。"④《皇疏》："周，周家也。赉，赐也。言周家受天大赐，故富足于善人也。"⑤《大义》："周，至也。仁人，谓微、箕之属。武王谦言，虽有至亲，不如殷之有仁人也。"⑥《读训》："'谨权量，审法度，修废官'即言一国之度量衡及法律制度必须全国划一，设官分制必无遗漏，于是政令可以推行矣；'兴灭国，继绝世，举逸民'，所以示仁道于天下，而收拾前朝之民心；注重民食、丧、祭，盖使百姓能养生送死以全孝道，则民无怨言矣。"

【解读】《朱注》曾引杨时曰："《论语》之书，皆圣人微言，而其徒传守之，以明斯道者也。故于终篇，具载尧、舜咨命之言，汤、武誓师之意，与夫施诸政事者。以明圣学之所传者，一于是而已，所以著明二十篇之大旨也。《孟子》于终篇，亦历叙尧、舜、汤、文、孔子相承之次，皆此意也。"又钱穆说："《论语》编集孔子言行，至《微子篇》已讫。《子张篇》记门弟子之言，而以子贡之称道孔子四章殿其后，《论语》之书，可谓至此已竟。本篇历叙尧、舜、禹、汤、武王所以治天下之大端，而又以孔子之言继之，自谨权量、审法度以下，汉儒即以为是孔子之言，陈后王之法，因说此篇乃《论语》之后序，犹《孟子》之书亦以历叙尧、舜、汤、文、孔子之相承作全书之后序也。然此章全不著子曰字，是否孔子语，尚不可知。"又李贽曾论本章文风说："若灭若没，若断若续。斑斑驳驳，如商彝，如周鼎，古色淋漓照人。可爱，可诵。"（《四书评》）此或为阅读本篇以及本章之背景也。

本章内容较多，文字甚长，大致可以分为四节。

第一节，自"尧曰"至"舜亦以命禹"。此节开头即讲"天之历数在尔躬"，也就是将个人际遇和天道运行联系起来了,此与《周易》强调"天人合德"之旨完全相通。当然,此节核心当为"允执其中"一语。辛全甚至说:"(《论语》)十九篇许多言,总都是夫子恐致'四海困穷,天禄永终',惟'允执其中'可以保之。故引尧舜之言、汤武之事以结之。"(《四书说》)"中庸""中道""中行""时中"等等,前已屡言之;实则"中"之一字,既为儒家之高深哲理,亦为其用世之绝妙法术也。据清华简《保训》所载,在周文王病危之际,就曾通过舜、微(上甲微)用"中"的两则传说,来训导太子发(周武王);其中提到"中"字凡四次,分别是"求中""得中""假中"和"归中"。舜、微所用之"中",或有具体所指(如有学者认为当指旗旌等),但周文王将之提升到政治层面并得出"中道"的涵义还是很清楚的。而《周易》对"中"的赞赏那就更多了,比如需卦《彖传》就明确讲"位乎天位,以正中也",比卦九五《小象》讲"显比之吉,位正中也",解卦《彖传》则讲"其来复吉,乃得中也"等等。结合《论语》本章来说,何以至于"四海困穷,天禄永终"?恰君上失其中之故也——这和周人"尚中"的思想无疑是一脉相承的。另此章讲"允执其中",着重在"允执"二字,或即强调其运用之妙也。李颙说:"'允'者,真实无妄之谓。心体如此,则心得其中;治体如此,则治得其中。"(《四书反身录》)准此,则"心法""治法"亦原本不二也,读者察之。

第二节,自"曰予小子履"至"罪在朕躬"。本节讲到"皇皇后帝",讲到"罪"以及"帝心"等等,均值注意。很明显,这里似有将"帝"人格化之倾向。我们在"或问禘之说"章(3.11),曾经分析过中国人的"上帝"概念,可以参考。另此处之"玄牡",或可与《老子》中的"玄牝"做个比较,此或儒家尚阳、道家尚阴之又一确证耶?又《尔雅·释诂》曰:"后,君也。"此义与《周易》泰卦《彖传》"后以财(裁)成天地之道"和姤卦《彖传》"后以施命诰四方"中的"后"字相同,当与帝同义。当然,此节商汤所谓"朕躬有罪,无以万方;万方有罪,罪在朕躬"最是动人,在某种意义上,此真一片仁心也,当与"帝心"即"道心"完全相合。

第三节,自"周有大赉"至"在予一人"。武王克商,"大赉于四海",此见《尚书·周书·武成篇》。武王所谓"百姓有过,在予一人",与商汤"罪在朕躬"之义同。上节讲到"罪",本节讲到"过",非同一般,亦值注意。另李泽厚曾对此反思说:"强调爱护人民(氏族成员),要求责任和错误完全由首领来承担,这就是儒家的'民主':'为民作主'的'人治'。它与现代'人民作主'的'法治'毫不相干。

把两者混为一谈，以为从前者转换为后者，完全错误。"但他同时也认为，"前者经由儒家强调，在观念上持续了三千年，至今影响犹存，不能轻视。"（《论语今读》）故"在建立现代经济政治制度中，如何吸取中国文化因素，而走出一条对世界有普遍意义的新路"，依然是当前值得认真思考的一个关键问题。

第四节，自"谨权量"至"公则说"。依唐文治说，此讲"治统"也。"盖治统者，源于道统，尧以是传之舜，舜以是传之禹，禹以是传之汤，汤以是传之文武周公，文武周公传之孔子。《尧曰》一篇，以孔子之道统，继尧舜禹汤文武周公之治统也。"（《论语大义》）此"治统"以"允执其中"为大原则，其具体内容则见之于本节"谨权量""审法度""兴灭继绝"以及"食、丧、祭"之属，这些内容在《论语》前边章节均有所提及，此不赘言。毫无疑问，这些具体的治国内容，现在已经过时，但在当时则无疑为"经纶天下"之大经也。儒家不仅重视"内圣"，而且重视"外王"，于此又可见也。另本节末段"宽则得众"云云，与《阳货篇》"恭宽信敏惠"章（17.6）略同，读者不妨回头参看。

20.2 子张问于孔子曰："何如斯可以从政矣？"子曰："尊五美，屏（bǐng）四恶，斯可以从政矣。"子张曰："何谓五美？"子曰："君子惠而不费，劳而不怨，欲而不贪，泰而不骄，威而不猛。"子张曰："何谓惠而不费？"子曰："因民之所利而利之，斯不亦惠而不费乎？择可劳而劳之，又谁怨？欲仁而得仁，又焉贪？君子无众寡，无小大，无敢慢，斯不亦泰而不骄乎？君子正其衣冠，尊其瞻视，俨然人望而畏之，斯不亦威而不猛乎？"子张曰："何谓四恶？"子曰："不教而杀谓之虐；不戒视成谓之暴；慢令致期谓之贼；犹之与人也，出纳之吝谓之有司。"

【译文】子张向孔子请教："要怎样做才能从事政治呢？"孔子说："推崇五种美德，排除四种恶行，这样就能从事政治了。"子张说："五种美德是指什么？"孔子说："君子从政，应该做到：惠民而不耗费财力，劳民而不招致怨恨，有欲望而不贪婪，身心安泰而不骄傲，有威仪而不凶猛。"子张问："所谓'惠民而不耗费财力'等等，到底是什么意思呢？"孔子说："顺着百姓的利益去做，这不就是惠民而不耗费财力吗？选择可以使百姓劳作的，才让他们劳作，他们怎么会怨恨呢？自己希望行仁，而且你的确行仁了，那怎么会贪？君子不管人多人少,不管势力大小,都对他们不敢怠慢,这不就是身心安泰而不骄傲吗?君子穿戴整齐、目不邪视、举止庄严,使人看到就心生敬畏,这不就是有威仪而不凶猛吗?"子张又问:"那四种恶行又是什么呢?"孔子说:"不加以教导就大开杀戒,这就叫虐;不事先告知就要看成果,这就叫暴;刚开始的时候懈怠,却突然限期提出要求,这就叫贼;答应了给人东西,出手时却又舍不得了,这就像小出纳一个样子了。"

【注释】①《皇疏》:"言为政之道,能令民下荷于润惠而我无所费损,故云惠而不费也。君使民劳苦,而民其心无怨,故云劳而不怨也。君能遂己所欲,而非贪吝也。君能恒宽泰,而不骄傲也。君能有威严,而不猛厉伤物也。"②邢昺《论语注疏》:"民居五土,所利不同:山者利其禽兽,渚者利其渔盐,中原利其五谷,人君因其所利,使各居其所安,不易其利,则是惠爱利民在政,且不费于财也。"③《读训》:"所谓'欲仁'者,即言其所欲者在仁,而仁者爱人,仁者'己所不欲,勿施于人',能如此则无贪利之心矣。"④《朱注》:"虐,谓残酷不仁。暴,谓卒遽无渐。致期,刻期也。贼者,切害之意。缓于前而急于后,以误其民而必刑之,是贼害之也。犹之,犹言均之也。均之以物与人,而于其出纳之际,乃或吝而不果;则是有司之事,而非为政之体,所与虽多,人亦不怀其惠矣。项羽使人,有功当封,刻印刓,忍弗能予,卒以取败,亦其验也。"

【解读】唐文治说:"上章言帝王之治法,此章言春秋时应行之政治,与后世当亟去之弊。"(《论语大义》)朱子亦引尹焞说:"告问政者多矣,未有如此之备者也。故记之以继帝王之治,则夫子之为政可知也。"(《四书集注》)另值得注意者,此章又为子张之问,更凸显了子张在孔子死后之地位,翁中和推测子张曾协助子贡编撰《论语》(见19.16),当非无据。

关于"五美",容易理解,且和《论语》前章多有重合者。如"惠而不费",孔子曾赞扬子产"其养民也惠"(5.16);如"劳而不怨",和"使民以时"(1.5)"其使民也义"(5,16)等也相通;如"欲而不贪",则和"苟子之不欲,虽赏之不窃"(12.18)暗合;而"泰而不骄,威而不猛",我们在"子温而厉,威而不猛,恭而安"(7.38)以及"君子有三变"(19.9)中,亦早见之矣。但这种总结依然是具有意义的,对此李光地曾结合《周易》《孝经》评价说:"政之大端,惟养与教。惠而不费,欲而不贪是养边事。劳而不怨,泰而不骄,威而不猛,是教边事。损上益下,以加惠小民,是养也,然费则事有难继。念切于惠民者,是欲也,然贪则心有难久。所谓贪者,或求其报,或干其誉,皆是也。先之劳之,以率作兴事,是教之也,然怨则无乐从之心。教民而使之可象可畏,是泰也威也,然骄、猛则无亲附之意。如此则不能纯美,必去其疵病,而后纯者也。大抵惠而不费,劳而不怨,且就政事言之。欲而不贪,泰而不骄,威而不猛,则直推至于为政者身心本原之处,乃上二句所以美恶之根也。《易》曰'弗损益之'(按语出损卦九二、上九),惠而何费焉?又曰'有孚惠心,勿问之矣'(按语出益卦九五《小象》),欲而何贪焉?《易》曰'说以先民,民忘其劳'(按语出兑卦《象传》),劳而何怨焉?孝经曰'其政不严而治,其教不肃而成',泰而何骄,威而何猛焉?盖君子之以爱宅心者纯,而以敬律身者至,自然使百姓有食力不知趋事不倦之效。"(《读论语札记》)说得很好。

而关于"四恶",在《论语》前章也有体现。如"不教而杀谓之虐",与"以不教民战,是谓弃之"(13.30),如出一辙。另《韩诗外传》卷三曾载孔子曰:"不戒责成,害也;慢令致期,暴也;不教而诛,贼也。君子为政,避此三者。"《孔子家语·始诛》中也有大致相似的记载。李光地曾将此"四恶"与"五美"对比说:"四恶则反是,不教而杀,不戒视成,慢令致期,盖不但无躬行之先,而且无法制禁令之常。虐、暴、贼,正与骄、猛字相应,欲其无怨,不可得已。欲出则吝其利,欲纳则又吝其名,无大德而屑屑计较于小惠之间,是有司之事也。吝字、有司字,正与贪字相应,欲其无费不可得已。此皆起于霸者,尚力任法,小补骊虞(通"欢娱")之所为,而其流弊则有不可胜言者,与虞夏殷周之道远矣。记者次此于帝王之后,盖有指也。"(同上)此"四恶"之弊,迄今亦不鲜见,《系辞下》曾赞《易》曰"其旨远,其辞文,其言曲而中,其事肆而隐",孔子于此痛责"四恶",亦可当此之评也。

20.3 孔子曰:"不知命,无以为君子也;不知礼,无以立也;不知言,无以知人也。"

【译文】孔子说:"不懂得命运,不可能成为君子;不懂得礼制,不可能立足于社会;不懂得人们说的话,不可能辨别人。"

【注释】①《皇疏》:"命,谓穷通夭寿也。人生而有命,受之由天,故不可不知也。若不知而强求,则不成为君子之德,故云无以为君子也。穷谓贫贱,达谓富贵,并禀之于天。"②韩愈《论语笔解》:"命,谓穷理尽性以至于命也,非止穷达。"③许谦《读四书丛说》:"有天理之命,有气数之命。天理之命,人得之以为性者也;气数之命,人得之以为生死寿夭贫富贵贱者也。此章命字,盖兼二者而言。"④《朱注》引程子曰:"知命者,知有命而信之也。人不知命,则见害必避,见利必趋,何以为君子?"并谓:"不知礼,则耳目无所加,手足无所措。""言之得失,可以知人之邪正。"

【解读】此为《论语》最后一章,以"三知之学"收尾,唐文治谓之"知命之学""知礼之学""知言之学",此"三知之学"或可与《论语》首章"三乐之学"遥相呼应也。朱子引尹焞曰:"知斯三者,则君子之学备矣。弟子记此以终篇,得无意乎?"(《四书集注》)毫无疑问,这肯定是大有深意的。

我们首先看"知命"。"命"在《论语》中屡言之,如果去掉其神秘化的成分,其涵义当为"人生使命"之意,即一个君子,要懂得自己来到这个世界上的人生使命。从上引皇侃、韩愈、许谦、程子等人的注解来看,此"命"应包括两个层面:就个体而言,每个人当然都有其不同的身世和际遇,其中很多东西是很难改变的。皇侃等人以"穷通夭寿"谓命,即此意也;《中庸》云"君子素其位而行,不愿乎其外。素富贵行乎富贵,素贫贱行乎贫贱",亦可谓"知命"矣。然此"命"及此"知命"还不能说是最高的层次。韩愈引《周易·说卦传》曰:"命,谓穷理尽性以至于命也,非止穷达。"这里的"命",显然是超乎个体差异之上的、人之区别于动物的,更高层面意义上的"命"。《韩诗外传》有云:"天之所生,皆有仁义礼智顺善之心。无仁义礼智顺善之心,谓之小人。故曰:'不知命,无以为君子。'"《汉书·董仲舒传》云:"人受命于天,固超然异于群生,贵于物也。故曰天地之性人为贵。明于天性,知自贵于物,然后知仁义礼智,安处乐,善循理,谓之君子。故孔子曰:'不知命,无以为君子。'"程子所谓"人不知命,则见害必避,见利必趋",即指此"命"也。许谦说:"此章命字,盖兼二者而言。"说得很好。两相比较,此两种意义上的"命"(或可谓"个我之命"和"大我之命"),前者当然要以服从于后者。《周易》有云:"君子以正位凝命。"(鼎卦《大象》)意思无非就是说,我们要将那降自上天的"仁义礼智"之善性凝聚起来,在我们个体生命的偶然性中寻找到属于自己的、区别于其他个体的人生使命也。《周易》所谓"致命遂志"（困卦《大象》），《论语》所谓"见危授命"（14.12）"见危致命"（19.1），亦当由此角度予以理解，即个人甚至可以舍弃自己的"个我之命"以成就其"大我之命"也。由此可见，"知命之学"，其意可谓深矣、广矣！

我们再看"知礼"。何谓"礼"？礼在古代是规范社会行为的一切法则、规定、仪式的总称。按照儒家的观点，我们既"生而为人"，则必须循礼、依礼而行，否则何以立足于社会哉？此章讲"不知礼，无以立也"，和《泰伯篇》讲"兴于诗，立于礼，成于乐"（8.8），其理一也。朱子有云："不知礼，则耳目无所加，手足无所措。"又《周易·系辞上》有"知崇礼卑"之说，朱子释之曰："知识贵乎高明，践履贵乎著实，知既高明，须放低著实作去。"（《朱子语类》）所以说到"礼"，人们首先想到就是的"践履"，《周易》亦以履卦为礼。另礼当然首先是一种"他律"性的存在，有其强制性的一面，故古代"礼法"往往连称。但"他律"必须转为"自律"，才能真正发挥作用，故孔子讲"克己复礼为仁"（12.1），并随之质问："为仁由己，而由人乎哉？"这里强调的就是礼必须由他律转为自律之重要性也。孔子自述"三十而立"，又讲"七十从心所欲不逾矩"（2.4），或说明的就是自己通过学习礼，其行为由他律逐渐转向自律而立足于社会之过程也。唐文治说："知礼之学，亦由浅入深者也。始焉品节详明，不越秩序而已，进而上之，则非礼勿视听言动，而动作威仪之则，皆为定命之符矣。此尊德性而道问学，由知天、事天而能立命者也。"（《论语大义》）由此可见，"知礼之学"，其意亦可谓深矣、大矣！

最后来看"知言"。《论语》中孔子论"言"之处甚多，其中涉及"知言"和"知人"之关系者，即有："可与言而不与之言，失人；不可与言而与之言，失言。知者不失人，亦不失言。"（15.8）"始吾于人也，听其言而信其行；今吾于人也，听其言而观其行。"（5.10）"君子不以言举人，不以人废言。"（15.23）盖言者心之声也，但可伪作，故必察知言之真伪，方能知人也。《周易·系辞下》（也是末尾）云："将叛者其辞惭，中心疑者其辞枝，吉人之辞寡，躁人之辞多，诬善之人其辞游，失其守者其辞屈。"此真于知言、知人有深刻洞察力之微言也，正可与此章"不知言，无以知人也"一语互参。另需指出者，此处之"言"亦并非仅指常人之言，且亦指圣人之言也。唐文治说："知言之学，亦由浅入深者也。始焉辨善恶邪正而已，进而上之，则不特知今人之言，且有以知圣经贤传之言矣。"（同上）故孔子曰："君子有三畏：畏天命，畏大人，畏圣人之言。"（16.8）此所谓"畏圣人之言"者,亦可与本章互参。由此可见,"知言之学",其意亦深矣且广矣!

当然,"知命""知礼""知言",三者并非是割裂的,而是互相联系的。李光地对此论之甚详,转抄如下:"尽其在我者,而听其在天者,谓之知命。不知此,则无入道成德之基,故曰无以为君子。卓然于义命之际,似乎可以立矣,然义之中,节文详备。不知此,而持循于日用之间,则自信或不笃,自守或不坚,故曰无以立。身既立矣,而德业之助则在乎人。言者人心之声也,苟非穷理而有以知言,则是非莫能辨,因之而邪正莫能知,故曰无以知人。知命则立志之验,知礼则持敬之功,知人则穷理之效,是亦先儒论学之序也。"(《读论语札记》)就此而论,"三知之学",岂虚言哉?!孔门之学,岂虚言哉?!

附录：周易经传

周易上经（附《彖传》《象传》）

乾卦（䷀）第一

乾：元，亨，利，贞。

彖曰：大哉乾元，万物资始，乃统天。云行雨施，品物流形。大明终始，六位时成，时乘六龙以御天。乾道变化，各正性命，保合太和，乃利贞。首出庶物，万国咸宁。

象曰：天行健，君子以自强不息。

初九：潜龙勿用。

象曰："潜龙勿用"，阳在下也。

九二：见龙在田，利见大人。

象曰："见龙在田"，德施普也。

九三：君子终日乾乾，夕惕若，厉无咎。

象曰："终日乾乾"，反复道也。

九四：或跃在渊，无咎。

象曰："或跃在渊"，进无咎也。

九五：飞龙在天，利见大人。

象曰："飞龙在天"，大人造也。

上九：亢龙有悔。

象曰："亢龙有悔"，盈不可久也。

用九：见群龙 无首，吉。

象曰："用九"，天德不可为首也。

坤卦（☷）第二

坤：元，亨，利牝马之贞。君子有攸往，先迷后得主，利西南得朋，东北丧朋。安贞，吉。

彖曰：至哉坤元，万物资生，乃顺承天。坤厚载物，德合无疆。含弘光大，品物咸亨。牝马地类，行地无疆，柔顺利贞。君子攸行，先迷失道，后顺得常。西南得朋，乃与类行；东北丧朋，乃终有庆。安贞之吉，应地无疆。

象曰：地势坤，君子以厚德载物。

初六：履霜，坚冰至。象曰："履霜坚冰"，阴始凝也。驯致其道，至坚冰也。

六二：直、方、大，不习，无不利。象曰：六二之动，直以方也。"不习，无不利"，地道光也。

六三：含章，可贞。或从王事，无成有终。

象曰："含章可贞"，以时发也。或从王事，知光大也。

六四：括囊，无咎无誉。

象曰："括囊无咎"，慎不害也。

六五：黄裳，元吉。象曰："黄裳元吉"，文在中也。

上六：龙战于野，其血玄黄。

象曰："龙战于野"，其道穷也。

用六：利永贞。

象曰："用六"永贞，以大终也。

屯卦（☳）第三

屯：元亨，利贞。勿用有攸往，利建侯。

彖曰：屯，刚柔始交而难生，动乎险中，大亨贞。雷雨之动满盈，天造草昧，宜建侯而不宁。

象曰：云雷，屯；君子以经纶。

初九：盘桓，利居贞，利建侯。

象曰：虽盘桓，志行正也。以贵下贱，大得民也。

六二：屯如邅如，乘马班如。匪寇婚媾。女子贞不字，十年乃字。

象曰：六二之难，乘刚也。十年乃字，反常也。

六三：即鹿无虞，惟入于林中。君子几，不如舍。往吝。

象曰："即鹿无虞"，以从禽也。君子舍之，往吝穷也。

六四：乘马班如，求婚媾。往吉，无不利。

象曰：求而往，明也。

九五：屯其膏，小贞吉，大贞凶。

象曰："屯其膏"，施未光也。

上六：乘马班如，泣血涟如。

象曰："泣血涟如"，何可长也。

蒙卦（☷）第四

蒙：亨。匪我求童蒙，童蒙求我。初筮告，再三渎，渎则不告。利贞。

彖曰：蒙，山下有险，险而止，蒙。"蒙亨"，以亨行时中也。"匪我求童蒙，童蒙求我"，志应也。"初筮告"，以刚中也。"再三渎，渎则不告"，渎蒙也。蒙以养正，圣功也。

象曰：山下出泉，蒙；君子以果行育德。

初六：发蒙，利用刑人，用说桎梏，以往吝。

象曰："利用刑人"，以正法也。

九二：包蒙，吉。纳妇，吉。子克家。

象曰："子克家"，刚柔接也。

六三：勿用取女。见金夫，不有躬，无攸利。

象曰："勿用取女"，行不顺也。

六四：困蒙，吝。

象曰：困蒙之吝，独远实也。

六五：童蒙，吉。

象曰：童蒙之吉，顺以巽也。

上九：击蒙，不利为寇，利御寇。

象曰：利用御寇，上下顺也。

需卦（☵☰）第五

需：有孚，光亨，贞吉。利涉大川。

彖曰：需，须也；险在前也。刚健而不陷，其义不困穷矣。"需有孚，光亨，贞吉"，位乎天位，以正中也。"利涉大川"，往有功也。

象曰：云上于天，需；君子以饮食宴乐。

初九：需于郊。利用恒，无咎。

象曰："需于郊"，不犯难行也。"利用恒，无咎"，未失常也。

九二：需于沙。小有言，终吉。

象曰："需于沙"，衍在中也。虽小有言，以终吉也。

九三：需于泥，致寇至。

象曰："需于泥"，灾在外也。自我致寇，敬慎不败也。

六四：需于血，出自穴。

象曰："需于血"，顺以听也。

九五：需于酒食，贞吉。

象曰："酒食贞吉"，以中正也。

上六：入于穴，有不速之客三人来，敬之终吉。

象曰："不速之客来，敬之终吉"，虽不当位，未大失也。

讼卦（☰☵）第六

讼：有孚，窒惕，中吉，终凶。利见大人，不利涉大川。

彖曰：讼，上刚下险，险而健，讼。"讼：有孚，窒惕，中吉"，刚来而得中也。"终凶"，讼不可成也。"利见大人"，尚中正也。"不利涉大川"，入于渊也。

象曰：天与水违行，讼；君子以作事谋始。

初六：不永所事，小有言，终吉。

象曰："不永所事"，讼不可长也。虽"有小言"，其辩明也。

九二：不克讼，归而逋。其邑人三百户，无眚。

象曰:"不克讼",归逋窜也。自下讼上,患至掇也。

六三:食旧德,贞厉,终吉。或从王事,无成。

象曰:"食旧德",从上吉也。

九四:不克讼,复自命。渝,安贞,吉。

象曰:"复即命,渝,安贞",不失也。

九五:讼,元吉。

象曰:"讼,元吉",以中正也。

上九:或锡之鞶带,终朝三褫之。

象曰:以讼受服,亦不足敬也。

师卦（☷）第七

师:贞丈人吉,无咎。

彖曰:师,众也。贞,正也。能以众正,可以王矣。刚中而应,行险而顺,以此毒天下,而民从之,吉又何咎矣。

象曰:地中有水,师;君子以容民畜众。

初六:师出以律,否臧凶。

象曰:"师出以律",失律凶也。

九二:在师中吉,无咎。王三锡命。

象曰:"在师中吉",承天宠也。王三锡命,怀万邦也。

六三:师或舆尸,凶。

象曰:"师或舆尸",大无功也。

六四:师左次,无咎。

象曰:"左次无咎",未失常也。

六五:田有禽。利执言,无咎。长子帅师,弟子舆尸,贞凶。

象曰:"长子帅师",以中行也。"弟子舆师",使不当也。

上六:大君有命,开国承家,小人勿用。

象曰:"大君有命",以正功也。"小人勿用",必乱邦也。

比卦（☷☵）第八

比：吉。原筮，元永贞，无咎。不宁方来，后夫凶。

彖曰：比，吉也；比，辅也，下顺从也。"原筮，元永贞，无咎"，以刚中也。"不宁方来"，上下应也。"后夫凶"，其道穷也。

象曰：地上有水，比；先王以建万国，亲诸侯。

初六：有孚比之，无咎。有孚盈缶，终来有它，吉。

象曰：比之初六，有它吉也。

六二：比之自内，贞吉。

象曰："比之自内"，不自失也。

六三：比之匪人。

象曰："比之匪人"，不亦伤乎？

六四：外比之，贞吉。

象曰：外比于贤，以从上也。

九五：显比，王用三驱，失前禽。邑人不诫，吉。

象曰："显比"之吉，位正中也。舍逆取顺，"失前禽"也。"邑人不诫"，上使中也。

上六：比之无首，凶。

象曰："比之无首"，无所终也。

小畜卦（☰☴）第九

小畜：亨。密云不雨，自我西郊。

彖曰：小畜，柔得位而上下应之，曰小畜。健而巽，刚中而志行，乃亨。"密云不雨"，尚往也。"自我西郊"，施未行也。

象曰：风行天上，小畜；君子以懿文德。

初九：复自道，何其咎？吉。

象曰："复自道"，其义吉也。

九二：牵复，吉。

象曰：牵复在中，亦不自失也。

九三：舆说（脱）辐，夫妻反目。

象曰："夫妻反目"，不能正室也。

六四：有孚，血去惕出，无咎。

象曰："有孚惕出"，上合志也。

九五：有孚挛如，富以其邻。

象曰："有孚挛如"，不独富也。

上九：既雨既处，尚德载。妇贞厉，月几望。君子征凶。

象曰："既雨既处"，德积载也。"君子征凶"，有所疑也。

履卦（☰）第十

履：履虎尾，不咥人，亨。

彖曰：履，柔履刚也。说而应乎乾，是以"履虎尾，不咥人"，亨。刚中正，履帝位而不疚，光明也。

象曰：上天下泽，履；君子以辨上下，定民志。

初九：素履，往无咎。

象曰：素履之往，独行愿也。

九二：履道坦坦，幽人贞吉。

象曰："幽人贞吉"，中不自乱也。

六三：眇能视，跛能履，履虎尾，咥人，凶。武人为于大君。

象曰："眇能视"，不足以有明也。"跛能履"，不足以与行也。咥人之凶，位不当也。"武人为于大君"，志刚也。

九四：履虎尾，愬愬终吉。

象曰："愬愬终吉"，志行也。

九五：夬履，贞厉。

象曰："夬履贞厉"，位正当也。

上九：视履考祥，其旋元吉。

象曰：元吉在上，大有庆也。

泰卦（☷☰）第十一

泰：小往大来，吉，亨。

彖曰："泰，小往大来，吉，亨"，则是天地交而万物通也，上下交而其志同也。内阳而外阴，内健而外顺，内君子而外小人，君子道长，小人道消也。

象曰：天地交，泰；后以财（裁）成天地之道，辅相天地之宜，以左右民。

初九：拔茅茹，以其汇。征吉。

象曰："拔茅征吉"，志在外也。

九二：包荒，用冯河，不遐遗，朋亡，得尚于中行。

象曰："包荒，得尚于中行"，以光大也。

九三：无平不陂，无往不复。艰贞无咎。勿恤其孚，于食有福。

象曰："无往不复"，天地际也。

六四：翩翩，不富以其邻，不戒以孚。

象曰："翩翩不富"，皆失实也。"不戒以孚"，中心愿也。

六五：帝乙归妹，以祉元吉。

象曰："以祉元吉"，中以行愿也。

上六：城复于隍，勿用师，自邑告命。贞吝。

象曰："城复于隍"，其命乱也。

否卦（☰☷）第十二

否：否之匪人，不利君子贞，大往小来。

彖曰："否之匪人，不利君子贞，大往小来"，则是天地不交而万物不通也，上下不交而天下无邦也。内阴而外阳，内柔而外刚，内小人而外君子，小人道长，君子道消也。

象曰：天地不交，否；君子以俭德辟（避）难，不可荣以禄。

初六：拔茅茹，以其汇。贞吉，亨。

象曰：拔茅贞吉，志在君也。

六二：包承。小人吉，大人否，亨。

象曰："大人否，亨"，不乱群也。

六三：包羞。

象曰："包羞"，位不当也。

九四：有命无咎，畴离祉。

象曰："有命无咎"，志行也。

九五：休否，大人吉。其亡其亡，系于苞桑。

象曰：大人之吉，位正当也。

上九：倾否，先否后喜。

象曰：否终则倾，何可长也。

同人卦（☰）第十三

同人：同人于野，亨。利涉大川，利君子贞。

彖曰：同人，柔得位得中，而应乎乾，曰同人。曰"同人于野，亨。利涉大川"，乾行也。文明以健，中正而应，君子正也。唯君子为能通天下之志。

象曰：天与火，同人；君子以类族辨物。

初九：同人于门，无咎。

象曰：出门同人，又谁咎也。

六二：同人于宗，吝。

象曰："同人于宗"，吝道也。

九三：伏戎于莽，升其高陵，三岁不兴。

象曰："伏戎于莽"，敌刚也。"三岁不兴"，安行也。

九四：乘其墉，弗克攻，吉。

象曰："乘其墉"，义弗克也。其"吉"，则困而反则也。

九五：同人，先号咷而后笑。大师克相遇。

象曰：同人之先，以中直也。大师相遇，言相克也。

上九：同人于郊，无悔。

象曰："同人于郊"，志未得也。

大有卦（☲☰）第十四

大有：元亨。

彖曰：大有，柔得尊位，大中而上下应之，曰大有。其德刚健而文明，应乎天而时行，是以元亨。

象曰：火在天上，大有；君子以遏恶扬善，顺天休命。

初九：无交害，匪咎。艰则无咎。

象曰：大有初九，无交害也。

九二：大车以载，有攸往，无咎。

象曰："大车以载"，积中不败也。

九三：公用亨于天子，小人弗克。

象曰："公用亨于天子"，小人害也。

九四：匪其彭，无咎。

象曰："匪其彭，无咎"，明辨晳也。

六五：厥孚交如，威如，吉。

象曰："厥孚交如"，信以发志也。威如之吉，易而无备也。

上九：自天佑之，吉无不利。

象曰：大有上吉，自天佑也。

谦卦（☷☶）第十五

谦：亨，君子有终。

彖曰：谦，亨。天道下济而光明，地道卑而上行。天道亏盈而益谦，地道变盈而流谦，鬼神害盈而福谦，人道恶盈而好谦。谦尊而光，卑而不可逾，君子之终也。

象曰：地中有山，谦；君子以裒多益寡，称物平施。

初六：谦谦君子，用涉大川，吉。

象曰："谦谦君子"，卑以自牧也。

六二：鸣谦，贞吉。

象曰："鸣谦贞吉"，中心得也。

九三：劳谦，君子有终，吉。

象曰："劳谦君子"，万民服也。

六四：无不利，㧑谦。

象曰："无不利，㧑谦"，不违则也。

六五：不富以其邻，利用侵伐，无不利。

象曰："利用侵伐"，征不服也。

上六：鸣谦，利用行师，征邑国。

象曰："鸣谦"，志未得也。可用行师，征邑国也。

豫卦（䷏）第十六

豫：利建侯行师。

彖曰：豫，刚应而志行，顺以动，豫。豫，顺以动，故天地如之，而况建侯行师乎？天地以顺动，故日月不过，而四时不忒；圣人以顺动，则刑罚清而民服。豫之时义大矣哉！

象曰：雷出地奋，豫；先王以作乐崇德，殷荐之上帝，以配祖考。

初六：鸣豫，凶。

象曰："初六鸣豫"，志穷凶也。

六二：介于石，不终日，贞吉。

象曰："不终日，贞吉"，以中正也。

六三：盱豫，悔。迟有悔。

象曰："盱豫有悔"，位不当也。

九四：由豫，大有得，勿疑。朋盍簪。

象曰："由豫，大有得"，志大行也。

六五：贞疾，恒不死。

象曰："六五贞疾"，乘刚也。"恒不死"，中未亡也。

上六：冥豫，成有渝。无咎。

象曰：冥豫在上，何可长也。

随卦（☱☳）第十七

随：元亨利贞，无咎。

彖曰：随，刚来而下柔，动而说，随。大亨，贞无咎，而天下随时，随时之义大矣哉！

象曰：泽中有雷，随；君子以晦入宴息。

初九：官有渝，贞吉。出门交有功。

象曰："官有渝"，从正吉也。"出门交有功"，不失也。

六二：系小子，失丈夫。

象曰："系小子"，弗兼与也。

六三：系丈夫，失小子。随有求得，利居贞。

象曰："系丈夫"，志舍下也。

九四：随有获，贞凶。有孚在道，以明，何咎。

象曰："随有获"，其义凶也。"有孚在道"，明功也。

九五：孚于嘉，吉。

象曰："孚于嘉，吉"，位正中也。

上六：拘系之，乃从维之。王用亨于西山。

象曰："拘系之"，上穷也。

蛊卦（☶☴）第十八

蛊：元亨。利涉大川。先甲三日，后甲三日。

彖曰：蛊，刚上而柔下，巽而止，蛊。蛊，元亨而天下治也。"利涉大川"，往有事也。"先甲三日，后甲三日"，终则有始，天行也。

象曰：山下有风，蛊；君子以振民育德。

初六：干父之蛊，有子，考无咎。厉，终吉。

象曰："干父之蛊"，意承考也。

九二：干母之蛊，不可贞。

象曰:"干母之蛊",得中道也。

九三:干父之蛊,小有悔,无大咎。

象曰:"干父之蛊",终无咎也。

六四:裕父之蛊,往见吝。

象曰:"裕父之蛊",往未得也。

六五:干父之蛊,用誉。

象曰:"干父""用誉",承以德也。

上九:不事王侯,高尚其事。

象曰:"不事王侯",志可则也。

临卦(䷒)第十九

临:元亨,利贞。至于八月有凶。

彖曰:临,刚浸而长,说而顺,刚中而应。大亨以正,天之道也。至于八月有凶,消不久也。

象曰:泽上有地,临;君子以教思无穷,容保民无疆。

初九:咸临,贞吉。

象曰:"咸临贞吉",志行正也。

九二:咸临,吉无不利。

象曰:"咸临,吉无不利",未顺命也。

六三:甘临,无攸利;既忧之,无咎。

象曰:"甘临",位不当也。"既忧之",咎不长也。

六四:至临,无咎。

象曰:"至临无咎",位当也。

六五:知临,大君之宜,吉。

象曰:"大君之宜",行中之谓也。

上六:敦临,吉无咎。

象曰:敦临之吉,志在内也。

观卦（☷）第二十

观：盥而不荐，有孚颙若。

彖曰：大观在上，顺而巽，中正以观天下，观。"盥而不荐，有孚颙若"，下观而化也。观天之神道，而四时不忒，圣人以神道设教，而天下服矣。

象曰：风行地上，观；先王以省方，观民设教。

初六：童观，小人无咎，君子吝。

象曰："初六童观"，小人道也。

六二：窥观，利女贞。

象曰："窥观""女贞"，亦可丑也。

六三：观我生，进退。

象曰："观我生，进退"，未失道也。

六四：观国之光，利用宾于王。

象曰："观国之光"，尚宾也。

九五：观我生，君子无咎。

象曰："观我生"，观民也。

上九：观其生，君子无咎。

象曰："观其生"，志未平也。

噬嗑卦（☲）第二十一

噬嗑：亨。利用狱。

彖曰：颐中有物，曰噬嗑。噬嗑而亨，刚柔分，动而明，雷电合而章。柔得中而上行，虽不当位，利用狱也。

象曰：雷电噬嗑；先王以明罚敕法。

初九：履校灭趾，无咎。

象曰："履校灭趾"，不行也。

六二：噬肤灭鼻，无咎。

象曰:"噬肤灭鼻",乘刚也。

六三:噬腊肉,遇毒。小吝,无咎。

象曰:"遇毒",位不当也。

九四:噬干胏,得金矢。利艰贞,吉。

象曰:"利艰贞吉",未光也。

六五:噬干肉,得黄金。贞厉,无咎。

象曰:"贞厉无咎",得当也。

上九:何校灭耳,凶。

象曰:"何校灭耳",聪不明也。

贲卦(☲)第二十二

贲:亨。小利有所往。

彖曰:贲亨,柔来而文刚,故亨。分刚上而文柔,故小利有攸往,天文也。文明以止,人文也。观乎天文,以察时变;观乎人文,以化成天下。

象曰:山下有火,贲;君子以明庶政,无敢折狱。

初九:贲其趾,舍车而徒。

象曰:"舍车而徒",义弗乘也。

六二:贲其须。

象曰:"贲其须",与上兴也。

九三:贲如濡如,永贞吉。

象曰:"永贞"之吉,终莫之陵也。

六四:贲如皤如,白马翰如。匪寇婚媾。

象曰:六四,当位疑也。"匪寇婚媾",终无尤也。

六五:贲于丘园,束帛戋戋。吝,终吉。

象曰:六五之吉,有喜也。

上九:白贲,无咎。

象曰:白贲无咎,上得志也。

剥卦(䷖)第二十三

剥：不利有攸往。

彖曰：剥，剥也，柔变刚也。"不利有攸往"，小人长也。顺而止之，观象也。君子尚消息盈虚，天行也。

象曰：山附地上，剥；上以厚下安宅。

初六：剥床以足，蔑贞凶。

象曰："剥床以足"，以灭下也。

六二：剥床以辨，蔑贞凶。

象曰："剥床以辨"，未有与也。

六三：剥之，无咎。

象曰："剥之无咎"，失上下也。

六四：剥床以肤，凶。

象曰："剥床以肤"，切近灾也。

六五：贯鱼以宫人宠，无不利。

象曰："以宫人宠"，终无尤也。

上九：硕果不食。君子得舆，小人剥庐。

象曰："君子得舆"，民所载也。"小人剥庐"，终不可用也。

复卦(䷗)第二十四

复：亨。出入无疾，朋来无咎。反复其道，七日来复，利有攸往。

彖曰："复，亨"，刚反，动而以顺行，是以"出入无疾，朋来无咎"。"反复其道，七日来复"，天行也。"利有攸往"，刚长也。复，其见天地之心乎？

象曰：雷在地中，复；先王以至日闭关，商旅不行，后不省方。

初九：不远复，无祗悔，元吉。

象曰："不远"之复，以修身也。

六二：休复，吉。

象曰："休复"之吉，以下仁也。

六三：频复，厉无咎。

象曰："频复"之厉，义无咎也。

六四：中行独复。

象曰："中行独复"，以从道也。

六五：敦复，无悔。

象曰："敦复无悔"，中以自考也。

上六：迷复，凶，有灾眚。用行师，终有大败；以其国君，凶，至于十年不克征。

象曰："迷复"之凶，反君道也。

无妄卦（☳）第二十五

无妄：元亨，利贞。其匪正有眚，不利有攸往。

彖曰：无妄，刚自外来，而为主于内，动而健，刚中而应。大亨以正，天之命也。"其匪正有眚，不利有攸往"，无妄之往，何之矣？天命不佑，行矣哉？

象曰：天下雷行，物与无妄；先王以茂对时，育万物。

初九：无妄，往吉。

象曰：无妄之往，得志也。

六二：不耕获，不菑畲，则利有攸往。

象曰：不耕获，未富也。

六三：无妄之灾。或系之牛，行人之得，邑人之灾。

象曰：行人得牛，邑人灾也。

九四：可贞，无咎。

象曰："可贞无咎"，固有之也。

九五：无妄之疾，勿药有喜。

象曰：无妄之药，不可试也。

上九：无妄，行有眚，无攸利。

象曰：无妄之行，穷之灾也。

大畜卦(☰☶)第二十六

大畜:利贞。不家食吉,利涉大川。

彖曰:大畜,刚健笃实辉光,日新其德,刚上而尚贤。能止健,大正也。"不家食吉",养贤也。"利涉大川",应乎天也。

象曰:天在山中,大畜;君子以多识前言往行,以畜其德。

初九:有厉,利已。

象曰:"有厉利已",不犯灾也。

九二:舆说輹。

象曰:"舆说輹",中无尤也。

九三:良马逐,利艰贞。曰闲舆卫,利有攸往。

象曰:"利有攸往",上合志也。

六四:童牛之牿,元吉。

象曰:六四元吉,有喜也。

六五:豶豕之牙,吉。

象曰:六五之吉,有庆也。

上九:何天之衢,亨。

象曰:"何天之衢",道大行也。

颐卦(☶☳)第二十七

颐:贞吉。观颐,自求口实。

彖曰:颐,贞吉,养正则吉也。观颐,观其所养也;自求口实,观其自养也。天地养万物,圣人养贤以及万民,颐之时大矣哉!

象曰:山下有雷,颐;君子以慎言语,节饮食。

初九:舍尔灵龟,观我朵颐,凶。

象曰:"观我朵颐",亦不足贵也。

六二:颠颐,拂经于丘颐,征凶。

象曰:六二征凶,行失类也。

六三:拂颐,贞凶。十年勿用,无攸利。

象曰:"十年勿用",道大悖也。

六四:颠颐,吉。虎视眈眈,其欲逐逐,无咎。

象曰:颠颐之吉,上施光也。

六五:拂经,居贞吉。不可涉大川。

象曰:居贞之吉,顺以从上也。

上九:由颐,厉吉。利涉大川。

象曰:"由颐厉吉",大有庆也。

大过卦（☱）第二十八

大过:栋桡。利有攸往,亨。

彖曰:"大过",大者过也。"栋桡",本末弱也。刚过而中,巽而说行,利有攸往,乃亨。大过之时大矣哉!

象曰:泽灭木,大过;君子以独立不惧,遁世无闷。

初六:藉用白茅,无咎。

象曰:"藉用白茅",柔在下也。

九二:枯杨生稊,老夫得其女妻,无不利。

象曰:"老夫""女妻",过以相与也。

九三:栋桡,凶。

象曰:"栋桡"之"凶",不可以有辅也。

九四:栋隆,吉;有它吝。

象曰:"栋隆"之"吉",不桡乎下也。

九五:枯杨生华,老妇得其士夫,无咎无誉。

象曰:"枯杨生华",何可久也。"老妇""士夫",亦可丑也。

上六:过涉灭顶,凶,无咎。

象曰:"过涉"之"凶",不可咎也。

坎卦（☵）第二十九

习坎：有孚，维心亨。行有尚。

彖曰：习坎，重险也。水流而不盈，行险而不失其信。"维心亨"，乃以刚中也。"行有尚"，往有功也。天险不可升也，地险山川丘陵也，王公设险以守其国，坎之时用大矣哉！

象曰：水洊至，习坎；君子以常德行，习教事。

初六：习坎，入于坎窞，凶。

象曰："习坎""入坎"，失道凶也。

九二：坎有险，求小得。

象曰："求小得"，未出中也。

六三：来之坎坎，险且枕，入于坎窞，勿用。

象曰："来之坎坎"，终无功也。

六四：樽酒簋贰，用缶，纳约自牖，终无咎。

象曰："樽酒簋贰"，刚柔际也。

九五：坎不盈，祗既平，无咎。

象曰："坎不盈"，中未大也。

上六：系用徽纆，置于丛棘，三岁不得，凶。

象曰：上六失道，凶三岁也。

离卦（☲）第三十

离：利贞，亨。畜牝牛，吉。

彖曰：离，丽也。日月丽乎天，百谷草木丽乎土。重明以丽乎正，乃化成天下。柔丽乎中正，故亨，是以"畜牝牛吉"也。

象曰：明两作，离；大人以继明照于四方。

初九：履错然，敬之无咎。

象曰："履错"之"敬"，以辟（避）咎也。

六二：黄离，元吉。

象曰："黄离元吉"，得中道也。

九三：日昃之离，不鼓缶而歌，则大耋之嗟，凶。

象曰："日昃之离"，何可久也。

九四：突如其来如，焚如，死如，弃如。

象曰："突如其来如"，无所容也。

六五：出涕沱若，戚嗟若，吉。

象曰：六五之吉，离王公也。

上九：王用出征，有嘉折首，获其匪丑，无咎。

象曰："王用出征"，以正邦也。

周易下经（附《彖传》《象传》）

咸卦（☷）第三十一

咸：亨，利贞。取女吉。

彖曰：咸，感也。柔上而刚下，二气感应以相与。止而说，男下女，是以"亨利贞，取女吉"也。天地感而万物化生，圣人感人心而天下和平。观其所感，而天地万物之情可见矣！

象曰：山上有泽，咸；君子以虚受人。

初六：咸其拇。

象曰："咸其拇"，志在外也。

六二：咸其腓，凶。居吉。

象曰：虽"凶"，"居吉"，顺不害也。

九三：咸其股，执其随，往吝。

象曰："咸其股"，亦不处也。志在随人，所执下也。

九四：贞吉悔亡，憧憧往来，朋从尔思。

象曰："贞吉悔亡"，未感害也。"憧憧往来"，未光大也。

九五：咸其脢，无悔。

象曰："咸其脢"，志末也。

上六：咸其辅颊舌。

象曰:"咸其辅颊舌",滕口说也。

恒卦(䷟)第三十二

恒:亨,无咎,利贞,利有攸往。

彖曰:恒,久也。刚上而柔下,雷风相与,巽而动,刚柔皆应,恒。"恒,亨,无咎,利贞",久于其道也;天地之道,恒久而不已也。"利有攸往",终则有始也。日月得天,而能久照;四时变化,而能久成;圣人久于其道,而天下化成。观其所恒,而天地万物之情可见矣!

象曰:雷风,恒;君子以立不易方。

初六:浚恒,贞凶,无攸利。

象曰:"浚恒"之"凶",始求深也。

九二:悔亡。

象曰:九二"悔亡",能久中也。

九三:不恒其德,或承之羞,贞吝。

象曰:"不恒其德",无所容也。

九四:田无禽。

象曰:久非其位,安得禽也。

六五:恒其德,贞,妇人吉,夫子凶。

象曰:妇人贞吉,从一而终也。夫子制义,从妇凶也。

上六:振恒,凶。

象曰:"振恒"在上,大无功也。

遁卦(䷠)第三十三

遁:亨。小利贞。

彖曰:"遁亨",遁而亨也。刚当位而应,与时行也。"小利贞",浸而长也。遁之时义大矣哉!

象曰:天下有山,遁;君子以远小人,不恶而严。

初六:遁尾,厉,勿用有攸往。

象曰："遁尾"之"厉"，不往何灾也。

六二：执之用黄牛之革，莫之胜说（脱）。

象曰：执用黄牛，固志也。

九三：系遁，有疾厉。畜臣妾吉。

象曰："系遁"之"厉"，有疾惫也。"畜臣妾吉"，不可大事也。

九四：好遁，君子吉，小人否。

象曰：君子好遁，小人否也。

九五：嘉遁，贞吉。

象曰："嘉遁贞吉"，以正志也。

上九：肥遁，无不利。

象曰："肥遁无不利"，无所疑也。

大壮卦（☳）第三十四

大壮：利贞。

彖曰：大壮，大者壮也。刚以动，故壮。"大壮利贞"，大者正也。正大而天地之情可见矣！

象曰：雷在天上，大壮；君子以非礼弗履。

初九：壮于趾，征凶，有孚。

象曰：壮于趾，其孚穷也。

九二：贞吉。

象曰：九二"贞吉"，以中也。

九三：小人用壮，君子用罔，贞厉。羝羊触藩，羸其角。

象曰："小人用壮"，君子罔也。

九四：贞吉，悔亡。藩决不羸，壮于大舆之輹。

象曰："藩决不羸"，尚往也。

六五：丧羊于易，无悔。

象曰："丧羊于易"，位不当也。

上六：羝羊触藩，不能退，不能遂，无攸利，艰则吉。

象曰："不能退，不能遂"，不详（祥）也。"艰则吉"，咎不长也。

晋卦（☷☲）第三十五

晋：康侯用锡（赐）马蕃庶，昼日三接。

彖曰：晋，进也。明出地上，顺而丽乎大明，柔进而上行，是以"康侯用锡马蕃庶，昼日三接"也。

象曰：明出地上，晋；君子以自昭明德。

初六：晋如，摧如，贞吉。罔孚，裕无咎。

象曰："晋如摧如"，独行正也；"裕无咎"，未受命也。

六二：晋如，愁如，贞吉。受兹介福，于其王母。

象曰："受兹介福"，以中正也。

六三：众允，悔亡。

象曰："众允"之志，上行也。

九四：晋如鼫鼠，贞厉。

象曰："鼫鼠贞厉"，位不当也。

六五：悔亡，失得勿恤；往吉，无不利。

象曰："失得勿恤"，往有庆也。

上九：晋其角，维用伐邑。厉吉，无咎，贞吝。

象曰："维用伐邑"，道未光也。

明夷卦（☷☲）第三十六

明夷：利艰贞。

彖曰：明入地中，明夷。内文明而外柔顺，以蒙大难，文王以之。"利艰贞"，晦其明也，内难而能正其志，箕子以之。

象曰：明入地中，明夷；君子以莅众，用晦而明。

初九：明夷于飞，垂其翼。君子于行，三日不食。有攸往，主人有言。

象曰："君子于行"，义不食也。

六二：明夷，夷于左股，用拯马壮，吉。

象曰：六二之吉，顺以则也。

九三：明夷于南狩，得其大首，不可疾贞。

象曰："南狩"之志，乃大得也。

六四：入于左腹，获明夷之心，于出门庭。

象曰："入于左腹"，获心意也。

六五：箕子之明夷，利贞。

象曰：箕子之贞，明不可息也。

上六：不明晦，初登于天，后入于地。

象曰："初登于天"，照四国也。"后入于地"，失则也。

家人卦（䷤）第三十七

家人：利女贞。

彖曰：家人，女正位乎内，男正位乎外；男女正，天地之大义也。家人有严君焉，父母之谓也。父父，子子，兄兄，弟弟，夫夫，妇妇，而家道正；正家而天下定矣。

象曰：风自火出，家人；君子以言有物而行有恒。

初九：闲有家，悔亡。

象曰："闲有家"，志未变也。

六二：无攸遂，在中馈，贞吉。

象曰：六二之吉，顺以巽也。

九三：家人嗃嗃，悔厉吉；妇子嘻嘻，终吝。

象曰："家人嗃嗃"，未失也；"妇子嘻嘻"，失家节也。

六四：富家，大吉。

象曰："富家大吉"，顺在位也。

九五：王假有家，勿恤，吉。

象曰：王假有家，交相爱也。

上九：有孚威如，终吉。

象曰："威如"之吉，反身之谓也。

睽卦（☲☱）第三十八

睽：小事吉。

彖曰：睽，火动而上，泽动而下；二女同居，其志不同行；说而丽乎明，柔进而上行，得中而应乎刚，是以"小事吉"。天地睽，而其事同也；男女睽，而其志通也；万物睽，而其事类也。睽之时用大矣哉！

象曰：上火下泽，睽；君子以同而异。

初九：悔亡。丧马勿逐，自复。见恶人，无咎。

象曰："见恶人"，以辟（避）咎也。

九二：遇主于巷，无咎。

象曰："遇主于巷"，未失道也。

六三：见舆曳，其牛掣，其人天且劓，无初有终。

象曰："见舆曳"，位不当也。"无初有终"，遇刚也。

九四：睽孤。遇元夫，交孚，厉无咎。

象曰："交孚无咎"，志行也。

六五：悔亡，厥宗噬肤，往何咎？

象曰："厥宗噬肤"，往有庆也。

上九：睽孤。见豕负涂，载鬼一车。先张之弧，后说之弧。匪寇，婚媾。往遇雨则吉。

象曰："遇雨"之"吉"，群疑亡也。

蹇卦（☵☶）第三十九

蹇：利西南，不利东北；利见大人，贞吉。

彖曰：蹇，难也，险在前也。见险而能止，知矣哉！蹇"利西南"，往得中也；"不利东北"，其道穷也；"利见大人"，往有功也；当位"贞吉"，以正邦也。蹇之时用大矣哉!

象曰:山上有水,蹇;君子以反身修德。

初六:往蹇,来誉。

象曰:"往蹇来誉",宜待也。

六二:王臣蹇蹇,匪躬之故。

象曰:"王臣蹇蹇",终无尤也。

九三:往蹇来反。

象曰:"往蹇来反",内喜之也。

六四:往蹇来连。

象曰:"往蹇来连",当位实也。

九五:大蹇朋来。

象曰:"大蹇朋来",以中节也。

上六:往蹇来硕,吉。利见大人。

象曰:"往蹇来硕",志在内也。"利见大人",以从贵也。

解卦(䷧)第四十

解:利西南。无所往,其来复吉。有攸往,夙吉。

彖曰:解,险以动,动而免乎险,解。解"利西南",往得众也;"其来复吉",乃得中也;"有攸往夙吉",往有功也。天地解而雷雨作,雷雨作而百果草木皆甲坼。解之时义大矣哉!

象曰:雷雨作,解;君子以赦过宥罪。

初六:无咎。

象曰:刚柔之际,义无咎也。

九二:田获三狐,得黄矢,贞吉。

象曰:九二贞吉,得中道也。

六三:负且乘,致寇至,贞吝。

象曰:"负且乘",亦可丑也。自我致戎,又谁咎也。

九四:解而拇,朋至斯孚。

象曰:"解而拇",未当位也。

六五：君子维有解，吉。有孚于小人。

象曰：君子有解，小人退也。

上六：公用射隼于高墉之上，获之，无不利。

象曰："公用射隼"，以解悖也。

损卦（䷨）第四十一

损：有孚，元吉，无咎，可贞，利有攸往。曷之用？二簋可用享。

象曰：损，损下益上，其道上行。损而"有孚，元吉，无咎，可贞，利有攸往"。"曷之用？二簋可用享"：二簋应有时，损刚益柔有时；损益盈虚，与时偕行。

象曰：山下有泽，损；君子以惩忿窒欲。

初九：已事遄往，无咎。酌损之。

象曰："已事遄往"，尚合志也。

九二：利贞，征凶。弗损益之。

象曰：九二利贞，中以为志也。

六三：三人行，则损一人；一人行，则得其友。

象曰：一人行，三则疑也。

六四：损其疾，使遄有喜，无咎。

象曰："损其疾"，亦可喜也。

六五：或益之十朋之龟，弗克违，元吉。

象曰：六五元吉，自上佑也。

上九：弗损益之，无咎，贞吉，利有攸往，得臣无家。

象曰："弗损益之"，大得志也。

益卦（䷩）第四十二

益：利有攸往，利涉大川。

象曰：益，损上益下，民说无疆。自上下下，其道大光。"利有攸往"，中正有庆。"利涉大川"，木道乃行。益动而巽，日进无疆。天施地生，其益无方。凡益之道，与时偕行。

象曰：风雷，益；君子以见善则迁，有过则改。

初九：利用为大作，元吉，无咎。

象曰：元吉无咎，下不厚事也。

六二：或益之十朋之龟，弗克违，永贞吉。王用享于帝，吉。

象曰："或益之"，自外来也。

六三：益之用凶事，无咎。有孚中行，告公用圭。

象曰："益用凶事"，固有之也。

六四：中行，告公从，利用为依迁国。

象曰："告公从"，以益志也。

九五：有孚惠心，勿问元吉。有孚惠我德。

象曰："有孚惠心"，勿问之矣。"惠我德"，大得志也。

上九：莫益之，或击之，立心勿恒，凶。

象曰："莫益之"，偏辞也。"或击之"，自外来也。

夬卦（☱）第四十三

夬：扬于王庭，孚号有厉。告自邑，不利即戎。利有攸往。

彖曰：夬，决也，刚决柔也。健而说，决而和。"扬于王庭"，柔乘五刚也。"孚号有厉"，其危乃光也。"告自邑，不利即戎"，所尚乃穷也。"利有攸往"，刚长乃终也。

象曰：泽上于天，夬；君子以施禄及下，居德则忌。

初九：壮于前趾，往不胜为咎。

象曰：不胜而往，咎也。

九二：惕号，莫夜有戎，勿恤。

象曰："有戎勿恤"，得中道也。

九三：壮于頄，有凶。君子夬夬独行，遇雨，若濡有愠，无咎。

象曰："君子夬夬"，终无咎也。

九四：臀无肤，其行次且（赹赵）。牵羊悔亡，闻言不信。

象曰："其行次且"，位不当也。"闻言不信"，聪不明也。

九五：苋陆夬夬，中行无咎。

象曰："中行无咎"，中未光也。

上六：无号，终有凶。

象曰："无号"之"凶"，终不可长也。

姤卦（䷫）第四十四

姤：女壮，勿用取女。

彖曰：姤，遇也，柔遇刚也。"勿用取女"，不可与长也。天地相遇，品物咸章也。刚遇中正，天下大行也。姤之时义大矣哉！

象曰：天下有风，姤；后以施命诰四方。

初六：系于金柅，贞吉。有攸往，见凶，羸豕孚蹢躅。

象曰："系于金柅"，柔道牵也。

九二：包有鱼，无咎，不利宾。

象曰："包有鱼"，义不及宾也。

九三：臀无肤，其行次且。厉，无大咎。

象曰："其行次且"，行未牵也。

九四：包无鱼，起凶。

象曰："无鱼"之"凶"，远民也。

九五：以杞包瓜，含章，有陨自天。

象曰：九五"含章"，中正也。"有陨自天"，志不舍命也。

上九：姤其角，吝，无咎。

象曰："姤其角"，上穷吝也。

萃卦（䷬）第四十五

萃：亨。王假有庙，利见大人。亨，利贞。用大牲吉，利有攸往。

彖曰：萃，聚也。顺以说，刚中而应，故聚也。"王假有庙"，致孝享也。"利见大人，亨"，聚以正也。"用大牲吉，利有攸往"，顺天命也。观其所聚，而天地万物之情可见矣。

象曰：泽上于地，萃；君子以除戎器，戒不虞。

初六：有孚不终，乃乱乃萃。若号，一握 为笑。勿恤，往无咎。

象曰："乃乱乃萃"，其志乱也。

六二：引吉，无咎。孚乃利用禴。

象曰："引吉无咎"，中未变也。

六三：萃如嗟如，无攸利。往无咎，小吝。

象曰："往无咎"，上巽也。

九四：大吉，无咎。

象曰：大吉无咎，位不当也。

九五：萃有位，无咎，匪孚。元永贞，悔亡。

象曰："萃有位"，志未光也。

上六：赍咨涕洟，无咎。

象曰："赍咨涕洟"，未安上也。

升卦（䷭）第四十六

升：元亨。用见大人，勿恤。南征吉。

彖曰：柔以时升，巽而顺，刚中而应，是以大亨。"用见大人，勿恤"有庆也。"南征吉"，志行也。

象曰：地中生木，升；君子以顺德，积小以高大。

初六：允升，大吉。

象曰："允升大吉"，上合志也。

九二：孚乃利用禴，无咎。

象曰：九二之孚，有喜也。

九三：升虚邑。

象曰："升虚邑"，无所疑也。

六四：王用亨于岐山，吉，无咎。

象曰："王用亨于岐山"，顺事也。

六五：贞吉，升阶。

象曰："贞吉升阶"，大得志也。

上六：冥升，利于不息之贞。

象曰：冥升在上，消不富也。

困卦（☱☵）第四十七

困：亨。贞大人吉，无咎。有言不信。

彖曰：困，刚掩也。险以说，困而不失其所亨，其唯君子乎！"贞大人吉"，以刚中也。"有言不信"，尚口乃穷也。

象曰：泽无水，困；君子以致命遂志。

初六：臀困于株木，入于幽谷，三岁不觌。

象曰："入于幽谷"，幽不明也。

九二：困于酒食，朱绂方来，利用亨祀。征凶，无咎。

象曰："困于酒食"，中有庆也。

六三：困于石，据于蒺藜，入于其宫，不见其妻，凶。

象曰："据于蒺藜"，乘刚也。"入于其宫，不见其妻"，不祥也。

九四：来徐徐，困于金车，吝，有终。

象曰："来徐徐"，志在下也。虽不当位，有与也。

九五：劓刖，困于赤绂，乃徐有说（脱），利用祭祀。

象曰："劓刖"，志未得也。"乃徐有说"，以中直也。"利用祭祀"，受福也。

上六：困于葛藟，于臲卼。曰动悔有悔，征吉。

象曰："困于葛藟"，未当也。"动悔有悔"，吉行也。

井卦（☵☴）第四十八

井：改邑不改井，无丧无得。往来井井。汔至，亦未繘井，羸其瓶，凶。

彖曰：巽乎水而上水，井；井养而不穷也。"改邑不改井"，乃以刚中也。"汔至，亦未繘井"，未有功也。"羸其瓶"，是以凶也。

象曰：木上有水，井；君子以劳民劝相。

初六：井泥不食，旧井无禽。

象曰："井泥不食"，下也。"旧井无禽"，时舍也。

九二：井谷射鲋，瓮敝漏。

象曰:"井谷射鲋",无与也。

九三:井渫不食,为我心恻。可用汲,王明,并受其福。

象曰:"井渫不食",行恻也。求"王明",受福也。

六四:井甃,无咎。

象曰:"井甃无咎",修井也。

九五:井冽,寒泉食。

象曰:"寒泉"之"食",中正也。

上六:井收勿幕,有孚元吉。

象曰:"元吉"在上,大成也。

革卦(䷰)第四十九

革:己日乃孚,元亨,利贞,悔亡。

彖曰:革,水火相息;二女同居,其志不相得,曰革。"己日乃孚",革而信之。文明以说,大亨以正。革而当,其悔乃亡。天地革而四时成,汤武革命,顺乎天而应乎人。革之时义大矣哉!

象曰:泽中有火,革;君子以治历明时。

初九:巩用黄牛之革。

象曰:"巩用黄牛",不可以有为也。

六二:己日乃革之,征吉,无咎。

象曰:"己日革之",行有嘉也。

九三:征凶,贞厉。革言三就,有孚。

象曰:"革言三就",又何之矣。

九四:悔亡,有孚改命,吉。

象曰:"改命"之"吉",信志也。

九五:大人虎变,未占有孚。

象曰:"大人虎变",其文炳也。

上六:君子豹变,小人革面,征凶,居贞吉。

象曰:"君子豹变",其文蔚也。"小人革面",顺以从君也。

鼎卦（䷱）第五十

鼎：元吉，亨。

彖曰：鼎，象也。以木巽火，亨（烹）饪也。圣人亨以享上帝，而大亨以养圣贤。巽而耳目聪明，柔进而上行，得中而应乎刚，是以元亨。

象曰：木上有火，鼎；君子以正位凝命。

初六：鼎颠趾，利出否。得妾以其子，无咎。

象曰："鼎颠趾"，未悖也。"利出否"，以从贵也。

九二：鼎有实。我仇有疾，不我能即，吉。

象曰："鼎有实"，慎所之也。"我仇有疾"，终无尤也。

九三：鼎耳革，其行塞。雉膏不食，方雨亏悔，终吉。

象曰："鼎耳革"，失其义也。

九四：鼎折足，覆公餗，其形渥，凶。

象曰："覆公餗"，信如何也。

六五：鼎黄耳、金铉，利贞。

象曰："鼎黄耳"，中以为实也。

上九：鼎玉铉，大吉，无不利。

象曰：玉铉在上，刚柔节也。

震卦（䷲）第五十一

震：亨。震来虩虩，笑言哑哑。震惊百里，不丧匕鬯。

彖曰：震，亨。"震来虩虩"，恐致福也。"笑言哑哑"，后有则也。"震惊百里"，惊远而惧迩也。"不丧匕鬯"，出可以守宗庙社稷，以为祭主也。

象曰：洊雷，震；君子以恐惧修身。

初九：震来虩虩，后笑言哑哑，吉。

象曰："震来虩虩"，恐致福也；"笑言哑哑"，后有则也。

六二：震来厉，亿丧贝，跻于九陵，勿逐，七日得。

象曰："震来厉"，乘刚也。

六三：震苏苏，震行无眚。

象曰："震苏苏"，位不当也。

九四：震遂泥。

象曰："震遂泥"，未光也。

六五：震往来，厉，亿无丧，有事。

象曰："震往来，厉"，危行也；其事在中，大无丧也。

上六：震索索，视矍矍，征凶。震不于其躬，于其邻，无咎。婚媾有言。

象曰："震索索"，中未得也；虽凶无咎，畏邻戒也。

艮卦（☶）第五十二

艮：艮其背，不获其身；行其庭，不见其人，无咎。

彖曰：艮，止也。时止则止，时行则行，动静不失其时，其道光明。艮其止，止其所也。上下敌应，不相与也。是以"不获其身，行其庭不见其人，无咎"也。

象曰：兼山，艮；君子以思不出其位。

初六：艮其趾，无咎，利永贞。

象曰："艮其趾"，未失正也。

六二：艮其腓，不拯其随，其心不快。

象曰："不拯其随"，未退听也。

九三：艮其限，列其夤，厉薰心。

象曰："艮其限"，危薰心也。

六四：艮其身，无咎。

象曰："艮其身"，止诸躬也。

六五：艮其辅，言有序，悔亡。

象曰："艮其辅"，以中正也。

上九：敦艮，吉。

象曰："敦艮"之吉，以厚终也。

渐卦（䷴）第五十三

渐：女归吉，利贞。

彖曰：渐之进也，女归吉也。进得位，往有功也。进以正，可以正邦也，其位刚得中也。止而巽，动不穷也。

象曰：山上有木，渐；君子以居贤德善俗。

初六：鸿渐于干。小子厉，有言，无咎。

象曰："小子"之"厉"，义无咎也。

六二：鸿渐于磐，饮食衎衎，吉。

象曰："饮食衎衎"，不素饱也。

九三：鸿渐于陆。夫征不复，妇孕不育，凶。利御寇。

象曰："夫征不复"，离群丑也；"妇孕不育"，失其道也；利用御寇，顺相保也。

六四：鸿渐于木，或得其桷，无咎。

象曰："或得其桷"，顺以巽也。

九五：鸿渐于陵，妇三岁不孕，终莫之胜，吉。

象曰："终莫之胜，吉"，得所愿也。

上九：鸿渐于陆，其羽可用为仪，吉。

象曰："其羽可用为仪，吉"，不可乱也。

归妹卦（䷵）第五十四

归妹：征凶，无攸利。

彖曰：归妹，天地之大义也。天地不交，而万物不兴；归妹，人之终始也。说以动，所归妹也。"征凶"，位不当也。"无攸利"，柔乘刚也。

象曰：泽上有雷，归妹；君子以永终知敝。

初九：归妹以娣。跛能履，征吉。

象曰："归妹以娣"，以恒也。"跛能履"吉，相承也。

九二：眇能视，利幽人之贞。

象曰:"利幽人之贞",未变常也。

六三:归妹以须,反归以娣。

象曰:"归妹以须",未当也。

九四:归妹愆期,迟归有时。

象曰:"愆期"之志,有待而行也。

六五:帝乙归妹,其君之袂,不如其娣之袂良。月几望,吉。

象曰:"帝乙归妹,不如其娣之袂良"也,其位在中,以贵行也。

上六:女承筐无实,士刲羊无血,无攸利。

象曰:上六无实,承虚筐也。

丰卦（☳）第五十五

丰:亨,王假之。勿忧,宜日中。

彖曰:丰,大也。明以动,故丰。"王假之",尚大也。"勿忧宜日中",宜照天下也。日中则昃,月盈则食,天地盈虚,与时消息;而况于人乎?况于鬼神乎?

象曰:雷电皆至,丰;君子以折狱致刑。

初九:遇其配主,虽旬无咎,往有尚。

象曰:"虽旬无咎",过旬灾也。

六二:丰其蔀,日中见斗。往得疑疾,有孚发若,吉。

象曰:"有孚发若",信以发志也。

九三:丰其沛,日中见沬。折其右肱,无咎。

象曰:"丰其沛",不可大事也;"折其右肱",终不可用也。

九四:丰其蔀,日中见斗,遇其夷主,吉。

象曰:"丰其蔀",位不当也;"日中见斗",幽不明也;"遇其夷主",吉行也。

六五:来章,有庆誉,吉。

象曰:六五之吉,有庆也。

上六:丰其屋,蔀其家,窥其户,阒其无人,三岁不觌,凶。

象曰:"丰其屋",天际翔也;"窥其户,阒其无人",自藏也。

旅卦（䷷）第五十六

旅：小亨，旅贞吉。

彖曰："旅小亨"，柔得中乎外，而顺乎刚，止而丽乎明，是以"小亨，旅贞吉"也。旅之时义大矣哉！

象曰：山上有火，旅；君子以明慎用刑而不留狱。

初六：旅琐琐，斯其所取灾。

象曰："旅琐琐"，志穷灾也。

六二：旅即次，怀其资，得童仆贞。

象曰："得童仆贞"，终无尤也。

九三：旅焚其次，丧其童仆，贞厉。

象曰："旅焚其次"，亦以伤矣；以旅与下，其义丧也。

九四：旅于处，得其资斧，我心不快。

象曰："旅于处"，未得位也；"得其资斧"，心未快也。

六五：射雉，一矢亡，终以誉命。

象曰："终以誉命"，上逮也。

上九：鸟焚其巢，旅人先笑后号啕。丧牛于易，凶。

象曰：以旅在上，其义焚也；"丧牛于易"，终莫之闻也。

巽卦（䷸）第五十七

巽：小亨，利有攸往，利见大人。

彖曰：重巽以申命，刚巽乎中正而志行，柔皆顺乎刚，是以"小亨，利有攸往，利见大人"。

象曰：随风，巽；君子以申命行事。

初六：进退，利武人之贞。

象曰："进退"，志疑也；"利武人之贞"，志治也。

九二：巽在床下，用史巫纷若，吉，无咎。

象曰："纷若"之"吉"，得中也。

九三：频巽，吝。

象曰："频巽"之"吝"，志穷也。

六四：悔亡，田获三品。

象曰："田获三品"，有功也。

九五：贞吉悔亡，无不利，无初有终。先庚三日，后庚三日，吉。

象曰：九五之吉，位正中也。

上九：巽在床下，丧其资斧，贞凶。

象曰："巽在床下"，上穷也；"丧其资斧"，正乎凶也。

兑卦（☱）第五十八

兑：亨，利贞。

彖曰：兑，说也。刚中而柔外，说以利贞，是以顺乎天，而应乎人。说以先民，民忘其劳；说以犯难，民忘其死。说之大，民劝矣哉！

象曰：丽泽，兑；君子以朋友讲习。

初九：和兑，吉。

象曰："和兑"之"吉"，行未疑也。

九二：孚兑，吉，悔亡。

象曰："孚兑"之"吉"，信志也。

六三：来兑，凶。

象曰："来兑"之"凶"，位不当也。

九四：商兑未宁，介疾有喜。

象曰：九四之喜，有庆也。

九五：孚于剥，有厉。

象曰："孚于剥"，位正当也。

上六：引兑。

象曰：上六"引兑"，未光也。

涣卦(☴☵)第五十九

涣:亨,王假有庙。利涉大川,利贞。

彖曰:"涣,亨",刚来而不穷,柔得位乎外而上同。"王假有庙",王乃在中也。"利涉大川",乘木有功也。

象曰:风行水上,涣;先王以享于帝立庙。

初六:用拯马壮,吉。

象曰:初六之吉,顺也。

九二:涣奔其机,悔亡。

象曰:"涣奔其机",得愿也。

六三:涣其躬,无悔。

象曰:"涣其躬",志在外也。

六四:涣其群,元吉。涣有丘,匪夷所思。

象曰:"涣其群,元吉",光大也。

九五:涣汗其大号,涣王居,无咎。

象曰:"王居无咎",正位也。

上九:涣其血,去逖出,无咎。

象曰:"涣其血",远害也。

节卦(☵☱)第六十

节:亨。苦节,不可贞。

彖曰:"节,亨",刚柔分而刚得中。"苦节不可贞",其道穷也。说以行险,当位以节,中正以通。天地节而四时成,节以制度,不伤财,不害民。

象曰:泽上有水,节;君子以制数度、议德行。

初九:不出户庭,无咎。

象曰:"不出户庭",知通塞也。

九二:不出门庭,凶。

象曰:"不出门庭凶",失时极也。

六三:不节若,则嗟若,无咎。

象曰:"不节"之"嗟",又谁咎也?

六四:安节,亨。

象曰:"安节"之"亨",承上道也。

九五:甘节,吉。往有尚。

象曰:"甘节"之"吉",居位中也。

上六:苦节,贞凶,悔亡。

象曰:"苦节贞凶",其道穷也。

中孚卦(䷼)第六十一

中孚:豚鱼,吉。利涉大川,利贞。

彖曰:中孚,柔在内而刚得中,说而巽,孚乃化邦也。"豚鱼吉",信及豚鱼也;"利涉大川",乘木舟虚也;"中孚以利贞",乃应乎天也。

象曰:泽上有风,中孚;君子以议狱缓死。

初九:虞吉,有它不燕。

象曰:初九"虞吉",志未变也。

九二:鸣鹤在阴,其子和之。我有好爵,吾与尔靡之。

象曰:"其子和之",中心愿也。

六三:得敌,或鼓或罢,或泣或歌。

象曰:"或鼓或罢",位不当也。

六四:月几望,马匹亡,无咎。

象曰:"马匹亡",绝类上也。

九五:有孚挛如,无咎。

象曰:"有孚挛如",位正当也。

上九:翰音登于天,贞凶。

象曰:"翰音登于天",何可长也。

小过卦（䷽）第六十二

小过：亨，利贞。可小事，不可大事。飞鸟遗之音，不宜上，宜下，大吉。

彖曰：小过，小者过而亨也。过以利贞，与时行也。柔得中，是以小事吉也；刚失位而不中，是以不可大事也。有飞鸟之象焉，"飞鸟遗之音，不宜上，宜下，大吉"，上逆而下顺也。

象曰：山上有雷，小过；君子以行过乎恭，丧过乎哀，用过乎俭。

初六：飞鸟以凶。

象曰：飞鸟以凶，不可如何也。

六二：过其祖，遇其妣；不及其君，遇其臣，无咎。

象曰："不及其君"，臣不可过也。

九三：弗过防之，从或戕之，凶。

象曰："从或戕之"，凶如何也。

九四：无咎，弗过遇之；往厉必戒，勿用永贞。

象曰："弗过遇之"，位不当也；"往厉必戒"，终不可长也。

六五：密云不雨，自我西郊；公弋取彼在穴。

象曰："密云不雨"，已上也。

上六：弗遇过之，飞鸟离之，凶，是谓灾眚。

象曰："弗遇过之"，已亢也。

既济卦（䷾）第六十三

既济：亨小，利贞。初吉，终乱。

彖曰："既济，亨"，小者亨也。"利贞"，刚柔正而位当也。"初吉"，柔得中也。终止则乱，其道穷也。

象曰：水在火上，既济；君子以思患而预防之。

初九：曳其轮，濡其尾，无咎。

象曰："曳其轮"，义无咎也。

六二：妇丧其茀，勿逐，七日得。

象曰:"七日得",以中道也。

九三:高宗伐鬼方,三年克之,小人勿用。

象曰:"三年克之",惫也。

六四:繻有衣袽,终日戒。

象曰:"终日戒",有所疑也。

九五:东邻杀牛,不如西邻之禴祭,实受其福。

象曰:"东邻杀牛",不如西邻之时也;"实受其福",吉大来也。

上六:濡其首,厉。

象曰:"濡其首厉",何可久也。

未济卦（䷿）第六十四

未济:亨。小狐汔济,濡其尾,无攸利。

彖曰:"未济,亨",柔得中也。"小狐汔济",未出中也。"濡其尾,无攸利",不续终也。虽不当位,刚柔应也。

象曰:火在水上,未济;君子以慎辨物居方。

初六:濡其尾,吝。

象曰:"濡其尾",亦不知极也。

九二:曳其轮,贞吉。

象曰:九二"贞吉",中以行正也。

六三:未济,征凶,利涉大川。

象曰:"未济征凶",位不当也。

九四:贞吉,悔亡。震用伐鬼方,三年有赏于大国。

象曰:"贞吉悔亡",志行也。

六五:贞吉,无悔。君子之光,有孚吉。

象曰:"君子之光",其晖吉也。

上九:有孚于饮酒,无咎。濡其首,有孚失是。

象曰:饮酒濡首,亦不知节也。

《系辞传》(上)

第一章

天尊地卑,乾坤定矣。卑高以陈,贵贱位矣。动静有常,刚柔断矣。方以类聚,物以群分,吉凶生矣。在天成象,在地成形,变化见矣。是故刚柔相摩,八卦相荡,鼓之以雷霆,润之以风雨;日月运行,一寒一暑。乾道成男,坤道成女。乾知大始,坤作成物。乾以易知,坤以简能;易则易知,简则易从;易知则有亲,易从则有功;有亲则可久,有功则可大;可久则贤人之德,可大则贤人之业。易简而天下之理得矣。天下之理得,而成位乎其中矣。

第二章

圣人设卦观象,系辞焉而明吉凶,刚柔相推而生变化。是故吉凶者,失得之象也;悔吝者,忧虞之象也;变化者,进退之象也;刚柔者,昼夜之象也。六爻之动,三极之道也。是故君子所居而安者,《易》之序也;所乐而玩者,爻之辞也。是故君子居则观其象而玩其辞,动则观其变而玩其占,是以自天佑之,吉无不利。

第三章

彖者,言乎象者也;爻者,言乎变者也。吉凶者,言乎其失得也;悔吝者,言乎其小疵也;无咎者,善补过者也。是故列贵贱者存乎位,齐小大者存乎卦,辩吉凶者存乎辞,忧悔吝者存乎介,震无咎者存乎悔。是故卦有小大,辞有险易;辞也者,各指其所之。

第四章

《易》与天地准,故能弥纶天地之道。仰以观于天文,俯以察于地理,是故知幽明之故；

原始反终，故知死生之说；精气为物，游魂为变，是故知鬼神之情状。与天地相似，故不违；知周乎万物，而道济天下，故不过；旁行而不流，乐天知命，故不忧；安土敦乎仁，故能爱。范围天地之化而不过，曲成万物而不遗，通乎昼夜之道而知，故神无方而《易》无体。

第五章

一阴一阳之谓道。继之者善也，成之者性也。仁者见之谓之仁，知者见之谓之知，百姓日用而不知，故君子之道鲜矣。显诸仁，藏诸用，鼓万物而不与圣人同忧，盛德大业至矣哉！富有之谓大业，日新之谓盛德。生生之谓易，成象之谓乾，效法之谓坤，极数知来之谓占，通变之谓事，阴阳不测之谓神。

第六章

夫《易》广矣大矣，以言乎远则不御，以言乎迩则静而正，以言乎天地之间则备矣。夫乾，其静也专，其动也直，是以大生焉。夫坤，其静也翕，其动也辟，是以广生焉。广大配天地，变通配四时，阴阳之义配日月，易简之善配至德。

第七章

子曰：《易》，其至矣乎！夫《易》，圣人所以崇德而广业也。知崇礼卑，崇效天，卑法地。天地设位，而《易》行乎其中矣。成性存存，道义之门。

第八章

圣人有以见天下之赜，而拟诸其形容，像其物宜，是故谓之象。圣人有以见天下之动，而观其会通，以行其典礼，系辞焉以断其吉凶，是故谓之爻。言天下之至赜，而不可恶也。言天下之至动，而不可乱也。拟之而后言，议之而后动，拟议以成其变化。

"鸣鹤在阴，其子和之。我有好爵，吾与尔靡之。"子曰："君子居其室，出其言善，则千里之外应之，况其迩者乎？居其室，出其言不善，则千里之外违之，况其迩者乎？言出乎身，加乎民；行发乎迩，见乎远。言行，君子之枢机。枢机之发，荣辱之主也。言行，君子之所以动天地也，可不慎乎！"

"同人，先号咷而后笑。"子曰："君子之道，或出或处，或默或语。二人同心，其利断金。同心之言，其臭如兰。"

"初六，藉用白茅，无咎"。子曰："苟错诸地而可矣，藉之用茅，何咎之有？慎之至也。夫茅之为物薄，而用可重也。慎斯术也以往，其无所失矣。"

"劳谦，君子有终，吉。"子曰："劳而不伐，有功而不德，厚之至也。语以其功下人者也。德言盛，礼言恭；谦也者，致恭以存其位者也。"

"亢龙有悔。"子曰："贵而无位，高而无民，贤人在下位而无辅，是以动而有悔也。"

"不出户庭，无咎。"子曰："乱之所生也，则言语以为阶。君不密则失臣，臣不密则失身，几事不密则害成。是以君子慎密而不出也。"

子曰："作《易》者，其知盗乎？《易》曰'负且乘，致寇至。'负也者，小人之事也。乘也者，君子之器也。小人而乘君子之器，盗思夺之矣。上慢下暴，盗思伐之矣。慢藏诲盗，冶容诲淫。《易》曰'负且乘，致寇至'，盗之招也。"

第九章

大衍之数五十，其用四十有九。分而为二以象两，挂一以象三，揲之以四以象四时，归奇于扐以象闰；五岁再闰，故再扐而后挂。天数五，地数五。五位相得而各有合。天数二十有五，地数三十。凡天地之数五十有五，此所以成变化而行鬼神也。乾之策二百一十有六，坤之策百四十有四。凡三百六十，当期之日。二篇之策，万有一千五百二十，当万物之数也。是故四营而成《易》，十有八变而成卦，八卦而小成。引而伸之，触类而长之，天下之能事毕矣。显道神德行，是故可与酬酢，可与佑神矣。

第十章

子曰:"知变化之道者,其知神之所为乎。"《易》有圣人之道四焉:以言者尚其辞,以动者尚其变,以制器者尚其象,以卜筮者尚其占。是以君子将有为也,将有行也,问焉而以言,其受命也如响,无有远近幽深,遂知来物。非天下之至精,其孰能与于此?参伍以变,错综其数:通其变,遂成天下之文;极其数,遂定天下之象。非天下之至变,其孰能与于此?《易》无思也,无为也,寂然不动,感而遂通天下之故。非天下之至神,其孰能与于此?夫《易》,圣人之所以极深而研几也。唯深也,故能通天下之志;唯几也,故能成天下之务;唯神也,故不疾而速,不行而至。子曰"《易》有圣人之道四焉"者,此之谓也。

第十一章

天一,地二;天三,地四;天五,地六;天七,地八;天九,地十。子曰:"夫《易》何为者也?夫《易》开物成务,冒天下之道,如斯而已者也。"是故圣人以通天下之志,以定天下之业,以断天下之疑。是故蓍之德圆而神,卦之德方以知,六爻之义易以贡。圣人以此洗心,退藏于密,吉凶与民同患。神以知来,知以藏往,其孰能与于此哉!古之聪明睿知,神武而不杀者夫。是以明于天之道,而察于民之故,是兴神物,以前民用。圣人以此斋戒,以神明其德夫。是故阖户谓之坤,辟户谓之乾,一阖一辟谓之变,往来不穷谓之通,见乃谓之象,形乃谓之器,制而用之谓之法,利用出入,民咸用之谓之神。

第十二章

是故《易》有太极,是生两仪,两仪生四象,四象生八卦,八卦定吉凶,吉凶生大业。

是故法象莫大乎天地;变通莫大乎四时;县象著明莫大乎日月;崇高莫大乎富贵;备物致用,立成器以为天下利,莫大乎圣人;探赜索隐,钩深致远,以定天下之吉凶,成天下之亹亹者,莫大乎蓍龟。是故天生神物,圣人则之;天地变化,圣人效之;天垂象,见吉凶,圣人象之;河出图,洛出书,圣人则之。《易》有四象，所以示也；系辞焉，所以告也；定之以吉凶，所以断也。

第十三章

《易》曰："自天佑之，吉无不利。"子曰："佑者，助也。天之所助者，顺也；人之所助者，信也。履信思乎顺，又以尚贤也。是以'自天佑之，吉无不利'也。"

子曰："书不尽言，言不尽意。"然则圣人之意，其不可见乎？子曰："圣人立象以尽意，设卦以尽情伪，系辞焉以尽其言，变而通之以尽利，鼓之舞之以尽神。"

乾坤，其《易》之蕴邪？乾坤成列，而《易》立乎其中矣。乾坤毁，则无以见《易》。《易》不可见，则乾坤或几乎息矣。是故形而上者谓之道，形而下者谓之器。化而裁之谓之变，推而行之谓之通，举而错之天下之民谓之事业。

是故夫象，圣人有以见天下之赜，而拟诸其形容，像其物宜，是故谓之象。圣人有以见天下之动，而观其会通，以行其典礼，系辞焉以断其吉凶，是故谓之爻。极天下之赜者存乎卦，鼓天下之动者存乎辞；化而裁之存乎变；推而行之存乎通；神而明之存乎其人；默而成之，不言而信，存乎德行。

《系辞传》（下）

第一章

八卦成列，象在其中矣；因而重之，爻在其中矣；刚柔相推，变在其中矣；系辞焉而命之，动在其中矣。吉凶悔吝者，生乎动者也；刚柔者，立本者也；变通者，趋时者也。吉凶者，贞胜者也；天地之道，贞观者也；日月之道，贞明者也；天下之动，贞夫一者也。

夫乾，确然示人易矣；夫坤，隤然示人简矣。爻也者，效此者也；象也者，像此者也。爻象动乎内，吉凶见乎外，功业见乎变，圣人之情见乎辞。天地之大德曰生，圣人之大宝曰位。何以守位？曰仁。何以聚人？曰财。理财正辞，禁民为非曰义。

第二章

古者包牺氏之王天下也，仰则观象于天，俯则观法于地，观鸟兽之文与地之宜，近取诸身，远取诸物，于是始作八卦，以通神明之德，以类万物之情。作结绳而为网罟，以佃以渔，盖取诸离。

包牺氏没，神农氏作，斫木为耜，揉木为耒，耒耨之利，以教天下，盖取诸益。日中为市，致天下之民，聚天下之货，交易而退，各得其所，盖取诸噬嗑。

神农氏没，黄帝、尧、舜氏作，通其变，使民不倦，神而化之，使民宜之。《易》穷则变，变则通，通则久，是以"自天佑之，吉无不利"。黄帝、尧、舜垂衣裳而天下治，盖取诸乾、坤。刳木为舟，剡木为楫，舟楫之利，以济不通，致远以利天下，盖取诸涣。服牛乘马，引重致远，以利天下，盖取诸随。重门击柝，以待暴客，盖取诸豫。断木为杵，掘地为臼，杵臼之利，万民以济，盖取诸小过。弦木为弧，剡木为矢，弧矢之利，以威天下，盖取诸睽。

上古穴居而野处，后世圣人易之以宫室，上栋下宇，以待风雨，盖取诸大壮。古之葬者，厚衣之以薪，葬之中野，不封不树，丧期无数，后世圣人易之以棺椁，盖取诸大过。上古结绳而治，后世圣人易之以书契，百官以治，万民以察，盖取诸夬。

第三章

是故《易》者，象也；象也者，像也。彖者，材也；爻也者，效天下之动者也。是故吉凶生而悔吝著也。

第四章

阳卦多阴，阴卦多阳。其故何也？阳卦奇，阴卦偶。其德行何也？阳一君而二民，君子之道也。阴二君而一民，小人之道也。

第五章

　　《易》曰："憧憧往来，朋从尔思。"子曰："天下何思何虑？天下同归而殊途，一致而百虑，天下何思何虑？日往则月来，月往则日来，日月相推而明生焉。寒往则暑来，暑往则寒来，寒暑相推而岁成焉。往者屈也，来者信也，屈信相感而利生焉。尺蠖之屈，以求信也；龙蛇之蛰，以存身也。精义入神，以致用也；利用安身，以崇德也。过此以往，未之或知也；穷神知化，德之盛也。"

　　《易》曰："困于石，据于蒺藜，入于其宫，不见其妻，凶。"子曰："非所困而困焉，名必辱。非所据而据焉，身必危。既辱且危，死期将至，妻其可得见耶？"

　　《易》曰："公用射隼于高墉之上，获之，无不利。"子曰："隼者，禽也；弓矢者，器也；射之者，人也。君子藏器于身，待时而动，何不利之有？动而不括，是以出而有获，语成器而动者也。"

　　子曰："小人不耻不仁，不畏不义，不见利不劝，不威不惩。小惩而大诫，此小人之福也。《易》曰：'屦校灭趾，无咎。'此之谓也。"

　　"善不积不足以成名，恶不积不足以灭身。小人以小善为无益而弗为也，以小恶为无伤而弗去也，故恶积而不可掩，罪大而不可解。《易》曰：'何校灭耳，凶。'"

　　子曰："危者，安其位者也；亡者，保其存者也；乱者，有其治者也。是故君子安而不忘危，存而不忘亡，治而不忘乱，是以身安而国家可保也。《易》曰：'其亡其亡，系于苞桑。'"

　　子曰："德薄而位尊，知小而谋大，力少而任重，鲜不及矣。《易》曰：'鼎折足，覆公餗，其形渥，凶。'言不胜其任也。"

　　子曰："知几其神乎！君子上交不谄，下交不渎，其知几乎？几者，动之微，吉之先见者也。君子见几而作，不俟终日。《易》曰：'介于石，不终日，贞吉。'介如石焉，宁用终日？断可识矣。君子知微知彰，知柔知刚，万夫之望。"

　　子曰："颜氏之子，其殆庶几乎？有不善未尝不知，知之未尝复行也。《易》曰：'不远复，无祗悔，元吉。'"

　　"天地氤氲，万物化醇。男女构精，万物化生。《易》曰：'三人行则损一人，一人行则得其友。'言致一也。"

　　子曰："君子安其身而后动，易其心而后语，定其交而后求。君子修此三者，故全也。危以动，则民是也；惧以语，则民不应也；无交而求，则民不与也；莫之与，则伤之者至矣。《易》曰：'莫益之，或击之，立心勿恒，凶。'"

第六章

子曰："乾坤，其《易》之门邪？"乾，阳物也；坤，阴物也。阴阳合德，而刚柔有体。以体天地之撰，以通神明之德。其称名也，杂而不越，于稽其类，其衰世之意邪？夫《易》，彰往而察来，而微显阐幽，开而当名辨物，正言断辞则备矣。其称名也小，其取类也大。其旨远，其辞文，其言曲而中，其事肆而隐。因贰以济民行，以明失得之报。

第七章

《易》之兴也，其于中古乎？作《易》者，其有忧患乎？是故履，德之基也；谦，德之柄也；复，德之本也；恒，德之固也；损，德之修也；益，德之裕也；困，德之辨也；井，德之地也；巽，德之制也。履，和而至；谦，尊而光；复，小而辨于物；恒，杂而不厌；损，先难而后易；益，长裕而不设；困，穷而通；井，居其所而迁；巽，称而隐。履以和行，谦以制礼，复以自知，恒以一德，损以远害，益以兴利，困以寡怨，井以辨义，巽以行权。

第八章

《易》之为书也，不可远，为道也屡迁，变动不居，周流六虚，上下无常，刚柔相易，不可为典要，唯变所适。其出入以度，外内使知惧。又明于忧患与故。无有师保，如临父母。初率其辞，而揆其方，既有典常。苟非其人，道不虚行。

第九章

《易》之为书也，原始要终，以为质也。六爻相杂，唯其时物也。其初难知，其上易知，本末也。初辞拟之，卒成之终。若夫杂物撰德，辩是与非，则非其中爻不备。噫！亦要存亡吉凶，则居可知矣。知者观其彖辞，则思过半矣。二与四同功而异位，其善不同，二多誉，四多惧，近也。柔之为道，不利远者；其要无咎，其用柔中也。三与五同功而异位，三多凶，五多功，贵贱之等也。其柔危，其刚胜邪？

第十章

《易》之为书也，广大悉备。有天道焉，有人道焉，有地道焉。兼三才而两之，故六。六者非它也，三才之道也。道有变动，故曰爻；爻有等，故曰物；物相杂，故曰文；文不当，故吉凶生焉。

第十一章

《易》之兴也，其当殷之末世，周之盛德邪？当文王与纣之事邪？是故其辞危。危者使平，易者使倾。其道甚大，百物不废。惧以终始，其要无咎，此之谓《易》之道也。

第十二章

夫乾，天下之至健也，德行恒易以知险；夫坤，天下之至顺也，德行恒简以知阻。能说诸心，能研诸侯之虑，定天下之吉凶，成天下之亹亹者。是故变化云为，吉事有祥。象事知器，占事知来。天地设位，圣人成能。人谋鬼谋，百姓与能。八卦以象告，爻彖以情言，刚柔杂居，而吉凶可见矣。变动以利言，吉凶以情迁。是故爱恶相攻而吉凶生，远近相取而悔吝生，情伪相感而利害生。凡《易》之情，近而不相得则凶；或害之，悔且吝。将叛者其辞惭，中心疑者其辞枝，吉人之辞寡，躁人之辞多，诬善之人其辞游，失其守者其辞屈。

《文言传》

乾文言

元者，善之长也；亨者，嘉之会也；利者，义之和也；贞者，事之干也。君子体仁，足以长人；嘉会，足以合礼；利物，足以和义；贞固，足以干事。君子行此四者，故曰"乾：元亨利贞。"

初九曰"潜龙勿用"，何谓也？子曰："龙德而隐者也。不易乎世，不成乎名。遁世而无闷，不见是而无闷。乐则行之，忧则违之，确乎其不可拔，乾龙也。"

九二曰"见龙在田，利见大人"，何谓也？子曰："龙德而正中者也。庸言之信，庸行之谨，闲邪存其诚，善世而不伐，德博而化。《易》曰'见龙在田，利见大人'，君德也。"

九三曰"君子终日乾乾，夕惕若，厉无咎"，何谓也？子曰："君子进德修业。忠信，所以进德也。修辞立其诚，所以居业也。知至至之，可与几也。知终终之，可与存义也。是故居上位而不骄，在下位而不忧，故乾乾因其时而惕，虽危而无咎矣。"

九四曰"或跃在渊，无咎"，何谓也？子曰："上下无常，非为邪也。进退无恒，非离群也。君子进德修业，欲及时也，故无咎。"

九五曰"飞龙在天，利见大人"，何谓也？子曰："同声相应，同气相求；水流湿，火就燥；云从龙，风从虎；圣人作，而万物覩；本乎天者亲上，本乎地者亲下，则各从其类也。"

上九曰"亢龙有悔"，何谓也？子曰："贵而无位，高而无民，贤人在下而无辅，是以动而有悔也。"

潜龙勿用，下也。见龙在田，时舍也。终日乾乾，行事也。或跃在渊，自试也。飞龙在天，上治也。亢龙有悔，穷之灾也。乾元用九，天下治也。

潜龙勿用，阳气潜藏。见龙在田，天下文明。终日乾乾，与时偕行。或跃在渊，乾道乃革。飞龙在天，乃位乎天德。亢龙有悔，与时偕极。乾元用九，乃见天则。

乾元者，始而亨者也。利贞者，性情也。乾始能以美利利天下，不言所利，大矣哉！大哉乾乎！刚健中正，纯粹精也。六爻发挥，旁通情也。时乘六龙，以御天也。云行雨施，天下平也。

君子以成德为行，日可见之行也。潜之为言也，隐而未见，行而未成，是以君子弗用也。

君子学以聚之，问以辩之，宽以居之，仁以行之。《易》曰"见龙在田，利见大人"，君德也。

九三，重刚而不中，上不在天，下不在田，故乾乾因其时而惕，虽危无咎矣。

九四，重刚而不中，上不在天，下不在田，中不在人，故"或"之。"或"之者，疑之也，故无咎。

夫大人者，与天地合其德，与日月合其明，与四时合其序，与鬼神合其吉凶。先天而天弗违，后天而奉天时。天且弗违，而况于人乎？况于鬼神乎？

亢之为言也，知进而不知退，知存而不知亡，知得而不知丧。其唯圣人乎！知进退存亡，而不失其正者，其为圣人乎！

坤文言

坤至柔，而动也刚，至静而德方，后得主而有常，含万物而化光。坤其道顺乎，承天而时行。

积善之家，必有余庆；积不善之家，必有余殃。臣弑其君，子弑其父，非一朝一夕之故，其所由来者渐矣，由辩之不早辩也。《易》曰"履霜，坚冰至"，盖言顺也。

直其正也，方其义也。君子敬以直内，义以方外，敬义立，而德不孤。"直、方、大，不习无不利"，则不疑其所行也。

阴虽有美，含之以从王事，弗敢成也。地道也，妻道也，臣道也。地道无成，而代有终也。

天地变化，草木蕃；天地闭，贤人隐。《易》曰"括囊，无咎无誉"，盖言谨也。

君子黄中通理，正位居体，美在其中，而畅于四支，发于事业，美之至也。

阴疑于阳，必战，为其嫌于无阳也，故称龙焉。犹未离其类也，故称血焉。

夫玄黄者，天地之杂也，天玄而地黄。

《说卦传》

第一章

昔者圣人之作《易》也，幽赞于神明而生蓍，参天两地而倚数，观变于阴阳而立卦，发挥于刚柔而生爻，和顺于道德而理于义，穷理尽性以至于命。

第二章

昔者圣人之作易也，将以顺性命之理。是以立天之道，曰阴与阳；立地之道，曰柔与刚；立人之道，曰仁与义。兼三才而两之，故《易》六画而成卦。分阴分阳，迭用柔刚，故易六位而成章。

第三章

天地定位，山泽通气，雷风相薄，水火不相射，八卦相错。数往者顺，知来者逆，是故《易》，逆数也。

第四章

雷以动之，风以散之，雨以润之，日以烜之，艮以止之，兑以说之，乾以君之，坤以藏之。

第五章

帝出乎震，齐乎巽，相见乎离，致役乎坤，说言乎兑，战乎乾，劳乎坎，成言乎艮。

万物出乎震,震东方也。"齐乎巽",巽东南也。齐也者,言万物之洁齐也。离也者,明也,万物皆相见,南方之卦也。圣人南面而听天下,向明而治,盖取诸此也。坤也者,地也,万物皆致养焉,故曰致役乎坤。兑,正秋也,万物之所说也,故曰"说言乎兑"。"战乎乾",乾,西北之卦也,言阴阳相薄也。坎者,水也,正北方之卦也,劳卦也,万物之所归也,故曰"劳乎坎"。艮,东北之卦也,万物之所成终,而所成始也,故曰"成言乎艮"。

第六章

神也者,妙万物而为言者也。动万物者莫疾乎雷,桡万物者莫疾乎风,燥万物者莫熯乎火,说万物者莫说乎泽,润万物者莫润乎水,终万物、始万物者莫盛乎艮。故水火相逮,雷风不相悖,山泽通气,然后能变化,既成万物也。

第七章

乾,健也。坤,顺也。震,动也。巽,入也。坎,陷也。离,丽也。艮,止也。兑,说也。

第八章

乾为马,坤为牛,震为龙,巽为鸡,坎为豕,离为雉,艮为狗,兑为羊。

第九章

乾为首,坤为腹,震为足,巽为股,坎为耳,离为目,艮为手,兑为口。

第十章

乾,天也,故称乎父。坤,地也,故称乎母。震一索而得男,故谓之长男。巽一索而得女,故谓之长女。坎再索而得男,故谓之中男。离再索而得女,故谓之中女。艮三索而得男,故谓之少男。兑三索而得女,故谓之少女。

第十一章

乾为天,为圜,为君,为父,为玉,为金,为寒,为冰,为大赤,为良马,为瘠马,为驳马,为木果。

坤为地,为母,为布,为釜,为吝啬,为均,为子母牛,为大舆,为文,为众,为柄。其于地也为黑。

震为雷,为龙,为玄黄,为旉,为大涂,为长子,为决躁,为苍筤竹,为萑苇。其于马也,为善鸣,为馵(Zhù)足,为的颡。其于稼也为反生。其究为健,为蕃鲜。

巽为木,为风,为长女,为绳直,为工,为白,为长,为高,为进退,为不果,为臭。其于人也为寡发,为广颡,为多白眼。为近利市三倍。其究为躁卦。

坎为水,为沟渎,为隐伏,为矫輮,为弓轮。其于人也,为加忧,为心病,为耳痛,为血卦,为赤。其于马也,为美脊,为亟心,为下首,为薄蹄,为曳。其于舆也,为多眚,为通,为月,为盗。其于木也为坚多心。

离为火,为日,为电,为中女,为甲胄,为戈兵。其于人也,为大腹。为干卦,为鳖,为蟹,为蠃,为蚌,为龟。其于木也,为科上槁。

艮为山,为径路,为小石,为门阙,为果蓏,为阍寺,为指,为狗,为鼠,为黔喙之属。其于木也。为坚多节。

兑为泽,为少女,为巫,为口舌,为毁折,为附决。其于地也,为刚卤,为妾,为羊。

《序卦传》

有天地,然后万物生焉。盈天地之间者唯万物,故受之以屯。屯者,盈也。屯者,物之始生也。物生必蒙,故受之以蒙。蒙者,蒙也,物之稚也。物稚不可不养也,故受之以需。需者,饮食之道也。饮食必有讼,故受之以讼。讼必有众起,故受之以师。师者,众也。众必有所比,故受之以比。比者,比也。比必有所畜,故受之以小畜。物畜然后有礼，故受之以履。履而泰，然后安，故受之以泰。泰者，通也。物不可以终通，故受之以否。物不可以终否，故受之以同人。与人同者，物必归焉，故受之以大有。有大者，不可以盈，故受之以谦。有大而能谦，必豫，故受之以豫。豫必有随，故受之以随。以喜随人者，必有事，故受之以蛊。蛊者，事也。有事而后可大，故受之以临。临者，大也。物大然后可观，故受之以观。可观而后有所合，故受之以噬嗑。嗑者，合也。物不可苟合而已，故受之以贲。贲者，饰也。致饰然后亨则尽矣，故受之以剥。剥者，剥也。物不可以终尽剥，穷上反下，故受之以复。复则不妄矣，故受之以无妄。有无妄，然后可畜，故受之以大畜。物畜然后可养，故受之以颐。颐者，养也。不养则不可动，故受之以大过。物不可以终过，故受之以坎。坎者，陷也。陷必有所丽，故受之以离。离者，丽也。

有天地，然后有万物；有万物，然后有男女；有男女，然后有夫妇；有夫妇，然后有父子；有父子，然后有君臣；有君臣，然后有上下；有上下，然后礼义有所错。夫妇之道，不可以不久也，故受之以恒。恒者，久也。物不可以久居其所，故受之以遁。遁者，退也。物不可以终遁，故受之以大壮。物不可以终壮，故受之以晋。晋者，进也。晋必有所伤，故受之以明夷。夷者，伤也。伤于外者必反其家，故受之以家人。家道穷必乖，故受之以睽。睽者，乖也。乖必有难，故受之以蹇。蹇者，难也。物不可以终难，故受之以解。解者，缓也。缓必有所失，故受之以损。损而不已必益，故受之以益。益而不已必决，故受之以夬。夬者，决也。决必有所遇，故受之以姤。姤者，遇也。物相遇而后聚，故受之以萃。萃者，聚也。聚而上者谓之升，故受之以升。升而不已必困，故受之以困。困乎上者必反下，故受之以井。井道不可不革，故受之以革。革物者莫若鼎，故受之以鼎。主器者莫若长子，故受之以震。震者，动也。物不可以终动，止之，故受之以艮。艮者，止也。物不可以终止，故受之以渐。渐者，进也。进必有所归，故受之以归妹。得其所归者必大，故受之以丰。丰者，大也。穷大者必失其所居，故受之以旅。旅而无所容，故受之以巽。巽者，入也。入而后说之，故受之以兑。兑者，说也。说而后散之，故受之以涣。涣者，离也。物不可以终离，故受之以节。节而信之，故受之以中孚。有信者必行之，故受之以小过。有过物者必济，故受之以既济。物不可穷也，故受之以未济，终焉。

《杂卦传》

乾刚坤柔,比乐师忧;临、观之义,或与或求。屯见而不失其居,蒙杂而著。震,起也;艮,止也。损、益,盛衰之始也。大畜,时也。无妄,灾也。萃聚而升不来也。谦轻而豫怠也。噬嗑,食也。贲,无色也。兑见而巽伏也。随无故也,蛊则饬也。剥,烂也。复,反也。晋,昼也。明夷,诛也。井通而困相遇也。咸,速也;恒,久也。涣,离也。节,止也。解,缓也。蹇,难也。睽,外也;家人,内也。否、泰,反其类也。大壮则止,遁则退也。大有,众也。同人,亲也。革去故也,鼎取新也。小过,过也。中孚,信也。丰,多故也。亲寡,旅也。离上而坎下也。小畜,寡也。履,不处也。需,不进也。讼,不亲也。大过,颠也。姤,遇也,柔遇刚也。渐,女归,待男行也。颐,养正也。既济,定也。归妹,女之终也。未济,男之穷也。夬,决也,刚决柔也;君子道长,小人道忧也。

主要参考文献

1.杨伯峻：论语译注,中华书局2009年版。

2.朱熹：四书集注,岳麓书社1988年版。

3.皇侃：论语集解义疏,江西人民出版社2009年版。

4.何晏著、高华平校释：论语集解校释,辽海出版社2011年版。

5.何晏注、邢昺疏：论语注疏,中国致公出版社2016年版。

6.河北省文物研究所定州汉墓竹简整理小组：论语——定州汉墓竹简,文物出版社1997年版。

7.程树德：论语集释,中华书局,2013年版。

8.黄式三：论语后案,凤凰出版社2008年版。

9.康有为：论语注,中华书局2012年版。

10.刘宝楠：论语正义,中华书局1990年版。

11.程石泉：论语读训,上海古籍出版社2005年版。

12.李泽厚：论语今读,安徽文艺出版社,1998年版。

13.唐文治：四书大义,上海交通大学出版社2016年版。

14.唐文治：十三经提纲,华东师范大学出版社,2015年版。

15.杨义：论语还原,中华书局 2015年版。

16. 钱穆：论语新解,三联书店2010年版。

17.王夫之：船山全书,岳麓书社2001年版。

18.竹添光鸿：论语会笺,凤凰出版社,2012年版。

19.翁中和：人天书：民国三十年初版（影印）。

20.韩愈：论语笔解.：中华书局1991年版。

21.孙钦善：论语本解，三联书店 2013年版。

22.戴望：戴氏注论语小疏，华东师范大学出版社2014年版。

23.张居正：四书直解，九州出版社2010年版。

24.张居正：论语别裁，陕西师范大学出版社2007年版。

25.王缁尘：四书读本，世界书局1936年版（影印）。

26.简朝亮：论语集注补正述疏，华东师范大学出版社 2013年版。

27.潘维城：论语古注集笺，台湾鼎文书局1973年版。

28.江声：论语竢质，商务印书馆1937年版。

29.许谦：读四书丛说，商务印书馆1937年版。

30.郑汝谐：论语意原，商务印书馆1937年版。

31.辛全：四书说，上海古籍出版社2016年版。

32.杨朝明：论语诠解，山东友谊出版社2013年版。

33.杨朝明等：孔子家语通解，齐鲁书社2013年版。

34.刘逢禄：论语述何，四库馆复印本。

35.蔡节：论语集说，四库馆复印本。

36.毛奇龄：论语稽求篇，中华书局1991年版。

37.焦袁熹：此木轩四书说，四库馆复印本。

38.程颢、程颐：二程集（上、下），中华书局1981版。

39.李颙：李颙集，西北大学出版社2015年版。

40.杨逢彬：论语新注新译，北京大学出版社2015年版。

41.刘强：论语新识，岳麓书社2016年版。

42.高尚榘：语歧解辑录（上、下），华书局2011年版。

43.傅佩荣：解读论语，上海三联书店2007年版。

44.林觥顺：论语我读，九州出版社2006年版。

45.庞朴著、冯建国编：儒家精神：听庞朴讲传统文化，中国华侨出版社 2014年版。

46.李炳南：论语讲要，台中市佛教莲社2016年版。

47.杜维明：中庸：论儒学的宗教性，三联书店2013年版

48.马一浮：复性书院讲录，山东人民出版社1998年版。

49.狄百瑞：中国的自由传统，中华书局2016年版。

50.李泽厚：人类学历史本体论，青岛出版社 2016年版。

51.赵汀阳：惠此中国，中信出版社 2016年版。

52.陈明：儒教与公民社会，东方出版社2013年版。

53.吴稼祥：公天下，广西师范大学出版社2014年版。

54.麦克法兰：现代世界的诞生，上海人民出版社2013年版。

55.梁涛：孟子解读，中国人民大学出版社2010年版。

56.陈来：仁学本体论，三联书店2013年版。

57.蔡仁厚：孔门弟子志行考述，商务印书馆1969年版。

58.朱熹：周易本义，中华书局2011年版。

59.程颐：周易程氏传，中华书局2011年版。

60.马振彪：周易学说，花城出版社2002年版。

61.陈梦雷：周易浅述，上海古籍出版社，1983年

62.杨万里：诚斋易传，九州出版社2008年版。

63.李光地：周易折中，中央编译出版社2011年版。

64.李光地：榕村全书，海峡出版发行集团2013年版。

65.孙堂编：汉魏二十一家易注，平湖映雪草堂刊本。

66.马通伯：周易费氏学，台湾新文丰书局1979年版。

67.项安世：周易玩辞，吉林出版集团有限责任公司2005年版。

68.赵汝楳：周易辑闻，吉林出版集团有限责任公司2005年版。

69.许衡、黄泽：读易私言/易学滥觞，商务印书馆1936年版。

70.王申子：大易辑说，上海古籍出版社1990年版。

71.赵彦肃：复斋易说 上海人民出版社1999年版。

72.苏轼：东坡易传，吉林文史出版社2002年版。

73. 刘沅: 周易恒解, 四库馆版复印本。

74. 黄宗羲、黄宗炎: 易学象数论（外二种），中华书局2010年版

75. 焦循: 雕菰楼经学九种, 凤凰出版社2015年版。

76. 尚秉和: 周易尚氏学, 九州出版社2001年版。

77. 熊十力: 乾坤衍, 台湾学生书局1976年版。

78. 佚名: 易经证释, 瑞成出版社。

79. 牛钮等: 日讲易经解义, 中央编译出版社2013年版。

80. 胡朴安: 周易古史观, 上海古籍出版社1986年版。

81. 金景芳: 周易系辞传新编详解, 辽海出版社1998年版。

82. 刘大钧: 周易概论, 齐鲁书社1988年版。

83. 刘大钧: 今、帛、竹书《周易》综考, 上海古籍出版社2005年版。

84. 刘大钧: 周易纳甲筮法, 学林出版社2012年版。

85. 李学勤: 周易溯源, 四川出版集团2006年版。

86. 张政烺: 马王堆帛书《周易》经传校读, 中华书局2008年版。

87. 闻一多: 周易与庄子研究, 巴蜀书社2003年版。

88. 王新春等:《易纂言》导读, 齐鲁书社2006年版。

89. 陶磊: 周易新解: 萨满主义的视角, 浙江大学出版社2015年版。

90. 廖名春:《周易》经传十五讲（第二版）北京大学出版社2012年版。

91. 廖名春:《周易》经传与易学史新论, 中国人民大学出版社 年2014版

92. 潘雨廷: 易学史丛论, 上海古籍出版社2007年版。

93. 潘雨廷: 易学史发微, 复旦大学出版社2001年版。

94. 潘雨廷: 读易提要, 上海古籍出版社2003年版。

95. 潘雨廷: 潘雨廷学术文集, 上海人民出版社2011年版。

96. 潘雨廷: 易学三种: 过半刃言·齲爻·衍变通论, 上海古籍出版社2005年版。

97. 唐文治: 周易消息大义, 华东师范大学出版社 2012年版。

98. 刘彬: 帛书《要》篇校释, 光明日报出版社2009年版。

99.邓秉元：周易义疏，上海古籍出版社2011年版。

100.朱伯崑：易学哲学史（全四卷），昆仑出版社2005年版。

101.郑万耕：易学与哲学，上海科学技术文献出版社2013年版。

102.胡阳等：莱布尼茨二进制与伏羲八卦图考，上海人民出版社2006年版。

103.吴秋文：易读论语（第一卷），中国纺织出版社2015年版。

104.黄玉顺：易经古歌考释（修订本），上海古籍出版社2014年版。

105.夏含夷：兴与象：中国古代文化史论集，上海古籍出版社年版。

106.徐志锐：周易大传新注，齐鲁书社1988年版。

107.屈万里：读易三种，台湾联经出版事业公司1983年版。

108.杨倩描：王安石易学研究，河北大学出版社2006年版。

后记

回想本人最早接触《周易》等国学经典的时间，似乎可以追溯到遥远的二十世纪八十年代。自1982年到1986年，我在山东大学哲学系读书，有幸亲耳聆听刘大钧先生讲授"周易概论"课程，由此对《周易》这部"经典中的经典"烙下了深刻的印象。而在"中国哲学史""中国哲学原著选读"等课上，有关《论语》等经典肯定也是接触过的。

但说实话，那时我似乎对西方文化经典更感兴趣，特别是读了李泽厚先生的《批判哲学的批判》之后，对康德哲学愈加景仰起来。当然，我之所以那么景仰康德哲学，如果再追溯起来，还应该和我在少年时代就读过康德的著作有关。我指的是，大概在"文革"后期，作为农民的父亲曾经花四毛五分钱在公社书店购买了康德的《宇宙发展史概论》一书，当我偷偷地、囫囵吞枣地拜读过这部奇书之后，顿时对这个叫康德的外国人及其哲学产生了非同一般的情愫。这不仅刺激我大学上了哲学系，而且在即将大学毕业、报读研究生的时候，我还毅然决然地选择了中国人民大学哲学系的外国哲学史专业。这样从1986年到1989年，我又开始跟从李质明先生学习德国古典哲学；我最后选择的毕业论文也是有关康德哲学的，题目是《论康德的先验自由和实践自由》。毫无疑问，我对于西方哲学（或西方文化）的基本认知，就是在那三年中奠定下来的。

既然这样，或许有的朋友会问：那你后来怎么又回头开始研究国学了呢？要想回答这个问题，其实并不容易。

首先，这可能和我的工作环境有关。自1989年硕士研究生毕业至今，我一直供职于国家开放大学(原中央广播电视大学)。这是一所以普及大众化高等教育为办学宗旨、以现代信息技术为教学手段、以在职成人为主要教学对象的新型大学;对于建立学习型社会来说,这类大学的存在价值和意义自不待言。由于这所大学的特殊性,教师们的教学和学习支持服务的任务是非常繁重的,而学校对于其科研的方向和任务倒是并没有太严格的限定。比如就本人来说,长期以来我的科研方向一直分为两大块:一是结合本职工作开展的远程教育研究,一是结合自己的兴趣对中西哲学比较的研究。学校对此是充分鼓励的。

其次,我要谈到随着年龄和阅历的增长以及读书范围的扩大,我对中西文化本质的认识也在加深之中。其中有这样几件事,对我的思想发展产生过深刻的影响:一是自1995年9月至1996年7月,我曾自费申请到北京大学哲学系访学一年,从事的就是以"中国传统文化"为主题的研究,家中至今依然保留着由楼宇烈先生钤章的结业证书;2004年3月至5月,我又受教育部委派,到比利时参加了名为"有效学习环境(Effective Learning Environment)"的课程培训,学习期间游览了不少欧洲国家,对欧洲文化的感悟大大加深;2009年9月至2010年1月,我还曾在英国开放大学访学,期间对英国文化和英国开放大学的历史进行了比较认真的考察(由本人主笔、于2015出版的《英国开放大学研究》一书就是其成果之一)。这都促使我更加坚定地认为,中西文化并不是截然对立的,而是完全可以会通乃至于互相补充的。这些思考,在本人1999年发表的学术论文《关于中西文化辩证关系的思考——从"体用说"到"融贯说"》以及此后发表的其他文章中,均可见其端绪。

最后,这当然还和新一轮传统文化热的兴起有关。这次传统文化热的兴起固然是对"文革"极左思潮破坏传统文化的一种反弹,但它更是伴随着中国经济的腾飞而出现的一种自然现象,特别是借助信息时代社交媒体技术的"加持",其影响的广度、深度和力度都呈现出了前所未有的局面。在这种时代背景下,全国各地关于传统文化的培训班和微信学习群越来越多,本人时不时地被请去担任导师,这也逼迫自己不得不下决心对传统文化下一番功夫。特

后记

别是到了2014年,我已是所谓"知天命"的年龄了。孔子曾说:"加我数年,五十以学《易》,可以无大过矣。"(《论语·述而》)尚秉和则说:"老而学《易》,自古如斯,亦不知其所以然也。"(《慈溪老人传》)对我来说,情况也是这样。正是以2014年春季被朋友鼓励举办第一次《周易》讲座为界,我开始有意识地广泛涉猎各类易学著作,并于2014年10月开设了微信公众号"玩易斋",研《易》的热情不断高涨,渐渐至于愈陷愈深,乃至不能自拔矣!

那么,具体来说,我又为什么将《论语》和《周易》的会通作为自己的研究课题呢?回想起来,除了这两部经典在中国传统文化中的重要性之外,其最直接的原因,应该和自己在"论语汇"和"周易明解"两个微信群担任导师有关。在导读的过程中,我逐渐对这两部经典的对比研究发生了兴趣,在网友的鼓励下,遂发愿对《论语》进行逐章的易学解读。从2016年2月22日起笔,到2017年7月29日截止,基本上每天一章在本人微信公众号"玩易斋"上连载,这就形成了本书的初稿;此后当然又经过反复修改,才形成了现在的定稿。其间的辛苦自不待言,但由此获得的精神愉悦更是巨大的和奇妙的。比如由《论语》所彰显的孔子及其弟子们的强大人格魅力、由《周易》所呈现的"通天彻地"的大智慧以及这两部伟大经典的奇妙关系等等,在写作的过程中,都时时刻刻激荡着我的心灵。因此对我来说,本书的写作其实既是一次朝圣之旅,更是一次学习之旅。而且,通过本书的写作,我也对自己以往关于中国传统文化以及中西文化比较的观点进行了某种程度的反思和总结,这在书中的不少地方都有所体现——当然更重要的是,这无疑还会对本人以后的研究起到帮助的作用。

这里我还要说:在某种意义上,本书之所以能够完成,完全是朋友们鼓励的结果。想想吧,整整一年半的时间,在繁忙的工作之余,每天要在微信公号上发布一章"论语易解"短文,其工作量和压力之大是可以想见的。期间本人常有无法支撑之感,但正是因了那些为本人的文章持续点赞的朋友们,我还是咬咬牙坚持了下来!为此,我想首先对"论语汇"的创始人崔茂新教授、"周易明解"的群主温海明教授表示感谢,同时对这两个微信群中诸多相识的或者不相识的网友表示感谢。要是没有你们,写作这本书的灵感甚至都不会产生，更别说完成它了！

同时，在本书的写作过程中，我还得到了任大援、崔圣、东方汗青、马振宇、王德岩、刘强、谢金良、张国明、曾凡朝、张文智、丰铭、欧阳飞永、李龙筠、杨吉德、张弛弘弢、寇方墀、于闽梅、李放、刘惊铎、王承先、邹峻等诸多好友的大力支持和鼓励，也一并致谢。

北京师范大学的郑万耕先生是著名的易学家，分两次阅读了本书的大部分书稿，并给予很多中肯的指导和建议，这是本人不敢忘记的。

本书完稿之后，得蒙清华大学哲学系主任黄裕生教授、山东大学哲学与社会发展学院副院长王新春教授赐序，又蒙恩师刘大钧先生题写书名，感激之情，实难言表！

本书能够以如此速度得以出版，还要感谢萧祥剑先生的大力推荐和团结出版社社长兼总编辑梁光玉先生的欣然接纳。

由于学养所限，自知本书还存在很多舛误和不足，热切期望得到读者朋友的批评和建议，以便再版时予以修订。

最后抄录一首本人在2016年元旦填写的七律《新年抒怀》，稍表一下本人此时此刻之心情：

鸡人夜柝伴无眠，忙里偷闲又一年。
敢忘苍桑拴六马？须知虎尾演三玄。
人微竟也承天命，力大方能效地谦。
君子生来为底事？桃花源里且耕田！

孙福万

2018年5月27日于北京玩易斋